# Um *boxeur* na arena

1822 1823 1824 1825 1826 1827 1828 1829 1830 1831 1832 1833 1834
1835 1836 1837 1838 1839 1840 1841 1842 1843 1844 1845 1846 1847
1848 1849 1850 1851 1852 1853 1854 1855 1856 1857 1858 1859 1860 1861
1862 1863 1864 1865 1866 1867 1868 1869 1870 1871 1872 1873 1874
1875 1876 1877 1878 1879 1880 1881 1882 1883 1884 1885 1886 1887 1888
1889 1890 1891 1892 1893 1894 1895 1896 1897 1898 1899 1900 1901
1902 1903 1904 1905 1906 1907 1908 1909 1910 1911 1912 1913 1914 1915
1916 1917 1918 1919 1920 1921 1922 1923 1924 1925 1926 1927 1928
1929 1930 1931 1932 1933 1934 1935 1936 1937 1938 1939 1940 1941 1942
1943 1944 1945 1946 1947 1948 1949 1950 1951 1952 1953 1954 1955
1956 1957 1958 1959 1960 1961 1962 1963 1964 1965 1966 1967 1968 1969
1970 1971 1972 1973 1974 1975 1976 1977 1978 1979 1980 1981 1982
1983 1984 1985 1986 1987 1988 1989 1990 1991 1992 1993 1994 1995 1996
1997 1998 1999 2000 2001 2002 2003 2004 2005 2006 2007 2008 2009
2010 2011 2012 2013 2014 2015 2016 2017 2018 2019 2020 2021 2022

**SERVIÇO SOCIAL DO COMÉRCIO**
Administração Regional no Estado de São Paulo

**Presidente do Conselho Regional**
Abram Szajman

**Diretor Regional**
Danilo Santos de Miranda

**Conselho Editorial**
Áurea Leszczynski Vieira Gonçalves
Rosana Paulo da Cunha
Marta Raquel Colabone
Jackson Andrade de Matos

**Edições Sesc São Paulo**
*Gerente* Iã Paulo Ribeiro
*Gerente Adjunta* Isabel M. M. Alexandre
*Coordenação Editorial* Cristianne Lameirinha, Clívia Ramiro, Francis Manzoni, Jefferson Alves de Lima
*Produção Editorial* Maria Elaine Andreoti
*Coordenação Gráfica* Katia Verissimo
*Produção Gráfica* Fabio Pinotti, Ricardo Kawazu
*Coordenação de Comunicação* Bruna Zarnoviec Daniel

**Biblioteca Brasiliana Guita e José Mindlin**

UNIVERSIDADE DE SÃO PAULO

*Reitor* Carlos Gilberto Carlotti Junior
*Vice-reitora* Maria Arminda do Nascimento Arruda

**Pró-Reitoria de Cultura e Extensão Universitária**
*Pró-reitora* Marli Quadros Leite
*Pró-reitor adjunto* Hussam El Dine Zaher

**Biblioteca Brasiliana Guita e José Mindlin**
*Diretor* Alexandre Macchione Saes

**Publicações BBM**
*Editor* Plinio Martins Filho
*Editora assistente* Amanda Fujii e Millena Santana

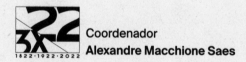

**Coordenador**
Alexandre Macchione Saes

**Edições Sesc São Paulo**
Rua Serra da Bocaina, 570 – 11º andar
03174-000 – São Paulo SP Brasil
Tel.: 11 2607-9400
edicoes@sescsp.org.br
sescsp.org.br/edicoes
/edicoessescsp

**Publicações BBM**
Biblioteca Brasiliana Guita e José Mindlin
Rua da Biblioteca, 21
Cidade Universitária
05508-065 – São Paulo, SP, Brasil
Tel.: 11 2648-0840
bbm@usp.br

# Um *boxeur* na arena

Oswald de Andrade
e as artes visuais
no Brasil (1915–1945)

Thiago
Gil Virava

© Edições Sesc São Paulo, 2023
© Thiago Gil Virava, 2023

Direitos reservados e protegidos pela Lei 9.610 de 19.02.1998.
É proibida a reprodução total ou parcial sem autorização, por escrito, das editoras.

|  |  |
|---:|:---|
| Edição | Plinio Martins Filho |
| Assistência de edição | Amanda Fujii, Millena Santana |
| Preparação | Isabelle Costa Silva, Isac Araujo dos Santos, Millena Santana Machado |
| Composição | Estúdio Arquivo |
| Projeto gráfico | Estúdio Arquivo |
| Capa | Fabio Pinotti |
| Revisão | Maurício Katayama |

---

Ficha catalográfica elaborada pelo
Serviço de Biblioteca e Documentação (SBD) da
Biblioteca Brasiliana Guita e José Mindlin (BBM-USP)

---

V813b

Virava, Thiago Gil.
    *Um boxeur na Arena: Oswald de Andrade e as Artes Visuais no Brasil (1915-1945)* / Thiago Gil Virava. - 1ª ed. – São Paulo: Edições Sesc, 2023.

    480 p. ; 17 x 26 cm ; il.

ISBN 978-85-9493-231-0

1. História da Arte. 2. Arte Moderna. 3. Modernismo. 4. Literatura brasileira. 5. Brasil. I. Autor. II. Título.

CDD: 709.8104

---

Bibliotecário Resp.: Rodrigo M. Garcia, CRB8ª: SP-007584/O

---

*Aos meus pais e à Laura*

*A gente escreve o que ouve — nunca o que houve*
**OSWALD DE ANDRADE**, *Serafim Ponte Grande*

# Sumário

COLEÇÃO 3 VEZES 22  *11*

Apresentação  *13*

Introdução  *15*

Capítulo 1  **Em prol de uma arte nova**  *31*
1. Entre a originalidade geográfica e a visão tropical  *31*
2. Notas de arte  *52*
3. Arte como expressão máxima da raça  *59*
4. O futurismo paulista  *78*
5. "Arte não é fotografia, nunca foi fotografia!"  *85*
6. "Somos *boxeurs* na arena"  *97*
7. Severini, "Cézanne e o cézannismo"  *101*

Capítulo 2  **De Babilônia ao Pau Brasil**  *111*
1. Uma missão brasileira em Paris?  *113*
2. Pequena tabuada do espírito contemporâneo  *118*
3. Espírito latino e retorno à ordem  *126*
4. O sangue negro: Oliveira Vianna  *131*
5. O sangue negro: Graça Aranha  *135*
6. O sangue negro: um elemento realista  *139*
7. A negra  *150*
8. Ambientes intelectuais de Paris  *166*
9. Vantagens do caos brasileiro  *174*
10. Um caderno de notas sobre estética  *179*
11. Poesia Pau Brasil: manifesto técnico  *186*
12. A conferência de Blaise Cendrars  *194*

Capítulo 3  **Bárbaro e nosso**  *201*
1. Monumentalistas de Ouro Preto  *201*
2. Modernismo atrasado  *204*
3. Ambientes intelectuais de São Paulo  *210*

4. Depois do Aleijadinho, Tarsila  *214*
 5. Banho de estupidez  *217*
 6. O documental de Tarsila  *230*
 7. Do cruzeiro ao solar  *234*
 8. Escute, Tarsila  *237*
 9. Classicismo e romantismo  *242*
 10. Feira das quintas  *246*
 11. *Abaporu*  *268*
 12. Antropófago *boxeur*  *282*
 13. Hollywood e a casa modernista  *286*

**Capítulo 4 Entre o ícone e a revolução**  *295*
 1. Do homem nu ao homem do povo  *295*
 2. "Não há arte neutra"  *306*
 3. "Uma conferência a que todos assistimos"  *317*
 4. O pintor Portinari  *328*
 5. O realismo campônio  *339*
 6. O quarteirão  *343*
 7. O legado de 1922 e o divisor das águas modernistas  *345*
 8. Elogio da pintura infeliz  *348*
 9. As pinturas do coronel  *362*
 10. O ícone e a revolução  *367*
 11. Prelúdio a *Marco Zero II: Chão*  *382*
 12. Um museu clássico e moderno  *384*

**Capítulo 5 "A poesia e, portanto, a pintura"**  *389*
 1. *Os Condenados* e a arte como símbolo comovido  *389*
 2. *Marco Zero* e a pintura sob o refletor da história  *409*
 3. A poesia Pau Brasil e a visualidade  *429*

**Conclusão**  *451*
**Referências bibliográficas**  *459*
**Lista de figuras**  *477*
**Sobre o autor**  *479*

# COLEÇÃO 3 VEZES 22

A Biblioteca Brasiliana Guita e José Mindlin – BBM/USP tem a satisfação de apresentar a obra *Um Boxeur na Arena*, de Thiago Gil Virava, como parte da COLEÇÃO 3 VEZES 22, que reúne, entre outros, os trabalhos vencedores do Prêmio teses e dissertações sobre o centenário da Semana de Arte Moderna.

O Projeto 3 VEZES 22, constituído a partir do Conselho Deliberativo da BBM/USP em 2017, tem como objetivo precípuo a produção e disseminação de conhecimento em torno dos temas do bicentenário da Independência, do centenário da Semana de Arte Moderna e dos desafios de nosso tempo. Isto é, por meio do cruzamento dos "três" 22 – 1822, 1922 e 2022 –, o projeto estimula a reflexão de conceitos norteadores de nossa formação nacional, tais como os de soberania e modernidade, para tentar responder as provocativas questões lançadas sobre nossa sociedade no contexto das celebrações do bicentenário de 1822 e do centenário de 1922: o que comemorar?; por que comemorar?; e, como comemorar?

Os trabalhos premiados para compor a COLEÇÃO 3 VEZES 22 refletem o vigor de nossa produção acadêmica contemporânea. Ao explorar novas temáticas, dimensões de análise e fontes de pesquisa, como também iluminar novos personagens, eventos e narrativas, as obras da presente coleção problematizam as versões canônicas de nossa história, desafiam interpretações tradicionais sobre a constituição da sociedade brasileira e abrem novos horizontes para pensarmos o futuro do país.

A Biblioteca Brasiliana Guita e José Mindlin agradece o inestimável trabalho da comissão avaliadora das teses e dissertações sobre a temática da Semana de Arte Moderna, de trabalhos defendidos entre 2014 e 2018, composta pelos professores Antônio Dimas, Miguel Soares Palmeira, Erwin Torralbo Gimenez e Alexandre Macchione Saes.

Ao reiterar uma de suas principais finalidades – a de promover e disseminar estudos de assuntos brasileiros –, a Biblioteca Brasiliana Guita e José Mindlin espera que a COLEÇÃO 3 VEZES 22 possa estimular a permanente reflexão sobre nosso passado, respondendo aos temas e problemas que nos provocam no presente, nos auxiliando na construção de uma sociedade brasileira mais justa, democrática e inclusiva.

A concretização da COLEÇÃO 3 VEZES 22 dependeu do intenso trabalho realizado pelo setor de publicações da BBM/USP, conduzido pelo editor Plinio Martins Filho e pela editora assistente Millena Santana, a quem agradecemos. Em nome da Direção da BBM/USP e da coordenação do Projeto 3 VEZES 22, reconhecemos e agradecemos a entusiasmada iniciativa e o decisivo comprometimento de Jacques Marcovitch com todas as atividades desenvolvidas pelo projeto.

Boa leitura.

ALEXANDRE MACCHIONE SAES
Coordenador do Projeto 3 VEZES 22
Biblioteca Brasiliana Guita e José Mindlin

# Contribuições aqui e acolá

Danilo Santos de Miranda
*Diretor do Sesc São Paulo*

O modernismo paulista tem na figura de Oswald de Andrade um de seus principais expoentes. Incitador e ideólogo – ao lado de outro Andrade, o Mário – da ebulição cultural vivida pela Pauliceia das primeiras décadas do século XX, o poeta e escritor distingue-se por sua destreza em captar as coisas no ar. Sagaz intérprete do espírito de seu tempo, Oswald cultivara suas faturas literária e crítica em um campo decididamente aberto a contribuições múltiplas e cruzadas, recolhidas nos mais diversos domínios da vida e do fazer artístico. Daí que tanto a língua talhada na boca do povo quanto a visualidade experimentada pelos artistas vanguardistas tenham representado impulsos decisivos para o delineamento de sua dicção poética e de sua embocadura crítica, marcadas pela capacidade de síntese, pela mordacidade e pela irreverência.

A investigação de Thiago Gil Virava acerca da produção literária oswaldiana traz para o primeiro plano a atividade de um escritor ávido por "fotografar" ambientes em incessante movimento e mutação, traduzindo a experiência moderna em instantâneos feitos de versos e frases fragmentários, sensíveis ao estilhaçamento das representações coesas da realidade – academicamente calcadas em cânones. As vanguardas em artes visuais, com as revoluções formais que as caracterizam, terão exercido influência direta na escrita do autor. *Pari passu* ao frenesi das metrópoles – tanto europeias quanto sul-americanas –, flagra-se na lavra poética e romanesca de Oswald procedimentos de enquadramento, montagem e colagem, além do jogo com variações cromáticas e luminosas, todos eles caros à pintura, à fotografia e ao cinema.

As correspondências entre as linguagens verbais e visuais também se deixam notar na vertente intelectual do autor dos Manifestos da poesia pau-brasil e Antropófago, cuja fortuna crítica incorpora a pintura e a escultura como hábeis aparelhos de sondagem do mundo em transformação. Essas modulações encontram no primeiro manifesto um oportuno argumento: "A contribuição milionária de todos os erros", em alusão à maneira como fala o povo; em sua voz, milho vira "mio", melhor, "mió", pior, "pió", telha, "teia", telhado, "teiado". A pesquisa de Virava pode ser lida como uma espécie de paráfrase dessa propensão, na medida em que aponta para a contribuição inestimável da visualidade artística na escrita oswaldiana – ao mesmo tempo que decompõe suas operações estilísticas e o modo como estas decodificam textualmente o que o autor vê ou, mais precisamente, a sua forma de escrever *como* vê.

Interseções dessa natureza são particularmente caras à ação desenvolvida pelo Sesc, que tem na pluralidade das manifestações artísticas e do pensamento o suporte de uma política institucional que aposta, e investe, na engenhosidade dos artistas, dos intelectuais e dos pesquisadores em produzir amálgamas de dimensões, vocabulários e sentidos – abrindo com isso surpreendentes perspectivas para a concepção de nosso país em bases emancipatórias. Atinando para o legado do modernismo brasileiro, a fim de compreender seus desdobramentos no presente, o Sesc entende as *contribuições* – com os intercâmbios e reciprocidades que lhe são inerentes – como dimensão crucial da dinâmica cultural.

# Introdução

O impulso inicial desta pesquisa surgiu da percepção de que a poesia e a prosa literária de Oswald de Andrade (1890-1954) são intensamente visuais[1]. Essa percepção inicial levou a um interesse por investigar duas questões correlatas: qual foi a relação de Oswald de Andrade com as artes visuais ao longo de sua experiência intelectual? Como essa relação aparece na poesia e na prosa oswaldiana?

Assim se delinearam os dois eixos de pesquisa que orientam este trabalho, cuja hipótese propõe que as artes visuais ocupam posição de relevo na experiên-

---

1  Na construção dos romances e poemas de Oswald de Andrade é notável uma vontade de "fotografar" o mundo, a que Haroldo de Campos (em "Uma Poética da Radicalidade", Oswald de Andrade, *Poesias Reunidas*, 1. ed., São Paulo, Companhia das Letras, 2017, p. 249) se referiu como o *camera eye* do poeta. Essa vontade de fixar instantâneos de paisagens, de ambientes, de situações ou de pessoas, se por um lado pode estar ligada à sua biografia de turista *globe-trotter*, por outro conecta-se a um movimento histórico mais amplo de transformação da percepção visual no mundo moderno, ao qual seus versos e sua prosa fragmentária procuraram responder. Para uma discussão desse problema, articulando a ideia de "suspensão da percepção" que se poderia encontrar em obras de Manet, Seurat e Cézanne, como resposta a um contexto histórico em que o problema da atenção se torna "um tema central nas novas construções institucionais de uma subjetividade produtiva e controlável", na segunda metade do século XIX, ver Jonathan Crary, *Suspensões da Percepção: Atenção, Espetáculo e Cultura Moderna*, São Paulo, Cosac Naify, 2013.

cia intelectual e criativa de Oswald de Andrade. Na experiência intelectual porque, desde seus primeiros artigos sobre pintura e escultura, estas foram compreendidas pelo escritor como instrumentos de investigação objetiva e subjetiva do mundo. Na experiência criativa, porque a obra poética e os romances de Oswald de Andrade não apenas incorporam técnicas de composição (como colagem, montagem, enquadramento) e recursos expressivos (iluminação, cromatismo) que permitem aproximá-los do cinema, da fotografia e da pintura, mas também apresentam referências diretas a artistas e a debates existentes no meio artístico em São Paulo, no período em que foram publicados.

O resultado aqui apresentado se baseia, portanto, na análise de dois tipos de materiais: por um lado, um conjunto de artigos, cartas, manuscritos e datiloscritos em que se pode acompanhar o pensamento sobre arte que Oswald de Andrade construiu, desconstruiu e reconstruiu entre as décadas de 1910 e 1940; por outro, dois romances (*Os Condenados* e *Marco Zero*) e dois livros de poesia *(Pau Brasil* e *Primeiro Caderno do Aluno de Poesia Oswald de Andrade*) que ele publicou nesse período, considerados sempre sob a perspectiva de sua relação com as artes visuais. Atravessam a análise desse material considerações de ordem biográfica a respeito das relações pessoais mantidas pelo autor com artistas, mas também sobre situações nos quais se envolveu e que tinham nas artes visuais um componente importante, assim como viagens que realizou e que se mostraram relevantes para a constituição de seus posicionamentos sobre arte.

Como introdução ao percurso de análise desses dois grupos de materiais, são presentadas a seguir algumas discussões de ordem mais geral que embasam escolhas assumidas neste trabalho tanto a respeito de como compreender e, portanto, de como nomear a produção bibliográfica de Oswald de Andrade na qual ele discute as artes visuais, quanto sobre como relacioná-la à sua produção literária e poética.

Uma das primeiras questões que surgiu do contato com os textos de Oswald de Andrade foi se era possível entendê-los, enquanto gênero discursivo, como "crítica de arte". Para se ter algum posicionamento sobre isso, era preciso buscar uma definição de "crítica de arte", o que não se mostrou algo simples. A bibliografia consultada sobre o tema[2] apontava que, no contexto europeu, dos panfletos

---

2 Venturi, *Histoire de la Critique d'Art*, trad. Juliette Bertrand, Paris, Flammarion, 1969; Giulio Carlo Argan, *Arte e Crítica de Arte*, 2. ed., trad. Helena Gubernatis, Lisboa, Estampa, 1995;

e resenhas publicadas em livretos ou jornais sobre os Salões franceses e ingleses no século XIX, até as colunas ou rodapés de jornais, as revistas especializadas, monografias e catálogos de exposições surgidos ao longo do século XIX, a crítica de arte moderna se constituiu como um gênero discursivo polimorfo, com funções sociais e políticas variadas, e praticado por diferentes atores sociais, desde os próprios artistas até escritores, poetas, filósofos, arquitetos, por vezes ocultos sob anonimato ou pseudônimos desconhecidos.

No contexto brasileiro, a situação não é menos complexa. A produção e circulação de textos sobre arte se configura, em meados do século XIX, com a formação de um lastro institucional, depois da criação da Academia Imperial de Belas-Artes[3] e do Instituto Histórico e Geográfico Brasileiro, e de um lastro material, com a circulação de brochuras e revistas. Próximo do fim do século, a publicação de livros como *Belas-Artes: Estudos e Apreciações* em 1885, de Félix Ferreira, e *Arte Brasileira* em 1888, de Gonzaga Duque, evidencia como já havia se constituído um debate sobre arte no país[4]. No entanto, embora reflitam uma mesma preocupação com o papel que a arte poderia desempenhar na constituição de uma identidade nacional — agenda basilar do Segundo Império que se prolonga pelo século XX[5] —, a natureza dos textos e da abordagem daqueles dois autores, considerados os

---

Dario Gamboni, *Propositions Pour l'Étude de la Critique d'Art du XIX<sup>e</sup> Siècle*, Romantisme, 1991, n. 71, pp. 9-17; Jean-Pierre Leduc-Adine, *Des Règles d'un Genre: La Critique d'Art*, Romantisme, n. 71, 1991, pp. 93-100; Anna Maria Guasch (coord.), *La Crítica de Arte: Historia, Teoría y Praxis*, Barcelona, Ediciones del Serbal, 2003.

3   Embora efetivada em 1826 como Academia Imperial de Belas-Artes, a instituição levaria algumas décadas para alcançar um funcionamento regular de suas atividades, entre elas sua presença na esfera pública. Merecem destaque aqui as Exposições Gerais de Belas-Artes, instituídas pelo diretor Félix-Èmile Taunay, em 1840, e a reforma realizada nos estatutos da instituição na década de 1850, promovida por Manuel de Araújo Porto Alegre, regulamentando, entre outras coisas, essas exposições públicas. (Tadeu Chiarelli, "Gonzaga-duque: A Moldura e o Quadro da Arte Brasileira"; Luís Gonzaga Duque Estrada, *A Arte Brasileira*, Campinas, Mercado de Letras, 1995, pp. 12-19; Leticia Squeff, *O Brasil nas Letras de um Pintor: Manuel de Araújo Porto Alegre (1806-1879)*, Campinas, Editora da Unicamp, 2004, pp. 172-179).

4   Para uma apreciação dos debates artísticos envolvendo membros da Academia e críticos atuantes no Rio de Janeiro, entre as décadas de 1850 e 1870, ver Fernanda Pitta, 2013, pp. 31-62.

5   Sobre o tema, ver Tadeu Chiarelli, *Um Jeca nos Vernissages*, São Paulo, Edusp, 1995; Chiarelli, "Gonzaga-Duque: A Moldura e o Quadro da Arte Brasileira"...; *Pintura Não é só Beleza: A Crítica de Arte de Mário de Andrade*, Florianópolis, Letras Contemporâneas, 2007; "A Repetição Diferente: Aspectos da Arte no Brasil Entre os Séculos XX e XIX", conferência pronunciada como aula inaugural do Bacharelado em História da Arte do Instituto de Artes da Universidade Federal do Rio Grande do Sul, 2009.

primeiros a manifestar um pensamento mais sólido sobre arte no país, difere bastante entre si. De modo que, também no Brasil, não são claros os critérios que permitem definir um texto como crítica de arte, no período em que essa atividade começou a ser desempenhada com mais consistência no país.

Esse cenário torna problemática, portanto, qualquer definição categórica, sendo antes mais proveitoso trabalhar com o que Dario Gamboni[6] chamou, tendo em vista o século XIX francês, de "polos" que orientariam a produção de textos de crítica de arte, estando de um lado um "polo científico" e de outro um "polo literário", dentro dos quais se poderia estabelecer uma tipologia de textos, baseada na natureza dos órgãos de publicação (livros, jornais, catálogos, guias de museu), classificados por periodicidade, grau de especialização, tiragem, difusão, composição sócio-política dos colaboradores, financiadores e público leitor. Esses polos e tipologias se enquadram no que Jean-Pierre Leduc-Adine[7] propôs como "critérios externos" a um texto que podem defini-lo como crítica de arte.

As sugestões de Gamboni e Leduc-Adine oferecem elementos para se esboçar uma posição ao menos a respeito dos textos de Oswald de Andrade, que são o foco deste trabalho. Diferente, por exemplo, de Gonzaga Duque, no século XIX, ou de seus contemporâneos Monteiro Lobato e Mário de Andrade, Oswald de Andrade não teve uma produção regular de textos sobre exposições de artistas atuantes em sua época. Tampouco reuniu o que escreveu sobre arte em um volume específico, ou publicou monografias sobre artistas, ou prefaciou catálogos, todos tipos de publicações pelos quais aqueles críticos eventualmente veicularam sua produção. O escritor produziu afirmações sobre arte dentro de um contexto mais amplo de atuação como jornalista, ou, antes, como um escritor que colaborava em jornais, pois sua presença nestes também foi irregular, assumindo uma periodicidade mais frequente apenas na década de 1940.

O que são, então, seus posicionamentos sobre arte, que em alguns casos são expostos em textos integralmente dedicados a um artista ou problema artístico, em outros aparecem como parte de uma discussão mais abrangente, ou como trecho de um manifesto, ou ainda como fragmentos de artigos que não tem um tema específico? Aqui, cabem algumas considerações sobre o que seriam critérios internos a um texto sobre arte que permitem defini-lo como "crítica de arte".

6   Dario Gamboni, *Propositions Pour l'Étude de la Critique d'Art du XIX$^e$ Siècle*, p. 11.
7   Jean-Pierre Leduc-Adine, *op. cit.*, p. 94.

Analisando o contexto francês do século XIX, Leduc-Adine[8] propõe que a variedade dos destinatários de um texto de crítica de arte (num primeiro plano, colecionadores, potenciais compradores, artistas, e, de modo geral, o público leitor de jornais) é consequência do que o autor entende como duas funções internas ao discurso da crítica de arte, uma didático-explicativa e outra normativa. Essas funções teriam como objetivo produzir um efeito, agir sobre os leitores:

Esse discurso [a crítica de arte] se caracteriza efetivamente como uma pragmática, ou seja, visa agir sobre seu leitor, ação sobre o comportamento ideológico e social, ação sobre as escolhas estéticas e econômicas; ele intima, sem dar essa impressão, atitudes nos leitores visados[9].

Isso se manifestaria em muitos casos por uma retórica do escândalo e da polêmica, que visa subverter ou afrontar valores como o Belo ideal, a História, a Moral:

A polêmica é geralmente definida como uma guerra, uma luta, "em um clima de paixão e violência" [...], ora, a crítica de arte, na segunda metade do século XIX, se caracteriza bem como polêmica em diversas situações, em face de certos quadros, de certos pintores, de certos grupos[10].

Ainda sobre esse tema, o sociólogo francês Pierre Bourdieu (1994) aponta o quanto, durante o Romantismo francês, a oportunidade de um escritor defender publicamente um artista renegado pelo sistema da arte constituía uma chance para que ele também postulasse as suas próprias questões e "ódios" face aos valores burgueses. Nesse processo, formulava-se concomitantemente a postulação tanto da literatura quanto da arte como campos autônomos e desvinculados dos interesses da ordem social burguesa, de que Charles Baudelaire e Théophile Gautier, no campo literário, e Édouard Manet, no campo artístico, são tomados pelo autor como principais defensores.

Estratégias como defesa de artistas, instauração de polêmicas e intuito didático para com os leitores (especialmente os compradores de arte em São Paulo),

---

8 *Idem, ibidem.*
9 *Idem*, p. 97, (tradução nossa).
10 *Idem*, p. 98, (tradução nossa).

visando mudar seus comportamentos, estão presentes nos textos de Oswald de Andrade ao longo de praticamente toda a sua trajetória, arrefecendo, por assim dizer, apenas no fim da década de 1930[11]. Elas fazem parte, no entanto, de uma atuação polêmica mais ampla do escritor, que teve início com o que se denominou futurismo paulista[12] e se manteve ao longo das décadas de 1920 e 1930.

De modo que se pode afirmar que Oswald de Andrade, dentro de uma atuação como escritor polêmico[13], foi "crítico de arte" quando julgou que devia sê-lo. Interveio em debates nos quais acreditou que deveria intervir, sem a preocupação ou a demanda profissional de constituir um conjunto de textos que o qualificassem como tal. Por essa razão, optou-se aqui pela referência de caráter mais geral a essa produção como "textos sobre arte" ou como "o pensamento sobre arte" do escritor, considerando pensamento ao mesmo tempo como sedimentação e movimento de ideias.

◆

Dividindo espaço com sua produção literária, poética e dramatúrgica, de reconhecida importância e larga fortuna crítica, a produção jornalística de Oswald de Andrade conta com poucos estudos, com destaque para o livro de Vera Chalmers em 1976 e a dissertação de Roberta Ramos em 2008, além das introduções de Vera Chalmers, Gênese Andrade e Maria Eugenia Boaventura, respectivamente, às coletâneas de artigos *Telefonema*, *Feira das Sextas* e *Estética e Política*, volumes das Obras Completas do autor[14]. A esses textos soma-se o resumo apre-

11  A relação dessas funções que se encontram nos textos de Oswald de Andrade com as noções de "crítica de serviço" e "crítica militante", propostas por Tadeu Chiarelli, *Um Jeca nos Vernissages,* para compreender a crítica de arte em São Paulo, no início do século XX, é discutida no primeiro capítulo.

12  Sobre as estratégias polêmicas praticadas pelo grupo de vanguarda que se organizou entre 1917 e 1921, em São Paulo, e a atuação de Oswald de Andrade nesse contexto, ver Annateresa Fabris, *O Futurismo Paulista: Hipóteses para o Estudos da Chegada da Vanguarda ao Brasil*, São Paulo, Perspectiva/Edusp, 1994, pp. 65 *et seq*.

13  Para uma discussão do caráter polêmico do texto jornalístico oswaldiano e das estratégias que utiliza, ver: Vera Chalmers, *3 Linhas e 4 Verdades: O Jornalismo de Oswald de Andrade*, São Paulo, Duas Cidades/Secretaria da Cultura, Ciência e Tecnologia do Estado de São Paulo, 1976, pp. 65-66 e pp. 117-124; Maria Eugenia Boaventura, *O Salão e a Selva: Uma Biografia Ilustrada de Oswald de Andrade,* Campinas/São Paulo, Editora da Unicamp/Ex Libris, 1995, pp. 22-100.

14  Oswald de Andrade, *Obras Completas X: Telefonema*, 2. ed., Rio de Janeiro, Civilização Brasileira, 1976; Oswald de Andrade, *Feira das Sextas*, 2. ed., São Paulo, Globo, 2004, Coleção Obras

sentado por Geneviève Vilnet (2006) no primeiro capítulo de seu estudo sobre os romances do escritor. Dessa bibliografia, no entanto, apenas o livro de Chalmers abrange toda a trajetória de Oswald de Andrade, mas sem dar relevo específico a seus posicionamentos sobre arte, muitos dos quais não entraram no panorama construído pela autora.

Por ter se envolvido ou protagonizado situações importantes para a história da arte no país, a relação de Oswald de Andrade com o meio artístico já foi comentada por alguns autores. Podem ser lembrados aqui, por exemplo, os trechos de *Um Jeca nos Vernissages*[15] nos quais o autor comenta as posições de Oswald de Andrade na imprensa paulista em relação àquelas assumidas por Monteiro Lobato sobre exposições de alguns artistas; Aracy Amaral em seus livros tanto sobre a Semana de Arte Moderna quanto sobre a vida e a obra de Tarsila do Amaral, discute com interesse, embora não em profundidade, os textos de Oswald de Andrade publicados em 1922, assim como suas cartas e sua relação pessoal com a artista paulista. A autora também escreveu um dos poucos estudos que tem como objeto especificamente a relação de Oswald de Andrade com o meio artístico paulista, o artigo "Oswald de Andrade e as Artes Plásticas no Movimento Modernista dos Anos 20"[16]. No entanto, como o próprio título sugere, Amaral concentra-se na década "heroica" de 1920, refazendo um trajeto semelhante ao que percorre em *Artes Plásticas na Semana de 1922*. Ao comentar os primeiros textos sobre arte do escritor e as posições que assumiu em 1922, a autora os confronta com as revisões históricas sobre o modernismo expostas por Oswald de Andrade já na década de 1940. A isso se somam comentários sobre sua conhecida conferência pronunciada em Paris, em 1923[17], e suas relações com Tarsila do Amaral e a pintura Pau Brasil. São comentários breves, nos quais não há, porque não é essa a proposta da autora,

---

Completas de Oswald de Andrade; Oswald de Andrade, *Estética e Política*, Coleção Obras Completas de Oswald de Andrade, organização, introdução e notas Maria Eugenia Boaventura, 2. ed., São Paulo, Globo, 2011.

15 Tadeu Chiarelli, *Um Jeca nos Vernissages*..
16 Aracy Amaral, "Oswald de Andrade e as Artes Plásticas no Movimento Modernista dos Anos 20", *Textos do Trópicos de Capricórnio: Artigos e Ensaios (1980-2005)*, São Paulo, Editora 34, 2006.
17 A conferência "O Esforço Intelectual do Brasil Contemporâneo", realizada na Sorbonne, foi publicada em francês na *Revue de l'Amérique Latine*, ano 2, n. 5, jul. 1923. No mesmo ano, foi traduzida para português e publicada na *Revista do Brasil*, n. 96, dez. 1923. Oswald de Andrade, *A Utopia Antropofágica*, Coleção Obras Completas de Oswald de Andrade, 4. ed., São Paulo, Globo, 2011. O texto será analisado no segundo capítulo.

uma tentativa de compreensão do desenvolvimento do pensamento de Oswald de Andrade sobre arte, mas apenas uma apresentação e contextualização de alguns textos publicados pelo escritor.

Algumas considerações importantes sobre os artigos publicados pelo autor durante a Semana de Arte Moderna podem ser encontradas também em *O Futurismo Paulista*, de Annateresa Fabris. Em seus livros sobre Candido Portinari[18], a mesma autora comenta, ainda que de forma também breve, os textos de Oswald de Andrade sobre o pintor, escritos na década de 1930.

Mais recentemente, as relações de Oswald de Andrade com Lasar Segall, Patrícia Galvão (Pagu) e Tarsila do Amaral foram abordadas em exposição organizada pelo Museu Lasar Segall. No texto para o catálogo, a curadora Gênese Andrade[19] investiga e mapeia os intercâmbios entre esses personagens do modernismo brasileiro, concentrando-se especialmente nos retratos que os artistas fizeram dos escritores, assim como em depoimentos de diários e cartas. Gênese Andrade também publicou um artigo no qual discute a visualidade da poesia de Oswald de Andrade nos livros *Pau Brasil* e *Primeiro Caderno do Aluno de Poesia Oswald de Andrade*. Em sua análise, a autora aponta relações interessantes entre os poemas do autor e os desenhos que os acompanham nos dois livros, chamando atenção ainda para cruzamentos possíveis entre poemas de *Pau Brasil* e pinturas de Tarsila do Amaral. Nesse sentido de aproximações com a obra da artista paulista, sempre focadas na década de 1920, podem ser mencionados ainda os ensaios de Jorge Schwartz "Tarsila e Oswald na Sábia Preguiça Solar"[20], e de Sergio Miceli, "Tarsila do Amaral: A Substituição de Importações Estéticas"[21].

Embora sejam trabalhos importantes, deve-se ponderar que eles tornam evidente que os escritos sobre arte de Oswald de Andrade, assim como suas relações com artistas brasileiros e estrangeiros, não foram, até o momento, discutidos tendo como foco o movimento de seu pensamento sobre arte e a posição que as artes

---

18 Annateresa Fabris, *Portinari, Pintor Social*, São Paulo, Perspectiva/Edusp, 1990; Annateresa Fabris, *Candido Portinari*, São Paulo, Edusp, 1996, Coleção Artistas Brasileiros.

19 Gênese Andrade, "Do Brado ao Canto, Oswald de Andrade, Anos 1930 e 1940", *Pagu, Oswald, Segall*, Curadoria e coordenação editorial Gênese Andrade, Catálogo, São Paulo, Museu Lasar Segall/IMESP, 2009, pp. 7-23.

20 Jorge Schwartz, "Tarsila e Oswald na Sábia Preguiça Solar", *Fervor das Vanguardas: Arte e Literatura na América Latina*, 1. ed., São Paulo, Companhia das Letras, 2013.

21 Sergio Miceli, "Tarsila do Amaral: A Substituição de Importações Estéticas", *Nacional Estrangeiro*, São Paulo, Companhia das Letras, 2003.

visuais ocupam na experiência intelectual desse autor, ao longo de toda a sua trajetória. Os textos mencionados acima avaliam essas relações a partir de outros interesses, no caso, ou a Semana de Arte Moderna, ou as obras de Candido Portinari, Lasar Segall, Tarsila do Amaral e Pagu, no caso destas últimas tendo como parâmetro muitas vezes a relação amorosa do escritor com ambas ou a relação possível entre sua produção poética e a obra plástica da pintora paulista.

Se as posições do escritor, por exemplo, em textos como "Em Prol de uma Pintura Nacional" (1915), "A Exposição Anita Malfatti" (1918) ou nas colunas "Semana de Arte Moderna" (1922) já eram conhecidas, não existia ainda uma averiguação detalhada sobre como Oswald de Andrade passou de uma defesa de caráter naturalista da paisagem tropical como matéria de onde os pintores brasileiros deveriam extrair os motivos de seus quadros, para a defesa da "geometria pictórica" do cubismo. Uma primeira resposta poderia ser o contato com as obras de Anita Malfatti e Victor Brecheret. No entanto, a leitura de seus textos publicados entre 1916 e 1917 mostra que ele já vinha se afastando de uma noção mais restrita de naturalismo, uma vez que aparecem em seu vocabulário definições de arte como "reprodução comovida" e "expressão". O que explica sua tentativa de defesa da pintura de Anita Malfatti, em 1918, e sustenta sua valorização da escultura de Victor Brecheret entre 1920 e 1921. Mais do que ter sido "convertido" pelas obras desses artistas, Oswald de Andrade parece ter, antes, encontrado nelas algo que já vinha procurando. Nesse paulatino afastamento de critérios naturalistas na direção da defesa da "reação construtiva" cubista, a revista francesa *L'Esprit Nouveau*, leitura compartilhada pelo escritor com Mário de Andrade, desempenhou um papel importante, possivelmente determinando a orientação dos contatos feitos por Oswald de Andrade durante sua estadia em Paris, em 1923, uma experiência indubitavelmente basilar para a formação das ideias que defende ao longo da década de 1920.

A verificação de que esses movimentos não estavam ainda detalhadamente descritos em um estudo abrangente do desenvolvimento do pensamento do escritor sobre as artes visuais, determinou uma opção de cunho metodológico que se reflete no modo de exposição deste trabalho. Muito do que se apresenta do primeiro ao quarto capítulos assume por vezes um caráter descritivo, pois trata-se de uma tentativa de fixar e decupar o movimento do pensamento do autor em espécies de "quadros" dispostos cronologicamente. Procurou-se, então, avaliar cada um desses "quadros" tanto em sua posição na economia interna das ideias de Oswald de Andrade, quanto em relação a possíveis referências exteriores que provocaram alguma alteração naquele movimento. Por isso, o trabalho tem uma estrutura cronológica e linear de exposição da análise dos textos.

Essa opção traz em si o risco de assumir um caráter "evolutivo", desfeito, no entanto, pela própria natureza do material analisado, que se apresenta menos como sucessão do que como sedimentação de ideias. Se a exposição cronológica contém ainda o risco da monotonia de uma espécie de "linha do tempo", ela pareceu a mais indicada para esta primeira tentativa de análise abrangente de um pensamento sobre as artes visuais cuja expressão raramente revela com clareza seus movimentos e pressupostos. Este trabalho tem, portanto, um caráter mais horizontal do que vertical.

Espera-se, com isso, constituir uma base sobre a qual, futuramente, se possa realizar um trabalho de síntese, identificar eixos ou temas de maior relevo e aprofundá-los, para assim situar Oswald de Andrade no contexto mais amplo da história do pensamento sobre arte no Brasil.

Aos introduzir os textos reunidos na coletânea *Estética e Política*, Maria Eugenia Boaventura apresenta um dado interessante que auxilia na caracterização dos textos de Oswald de Andrade:

A incansável birra de Oswald em relação à artificialidade da retórica não arrefeceu a sua paixão pela oratória[22], em que se exercitava com muita eloquência. Isso explica a quantidade de conferências ou palestras, algumas construídas numa linguagem simples, em tom didático, às vezes sem aprofundamento, mas pinceladas de humor. Apesar do aspecto dispersivo no campo dos conceitos e exemplos emitidos, permanecem nesta seleção o brilhantismo das opiniões e o gosto pelo polêmico[23].

Em vários momentos deste trabalho optou-se por citações mais longas de seus textos, com o intuito de evidenciar as estratégias retóricas baseadas em inversões e aproximações inesperadas, afirmações e negações peremptórias, sínteses e saltos históricos drásticos, apresentados pelo escritor com ironia e humor. Isso porque são esses elementos que dão corpo ao texto, que produzem a experiência de leitura do texto oswaldiano e conduzem o movimento do pensamento do autor.

---

22 Oswald de Andrade foi primeiro orador do Centro Acadêmico XI de Agosto da Faculdade de Direito de São Paulo, em 1919, ano em que concluiu o Bacharelado em Direito.
23 Oswald de Andrade, *Estética e Política*, introdução e notas Maria Eugenia Boaventura, p. 9.

O primeiro capítulo se concentra em pouco mais do que a década inicial de atividade intelectual do escritor, abrangendo desde seu primeiro posicionamento sobre pintura conhecido, ocorrido em 1915, até sua atuação na imprensa antes e durante a Semana de Arte Moderna, em 1922. É nesse período que se delineiam algumas ideias que o escritor irá reelaborar ao longo de sua trajetória, como a relação entre arte e expressão, ou a preocupação com o caráter nacional da arte produzida no Brasil.

Por meio da análise de cartas e textos enviados durante sua estadia em Paris, em 1923, assim como de sua atuação na imprensa logo que retorna a São Paulo, em 1924, o segundo capítulo investiga em que medida as reflexões sobre arte promovidas pelo contato com artistas, escritores e poetas radicados na capital francesa modificaram ou rearranjaram ideias que Oswald de Andrade já vinha elaborando. Em alguns momentos, mostrou-se necessário um desvio do pensamento do escritor sobre arte para investigar outros temas, como suas posições a respeito da questão racial no Brasil, que tomam naquele momento um direcionamento que antes não existia. Desse processo surgirá o *Manifesto da Poesia Pau Brasil*, cujo conteúdo é atravessado por referências ao universo da visualidade.

Segue-se, no terceiro capítulo, para uma discussão das intervenções de Oswald de Andrade na imprensa, entre os anos de 1924 e 1930, período de intensos debates artísticos e políticos no Brasil, que resultam na fragmentação do movimento modernista em diferentes grupos, entre os quais aquele que vai se reunir em torno da *Revista de Antropofagia*. Esse é também o período de realização das exposições de Tarsila do Amaral em Paris e de suas primeiras exposições individuais no Brasil, ocorridas em 1929, no Rio de Janeiro e em São Paulo. Oswald de Andrade participa ativamente nesse processo de consolidação da carreira da pintora, sendo sua obra um dos principais objetos que aparecem nos textos sobre arte do escritor nesse período, ao lado de uma valorização do patrimônio artístico colonial e da arte popular. No final desse período, porém, ao comentar a *Exposição de uma Casa Modernista*, realizada em 1930, em São Paulo, o escritor já entendia que o "ciclo de combate" do movimento modernista havia se encerrado, indicando os novos direcionamentos que seu pensamento sobre arte assume na década de 1930.

O quarto capítulo é o mais abrangente em termos cronológicos, discutindo o pensamento de Oswald de Andrade sobre arte entre 1930 de 1945, ano de lançamento tanto do volume de ensaios *Ponta de Lança*, quanto do segundo volume do ciclo de romances *Marco Zero*. Nesse período, Oswald de Andrade se aproxima do comunismo e promove uma reflexão autocrítica de sua obra que irá penetrar em seus posicionamentos sobre arte. Em 1933, o escritor tem contato com as ideias do pintor muralista mexicano David Siqueiros, por ocasião de sua passagem por São Paulo, e passa a defender a pintura mural como uma forma artística que poderia participar da produção de uma sociedade socialista e coletivista, que Oswald de Andrade acreditava estar em vias de se constituir. No entanto, como se verá, o escritor não abandona totalmente ideias que defendeu na década de 1920 e faz uma leitura da obra de Candido Portinari que, ao lado da defesa do muralismo, contém elementos tanto do modo como ele compreendeu o cubismo, quanto de um entendimento antropofágico do processo criativo do artista. Paralelamente, Oswald de Andrade também se aproxima de Flávio de Carvalho e, já na década de 1940, de Lasar Segall. O escritor propõe uma leitura da obra do artista lituano como parte de uma reflexão sobre as origens do retrato e da pintura moderna, que vinha sendo objeto de uma tentativa de genealogia desde fins da década de 1930, sob a denominação de "pintura infeliz".

1945 figura como marco final desta investigação do pensamento sobre arte de Oswald de Andrade por duas razões. A primeira é o entendimento de que, com a publicação do romance *Marco Zero* e do volume de ensaios *Ponta de Lança*, o pensamento do escritor sobre arte, na década de 1940, está consolidado. *Ponta de Lança* inclui o texto de uma conferência na qual Oswald de Andrade expôs o modo como buscou inserir em *Marco Zero* sua percepção da situação dos debates artísticos em São Paulo na década de 1930, e também o texto "A Evolução do Retrato", no qual traça uma análise das origens do retrato entendido como imagem fixada de um indivíduo, que se cruza com seu entendimento do que era a "pintura infeliz" produzida pelo isolamento do artista na sociedade capitalista. Trata-se do momento de elaboração mais densa de suas ideias sobre arte, expostas tanto no romance quanto nos textos acima mencionados. As intervenções posteriores do escritor sobre arte pouco acrescentam ao panorama que ele constrói entre 1938 e 1945.

A segunda razão diz respeito às alterações que se produziram na própria dinâmica do meio artístico paulistano na segunda metade da década de 1940, com a criação, para citar apenas três exemplos, da Galeria Domus, do Museu de Arte de São Paulo e do Museu de Arte Moderna de São Paulo. Uma investigação do modo como Oswald de Andrade acompanhou e participou desse novo ambiente e de seus posicionamentos sobre arte, entre 1945 e 1954, fugia às possibilidades de realização deste trabalho. Especialmente pelo fato de que é nesse período que o escritor se aproxima da filosofia existencialista e reelabora as teses da antropofagia, o que precisaria ser levado em conta nessa análise. Têm-se aí, no entanto, um objeto de pesquisa do maior interesse.

O quinto e último capítulo propõe uma leitura dos romances *Os Condenados* (1922-1934) e *Marco Zero* (1943-1945), dentro do recorte específico deste trabalho, que é a relação com as artes visuais. No caso do primeiro, propõe-se uma leitura do primeiro volume da trilogia que o aproxima do álbum *Fantoches da Meia Noite*, de Di Cavalcanti. A partir do segundo volume, ganha destaque o personagem Jorge d'Alvelos, inspirado em Victor Brecheret. Algumas cenas do romance serão discutidas tendo em vista os posicionamentos do escritor sobre o escultor na década de 1920. Quanto a *Marco Zero*, a análise se concentra em dois aspectos: o fato de Oswald de Andrade ter pretendido criar um "romance mural" ou "afresco social", como ele mesmo afirmou, e que parte desse projeto envolvia uma investigação da situação dos debates artísticos em São Paulo, na década de 1930, realizada por meio da inserção no romance de dois personagens pintores, que representam visões antagônicas.

Na sequência, será discutido o livro de poesias *Pau Brasil* (1925), tanto no que diz respeito ao diálogo entre a poesia oswaldiana e os desenhos de Tarsila do Amaral que acompanham o volume, quanto no que concerne às relações possíveis de se estabelecer entre alguns poemas e questões discutidas por Oswald de Andrade em seus textos sobre arte publicados até aquele momento. Um deles, por exemplo, é a possível revisão da posição do escritor sobre a relação entre arte e imagem fotográfica, exposta em alguns de seus artigos publicados entre 1917 e 1921. Por fim, discute-se seu segundo livro de poesias, *Primeiro Caderno do Aluno de Poesia Oswald de Andrade* (1927), no qual se aprofunda a relação entre os poemas e os desenhos que os acompanham, dessa vez realizados pelo próprio autor.

A respeito da análise que se propõe aqui de fragmentos das obras poéticas e romances de Oswald de Andrade, cabem ainda algumas considerações metodológicas. Em *Joyce's Visible Art*, Archie Loss (1984) propõe uma leitura da obra de James Joyce, cruzando-a também com as artes visuais, a partir de dois eixos: o primeiro, centrado em obras de início de carreira, como *Retrato do Artista Quando Jovem*, parte de uma abordagem temática e iconográfica, identificando motivos recorrentes em cenas da narrativa e em pinturas de artistas como Edvard Munch e Max Klinger, e argumentando que Joyce compartilharia com esses artistas um mesmo espírito de época do começo do século XX. No segundo eixo, a análise de *Ulysses* leva a aproximações com o cubismo e o dadaísmo. Nesse caso, porém, a aproximação não é mais de ordem iconográfica, mas de procedimentos criativos, divididos em três níveis: a) a abordagem da narrativa em *Ulysses* seria comparável à concepção espaço-temporal descontínua da obra cubista; b) o uso dos materiais e técnicas literárias seria próximo ao processo da colagem; c) a obra como um todo conteria uma crítica a toda produção artística anterior, pondo em xeque a própria arte e o processo criativo literário, no caso de Joyce, plástico-visual, nos cubistas e dadaístas.

A abordagem que este trabalho propõe se assemelha à de Loss, na medida em que aproxima cenas de romances e trechos de poemas a obras visuais de artistas contemporâneos a Oswald de Andrade, como Di Cavalcanti, Victor Brecheret e Tarsila do Amaral, sob a dupla perspectiva dos motivos iconográficos e dos procedimentos criativos. Além disso, especificamente o romance *Marco Zero* é enunciado pelo autor como um "romance mural", o que de saída já constitui uma aproximação com as artes visuais. Cabia investigar quais recursos literários Oswald de Andrade desenvolveu para concretizá-la.

Aos dois eixos propostos por Loss, acrescentou-se ainda uma investigação sobre as menções a artistas, eventos e debates artísticos reais que se encontram nos romances de Oswald de Andrade, e que podem ser consideradas, ao lado de seus artigos e conferências, como uma forma de posicionamento do escritor sobre arte.

◆

Por fim, cabe mencionar ainda que este trabalho se insere em um conjunto de estudos recentes no âmbito acadêmico (pelo menos desde a década de 1990), que investigam o envolvimento e importância, nos debates sobre arte no Brasil, de intelectuais ligadas à literatura — casos de Felix Ferreira e Gonzaga Duque, no século XIX; Monteiro Lobato, Mário de Andrade, Sergio Milliet, Lourival Gomes Machado no século XX[24]. Se isso denota um claro avanço no sentido do

---

24 Tadeu Chiarelli, "Gonzaga-duque: A Moldura e o Quadro da Arte Brasileira"; *Um Jeca nos Vernissages*; *Pintura Não é só Beleza...*; *Um Modernismo que Veio Depois. Arte no Brasil: Primeira Metade do Século XX,* São Paulo, Alameda, 2012; Lisbeth Rebollo Gonçalves, *Sérgio Milliet, Crítico de Arte*, São Paulo, Perspectiva/Edusp, 1992; Leticia Squeff, *O Brasil nas Letras de um Pintor...*; Ana Candida Franceschini de Avelar Fernandes, *Por uma Arte Brasileira: Modernismo, Barroco*

conhecimento da história das ideias sobre arte no Brasil, há ainda muito a se fazer. Evidência disso é o fato de que textos importantes sobre arte escritos por Oswald de Andrade jamais foram republicados — nem mesmo em coletâneas de artigos que integram suas obras completas. Isso demonstra o quanto permanece ainda obscuro e restrito a poucos pesquisadores esse aspecto da experiência intelectual de um autor cuja importância na história do pensamento brasileiro é reconhecida e consolidada.

O que este trabalho propõe, antes de mais nada, é preencher essa lacuna, considerando o pensamento sobre arte e as relações de Oswald de Andrade com o meio artístico paulista, entre as 1915 e 1945. O autor das *Memórias Sentimentais de João Miramar* pôde acompanhar desde as primeiras manifestações e embates em torno da arte moderna em São Paulo até o surgimento do Museu de Arte Moderna e de sua Bienal, em 1951. Viveu e participou de um período histórico importante para São Paulo e para a construção de um espaço para a arte moderna na cidade e no país. Como redator do *Jornal do Commercio*, escreveu entre 1917 e 1918 sobre exposições de alguns artistas ocorridas na capital paulista, e respondeu à crítica de Monteiro Lobato à exposição de Anita Malfatti; junto com Menotti del Picchia, conheceu e ajudou a divulgar a obra de Victor Brecheret, no início dos anos 1920; participou não só da Semana de Arte Moderna, mas dos debates na imprensa paulista suscitados antes, durante e depois do evento; sua trajetória está diretamente ligada às duas fases mais conhecidas da pintura de Tarsila do Amaral, Pau Brasil e Antropofagia; acompanhou e se posicionou sobre o desenvolvimento da obra de Portinari ao longo da década de 1930; aproximou-se de Flávio de Carvalho e frequentou o Clube dos Artistas Modernos; participou do segundo Salão de Maio, em 1938, proferindo uma conferência importante; defendeu a obra de Lasar Segall, nos anos 1940, julgando a tela *Navio de Imigrantes* a pintura mais importante realizada no Brasil nesse período e posicionando-se a favor da pintura de Segall e contra a pintura tida como "oficial" de Candido Portinari; presenciou o surgimento e escreveu sobre as obras de Alberto da Veiga Guignard; acompanhou o início da trajetória de Alfredo Volpi[25]; esteve na inauguração e escreveu

---

*e Abstração Expressiva na Crítica de Lourival Gomes Machado*, Tese de Doutorado em Artes Visuais, Escola de Comunicações e Artes, Universidade de São Paulo, 2012.

25 Ver "O Caso Volpi", *Correio da Manhã*, 27 abr. 1944. Republicado em Oswald de Andrade, *Telefonema*, organização, introdução e notas Vera Maria Chalmers, 2. ed, São Paulo, Globo, 2007, p. 132, Coleção Obras Completas de Oswald de Andrade.

sobre a primeira exposição de José Antônio da Silva, na Galeria Domus, em 1948; participou das movimentações em torno da criação de um Museu de Arte Moderna em São Paulo e esteve nas duas primeiras Bienais de São Paulo (1951 e 1953), que comentou em sua coluna "Telefonema"[26], no jornal carioca *Correio da Manhã*.

Enfim, Oswald de Andrade participou desse importante período da história do modernismo no Brasil, período de disputas e debates no campo artístico e social, nos quais tomou parte e se posicionou, sem receio de se contradizer e se reavaliar, mantendo sempre o espírito polêmico que é a marca de sua trajetória como intelectual. Faltava uma pesquisa que considerasse de modo abrangente a relação desse agente importante do modernismo paulista com as artes visuais. Trazer ao debate acadêmico a posição que as artes visuais ocupam na experiência intelectual de Oswald de Andrade, compreendendo-a como fundamental em sua formação e atuação, é a contribuição que esta pesquisa propõe no âmbito da história das ideias sobre arte no Brasil.

---

26 "Tapa na Cara n. 1", "Tapa na Cara n. 2" e "Tapa na Cara n. 3", *Correio da Manhã*, 16, 17 e 18 de fevereiro de 1954. Republicado em Oswald de Andrade, *Telefonema*, pp. 610-613.

# Capítulo 1

# Em prol de uma arte nova

1.  Entre a originalidade geográfica e a visão tropical

> *Diante da paisagem, o nosso homem choca-se então positivamente: — Oh! Isto não é paisagem! Que horror, olhe aquele maço de coqueiros quebrando a linha do conjunto! Não percebe ele, da paisagem, senão a noção polida e calma. E porque se impressionou nas suas vilegiaturas pela França, onde o contato secular da terra com o homem fez tudo cultivado, reduzido à expressão complacente, ajardinado por assim dizer, ei-lo tomando-se de pavor diante da nossa natureza tropical e virgem, que exprime luta, força desordenada e vitória contra o mirrado inseto que a quer possuir. No entanto, daí quanta sugestão exuberante, violentamente emotiva, não poderia dar a temperamentos de escolha a chance de criar uma grande escola de pintura nacional. [...] incorporados ao nosso meio, à nossa vida, é dever deles tirar dos recursos imensos do país, dos tesouros de cor, de luz, de bastidores que os circundam, a arte nossa que se afirme, ao lado do nosso intenso trabalho material de construção de cidades e desbravamento de terras, uma manifestação superior de nacionalidade*[1].

---

1 Oswald de Andrade, *Estética e Política*, organização, introdução e notas Maria Eugenia Boaventura, 2. ed. rev. e ampl., São Paulo, Globo, 2011, p. 211, grifos nossos.

O trecho acima constitui o núcleo argumentativo de "Em Prol de uma Pintura Nacional", primeiro texto sobre pintura escrito por Oswald de Andrade e publicado, em 2 janeiro de 1915, na revista *O Pirralho*[2]. Trata-se de uma reação veemente à atitude de desprezo em relação à paisagem brasileira notada pelo autor nos artistas paulistas que retornavam ao país, após período de estudos na Europa patrocinado pelo programa de Pensionato Artístico do Governo do Estado. Reação provavelmente motivada pela chegada de vários desses pensionistas, logo que estourou a Primeira Guerra Mundial[3]. Havia em São Paulo um grupo de artistas em cujo estudo o Estado havia investido, mas que, na opinião do escritor, não contribuía para a criação de uma escola de pintura nacional, faltando assim com seu *dever* enquanto artistas brasileiros. Alguns elementos chamam atenção nessa crítica de Oswald de Andrade aos resultados do Pensionato Artístico. O primeiro deles tem relação com o próprio objetivo da iniciativa. Criado em 1912, vinculado à Secretaria de Estado do Interior e concretizando proposta existente desde a década de 1890[4], o principal objetivo do Pensionato Artístico era suprir a carência de uma instituição de ensino artístico na cidade de São Paulo, que contava naquele momento apenas

---

2   Em 1914, ano em que se iniciava a Primeira Guerra Mundial, Oswald de Andrade retoma sua colaboração no semanário *O Pirralho*, de que fora um dos fundadores, três anos antes. Após um período de afastamento motivado, em parte, por sua primeira viagem pela Europa (entre fevereiro e setembro de 1912) e, em parte, por razões econômicas envolvendo a venda de terrenos que seu pai possuía em São Paulo, sua nova colaboração se dá fundamentalmente na seção de rodapé intitulada "Lanterna Mágica". Nela, Oswald de Andrade publicará reflexões de natureza variada, abrangendo desde comentários sobre episódios da Guerra, relatos sobre conferências em que esteve presente, impressões sobre a passagem pelo país do campeão mundial de boxe Jack Johnson, até pequenos textos ficcionais e artigos sobre teatro, literatura e pintura.

3   No início do texto, Oswald de Andrade se refere diretamente aos pensionistas: "Agita-se por São Paulo um movimento desusado de artistas pintores. São os nossos pensionistas do Estado, que a guerra obrigou a deixar a vida pitoresca dos ateliês e dos *quartiers* [...]" (Oswald de Andrade, *Estética e Política*, p. 209). Segundo a tabela que apresenta os locais e períodos de estudos na Europa dos pensionistas de artes plásticas, elaborada por Marcia Camargos, *Entre a Vanguarda e a Tradição: Os Artistas Brasileiros na Europa (1912-1930)*, São Paulo, Alameda, 2011, p. 104, seis artistas tiveram a bolsa de estudos encerrada no ano de 1914: Alípio Dutra, Diógenes Campos Ayres, Helena Pereira da Silva Ohashi, José Monteiro França, Paulo do Valle Júnior e Paulo Vergueiro Lopes Leão. Entre 1915 e 1916 retornaram ao país ainda José Wasth Rodrigues, os irmãos Dario e Mario Villares Barbosa e o escultor Marcelino Vélez. Além dos pensionistas, vale lembrar que, em 1914, também Anita Malfatti havia regressado ao país, depois de uma temporada de estudos na Alemanha, financiados pela família. A artista realizou sua primeira individual em São Paulo naquele ano.

4   Marcia Camargos, *Entre a Vanguarda e a Tradição...*, p. 60.

com os cursos oferecidos pelo Liceu de Artes e Ofícios, mais voltados ao ensino da arte aplicada à indústria, e com as aulas ministradas por professores particulares[5]. Antes de criar uma escola de pintura nacional, portanto, a proposta da bolsa de estudos era clara: "será seu intuito principal, para não dizer seu único objetivo, a instrução teórica e prática, visando, por uma equilibrada e gradativa distribuição dos conhecimentos ministrados, habilitar os que quiserem dedicar a sua atividade à profissão artística", diz o relatório apresentado ao Presidente do Estado, Rodrigues Alves, pelo Secretário do Interior, Afonso Arinos, em 1912[6]. Ao reivindicar que era *dever* dos pensionistas trabalhar para a criação de uma escola de pintura nacional, Oswald de Andrade realiza dois movimentos: por um lado, dá um passo além em relação aos objetivos originais do Pensionato, buscando promover uma orientação estética definida que justifique o investimento do Estado na formação dos artistas; por outro, não reconhece que, até aquele momento, as várias gerações de pintores brasileiros formados pela Academia Imperial de Belas-Artes e, depois, pela Escola Nacional de Belas-Artes, haviam criado uma escola de pintura nacional[7]. Havia apenas uma exceção.

Essa exceção está ligada a outro elemento que merece destaque no argumento do escritor: a ideia de que a fonte para a construção da pintura nacional estaria na natureza brasileira. Tal como sugere Mário da Silva Brito[8], apesar dos muitos acontecimentos que separam a publicação desse texto e o surgimento do *Manifesto Antropófago* em 1928, havia aí já um embrião de projeto, uma proposta esboçada no pensamento de Oswald de Andrade para a criação artística brasileira. Essa proposta apontava a paisagem, ou melhor, a natureza tropical exuberante e virgem,

---

5   Um panorama mais abrangente da situação da arte em São Paulo nas duas primeiras décadas do século XX, desde exposições realizadas, cursos de ensino artístico, situação do colecionismo e espaços de exposição pode ser encontrado em Tadeu Chiarelli, *Um Jeca nos Vernissages*, pp. 45-67.
6   Marcia Camargos, *Entre a Vanguarda e a Tradição...*, p. 58.
7   Para uma apreciação do debate em torno da possibilidade de uma escola brasileira de pintura, no interior da Academia Imperial de Belas-Artes, e da inserção das pinturas de Almeida Júnior nesse debate, ver os a introdução de Tadeu Chiarelli ao livro *Arte Brasileira*, de Gonzaga Duque, e os capítulos "A Questão do Realismo e da 'Escola Brasileira': Os Fundamentos da Academia e sua Crítica no Contexto da Exposição de 1879" e "'O Criador da Pintura Nacional' — A Solução Paulista ao Problema da Escola Brasileira", em Fernanda Pitta, *Um Povo Pacato e Bucólico: Costume, História e Imaginário na Pintura de Almeida Júnior*, São Paulo, Escola de Comunicações e Artes, Universidade de São Paulo, 2013 (Tese de Doutorado).
8   Mário da Silva Brito, *História do Modernismo Brasileiro: Antecedentes da Semana de Arte Moderna*, 4. ed., Rio de Janeiro, Civilização Brasileira, 1974, p. 35.

em tensão com o "mirrado inseto" humano que a queria possuir, como um fator que poderia alicerçar a criação de uma arte nacional. E para defender a viabilidade dessa proposta, o escritor apresenta um "precursor, encaminhador e modelo" para aquela escola de pintura por vir. Trata-se de um ex-aluno paulista da Academia Imperial de Belas-Artes, o pintor ituano José Ferraz de Almeida Júnior. A respeito de suas pinturas, Oswald de Andrade se manifesta nos seguintes termos:

Os seus quadros, se bem que não tragam a marca duma personalidade genial, estupenda, fora de crítica, são ainda o que podemos apresentar de mais nosso como exemplo de cultura aproveitada e arte ensaiada.

É assim que vemos nele posta em quadros que ficaram célebres a tendência do tipo nosso, em paisagem, em estudos isolados de figura ou composições históricas de grupos[9].

Para além de obras mais conhecidas como *Caipira Picando Fumo* (1893) ou *Caipiras Negaceando* (1888), o quadro *Paisagem do Sítio Rio das Pedras* (1899) [Figura 1] é um bom exemplo do que pode ser essa qualidade percebida por Oswald de Andrade na obra de Almeida Júnior, aplicada à representação da natureza brasileira. Nela, vê-se o riacho correndo para dentro de uma vegetação densa, que obstrui a visão do horizonte, deixando aberto apenas um pequeno pedaço de céu. Não há caminho aberto, nem cultivo ou ajardinamento, apenas a "força desordenada" da natureza tropical desafiando a presença humana, que não parece ter realizado ali nenhum trabalho. Há um tratamento da paisagem no qual a natureza se impõe sem ser dominada pela vista. Não há distância e a visão é engolida pela mata.

É curioso, no entanto, que o escritor não reconheça na obra de nenhum dos pintores paisagistas radicados no Rio de Janeiro qualquer tentativa no sentido que ele apontava. Tome-se, por exemplo, a obra de Giovanni Battista Castagneto. Como não reconhecer nas marinhas luminosas do pintor a dedicação à pesquisa dos nossos "tesouros" de cor e de luz que Oswald de Andrade recomendava? Uma resposta possível é que Castagneto era um imigrante italiano; outra, é que a natureza brasileira que o escritor desejava que fosse explorada era a natureza do interior e não mais do litoral, como vinha sendo ao longo do século XIX e início do XX, no contexto acadêmico e mesmo fora dele (como os pintores do chamado Grupo Grimm).

---

9  Oswald de Andrade, *Estética e Política*, pp. 209-210.

Figura 1. José Ferraz de Almeida Júnior, *Paisagem do Sítio Rio das Pedras*, 1899. Óleo sobre tela 57x35 cm, Pinacoteca de São Paulo, São Paulo. Transferência do Museu Paulista.

De todo modo, ao destacar nas obras de Almeida Júnior a tentativa de fixar a "tendência do tipo nosso" em diferentes gêneros pictóricos, Oswald de Andrade está em harmonia com a orientação dos textos sobre arte que circulavam em parte da imprensa paulista na década de 1910. Tadeu Chiarelli analisa essa produção textual a partir da divisão entre as noções de crítica de serviço e crítica militante[10]. A crítica de serviço, quase sempre anônima, tinha como característica a descrição da produção, pontuando suas qualidades e deficiências, bem como sua possível importância para a cena artística de São Paulo, procurando com isso orientar tanto o artista em seu encaminhamento profissional, quanto o gosto do público na aquisição de obras expostas, assim como possíveis aquisições do governo para a Pinacoteca do Estado de São Paulo[11]. Ainda segundo Chiarelli, a crítica de serviço do jornal *O Estado de S. Paulo* também mantinha desconfiança quanto à eficácia do Pensionato Artístico do Estado:

Dentro do nacionalismo comedido que caracterizará boa parte de seus textos, ela sempre que possível externará seus temores quanto à possibilidade de o jovem artista paulista "desnacionalizar-se" em contato com a arte europeia, pelo fato de ir para aquele continente sem preparo maior em solo brasileiro[12].

Já na crítica militante, Chiarelli identifica de forma mais explícita "o desejo de intervir decisivamente na cena artístico-cultural, propondo sua transformação, sempre a partir de um parâmetro ético, estranho à especificidade artística"[13]. E nos casos discutidos pelo autor, o jornal *O Estado de S. Paulo* e a *Revista do Brasil*, dos quais Monteiro Lobato era o crítico militante de maior destaque e qualidade, esse parâmetro era o nacionalismo[14]. As principais características do nacionalismo de Lobato eram as seguintes, segundo o autor:

10   O autor focaliza o jornal *O Estado de S. Paulo* e a *Revista do Brasil*.
11   Tadeu Chiarelli, *Um Jeca nos Vernissages*, p. 71. Nas demais menções se utilizará aqui Pinacoteca de São Paulo, nomenclatura adotada atualmente pela instituição.
12   *Idem*, p. 74.
13   *Idem*, p. 70.
14   Chiarelli pontua ainda que mesmo na crítica de serviço dos dois veículos é possível encontrar traços desse parâmetro nacionalista, pelo uso de um repertório naturalista de teor nacional, embora sem se estabelecer como um programa definido, tal como ocorrerá com a crítica de Monteiro Lobato.

Até o início dos anos 20, o nacionalismo de Lobato estará baseado, primeiro, num profundo sentimento de inadequação à sociedade brasileira culta da época; segundo, na percepção de que o brasileiro das cidades é descaracterizado, inautêntico, arrivista, etc., e, terceiro, na consciência de que, pelo menos na área rural, o brasileiro é mais característico, pois, vivendo quase como um animal, estaria mais próximo da natureza[15].

Aí estaria a base ética na qual se fundamentava o que Chiarelli nomeia de "caráter regenerador" da crítica de arte de Monteiro Lobato[16]. Percebe-se nesse caráter uma afinidade com o pensamento de Oswald de Andrade, mais claramente nos dois primeiros tópicos mencionados pelo autor. Desse modo, a investida de Oswald de Andrade contra o Pensionato e a atitude dos artistas que regressavam da Europa pode ser entendida como parte de um movimento de questionamento dos valores e influências que orientavam o ainda incipiente processo de formação de artistas em São Paulo. E cabe observar que esse tipo de crítica, tanto ao senador José de Freitas Valle, que presidia o Pensionato e acompanhava as atividades dos bolsistas na Europa, quanto aos artistas que voltavam "afrancesados" do período de estudos, vinha sendo feito de diferentes maneiras nas páginas de *O Pirralho*, já entre os anos de 1911 e 1913. Veja-se, por exemplo, a capa da edição de número 19, de 16 de dezembro de 1911, em que a figura do menino símbolo da publicação, aparentemente saindo da Exposição Brasileira de Belas-Artes realizada naquele ano, aparece vestindo um enorme laço, um chapelão e carregando uma bengala e telas enroladas [Figura 2].

Mesmo antes da instituição do Pensionato, portanto, *O Pirralho* já zombava do que seriam índices exteriores de aculturação exibidos pelos artistas brasileiros formados na Europa, como depois Oswald de Andrade fará, referindo-se aos pensionistas regressos como "diferentes dos outros, alguns escandalosamente diferentes procurando recompor a decaída visão do artista cabeludo"[17]. Em várias edições da revista, do ano de 1913, o senador Freitas Valle, seu gosto artístico e suas aspirações literárias serão satirizados. Valle é qualificado por *O Pirralho* como fundador da "escola rebentada", em referência ao seu livro de poemas e traduções,

---

15  *Idem*, p. 124.
16  Pela importância que teve no cenário dos debates sobre arte no período em questão neste capítulo, e também pela interlocução mantida com Oswald de Andrade, Lobato irá aparecer com alguma frequência ao longo das análises apresentadas a seguir.
17  Oswald de Andrade, *Estética e Política*, p. 209.

publicado em 1887, intitulado *Rebentos*. Os redatores de *O Pirralho* não perdiam a oportunidade de mencionar jocosamente o entusiasmo de Valle pela pintura dos irmãos espanhóis Augustin e Juan Pablo Salinas, duramente criticados pela revista nos comentários à exposição realizada por ambos em São Paulo, em 1912[18]. Também em 1913[19], aproveitando-se do episódio do roubo da *Mona Lisa* do Museu do Louvre, S. Machado publica uma pequena crônica na qual sugere que, por vias estranhíssimas, a pintura teria vindo parar no Brasil, estando escondida em uma chácara na Vila Mariana, certamente menção à Villa Kyrial, onde vivia o senador mecenas, situada naquele bairro paulistano. Em uma nota de 1914[20], a revista questiona ainda a reprovação, por motivo de idade e falta de aptidões, do escultor Motta Mello e sugere que o artista teria sido reprovado porque "não se curvou aos potentados que discricionariamente monopolizam as vagas do Pensionato".

Como se vê, a relação de *O Pirralho* com o meio artístico paulistano existia desde antes da intervenção de Oswald de Andrade comentada acima[21]. Além das críticas a Freitas Valle e ao Pensionato, a revista publicava regularmente apreciações, algumas não assinadas, outras sob pseudônimos, a respeito de exposições coletivas ou individuais de artistas de passagem por São Paulo. E não raro esses artistas e exposições eram também objeto das caricaturas de Voltolino, pseudônimo de João Paulo Lemmo Lemmi, a grande estrela da publicação. Assim, em 21 de outubro de 1911, a revista anunciava para dezembro daquele ano a abertura de uma Exposição Brasileira de Belas-Artes, em São Paulo, com a presença dos principais artistas de todo o país, mesmo aqueles que se encontravam fora do Brasil. Como incentivo ao público e para atestar a importância da mostra, publica reproduções das pinturas *Fantasia* (1909), de Antônio Parreiras, e *Despertar de Ícaro* (1910), de Lucílio de Albuquerque. O quadro deste último aparecerá em charge de Voltolino, duas edições depois, sob o título "D'après Lucílio de Albuquerque".

18   *O Pirralho*, n. 59, 21 set. 1912.
19   *O Pirralho*, n. 123, 27 dez. 1913.
20   *O Pirralho*, n. 140, 25 abr. 1914.
21   Para o objetivo aqui proposto, não será o caso de analisar a importância do semanário na dinâmica cultural da chamada *belle époque* paulistana. O trabalho de Renata de O. Carreto em *O Pirralho: Barulho e Irreverência na Belle Époque Paulistana*, 2011, dá a dimensão dessa importância e oferece um panorama da publicação, discutindo as diferentes seções, posições políticas, colaboradores e linhas editoriais ao longo de sua existência.

Figura 2. Capa da revista *O Pirralho*, n. 19, São Paulo, 16 dezembro 1911.

A tela do pintor, uma ode à aviação, transforma-se no seu oposto sob a pena de Voltolino. No lado direito, com seu Santos-Dumont Demoiselle[22], o desenhista insere um aviador acidentado (talvez o próprio Santos Dumont) e no canto oposto Ícaro, com um sorriso de aprovação, diz — "viu como é gostoso?". É como se Voltolino partisse da tela de Albuquerque para representar o momento seguinte, quando os destinos de Ícaro e do aviador moderno seriam o mesmo: a queda.

Essa atitude irreverente frente à pintura também se dirige à história da arte. Em 1911, a célebre *Mona Lisa*, de Leonardo Da Vinci, como foi mencionado, foi roubada do Museu do Louvre, a ele retornando apenas em 1914. Quando do retorno da pintura ao museu, ela foi alvo não apenas de várias caricaturas, mas também de uma curiosa antecipação involuntária da obra *L.H.O.O.Q.* (1919), de Marcel Duchamp, nas páginas de *O Rigalegio*[23]. Na ilustração, no lugar do rosto da Mona Lisa aparece o retrato do então presidente marechal Hermes da Fonseca, alvo predileto da verve satírica de *O Pirralho*.

Outro aspecto da relação de *O Pirralho* com as artes visuais, ainda em chave burlesca, diz respeito à utilização do termo futurista pela publicação. Já em 1912, nas "Cartas d'Abax'O Pigues", o personagem Juó Bananère, criado por Alexandre Marcondes Machado, divulgava jocosamente "sonetos futuristas". Explicando o que seria o futurismo, ele o associa à representação da passagem do tempo, usando o seguinte exemplo: se Voltolino tivesse que fazer a caricatura futurista do Conselheiro Brotero, em vez de pintar as barbas de preto, pintaria de branco, como elas ficariam quando ele estivesse velho[24]. O mesmo sentido de futurismo como projeção no futuro aparece na capa da edição número 100[25]. Sempre sistematicamente zombando da figura do presidente Hermes da Fonseca para criticar as políticas que implementava para o país, a revista publica o seu retrato futurista. A imagem exibe uma tela em um cavalete, com a figura do marechal desconjuntada sobre uma poltrona e abaixo a legenda: retrato do futuro [Figura 3]. Em

---

22 Também conhecido como Libelulle, modelo de avião criado por Santos-Dumont e cujo primeiro voo ocorreu em Paris, em 1907.
23 *O Rigalegio*, n. 127, 24 jan. 1914. A revista, na verdade, reproduz montagem publicada anteriormente pelo jornal carioca *O Imparcial*. "O Rigalegio" era uma das várias seções de *O Pirralho* que emulavam periódicos de comunidades imigrantes que circulavam em São Paulo.
24 *O Pirralho*, n. 63, 23 out. 1912.
25 *O Pirralho*, n. 100, 19 jul. 1913.

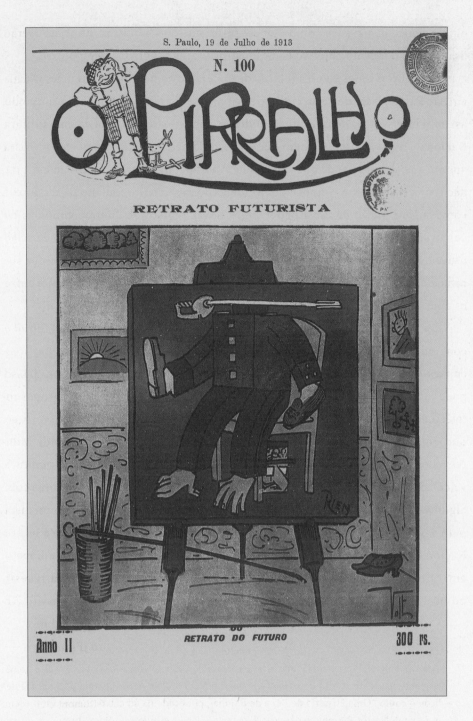

Figura 3. Capa de *O Pirralho*, n. 100, São Paulo, 19 de julho de 1913.

outras notas, expressões como "pincel futurista" ou "literatura futurista" serão usadas com o mesmo objetivo de desqualificar algum personagem político.

Essas observações sobre a relação de O Pirralho com o campo das artes visuais em São Paulo visam destacar a atitude crítica que marcava a publicação, situando, assim, a intervenção de Oswald de Andrade com o texto "Em Prol de uma Pintura Nacional" nesse contexto. Além disso, o uso da palavra "futurismo" pela revista aponta a possibilidade de que Oswald de Andrade, que viajara à Europa em 1912, não tenha exatamente "importado" as ideias do movimento italiano para o Brasil, como sugere Mário da Silva Brito[26], mas talvez tenha tido contato com elas na convivência da redação do semanário. Seja como for, o modo como O Pirralho usava o termo "futurismo" antecipa, em parte, como se verá adiante, um dos significados que essa palavra irá assumir nos debates artísticos em São Paulo, entre os anos de 1920 e 1922.

"Em Prol de uma Pintura Nacional" também marca a afinidade de O Pirralho com uma preocupação de orientação do público e dos artistas de São Paulo, preocupação manifesta, como foi visto, também em outros veículos de imprensa. Isso pode indicar a conexão do grupo que editava a publicação com outros grupos intelectuais atuantes em São Paulo no período. Mais especificamente, com o grupo que, em 1916, lançaria também a Revista do Brasil[27] e que tinha na figura de Monteiro Lobato, como foi visto, um dos responsáveis pelas ideias sobre arte e cultura veiculadas naquela publicação. Oswald de Andrade não só está em harmonia com algumas ideias de Lobato, em sua defesa de um naturalismo de viés regionalista para a arte brasileira, como, na verdade, as antecipa. "Em Prol de uma Pintura Nacional" antecede tanto o texto "A Caricatura no Brasil", publicado por Lobato entre 27 e 28 de janeiro de 1915, como também seu texto sobre Wasth Rodrigues[28], no qual o autor de Ideias de Jeca Tatu também expõe críticas ao Pensionato Ar-

---

26  Mário da Silva Brito, História do Modernismo Brasileiro, p. 29.
27  Amadeu Amaral, por exemplo, que estava à frente do projeto para a Revista do Brasil, é nome frequente nas dedicatórias de artigos e poemas em O Pirralho. A ele, Oswald de Andrade dedicou o conto "Uma História de Rei e de Rainha", publicado na edição de número 161. Além de Amaral, Nestor Pestana, redator do Estado de S. Paulo, e Júlio Mesquita, diretor do jornal, faziam parte desse grupo de intelectuais dedicado à valorização de um pensamento nacionalista na imprensa paulista.
28  Em 9 de janeiro de 1916, Lobato publicou no jornal O Estado de S. Paulo o artigo "A Propósito de Wasth Rodrigues". Uma análise do texto de Lobato encontra-se em Tadeu Chiarelli, Um Jeca nos Vernissages, pp. 132-137.

tístico e a Freitas Valle, além de condenar o excessivo francesismo do ambiente artístico paulista, apontando o caminho do interior do país como aquele a ser explorado pelo artista que quisesse escapar ao pastiche e buscar autenticidade. Amigos desde antes do ingresso de Oswald de Andrade na Faculdade de Direito do Largo São Francisco, em 1909, onde Lobato havia se formado e onde havia conhecido os amigos (alguns em comum entre ambos os escritores) com quem fundou o grupo do Cenáculo e o jornal *O Minarete*[29], em 1915, eles estavam em plena concordância quanto ao problema da nacionalidade — ou da falta dela — na pintura brasileira.

Àquela altura, Lobato já dispunha do espaço do jornal *O Estado de S. Paulo* para divulgação de suas ideias, alcançando repercussão considerável, desde a publicação do artigo "Velha Praga", que está na origem de seu livro *Urupês*. Reconhecendo em Lobato a possibilidade de uma interlocução importante, Oswald de Andrade responderá a seu texto sobre Wasth Rodrigues com o artigo "José Wasth", publicado alguns dias depois no jornal *Correio Paulistano*. Mesmo mantendo afinidades com o amigo, já é possível notar nesse texto algumas diferenças no pensamento de Oswald de Andrade.

O artigo inicia observando a junção curiosa de nomes que faria do pintor um homem "contemplativo e prático" por dupla marca, a do caipira (José) e a do inglês (Wasth)[30]. Wasth Rodrigues é qualificado então como o melhor pensionista do Estado, sendo lembrada como argumento de apoio sua participação no *Salon* de Paris. O escritor destaca a ida do artista, após o retorno ao Brasil, à cidade de Pirapora, onde vivera e estudara. Ali, prossegue Oswald de Andrade, o pintor assentou banco e cavalete "na lama dos caminhos" e produziu na tela "madrugadas roxas e tardes robustas", notáveis nos estudos de paisagem apresentados pelo pintor[31].

Na construção argumentativa de Oswald de Andrade, Wasth Rodrigues aparece como um pintor sem medo de enfrentar as dificuldades da terra e da paisagem do Brasil, ou, mais especificamente, do interior paulista, respondendo, por assim dizer, ao apelo feito em "Em Prol de uma Pintura Nacional". Depois dos 15 dias de viagem a bordo de um transatlântico, o pintor se dirigiu novamente,

---

29  Maria Augusta Fonseca, *Oswald de Andrade: Biografia*, 2. ed., São Paulo, Globo, 2007, p. 54.
30  O próprio escritor compartilhava com o artista essa "dupla marca". Seu nome completo era José Oswald de Sousa Andrade.
31  Oswald de Andrade, "José Wasth", *Correio Paulistano*, 12 jan. 1916, Disponível em: <http://hemerotecadigital.bn.gov.br/>. Acesso em: 1 mar. 2018.

pelos "caminhos vermelhos, por entre o mato perfumado", rumo a Pirapora para se dedicar à paisagem de sua terra. Citando um trecho de seu artigo anterior publicado em *O Pirralho*, como para mostrar sua precedência, o escritor se põe de acordo com Lobato no que diz respeito à questão da desnacionalização dos artistas enviados para estudos na Europa. Faz isso para, na sequência, discordar do amigo quanto ao seu "exclusivismo nacionalista" e enfatiza que Wasth Rodrigues demonstrava qualidades tanto nos quadros de temas "nacionais", quanto nos quadros de temas "estrangeiros". Passando em revista algumas telas da exposição, que exibiam "explosões românticas" abrandadas pelo temperamento calmo do artista, destaca, por exemplo, no autorretrato de número oito, o fundo "procuradamente nacional, onde não faltam nem o caipira, foiçando, nem o sítio, nem o azulado distante das nossas antemanhãs de neblina"[32]. Em seguida, o leitor é levado a entender que essa atenção à nossa paisagem vem no bojo de um interesse mais amplo pela "observação da vida '*tout court*', aqui, na Europa, em Pirapora, com o mesmo grande sentimento do real e do existente. São eles [os quadros] pedaços de vida nacional, retratos nossos e retratos europeus [...]. Pare-se um pouco diante de 62 vida nacional, e de 55 vida parisiense"[33]. Na apreciação do escritor, esse contraste produz uma "admirável harmonia de impressão".

Certa ideia de universalismo religioso aparece na apreciação do quadro número 62, "um estudo verista do velho santuário miraculoso de Pirapora, com o grande tom colonial das nossas naves nuas e os adornos indígenas a salpicar cá e lá de vivacidades espevitadas". Quando comenta as figuras rezando nos bancos da igreja, diz que elas são "tão nossas e tão capazes de ser sentidas em Paris e Munich! Mas há ali a mesma alma religiosa que fará ajoelhar um bororó na catedral de Florença"[34].

Ao comentar dois estudos de interior, novamente a questão nacional aparece: "[os estudos] mostram que o artista pessoal, formado na grande oficina dos centros cultos, é mais do que homem para resolver o problema estético da sua pátria e da sua raça, andem elas perdidas nos confins dos mapas-mundi"[35]. Guarde-se, por ora, a menção ao "problema estético da sua pátria e da sua raça", a ser discu-

---

32  *Idem.*
33  *Idem.*
34  *Idem.*
35  *Idem.*

tido mais adiante. Nesse momento, interessa observar que Oswald de Andrade parece modificar parte das ideias que defendera em seu texto de janeiro de 1915, pois esse "problema estético da sua pátria e da sua raça" não está mais apenas ligado à representação da paisagem ou do homem local:

> É assim que José Wasth pinta com segurança perfeita e independência rara o de número 11, um casal parisiense na comodidade caseira do seu *appartement*, e pinta também com as mesmas qualidades de vida e de verdade o de número 7, uma menina indiscutivelmente brasileira, numa sala de jantar indiscutivelmente brasileira[36].

Desse trecho pode-se inferir que, para Oswald de Andrade, a qualidade estética da pintura de Wasth Rodrigues reside mais na sua "segurança perfeita e independência rara" do que nos temas que elege. Assim, Wasth Rodrigues "é nosso e é também de Paris — disse-o o *salon* — é, pois, artista antes de tudo, depois artista brasileiro, o que não deixa de lhe acrescentar originalidade geográfica e importância para nós"[37]. Oswald de Andrade questiona, então, dirigindo-se indiretamente a Lobato e relativizando mesmo algumas de suas próprias ideias expostas em "Em Prol de uma Pintura Nacional":

> Perderá José Wasth por ter feito a pequena parisiense[38] e o casal no interior europeu? Por acaso, tendo ele nascido aqui, será obrigado por isso a tomar a matéria-prima da sua arte apenas nos Malaquias de pés em leque e beiços caídos que se emborracham nas vendas das estradas?[39]

Uma pergunta curiosa, tendo em vista que é feita pelo mesmo autor que um ano antes defendera Almeida Júnior como precursor, encaminhador e modelo de uma escola de pintura nacional. Algo havia mudado, como se pode notar no tre-

---

36 Oswald de Andrade, "José Wasth", 12 jan. 1916.
37 *Idem*.
38 *Idem*. Aqui, o escritor possivelmente se refere ao quadro de número 55, por ele comentado um pouco antes desse trecho: "Uma mulher, mas atrás dessa perfeição de figura, onde fulge na máscara um vago sentimento de felicidade de modelo, quanta história! É toda uma aventura que nos leva num bater de pratos de mágica a Paris, a Paris dos carnavais barulhentos e colorido, das aventuras imprevistas e rápidas, das iluminuras inesperadas da vida".
39 *Idem*.

cho em que Oswald de Andrade apresenta o que se pode considerar uma primeira definição de arte mais abrangente em seu pensamento estético:

> Mas arte é tudo o que preocupa e interessa como reprodução comovida, como canto alto, como expressão! A isso querer impor limites geográficos e alfândega intelectual, excluindo por exemplo, como faz o meu caro Monteiro Lobato, o nosso litoral civilizado da capacidade de dar obras nossas, só porque é realmente mais envernizado do que o bruto *hinterland* e tem os seus hábitos certos de comodidade e bom gosto!
>
> José Wasth, como qualquer outro [...] pode desejar ser um artista humano, sem perder com isso direitos, regalias e benefícios de cidadão brasileiro[40].

Diferente de Monteiro Lobato, que via nas telas francesas o término de uma fase e, nas telas de Pirapora, o início de uma fase nova na pintura de Wasth Rodrigues[41], Oswald de Andrade vê a ambas como manifestações das qualidades de artista humano e independente cultivadas pelo pintor, ainda que se valendo de seus "direitos, regalias e benefícios de cidadão brasileiro". Quais seriam esses direitos, regalias e benefícios, no entanto, é algo que não fica claro no texto.

De todo modo, nessas primeiras intervenções de Oswald de Andrade no debate artístico paulista, vê-se já uma tensão entre a vontade de construir uma arte fundamentada em elementos nacionais — em especial a natureza tropical — e o reconhecimento de que isso não deveria ser um fator limitador da liberdade de criação. E também de que isso não implicava uma exclusão do contato e da experiência com o estrangeiro e com os "hábitos certos de comodidade e bom gosto" da civilização, tanto dentro como fora do país.

Além disso, encontramos uma primeira definição de arte como reprodução comovida e como expressão, já se afastando um pouco de uma noção mais rígida de naturalismo. Nesse sentido, pode ser útil avaliar como essas duas noções — expressão e naturalismo — aparecem no pensamento estético de Oswald de Andrade, ao longo de sua primeira década de atividade intelectual. E, para isso, é preciso voltar ao começo mesmo de sua atuação profissional nos jornais.

•

---

40 *Idem.*
41 Tadeu Chiarelli, *Um Jeca nos Vernissages*, p. 135.

Oswald de Andrade foi responsável, entre 1909 e 1911, pela coluna "Teatros e Salões" do jornal paulistano *Diário Popular*. Além dos repertórios de companhias estrangeiras que se apresentavam em São Paulo, ele também comentava outros aspectos da incipiente indústria do entretenimento que se constituía na capital paulista. Informava o leitor sobre os espetáculos promovidos pelos teatros Sant'Anna e Casino, com atrações como o elefante Topsy, danças escocesas e cançonetas. Luize Lani, Alice Balda, Flora Europa, a "tirolesa" Blanche Bella, Didi e Perlita, são nomes de cançonetistas que se apresentavam em casas que o jovem crítico tomava o cuidado de listar e dizer que agradavam bastante o público. Ele também comentava a situação do cinema em São Paulo, destacando aspectos da programação das salas existentes e o surgimento de novos espaços de exibição cinematográfica[42].

Nos textos, é possível perceber que o escritor dedicava mais atenção aos comentários sobre concertos, óperas e peças de teatro, limitando-se, porém, a observações sobre o desempenho dos atores ou músicos, menos preocupado em discutir o conteúdo das peças[43]. É o caso, por exemplo, dos comentários que faz sobre a atriz e cantora Mia Weber, na apresentação da peça *Vendedor de Pássaros*, pela companhia Ferenczy:

> Mia Weber sabia cantar, e não somente sentia que cantava, mas a sua voz fácil e meiga alcançava com segurança os tons agudos e tinha expressão encantadora de um gorgeio [...]. Mas o que mais nos impressionou em Mia Weber foi a vivacidade intensa de sua arte, a desenvoltura gaulesa dos seus gestos, a graça das atitudes que posava, a inteligência das contrações do rosto, enfim, a vida que ela possui na cena e que tão bem desmentiu o temperamento frio e calmo da raça germânica[44].

Além da noção de "raça" associada a características psicológicas dos habitantes de uma região — noção que, mais adiante, ressurgirá durante a formulação do "futurismo paulista" que preparou a Semana de Arte Moderna —, percebe-se

---

42 A relação de Oswald de Andrade com o cinema e o universo da indústria cultural em São Paulo nas primeiras décadas do século XX será comentada mais adiante neste capítulo e, com mais detalhes, no segundo capítulo.

43 Quando menciona o conteúdo de alguma apresentação, o faz com objetivo descritivo, apresentando um resumo da peça.

44 Oswald de Andrade, *Obras Completas X: Telefonema*, 2. ed, Rio de Janeiro, Civilização Brasileira, 1976, pp. 3-4. Publicado originalmente em "Teatros e Salões", *Diário Popular*, 14 maio 1909.

no trecho também a importância dada pelo autor à expressão no desempenho da cantora. Essa mesma noção aparece quando o escritor avalia o trabalho do ator Giovanni Grasso: "A arte dele é de uma potência mágica de expressão. Surpreende e arrebata, domina e assusta"[45]. Não deixa de ser curioso que, anos depois de exaltar a expressão do desempenho artísticos de dois cantores, ao escrever sobre o pintor Wasth Rodrigues, Oswald de Andrade defina arte como "canto alto" e "expressão". A utilização de termos próprios a outras formas artísticas para se referir às artes visuais, e vice-versa, será algo recorrente em seus textos.

Mas, além de "canto alto" e "expressão", em "José Wasth", Oswald de Andrade também afirma que arte é tudo o que interessa e preocupa enquanto *reprodução comovida*. Uma maior compreensão do que possa significar essa ideia pode ser alcançada analisando-se o artigo "Naturalismo e a Arte dos Ambientes"[46] em que Oswald de Andrade comenta a estética naturalista em literatura.

A origem do naturalismo na literatura estaria ligada, defende o escritor, a uma reação ao romantismo, à "florada mórbido-romântica dos Schiller e Goethe, Byron e Lamartine"[47], em uma época de desespero filosófico. Seu principal fundamento estético seria a "visão exata" dos homens e das coisas, "a pura emoção da vida e só ela, a pura beleza da vida e só ela". Oswald de Andrade identifica a si mesmo e a sua geração (ele diz "nós") como filhos desse período literário, cuja marca seria estudar os ambientes para neles inserir com fidelidade as figuras humanas.

No texto, é possível notar o amplo uso de vocabulário próprio ao campo da pintura para se referir à literatura, como quando Oswald de Andrade cita o "valor palpitante da pintura" em Dom Quixote, ou ainda as "complicações das telas psíquicas de Stendhal" e as "gravuras de paisagem apuradas de tintas e contornos, com que um Maupassant sói iluminar de tempo em tempo o seu enredo"[48]. É como se o efeito da construção das cenas quixotescas de Cervantes, dos dramas psíquicos do autor de *O Vermelho e o Negro* ou das cenas de campo em Maupassant fosse, no leitor Oswald de Andrade, a produção de imagens mentais, do mesmo

---

45 Oswald de Andrade, *Obras Completas X: Telefonema*, p. 9. Publicado originalmente em "Teatros e Salões", *Diário Popular*, 11 ago. 1910.
46 Oswald de Andrade, "Lanterna Mágica", *O Pirralho*, n. 169, 9 jan. 1915.
47 Oswald de Andrade, "Naturalismo e a Arte dos Ambientes", *O Pirralho*, n. 169, pp. 7-9, 9 jan. 1915. Disponível em: <http://hemerotecadigital.bn.gov.br/>. Acesso em: 1 mar. 2018.
48 *Idem, ibidem*.

modo que os cenários onde Balzac situa suas narrativas são "fixados", diz ele, de forma imperecível na *tela mental* do leitor.

O autor destaca ainda a importância dos interiores de ambientes nos romances contemporâneos, como consequência dos novos dramas surgidos na vida urbana. É nítida a importância dada à visualidade nessa arte dos ambientes naturalistas, especialmente na obra de Balzac:

> A arte dos ambientes é uma arte difícil que requer um atilado grau de cultura e uma curiosidade sempre acordada às emoções diversas que levantam em nós as espécies diferentes de conjuntos que encontramos... De ver, as estupendas coleções de interior e mobiliário, de riquezas de museu, de revelações de antigos castelos, de cidades e *villages*, que ele [Balzac] nos legou — verdadeiras monografias acompanhando de perto a narração, coleando-a até fixá-la imperecível na tela.
>
> Porque não falo da paisagem, cultivada já por poetas e românticos, com luz ideal e intervenção desassombrada dos elementos ambientes, cores, sóis, luas, rochedos e mar.
>
> Quanto mais se restringe a vida às cidades e mais as suas tragédias e comédias se desembrulham na intimidade das salas e dos quartos de dormir, mais se precisa a importância dos interiores na arte naturalista e para eles converge a atenção acurada dos modernos mestres da realidade escrita[49].

Entre esses "mestres da realidade escrita", além de Balzac, surge o nome de Guy de Maupassant, na opinião do escritor a principal referência da época para o naturalismo. Este é entendido como a "arte de reproduzir a vida como ela é, na decoração certa de cada coisa, idílio, morte, festa, trágico amor ou banal existência"[50]. Ou seja, o entendimento da estética naturalista apresentado por Oswald de Andrade em "Naturalismo e a Arte dos Ambientes", embora manifeste a necessidade da arte de "reproduzir a vida como ela é", está associado também a ideias como "pura emoção da vida", "pura beleza da vida", a "decoração certa de cada coisa". Parece se tratar de um naturalismo que contém algo de ideal, de "puro", de "belo" e de "certo", um naturalismo que quer ir além da aparência do real. Seria essa a reprodução comovida que o escritor observava nas pinturas de Wasth Rodrigues?

49  *Idem, ibidem.*
50  *Idem, ibidem.*

A noção de reprodução comovida da realidade pode estar ligada à expressão da individualidade do artista. Uma argumentação nesse sentido será encontrada em um texto sem título publicado em "Lanterna Mágica"[51]. Nele, Oswald de Andrade traça uma comparação, por oposição, entre a poesia de Guilherme de Almeida e as pinturas do artista carioca Helios Seelinger, expostas em São Paulo naquele mês. A oposição se daria entre o objetivismo lírico do poeta e o subjetivismo idealista do pintor. As ideias do escritor sobre pintura se deslocam, aqui, da defesa do embate com a natureza tropical para o reconhecimento da existência de uma *visão tropical*, um modo de ver próprio do artista brasileiro.

O artigo, que não deixa de frisar que se trata de artistas diferentes, oriundos de cidades diferentes (São Paulo e Rio de Janeiro), começa pela discussão sobre Helios Seelinger. Qualifica-o como o "representante maior de uma corrente de alta significação moderna" e lamenta que São Paulo ainda não tenha fixado, "na bruma propícia do seu ambiente cidadão" um tipo de que se pudesse dizer "tão paulista e tão pouco brasileiro", como se podia dizer do pré-rafaelita Dante Gabriel Rossetti, "tão londrino e tão pouco inglês"[52]. Novamente, portanto, nota-se a valorização de uma nacionalidade *paulista*, como quando Oswald de Andrade elegera Almeida Jr. o encaminhador e o modelo da escola de pintura nacional que defendia.

Em outro trecho, o escritor afirma que, por ser brasileiro, Helios Seelinger guardava "naturalmente impressa na retina espantada dos tropicais" as imagens da primeira corrida pelas florestas, dos céus e dos mares. Ou seja, Seelinger é portador de um modo de ver diferente, tropical, no qual predomina "a visão esquisita e torturada das coisas", de onde ele extrai "raridades de gosto que não mais se esquecem". Raridades de gosto que são a expressão da personalidade do artista em um "forte e rápido instantâneo cerebral do modelo". É isso que ele argumenta no trecho que segue:

Sou pelo desvio do artista, da maneira sadia e pletórica de pintar monstros e mazelas — que, em vez de por esquálidos centauros e desgrenhadas agonias nos corredores do Inferno, fez dos quadros decorativos dessa parte do Dante, num cenário de maravilhas compiladas,

---

51 Oswald de Andrade, "Lanterna Mágica", *O Pirralho*, n. 239, pp. 5-7, 22 jun. 1917. Disponível em: <http://hemerotecadigital.bn.gov.br/>. Acesso em: 1 mar. 2018.

52 *Idem, ibidem.*

apenas o primeiro dia de desgraça de uma *troupe* pagã de pecadores e algozes — para o forte e rápido instantâneo cerebral do modelo que lhe reflita a própria personalidade[53].

Trata-se da individualidade que grita, "predomina e ferra a garra no sonho visto", "simboliza, apreende e transfigura" o modelo num "instantâneo cerebral". Guarde-se, para discussão posterior, a metáfora de natureza fotográfica e note-se que a corrente de alta significação moderna a que o pintor se vinculava, na opinião do escritor, é o simbolismo. Tal "escola", se produzia espantos naquele ano de 1917, poderia, vaticina Oswald de Andrade: "frutificar no sugestivo cenário de azul e de bruma da capital paulista, onde já existe, em noviciado, esse singular Di Cavalcanti"[54].

Em um intervalo de pouco mais de dois anos, vê-se que Oswald de Andrade passa de uma defesa do embate do artista com a paisagem e a natureza brasileiras ao elogio da moderna escola simbolista de pintura, calcada na transfiguração do real e no sonho. Lendo seu texto com atenção, percebe-se que o simbolismo representava para ele uma maneira de explorar a personalidade singular do artista brasileiro, que tinha a "imagem da primeira corrida pelas florestas, dos céus e dos mares" impressa nas retinas tropicais. Além disso, vê-se novamente a reivindicação de que São Paulo tinha algo a oferecer nesse sentido, dessa vez não mais a terra vermelha do interior do estado, mas o cenário de azul e de bruma da capital.

Seguindo na análise do artigo, pode ser útil comentar a digressão aberta pelo escritor para discutir a questão da personalidade na arte. Ele se remete inicialmente ao romancista francês Émile Zola, que seria, para Oswald de Andrade, um "caso clínico", sofrendo de "superabundância grosseira" de personalidade. Esse juízo sobre a obra de Zola serve de contraponto à afirmação seguinte de que, desde que se mantenha "numa linha plausível de educação e de gosto", a personalidade não é de modo algum "*causa mortis*" para artistas e poetas. Ou seja, desde que se evite a superabundância, a afirmação da personalidade de um romancista ou de um pintor não é um problema para Oswald de Andrade. O escritor cita, como exemplos, o arrojo e a "bizarrice" da pintura de Dante Gabriel Rossetti e dos pré-rafaelitas, e

---

53 *Idem, ibidem.*
54 *Idem, ibidem.*

o "suplício da frase" e a "deformação do modelo vivo"[55] nos romances dos irmãos Goncourt. Nas obras desses artistas e escritores, Oswald de Andrade percebia um "desafogo contra a descabelada balbúrdia naturalista", uma vez que identificava nelas a "gloria dos gestos e das visões que temperamentos de sensitiva deslocaram de sua forma exata para os ver e reproduzir através do seu comentário comovido"[56].

Cada vez mais se nota, portanto, que a defesa da natureza como base para a criação artística, proposta por Oswald de Andrade em 1915, se distancia do naturalismo. Ou, pelo menos, de uma noção de naturalismo mais restrita à aparência exterior dos objetos e da natureza. Poucos meses depois, encontram-se ressonâncias dessas ideias no primeiro texto que Oswald de Andrade assina para a coluna "Notas de Arte", do *Jornal do Commercio*, edição São Paulo, periódico do qual ele era redator desde novembro de 1916.

## 2. Notas de arte

Publicado em 30 de setembro de 1917, o artigo resenha a nova exposição de Helios Seelinger, na rua Libero Badaró, em São Paulo, exibindo trinta trabalhos, entre telas, desenhos a pena, sépias e guaches. O escritor começa exaltando novamente a "personalidade original e forte" do artista e afirma ser Seelinger quem resolvera cortar "a tradição incipiente da pintura puramente reprodutiva" que aparecia no Brasil, "lançando com barulho o simbolismo em que visiona os modelos estranhos do seu mundo subjetivo"[57].

Nas imagens de Seelinger, Oswald de Andrade reconhece uma brusca revolução em nossa arte que, se gerava desconfiança, o coloca também como representante no Brasil das modernas correntes estéticas de pintura na Europa. Por modernas correntes estéticas deve-se lembrar que o futuro modernista, em 1917, cinco anos depois de sua primeira viagem à Europa, tinha em mente a pintura simbolista, notadamente, como vimos, a obra de Dante Gabriel Rossetti e dos pré-rafaelitas, além de Arnold Böcklin e Franz von Stuck, referências que menciona neste segundo artigo sobre Seelinger como fruto dos estudos do artista na

---

55 Note-se aqui, uma vez mais, o uso de termo referente à pintura para descrever uma característica literária.
56 *Idem, ibidem.*
57 Oswald de Andrade, "Notas de Arte. Helios Seelinger", *Jornal do Commercio*, 30 set. 1917.

Alemanha. Assim, ele segue: "A sua arte traz como ideal a fixação na tela do que escapa aos olhos humanos, mas que dentro de nós vibra como anseio ou sentimento, crença ou meditação"[58].

Percebe-se por esse trecho que a modernidade da pintura de Seelinger não consistia no reconhecimento da especificidade dos meios pictóricos, de seus valores em si. A pintura continuava sendo entendida como espaço transparente de fixação de imagens, no caso, das imagens do mundo subjetivo do artista, povoado de centauros, sereias e caravelas, em "aparições de pesadelo ou rápidos êxtases". Um "mundo à parte, para alegria de sua paleta e vitória de sua estética"[59].

Mas, mesmo em meio a essa caracterização alheia apenas em aparência às preocupações nacionalistas de seus primeiros textos sobre arte, Oswald de Andrade lembrará uma vez mais dessa questão, adjetivando de tropical e brasileira a "personalidade carregada de sensualismo e selvagem robustez" das telas do artista. Devido ao tropicalismo inato do artista, suas telas, embora idealistas, são feitas de "cenários sensuais" e "corpos ardentes e vivos". Por isso, mesmo "nas suas mais aladas fantasias, a espiritualização, mal começa o voo, para logo se entregar à sugestão da luxúria que empolga o criador"[60]. Trata-se de uma argumentação interessante, uma vez que o caráter tropical da arte de Seelinger não reside nos temas das pinturas, mas no tratamento "sensualista" e "ardente" dado pelo pintor às suas fantasias, maneira de expressar a visão singular de suas retinas tropicais.

Algo do que o escritor tinha em mente aos fazer tais afirmações pode ser verificado nas reproduções de gravuras de Seelinger que acompanham a resenha feita por Monteiro Lobato[61] sobre a mesma exposição, publicada na *Revista do*

---

58 *Idem*. Mais uma vez, Oswald de Andrade e Monteiro Lobato estão em sintonia, como se nota na resenha da exposição de Seelinger publicada pelo último na *Revista do Brasil*: "Hélio é um introspectivo. Recolhe-se para dentro de si, como o caramujo, e de lá extrai as telas visualizadas pela imaginação. Não depende dos olhos da cara para enxergar. É uma espécie rara. O comum dos artistas reduz a pintura a plantar-se o broxante em face dum cacho de bananas, três maçãs e meio melão. Pintado o quadro come o pintor o modelo, e vai para os cafés dissertar sobre o prerafaelismo[sic], com a eloquência interrompida apenas pelos borborygmas advindos dos modelos em digestão. Helios é um noturno. Tudo quanto expõe revela este pendor" Monteiro Lobato, "Resenha do Mês. Movimento Artístico. Helios Seelinger", *Revista do Brasil*, São Paulo, ano II, n. 21, pp. 105-108, set. 1917. Disponível em <http://www.dezenovevinte.net/artigos_imprensa/revista_brasil/1917_hs.htm>. Acesso em: 1 mar. 2018.
59 Oswald de Andrade, "Notas de Arte. Helios Seelinger", *Jornal do Commercio*, 30 set. 1917.
60 *Idem*.
61 Monteiro Lobato, "Resenha do Mês. Movimento Artístico. Helios Seelinger", sobre a mesma

*Brasil*. Em *Cavalos Marinhos*, o gosto pela forma ondulante, que aparece na representação da agitação do mar e do movimento das nuvens, reverbera nos cavalos e na sereia que os acompanha, cujos corpos estão dispostos de modo a também descreverem um movimento ondulante, como na linha que vai das patas dos cavalos ao braço da sereia. Já em *Paisagem*, o artista busca o mesmo efeito, mas dessa vez investindo em um motivo menos naturalmente agitado: uma árvore e os arbustos que a cercam. O movimento agora é criado pela contorção dos galhos que saem do tronco, uma grande linha que atravessa em diagonal a composição, criando uma sensação de instabilidade. Tal era, pode-se imaginar, o sensualismo e a ardência percebidos por Oswald de Andrade nas formas criadas por Helios Seelinger e que sugeriram ao escritor o caráter "tropical" de sua visão.

◆

Nas colunas "Notas de Arte" do *Jornal do Commercio*, edição São Paulo, foram encontrados mais dois artigos assinados por Oswald de Andrade[62]. O primeiro data de 10 de dezembro de 1917 e comenta a exposição do artista Carlos Chambelland, na Galeria Artística. Embora admita que os quadros não obtiveram sucesso de venda, o escritor enfatiza os bons comentários que receberam e lamenta a carência de preparo do meio artístico paulista para acolher iniciativas da arte nacional, dando antes preferência de aquisição a "nomes arrevesados e catálogos esquisitos de pintores estrangeiros"[63]. Oswald de Andrade revela aqui seu engajamento em um dos papéis que, como foi visto acima, era próprio à crítica de arte do início do século XX em São Paulo: a preocupação com a formação do gosto do público e orientação do consumo. O escritor lamenta: "É uma lástima, pois os nossos artistas já podem perfeitamente fornecer o elemento ornamental dos interiores ciosos de boa elegância que, dia a dia, se formam em São Paulo". E continua: "As nossas casas devem acolher sem medo os trabalhos da moderna pintura brasileira que vai tendo admiráveis representantes"[64].

Um deles seria Carlos Chambelland, artista de "singela emoção e técnica limpa capazes de encher de graça cativante um canto de sala ou um silêncio de

exposição.
62  O escritor assinava O. A. ou O. de A.
63  Oswald de Andrade, "Notas de Arte. A Exposição Carlos Chambelland", *Jornal do Commercio*, 10 dez. 1917.
64  *Idem, ibidem*.

gabinete"[65]. Ressalta a simplicidade e equilíbrio das composições, correção de desenho e pesquisa de harmonia e beleza, seja enfrentando assuntos "domésticos ou de vida rústica". Diferente, porém, do que defendera em "Em Prol de uma Pintura Nacional" e mesmo nos textos sobre Helios Seelinger, Oswald de Andrade destaca o interesse da "paisagem culta, sem a preocupação dos assuntos tropicais ou da aparência selvagem que possa caracterizar a nossa terra". Ao contrário, Chambelland se dedica a pintar beiradas "serenas de rio, onde crianças se distraem, céus indiferentes, campos batidos, estradas e casas" e esse seria mesmo, na sua "prevenida simplicidade", o interesse e a própria unidade de sua pintura, em que "tudo se completa no mesmo desígnio de singela harmonia"[66]. Ao afirmar, porém, que não há na exposição nenhum quadro que mereça destaque especial, fica no ar certo aspecto de monotonia da pintura do artista, o que Oswald de Andrade não condena, qualificando-a, ao contrário, de suave e cativante. Talvez venha daí a ênfase na pintura como decoração do ambiente doméstico neste artigo, ausente nos textos anteriores.

O escritor destaca do todo da exposição apenas uma única pintura, de assunto histórico. Assim ele descreve a tela *Anchieta*: "É o momento em que a grande figura de nossa história fixa na areia o seu poema à Virgem Maria. Muito boa a praia, e muito simples o apóstolo"[67]. Em seguida, termina o artigo na esperança de que, "para a boa recomendação do gosto paulista", alguns quadros sejam adquiridos[68].

O outro texto publicado pelo escritor nas "Notas de Arte" é seu conhecido, mas pouco discutido, posicionamento a respeito da *Exposição de Pintura Moderna- -Anita Malfatti*, ocorrida entre dezembro de 1917 e janeiro de 1918. O artigo é redigido no último dia da mostra e publicado no dia seguinte ao encerramento. Sem mencionar diretamente Monteiro Lobato e as restrições que este impôs aos trabalhos da artista no também conhecido texto "A Propósito da Exposição Malfatti",

---

65  *Idem, ibidem*.
66  *Idem, ibidem*.
67  *Idem*.
68  Sobre a mesma obra, foi diferente a impressão do responsável pela crítica de arte do jornal *O Estado de S. Paulo*. Precisamente a simplicidade do apóstolo foi o que o incomodou. Em seu juízo, tal figura histórica demandaria uma atividade criadora que traduzisse melhor não apenas a psicologia do retratado, mas também a época e a fé que o moviam pelos sertões paulistas em uma vida de privações e sacrifícios Tadeu Chiarelli, *Um Jeca nos Vernissages*, p. 81. O excesso de serenidade, que estranhamente satisfez Oswald de Andrade, foi a falha de Chambelland para o crítico de *O Estado de S. Paulo*.

Oswald de Andrade procura defender a pintora, ressaltando sua audácia ao expor trabalhos que fatalmente levantariam hostilidades junto ao público paulistano.

Percebe-se pela nota que o escritor, como Lobato, não possuía instrumentos conceituais suficientes para uma análise de mais profundidade das obras de Anita Malfatti. A pintura, para Oswald de Andrade, era um espaço de fixação de imagens, tivessem elas origem na paisagem do interior de São Paulo, ou na expressão da personalidade e da visão interior do artista. Mas, diferente do amigo, que rechaçou os trabalhos da artista por naquele momento já possuir um projeto delineado para a arte no Brasil, fundado no caráter regenerador que identificava em um naturalismo de matriz regionalista, Oswald de Andrade, que não tinha ainda propriamente um projeto delineado e oscilava em suas críticas entre a defesa do embate com a natureza tropical e a valorização da independência, da individualidade e da imaginação do artista — ainda que por um prisma também tropical —, acolhe as obras de Anita Malfatti justamente pelo desafio que representavam. É isso que ele indica ao afirmar que as telas chocavam "o preconceito fotográfico que geralmente se leva no espírito para as nossas exposições de pintura. A sua arte é a negação da cópia, a ojeriza da oleografia"[69].

Se as obras de Anita Malfatti colocavam diante de Oswald de Andrade um tipo de arte com o qual simpatizava, pois estavam distantes de um naturalismo voltado estritamente para a representação da aparência da realidade, ele, no entanto, não parecia conceitualmente preparado para uma discussão mais profunda da pesquisa pictórica da artista. Em seu pequeno artigo, bem mais curto do que os que escrevera sobre Wasth Rodrigues e Helios Seelinger, o escritor tenta como pode refletir sobre o que entende ser a qualidade dos trabalhos. É então que surge uma defesa a princípio surpreendente e um pouco confusa da *realidade* presente nas pinturas de Anita. Esse argumento é apresentado da seguinte maneira:

Na arte, a realidade na ilusão é o que todos procuram. E os naturalistas mais perfeitos são os que melhor conseguem iludir. Anita Malfatti é um temperamento nervoso e uma intelectualidade apurada, a serviço de seu século. A ilusão que ela constrói é

---

69 Oswald de Andrade, "A Exposição Anita Malfatti", *Jornal do Commercio*, 11 jan. 1918. Republicado em *Estética e Política*, 2. ed. rev. e ampl., org., introd. e notas Maria Eugenia Boaventura, São Paulo, Globo, 2011, pp. 212-213.

particularmente comovida, é individual e forte e carrega consigo as próprias virtudes e os próprios defeitos da artista.

Onde está a realidade, perguntarão, nos trabalhos de extravagante impressão que ela expõe?

A realidade existe mesmo nos mais fantásticos arrojos criadores e é isso justamente o que os salva[70].

Com esse argumento, o escritor toca em um ponto importante, que ele já vinha esboçando em artigos anteriores e ao qual voltará, problematizando-o, em seus textos publicados durante a Semana de Arte Moderna, anos depois. O material do artista é a realidade; não a fotográfica, mas a da "reprodução comovida", a realidade transfigurada pela expressão. Ao produzir quadros de "extravagante impressão", Anita Malfatti, como Helios Seelinger, não está se afastando da realidade, mas penetrando outras de suas dimensões. E é isso o que salva seus "arrojos criadores". Entre as obras exibidas, ele destaca o enquadramento das figuras em *O Homem Amarelo* e *Lalive*, além da "evocação trágica e grandiosa" da terra brasileira (paulista) em *Paisagem de Santo Amaro*.

Neste ponto, cabe retomar a referência a Guy de Maupassant, que havia surgido, anos antes, no artigo da coluna "Lanterna Mágica" em que Oswald de Andrade discutiu o naturalismo, comentado acima. Ao defender Anita Malfatti, rejeitando o preconceito fotográfico e sugerindo que, mesmo na ilusão "particularmente comovida" de suas obras, a realidade ainda estaria presente, o escritor parece estar em harmonia com as ideias desenvolvidas por Maupassant no prefácio ao romance *Pierre et Jean*, publicado em 1889[71].

Nesse texto, Maupassant faz uma série de observações sobre as contradições da crítica literária francesa naquele período, que não era capaz de abrir-se às transformações pelas quais passava a forma romance e negava, por vezes, a seus livros o próprio título de romances. A certa altura, o escritor discute dois tipos de formas de narrativa, uma idealista, que transforma a realidade para criar histórias excepcionais e sedutoras, e outra que chama ora de naturalista, ora de realista, interessada em criar uma imagem exata da vida. Essa imagem seria fruto da visão pessoal do romancista sobre o mundo, que ele procuraria comunicar aos leitores, reproduzin-

---

70   Idem.
71   O prefácio, intitulado "Le Roman" [O Romance], será citado por Oswald de Andrade no artigo "Questões de Arte", publicado no *Jornal do Commercio*, em 1921, a ser discutido mais adiante.

do-a em suas obras. O romancista naturalista ou realista, "[...] deverá então compor sua obra de uma maneira tão hábil, tão dissimulada, e de aparência tão simples, que seja impossível perceber e indicar-lhe o plano, descobrir suas intenções"[72]. Mas, reconhece Maupassant[73], buscar "nada além da verdade e toda a verdade"[74] poderia conduzir os escritores realistas à necessidade de "corrigir" os acontecimentos em proveito da verossimilhança e em detrimento da verdade, porque "o verdadeiro pode às vezes não ser verossímil"[75]. Sendo um artista, o escritor realista, "não procurará nos mostrar uma fotografia banal da vida, mas nos dar uma visão mais completa, mais impressionante, mais convincente que a realidade mesma"[76].

No interior dessa posição sobre o romance realista está um entendimento da relação entre arte e vida:

A vida sempre deixa tudo em um mesmo plano, precipita os fatos ou os arrasta indefinidamente. A arte, ao contrário, consiste em usar de precauções e preparações, em arranjar transições sábias e dissimuladas, em trazer à luz, unicamente pela destreza da composição, os acontecimentos essenciais e em dar a todos os outros o grau de relevo que lhes convém, segundo sua importância, para produzir *a sensação profunda da verdade especial que se quer mostrar*[77].

Por essa via, o escritor chega à formulação que parece estar na base da improvisada defesa da realidade na pintura de Anita Malfatti, sugerida por Oswald de Andrade ao afirmar que a artista trabalhava no campo da ilusão. Diz Maupassant:

Fazer o verdadeiro consiste, portanto, em dar a ilusão completa do verdadeiro, segundo a lógica ordinária dos fatos, e não em os transcrever servilmente na desordem de sua sucessão. Concluo disso que os Realistas de talento deveriam antes se chamar Ilusionistas[78].

---

72  Guy de Maupassant, *Pierre et Jean*, Paris, Bernard Pingaud, Gallimard, 1982, p. 52, tradução nossa. "[...] deverá então compor sua obra de uma maneira tão hábil, tão dissimulada, e de aparência tão simples, que seja impossível perceber e indicar o plano, descobrir suas intenções".
73  *Idem*, p. 54.
74  Tradução nossa.
75  Guy de Maupassant, *Pierre et Jean*, p. 269, tradução nossa.
76  *Idem*, p. 54, tradução nossa.
77  *Idem*, pp. 54-55, grifo e tradução nossa.
78  *Idem, ibidem*.

A ilusão completa da "verdade especial que se quer mostrar", portanto, não é a transcrição passiva dos fatos pelo escritor, mas a capacidade de penetrar-lhes a "lógica ordinária" e construir tal ilusão de acordo com essa lógica e com a vontade do escritor, destacando dos fatos aquilo que ele quer mostrar. Ao defender a ilusão "particularmente comovida", "individual" e "forte" presente nas pinturas de Anita Malfatti, Oswald de Andrade parece colocar-se em chave semelhante. A pintora criava a ilusão de uma realidade que ela desejava mostrar.

Desse modo, percebe-se que, sem elementos mais consistentes para discutir e analisar a pintura de Anita Malfatti, Oswald de Andrade a defende por meio da transposição para a pintura de posições relativas ao campo da criação literária. Ao fazer isso, pressupõe uma afinidade entre os dois campos de criação, afinidade que diz respeito à ligação que ambos mantêm com a realidade e a vida. Mais especificamente, à ideia difundida entre o público de que, assim como a literatura, a pintura teria por fim construir uma ilusão da realidade em sua aparência exterior. E o esforço que se reconhecia na nova pintura que começava a surgir era se livrar dessa ideia e mostrar que a realidade podia ter outras dimensões.

## 3. Arte como expressão máxima da raça

Com o fim da publicação de *O Pirralho*, em fevereiro de 1918, e a ausência de assinaturas nas colunas "Notas de Arte", do *Jornal do Commercio*, que assumem, naquele ano e nos anos seguintes, cada vez mais a orientação da crítica de serviço, uma nova relação de Oswald de Andrade com o meio artístico será encontrada apenas em 1920. No início desse ano, junto com o escritor Menotti Del Picchia e os pintores Helios Seelinger e Di Cavalcanti, Oswald de Andrade conheceu o escultor Victor Brecheret, que trabalhava em uma sala no Palácio das Indústrias, após retornar de estudos em Roma. O grupo tinha ido ao Palácio para visitar a exposição das maquetes para o concurso do Monumento à Independência, em exibição no piso térreo do edifício e lá souberam da existência do escultor[79].

Algum tempo depois, datado de 31 de maio de 1920, é lançado pela editora Non Ducor Duco o primeiro número da revista *Papel e Tinta*, tendo em sua direção dois daqueles "descobridores" de Brecheret, Oswald de Andrade e Menotti Del Picchia.

---

79 Mário da Silva Brito, *História do Modernismo Brasileiro...*, p. 107.

A revista dedica-se amplamente à divulgação da obra de Brecheret[80], com a reprodução de fotografias de seus trabalhos, acompanhadas da publicação de textos e do memorial do projeto preparado pelo escultor para o *Monumento às Bandeiras*.

Um dos textos é "Victor Brecheret", publicado no segundo número e assinado por Ivan. A identidade por trás do pseudônimo é controversa. A sugestão de que a autoria do texto é de Oswald de Andrade foi feita pela primeira vez por Mário da Silva Brito[81] e foi seguida por Maria Eugenia Boaventura[82] e, recentemente, por Gênese Andrade[83]. Essa atribuição de autoria foi questionada por Lopez[84], que sugeriu ser Mário de Andrade o autor do texto. Para Lopez, "essa hipótese de autoria escora-se no estilo, na epígrafe recolhida em Frei Luís de Sousa, no conhecimento sólido de história da arte, no nome Michelangelo abrasileirado para Miguel Anjo e, principalmente, na religiosidade"[85]. Posteriormente às sugestões de Lopez, a pesquisadora Tatiana Figueiredo[86], debruçando-se sobre o documento "Fichário Analítico", nos arquivos de Mário de Andrade, revelou uma ficha em que o autor de *Macunaíma* lista todos os seus textos publicados nas revistas *Papel e Tinta* e *Klaxon*. E, entre eles, estão aqueles assinados por Ivan.

Com a autoria do texto finalmente esclarecida, fica também revelada uma primeira afinidade de ideias sobre arte entre os dois Andrades, cuja amizade havia se iniciado em 1917. Nesse sentido, pode ser útil sintetizar a visão de Mário de Andrade sobre Brecheret exposta no texto publicado em *Papel e Tinta*, confron-

---

80   A divulgação na revista complementa a que Menotti Del Picchia já vinha fazendo, desde 13 de janeiro de 1920, nas colunas que assinava sob o pseudônimo Helios, para o jornal *Correio Paulistano*. Para uma apreciação dos artigos de Del Picchia e a valorização de Brecheret pelos futuros modernistas (Mário da Silva Brito, *História do Modernismo Brasileiro...*, pp. 107-134).
81   *Idem*, p. 108.
82   Sem indicar a referência de onde extrai essa informação, Boaventura afirma ainda que, além de Ivan, Oswald de Andrade estava por trás de outros pseudônimos que assinavam artigos para a revista, como Marquez d'Olz, Aristófanes, Plauto, Xenius de Pacotila, Dr. Ferro e Claro Mendes (Maria Eugenia Boaventura, *O Salão e a Selva...*, p. 76).
83   Gênese Andrade, "Oswald de Andrade em Torno de 1922: Descompassos Entre Teoria e Expressão Estética", *Remate de Males*, n. 33, pp. 113-133, jan.-dez. 2013.
84   Telê Ancona Lopez, "Mário de Andrade e Brecheret nos Primórdios do Modernismo", *Revista USP*, n. 94, jun.-ago., 2012.
85   *Idem*, p. 33.
86   Tatiana Longo Figueiredo, "Entre fichas e livros: trajetos de criação de Mário de Andrade", Congresso Internacional da Associação de Pesquisadores em Crítica Genética, X Edição, 2012.

tando-a com as posições de Oswald de Andrade sobre arte e sobre o escultor, no mesmo período, a serem comentadas mais adiante.

O texto de Mário de Andrade é atravessado por ideias que Oswald de Andrade vinha desenvolvendo em seus artigos sobre arte publicados entre 1915 e 1917, discutidos acima. Logo no início, o escritor retoma o tópico do aprendizado do artista brasileiro na Europa, que fora abordado por Oswald de Andrade em "Em Prol de uma Pintura Nacional", para ressaltar que Brecheret não se limitou "a estudar com aplicação as normas medicinais da escola", mas "observou as ideias modernas da escultura, comungou com elas e tornou-se por isso quase único em nosso meio"[87]. No entanto, os "bonecos" criados pelo artista refletiam o movimento artístico europeu, mas de cinquenta anos atrás, e o atraso do meio artístico brasileiro era tamanho, que um artista incorporar em seus trabalhos aspectos já há décadas consolidados na Europa causava espanto.

Na sequência, Mário de Andrade tece considerações sobre a especificidade da escultura em relação às demais artes plásticas. Afirma ser ela a mais "desprovida de ideias", em que uma ideia é mais difícil de ser representada. O apelo físico e corpóreo da matéria escultórica estaria na base dessa dificuldade: "A realização escultural, quase que unicamente corpórea, rechaça n'alma, o espírito para um segundo plano pouco atentado e muitas vezes esquecido por completo"[88].

Era precisamente contra esse entendimento da escultura que todo um grupo de escultores modernos se voltava, acompanhando o que o escritor afirma ser a tendência ao "espiritualismo ardente" para o qual caminhava o homem e, naturalmente, também as artes, "sendo elas o expoente, porventura mais exato, do espírito de cada época"[89]. Sendo a escultura uma arte cuja tendência, até então, teria sido a de rechaçar para segundo plano o espírito, a tarefa dos escultores modernos seria trazer o espírito de volta ao primeiro plano da criação escultórica. A obra de Auguste Rodin é apontada como a data da "arraiada da escultura espiritualista"[90]. Para exemplificar essa proposição, o crítico cita uma frase do político e jornalista Henri Rochefort sobre o monumento a Balzac. A frase, dita para insultar a obra, em sua opinião podia definir quase toda a "orientação nova"

---

87  Ivan (Mário de Andrade), "Victor Brecheret", *Papel e Tinta*, ano 1, n. 2, jun. 1920.
88  *Idem.*
89  *Idem.*
90  *Idem.*

em escultura. Rochefort havia afirmado: "Nunca se teve a ideia de extrair dessa maneira o cérebro de um homem e aplicá-lo sobre sua figura"[91].

O insulto era, portanto, um elogio. A estética do "Miguel Anjo de Meudon" (Rodin) consistia precisamente em aplicar suas ideias à matéria, estética essa que vinha sendo elevada e continuada por Bourdelle, Niederhaussen, Metzner, Wildt, Barzaghi, mas sobretudo pelo "grande formidável Mestrovic, sem dúvida a figura mais possante da arte nos nossos dias"[92]. E o nome de Brecheret podia agora representar o Brasil junto a esse grupo de inovadores. O escultor, no entanto, não se limitava a "refletir" essas ideias modernas: "Não é um espelho, é uma fonte viva de criação impressionante na coerência com que junta à utilização eloquente do símbolo a sadia inocência dos primitivos"[93]. A importância do símbolo na criação artística remete aos textos de Oswald de Andrade sobre Helios Seelinger. A "sadia inocência dos primitivos" ressaltada por Mário de Andrade nos trabalhos do escultor não deve, porém, ser entendida nesse momento como uma incorporação, tal como no chamado "primitivismo" europeu, do elemento indígena[94]. O autor sugere, antes, que Brecheret:

Compreendeu qual o valor da arcaização para que propendem esses escultores modernos — como Carl Milles imaginando os monumentos de Ster Sture e Engelbrekt, orientado pelos baixos-relevos ornamentais da velha Escandinávia, como Boudelle nos altos relevos romanizantes do teatro dos Campos Elísios ou ainda como Mestrovic, no monumento aos heróis mortos[95].

Na sequência, ele comenta duas obras de Brecheret, reproduzidas junto com o artigo. Em *Cabeça de Cristo*, o crítico destaca o quanto as soluções plásticas e estilizações do escritor materializavam o sofrimento de Cristo, ao mesmo tempo

---

91 *Tradução nossa.*
92 O pseudônimo Ivan possivelmente foi escolhido como referência ao escultor croata Ivan Mestrovic.
93 Ivan (Mário de Andrade), "Victor Brecheret", *Papel e Tinta*.
94 A sugestão de que Brecheret buscava nos indígenas uma fonte de inspiração estilística será feita por Oswald de Andrade na conferência que pronunciou em Paris, em 1923, a ser discutida no segundo capítulo.
95 Ivan (Mário de Andrade), "Victor Brecheret", *Papel e Tinta*.

que deslocavam a representação desse sofrimento para uma dimensão espiritual e sobrenatural, própria a um ente divino:

> Naquela imobilidade pensativa, naqueles lábios sobrenaturais, no ricto da boca, nas tranças arcaicas o artista conseguiu prender, de modo genial, as tragédias, as esperanças, o sacrifício divino — todo um calvário de imolações formidandas [sic]. O *Cristo* de Brecheret é Deus[96].

A segunda obra comentada por Mário de Andrade é *Eva*. Nela, o escritor vê a representação da mulher da terra, filha não da costela de Adão, mas do limo, "trazendo no sangue estuante o fogaréu interno do planeta, levando nos cabelos o cheiro verde dos vegetais e nos seios o milagre amoroso da germinação"[97]. É por ser essa mulher telúrica que a figura "enfia os dedos longos da mão esquerda na terra, num apoio de filha, enquanto com a mão direita acaricia as moedas lindas do pecado"[98]. Todos esses elementos dão forma simbólica à ideia de Eva concebida pelo escultor. Mário de Andrade conclama ainda as autoridades a adquirem a peça para "os novos jardins da Pauliceia" e faz apelo ao financiamento de uma viagem do escultor para "centros europeus que ainda desconhece"[99], permitindo

---

[96] *Idem*. É importante destacar esse ponto: o caráter sobrenatural conferido à figura de Cristo por Brecheret. Foi justamente essa a falha apontada, pelo mesmo Ivan (Mário de Andrade), na representação do Cristo crucificado, realizada pelo escultor Leopoldo e Silva em artigo publicado no primeiro número de *Papel e Tinta*. Em "A Prefeitura e Nossos Artistas", Ivan, embora elogie o trabalho de Leopoldo e Silva e recomende às autoridades a compra de uma de suas esculturas para os jardins públicos da cidade, faz, a respeito do Cristo, a seguinte consideração: "embora se nos afigure a visão do escultor humana em demasia, tendo-se ele esquecido um pouco de que o filho do homem era também o filho de Deus, não se pode desejar uma realização mais perfeita do cadáver pendente da cruz" Ivan (Mário de Andrade), "A Prefeitura e Nossos Artistas", *Papel e Tinta*, ano 1, n. 1, 31 maio 1920. Leopoldo e Silva cometera, na opinião do autor, uma falha estética ao enfatizar demais aspectos humanos, possivelmente anatômicos, da figura do Cristo. Na sequência, ele reflete sobre a natureza das artes que não usam da palavra, fazendo um elogio de teor simbolista do recurso à sugestão. Por não dizerem tudo sobre os temas de que tratam, tais artes "alcançam, quando defendidas por artistas de valor, dizer muito mais. A sugestão, que pode e deve ser junto delas [das artes] uma associação de ideias propositais, outorga-lhes um mais completo domínio das emoções humanas" (*idem*). Finalmente, ressalta ainda o domínio técnico do escultor e o quanto Leopoldo e Silva, como artista, "teve uma concepção", "um cérebro que alimenta uma ideia", e não apenas reproduz o que aprendeu.

[97] Ivan (Mário de Andrade), "Victor Brecheret", *Papel e Tinta*.

[98] *Idem*.

[99] O escritor possivelmente se refere a Paris, cidade para onde Brecheret se encaminhou em

que o artista viesse a ser "um dos máximos estalões da latinidade no cenáculo da arte contemporânea"[100].

◆

O teor da defesa da arte de Brecheret empreendida por Mário de Andrade harmoniza-se, em parte, com o artigo "Arte do Centenário", publicado por Oswald de Andrade, no *Jornal do Commercio*, algumas semanas antes do artigo assinado por Ivan. Nesse texto, o escritor já ensaia uma série de argumentos que desenvolverá ao longo do ano seguinte, preparando-se para a organização da Semana de Arte Moderna. Valendo-se da celebração dos cem anos da independência política do país, Oswald de Andrade apela também à necessidade de independência mental e moral. A celebração deveria marcar a autonomia brasileira também pela cultura:

> Considera-se um povo pela sua cultura; é a expressão máxima da raça e de momento a obra de arte que resiste ao tempo; passam os politiqueiros, passam os tiranos que andaram de charola, passam os milionários e os agitadores de praça pública, apaga-se a memória dos que foram grandes à força de trombeta — e ficam os artistas[101].

Trata-se da mesma compreensão da arte como "expoente, porventura mais exato, do espírito de cada época", presente no texto de Ivan sobre Victor Brecheret. Desta vez, porém, a obra de arte que resiste ao tempo aparece também como "expressão máxima da raça".

Ao final do artigo, o escritor anuncia "um pugilo pequeno, mas forte", que se preparava para "fazer valer" as comemorações do centenário. Como aponta Mário da Silva Brito[102], é impossível saber se Oswald de Andrade já se referia à Semana de Arte Moderna. Ele poderia estar se referindo, por exemplo, aos

---

julho de 1921, depois de ser contemplado com a bolsa de estudos do Pensionato Artístico. No entanto, cabe lembrar que o escultor já conhecia a capital francesa, onde esteve em rápida passagem, em 1917, para acompanhar os funerais de Rodin. Daisy Peccinini, *Brecheret e a Escola de Paris,* São Paulo, Instituto Victor Brecheret/FM Editorial, 2011, p. 25.

100 Ivan (Mário de Andrade), "Victor Brecheret", *Papel e Tinta.*
101 Oswald de Andrade, "Arte do Centenário", *Jornal do Commercio*, 16 maio 1920 *apud* Mário da Silva Brito, *História do Modernismo Brasileiro*..., pp. 174-175.
102 *Idem*, p. 175.

artigos sobre Brecheret publicados em *Papel e Tinta*, assim como ao projeto que o escultor apresentaria para o *Monumento às Bandeiras*. Seja como for, a ideia de que uma ofensiva era necessária, de que a mudança só viria através da luta, já estava lançada. Para entender melhor o que estava em jogo nesses pronunciamentos de Oswald de Andrade em meados de 1920, pode ser útil olhar para o primeiro texto sobre Victor Brecheret de sua autoria que foi possível encontrar. Trata-se de "Brecheret", publicado na revista *A Rajada*, editada no Rio de Janeiro, em abril daquele ano, portanto anterior ao texto de Mário de Andrade publicado em *Papel e Tinta*.

No início do texto, Oswald de Andrade retoma uma imagem paulistana que ele já havia utilizado anteriormente, referindo-se às esperanças que depositava em Di Cavalcanti como um artista que poderia criar fazer frutificar uma arte simbolista "no sugestivo cenário de azul e de bruma da capital paulista". É dessa mesma neblina paulistana que ele faz emergir a figura heroica de Victor Brecheret:

> Brecheret é o milagre triste de São Paulo, como a catedral gótica na ponta da serra nevoenta.
>
> Brecheret é a alma enrolada de músculos no desamparo da neblina, é a crepitação da íntima lareira nas regiões polares, tudo subindo, tudo se afirmando e gritando a saudade muda de terras candentes.
>
> Brecheret é a escultura de São Paulo[103].

Nesse artigo curto e repleto de imagens retóricas, o escritor cria uma conexão entre os trabalhos de Brecheret e a própria história da cidade, remontando ao mito fundador de São Paulo e um de seus personagens, José de Anchieta. Da "sotaina indiferente" do jesuíta teria vindo a vitória sobre o "irregular, maldito descampado", a ocupação da topografia complexa da cidade na luta de séculos contra "a imutável rispidez ambiente". Para Oswald de Andrade, o paulista "descende em reta da indiferença suicida de Anchieta", daí os parques que choram a melancolia da cidade sem que sejam vistos pelos paulistas, pois o paulista trabalha e não vê os parques. A imagem do paulista como um trabalhador e construtor indiferente à rispidez do ambiente — e ao próprio ambiente — percorre todo o

---

103 Oswald de Andrade, "Brecheret", *A Rajada: Revista Quinzenal de Crítica Artes e Letras*, p. 72, abr. 1920.

texto, de Anchieta a Brecheret. Por isso, afirma Oswald de Andrade, entender Brecheret "é entender-se São Paulo e perdoar-se São Paulo", essa cidade "capaz de forjar titãs"[104].

O objetivo do texto é claro: enraizar a potência que Oswald de Andrade percebia nas esculturas de Brecheret na cidade de São Paulo. Nesse esforço do texto, em meio a toda a retórica, encontra-se em um único trecho uma afirmação mais analítica, que denota um pouco do modo como o escritor percebia os trabalhos do escultor: "Brecheret nasceu construtor de necrópole viva. As suas figuras [...] são sobre-humanas ao inverso, parecendo crescer da terra para final debate com invisíveis poderes monstruosos"[105].

Essa conexão entre a cidade de São Paulo e a arte de Brecheret, entendida como expressão da raça paulista e da época moderna, ecoa em algumas manifestações de Oswald de Andrade, em 1921, a serem discutidos em detalhe mais adiante[106]. No momento, porém, interessa destacar, das intervenções do escritor na imprensa naquele ano, o artigo "Reforma Literária", em que Oswald de Andrade propõe um exame de consciência àqueles que se escandalizavam com o que ele denomina um "movimento espontâneo na direção de uma nova mentalidade citadina e racial"[107]. Na verdade, como já se pode vislumbrar nas posições do escritor sobre Victor Brecheret, a questão citadina e a questão racial se mesclavam, como mostra o trecho seguinte, em que ele aponta o erro daqueles que censuravam os inovadores:

[...] os críticos dos inovadores] estão fora da psicologia do telégrafo sem fios, do aeroplano, da estrada empedrada de automóveis e o seu armário de musas move fantasmas longínquos e torvos num João Minhoca decaído em velhos plágios façanhudos. Respeitemo-los. Mas que eles também respeitem o surto divino da metrópole cosmopolita

---

104 *Idem, ibidem.*
105 *Idem, ibidem.*
106 Cabe destacar aqui também a atuação de Menotti del Picchia na divulgação das obras de Brecheret, tendo dedicado dois artigos específicos ao escultor, publicados no *Correio Paulistano*, respectivamente, em 15 de janeiro e 26 de fevereiro de 1920, antes, portanto, dos textos de Mário de Andrade e Oswald de Andrade comentados acima.
107 Mais adiante, será discutido como a relação entre a modernização de São Paulo e o surgimento dessa nova mentalidade já vinha sendo objeto de reflexão do escritor no discurso em homenagem a Menotti del Picchia. Oswald de Andrade, "Reforma Literária", *Jornal do Commercio*, 19 maio 1921.

— evoluída de séculos em cinquenta anos de "entradas" comovidas, onde se debateram, para amálgamas finais, canções de todos os idiomas, êxtases de todos os passados, generosidades e ímpetos de todas as migrações[108].

A modernização no campo das comunicações e do espaço urbano aparece conjugada ao caráter de "metrópole cosmopolita" assumido por São Paulo entre 1870 e 1920, com a presença e a contribuição do imigrante que nela se integrava; um caráter sustentado pela própria história da cidade, como sugere a analogia entre a imigração e as "entradas" dos bandeirantes. Por isso, a questão racial no Brasil seria sobretudo uma questão paulista: "O resto do país, se continuar conosco, mover-se-á, como o corpo que obedece, empós do nosso caminho, da nossa ação, da nossa vontade"[109].

Tendo conectado a questão da modernização urbana com a questão racial, Oswald de Andrade preparava o terreno para defender o caráter *futurista*[110] que ele projetava na situação econômica e cultural de São Paulo. Diz ele:

Nunca nenhuma aglomeração humana esteve tão fatalizada a futurismos de atividade, de indústria, de história e de arte como a aglomeração paulista. Que somos nós, forçadamente, iniludivelmente, senão futuristas — povo de mil origens, arribado em mil barcos, com desastres e ânsias?[111]

O processo histórico da imigração e da convivência entre povos de origens diversas, de que a São Paulo daqueles anos aparece como produto bem-sucedido e exemplo, parece ser entendido como um aspecto do próprio futuro da sociedade moderna, ao menos no Brasil. Mais adiante, continuando essa linha argumentativa, o escritor se pergunta sobre as origens dos antepassados paulistas: "Qual é a pátria dos nossos antepassados? Quem vigorará para a pesquisa: os Silveira, os Choueri, os Pampini, os Delcourt, os Brown, os Fusijama?"[112] Ele prossegue especulando sobre que tipo de emoção poderia despertar em uma

---

108 *Idem*.
109 *Idem*.
110 Mais adiante será discutido com mais detalhe o uso do termo "futurista" por Oswald de Andrade, ao longo de 1921.
111 *Idem*.
112 *Idem*.

criança filha de imigrantes a história aprendida nas escolas sobre a libertação de negros escravizados, quando no passado de sua família estariam presentes antes "a imigração dolorosa e a lenta conquista de um solo aberto a todas as devassas laboriosas"[113].

Percebe-se, com isso, que Oswald de Andrade não quer vincular a nenhuma cultura específica e, com isso, também a nenhuma etnia específica, a possibilidade de uma arte que fosse expressão da "raça paulista", uma "raça" cosmopolita, constituída por um "povo de mil origens". Parte da construção ideológica da noção de "raça paulista" feita por Oswald de Andrade compreendia um movimento de libertação em relação ao passado, libertação dos "cativeiros idos", das histórias que "os velhos cantaram" e que aos novos restaria aturar, como aturam-se as histórias do "patrimônio de família" contadas pelas "tias sonâmbulas"[114]. Imbuído desse objetivo de destacamento em relação ao passado rumo ao futurismo a que a "raça paulista" estaria destinada, ele parece recalcar a história da escravidão no país[115], na verdade uma realidade histórica, naqueles anos como hoje, ainda longe de pertencer apenas ao passado. Concluindo o texto, o escritor defende que somente a liberação ante "o choro senil dos infecundos", referindo-se aos "passadistas" em geral, poderia fazer com que a indústria e o comércio, como a literatura e a arte de São Paulo, representassem "um alto papel e uma alta missão"[116].

As ideias apresentadas por Oswald de Andrade em "Reforma Literária", como já foi apontado por Fabris[117], apresentam pontos de contato com o teor da defesa que Menotti del Picchia vinha fazendo, em suas colunas do jornal *Correio Paulistano* e em outras colaborações a jornais, do movimento que se esboçava em São Paulo, desde o princípio de 1920, com o intuito promover uma renovação intelectual. Além dos textos de del Picchia sobre Brecheret, podem ser citados como exemplos dois artigos anteriores a "Reforma Literária": "Matemos Peri!", publicado no *Jornal do Commercio*, em 23 de janeiro de 1921, e "Peri", publicado

---

113  *Idem.*
114  *Idem.*
115  Em *O Futurismo Paulista*, Annateresa Fabris já observara esse movimento do texto de Oswald de Andrade (Annateresa Fabris, *O Futurismo Paulista: Hipóteses para o Estudos da Chegada da Vanguarda ao Brasil*, São Paulo, Perspectiva/Edusp, 1994, p. 79).
116  Oswald de Andrade, "Reforma Literária".
117  Annateresa Fabris, *O Futurismo Paulista*.

em 2 de fevereiro do mesmo ano, no jornal *Correio Paulistano*, sob o pseudônimo Helios. Neles, Menotti del Picchia vale-se do personagem do romance *O Guarani* não apenas para demonstrar o quanto a visão projetada sobre o indígena por José de Alencar e pelo romantismo brasileiro era falsa. O escritor entendia que Peri simbolizava também, nas palavras de Annateresa Fabris, uma "função social" falsa, ao ter sido considerado "elemento formador da raça":

[...] a ele [Peri] foram delegados atributos modernos que Helios reclama para o presente (e para outra etnia) — bravura nativa, espírito de independência e altivez revolucionária. Se, nesse momento, não se refere explicitamente à nova raça de São Paulo, o escritor não deixa, porém, de lembrar os primeiros homens que negaram o mito postiço, os portugueses e os bandeirantes, arrasadores das "tabas inúteis"[118].

A referência explícita à "nova raça" paulista já vinha sendo feita por Menotti del Picchia desde o início de 1920, em pleno momento de divulgação da obra de Brecheret. Em "A Nossa Raça...", publicado no *Correio Paulistano*, em 12 de março daquele ano, o escritor sugere que a situação racial no Brasil naquele momento se configurava como "um xadrez de nacionalidades", de onde o "verdadeiro brasileiro" emergiria como um "tipo humano novo", que relegaria à condição de "ficção literária" os caboclos e caiçaras. Estes seriam ainda "morfológica e psicologicamente caiçaras", mas "oriundos de alemães, de italianos, de espanhóis e até de turcos!"[119]. Eis como o escritor descreve o fenômeno de "fixação" racial que percebia no país:

O nosso cosmopolitismo toma o caráter de uma fixação definitiva, os rebentos da nossa civilização de acampamento nacionalizaram-na integralmente. A voz atávica não os desabrasileiriza mais; por um fenômeno social digno de nota, um jacobinismo intransigente radica esses frutos de outras raças em nosso solo, de forma a constituírem eles o extrato vivo da nossa nacionalidade. [...] Essa mescla heteróclita e tumultuária é, pois, o que devemos chamar atualmente nossa raça"[120].

118 *Idem*, p. 78.
119 Helios (Menotti del Picchia), "A Nossa Raça...", *Correio Paulistano*, 12 mar. 1920.
120 *Idem*. Para uma análise abrangente das crônicas de Menotti del Picchia na década de 1920, ver Ana Claudia Veiga de Castro, *A São Paulo de Menotti del Picchia: Arquitetura, Arte e Cidade nas Crônicas de um Modernista*, São Paulo, Alameda, 2008.

De modo semelhante a Oswald de Andrade, Menotti del Picchia projeta no restante do país o seu "paulistanismo internacionalista", como observa Ana Claudia Veiga de Castro[121], ao qual não faltará o apelo à figura do bandeirante, mas buscando integrar a ela o imigrante como protagonista de um novo bandeirantismo.

A fabricação da ideia de "raça paulista" não foi, evidentemente, um movimento iniciado pelo grupo de futuros modernistas que se reuniu em torno de Brecheret. Trata-se de um processo em elaboração desde o final do século XIX e que, durante a formação daquele grupo, se desdobrava social e ideologicamente, difundindo-se pelo campo da produção intelectual paulista, tendo no Instituto Histórico e Geográfico de São Paulo (especialmente em sua revista) e no Museu Paulista dois importantes marcos institucionais[122]. Os futuristas de São Paulo, e, como visto acima, Oswald de Andrade entre eles, integravam-se, à sua maneira, a esse movimento ideológico em processo.

Além da pesquisa genealógica sobre os descendentes dos primeiros habitantes de São Paulo, a ideia de "raça paulista" que se formulava naquele momento incluía também uma dimensão psicológica. Buscava-se a definição do que seriam os traços característicos da psicologia do povo paulista, que incluía agora também a presença nova dos imigrantes que chegavam desde a segunda metade do século XIX. A figura do bandeirante surge então como "símbolo aglutinador" dessa "nova raça" que se inventava:

O progresso de São Paulo também aparecia diretamente ligado à figura do imigrante que chegou à região por volta de 1860, trazendo braços e novas técnicas para a lavoura cafeeira. Segundo Queiroz, alguns autores apontam o início do século como momento em que se deu o aparecimento da figura do bandeirante como um símbolo aglutinador de uma coletividade movida por ideais comuns. Isso teria se dado justamente quando os descendentes dos imigrantes, filhos e netos, já estavam incorporados à população local, por meio da miscigenação, fazendo parte das camadas economicamente favorecidas e da intelectualidade. A ideia de bandeirante que então surgiu remetia a todos aqueles que habitavam o estado de São Paulo, não importando suas origens. Essa 'nova raça', também

---

121  *Idem*, p. 57.
122  Marcelo L. Mahl, "O Paulista e o Outro: A Construção de Uma Identidade Racial no Instituto Histórico e Geográfico de São Paulo (1894-1940)"; Afonso Celso Ferreira e Marcelo L. Mahl (org.), *Letras e Identidades: São Paulo no Século XX, Capital e Interior*, São Paulo, Annablume, 2008, pp. 27-47.

marcada por seu pioneirismo, apresentava os mesmos predicados dos primeiros habitantes de São Paulo — igualmente mestiços —, isto é, era arrojada, eficiente e amante do progresso[123].

Essa imagem do bandeirante como símbolo dos atributos da "raça paulista"[124], tal como esta aparece no discurso de Oswald de Andrade, assim como no de Menotti del Picchia, pode ser entendida como o fundamento ideológico que justificaria o papel pioneiro daquele grupo de intelectuais que se formara em São Paulo com o objetivo de promover a renovação intelectual e artística no país.

•

Voltando à revista *Papel e Tinta*, no mesmo número em que foi publicado o texto de Ivan sobre Brecheret, Claro Mendes, possível pseudônimo de Oswald de Andrade, publica uma nota sobre outro artista que chegava da Europa para compor a frente que tiraria São Paulo do "atraso" artístico em que se achava: o suíço John Graz. O texto destaca a formação do artista em Genebra, a fama de seus vitrais e a "moderníssima" composição de seus quadros, qualidades que a capital paulista poderia aproveitar "para a definitiva formação de sua cultura"[125]. O autor lamenta, porém, o "atraso" do público e dos artistas paulistanos, se queixando dos pensionistas, que ainda não haviam produzido "grandes prodígios de afirmação". O público, por sua vez, se impressionava com os "pães-de-lot" do escultor Ximenes e enchia suas paredes com "baboseiras feitas na Europa para exportação", mantendo ainda o hábito de "comprar nas joalherias do centro bronzes ignóbeis e estatuinhas tolas"[126]. Felizmente, porém, começavam a surgir "verdadeiros artistas", entre os quais o autor cita Brecheret, o "menino prodígio" Di Cavalcanti, um surpreendente Pedro Alexandrino, e "vocações de grande surto", como Anita Malfatti, Regina Gomide, Ferrignac e Mick Carnicelli.

---

123 Ana Claudia Fonseca Breffe, *O Museu Paulista: Affonso de Taunay e a Memória Nacional, 1917-1945*, São Paulo, Editora Unesp/Museu Paulista, 2005, pp. 197-198.

124 Sobre o bandeirante como símbolo da identidade paulista, ver ainda Paulo Garcez Marins, "O Parque do Ibirapuera e a Construção da Identidade Paulista", *Anais do Museu Paulista*, vols. 6-7, pp. 9-36, 1998-1999. Disponível em: <http://www.scielo.br/pdf/anaismp/v6-7n1/02.pdf>. Acesso em: 1 mar. 2018.

125 Claro Mendes (Oswald de Andrade), *Papel e Tinta*, São Paulo e Rio de Janeiro, ano 1, n. 2, jun. 1920.

126 *Idem*.

Mendes percebe em John Graz, "representante da corrente de arte vitoriosa na Europa", o potencial para a renovação da arte religiosa em São Paulo, que tinha em suas igrejas, à exceção da abadia de S. Bento, vergonhosos "vitrais de bazar"[127]. Graz poderia contribuir, assim, com a reação "pela verdadeira arte e pela verdadeira cultura".

Pelo que foi visto até aqui do que eram as posições de Oswald de Andrade sobre o ambiente artístico paulistano, essa linha argumentativa permite sugerir que de fato a nota sobre John Graz deve ser mesmo de sua autoria, como propõe Maria Eugenia Boaventura[128]. Além disso, ela está em harmonia com a proposta editorial da revista, dirigida por ele e Menotti Del Picchia, que pode ser interessante avaliar neste ponto.

Essa proposta é apresentada no primeiro número, em uma espécie de editorial-manifesto intitulado "Nós" e assinado pela direção da revista. Nele, *Papel e Tinta* é apresentada como órgão do "renascimento" da vida mental do Brasil, que se processava na esteira da "transformação visceral" por que passava o país, proporcionada por progressos econômicos, políticos e materiais, consequências sociais, argumentam os autores, da Primeira Guerra Mundial[129]. Faltava ao país esse "órgão veiculador" do pensamento novo, que surgia como "resultante fatal" desse processo histórico. Pensamento novo que começava "a quebrar os diques angustiados do regionalismo", a sair do isolamento, confraternizando-se com o pensamento dos "países cultos, principalmente os sul-americanos".

Era, portanto, objetivo da revista promover uma maior circulação de ideias entre os países do continente americano, a quem caberia a "liderança do universo" no mundo pós-Primeira Guerra. O Brasil deveria estar preparado para assumir uma missão de destaque "nesse futuro próximo" e uma aproximação com as nações sul-americanas era necessária "quer para o equilíbrio continental, quer para a nossa eficaz atuação na vida internacional"[130]. Contrapondo-se às revistas já existentes, recheadas de "literatice pouco séria" e carentes "de pensamento e sobriedade", *Papel e Tinta* reconhecia na literatura a "função de educar um povo", sendo, portanto, necessário que os brasileiros se alimentassem de ideias "mais

---

127 Idem.
128 Maria Eugenia Boaventura, *O Salão e a Selva...*, p. 76.
129 "A Direção. Nós", ano 1, n. 1, *Papel e Tinta*, 31 maio 1920.
130 Idem.

viris e sadias; em arte, com o que a nossa arte tem de sério; em literatura, com o que o nosso espírito moderno tem de mais fulgurante"[131].

Em linhas gerais, esse era o programa da publicação, onde se pode perceber algumas daquelas que depois seriam as bandeiras da Semana de Arte Moderna e da atuação posterior de seus participantes. A revista, que tinha o subtítulo de "Ilustração Brasileira" seguia de perto, no que diz respeito à diagramação, seções e ilustrações, a estrutura de revistas em circulação no país, como, por exemplo, *A Vida Moderna*. Procurava, assim, inserir-se no campo dos periódicos "de ilustração", que não se restringiam à publicação de textos literários e críticos, mas registravam também aspectos da vida social, com seções de atualidades, política, esportes, "feminina", infantil. Dentro dessa estrutura, os editores procuravam realizar seu programa com a inserção de fotografias de paisagens do interior do país, em seção dedicada a promover o melhor conhecimento do território nacional; uma seção nos moldes da coluna "As Cartas D'Abax'O Pigues", de *O Pirralho*, mas dessa vez buscando reproduzir não a fala do imigrante italiano, mas a fala do "caipira"; uma seção com anotações musicais de canções populares. Além disso, abriam espaço para ilustrações e vinhetas de Di Cavalcanti, Brecheret, Paim, entre outros. Mais um elemento interessante a se destacar é a presença do cinema nas páginas da revista. Se em *O Pirralho* o cinema aparece pouco, agora ganha status de arte em uma seção própria, "A Arte Muda"[132], com textos de mais profundidade e fartamente ilustrados com fotografias de atores e atrizes internacionais, diagramadas em destaque.

Os últimos números da revista, publicados entre outubro e dezembro de 1920, contam com a direção artística de Mick Carnicelli, anunciada com destaque pela direção. O artista se encarregara também da concepção e desenho da nova chancela da revista. A diferença visual desses dois últimos números, especialmente do último, para os quatro anteriores é bastante evidente. A revista parece assumir finalmente a orientação da renovação estética que, no final de 1920, o grupo de intelectuais e artistas que reunia buscava promover[133]. Duas ilustrações publicadas

---

131  *Idem*.
132  Alguns textos da seção são assinados por G., possivelmente Guilherme de Almeida.
133  No primeiro número de *Papel e Tinta*, a Direção insere uma nota em que afirma não ser ainda a revista, tipográfica e artisticamente, a expressão de seu programa, em razão de não ter sido impressa nas oficinas definitivas da editora. Os diretores afirmam, também, que um empreendimento ambicioso como *Papel e Tinta* levaria ainda algum tempo para alcançar essa harmonia entre seu programa e sua expressão gráfica.

no sexto e último número de *Papel e Tinta*, de autoria de Paim e de Victor Brecheret, caracterizam de forma exemplar essa orientação, que nos quatro primeiros números estava de certo modo ainda difusa.

A ilustração de Paim representa uma das passagens da narrativa da vida de Jesus Cristo, enquanto a de Brecheret tem por motivo um *topos* literário e artístico cuja origem remonta à mitologia e ao teatro gregos. Iconograficamente, ambas as ilustrações partilham princípios do gênero histórico, que incluía a representação de cenas bíblicas e mitológicas. Estilisticamente, porém, os desenhos são muito diferentes e refletem a convivência entre uma visualidade de influência simbolista e *art nouveau*, e outra que ensaiava a busca por novas referências, ainda que recorrendo também a um motivo iconográfico tradicional.

Por visualidade de influência simbolista e *art nouveau*, na ilustração de Paim, entende-se, por um lado, a forma de representar certos elementos característicos da iconografia da tentação de Cristo. O Diabo, que apresenta e convida Jesus Cristo às tentações, aqui aparece sem suas características asas luciferinas. A figura é inspirada no fauno, entidade mitológica bastante presente na poesia (de Paul Verlaine e Stéphane Mallarmé, por exemplo) e na pintura simbolista (como de Arnold Böcklin); a mulher e a figura segurando o punhal, que simbolizam os vícios do hedonismo e do egoísmo[134], remetem aos desenhos de Aubrey Beardsley, Walter Crane e mesmo Félicien Rops, sobre quem, aliás, *Papel e Tinta* publica o ensaio "A Ironia de Rops", em homenagem ao crítico Gonzaga Duque, que o havia publicado no livro *Graves e Frívolos*, em 1910. Por outro lado, as linhas ondulantes que reverberam no espaço os cabelos da mulher, a fumaça da tocha, as nuvens e a água que cai do rochedo, assim como o rebuscamento de detalhes do manto do rei, permitem associá-las a estilizações típicas de desenhos e ilustrações *art nouveau*, mas também de artistas como Edvard Munch ou Gustav Klimt. A própria moldura ornamentada que delimita a imagem, assim como os ornamentos tipográficos que compõem o título do trabalho, também são características do estilo *art nouveau*, embora o padrão geometrizado da moldura de Paim divirja dos motivos naturais geralmente utilizados por Beardsley e outros ilustradores europeus.

Já as novas referências que o desenho de Brecheret parece buscar podem ser rastreadas no artigo sobre o escultor assinado por Mário de Andrade como Ivan.

---

[134] A figura do rei à esquerda representa o materialismo, a luxúria dos olhos, terceiro elemento das tentações que o diabo apresenta a Cristo.

O próprio pseudônimo já indica uma delas, o escultor croata Ivan Mestrovic. Percebe-se na representação dos pelos do rabo e das patas do cavalo o mesmo tipo de solução rítmica presente nos cabelos das figuras no baixo-relevo *Anunciação* e na escultura *Esfinge do Templo de Kosovo*.

O tratamento linear dos volumes anatômicos do homem e do cavalo, muito mais a serviço da imaginação plástica do artista do que de uma representação naturalista, se também remetem à estilização de Mestrovic, aproximam-se igualmente das soluções anatômicas do escultor italiano Adolfo Wildt. Veja-se, por exemplo, o torso *Vir Temporis Acti*, cuja tensão do pescoço, boca e fronte se assemelham aos da figura humana em *Sacrifício do Herói*.

A convivência sem conflito aparente das pesquisas plásticas de Paim e Brecheret em *Papel e Tinta* é reveladora do estado dos debates sobre arte moderna em São Paulo, nesse período que antecede a Semana de Arte Moderna. Revela não apenas quais eram as referências visuais admiradas por esse grupo de artistas e escritores que defendiam a renovação, como também que eles tinham uma visão "eclética" do que essa renovação poderia ser no campo das artes visuais. A Semana de Arte Moderna será, de certa forma, produto dessa renovação de caráter "eclético". Se o pensamento de Oswald de Andrade sobre arte nesses anos também refletia parte desse ecletismo, suas intervenções durante a Semana de Arte Moderna, no entanto, já anunciam um direcionamento, como se terá oportunidade de demonstrar mais adiante.

◆

Voltando ao ano de 1920, cabe destacar ainda a participação de Oswald de Andrade no fortalecimento do nome de Brecheret junto ao meio artístico paulista, como parte da estratégia adotada pelo grupo que articulava a indicação do escultor para a realização do *Monumento às Bandeiras*. Em 6 de julho de 1920, pouco depois da publicação de seu artigo sobre o escultor em *A Rajada* e do texto de Mário de Andrade em *Papel e Tinta*, o jornal *Correio Paulistano* anunciou a formação de uma comissão provisória visando dar encaminhamento ao projeto de construção do monumento, que seria oferecido pelo Governo do Estado de São Paulo, por ocasião das comemorações do centenário da independência, em 1922. Participaram da reunião que constituiu a comissão Monteiro Lobato, Menotti Del Picchia, José Lannes, Oswald de Andrade e Leó Vaz, tendo sido Lobato eleito o presidente e Del Picchia o secretário da comissão. Uma de suas primeiras iniciativas foi a organização da exposição da maquete do monumento realizada por Brecheret[135], inaugurada em 28 de julho de 1920, na casa Byington, rua 15 de Novembro, com a presença de Washington Luís, então presidente do Estado de São Paulo[136].

Outro fato relevante ocorrido ainda em 1920 diz respeito a Di Cavalcanti. Trata-se da exposição realizada pelo artista no salão da Casa A. Di Franco, em outubro daquele ano. Nessa loja de instrumentos musicais especializada em pianos, o artista expôs pinturas, desenhos e ilustrações, entre os quais a série *Fantoches da Meia-noite* [Figuras 4 e 5], ainda não editada em álbum[137]. E a série foi adquirida por Oswald de Andrade durante a exposição, conforme nota publicada no *Jornal do Commercio*, em 27 de outubro de 1920.

Naquele momento, Di Cavalcanti se encontrava em uma posição relativamente estabelecida na profissão de ilustrador em São Paulo e no Rio de Janeiro, em parte por conta de suas contribuições para *O Pirralho*, com apoio dos amigos Os-

---

135 Uma posição de Oswald de Andrade sobre o projeto de Brecheret será discutida no quinto capítulo.

136 Como se sabe, o projeto inicial de Brecheret não foi realizado, tendo a maquete sido enviada ao acervo da Pinacoteca de São Paulo por Washington Luis (cf. Daisy Peccinini, *Brecheret e a Escola de Paris*, p. 20) e depois se perdido. Uma razão possível para isso é que no mesmo ano de apresentação do primeiro projeto de Brecheret, o escultor Nicola Rollo já havia sido encarregado da realização de um monumento em homenagem aos bandeirantes, previsto para ocupar o primeiro lance de escadarias em frente ao Museu Paulista, como parte das comemorações do centenário da Independência. No entanto, somente em 1923 um modelo em barro do projeto *Heroísmo dos bandeirantes* foi aprovado po Washington Luis, então presidente do Estado. O estouro da Revolução de 1924, que obrigou o artista a deixar a cidade, impossibilitando-o de manter os cuidados necessários ao modelo em barro, e a falta de apoio do governo Carlos de Campos com o término do conflito, levaram Rollo a abandonar o projeto (cf. Maria Cecilia Martins Kunigk, *Nicola Rollo (1889-1970). Um Escultor na Modernidade Brasileira*, Dissertação de Mestrado em Artes, Escola de Comunicações e Artes da Universidade de São Paulo, 2001, pp. 107-133). Em 1936, o projeto de Brecheret foi retomado e reelaborado pelo escultor durante a gestão do governador Armando de Salles Oliveira, mas só seria oficialmente inaugurado em 25 de janeiro de 1953, um ano antes das comemorações do IV Centenário de São Paulo, quando o monumento foi "praticamente reinaugurado" durante os festejos (cf. Marta Rossetti Batista (coord.), *Bandeiras de Brecheret. História de um Monumento (1920-1953)*, São Paulo, Departamento do Patrimônio Histórico, 1985, p. 125).

137 A série *Fantoches da Meia-noite* somente seria editada como álbum no ano seguinte, com prefácio de Ribeiro Couto, pela editora Monteiro Lobato & Cia., incluindo exemplares de luxo fora de comércio. Dessa tiragem de luxo, são conhecidos o exemplar que pertenceu a Guilherme de Almeida, especialmente colorido pelo artista; um exemplar na seção de livros raros da Biblioteca Mário de Andrade; e um exemplar na Biblioteca Nacional, no Rio de Janeiro. Para este trabalho, foi consultado o exemplar que pertenceu a Guilherme de Almeida.

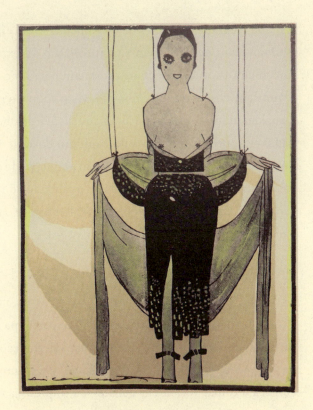

Figura 4. *Fantoches da Meia-noite*, 1921 © Di Cavalcanti/ AUTVIS, Brasil, 2022.

Figura 5. *Fantoches da Meia-noite*, 1921 © Di Cavalcanti/ AUTVIS, Brasil, 2022.

wald de Andrade e Guilherme de Almeida[138]. No entanto, como ressalta o crítico do *Jornal do Commercio* em sua apreciação da exposição na Casa Di Franco, o futuro de Di Cavalcanti como *artista* ainda era incerto, apesar do entusiasmo de alguns críticos, entre eles, como foi visto acima, o próprio Oswald de Andrade[139]. Considerando-se que, à época, as aquisições de obras em exposições eram divulgadas nos jornais, a compra do conjunto da série *Fantoches da Meia-noite*, além de uma forma de auxílio financeiro ao amigo, pode ser entendida como mais uma afirmação de Oswald de Andrade da qualidade do trabalho do "menino prodígio" *carioca* Di Cavalcanti, que o escritor, lembre-se, considerava uma promessa *de São Paulo* para a arte brasileira[140].

## 4.  O futurismo paulista

Para entender como Oswald de Andrade participa da fabricação da ideia de "futurismo paulista" é preciso acompanhar sua atuação no "ano fermento da Semana de Arte Moderna"[141], em que o pugilo por ele anunciado em "Arte do Centenário" começa a tomar forma em debates na imprensa. Algumas posições do escritor frente à criação artística ganham agora contornos mais definidos, compondo um conjunto de referências importante para se refletir tanto sobre seu pensamento estético, como sobre as relações de seu primeiro romance com o universo das artes visuais em que estava envolvido, particularmente, com as esculturas de Victor Brecheret e com a série *Fantoches da Meia-noite*[142].

Não é necessário, entretanto, retomar aqui todo o processo em que Oswald de Andrade, Menotti del Picchia, Agenor Barbosa, Candido Motta Filho, Sérgio Buarque de Holanda, Mário de Andrade e outros formulam e discutem, nas págl-

---

138  Ana Paula Cavalcanti Simioni, *Di Cavalcanti Ilustrador: Trajetória de um Jovem Artista Gráfico na Imprensa (1914-1922)*, São Paulo, Sumaré/Fapesp, 2002, pp. 24-28.
139  "Notas de Arte", *Jornal do Commercio*, 23 out. 1920.
140  Ver comentário acima sobre um dos artigos publicados pelo escritor na seção "Lanterna Mágica" de O *Pirralho*. Em seu livro de memórias *Um Homem Sem Profissão*, publicado em 1954, Oswald de Andrade comenta a ajuda que prestou ao artista: "Cavações para Di Cavalcanti ficar em São Paulo. Conheci-o, na redação [do *Jornal do Commercio*], trazendo-me um cartão de Amadeu Amaral. Era um menino esquelético e triste". (Oswald de Andrade, *Um Homem sem Profissão. Memórias e Confissões. Sob as Ordens de Mamãe*, São Paulo, Globo, 2002, p. 160).
141  Mário da Silva Brito, *História do Modernismo Brasileiro*..., p. 253.
142  Uma análise dessa relação é realizada no quinto capítulo deste trabalho.

nas, principalmente, dos jornais *Correio Paulistano* e *Jornal do Commercio* as possibilidades daquele "futurismo paulista". Para uma apreciação dessa discussão, podem ser consultados o resumo e documentação reunidos em Brito[143], assim como a análise crítica desse debate em Fabris[144]. O interesse desse debate para este estudo é investigar em que medida as ideias sobre arte até então elaboradas por Oswald de Andrade aparecem e são desenvolvidas no contexto de preparação para a ofensiva de 1922.

Em 9 de janeiro de 1921, um banquete em homenagem a Menotti del Picchia havia sido organizado no antigo Belvedere do Trianon, celebrando a publicação, em edição de luxo ilustrada por Paim, do livro de poemas *As Máscaras*[145]. Era uma oportunidade para Oswald de Andrade retomar e redirecionar seus posicionamentos sobre a renovação intelectual que se processava em São Paulo. Dentre os vários presentes que discursaram[146], ele buscou marcar a diferença de um grupo que se formava e que tinha na defesa de uma arte nova o seu fator de união, "um grupo de orgulhosos cultores da extremada arte de nosso tempo". Um grupo formado pelo que chama de "bando de formalistas negados e negadores que se juntam e se desfazem e permanecem no espírito de mútua eleição que se criaram para gozo próprio e virtude, quem sabe, da cidade tumultuária que os abriga"[147].

Esses amigos estranhos representados ali por Oswald de Andrade, vêm trazer ao poeta homenageado o aviso das lutas que estão por vir, das dificuldades e das responsabilidades que o esperam: "Sim, é para te lembrar a força que trazes no teu bojo prenhe de obras-primas e te sagrar para combates mais vivos, que vimos assegurar-te guarda de honra no tumulto desta consagração de alta popularidade"[148]. Ou seja, a intervenção no banquete tem o objetivo de mostrar o real valor daquela consagração, realizada ainda sob os auspícios de representantes da

---

143 Mário da Silva Brito, *História do Modernismo Brasileiro: Antecedentes da Semana de Arte Moderna*.
144 Annateresa Fabris, *O Futurismo Paulista*.
145 Mário da Silva Brito, *História do Modernismo Brasileiro...*, p. 180.
146 O discurso de Oswald de Andrade foi transcrito no jornal *Correio Paulistano*, em 10 de janeiro de 1921. O texto é reproduzido integralmente em Mário da Silva Brito, *História do Modernismo Brasileiro*.
147 Mário da Silva Brito, *História do Modernismo Brasileiro...*, p. 181.
148 *Idem, ibidem*.

poesia e da arte que aquela "meia dúzia de artistas moços", em nome dos quais o escritor falava, combatia.

Dois pontos do discurso de Oswald de Andrade interessam aqui. O primeiro é o trecho em que ele se refere à cidade de São Paulo, cuja vista panorâmica do Belvedere do Trianon emoldurava a celebração. Num parágrafo de elogio à modernização da cidade, que já demandava romancistas e poetas que cantassem os "pasmosos problemas humanos" por ela impostos, as últimas frases dizem respeito à visualidade:

É a cidade que, nas suas gargantas confusas, nos seus desdobramentos infindáveis de bairros nascentes, na ambição improvisada das suas feiras e na vitória dos seus mercados, ulula uma desconhecida harmonia de violências humanas, de ascensões e desastres, de lutas, ódios e amores, a propor, às receptividades de escol, *o riquíssimo material das suas sugestões e a persuasão imperativa das suas cores e linhas*[149].

Mais uma vez, Oswald de Andrade busca enraizar na vida da cidade de São Paulo, em seu trabalho construtivo, perpassado por violências e ambições, a base de onde emerge — ou deverá emergir — a grande arte que essa realidade material anuncia e demanda.

O segundo ponto é que, como exemplos de "uma das mais fortes, expressivas e orgulhosas gerações de supremos criadores" saídos do "ignorado cadinho" paulistano, ele cita Victor Brecheret, criador da máscara em bronze com que o grupo presenteava o poeta homenageado, além de Anita Malfatti, Di Cavalcanti e John Graz, este "ultimamente revelado", possivelmente se referindo ao artigo publicado meses antes, em *Papel e Tinta*, sobre a chegada do artista ao Brasil. Naquele momento, portanto, eram os artistas visuais — quase todos eles já previamente discutidos por Oswald de Andrade nos anos anteriores — quem já havia apresentado tentativas de explorar a riqueza dos materiais e da visualidade "imperativa" da cidade, contribuindo, assim, para o movimento de renovação das possibilidades de criação artística. O grupo de que Oswald de Andrade era porta-voz tinha, portanto, uma maioria de artistas, cujas obras, porém, eram bastante heterogêneas entre si. Note-se, ainda, que o elemento a ser explorado pelos artistas já não é mais a paisagem natural do interior de São Paulo que preocupava o escritor, entre 1915 e 1916, mas a paisagem e a vida urbana da capital.

---

149 *Idem*, p. 182, grifos nossos.

Nos meses seguintes, suas intervenções na imprensa terão em parte o sentido de apresentar aquilo que a poesia e a literatura produzidas em São Paulo — a dele incluída — ofereciam como renovação. É daí que surge o polêmico artigo "O Meu Poeta Futurista", em que, sem dizer o nome de Mário de Andrade, Oswald de Andrade introduz ao leitor do *Jornal do Commercio* o poeta de *Pauliceia Desvairada*. No artigo, o escritor volta a exaltar os elementos dinâmicos da vida na metrópole paulistana, "a febre nas horas de marcha", a "população heterogênea e violenta" se deslocando para "os refúgios dos grandes bairros comovidos"[150]. Apresenta-os como transformação da fisionomia da metrópole, "incontida, absorvente e diluviada de gente nova, de gente ávida, de gente viva". Essa gente "pensa outras ideias, escuta outros carrilhões, procura novos ritmos, perscruta e requer horizontes e futuros. Não para ao chamado aflito dos velhos sineiros celebrantes de cultos vencidos"[151]. Essa gente paulistana, essa "juventude extravasante", reclamava "uma arte à altura da sua efusiva aspiração vital e de compasso com o senso profundo da sua responsabilidade americana"[152].

E, além de Guilherme de Almeida, Menotti del Picchia, Cleómenes Campos, Agenor Barbosa, entre outros que faziam com que a cidade fervesse de "arte boa e nova", há o poeta futurista que Oswald de Andrade chama de seu e apresenta como sendo o autor do inédito *Pauliceia Desvairada*, "cinquenta páginas talvez da mais rica, da mais inédita, da mais bela poesia citadina"[153]. Após apresentar o poema "Tu", o escritor exalta a estranheza do ritmo, a forma nova e o arrojo da frase desse "futurismo paulista, que surge companheiro de jornada dos que aqui gastam os nervos e o coração na luta brutal, na luta americana, bandeirantemente!"[154] A poesia futurista paulista surgia, portanto, retórica e "bandeirantemente" como companheira da gente paulista, possibilidade aberta para o surgimento de uma "expressão máxima da raça", como dizia Oswald de Andrade em "Artes do Centenário".

Alguns dias depois, no mesmo jornal, Mário de Andrade publica, como réplica, o artigo "Futurista?", em que, referindo-se a si mesmo como "um amigo" do poeta futurista apresentado por Oswald de Andrade, refuta o adjetivo e lança uma série de objeções e dúvidas ao "futurismo paulista" defendido por seu colega.

150 Oswald de Andrade, "O Meu Poeta Futurista", *Jornal do Commercio*, 27 maio 1921.
151 *Idem*.
152 *Idem*.
153 *Idem*.
154 *Idem*.

Mário de Andrade reivindicava, antes, a individualidade de seu "amigo" autor de *Pauliceia Desvairada*, que o impedia de ser vinculado a qualquer grupo ou escola. A resposta de Mário de Andrade resultará em novo artigo de Oswald de Andrade, reafirmando, sem nunca o nomear, o autor dos poemas como futurista. E ele aproveita a ocasião para desenvolver mais o sentido que dava a esse termo.

O artigo intitulado "Literatura Contemporânea" traz em epígrafe uma frase do músico e compositor italiano Francesco Balilla Pratella, extraída do *Manifesto Técnico da Música Futurista*, que afirma ser todo autor inovador, logicamente, futurista em relação a seu tempo. É precisamente nesse sentido que Oswald de Andrade afirma ter utilizado o termo. Ou seja, futurista é tudo o que produz um avanço em relação a um estado de coisas dado. É um sentido diferente daquele que havia aparecido em *O Pirralho*, em 1913, como comentado acima, no qual futurismo era uma projeção no futuro, uma espécie de antecipação de uma dada situação.

Na sequência, Oswald de Andrade apresenta uma distinção entre o que chama de "futurismo de pequena escola", no qual teria se perdido a obra de Marinetti, assim como as de Ardengo Soffici, na Itália, e Max Jacob, na França, e aquilo que nomeia "futurismo profético e largo"[155]. Este seria o futurismo dos grandes inovadores, criadores de "êxtases novos", como Walt Whitman, Edgar Allan Poe, Jules Laforgue, Paul Verlaine, Stéphane Mallarmé, Charles Baudelaire, Joris-Karl Huysmans, Corrado Govoni, Giovanni Papini, entre outros. Ou seja, um futurismo que não se restringe aos futuristas "oficiais", "de escola", mas que estaria presente, de maneira geral, em toda literatura nova e, especificamente, na literatura que, prossegue Oswald de Andrade, "ergueu uma parede definitiva sobre o século romântico terminado aberrantemente nas monstruosidades do cientificismo, na grosseria inexpressiva de Zola, no metafisismo lírico renovado na Alemanha por Karl Spitteler"[156]. Vê-se pelos escritores citados tanto positiva quanto negativamente, que a literatura nova, no entendimento de Oswald de Andrade, era aquela que buscava ir além da investigação científica, naturalista, e procurava o mistério, o símbolo, a metáfora, a sugestão.

Dois dias depois da publicação de seus esclarecimentos sobre o uso da palavra futurista, Oswald de Andrade apresenta, sob o título "Páginas de Atelier (na Partida de Victor Brecheret para a Europa)", trechos do segundo volume de seu

---

155 Oswald de Andrade, "Literatura Contemporanea", *Jornal do Commercio*, 12 jun. 1921.
156 *Idem*.

romance *Os Condenados*, ainda inédito. Depois de ter introduzido um poema de Mário de Andrade e, no artigo posterior, um de Guilherme de Almeida e outro de Agenor Barbosa como exemplos do futurismo que a nova geração paulista vinha produzindo, o escritor agora apresenta uma contribuição sua. E é interessante notar que ele o faz vinculando-a ao trabalho de Victor Brecheret.

O trecho publicado no *Jornal do Commercio* apresenta três cenas do romance: uma pequena introdução descrevendo o ambiente do ateliê do escultor Jorge d'Alvelos; a narrativa da visita de um crítico ao ateliê, para ver um trabalho ao qual o escultor se dedicava; e, por fim, uma cena em que o escultor retorna ao ateliê após um longo período afastado. Todas as cenas foram incorporadas, com poucas alterações, ao livro *A Estrela de Absinto*, publicado apenas em 1927.

No contexto do que se tem visto até aqui das intervenções de Oswald de Andrade na defesa da arte nova, do "futurismo paulista", a seleção das cenas feitas pelo escritor não parece gratuita. Nelas se constrói a imagem de um artista que, ao retornar para São Paulo depois de estudos na Europa, se traz na bagagens referências — em seu ateliê encontravam-se "bronzes vindos de Roma e fotografias das exposições europeias" —, ao mesmo tempo toma aspectos da realidade de seu país e de sua "raça" para trabalhar: "Ao tocar o Brasil, surpreendendo debordar-lhe nas veias o rio tutelar da sua raça, compusera num estouvamento genial de músculos crus e atitudes incríveis, o grupo das 'Amazonas e o Cavalo' que passara logo em gesso"[157].

Constrói-se também a imagem de um artista incompreendido, como na cena em que o ateliê é visitado por um crítico, descrito como um senhor petulante num fraque preto, que usava óculos e fumava[158]. Depois de um exame atento dos trabalhos, o crítico se sai com um "Isso é escola alemã!". Na tentativa de se explicar, Jorge d'Alvelos fala como se fosse o próprio Oswald de Andrade comentando a obra de Brecheret: "era moderno, quisera pôr a sua nota pessoal de trágico espiritualismo"[159]. O crítico, porém, "continuava insensível à sugestão emocional da figura".

---

157 Oswald de Andrade, "Páginas de Atelier (Na Partida de Victor Brecheret para a Europa)", *Jornal do Commercio*, 14 jun. 1921.
158 Anos depois, Oswald de Andrade irá revelar que a cena é inspirada em uma visita de Monteiro Lobato ao ateliê de Brecheret no Palácio das Indústrias, o que será comentado no terceiro capítulo.
159 *Idem*.

Sem obter o entendimento do crítico, Jorge d'Alvelos se lembra de uma cena que se passara durante seus estudos em Roma, quando convidou um lixeiro a conhecer seu ateliê, onde o escultor trabalhava em uma representação da Dor. Ao explicar isso ao lixeiro, que havia gostado da obra, mas não entendera o que representava, ouviu: "Per questo ha le mani cosi. Sembra addolorata [Por isso tem as mãos assim. Parece sentir dor]"[160]. "O lixeiro entendera; o crítico, não", conclui o narrador. A cena contrapõe a opinião do crítico à do homem não especializado, mas que demonstrava mais capacidade para compreender a proposta do artista. Desse modo, por meio da ficção do romance, Oswald de Andrade atacava os críticos de Brecheret e da arte nova, menos sensíveis a ela do que o suposto homem rude que varria as ruas.

O ataque de Oswald de Andrade às limitações da crítica produzida no Brasil, especialmente a literária, continua nos artigos que publica durante o mês de julho, no *Jornal do Commercio*: "Paul Fort Principe"; "Reflexões Críticas" e "Questões de Arte". Nos dois primeiros, vale-se da passagem por São Paulo do poeta francês Paul Fort para apontar quais elementos de sua produção poética identificava como expedientes modernos e, portanto, de interesse para os criadores da arte nova no Brasil, mas que ainda escandalizavam boa parte da crítica. Um dos poucos críticos que se salvavam era Afrânio Peixoto, com quem Oswald de Andrade havia estado em São Paulo e a quem gostaria de ter apresentado a cidade. Mas, ele deixa claro, não qualquer São Paulo, e sim a São Paulo revolucionária de Mário de Andrade, a São Paulo que é:

[...] como o gênio renovador de Menotti e Lobato, a plêiade que vai de Serge Milliet e Agenor Barbosa e Moacyr Deabreu, passando por José Lannes, Cleomenes Campos, Corrêa Junior, Arlindo Barbosa, Cornelio Procopio, Paulo Gonçalves, Galeão Coutinho. S. Paulo é o romance de Léo Vaz e de Albertino Moreira, a cor e a visão de Anita Malfatti, de John Graz, de Regina Gomide Graz a cultura de Luiz Felippe Rangel; o pensamento de Alexandre Corrêa, a suprema elegância de espírito de Ferrignac; a observação de Pedro Rodrigues de Almeida, e a máscula energia de Brecheret. Nem todos incorporados às modernas correntes estéticas, esses espíritos esplêndidos pulsam, no entanto da coragem

---

[160] *Idem*.

da nossa época, da alegria construtora da nossa civilização, da larga visão nova a que dá direito a festa de trabalho americano que faz a nossa vida[161].

◆

Como se tem visto até aqui, é sempre a imagem da cidade construtora, da cidade americana que trabalha na fabricação de uma vida e de uma época novas, que catalisa, no pensamento de Oswald de Andrade, os esforços intelectuais de um grupo de artistas, poetas e escritores que ele mesmo reconhece como desigual.

No último artigo que publica em julho de 1921, intitulado "Questões de Arte", Oswald de Andrade continua sua ofensiva contra os padrões vigentes na crítica literária e artística de São Paulo. Em meio a comentários irônicos contra os críticos Aristeu Seixas e Raoul Polillo — este último seu colega no *Jornal do Commercio* —, surge mais um elemento importante para o entendimento do pensamento de Oswald de Andrade sobre arte nesse momento. Ampliando uma ideia que, em 1918, na resenha que fez sobre a exposição de Anita Malfatti, havia aparecido apenas como uma crítica de passagem ao "preconceito fotográfico" do público frequentador de exposições em São Paulo, o escritor agora se posiciona de maneira mais contundente a respeito desse tópico importante para o pensamento estético da modernidade — a relação entre obra de arte e imagem técnica.

## 5. "Arte não é fotografia, nunca foi fotografia!"

A certa altura do texto, Oswald de Andrade cita de memória a seguinte frase, que ele havia lido em texto de Mário de Andrade sobre o compositor francês Claude Debussy: "A arte procura criar um belo oposto ao belo da natureza"[162]. Concordando com o amigo, complementa: "De fato, o artista é o ser de privilégio que produz um mundo supra-terreno, antifotográfico, irreal que seja, mas um mundo existente, chocante e profundo, deflagrado a qualquer interior e obscura faísca divina"[163]. Na sequência, atribui a "bobagens" ditas por Émile Zola e Eça de Queiroz o estabelecimento de cânones sobre a criação literária que impediam o desen-

---

161 *Idem.*
162 Mário de Andrade, "Debussy e o Impressionismo", *Revista do Brasil*, ano IV, vol. 17, n. 66, jun. 1921, pp. 193-211.
163 Oswald de Andrade, "Questões de Arte", *Jornal do Commercio*, 25 jul. 1921.

volvimento daqueles escritores que buscavam caminhos mais livres. Ele cita uma célebre frase do romancista francês — "A arte é a natureza vista através de um temperamento" — para, então, (des)qualificá-lo como "profundo asno". Assumir essa frase de Zola significava preservar no ato criativo uma fidelidade relativa à natureza (ainda que vista através de um temperamento). É por isso que Oswald de Andrade diz ser Zola um "retalhista de açougue", que via "a natureza em postas e vendia-a aos quilos para o seu público de cozinheiras e moços de recado"[164]. O que o escritor francês entregava ao público, traduzindo a metáfora do autor, seriam apenas pedaços de matéria bruta, a transcrição da realidade sem o trabalho propriamente da expressão; a "reportagem absoluta", como ele dirá mais adiante no texto. E isso não era arte.

Nesse ponto, diante de uma oposição tão contundente, pode ser útil investigar brevemente as ideias estéticas de Émile Zola, especialmente tendo em vista que Monteiro Lobato, interlocutor importante para Oswald de Andrade durante a formulação de suas primeiras ideias estéticas, era um de seus apreciadores no Brasil. A frase citada por Oswald de Andrade foi provavelmente extraída do livro *Le Roman Expérimental*, publicado por Zola, em 1880, reunindo um conjunto de ensaios do escritor francês. Pode-se supor isso uma vez que a versão da célebre definição de arte de Zola citada por Oswald de Andrade é diferente daquela que o romancista havia utilizado em alguns de seus escritos sobre arte e pintura, ainda na década de 1860[165]. Nessas primeiras versões de sua definição, Zola não fazia referência direta à natureza, mas sim à criação. A referência direta à natureza em sua fórmula do

---

[164] *Idem*.

[165] Dois desses textos são "Proudhon et Courbet", publicado entre julho e agosto de 1865, e "Les Réalistes du Salon", publicado em maio de 1866. Os textos foram reunidos, respectivamente, nos livros *Mes Haines, Causeries Littéraires et Artistiques* e *Mon Salon*, ambos publicados em 1866 e, mais recentemente, reunidos no volume *Écrits sur l'Art* (Émile Zola, *Écrits sur L'Art*, Paris, Éditions Gallimard, 1991). A certa altura de "Proudhon et Courbet", Zola afirma: "Eu proponho em princípio que a obra só vive pela originalidade. É preciso que eu encontre um homem em cada obra, ou a obra me deixa frio. Eu sacrifico decididamente a humanidade ao artista. Minha definição de uma obra de arte seria, se eu a formulasse: 'Uma obra de arte é um espaço da criação visto através de um temperamento'" (*Idem*, p. 44, tradução nossa). Percebe-se que, nesse momento, a ênfase de Zola recai sobre o temperamento do artista e menos sobre a relação com a natureza. Será nos textos publicados no que Miterrand propõe como segunda "época" do pensamento teórico do romancista, a partir de 1875, que essa relação irá ganhar uma ênfase maior e mais insistente (cf. Henri Mitterand, *Zola et le Naturalisme*, Paris, PUF, 1986, pp. 24-25).

conceito de arte irá aparecer somente em escritos posteriores, como no ensaio "Le Naturalisme au Théatre", depois publicado no livro *Le Roman Expérimental* (1881).

A noção de romance experimental é proposta por Zola, no ensaio homônimo que abre *Le Roman Expérimental*, como uma homologia à noção de "medicina experimental", difundida na França pelo médico Claude Bernard. O escritor afirma que sua proposta para a criação literária poderia ser apreendida apenas substituindo a palavra "médico" pela palavra "romancista", nos trechos por ele selecionados do livro em que Bernard expunha sua doutrina, que Zola cita e comenta. A doutrina de Bernard, conforme a apresentação de Zola, consistia basicamente em assumir uma atitude de observação frente ao mundo, no caso, ao mundo fisiológico. Mas, junto com a observação, a medicina experimental propunha também a criação de situações específicas, de experiências nas quais se pudesse avaliar o comportamento e as reações dos organismos diante de determinadas intervenções. Essa seria, também, a tarefa do romancista experimental. Apenas a observação da natureza não bastava; era preciso criar situações para os personagens nas quais se pudesse aplicar o que fosse obtido a partir da observação:

> Bem, voltando ao romance, nós vemos igualmente que o romancista é feito de um observador e de um experimentador. O observador que há nele provê os fatos tais como os observou, situa o ponto de partida, estabelece o terreno sólido sobre o qual vão caminhar os personagens e se desenvolver os fenômenos. Depois, o experimentador aparece e institui a experiência, quero dizer, faz moverem-se os personagens em uma história particular, para mostrar que a sucessão dos fatos será tal como exige o determinismo dos fenômenos em estudo.
>
> É quase sempre aqui uma experiência "para ver", como a chama Claude Bernard. O romancista parte em busca de uma verdade[166].

Em linhas gerais, essa era a relação com a natureza prevista por Zola, em 1881. Não se tratava, portanto, de mera transcrição dos fatos observados, mas também de uma intervenção ativa, concebendo situações e contextos a serem analisados, com a condição, no entanto, de nunca se afastar das "leis da natureza":

---

166 Émile Zola, *Écrits sur le Roman*, Paris, Librairie Génerale Française, 2004, pp. 244-245, tradução nossa.

Em suma, toda a operação consiste em tomar os fatos na natureza, depois estudar o mecanismo dos fatos, agindo sobre eles pelas modificações das circunstâncias e dos ambientes, sem jamais se afastar das leis da natureza. No fim, tem-se o conhecimento do homem, o conhecimento científico, em sua ação individual e social[167].

Zola, portanto, não defendia uma transcrição passiva da "natureza", dos fatos da vida, como sublinhou o crítico Henri Mitterand[168]; esse seria um entendimento limitado de seu pensamento estético. No entanto, é possível entender por quê o escritor brasileiro se opunha tão frontalmente ao autor de *Germinal*, se for levado em conta que, para ele, o contraponto a Zola era Guy de Maupassant, mencionado por Oswald de Andrade como um dos "grandes diretores da mentalidade de seu tempo".

Retomando, após essa digressão, o artigo "Questões de Arte", eis o trecho em que ele menciona Maupassant:

É de reler-se o prefácio de *Pierre et Jean*. Aí, Maupassant melhora Flaubert. A vida não deve ser fotografada. Nada de reportagens absolutas. "Le choix s'impose" [A escolha se impõe]. E não se procure atingir a realidade, mas uma ilusão de realidade[169].

Relembrando o que Maupassant propunha no prefácio: o romancista realista, em sua tarefa de criar uma ilusão de realidade, poderia até mesmo fazer uso de articulações inverossímeis, em sua busca pela verdade. Ou seja, poderia eventualmente escapar às "leis da natureza". Isso porque Maupassant admitia que a verdade poderia se mostrar inverossímil. Cabia ao romancista, portanto, criar uma "visão mais completa, mais impressionante, mais convincente que a realidade mesma"[170]. Eis aí a diferença que Oswald de Andrade parecia perceber entre as posições de Maupassant e de Zola. Eis, também, a diferença que se acentuava entre ele e Monteiro Lobato.

---

167 *Idem*, pp. 245-246, tradução nossa.
168 Para uma discussão mais ampla das ideias estéticas de Émile Zola e sua fundamentação do naturalismo no campo da criação literária, ver Henri Mitterand, *Zola et le Naturalisme; Le Regard et le Signe: Poétique du Roman Réaliste et Naturaliste,* Paris, PUF, 1987; "Préface", *Écrits sur le Roman*, Paris, Librairie Génerale Française, 2004, pp. 7-44.
169 Oswald de Andrade, "Questões de Arte", *Jornal do Commercio*.
170 Guy de Maupassant, *Pierre et Jean*, p. 54.

A importância das ideias de Émile Zola para o pensamento estético de Monteiro Lobato, que se refletiu inclusive em sua prática amadora como pintor e em suas obras literárias, já foi apontada por Chiarelli[171]. Zola era a principal referência na qual Lobato apoiava, desde 1905, parte de suas observações sobre pintura. Em um texto sobre a artista Georgina Andrade (depois Albuquerque), o escritor cita a primeira versão da definição de arte de Zola — "a arte é um pedaço da criação visto através de um temperamento" —, a partir da qual ele desenvolve a ideia de que os artistas seriam dotados de um sexto sentido, o "senso estético", que atuaria ao lado do "temperamento" do artista (que ele também nomeia de "*quid misterioso*"), como uma espécie de agente regulador da criação pictórica[172]. Tais formulações estarão presentes em muitos de seus textos críticos e se, à primeira vista, elas podem sugerir uma abertura à liberdade de criação, é importante ter em mente, como aponta Chiarelli, que essa liberdade jamais extrapolará o respeito ao real aparente — ou, nos termos de Zola, as "leis da natureza".

Chiarelli aproxima a reação de Zola, em 1896, diante da geração de artistas que surgia depois do naturalismo e do impressionismo[173], da reação de Lobato à pintura de Anita Malfatti, em 1917. Ambos reagiram negativamente diante de "deformações" do real que ultrapassavam os limites da liberdade individual que a estética naturalista era capaz de admitir. Conforme Chiarelli: "Os dois autores possuíam a mesma concepção de arte, onde a aparência do real devia ser respeitada. Nem um nem outro conseguia perceber as novas proposições da pintura, surgidas basicamente a partir da estética naturalista"[174].

Curiosamente, o historiador aponta que Lobato identificava o naturalismo com a própria ideia do novo, da arte moderna: "A arte moderna, para Lobato, era a arte naturalista, preocupada com a captação do ambiente, um comentário pictórico do dia a dia", em oposição à tradição da arte acadêmica. Essa era, como visto acima, uma preocupação distante daquilo que Oswald de Andrade vinha defendendo, pelo

---

171 Tadeu Chiarelli, *Um Jeca nos Vernissages*, pp. 115-121.
172 *Idem*, p. 117.
173 "E são realmente desconcertantes essas mulheres multicoloridas, essas paisagens de cor violeta e esses cavalos alaranjados que nos oferecem os artistas, explicando-nos cientificamente que são assim por causa de determinados reflexos ou de determinada decomposição do espectro solar. [...] É horrível, horrível, horrível!" (Émile Zola, *apud* Tadeu Chiarelli, *Um Jeca nos Vernissages*, p. 115).
174 *Idem, ibidem*.

menos, desde 1917. Apesar da existência de argumentos que podem ser entendidos como nacionalistas em seus textos, tais como o destaque à visão tropical de Helios Seelinger, ou mesmo a defesa do caráter paulista das esculturas de Victor Brecheret, há neles uma constante reivindicação do mundo da criação artística como dotado de uma realidade particular que nada perde ao afastar-se da realidade aparente.

De modo que é possível sugerir que houve uma convergência entre os dois amigos apenas em um momento muito específico, entre 1915 e 1916, quando dos primeiros pronunciamentos sobre pintura de Oswald de Andrade. Em 1921, ano de publicação do texto ora em discussão, a crítica de arte de Monteiro Lobato, que, até a publicação de "Ideias de Jeca Tatu"[175], havia mantido seu teor de polêmica defesa dos valores naturalistas e nacionalistas para a arte no Brasil, já se encontrava em processo de rarefação. Depois de dar o "estouro nos arraiais bambos da estética paulista", nas palavras de Oswald de Andrade, Lobato não encontrou a ressonância que desejava para seu projeto de arte nacional, embora tenha alcançado reconhecimento expressivo como crítico[176]. Coube aos futuros modernistas dar encaminhamento a algumas de suas ideias, abandonando outras, entre elas a defesa de um naturalismo excessivamente respeitoso à aparência da realidade.

◆

Uma questão que subjaz a essa discussão é o modo como a fotografia era encarada enquanto um tipo de imagem fundamentalmente conectado à aparência do real. Nesse sentido, há ainda um elemento do trecho em que Oswald de Andrade comenta o prefácio de Maupassant que merece atenção. Ao afirmar que a vida não deve ser fotografada e na sequência condenar a prática da "reportagem absoluta", o escritor parece associar a imagem fotográfica não apenas a seu entendimento como "espelho do real", mas também ao registro banal da sucessão dos fatos da vida; registro que é justamente aquilo que o escritor realista deveria evitar, de acordo com Maupassant. É possível sugerir, portanto, que aquele trecho denuncia o quanto Oswald de Andrade percebia na fotografia uma forte aderência à vida no seu continuum fragmentário. Por isso, o mundo criado pelo artista é, para ele, um mundo anti-fotográfico, pois é um mundo feito de símbolos que condensam uma expressão da personalidade e da visão do artista; não é o mundo da anotação descritiva dos fatos

---

175 "Ideias de Jeca Tatu", *Revista do Brasil*, 1919.
176 Tadeu Chiarelli, *Um Jeca nos Vernissages*, pp. 115-216 e 251-252.

da vida. Mas, como ele afirmara no texto sobre a exposição de Anita Malfatti, nem por isso era um mundo menos real. Uma argumentação parecida ressurge agora, em 1921, dessa vez dirigida aos críticos das esculturas de Victor Brecheret.

Na sequência de "Questões de Arte", Oswald de Andrade irá defender a "estilização" de Brecheret, que vinha sendo tópico de debates na cidade. Ele diz:

> Não se compreende, por exemplo, que ele faça cavalos e homens com o pescoço desmesurado, ciclópicos de força majestosa e rápida, sem molezas ventrais nem detalhes orgânicos desvalorizadores. Chegam diversos imbecis a crer que Brecheret não sabe que os cavalos e os homens que andam pelas ruas são diferentes dos que ele plasma. E dizem: Mas onde já se viu uma perna desse tamanho, um pescoço desmedido assim, aquele pé está violento demais!...[177]

Percebe-se, pelo modo como o escritor apresenta o problema, que o que está em jogo é a mesma questão da relação entre a criação artística e a vida ordinária. Assim, o que os "imbecis" que criticavam Brecheret não percebiam é que o escultor deformava suas figuras propositadamente, ciente de que "arte não é uma grosseira e inútil reprodução de exemplares de zoologia". Claramente, Oswald de Andrade entende o quanto as deformações praticadas por Brecheret são recursos expressivos, como neste trecho em que ele possivelmente se refere à primeira maquete do Monumento às Bandeiras: "Aqueles Bandeirantes que seriam, sem a força desmesurada dos seus músculos tensos, sem a caminhada heroica dos seus passos? uma procissão idiota de nus familiares"[178].

O público, no entanto, não acompanhava esse critério, procurando sempre a beleza na semelhança. Por isso, o escritor é taxativo:

> Arte não é fotografia, nunca foi fotografia! Arte é expressão, é símbolo comovido. Qualquer figura sentada ou curva de Michelangelo e de Rodin posta de pé se desmesuraria numa aparente monstruosidade anatômica. É que eles, como desassombrados criadores nunca metrificaram os seus surtos nem iam pôr a serviço de chapudas lições acadêmicas, a glória livre dos seus braços[179].

---

177 Oswald de Andrade, "Questões de Arte", *Jornal do Commercio*.
178 *Idem*.
179 *Idem*.

Há, portanto, também um fundamento ético na crítica de Oswald de Andrade ao "preconceito fotográfico" do público. Defender o caráter anti-fotográfico da arte como expressão e *símbolo* comovido — note-se que o escritor já não fala mais em "reprodução comovida", termo que havia usado em seu texto sobre Wasth Rodrigues — era defender a liberdade do artista.

Era esse o "movimento de bandeirismo intelectual e artístico" que se iniciava em São Paulo, tendo Brecheret por mestre, seguido de Anita Malfatti, John Graz e o "menino prodígio" Di Cavalcanti. Este último, uma vez mais, sequestrado por Oswald de Andrade ao afirmar que o artista carioca não só teria formado sua sensibilidade na capital paulista, mas "se considera um paulista, para glória nossa".

◆

Outro trecho do artigo, um tanto deslocado e circunstancial, merece atenção por se mostrar particularmente interessante para essa discussão sobre a posição de Oswald de Andrade a respeito das imagens técnicas. Trata-se de seus comentários sobre o que chama de "uma exposição de pintura misturada", realizada por "uma Senhora Boll" na rua São Bento. Pelos apontamentos do escritor, pode-se supor que se tratava de uma mostra em que a artista exibia, entre trabalhos de sua autoria, cópias de obras dos "grandes mestres" — ele diz que havia "telas antigas" na exposição, como um Franz Hals e até "a Gioconda roubada do Louvre pelos futuristas (outra vez roubada!)". Ao lado, estavam naturezas-mortas da artista — cuja qualidade duvidosa faziam o autor se penalizar pelo pintor Pedro Alexandrino, especialista no gênero —, junto com o motivo que fizera Oswald de Andrade escrever sobre a mostra: as "pinturas iluminadas", que eram anunciadas pela artista como uma novidade. Embora não fique claro o que eram exatamente essas pinturas iluminadas, não é para a opinião do escritor a respeito dos trabalhos de Boll que se quer chamar atenção aqui e sim para sua indignação frente ao anúncio das "pinturas iluminadas" como novidade:

Não, isso não! Quem inventou a pintura iluminada foi o Amorim, ali no largo de S. Bento. Lembram-se do orquestrão [sic] do Amorim? O orquestrão rebolante de valsas que punha a sua nota de alacridade de feira na penumbra banal das mesas. A gente chegava, colocava duzentos réis dos antigos numa abertura e... Trão! Trão! pum! Tcham! o orquestão começava e logo se acendia uma paisagem terna, um Dürer moderno. E um moinho mexia, um trem andava e, oh prodígio das burguesias dos domingos! pelos céus um balão charuto ia e vinha paciente, grosso, bem-educado, a dizer bons dias!

Positivamente, a melhor aquarela acesa da Sra. Boll não se compara com o trecho catita dos perdidos domingos de São Paulo! Ainda mais, quando não tem música nem mexe. A Sra. Boll não vale nada diante do falecido orquestrão. Retire-se![180]

O "orquestrão" do Amorim provavelmente era um orquestrião, uma máquina de música mecânica acionada por moeda e equipada com elementos autômatos, comum em cafés e restaurantes desde o começo do século XX, na França, Alemanha e Estados Unidos[181]. O Dürer moderno que se acendia quando alguém acionava o mecanismo devia ser, provavelmente, uma paisagem decorativa que servia de cenário para a performance dos autômatos. Pode-se supor, ainda, que o Amorim tenha sido um estabelecimento que possuía uma dessas máquinas para animar, com sua "nota de alacridade de feira", a "penumbra banal das mesas"[182].

Embora o tom dos comentários de Oswald de Andrade, ao comparar as pinturas iluminadas da Senhora Boll com a imagem industrializada do "orquestrão" do Amorim, seja irônico, merece destaque o fato de que ele prefere a segunda. À pintura de qualidade duvidosa de uma artista que se apresentava como novidade e era festejada por entusiastas[183], ele preferia a experiência estética de uma máquina de entretenimento barato e popular, funcionalmente semelhante, por exemplo, à *lanterna mágica*.

●

---

180 *Idem*.
181 Em sua *Introdução à Sociologia da Música*, o filósofo alemão Theodor Adorno menciona o aparelho como uma das muitas formas de regressão funcional da experiência musical que ele percebia na música de entretenimento. Theodor W. Adorno, *Introdução à Sociologia da Música*, São Paulo, Ed. Unesp, 2011, pp. 226-227.
182 Uma busca na seção de anúncios das edições históricas do jornal *O Estado de S. Paulo* revela que, nas primeiras décadas do século XX, funcionava no Largo São Bento a Casa Amorim, dedicada à comercialização de artigos importados dos mais variados gêneros e países, desde salsichas alemãs, vinhos franceses e portugueses, vinagres, peixes, aspargos, lagostas e até azulejos portugueses, além de funcionar como ponto de venda de ingressos para partidas de futebol. Nos anúncios, não foi encontrada menção ao "orquestrão" de valsas. (*O Estado de S. Paulo*, 21 dez. 1914 e 24 abr. 1916).
183 Ao iniciar seu comentário sobre a exposição, Oswald de Andrade menciona que a artista se apresentava "com secretários, casacas de ferro, *grooms*, enfim todo o aparato grotesco dum chamariz moderno".

Como mencionado no início deste trabalho, Oswald de Andrade foi responsável pela seção "Lanterna Mágica" do semanário *O Pirralho*, seção que ele iniciou em 1914 e encerrou em 1917. Nela, publicou textos sobre diferentes temas, desenvolvidos na maior parte das vezes em parágrafos curtos, nos quais as ideias são apresentadas de forma rápida e sucessiva, antecipando, assim, um estilo de escrita que ele trabalharia ao longo de toda a sua trajetória como escritor. Essa característica dos textos permite a sugestão de que o título escolhido para a seção indica uma relação de Oswald de Andrade com o universo da visualidade que não pode ser ignorada. Uma relação que pertence ao mundo dos entretenimentos populares, o qual, como visto acima a respeito do orquestrião, atraía sua atenção.

"Lanterna mágica" é o nome pelo qual ficou conhecido um aparelho óptico de projeção de imagens, espécie de ancestral do projetor de slides, cuja invenção remonta ao século XVII. Ao longo dos séculos XVIII e XIX, a lanterna mágica teve enorme popularidade na Europa e nos Estados Unidos e seus diversos modelos eram utilizados em projeções privadas e públicas, como os populares *ghost shows*, em que o aparelho projetava imagens de criaturas fantásticas e assustadoras[184], que interagiam com elementos cênicos. Com o surgimento do cinematógrafo, na década de 1890, a lanterna mágica perdeu espaço como espetáculo de entretenimento de massa, mas sua posição no imaginário da geração que teve contato simultâneo com ambas as tecnologias de projeção de imagens permaneceu[185].

---

[184] Para um panorama histórico da presença da lanterna mágica no imaginário moderno ocidental, em especial dos *ghost shows* e sua associação ao erotismo, ver o capítulo "Sex and the Ghost Show: The Early Ghost Lanternists", em David Jones, *Sexuality and the Gothic Magic Lantern. Desire, Eroticism and Literary Visibilities from Byron to Bram Stoker*, Hampshire/New York, Palgrave Macmillan, 2014.

[185] Pode-se lembrar aqui, como exemplo, de uma das cenas iniciais do primeiro volume do romance *Em Busca do Tempo Perdido*, do escritor francês Marcel Proust, nascido em 1871: "Todos os dias em Combray, desde o final da tarde, muito antes do momento em que deveria ir para a cama e ficar, sem dormir, longe de minha mãe e de minha avó, o quarto de dormir tornava-se o ponto fixo e doloroso de minhas preocupações. Bem se haviam lembrado, para distrair-me nas noites em que me achavam com um ar muito melancólico, de presentear-me com uma lanterna mágica, com a qual cobriam minha lâmpada, enquanto não chegava a hora de jantar; a lanterna, à maneira dos primeiros arquitetos e mestres vidraceiros da idade gótica, sobrepunha, à opacidade das paredes, impalpáveis criações, sobrenaturais aparições multicores, onde se pintavam legendas como em um vitral vacilante e efêmero" (Marcel Proust, *No Caminho de Swann* (*Em Busca do Tempo Perdido*), vol. 1, trad. Mário Quintana, São Paulo, Globo, 2006. No Brasil, escritores que tiveram contato com as primeiras exibições de cinematógrafos o associaram à lanterna mágica. É o caso de Menotti Del Picchia, que teria presenciado, com menos

Ainda viva na memória de escritores nascidos no fim do século XIX, a presença da lanterna mágica no imaginário moderno do Oitocentos era de tal intensidade que o filósofo alemão Arthur Schopenhauer, escrevendo em 1844, comparava seu entendimento do caráter fragmentário da experiência subjetiva humana à lanterna mágica, "em cujo foco apenas uma imagem pode aparecer por vez; e toda a imagem, mesmo quando figura algo muito nobre, ainda assim logo deve desaparecer para dar lugar a algo muito diferente ou mesmo muito vulgar"[186].

É interessante destacar da citação de Schopenhauer a ideia de que na lanterna mágica, como na experiência subjetiva, somente uma imagem pode aparecer por vez, mas que o aparelho permite a alternância entre imagens nobres e vulgares, de certo modo aproximando-as. Talvez não seja exagero sugerir que ao nomear sua coluna de "Lanterna mágica", Oswald de Andrade tenha tido em mente uma ideia semelhante à do filósofo, no sentido de evidenciar, pela analogia com o aparelho popular, o caráter fragmentário e multifacetado das reflexões que expunha naquela pequena seção da revista, e que abrangiam tanto assuntos "nobres", como especulações estéticas, filosóficas e literárias, quanto "vulgares", como o boxe[187]. Além disso, é na coluna que o escritor começa a esboçar um estilo de escrita "cinematográfica", ou, pode-se sugerir, "lanternista", baseado no desenvolvimento de sequências rápidas e alternadas de pensamentos.

de cinco anos de idade, o que se considera ter sido a primeira exibição do cinematógrafo em São Paulo, em 1896. Em entrevista a Maria Rita Eliezer Galvão, na década de 1960, o escritor referiu-se à experiência como "lanterna mágica de vistas móveis". (cf. José Inácio de Melo Souza, *Imagens do Passado: São Paulo e Rio de Janeiro nos Primórdios do Cinema*, São Paulo, Senac São Paulo, 2004, pp. 24-25). Jorge Americano, nascido em 1891, em relato memorialístico sobre São Paulo, se referiu às primeiras experiências com o cinematógrafo como "fotografia animada", contrapondo-o à lanterna mágica: "[A prima Helena] contou-me que tinham inventado um retrato que mexia. [...] Não era como a lanterna mágica, que só mexia quando a gente empurrava um cabinho do lado" (idem, pp. 28-29).

186 Cf. Jonathan Crary, *"Suspensões da Percepção: Atenção, Espetáculo e Cultura Moderna"*, trad. Tina Montenegro, São Paulo, Cosac Naify, 2013, p. 80.

187 Na verdade, esse esporte moderno que começava a ganhar cada vez mais adeptos será visto por Oswald de Andrade como uma forma de encarnação simbólica da Força, que seria uma característica da época moderna. A Primeira Guerra Mundial seria outra forma de expressão dessa ideia de Força. Essas ideias aparecem em um texto no qual o escritor comenta a passagem pelo Brasil do boxeador estadunidense Jack Johnson, na seção "Lanterna Mágica" do número 167 de *O Pirralho*, que traz o título "O Natal de Jack Johnson" (*O Pirralho*, n. 167, 26 dez. 1914, pp. 7-9. No segundo capítulo, esse texto será discutido sob a perspectiva das posições de Oswald de Andrade sobre a questão racial.

Ao nomear a seção de "Lanterna mágica", Oswald de Andrade parece indicar um interesse pela presença da visualidade em sua experiência intelectual, que pode ser rastreado ao longo de toda a sua trajetória e que não está apenas vinculado aos meios artísticos tradicionais. É precisamente esse rastro do interesse pela visualidade que esta pesquisa vem seguindo e os aspectos ligados à indústria do entretenimento, dada sua importância como elemento de um processo histórico de reconfiguração da experiência perceptiva na modernidade, não podem ficar de lado. Principalmente se considerarmos que a prosa literária e a poesia de Oswald de Andrade são marcadas por traços estilísticos que já foram aproximados da fotografia e do cinema[188].

Neste ponto, porém, cabe apenas indicar como esse confronto com o universo da indústria do entretenimento revela um traço importante do pensamento sobre arte de Oswald de Andrade[189]. Para ele, em 1921, arte é algo que está fora do tempo e do fluxo da vida cotidiana, sendo este marcado pela alternância contínua entre sensações, imagens, ideias e experiências. Um tempo que se aproxima daquele da fotografia, com sua capacidade, ao menos latente, de alcançar a "reportagem absoluta" da vida, penetrando-a em seus mais ínfimos detalhes e movimentos, revelando fragmentos do "inconsciente ótico" da relação da visão humana com a realidade, como o filósofo alemão Walter Benjamin irá sugerir, em 1931[190], para, ao contrário de Oswald de Andrade, valorizar as propriedades "mágicas" da imagem fotográfica.

---

188 Ver Haroldo de Campos, "Uma Poética da Radicalidade" em Oswald de Andrade, *Poesias Reunidas,* São Paulo, Companhia das Letras, 2017, pp. 239-298; Antonio Candido, "Estouro e Libertação", *Brigada Ligeira*, 4. ed., Rio de Janeiro, Ouro sobre Azul, 2011, pp. 11-27; Antonio Celso Ferreira, *Um Eldorado Errante. São Paulo na Ficção Histórica de Oswald de Andrade,* São Paulo, Editora da Unesp, 1996.

189 A imagem fotográfica, cuja presença no cotidiano da metrópole paulistana abrangia desde a esfera pública, com os jornais e revistas ilustradas, cartazes de cinema e propagandas, à esfera privada, com os retratos, cartões de visita, álbuns de família e de viagem, instantâneos tirados por fotógrafos ambulantes, é aqui entendida como parte dessa indústria do entretenimento. A posição de Oswald de Andrade sobre a fotografia será discutida ainda nos capítulos quatro e cinco.

190 No ensaio "Pequena História da Fotografia", Walter Benjamin afirma: "A natureza que fala à câmara não é a mesma que fala ao olhar; é outra, especialmente porque substitui a um espaço trabalhado conscientemente pelo homem, um espaço que ele percorre inconscientemente. Percebemos, em geral, o movimento de um homem que caminha, ainda que em grandes traços, mas nada percebemos de sua atitude na exata fração de segundo em que ele dá um passo. A fotografia nos mostra essa atitude, através dos seus recursos auxiliares: câmara lenta, ampliação. Só a fotografia revela esse inconsciente ótico, como só a psicanálise revela o inconsciente pul-

É possível argumentar, portanto, que, para Oswald de Andrade, formas artísticas como o romance ou a pintura poderiam até se valer desse material fragmentário das experiências cotidianas, mas deveriam elaborá-lo em uma forma estruturada, em um "símbolo comovido". Por isso, arte não é fotografia[191]. Porque a fotografia estava excessivamente ligada tanto ao fluxo da experiência cotidiana quanto à representação objetiva da realidade. No entanto, dizer que arte não é fotografia, como dizer que o mundo do artista é antifotográfico, não é o mesmo que dizer que a fotografia não possa fazer parte dele. Em outros momentos deste estudo, essa discussão será retomada.

## 6. "Somos *boxeurs* na arena"

Para concluir essa investigação do pensamento estético desenvolvido por Oswald de Andrade no período entre seus primeiros artigos sobre pintura e o ano-chave de 1922, cumpre agora fazer uma discussão sobre a coluna "Semana de Arte Moderna", assinada por Oswald de Andrade, no *Jornal do Commercio* (SP), entre 9 e 23 de fevereiro daquele ano[192]. Seus artigos são marcados por uma série de elementos que já vinham dando o tom de suas intervenções na imprensa, entre 1920 e 1921, como a exaltação de alguns aspectos da cidade de São Paulo, de sua formação histórica "criada nos cadinhos aventureiros"[193], base para sua propen-

---

sional" (Walter Benjamin, "A Obra de Arte na Era de sua Reprodutibilidade Técnica", *Magia e Técnica, Arte e Política: Ensaios Sobre Literatura e História da Cultura*, 7. ed., trad. Sérgio Paulo Rouanet, São Paulo, Brasiliense, 1994, p. 94).

191 Escapava ao autor, nesse momento, as possibilidades da fotografia de ser também expressão e símbolo comovido, seja emulando soluções próprias à pintura, como no caso do fotopictorialismo, ainda no século XIX, seja buscando em aspectos inerentes ao meio fotográfico (foco diferencial, raspagem de negativo, solarização, entre outros) possíveis qualidades expressivas (cf. Annateresa Fabris, *O Desafio do Olhar: Fotografia e Artes Visuais no Período das Vanguardas Históricas*, São Paulo, Martins Fontes, 2011). Mesmo no Brasil, tomando-se, por exemplo, a fotomontagem *Os Trinta Valérios* (1901), do fotógrafo e pintor Valério Vieira, a fotografia já havia sido experimentada como um meio expressivo que podia ir além da mera reportagem cotidiana. No quarto capítulo, será visto como esse entendimento limitado da fotografia se modifica no pensamento de Oswald de Andrade, na década de 1930.

192 Os textos foram reunidos no livro de Maria Eugenia Boaventura, *22 por 22 — A Semana de Arte Moderna Vista Pelos Seus Contemporâneos*, São Paulo, Edusp, 2008. Por essa razão, as citações trazem a referência das páginas desse livro, com a indicação da data da publicação original dos artigos em nota.

193 Maria Eugenia Boaventura, *22 por 22*, p. 46.

são aos "futurismos" e à renovação na literatura e nas artes que o escritor anuncia no artigo "O Triunfo de uma Revolução"[194] publicado em 8 de fevereiro de 1922.

Também o estilo combativo, pronto para o ataque contra "os academismos inglórios e as artes de bajulação" e seus defensores se faz presente em todos os textos da coluna.

Mas o que mais interessa para esta pesquisa nesses artigos, é que eles apresentam também um acento "didático", no qual há um destaque bastante nítido às artes visuais[195]. A pintura chega a ser mencionada como, dentre as artes modernas, aquela que "mais profundamente choca os analfabetos letrados"[196] responsáveis pelo atraso intelectual do Brasil. Há uma clara tentativa não só de apresentar, mas de estabelecer alguns fundamentos para a compreensão daquele movimento de renovação a que os poetas e artistas da Semana de Arte Moderna desejavam se alinhar. Embora muito do conteúdo dos artigos esteja relacionado com posições assumidas pelo escritor em textos anteriores discutidos acima, é possível perceber que Oswald de Andrade guardou, para suas intervenções na imprensa durante a Semana de Arte Moderna, algumas novas formulações sobre a pintura. Pondo de lado o simbolismo a que havia aproximado Helios Seelinger e Di Cavalcanti, ele irá dar um importante destaque ao cubismo, que parece ser o movimento artístico sobre o qual ele estava mais informado naquele momento, e ao qual atribuía maior importância, pois pouco comenta, por exemplo, sobre o expressionismo[197] e mesmo sobre o futurismo. Futurismo a que, como foi visto, ele havia vinculado o autointitulado grupo de "renovadores" de que fazia parte, ainda que dentro de uma compreensão particular de futurismo.

---

194 Oswald de Andrade, "O Triunfo de uma Revolução", *Jornal do Commercio*, 8 fev. 1922.

195 Anos depois, em uma conferência sobre a Semana de Arte Moderna, proferida por ocasião de seu 30º aniversário, Mário Pedrosa irá sugerir que, em 1922, a renovação das formas artísticas em São Paulo tinha se iniciado e era mais expressiva nas artes visuais do que na literatura e na poesia (Mário Pedrosa, "Semana de Arte Moderna", *Acadêmicos e Modernos: Textos Escolhidos III*, Otília Arantes (org.), São Paulo, Edusp, 2004, p. 137). Em certa medida, o destaque às artes visuais nos artigos de Oswald de Andrade corrobora a visão do crítico.

196 Maria Eugenia Boaventura, *22 por 22*, p. 49)

197 Em artigo que antecede a coluna "Semana de Arte Moderna", intitulado "O Triunfo de uma Revolução" e publicado em 8 de fevereiro de 1922, Oswald de Andrade, ao comentar o "erro brilhante" de Monteiro Lobato em seu texto "Paranoia ou Mistificação", menciona de passagem que, em 1917, Anita Malfatti apresentara sua "sensibilidade admirável", produzida "através da técnica dos mais avançados ateliês de Berlim e Nova York". O autor, entretanto, não menciona quais ateliês, nem o que exatamente Anita Malfatti teria aprendido neles e que seria visível em sua pintura.

O intuito "didático" presente nos artigos vinha, como já se tornava comum nos textos de Oswald de Andrade, acompanhado da desqualificação de uma postura ou atitude perante à arte que tinha chegado a um esgotamento. E isso tanto no sentido da criação quanto da apreciação da arte. No que diz respeito à criação, o escritor apresentará aos leitores a figura anedótica do "vagabundo borra-telas". Esse personagem seria o pintor de domingo, amador e pouco instruído, que desdenhava e condenava a pintura moderna sem mesmo tentar entendê-la. Eis como o escritor o descreve:

Qualquer imbecilzinho, saído da repartição em que trabalha durante o dia, pega um pincel, tintas, borra-telas com intenções absolutamente fotográficas e fica sendo pintor. A família, a vizinhança, o empório, quando ele põe o bico triste à janela, dizem — está aí, o artista! Fica sendo o artista da rua, do bairro, o futuro homem dos museus, o Pedro Américo do burguês clã que o gerou. E é esse homem que decide nas exposições e nas palestras que o cubismo é uma asneira, que a arte moderna é feita de blague, que Brecheret ignora anatomia, que o impressionismo de bolota é que regula etc., etc.[198]

É contra essa atitude e contra essas figuras que se colocava a reação dos escritores e artistas organizada em torno da Semana, que Oswald de Andrade considera ser um "movimento tão sério que é capaz de educar o Brasil e curá-lo do analfabetismo letrado em que lentamente vai para trás". A maneira como o escritor expõe aos "analfabetos letrados" o que chama de "geometria pictórica", e que estaria na base do movimento cubista, merece atenção especial pois vincula o movimento europeu a um elemento de seu pensamento sobre arte que já havia surgido em intervenções anteriores e que persistirá, como será visto nos capítulos que seguem, durante as décadas posteriores. Esse elemento é a convicção no caráter construtivo do modernismo, entendendo-se modernismo aqui num sentido amplo, do movimento internacional de renovação das formas artísticas na primeira metade do século XX.

A figura do "vagabundo borra-telas"[199] descrita anteriormente aparecia justamente como o contraponto nacional às pesquisas de cubistas e puristas, já consa-

---

198 "Semana de Arte Moderna", *Jornal do Commercio*, 9 fev. 1922, em Maria Eugenia Boaventura, *22 por 22...*, p. 50.
199 A certa altura do texto, Oswald de Andrade afirma: "É quando uma Malfatti, depois de honrar o nome brasileiro nos mais adiantados ateliês do Velho e do Novo Mundo, apresenta o fruto glorioso de seus estudos, de sua severa aplicação, de sua rigorosa pesquisa estética, é ele o va-

gradas internacionalmente. Logo no início do texto, o escritor cita alguns artistas, ligados a essas vertentes, que provocavam sobressaltos na "visão ignara" dos analfabetos letrados brasileiros: Pablo Picasso, Juan Gris, Amédée Ozenfant e Jeanneret. A eles acrescenta ainda André Lhote, Vincent Van Gogh, Henri Matisse e Kees van Dongen, como artistas que faziam o público reagir, diante de seus trabalhos, com a "pasmada malícia" dos que não entendem. Aos três últimos, cujas obras escapavam aos valores do cubismo e do purismo, Oswald de Andrade dará pouca atenção ao longo dos artigos da coluna, dedicando-se mais à produção dos primeiros, que ele provavelmente conhecia através do contato com textos e reproduções de obras publicados na revista *L'Esprit Nouveau*. O repertório de conceitos, ideias ou técnicas relacionadas a esses movimentos por ele apresentado nesse momento, porém, não vai além da noção de "decomposição da figura em elementos geométricos"[200].

Mas, no artigo do dia 10 de fevereiro, Oswald de Andrade avança um pouco mais: "Geométrico, exatamente, é o termo preciso. O cubismo, há mais de dez anos, realiza e compõe, com uma seriedade germânica, toda uma geometria pictórica. Estuda os elementos, para nos elementos, cultiva e resolve problemas básicos"[201]. Para o escritor, assim como o futurismo, o cubismo não era uma escola, tampouco uma "loucura parisiense" que havia se espalhado por outros países:

[...] num século de síntese como o atual, o cubismo é movimento. E como é a mais forte palavra achada para dizer o movimento existente escapa, como o futurismo, à pequenez vaidosa de grupos ortodoxos. Cubismo não é só o que faz Fernand Léger para os salons. Cubismo é a reação construtiva de toda a pintura moderna. Assim, futurismo não é marinetismo e, sim, toda a reação construtiva da literatura moderna[202].

Uma leitura atenta do trecho nota que, para além dos problemas de nomenclatura[203], Oswald de Andrade não relaciona as artes visuais ao futurismo, vin-

> gabundo borra-telas, o mais irritado, o mais nervoso e o mais maldizente inimigo que aparece" (*idem, ibidem*). Sabe-se que Monteiro Lobato nutria o desejo de ser pintor e havia realizado ensaios nesse sentido. Não seria estranho sugerir, portanto, que o "vagabundo borra-telas" do texto configure um ataque velado ao autor de "Ideias de Jeca Tatu".

200 *Idem*, p. 49.
201 *Idem*, p. 59. "Semana de Arte Moderna", *Jornal do Commercio*, 10 fev. 1922.
202 *Idem*, p. 60.
203 Em suas intervenções para o jornal *A Gazeta*, também no mês da Semana de Arte Moderna, Mário de Andrade já havia voltado à questão do uso do termo "futurismo" por outros críticos para

culando-o antes à literatura. As referências de artistas ligados ao movimento de renovação das artes visuais utilizadas pelo escritor são, nesse momento, majoritariamente francesas. Curiosamente, entretanto, é com base em um texto escrito pelo pintor italiano Gino Severini que o escritor fundamenta o raciocínio que o leva a definir o cubismo como o "ponto máximo" de um movimento de reação, iniciado no século XIX, ao que ele chama de "última decadência da pintura romântica" — o impressionismo. O ensaio de Severini utilizado por Oswald de Andrade, "Cézanne et le cézannisme", tinha sido publicado em duas partes na revista *L'Esprit Nouveau*[204], e pode ser útil apresentar suas linhas gerais para, na sequência, verificar-se como o escritor paulista se apropriou das ideias expostas pelo pintor[205].

se referirem ao grupo que organizava o evento. Dessa vez, o escritor se opunha aos textos assinados por Cândido: "O que vai realizar-se é bem uma Semana de Arte Moderna. Não nos cingimos absolutamente ao futurismo contraditório, embora às vezes admirável, de Marinetti. Desejamos apenas ser atuais. Atuais de França e Itália como da América do Norte e de São Paulo" (Maria Eugenia Boaventura, *22 por 22...*, pp. 37-38). Na coluna "Semana de Arte Moderna" do dia 19 de fevereiro, já depois da realização do evento, Oswald de Andrade retomará a questão, com o intuito de eliminar de vez a associação do grupo ao futurismo: "A má-fé de quatro patas exige que eu venha publicamente matar a palavra futurismo. [...] pelo menos, por uma dúzia de vezes desmentimos o significado estreito do termo futurismo, a ele dando, quando empregávamos ou um sentido largo e universal, que abrangia toda a revolução moderna das artes, ou o sentido "paulista", de renovação dentro das nossas fileiras provincianas. Num ou noutro caso, não pode persistir a pecha idiota que alguns gazeteiros nos querem dar de que somos cangaceiros do Sr. F. T. Marinetti. Não somos" (*idem*, p. 103). Ele argumenta ainda que, antes do alinhamento de escritores e poetas baseados no Rio de Janeiro, mas oriundos de diferentes estados — como o maranhense Graça Aranha, o carioca Ronald de Carvalho, o pernambucano Manuel Bandeira, o gaúcho Álvaro Moreyra, entre outros —, o grupo dos renovadores poderia até ser chamado de "futuristas de São Paulo", porque tendiam "para um futuro construtor, em oposição à decadência melodramática do passado". No entanto, depois da adesão daqueles nomes, já não fazia mais sentido que o grupo fosse chamado nem de futurista, nem de paulista. Oswald de Andrade percebia, portanto, a importância de se livrar tanto do substantivo quanto do adjetivo para alcançar a projeção nacional que, já em 1922, aparece como um objetivo do grupo: "Trata-se de um movimento nacional, violento e triufante e no qual se empenham reputações formidáveis" (*loc. cit.*).

204 O texto foi publicado das edições de número 11-12, nov. 1921, pp. 1257-1266, e número 13, dez. 1921, pp. 1462-1466.

205 Também em 1921, Severini publicou o livro *Do Cubismo ao Classicismo: Estética do Compasso e do Número*, no qual descrevia, segundo o estudioso estadunidense Keneth Silver em *Esprit de Corps: The Art of the Parisian Avant-garde and the First World War, 1914-1925*, Princeton University Press, 1989, p. 264, "sua própria jornada de uma estética revolucionária antes de 1914 para o ponto de vista clássico após o Armistício". Silver sublinha que essa passagem descrita pelo pintor vinha acompanhada de uma crítica ao individualismo, que seria, para Severini, a principal raíz dos problemas da criação artística contemporânea, sendo a solução um retorno às leis gerais de

## 7. Severini, "Cézanne e o Cézannismo"

Severini propõe analisar o método de trabalho de Cézanne e discutir suas consequências e utilização por parte da geração de pintores contemporâneos a ele. O movimento do texto consiste em apontar os caminhos abertos pelo pintor francês, ao mesmo tempo em que sublinha seus limites e critica tanto o que nomeia de fetichização de sua obra quanto a banalização de algumas ideias em torno dela, entre as quais a de que seria movida por "intenções construtivas" e "tendências clássicas". Se, de fato, essas ideias eram válidas para se pensar a pintura de Cézanne, era preciso entender seu significado em um nível mais profundo e é isso que Severini procura fazer, começando por se perguntar se Cézanne de fato havia sido um construtor, podendo, assim, ensinar aos contemporâneos como construir de acordo com os clássicos. Sua resposta é de que o pintor francês tinha um "gênio" construtivo e sua vontade tendia ao classicismo, mas ele estava próximo demais dos impressionistas para conseguir ver com clareza as possibilidades reais desse classicismo que almejava.

Ao dizer que pretendia fazer da pintura impressionista tão perene como a dos museus, Cézanne não percebia o quanto aquela pintura jamais poderia alcançar esse posto porque, afirma Severini, o impressionismo não tinha sido uma "estética", como a clássica, mas tinha se limitado a ser uma "terapêutica qualitativa", uma "espécie de ginástica", que não produziu nenhum meio técnico sério. Isso porque seus meios técnicos eram sumários e sensoriais, apressados, procuravam não a forma, mas a pincelada que produzisse no espectador a ilusão da forma. E um dos principais problemas do "espírito do impressionismo", para o autor, era justamente a questão da pincelada. Um elemento "secundário" da pintura havia sido alçado à condição de elemento de primeira ordem. E esse problema continuava existindo na pintura de Cézanne e mesmo em seu desenvolvimento cubista: "Permanece verdadeiro de agora em diante que a arte de Cézanne, malgrado sua tendência ao classicismo, é uma arte impressionista e sensorial, assim como, aliás, a arte de seus continuadores, incluindo os cubistas"[206].

---

construção das quais deriva toda "grande arte", baseadas na espiritualidade e nos números (*idem*, pp. 265-266). Como se terá oportunidade de discutir nos capítulos que seguem, Oswald de Andrade irá traçar diagnóstico semelhante em seus textos publicados ao longo da década de 1920, em sintonia com as ideias do movimento internacional conhecido por Retorno à Ordem.

[206] Gino Severini, "Cézanne et le Cézannisme Parte 1", *L'Esprit Nouveau*, ano II, n. 11-12, p. 1263, nov. 1921, tradução nossa. Disponível em: <http://arti.sba.uniroma3.it/esprit/>. Acesso em: 1 mar. 2018.

Na opinião de Severini, essa solução técnica — a pincelada que produz a ilusão da forma — podia ser encontrada em pintores de diferentes épocas e lugares e estava relacionada à preocupação de se aproximar do real. A mancha [*tache*] da pincelada podia, dependendo do assunto a ser representado, promover no espectador a ilusão de determinado material. O erro do impressionismo teria sido fazer com que essa "sensibilidade do pincel" a diferentes materiais se sobrepusesse ao contorno, desviando, com isso, a pintura de seu objetivo construtivo e prendendo-a a uma "expressão sensorial": "É isso a que se chegou; em vez de fazer as folhas de uma árvore, se fazem manchas de cor dando a impressão das folhas"[207].

O esforço de Cézanne tinha sido o de dar forma a essas manchas das pinceladas, organizando "sua sensação por sua vontade". Mas sua falha foi buscar essa organização nos motivos e não em si mesmo. Para alcançar a construção era preciso ir além do campo das sensações. Apenas delimitar com um contorno os campos de cores "*d'après nature*" [a partir da natureza] não era suficiente. Eis então a solução técnica e estética proposta por Severini: um contorno cuja origem não estaria em nada exterior, mas na geometria, "estabelecido pelo número e pelo compasso, e segundo regras tais que possa satisfazer o espírito ao mesmo tempo que os olhos"[208]. Um contorno "absoluto", não restrito ao campo das sensações.

Segundo esse princípio, a dúvida constante de Cézanne diante de seus motivos, que o levava a oscilar na delimitação das formas, seria eliminada, pois ao seguir as "leis construtivas", o pintor saberia que os contornos estariam no lugar certo. Um pintor "de temperamento", fiel a seus olhos, Cézanne não teve a disciplina para o uso do compasso e do número. Baseando-se no visual e no sensório, ele jamais poderia estar satisfeito com o que alcançava, recomeçando incessantemente o mesmo quadro, cuja modulação de manchas jamais resultaria, na opinião de Severini, em obra construtiva. Ao contrário, seus quadros exibiam por um lado uma postura mais ou menos analítica da pincelada e, por outro, uma desvinculação entre forma e cor. Almejando a construção e o ideal clássico, suas obras acabavam por exprimir "o trágico estado da alma de um pintor que sabe qual é o objetivo a atingir, mas que não pode alcançá-lo, malgrado seus esforços"[209].

---

207 *Idem*, p. 1259, tradução nossa.
208 *Idem, ibidem*.
209 *Idem*, p. 1260.

Para Severini, o equilíbrio entre forma e cor deveria preceder a execução da obra, sendo impossível alcançá-lo buscando-o nos motivos encontrados ou arranjados no mundo exterior. Mas a pintura, a partir de Cézanne, havia tomado outro caminho, de separação analítica entre forma e cor, terminando por tornar-se "decorativa", como havia acontecido com o cubismo[210]. Ele acusa certas práticas correntes na pintura daquele momento, como o acréscimo do "contorno mais ou menos deformado" de um objeto sobre uma superfície formada pela justaposição de duas outras superfícies. Essa prática denunciava uma concessão "supérflua e inútil" à ideia de que a pintura deve ser sempre uma "representação" e criava uma relação inautêntica entre contornos e superfícies. Tal seria um dos males do "cezanismo" que acometia os desdobramentos da pintura cubista naqueles anos.

Em síntese, a pintura de Cézanne, movida por ideais clássicos e construtivos, havia resultado em um exemplo cabal da impossibilidade de se atingir esse ideal apenas pela análise das sensações visuais, sem um método prévio. Sua conhecida frase — "É preciso se tornar novamente clássico pela natureza, ou seja pela sensação" — era, para Severini, desprovida de sentido, uma vez que, embora seja possível reconhecer algumas "aparências construtivas" na pintura do artista, ela não era realizada a partir de um "método clássico", impossível, aliás, de ser alcançado apenas através da sensação. Mas em que consistiria esse método?

A resposta aparecerá na segunda parte do ensaio, que traz o subtítulo *"Cézanne et le Véritable Esprit Classique"* [Cézanne e o Verdadeiro Espírito Clássico]. Como visto acima, para Gino Severini, Cézanne queria construir um método analisando a sensação, para alcançar o ideal clássico. Mas, argumenta o pintor, sensação é efeito e não causa. O caminho dos clássicos era oposto: era preciso analisar a causa e não o efeito e esse era o grande erro dos pintores da época. Para deixar claro seus argumentos, Severini propõe didaticamente confrontar a aplicação prática da concepção cezanniana com a concepção clássica "verdadeira", a partir de um exemplo: o exercício de pintar uma garrafa. Aquele pintor que possui um método previamente estabelecido e analisa a causa e não efeito, irá proceder da seguinte maneira: antes de mais nada, irá procurar estabelecer aquilo que pode ser mensurado, ou seja, a altura da garrafa e seu diâmetro. E isso não necessariamente a partir da garrafa física; as duas grandezas podem ser inventadas pelo pintor, sem

---

210 Severini menciona o ensaio *Depois do Cubismo (1918)*, de Ozenfant e Jeanneret, no qual os autores já haviam apontado esse caráter decorativo presente no desenvolvimento da pintura cubista.

perder de vista as relações e proporções que regem a composição como um todo. A garrafa então deverá ser encerrada, no quadro, no interior de uma forma geométrica com aquelas dimensões, medidas ou inventadas. No caso da garrafa, essa forma seria um cubo ou cilindro. Estabelecido esse princípio construtivo, caberia ao pintor, nas palavras do autor, "humanizar" esse cubo ou cilindro mediante sua sensibilidade, passando da forma construtiva ou geral, para a forma analítica ou específica e viva. Dessa forma, terá feito o trajeto "da análise da causa à síntese do efeito". O ponto de partida é a causa e o ponto de chegada é o efeito[211].

Já o método cezanniano segue o caminho oposto, pois parte da análise do efeito ou da sensação. Como nada está previamente determinado, o acaso se faz presente desde o princípio e o pintor se vê dominado pelo motivo, traduzindo sobre a tela o modelo "tal como seus olhos os veem" e procurando capturar seu "caráter" e sua "expressão". Mas esse caráter e expressão estão em constante mudança e a cada vez, portanto, o pintor terá "uma nova partida para um novo destino"[212]. Segundo Severini, um pintor da Escola de Belas-Artes solucionaria esse problema com um "*trompe-l'oeil* agradável", mas um pintor cézanniano, que tem alguma ideia de construção em vista, irá procurar passar da forma específica, da sensação, da "anedota visual", para uma forma que lembre uma figura mais ou menos regular da geometria, e com isso irá ingenuamente acreditar que alcançou uma forma geral ou absoluta. Na verdade, complementa o autor, citando uma frase de Lothe, esse pintor cezaniano terá apenas passado do prato ao círculo, ou, no exemplo citado, "da garrafa ao cilindro".

Severini defende justamente o contrário. Era preciso passar do cilindro à garrafa, de acordo, segundo ele, com os métodos dos grandes mestres. Eis, portanto, o "verdadeiro" método clássico. A geometria aparece, assim, como "a única e verdadeira estrutura da pintura". Geometrizar as formas exteriores é apenas uma construção ilusória e não tem qualquer relação com a aplicação rigorosa das propriedades geométricas, que deve, como foi visto, preceder a execução da obra, deve partir da estrutura interior para a aparência exterior, como se fosse dos ossos para a pele, na analogia proposta pelo autor.

Ao final do ensaio, Severini afirma que seu objetivo foi religar a obra de Cézanne à sua origem impressionista e ao seu desenvolvimento cubista, de modo a situar com mais clareza seus ensinamentos. Apenas "cerebralizar" as sensações,

---

211 *Idem*, pp. 1462-1463.
212 *Idem*, p. 1463.

geometrizá-las ou simplificá-las ao invés de aplicar a elas as verdadeiras regras da geometria não era suficiente para se alcançar o espírito clássico. O pintor conclui com o vaticínio de que o futuro seria dos construtores e não dos "adaptadores", por geniais que fossem. Suas observações não visavam obras ou pintores específicos, mas sim o método, ou mais exatamente "a ausência de método" que notava na pintura daquele momento[213].

◆

Voltando ao texto de Oswald de Andrade, fica claro depois da exposição acima que a situação da obra de Cézanne na matriz impressionista da "pura mentira visual e colorista", como ele afirma, apoia-se na análise de Severini. Ele prossegue sua argumentação defendendo que, do mesmo modo como Rimbaud teria reagido a Verlaine em poesia, Cézanne teria iniciado a reação em pintura, sendo ambos (Rimbaud e Cézanne) anunciadores do século XX, um século "construtor trágico e violento". Desse modo, simbolismo e impressionismo saem de sua argumentação irmanados na mesma "deliquescência" do fim do século XIX, que devia ser superada.

Sem entrar em detalhes sobre a complexidade, apontada por Severini, da relação entre contornos e manchas de pincelada na pintura de Cézanne, Oswald de Andrade o introduz como "pai" do cubismo, por ter o volume como sua obsessão principal. Seurat é lembrado como o realizador de um "cubismo inconsciente" que o teria salvado de se tornar um "divisionista deliquescente". A ele se seguiu o cubismo, agora consciente, de Pablo Picasso, Georges Braque e Juan Gris.

Apesar de construir uma interessante relação entre cubismo e impressionismo, situando Cézanne e Seurat como artistas que trabalharam os desdobramentos do segundo que desencadearam o primeiro, Oswald de Andrade acaba por ligar o trabalho dos cubistas mais a uma reação contra o "espírito imitativo", sempre associado às academias de belas artes. Espírito do qual, diga-se, já os impressionistas haviam se afastado. Diz ele:

> Esses homens que poderiam pintar cavalinhos bonitos, mulheres de folhinha, paisagens de cartão-postal, para regalo da humanidade domingueira, preferem viver entre a chufa e o ataque, a fim de realizar qualquer coisa de novo, de universalmente novo[214].

---

213  *Idem*, pp. 1465-1466.
214  Maria Eugenia Boaventura, *22 por 22...*, pp. 61-62.

Isso, claro, tem suas razões no contexto do artigo. O autor não pretendia estudar a fundo o cubismo e suas origens, mas sim criticar aquela atitude perante a obra de arte do vagabundo borra-telas, que ele considerava imprópria para os tempos novos de cujo movimento construtivo o cubismo participava e a Semana de Arte Moderna também, com a consciência de que um e outro, cubismo e Semana, eram os "primitivos" de uma época clássica que se anunciava.

Além disso, Oswald de Andrade novamente enfatizava o elemento ético presente nesse movimento de renovação. Realizar o universalmente novo representava uma escolha do artista, em detrimento da possível comodidade conquistada por obras que agradassem o gosto da "humanidade domingueira". É possível lem-
Wdadeira criação artística, de Michelangelo a Rodin e Brecheret, era um ato de liberdade — ele fala na "glória livre" dos braços desses artistas —, que não podia ser obstruído por "chapudas lições acadêmicas". Assim, a quem quisesse entender o cubismo, o escritor recomenda que:

> [...] varra primeiro da cabeça espantada todas as ideias de pintura anedótica e quando for olhar um quadro extraordinariamente sério de Picasso não reproduza o tabaréu ante a planta: onde é que está a casa aí? Onde? A casa de fato não está...[215]

Varrendo das cabeça a ideia de pintura anedótica, o público novo que a Semana queria criar e ensinar poderia alcançar a modificação de atitude perante a arte que subjaz a todos os artigos de Oswald de Andrade e de outros modernistas publicados durante o evento. A cidade e o país não continuariam mais a "pensar com atraso, a sentir com atraso, a ver com atraso"[216].

Essa mudança de atitude partia, por um lado, do reconhecimento de que o mundo da criação artística era um "mundo supra-terreno, anti-fotográfico, irreal que seja, mas um mundo existente, chocante e profundo, deflagrado a qualquer interior e obscura faísca divina", como Oswald de Andrade o definira ainda em 1921. Além disso, ela reconhecia também que o esforço daquele grupo reunido em torno da ideia de futurismo apontava para um novo classicismo[217].

---

215 *Idem*, p. 62.
216 *Idem*, p. 51.
217 Esse é o cerne da argumentação da coluna "Semana de Arte Moderna" do dia 11 de fevereiro de 1922.

Possivelmente tendo em mente ainda o ensaio de Severini, o escritor defende que o futurismo que ele vinha pregando tinha "tendências clássicas" e se empenha em desvincular classicismo de academismo. Para isso, propõe a seguinte definição para cada conceito: "clássico é o que atinge a perfeição de um momento humano e o universaliza (Fídias, o Dante, Nicolas Poussin, Machado de Assis). Acadêmico, não. É cópia, é imitação, é falta de personalidade e de força própria"[218].

Não ocorria — ou não convencia — a Oswald de Andrade a ideia de que "acadêmico" pudesse ser o estudo necessário para se alcançar a "personalidade" e, talvez, o clássico. Prosseguindo na desqualificação do "acadêmico", o escritor qualifica a Rodolfo Bernardelli e Oscar Pereira da Silva, respectivamente, como "o pior marmorista do mundo" e "o homem das litografias". O "academismo" só servia, conclui, para fazer reputações e glórias de praça pública em um país ainda sem a instrução e a cultura necessárias para fazer-lhes frente. Era contra isso que o futurismo paulista se erguia, pretendendo fazer "a revolução heroica" e forçar "o andar lerdo dos intelectuais brasileiros que ainda acreditam na atualidade de Zola e Leconte"[219]. Estava, assim, armada a arena do combate. Eram os pesquisadores do novo classicismo a ser construído *versus* os acadêmicos representantes da imitação atrasada:

Queremos mal ao academismo porque ele é o sufocador de todas as aspirações joviais e de todas as iniciativas possantes. Para vencê-lo destruímos. Daí o nosso galhardo salto, de sarcasmo, de violência e de força. Somos *boxeurs* na arena. Não podemos refletir ainda atitudes de serenidade. Essa virá quando vier a vitória e o futurismo de hoje alcançar o seu ideal clássico[220].

Observe-se, nesse trecho, como, escapando um pouco às metáforas bélicas comuns ao discurso vanguardista — em especial o futurista —, Oswald de Andrade utiliza uma metáfora extraída de um esporte moderno que ganhava espaço em São Paulo, o boxe, para manifestar a consciência tanto da luta quanto da dialética entre destruição e construção necessárias para o avanço do movimento defendido pelo grupo, acentuando uma vez mais a dimensão ética de seu esforço. E, após o primeiro *round*, que foi a Semana de Arte Moderna, o grupo de escritores e artistas que a pro-

---

218 Maria Eugenia Boaventura, *22 por 22...*, p. 70.
219 *Idem, ibidem.*
220 *Idem*, p. 71.

tagonizou produziu um primeiro resultado mais estruturado desse esforço, ainda um tanto confuso e irregular, de agregação e reunião de forças — a revista *Klaxon*.

A revista foi publicada apenas durante alguns meses e a participação de Oswald de Andrade, ao menos enquanto colaborador, foi pequena. No segundo número da revista, publicado em junho de 1922, ele contribui com o texto "Escolas & Ideias", denominado "notas para um possível prefácio". Trata-se, na verdade, de uma espécie de proto-manifesto, que mostra, em relação aos textos de "Lanterna Mágica", um avanço maior no estilo "telegráfico" característico do *Manifesto da Poesia Pau Brasil* e do *Manifesto Antropófago*, lançados, respectivamente, em 1924 e 1928. Além disso, o texto também avança na definição do que seriam as bases daquele mundo supra-terreno, espiritualizado, anti-fotográfico e, agora, geométrico da criação artística que ele vinha defendendo.

Contra a "arte interpretativa", que ele iguala ao romantismo, Oswald de Andrade propõe uma arte que fixe a realidade em uma função transcendental. Até aqui, nada que ele já não tenha defendido. O escritor prossegue, então, dando razão aos naturalistas e afirma: "À morte o Eu estorvo, o Eu embaraço, o Eu pêsames. Mal de Maupassant e de Flaubert — unilateralidade. Desconheceram o imperativo metafísico"[221]. O exemplo estaria em Cervantes, Dante e "nos gregos", que "fixaram a realidade em função da eternidade". Aqui se percebe um movimento interessante. Maupassant, antes nomeado um dos "grandes diretores da mentalidade de seu tempo", agora é acusado de "unilateralidade" e de ignorar "o imperativo metafísico". Se, enquanto um dos mestres do naturalismo, como o próprio Oswald de Andrade o entendia, ele havia contribuído para a eliminação daqueles três "Eus", sua resposta, como a de Flaubert, ainda havia sido limitada. Ambos não eram "açougueiros", entregadores de realidade bruta, como ele entendia que fosse Émile Zola, mas teria ainda lhes faltado aquela "função da eternidade" que se encontrava em Dante e "nos gregos". O que definia essa função, porém, o texto não esclarece.

No campo das artes, surgem os nomes de Juan Gris, "pelo *round*, pela raiva provocada nos interpretadores de bois", ao lado de Anita Malfatti, Victor Brecheret e Di Cavalcanti. E no final a fórmula: "Três maneiras de arte. Realista,

---

[221] Oswald de Andrade, "Escolas & Ideias", *Klaxon: Mensário de Arte Moderna*, São Paulo, jun. 1922, p. 15; Pedro Puntoni e Samuel Titan JR. (org.), *Klaxon: Mensário de Arte Moderna — Edição Fac-Similar*, Imprensa Oficial do Estado de São Paulo/Biblioteca Brasiliana Guita e José Mindlin, 2014.

Interpretativa, Metafísica. Fora a interpretação! Lei da Metafísica Experimental: realizar o infinito"[222].

Se o projeto de Oswald de Andrade era limar da criação artística a interpretação, o "Eu estorvo" — e por isso, talvez, Helios Seelinger já não aparece entre os artistas listados — em nome de uma arte fundamentada no que chama de metafísica experimental (jogando, talvez, com a noção de "romance experimental", de Zola), também o observador deveria abandonar a postura interpretativa perante uma obra de arte. Não deveria mais se interrogar onde está a casa, mas procurar no quadro seus elementos transcendentais, a "metafísica" da casa. Não a casa circunstancial e sujeita à decadência da existência material, mas a casa em sua realidade projetada no infinito. E o desmembramento geométrico da casa era uma técnica possível, posta em prática pelos cubistas, para alcançar essa projeção.

Entende-se com isso o porquê da ênfase no cubismo em detrimento do expressionismo, embora o escritor não enfrente o problema da evidente afinidade da pintura de Anita Malfatti com valores do movimento alemão. Os cubistas se alinhavam muito melhor à ideia de metafísica experimental que Oswald de Andrade defendia, ao passo que o expressionismo ainda poderia trazer um resíduo do Eu romântico e da atitude interpretativa que, agora, ele gostaria de abandonar. Fixação da realidade em função transcendental através de uma metafísica experimental e construtiva rumo ao classicismo de uma nova época, eis, em síntese, o programa estético que se pode extrair das intervenções de Oswald de Andrade, em 1922.

A preocupação inicial com as bases de uma arte nacional e o elogio da personalidade do artista, que aparecem em seus comentários sobre Almeida Júnior, Wasth Rodrigues, Helios Seelinger, Anita Malfatti e Vcitor Brecheret, reconfigura-se como um desejo de integração em um movimento "universal" ou internacional de construção de um mundo e de uma época novos. Movimento construtivo de que o cubismo, "parando" e "estudando" os elementos, projetando-os no espaço abstrato do número e da geometria, seria um modelo.

Mas a preocupação com a arte nacional irá reaparecer nos escritos de Oswald de Andrade, no decorrer da década de 1920, já modificada pelo acúmulo de reflexões e de experiências das quais ele participava. Ela ressurge em seus manifestos, intervenções na imprensa e também em sua poesia. Entender como as artes visuais participam desse movimento de seu pensamento será o foco do segundo e terceiro capítulos.

---

222 *Idem, ibidem.*

# Capítulo 2

# De Babilônia ao Pau Brasil

No primeiro capítulo, foi discutido o movimento do pensamento e dos posicionamentos de Oswald de Andrade sobre pintura e escultura até meados de 1922, período em que, passada a Semana de Arte Moderna, ele e outros participantes do movimento modernista procuraram criar, com o lançamento da revista *Klaxon*, um espaço de circulação para sua produção poética, literária e crítica, iniciando também um trabalho de depuração e direcionamento de ideias e propósitos do grupo. Nesse mesmo período, Oswald de Andrade conheceu Tarsila do Amaral, introduzida por Anita Malfatti ao círculo de amigos que havia protagonizado a Semana. Junto com Mário de Andrade e Menotti Del Picchia, eles formaram o que ficou conhecido na historiografia do modernismo brasileiro como o "Grupo do Cinco", que se reunia para debates, leituras e confraternizações na *garçonnière* mantida por Oswald de Andrade na praça da República, ou na residência de Mário de Andrade, na Barra Funda[1]. Essa nova presença entre o grupo de agitadores da Semana de Arte Moderna terá um impacto decisivo na vida e na experiência intelectual do autor de *Os Condenados*. Boa parte do conteúdo deste segundo ca-

---

1   Maria Augusta Fonseca, *Oswald de Andrade: Biografia*, 2. ed., São Paulo, Globo, 2007, pp. 143-144.

pítulo terá como foco de interesse a relação entre o pensamento e atuação do escritor e a produção artística da pintora.

Tarsila do Amaral chegou de Paris, onde residia desde 1920, no mês de junho de 1922, e já em dezembro do mesmo ano embarcava de volta para a capital francesa. Essa curta estadia na capital paulista, além de uma aproximação às ideias que circulavam na cidade sobre pintura moderna — e que, para ela, representaram um primeiro contato efetivo com discussões sobre e com exemplos de arte moderna[2] —, foi suficiente também para o início de um romance secreto com Oswald de Andrade. Antes mesmo de seu embarque para a França, os dois já trocavam cartas e telegramas amorosos e, ainda em dezembro, o escritor também embarcou para Paris, de onde ambos seguiram em viagem por Portugal e Espanha, durante os meses de janeiro e fevereiro de 1923.

Oswald de Andrade teve de retornar para Lisboa, onde foi encontrar-se com seu primogênito, Oswald de Andrade Filho (conhecido pelo apelido de Nonê), para tratar dos trâmites de seu internato em um colégio suíço. De Lisboa, ele finalmente partiu em definitivo para Paris ao encontro de Tarsila do Amaral, que nesse ínterim já havia se instalado em um ateliê próximo ao Boulevard de Clichy[3]. Durante o verão europeu, ambos viajaram pela Itália, retornando depois à capital francesa, de onde Oswald de Andrade embarcou de volta para o Brasil, em dezembro de 1923.

Nessa temporada na Europa, o casal Tarsiwald — como os apelidou Mário de Andrade — manteve uma vida agitada. Juntos, conheceram artistas como Pablo Picasso, Fernand Léger, André Lhote, Albert Gleizes e Constantin Brancusi; conheceram clubes de dança e cafés onde esses personagens se reuniam; visitaram galerias de arte, como L'Èffort Moderne, mantida pelo marchand Léonce Rosenberg; visitaram museus; assistiram espetáculos de balé; compareceram a eventos esportivos, como corridas de automóveis e de cavalos ou lutas de boxe; entre outros[4]. De Oswald de Andrade, sabe-se ainda que assistiu ensaios e apresentações de peças de teatro de vanguarda, escritas e dirigidas por Luigi Pirandello, Jules Romains, Jean Cocteau[5].

---

2   Aracy A. Amaral, *Tarsila: Sua Obra e Seu Tempo*, 3. ed., São Paulo, Editora 34/Edusp, 2003, pp. 61-80.
3   Durante a estadia em Paris, em 1923, Oswald de Andrade residiu no Comptoir de Comission Americaine 22, rue Louis le Grand.
4   Aracy Amaral, *Tarsila: Sua Obra e Seu Tempo*, pp. 95-118.
5   Oswald de Andrade, Carta para Mário de Andrade de 4 mar. 1923 e Oswald de Andrade,

Para o início deste capítulo, entretanto, o que interessa daquele ano agitado na trajetória de Oswald de Andrade é que 1923 constitui não propriamente um ponto de virada em suas ideias sobre arte, mas, sobretudo, um período de aprofundamento de seu entendimento sobre a natureza da revolução estética internacional a que ele gostaria de se alinhar. Nos textos que publicou ao retornar ao país, fica claro como essa oportunidade permitiu a Oswald de Andrade visualizar alguns dos diferentes grupos e tendências que disputavam os espaços da arte de vanguarda, ao menos tal como ela aparecia nas galerias, livrarias e revistas parisienses. Permitiu também que ele visualizasse com mais clareza por qual caminho o movimento modernista no Brasil poderia seguir para se alinhar àquela renovação internacional, assim como quais escritores e artistas atuantes em Paris poderiam contribuir para esse alinhamento. Além daqueles mencionados acima, Oswald de Andrade aproximou-se de escritores e poetas como Valéry Larbaud, Jean Cocteau e Blaise Cendrars, estes últimos — e especialmente Cendrars — de forma mais intensa.

## 1. Uma missão brasileira em Paris?

Para entender as relações estabelecidas por Oswald de Andrade junto ao meio artístico e intelectual parisiense, em 1923, é preciso ter claro, antes de mais nada, quais eram seus objetivos na capital francesa. As cartas que enviou a Mário de Andrade durante a viagem[6] revelam, desde sua passagem por Lisboa, um empenho em criar relações com escritores que lhe pareciam mais próximos do tipo de

---

"Anunciação de Pirandello", *Correio Paulistano*, 29 jun. 1923. Arquivo IEB-USP. Em meio a essas experiências, estava constantemente presente a fotografia. Neste livro, que investiga as relações de Oswald de Andrade com o universo da visualidade, é preciso não esquecer, desprezar ou naturalizar o fato de que existe uma coleção importante de fotografias de Oswald de Andrade e Tarsila do Amaral, tiradas durante as viagens pela Europa, África e Oriente Médio, que eles realizaram enquanto foram companheiros, entre 1923 e 1928-29. Como se terá oportunidade de discutir ainda neste capítulo, a posição do escritor sobre a relação entre arte, poesia e imagem fotográfica começa a se modificar no período de gestação do livro *Pau Brasil*. É possível que essa modificação possa estar relacionada às experiências turísticas que viveu já em 1923, e que foram em parte mediadas pela fotografia.

6  As cartas encontram-se no Fundo Mário de Andrade, do Arquivo do Instituto de Estudos Brasileiros da USP. Oswald de Andrade enviou quatorze correspondências ao amigo, entre cartas e cartões postais, desde a partida em dezembro de 1922 até maio de 1923.

renovação literária encampado pelos modernistas no Brasil. É o caso, por exemplo, da carta enviada de Lisboa, em 29 de janeiro de 1923, na qual Oswald de Andrade fala de seu contato com escritores portugueses e planeja sua atuação na Europa, para o que conta com a ajuda do amigo:

> A geração surpreende. *Contemporânea*[7] à nossa disposição. Manda-lhe *Klaxon*. É urgente, imprescindível, remete *de suite*, para o meu endereço em França [...] diversos exemplares de *Pauliceia*, o *Messidor* do Guy, se possível e 3 coleções ou 4 ou 5 de *Klaxon*[8].

Em carta enviada já de Paris, em 25 de fevereiro de 1923, o escritor renova os pedidos de envio e acrescenta informações sobre seus primeiros contatos com escritores franceses. Ele envia ao amigo um autógrafo de Jules Romains, a quem se refere como "o primeiro amigo conquistado", e dá mostras de já ter conhecido a célebre livraria de Adrienne Monnier, La Maison des Amis des Livres[9], onde sugere a Mário de Andrade que poderiam ser vendidos exemplares de *Klaxon*. Ao mesmo tempo, pergunta pelo andamento da tradução de seu romance *Os Condenados*, publicado em 1922, e na qual Sérgio Milliet estaria trabalhando. Em 4 de março, o escritor volta a esse assunto, deixando transparecer alguma irritação com a demora nas notícias:

> Esta carta exige resposta urgente. *Les affairs sont les affairs*, já dizia aquele besta do Mirabeau. Não tenho o endereço do Serge [Milliet] e por isso recorro a ti. Preciso com certa urgência da tradução francesa d'*Os Condenados*. Já terá o Serge terminado o trabalho que começou?

---

7   Revista publicada em Lisboa, entre 1922 e 1926, dirigida por José Pacheco.
8   Oswald de Andrade, Carta para Mário de Andrade, 29 jan. 1923, grifos nossos. Para a transcrição das cartas, manteve-se aqui os grifos, abreviações e estilo do original, apenas atualizando a ortografia ou corrigindo a grafia de nomes próprios, quando necessário, e acrescentando itálico às expressões estrangeiras e aos títulos de livros e revistas.
9   Inaugurada em 1915, a livraria foi frequentada por nomes como Guillaume Apollinaire, Paul Fort, Pascal Pia, Jules Romains, Leon-Paul Fargue, Louis Aragon, André Breton, André Gide, Paul Valéry, André Salmon, Max Jacob, Pierre Reverdy, Blaise Cendrars, Jean Paulhan, Tristan Tzara, Jean Cassou, Valéry Larbaud, James Joyce, entre outros. Diversos deles conviveram com Oswald de Andrade e Tarsila do Amaral na capital francesa. Sobre a livraria, ver <http://bbf.enssib.fr/consulter/bbf-1992-01-0076-001>.

Se o tiver feito — peço ainda a ti, favor de amigo, ora! pelo amor de Deus! por quem é! Que os remeta a mim, sem perda de tempo! [...] A tradução ou qualquer notícia a respeito, espero dentro de 50 dias. Hoje são 4 de março, deve estar aqui a 24 de abril, no máximo. Certo?[10]

Na sequência, retoma os pedidos de envio de exemplares de *Klaxon*, aos quais acrescenta também a demanda pela nova fase da *Revista do Brasil*, além de dar notícias sobre sua atuação: "Tenho feito o possível por nós. Deixei na mesa de trabalho de Jules Romains o meu volume de *Pauliceia*. Insistência dele. Conhece o espanhol, quer decifrar. Pior para ti!"[11]

Por esses trechos, percebe-se que Oswald de Andrade pretendia assumir o papel de agente divulgador, em Paris, da renovação modernista no Brasil, procurando colaboradores, tradutores para seu romance *Os Condenados*[12], editores e distribuidores para os livros de seus colegas e para as revistas *Klaxon* e *Revista do Brasil*. Nesse sentido, ele foi um elemento importante do que se poderia chamar de uma "missão" brasileira em Paris, jogando com a expressão pela qual ficou conhecido o grupo de artistas franceses que viajou ao Rio de Janeiro, em 1816, para organizar a Escola Real de Ciências, Artes e Ofícios, criada por D. João VI[13].

A existência de uma comunidade de artistas brasileiros residentes em Paris não era, naturalmente, algo novo. Mas, naquele ano de 1923, encontrava-se reunido na capital francesa um grupo que, embora bastante heterogêneo, estava interessado em se integrar às correntes artísticas modernas, buscando reconhecimento junto a um ambiente que depois seria representado pela noção difusa de "Escola de Paris"[14]. Mas não apenas. Era um grupo que, em alguns casos mais, em outro menos, mostrava-se também engajado na divulgação da cultura brasileira.

10  Oswald de Andrade, Carta de 4 mar. 1923, grifos nossos.
11  *Idem.*
12  Após a chegada de Sérgio Milliet a Paris, sem a tão desejada tradução, em carta de 18 de abril de 1923, Oswald de Andrade menciona tê-la deixado a cargo de Mathilde Pomès.
13  No final da conferência que pronunciou em Paris, a ser discutida mais adiante, Oswald de Andrade se refere a uma "delegação artística do Brasil contemporâneo", presidida na capital francesa pelo embaixador brasileiro Souza Dantas (Oswald de Andrade, *Estética e Política*, organização, introdução e notas Maria Eugenia Boaventura, 2. ed. ver. e ampl., São Paulo, Globo, 2011a, p. 53).
14  É dentro dessa perspectiva que Marta Rossetti Batista analisa o que chama de "colônia brasileira" na capital francesa, dando destaque ao ano de 1923 (Marta Rossetti Batista, *Os Artistas Brasileiros na Escola de Paris: Anos 1920*, São Paulo, Editora 34, 2012, pp. 180-213).

Dessa "missão" ou "delegação" brasileira em Paris, além de Oswald de Andrade, fizeram parte, por períodos variados, também os músicos Sousa Lima, Villa Lobos e Fructuoso Vianna, os escultores Victor Brecheret e Celso Antônio, os pintores Vicente do Rego Monteiro, Tarsila do Amaral e Di Cavalcanti, o jornalista, poeta e futuro crítico de arte Sérgio Milliet, entre outros[15]. E muitos deles tinham na figura do embaixador brasileiro Luiz Martins de Souza Dantas um importante esteio diplomático e, em alguns casos, até mesmo financeiro. Além desse apoio oficial, Souza Dantas foi um articulador importante para a aproximação entre esse grupo de jovens artistas, em busca de espaço no concorrido cenário cultural da capital francesa, e personagens atuantes nesse cenário, interessados em conhecer mais a cultura brasileira. As relações com grupos sociais a que sua posição diplomática lhe dava acesso, somadas ao entusiasmo com que individualmente se dedicava à promoção da cultura brasileira, faziam do embaixador uma figura estratégica para aqueles artistas[16].

15   Cada um desses personagens viajara a Paris por meios diversos, a maior parte com financiamentos particulares, como é o caso de Oswald de Andrade e Tarsila do Amaral. Do grupo mencionado acima, apenas Sousa Lima, Victor Brecheret e Celso Antônio eram mantidos, respectivamente, pelo Estado de São Paulo, no caso dos dois primeiros, e pelo Estado do Maranhão (Marta Rossetti Batista, *Os Artistas Brasileiros na Escola de Paris...*).
16   Tendo ingressado com 21 anos no Ministério das Relações Exteriores, Souza Dantas havia atuado como Ministro Interino das Relações Exteriores durante a Primeira Guerra Mundial, antes de ser nomeado embaixador brasileiro em Roma, em 1919. Desde esse período, Dantas já era conhecido dos artistas brasileiros em estágio na Europa, pelos auxílios prestados aos que precisavam de passaporte e outros documentos oficiais, ou mesmo de auxílio financeiro, como foi o caso de Victor Brecheret (Marcia Camargos, *Entre a Vanguarda e a Tradição: Os Artistas Brasileiros na Europa (1912-1930)*, São Paulo, Alameda, 2011, p. 124). Ele também dava suporte ao senador José de Freitas Valle, enviando-lhe notícias dos artistas contemplados pelo Estado de São Paulo com o Pensionato Artístico. Nomeado para a Embaixada Brasileira em Paris no final de 1922, a atuação de Dantas na capital francesa rendeu-lhe a qualificação de "o homem que conseguiu mostrar ao povo francês que o Brasil existia" (Fábio Koifman, *Quixote nas Trevas: O Embaixador Souza Dantas e os Refugiados do Nazismo*, Rio de Janeiro, Record, 2002, pp. 70-71, apud Marcia Camargos, *Entre a Vanguarda e a Tradição...*, p. 125). Para se ter uma ideia de suas boas relações junto à sociedade francesa, em 1930, o governo francês lhe concedeu as insígnias da Grã-Cruz da Legião de Honra (*Idem*, p. 131). Além de bem relacionado, o embaixador demonstrava uma atenção especial às artes; frequentava as exposições dos artistas brasileiros, inclusive comprando obras para ajudá-los; em resumo, Souza Dantas comparecia a todas as manifestações culturais de interesse que envolvessem o Brasil ou brasileiros na França (Marta Rossetti Batista, *Os Artistas Brasileiros na Escola de Paris...*, p. 188). Era, portanto, um personagem importante, com cujo apoio certamente Oswald de Andrade contava para o sucesso de seus objetivos de divulgar, em Paris, a renovação intelectual de que ele participava no Brasil.

De acordo com Aracy Amaral[17], foi por sugestão de Oswald de Andrade que o embaixador convidou um grupo de escritores e artistas, ligados à vanguarda parisiense, para um banquete oferecido por Souza Dantas, em 24 de julho de 1923, celebrando sua nomeação[18]. Se a sugestão foi mesmo de Oswald de Andrade — o que não é implausível, visto que ele assumia a tarefa de criar conexões entre modernistas brasileiros e franceses —, ela aponta para o reconhecimento, por parte do escritor, da importância de fazer penetrar ideias modernas em órgãos culturais oficiais, ainda que fora do país, por intermédio da atuação individual de um embaixador. Era parte da luta dos "futuristas" de São Paulo conquistar esses espaços. E o banquete promovido por Souza Dantas pode ser entendido como uma espécie de oficialização da articulação, que já vinha sendo feita informalmente, entre artistas e escritores brasileiros e a vanguarda parisiense. Tanto é assim, que uma transcrição detalhada do evento foi enviada por Sergio Milliet sob o título "Carta de Paris", colaboração do jornalista para a revista *Ariel*[19].

Mas esse não foi o único evento em que Oswald de Andrade buscou uma aproximação com instâncias oficiais de relações internacionais entre Brasil e França. Ele foi precedido pela conferência que o escritor pronunciou, em 11 de maio de 1923, no anfiteatro Turgot, da Universidade Sorbonne, com o título "O Esforço Intelectual do Brasil Contemporâneo".

Antes de discutir esse que talvez seja o texto mais conhecido do período em que Oswald de Andrade esteve em Paris, no ano seguinte à Semana de Arte Moderna, é preciso resgatar a colaboração enviada pelo escritor ao jornal *Correio Paulistano*, entre março e abril de 1923. Por meio da análise das duas primeiras correspondências que enviou, é possível conhecer o modo como o escritor percebeu os debates que movimentavam o meio artístico parisiense e formou ideias que embasarão algumas das posições sobre arte por ele assumidas ao longo da década de 1920.

---

17  Aracy Amaral, *Artes Plásticas na Semana de 22*, São Paulo, Editora 34, 2003, p. 109.
18  Compareceram ao evento no restaurante *Chez Joseph*: Fernand Léger, André Lhote, Jean Giradoux, Jules Romains, Blaise Cendrars, Darius Milhaud, Jules Supervielle, além dos brasileiros Oswald de Andrade, Tarsila do Amaral, Sergio Milliet, Victor Brecheret, Vicente do Rego Monteiro, Pinheiro Júnior e o próprio Souza Dantas (Aracy Amaral, *Artes Plásticas na Semana de 22*, p. 110).
19  O texto foi publicado no número de outubro de 1923.

## 2. Pequena tabuada do espírito contemporâneo

Publicado em 30 de março de 1923, com data de 23 daquele mês, o primeiro texto enviado por Oswald de Andrade de Paris foi "Atualidade de Babilônia". Depois de descrever alguns ambientes da capital francesa — entre os quais os ateliês "atapetados e claros" dos últimos andares de edifícios de apartamento — que faziam, em sua opinião, reviver a Babilônia mítica, o escritor identifica o surgimento de uma ética e de uma estética formadas depois dos "quatro anos de carniçaria" da Primeira Guerra Mundial, como resultado mais recente do "aparatoso século do cubismo e da relatividade". Ambas — ética e estética — traziam a marca de "uma urgência na civilização ocidental em tentar as bases de uma outra tranquilidade moral e intelectiva"[20].

O escritor que saíra da Semana de Arte Moderna defendendo a geometria pictórica cubista, veio a saber em Paris que ela havia conduzido a um "beco sem saída". O cubismo é agora apresentado por Oswald de Andrade[21] como parte de um movimento filosófico e social mais amplo da civilização ocidental, que havia produzido o próprio homem moderno, "o homem tipo de seu tempo", cuja atividade diária resumia-se a "fazer ginástica de manhã, pregar moralidade ao almoço e ir sofrer a volúpia da queda e do Éden perdido nos *dancings* lúbricos". Esse homem contraditório, "mixórdia de músculos tratados, convencidos princípios e fragilidade social" é o homem que a "música de pinceladas" cubista de antes da Guerra representava. Era "qualquer coisa de espedaçado anormal e atordoante, qualquer coisa de indecifrável e lírico, de paradoxal e suspenso".

O "sentido da cor pura", que conferia à pintura cubista uma "singular metafísica" havia feito o seu "triunfo psicológico", envolvendo também ambientes e mentes numa "mesma serpentina desvairada de linhas, criando na apoteose da vibração, não mais uma científica geometria de calculadas dimensões mas uma decuplicada polimetria plástica de cores". Essa evolução, no entanto, havia conduzido a pintura a uma de suas "mais graves crises". Segundo o escritor, era opinião geral de "entendidos, de críticos, de *experts* e colecionadores", que o cubismo era um "beco sem saída", do qual "só há a recuar".

---

20 Oswald de Andrade, "Atualidade de Babilônia", *Correio Paulistano*, 30 mar. 1923.
21 *Idem.*

Do cubismo haviam se originado todas as "escolas" contemporâneas, cuja última invenção seria o que o escritor chama de "sobretelhadismo", nome que provavelmente faz referência aos frequentadores do cabaré Le Boeuf sur le Toit [O Boi no Telhado], a ser comentado a seguir. Como exemplo, Oswald de Andrade cita "um quadro sobretelhadista, convictamente exposto na palhaçada emotiva do Salon des Indépendents, [em que] um homem espetado numa chaminé falava: — *Je suis le chat*! [Eu sou o gato!]"[22].

Para Oswald de Andrade, esses "sobretelhadismos" eram "chatices" às quais se juntavam as "variantes hospitalares da obra mestra de Picasso e das inigualáveis diversões maravilhosas de Matisse, Van Dongen, Derain, Le Fauconnier". Formavam o panorama de esgotamento, de "beco sem saída", a que havia chegado o caminho aberto pelo cubismo. E nisso a arte espelhava a própria vida contemporânea, também ela um "beco sem saída", onde se debatiam "todas as glórias e todas as caravanas de misérias, todas as pompas e todas as violências de choro contido, enfim, todos os infernais figurões e todas as plutônicas alvuras da renovada mitologia babilônica de Paris"[23].

O escritor brasileiro identificava, ainda, uma condição contraditória na Paris "babilônica" daquele momento, resumida, no campo ético, pela ideia de "castidade despida", que valorizava a nudez do corpo nos teatros e dancings, por um lado, e condenava a infidelidade, a prostituição e o vício por outro. No "puro reino da humana impureza" que Paris encarnava naqueles anos de após-guerra, Oswald de Andrade via, no entanto, reviver uma "Grécia asiática", na demanda por um "novo Classicismo":

Por toda parte, clama-se por um novo classicismo. Intelectuais e artistas içam a bandeira do Almers ibseniano na procurada serenidade das acrópoles, em que Antígona

---

22 Parece ser, pela descrição, uma pintura tributária das experiências dadaístas, embora não tenha sido possível identificá-la.
23 Em um breve comentário que será retomado na segunda carta que envia de Paris, Oswald de Andrade introduz o Brasil em toda essa discussão. Ao afirmar que a moral moderna era análoga à estética moderna, o escritor abre um parêntese para frisar o caráter internacional daquela situação que ele descrevia: "A moral hodierna (pois daqui [Paris] ela irradia por mares e caminhos até as nossas longínquas tabas urbanas e as isbas bolshevistas), a moral de hoje é como a estética de hoje — um beco sem saída" (Oswald de Andrade, "Atualidade de Babilônia", *Correio Paulistano*, 30 mar. 1923).

ruge de novo e Molière e Shakespeare desenrolam as suas sarabandas bufonas e líricas de multicores marionetes[24].

Em "Pequena Tabuada do Espírito Contemporâneo", publicado em 24 de maio de 1923, com data de 19 de abril daquele ano, Oswald de Andrade prossegue em sua reflexão sobre os "tempos modernos" e começa por esclarecer o que entendia por essa expressão, mencionando uma série de invenções (estradas de ferro, cinematógrafo, automóvel, autobus, metrô, aeroplano, armas químicas) que distinguiam absolutamente os "tempos modernos" dos "tempos antigos". O artigo preocupa-se, assim, em mostrar que o "novo classicismo" mencionado no texto anterior não implicava em renegar as experiências que configuravam os "tempos modernos". E como pano de fundo para essa discussão, o escritor apresenta uma filosofia da história, de inspiração cristã, que percebe as diferentes épocas da história humana como "expressões" diversas de um "íntimo" (um espírito, talvez) que permanece sempre o mesmo:

Se no íntimo o homem não pode mudar (pois Deus o criou à sua imagem e o mais que ele pode fazer no sentido psíquico é repetir a desobediência e a queda de seu primeiro pai, Adão, para depois seguir a solução dos purgatórios) só na expressão ele tende a evoluir, dando marcados aspectos a civilizações, a épocas, a ciclos seculares.

É na expressão, pois, que devemos procurar o aspecto típico de nosso tempo, para que mais tarde não nos confundam com os homens góticos do século XIII ou com os homens românticos do século XIX[25].

É importante registrar essa sumária filosofia da história apresentada por Oswald de Andrade em 1923, pois nela já aparece uma concepção de evolução da história humana por ciclos marcados por "expressões" singulares, que será encontrada em textos do escritor até a década de 1940.

Continuando em sua reflexão, Oswald de Andrade eurocentricamente atribui a Paris a condição de "cadinho" onde se formavam as "correntes dominadoras da expressão de nosso tempo", condição essa que ele atribui à vitalidade pela

---

24 *Idem*.
25 Oswald de Andrade, "Pequena Tabuada do Espírito Contemporâneo", *Correio Paulistano*, 24 maio 1923.

afluência de turistas de todas as partes do mundo e pelas vantagens obtidas com a derrota da Alemanha na Primeira Guerra. Formava-se em Paris, portanto, o que o escritor chama de "gosto do século", que a despeito dos diferentes países, raças e continentes, era um só, tendo sua "expressão" difundida em "todas as latitudes pensantes" pelas "vozes sem fio" dos meios de comunicação.

Uma primeira relação com o universo das artes é estabelecida em algumas considerações feitas pelo escritor ao comentar a música moderna, totalmente transformada, em sua opinião, depois do surgimento do automóvel e dos "barulhos" próprios à vida urbana moderna. Na sequência, Oswald de Andrade procura situar historicamente o modo como as artes reagiram à reconfiguração da experiência no mundo moderno: Debussy, na música; Rodin, na escultura; Cézanne, na pintura e Rimbaud, na poesia, naquilo que suas obras tinham de "erupção revolucionária", de "destrutivo, desagregador, insolente e niilista", serão apontados como "um formidável fim de ato romântico"[26]. Daquela "erupção revolucionária" que logo havia sido contida, os quatro expoentes citados formavam a "máxima referência" para as "escolas construtivas" que surgiram depois.

Na visão histórica que Oswald de Andrade apresenta da arte moderna, há, portanto, entre o fim do século XIX e o início do XX, um movimento que vai de uma ação destruidora a uma reação construtiva. Como para demonstrar a ideia de que naquele momento predominava uma reação construtiva, o escritor, revelando uma das referências de onde extraía suas formulações, cita um trecho da "revista de vanguarda" *Le Mouton Blanc*, sem dizer autor, título ou número da edição[27]. O trecho citado[28] define o classicismo em oposição ao romantismo, associando

---

26 *Idem*.

27 O trecho foi extraído da apresentação de Jean Hytier, chefe de redação de *Le Mouton Blanc*, para o primeiro número da revista, publicado em setembro de 1922. Intitulada *Le Mouton Blanc: Organe du Classicisme Moderne* e editada em Lyon, a revista dirigida por Pierre Favre circulou entre 1922 e 1924. Oswald de Andrade possuía um exemplar do n. 2, de outubro de 1922, conservado em sua biblioteca, hoje no Centro de Documentação Alexandre Eulalio, Unicamp.

28 Segue o trecho citado no artigo: "Uma vez que todo romantismo é uma dispersão anárquica e pessoal, todo classicismo é uma síntese específica, fruto de uma obra comum e voluntária. Ele comporta uma renovação completa: fundo e forma, matéria e técnica. Ele visa exprimir a essência da época em obras de estilo. A matéria do novo classicismo é a vida e o homem moderno, concebidos antes sob o aspecto da coletividade do que sob a aparência do indivíduo — indivíduo completamente diferente aliás daquele que constituiu o objeto do classicismo antigo. Essa representação total, profunda e harmoniosa será a obra do século XX". Jean Hytier, *apud* Oswald de Andrade, "Pequena Tabuada do Espírito Contemporâneo", *Correio Paulistano*, 24 maio 1923.

ao primeiro uma ideia de coletividade, em contraposição ao personalismo que caracterizaria o segundo. O romantismo estaria ligado à dispersão anárquica, enquanto o classicismo buscaria a síntese. Se a ideia de um classicismo moderno não era estranha a Oswald de Andrade, que conhecia, já em 1922, a revista *L'Esprit Nouveau*, o contato com essa definição por oposições com o romantismo, apresentada em *Le Mouton Blanc*, imprime uma marca no pensamento sobre arte do escritor, reaparecendo em outros textos ao longo da década de 1920. Do mesmo modo, a oposição entre épocas de predominância individualista e épocas de coletivismo é basilar para o pensamento do escritor, estando presente em seus textos até a década de 1940, como se terá oportunidade de verificar nos capítulos seguintes.

Na sequência do trecho citado, Oswald de Andrade estabelece três axiomas: o primeiro assume como dado que se estava criando um classicismo moderno, tomando o cuidado de distinguir que se na Europa ele era chamado de "Renascença", no Brasil deveria ser chamado de "Anunciação"; o segundo axioma afirma que tal classicismo estava ainda em fase inicial, "ainda ruge e ferve", e por isso deveria ser entendido como um "primitivismo"; o terceiro atribui à "irregularidade" das filosofias da época o fato de que a evolução do novo classicismo se dava de forma lenta, considerando como algo positivo a espiritualização que caracterizava aquelas filosofias, uma vez que "as grandes eras clássicas foram sempre servidas por uma serenidade ética e religiosa"[29]. Por fim, o escritor resume os tempos agora "moderno-clássicos" como marcados por uma agitação entre criação e frenesi.

Os trechos seguintes do texto que se referem às artes visuais estão relacionados a duas visitas do escritor: uma ao Louvre e outra a uma exposição do pintor espanhol Juan Gris, na Galerie Simon. Ambas são conectadas no texto por uma reflexão sobre os limites da reprodução fotográfica de uma obra de arte. Oswald de Andrade conta aos leitores sobre as "conversões" que havia presenciado no salão do Louvre onde a Mona Lisa podia ser vista entre "duas pequenas maravilhas de Rafael e não longe do espiritualizado Cristo do Greco". Aqueles mestres clássicos, vistos *in loco*, arrebatavam qualquer um que, diante das "mais cuidadas reproduções", duvidasse e atribuísse sua celebridade a um mero "preconceito estético". O mesmo valeria para a pintura cubista, cuja qualidade só poderia ser apreciada na presença física das obras:

---

29  *Idem.*

Porque só se pode julgar, compreender e amar essa meia-dúzia de mestres indecifráveis da moderna pintura, diante da graça, da harmonia de composição, do prestígio de pincel, de linha e de cor que eles conseguem.

As reproduções dos quadros cubistas que chegam aí são quase abomináveis [...][30].

Oswald de Andrade comenta ainda o entendimento do cubismo como uma "escola" e cita uma frase que lhe teria sido dita por Picasso: "toda escola é um impasse [*toute école est une impasse*]". O escritor procura distinguir o que se via no Salon des Indépendants, "rebanhos iguais e medíocres de reproduções", daquilo que artistas como André Lhote e Othon Friesz ensinavam em suas "academias modernas", e que nada mais era do que a tradição da pintura clássica, perdida pelo impressionismo e pela pintura *pompier*. Valiam-se para isso do estudo de exemplos que abrangiam de Cézanne a Chardin e Michelangelo. Assim se organizava a reação contra a "chatice fotográfica e copista" que ainda dominava "nos países de menor cultura"[31].

O escritor cita então alguns parágrafos atribuídos a André Lhote[32], nos quais o pintor situava sua atividade em uma posição intermediária em relação a duas "deusas", a "senhora natureza" e a "senhora pintura". Os pintores deveriam satisfazer as exigências de ambas, pois caso se privilegiasse a "senhora natureza", se produziria uma "fotografia inanimada", ao passo que o privilégio à "dama pintura" resultaria em "pompierismo". De modo que a natureza fornecia a base sobre a qual operar para se buscar "conclusões" picturais[33].

Por fim, cabe destacar ainda em "Pequena Tabuada do Espírito Contemporâneo" a menção ao livro *Histoire de l'Art*, do historiador da arte francês Elie Faure, ao qual Oswald de Andrade se refere nos seguintes termos: "A crítica de arte nunca subiu tão alto como pela cultura, pela segurança e pela visão de

---

30 *Idem*.
31 *Idem*.
32 O trecho citado por Oswald de Andrade é parte de uma carta de Lhote ao crítico André Salmon, citada por este em de *L'Art Vivant*, Paris, Les Édition G. Cres et Cie, 1920, p. 91, de onde possivelmente retirou a citação.
33 Em um trecho anterior, Lhote conecta seu entendimento da criação pictórica com o que teriam praticado os "mestres": "Os mestres de todos os tempos perceberam que, se é necessário começar a trabalhar a partir da natureza, é também necessário esquecer a existência do modelo inicial uma vez que o quadro, *segunda realidade*, propõe os termos do problema novo e inesperado a resolver" (André Salmon, *op. cit*, p. 90, tradução nossa).

Elie Faure"[34]. Mais adiante se terá oportunidade de apontar como a leitura da obra Faure aparece no pensamento do escritor, que menciona ainda André Salmon, sendo ambos os autores possivelmente as principais leituras no campo da história e da crítica de arte realizadas por Oswald de Andrade em Paris, naquele momento.

O escritor dedica ainda um parágrafo para comentar a situação da escultura, limitando-se, no entanto, a mencionar que o "esforço construtor" de Bourdelle estava agora nas mãos dos "cubistas" Jacques Lipchitz e Henri Laurens, além dos "singelos e fortes estatuários" Aristide Maillol, Manuel Martinez Hugué (Manolo), Despiau e "acima de todos", Joseph Bernard. Em linhas gerais, o escritor entende que a "orientação vitoriosa" na escultura era a da simplicidade, à qual Brecheret dava a "melhor realização americana" com a obra *Ídolo*.

Nos textos enviados de Paris, Oswald de Andrade se preocupou em expor aos leitores brasileiros, dando continuidade à sua tarefa "pedagógica" iniciada em 1921, as diretrizes do que entendia ser o "espírito contemporâneo" e suas expressões no campo da arte. Logo em seguida, na conferência que pronunciou na Sorbonne, sua tarefa foi expor ao público francês — e em alguma medida a si mesmo — quais eram as possibilidades de integração do Brasil àquele espírito.

◆

Conforme sugere Diniz[35], Oswald de Andrade foi convidado para proferir uma conferência na Sorbonne pelo Prof. Georges Le Gentil, que, desde fevereiro daquele ano, era responsável por um "Curso de Estudos Brasileiros" oferecido na universidade francesa[36]. E lá estava novamente o embaixador Souza Dantas, que havia sido o responsável pela conferência inaugural daquele curso[37], o que permite imaginar que pode ter sido por intermédio do embaixador que Oswald de Andrade obteve o convite para a conferência. Além disso, como sugere Marta Rossetti Batista, possivelmente foi também Souza Dantas quem apresentou Tar-

---

34 Oswald de Andrade, "Pequena Tabuada do Espírito Contemporâneo", *Correio Paulistano*, 24 maio 1923.
35 Dilma Castelo Branco Diniz, "A Gênese da Poesia Pau-Brasil: Um Escritor Brasileiro na França", *O Eixo e a Roda: Revista de Literatura Brasileira*, vols. 9-10, pp. 75-83, 2003-2004.
36 Futuramente, Le Gentil se tornaria professor de literatura portuguesa e brasileira, também na Sorbonne.
37 Marta Rossetti Batista, *Os Artistas Brasileiros na Escola de Paris: Anos 1920*, p. 188.

sila do Amaral e Oswald de Andrade a Valéry Larbaud e Jules Supervielle[38], ambos colaboradores da revista *Revue de l'Amérique Latine*, a mesma que, dois meses depois de sua realização, publicará o texto em francês da conferência.

A publicação do texto naquela revista sugere ainda que sua apresentação na Sorbonne não foi um evento restrito apenas a um interesse acadêmico no campo dos estudos brasileiros. Oswald de Andrade procurou se conectar também ao processo de construção de uma nova ideia de latinidade na França, do qual a *Revue de l'Amérique Latine* era um dos principais espaços de difusão em Paris.

Editada na capital francesa e criada em janeiro de 1922, em seu primeiro número a revista apresenta o objetivo de, por meio da publicação da produção de "escritores, sábios e homens políticos franceses, hispano-americanos e brasileiros", propiciar ao leitor francês um resumo do que era a "vida intelectual, artística, econômica e social de todo o continente latino da América"[39]. No entanto, segundo a pesquisadora Adriana Castillo de Berchenko, que analisou suas diversas seções, a revista se constitui como uma publicação principalmente cultural e, sobretudo, literária. Em suas páginas, foram publicadas traduções de textos e estudos sobre intelectuais e escritores de diferentes gerações e países latino-americanos, como Rubén Darío, Domingos Faustino Sarmiento, José Martí, Manuel Gutiérrez Nájera, Horacio Quiroga, Gabriela Mistral, Leopoldo Lugones, Gómez Carrillo, entre outros, apresentados na seção "Anthologie Américaine".

Ao selecionar, traduzir e apresentar os ensaios e poemas publicados na revista, os editores preocupavam-se em criar conexões entre os autores do continente americano e o "espírito latino", procurando demonstrar, através daquela produção, a presença daquele espírito no continente americano. Forjando essa ligação, a revista proporcionava aos autores do continente americano uma oportunidade de reconhecimento e identificação, como sugere Berchenko:

---

38 O primeiro é comentado com frequência na correspondência enviada pelo autor de *Os Condenados* a Mário de Andrade, em 1923. Em carta de 7 de março, o escritor, sempre se queixando de Sérgio Milliet, comenta seu primeiro encontro com Larbaud: "Ontem visitei Valery Larbaud. É o Bom, na acepção gorda da palavra. Vai aprender o português para traduzir toda a geração, já que Serge Milliet continua a acreditar no preguiçoso Sr. Alfred de Musset" (Oswald de Andrade, Carta de 7 mar. 1923). Poucas semanas depois, em carta sem data, mas anterior a 9 de abril, ele afirma: "Atenção para Larbaud e Morand — amigos" (Oswald de Andrade, Carta de 9 abr. 1923).

39 *Revue de l'Amérique Latine*, n. 1, p. 2, jan. 1922 (Adriana Berchenko, "La Revue de l'Amérique Latine en los Años 20", *América: Cahiers du Criccal*, n. 4-5, p. 21, 1990).

Se no século XIX os burgueses da América Latina foram à França para se tornarem mais cultos e se impregnarem da cultura Europeia, os intelectuais dos anos XX — grande parte deles burgueses também — chegaram em busca de reconhecimento e terminaram vivendo sua permanência como uma tomada de consciência de seu ser latino-americano. Nesse sentido, entre 1922-1932, a *Revue de l'Amérique Latine* oferece um impressionante panorama da cultura e sobretudo da literatura latino-americana de entre-guerras. Seu conteúdo, deste modo — com todas as suas falhas e frivolidade — é um espelho no qual a burguesia e os intelectuais se refletem observando-se e reconhecendo-se. A *Revue de l'Amérique Latine* mostra assim, finalmente, um continente que se identifica, antes de mais nada, com sua essência e idiossincrasia próprias refletidas na visão do outro[40].

Essa "visão do outro" era a ideia de latinidade, ou de "espírito latino", cuja circulação no campo cultural francês havia assumido uma dimensão importante ao longo da Primeira Guerra Mundial.

## 3. Espírito latino e retorno à ordem

Como demonstra Keneth Silver[41], durante o conflito e nos anos seguintes, a ideia de latinidade estava diretamente conectada ao sentimento de hostilidade contra a Alemanha e contra o povo alemão, vistos como bárbaros dos quais era preciso se defender em todas as frentes. A título de exemplo, o autor cita o seguinte trecho de uma entrevista do escritor francês Maurice Barrès, que, logo após o término do conflito, demandava que fossem construídas fortificações no leste da França:

> [...] Há muitos séculos eu vejo uma marcha perpétua de populações do Além-Reno em direção a regiões mais amenas... Nós devemos nos proteger com bastiões a leste da França. Esses bastiões consistem de fortificações, e mais ainda, se for possível, de pessoas organizadas para filtrar através de seus sentimentos franceses e latinos os elementos germânicos[42].

---

40 Adriana Berchenko, "La Revue de l'Amérique Latine en los Años 20", América..., p. 24, tradução nossa.
41 Kenneth E. Silver, *Esprit de Corps: The Art of the Parisian Avant-Garde and the First World War, 1914-1925*, Princeton, Princeton University Press, 1989, pp. 92-100.
42 Maurice Barrès, 1923 *apud* Kenneth Silver, *Esprit de Corps*, pp. 92-93.

Silver prossegue demonstrando como esse apelo aos sentimentos latinos contra a barbárie germânica projetava-se enquanto uma defesa mais ampla, não restrita a um território ou nação específica. Era a defesa da própria "civilização ocidental". Quando, em abril de 1915, a Itália se incorporou aos países aliados, essa decisão foi celebrada simbolicamente como o casamento de Dante (representando o classicismo italiano) e Marianne (representando a República francesa), o que, na interpretação de Silver, assumia uma significação moral e cultural ainda maior do que a importância militar da aliança, na medida em que ratificava "uma guerra de classicistas e Latinos contra os bárbaros de um modo que a França por si só não poderia fazer"[43].

No que diz respeito à significação cultural do uso do termo "latino", associado a "civilização", "Ocidente" e "humanidade", ele evocava, ainda segundo Silver, "um chamado à ordem e um apelo à família, em sentido amplo e nacional", penetrando na vida cultural parisiense por meio de uma literatura de propaganda, que passou a dar preferência a temas ligados ao "Antigo", ao "clássico", e por uma ampla variedade de figuras alegóricas, símbolos tradicionais e monumentos patrióticos esquecidos até aquele momento, mas que agora se tornavam úteis novamente[44]. Porém, não foi apenas no âmbito da literatura e do imaginário propagandísticos que se processou um retorno ao clássico. Os artistas da vanguarda parisiense não ficaram alheios a esse movimento.

Ao comentar o livro *Depois do Cubismo*, publicado por Amedée Ozenfant e Jeanneret, em 1918, Silver aponta uma série de elementos que conectava as bases do Purismo à ideologia que opunha civilização e barbárie, construída durante o período da Primeira Guerra. Ambos os autores viam a si mesmos como herdeiros da civilização grega, caracterizada, segundo eles, pelo domínio do intelecto sobre os sentidos. É o que se pode observar no trecho a seguir, uma citação de "um matemático":

Se [diz um matemático] os gregos triunfaram sobre os bárbaros, se a Europa, herdeira do pensamento dos gregos, domina o mundo, é porque os selvagens gostavam das cores gritantes e dos sons barulhentos do tambor que ocupam apenas os sentidos, ao passo que os gregos gostavam da beleza intelectual que se esconde sob a beleza sensível[45].

43   *Idem*, p. 93.
44   *Idem*, pp. 97-98.
45   Amedée Ozenfant e Pierre Jeanneret, *Depois do Cubismo: Ozenfant e Jeanneret*, São Paulo, Cosac Naify, 2005, p. 68.

Herdeiros desse suposto amor pela beleza intelectual dominando a sedução da beleza sensorial, Ozenfant e Jeanneret apresentavam também um caminho para a superação da arte pré-Guerra, uma arte que, segundo eles, "não era viva o suficiente para tonificar os ociosos, nem para interessar os ativos"[46]. Contaminado pelas "impurezas do período da guerra francês", pela ideologia da reconstrução organizada que temia tudo o que se desviasse do equilíbrio e da sobriedade daqueles supostos valores herdados da civilização ocidental, o Purismo apresentava-se como um conjunto de posições estéticas "mais congenial aos franceses do pós-guerra que o movimento que eles desejavam suplantar"[47]. Esse movimento era o cubismo, cuja trajetória pré-Guerra era vista por parte da crítica francesa como índice de um fenômeno mais amplo de germanização e barbarização da cultura francesa clássica. Em *Depois do Cubismo*, Ozenfant e Jeanneret, embora reconheçam sua importância histórica, afirmam ter o cubismo permanecido uma arte decorativa, ornamental e Romântica, portanto associada ao amor pela "beleza sensorial", que deveria ser dominado pelo intelecto[48].

◆

A *Revue de l'Amérique Latine*, nesse período entreguerras, representava um movimento adicional na formulação ideológica do "espírito latino". Um movimento que se voltava para o outro lado do Atlântico. Com esse contexto em mente, pode-se compreender melhor alguns aspectos do conteúdo de "O Esforço Inte-

---

46 Na sequência, os autores afirmam: "aquela sociedade entediava-se porque a diretiva da vida era demasiado incerta, porque nenhuma grande corrente coletiva conduzia ao trabalho aqueles que tinham de trabalhar, nem atraía ao trabalho aqueles que podiam não trabalhar. Época de greves, de reivindicações e de protestos em que a própria arte era tão-somente uma arte de protesto. [...] Já passaram aqueles tempos pesados e excessivamente ligeiros" (*Idem*, pp. 25-26.

47 Kenneth Silver, *Esprit de Corps...*, p. 231, tradução nossa.

48 Relativizando as afirmações dos autores de *Depois do Cubismo*, é preciso lembrar que os pintores cubistas, em especial Picasso, mas também Juan Gris, Fernand Léger, Albert Gleizes, R. de la Fresnaye, Robert Delaunay, já vinham, desde o fim do conflito, pesquisando formas de conciliar o vocabulário plástico por eles construído nos anos anteriores à Guerra, com os períodos "clássicos" da arte europeia, pesquisa que eles ampliaram ao longo da década de 1920. Sobre o tema, ver o capítulo "Blue Horizons" na obra de Kenneth Silver. Especificamente sobre Picasso, ver o capítulo "Object", em T. J. Clark, *Picasso and Truth: From Cubism to Guernica*, Princeton, Princeton University Press, 2013.

lectual do Brasil Contemporâneo"[49], cujo tom oficial difere tanto do estilo que o escritor vinha assumindo em suas intervenções na imprensa paulista, quanto do que ele exercitará, menos de um ano depois, no *Manifesto da Poesia Pau Brasil*. Em sua busca por vínculos junto ao meio intelectual francês, Oswald de Andrade procurou adequar sua conferência na Sorbonne tanto à possível expectativa dos interessados em um curso de Estudos Brasileiros ministrado em uma universidade francesa, quanto àquele ideário de uma nova ideia de latinidade. Além de apresentar um amplo panorama do que era a produção intelectual brasileira desde fins do século XIX, em diversos campos, a conferência buscou criar um laço entre a própria história do Brasil e o mundo latino.

É o que se nota logo no primeiro parágrafo, quando o conferencista põe lado a lado *Dom Quixote* e *Os Lusíadas*, enquanto produtos do que ele chama de "idealismo latino". Esse idealismo havia sido trasladado para a América do Sul, onde Quixote teria simbolicamente desembarcado "com Cabral" (daí a referência ao poema épico das navegações portuguesas) em busca de sua Dulcinea. Ao lado do idealismo, chegava também ao novo continente "uma força latina de coesão, de construção e de cultura"[50]. Essa força, prossegue o autor, era o jesuíta, apresentado como herdeiro do "espírito de organização e de conquista" legado pelo império romano. O jesuíta era um "legionário" que veio à América lançar as "Missões" no Uruguai e fundar a cidade de Piratininga, "que devia engendrar a força e a riqueza de São Paulo de hoje"[51].

Assim, Oswald de Andrade costura a história da "latinidade" à história do Brasil, vinculando-a à presença, na formação inicial do país, do "padre latino" ao lado do português, e destacando uma vez mais a cidade de São Paulo, como ele já fizera em outros textos discutidos no capítulo anterior. Com isso, ele cria para si um problema complexo, pois a formação étnica do Brasil fazia com que o suposto "espírito de organização e de conquista" do jesuíta, representante do espírito lati-

---

49 Uma tradução do texto da conferência foi publicada na *Revista do Brasil*, n. 23, dezembro de 1923, porém com supressões e cortes de parágrafos inteiros em relação à versão da *Revue de l'Amérique Latine*. Como a versão utilizada no volume *Estética e Política* das Obras Completas de Oswald de Andrade foi a da *Revista do Brasil*, sempre que for citado aqui algum dos trechos suprimidos, isso será indicado em nota. A tradução desses trechos é nossa. Para os demais trechos citados, foi utilizada a versão da *Revista do Brasil*, segundo a edição das *Obras Completas* de Oswald de Andrade, *Estética e Política*, indicando-se entre colchetes as supressões relevantes.
50 *Idem*, p. 39.
51 *Idem, ibidem*.

no e da civilização ocidental, tivesse que conviver com "as cores gritantes e o som barulhento dos tambores que engajam apenas os sentidos", para usar as palavras de Ozenfant e Jeanneret ao descreverem o que, para eles, eram características de povos "selvagens".

Oswald de Andrade estava consciente disso. Parte do conteúdo da conferência é uma tentativa de resolver esse problema e conciliar a tradição latina e os elementos "bárbaros" da sociedade brasileira. Daí a importância de "O Esforço Intelectual do Brasil Contemporâneo" para o entendimento da experiência intelectual de Oswald de Andrade, pois nela estão esboçadas algumas das principais questões que ele irá perseguir ao longo da década de 1920, às quais seus dois mais importantes manifestos procuram responder. E, como será visto, ele reserva a parte final da apresentação para as artes visuais e a música, que tinham um papel a cumprir no enfrentamento daquelas questões.

Depois de criar um vínculo com o idealismo latino, o escritor continua discutindo a formação étnica e cultural do Brasil, que, segundo ele, teria se dado, inicialmente, pela atuação de três elementos — o índio, o português e o padre latino. "O negro", ele complementa, "veio da África, pouco tempo depois". A distinção do elemento ibérico entre "português" e "padre latino" não é gratuita. Ela prepara o leitor para um argumento apresentado mais adiante, segundo o qual a escolástica seria "a semente do pensamento brasileiro", visto que o "padre latino" teria exercido um domínio intelectual na formação da "sociedade sul-americana". No mesmo parágrafo em que faz essa afirmação, Oswald de Andrade salta por sobre os séculos da história colonial e continua sua apresentação resumindo o pensamento do filósofo Farias Brito, para ele, fruto daquela semente jesuíta. Dali, ele segue comentando brevemente autores de diferentes campos, da literatura à etnologia, a maior parte ativos entre o final do século XIX e início do XX, construindo assim um panorama diversificado e eclético do que era, em sua opinião, o esforço intelectual do Brasil contemporâneo.

Antes de continuar a análise da conferência, verificando os pontos em que o escritor discute especificamente as artes visuais, é preciso entender o que está em jogo naqueles trechos iniciais. Mais do que avaliar a pertinência da vinculação da formação do Brasil à história da latinidade[52], interessa nessa abertura da confe-

---

52 A vinculação do movimento de renovação intelectual processado em São Paulo à ideia de latinidade já havia surgido no texto de Mário de Andrade (assinado Ivan) sobre Brecheret,

rência o papel atribuído ao indígena e ao africano, pois aí é possível vislumbrar um aspecto complexo e contraditório do pensamento do autor sobre a cultura brasileira, que o acompanhará pelo menos ao longo da década de 1920. A imagem do indígena e do negro na formação do Brasil, criada por Oswald de Andrade nesse momento (maio de 1923), oscila entre a submissão passiva à cultura ocidental e o exótico. Veja-se, por exemplo, o trecho em que o escritor comenta a importância da fé católica na constituição do que chama de "sociedade sul-americana":

> Reconhecendo a eficácia da fé no bom êxito das suas empresas, o português, que, sozinho, logrou resistir ao missionário, deu-lhe, nas primeiras assembleias do continente descoberto, uma ascendência preponderante. O índio politeísta não tardou a agregar um novo deus à sua mitologia [oral][53], e o negro, habituado a ver em tudo manifestações sobrenaturais, deixou-se batizar com uma alegria de criança[54].

Se o indígena "agregou" um novo deus à sua mitologia — portanto, sem ter tido que abandoná-la —, o africano teria se entregado com alegria infantil àquele novo deus católico. Evidentemente, trata-se de uma visão distorcida do que foram os processos históricos tanto da catequização indígena, quanto da violência simbólica do batismo cristão de africanos escravizados, cuja função era destituí-los de suas origens espirituais e culturais. Mas, além de historicamente equivocada, essa visão é reveladora das referências intelectuais manejadas por Oswald de Andrade na construção de sua imagem da cultura brasileira, naquele momento.

## 4. O sangue negro: Oliveira Vianna

Entre os diversos autores comentados por Oswald de Andrade na conferência, estão o sociólogo Oliveira Vianna e o filósofo e escritor Graça Aranha. Do primeiro, o escritor afirma que "estudando os costumes, as tradições e os panoramas psíquicos, [Oliveira Vianna] estabelece a tese do nosso idealismo, oposto às

---

publicado em *Papel e Tinta*: "E vendo, fecundando-as, criando, Victor Brecheret, pela largueza da sua estética, pela força gigantesca dos seus recursos, poderá tornar-se um dos máximos estalões da latinidade no cenáculo da arte contemporânea" (Ivan "Mário de Andrade", "A Prefeitura e Nossos Artistas", *Papel e Tinta*, ano 1, n. 1, jun. 1920).
53 No original em francês consta "mythologie orale".
54 Oswald de Andrade, *Estética e Política*, p. 40.

realidades da terra"[55]. Já Graça Aranha é lembrado por sua influência na Semana de Arte Moderna, por seu romance *Canaã* e pela peça de teatro *Malazarte*. No entanto, o escritor maranhense havia publicado, em 1921, o livro *A Estética da Vida*, cujas considerações sobre a psicologia do homem brasileiro parecem ter inspirado o modo como Oswald de Andrade compreende especialmente o africano em "O esforço intelectual do Brasil contemporâneo"[56]. Pode ser útil, para entender o caráter das referências intelectuais com as quais Oswald de Andrade estava dialogando, comentar brevemente algumas ideias de Oliveira Vianna e Graça Aranha sobre a psicologia do povo brasileiro, especialmente suas posições sobre a constituição racial dessa psicologia.

Em 1920, Oliveira Vianna havia publicado sua primeira grande investigação sobre a formação do país, o livro *Populações Meridionais do Brasil*. Dividido em quatro partes, precedidas por uma introdução ao que o autor chama de "Aristocracia Rural", o livro percorre a formação histórica, social e política das populações rurais do centro-sul do país — compreendendo paulistas, fluminenses e mineiros —, concluindo com uma discussão sobre sua psicologia política[57]. Na primeira parte, dedicada à investigação da formação histórica daquelas populações, Oliveira Vianna reserva um capítulo ao que nomeia "etnologia das classes rurais". Nele, o autor analisa a situação social e psicológica de "mestiços" e "mulatos", a partir de sua classificação entre inferiores e superiores, de acordo com o tipo de cruzamento racial de que descendiam. Essa abordagem procurava marcar uma diferença nos debates sobre a questão racial no Brasil, assumindo que qualquer tentativa de reduzir "mulatos" e "mestiços" à representação de um tipo único resultava em uma abstração. Diz o autor:

> O mulato como um tipo único, tal como o branco ou negro, é uma pura abstração; não tem realidade objetiva. Toda tentativa, que procure reduzir a incontável variedade

---

[55] *Idem*, p. 42.

[56] *A Estética da Vida* foi discutido por Oswald de Andrade em resenha para a seção "Livros Novos", do *Jornal do Commercio* (SP), publicada em 3 de março de 1922. Portanto, o escritor conhecia a publicação de Aranha.

[57] Uma discussão detalhada dos pressupostos metodológicos de Vianna ao organizar o livro dessa forma pode ser encontrada em André Bittencourt, *O Brasil e suas Diferenças: Uma Leitura Genética de Populações Meridionais do Brasil*, Rio de Janeiro, Instituto de Filosofia e Ciências Sociais/UFRJ, 2011 (Dissertação de Mestrado em Sociologia e Antropologia).

de mulatos a um só tipo somato-psicológico, há de falhar forçosamente. Cada um destes mulatos reflete, em parte, a índole do tipo negro, de que provém; em parte, a do luso; mas, tudo subordinado à ação das seleções étnicas e dos atavismos, que variam ao infinito no produto das tendências hereditárias de cada elemento formador[58].

Têm-se aí um desdobramento da discussão racial, tal como ela se desenvolvia no país naquele momento[59], que parte do princípio de que cada "raça" seria dotada de atributos psicológicos característicos, mas que, por haver uma variedade de "tipos" tanto de negros como de brancos, seria um erro assumir que os "mulatos" pudessem ser descritos como um "tipo único". Oliveira Vianna procura sustentar essa posição mapeando os diferentes "tipos" de negros que se encontrariam no Brasil:

Entre as numerosas nações negras, que aqui se fixam, há diversidades de tipo e de mentalidade mais sensíveis do que as que existem entre portugueses, espanhóis, ingleses, franceses, italianos e alemães, quando comparados entre si. Tribos há de negros absolutamente indomesticáveis e incivilizáveis, de instintos selvagens, de mentalidade rudimentar, incapazes de qualquer melhoria ou ascensão. Outras revelam inteligência superior, capacidade progressiva, talentos artísticos, temperamento dócil, generoso e obediente: é o caso dos "egbas", dos "iorubas", dos "minas". Outras há ainda de negros inteligentíssimos, vivazes, sagazes, ardilosos, mas de caráter pouco sólido, como os "angolas", por exemplo. Certas tribos se caracterizam pela sua altivez e indomabilidade, pela sua índole agressiva e belicosa, como os "efãs" e os "haussás". Os seus representantes se fazem os agentes principais das nossas insurreições negreiras e preferem, muitas vezes, a fuga ou o suicídio à servidão[60].

O que aparenta ser uma tentativa de avanço científico revela sua essência racista quando, na sequência de sua explanação, Oliveira Vianna descreve o que

---

58 Oliveira Vianna, *Populações Meridionais do Brasil*, Brasília, Senado Federal/Conselho Editorial, 2005, pp. 169-170.
59 Para um panorama dos debates raciais no meio intelectual brasileiro, entre 1870 e 1930, com ênfase em agentes atuantes nos campos institucionais dos museus de história e etnologia, das revistas de institutos de pesquisa histórica e geográfica, além de faculdades de direito e medicina, ver Lilia Moritz Schwarcz, *O Espetáculo das Raças: Cientistas, Instituições e Questão Racial no Brasil, 1870-1930*, São Paulo: Companhia das Letras, 1993.
60 Oliveira Vianna, *Populações Meridionais do Brasil*, p. 169.

entende por "mulatos superiores" e sua possível utilidade social. Diante da diversidade de "tipos" étnicos, apenas uma "raça" é "nobre":

> Há, porém, mulatos superiores, arianos pelo caráter e pela inteligência ou, pelo menos, suscetíveis da arianização, capazes de colaborar com os brancos na organização e civilização do País. São aqueles que, em virtude de caldeamentos felizes, mais se aproximam, pela moralidade e pela cor, do tipo da raça branca. Caprichos de fisiologia, retornos atávicos, em cooperação com certas leis antropológicas, agindo de um modo favorável, geram esses mestiços de escol. Produtos diretos do cruzamento de branco com negro, herdam, às vezes, todos os caracteres psíquicos e, mesmo, somáticos da raça nobre. Do matiz dos cabelos à coloração da pele, da moralidade dos sentimentos ao vigor da inteligência, são de uma aparência perfeitamente ariana[61].

Em relação ao que nomeia de "mulatos inferiores", Oliveira Vianna assim se manifesta:

> Os mestiços desta espécie são espantosos na sua desordem moral, na impulsividade dos seus instintos, na instabilidade do seu caráter. O sangue disgênico, que lhes corre às veias, atua neles como a força da gravidade sobre os corpos soltos no espaço: os atrai para baixo com velocidade crescente, à medida que se sucedem as gerações. Os vadios congênitos e incorrigíveis das nossas aldeias, os grandes empreiteiros de arruaças e motins das nossas cidades são os espécimes mais representativos desse grupo. [...] Outros há que tomam as cores, mais ou menos atenuadas, do africano, mas cujo caráter os aproxima, entretanto, do europeu, com o seu esplêndido senso ideal da vida. Estes, humilhados pela subalternidade em que vivem, reagem, entreabrindo a sua emotividade em flores encantadoras de poesia ou de eloquência. São os nossos líricos ignorados, os nossos cantores obscuros, os menestréis dos nossos sertões, ou os nossos evangelistas liberais e igualitários[62].

As longas citações acima visam exemplificar, em linhas gerais, uma parte dos "panoramas psíquicos" — como diz Oswald de Andrade — do homem brasileiro, construídos por Oliveira Vianna em seu primeiro livro, *Populações Mmeridionais*

---

61  *Idem*, pp. 170-171.
62  *Idem*, pp. 173-174.

*do Brasil*. Procurou-se aqui destacar suas posições em relação à questão racial[63], pois este problema se mostra relevante dentro da argumentação apresentada em "O Esforço Intelectual do Brasil Contemporâneo". Nas últimas frases do trecho citado acima, são mencionados os "cantores obscuros" do sertão, que Oswald de Andrade também irá valorizar.

## 5. O sangue negro: Graça Aranha

Outro autor citado na conferência, que também percebia na questão racial uma chave para o entendimento da psicologia do povo brasileiro e para uma projeção do futuro do país, é Graça Aranha. O escritor maranhense é mencionado com mais interesse no trecho em que Oswald de Andrade comenta o romance *Canaã*, no qual ele reconhece estar "desenhado e completo o romance da fadiga europeia, a contrastar com aquele amplíssimo território, onde há toda a liberdade e onde são possíveis todas as regenerações"[64]. Essa última frase parece fazer referência às discussões entre dois personagens do romance, Lentz e Milkau, ambos imigrantes alemães que haviam se radicado no interior do Espírito Santo. Eles personificam duas atitudes opostas frente ao mundo[65] e, em diversos trechos, também põem em confronto duas ideologias em disputa a respeito da questão racial no Brasil: uma, representada por Lentz, que não acreditava na possibilidade de uma civilização mestiça e defendia a paulatina erradicação dos mestiços e sua substituição por imigrantes europeus; a outra, representada por Milkau, porta-voz do autor, defendia o oposto, acreditando que o mulato seria a verdadeira "liga nacional", "o elemento étnico basilar de uma nova nacionalidade acomodada ao meio tropical"[66]. Ao destacar em *Canaã* a liberdade e a possibilidade de todas as regenerações no amplo território nacional, Oswald de Andrade parece harmonizar-se com a posição de Milkau, reagindo contra a ideologia de que uma civilização só poderia ser construída por "raças puras".

---

63 Oliveira Vianna foi um dos principais pensadores brasileiros a defender ideias racistas e eugenistas, em livros como *Evolução do Povo Brasileiro* (1923) e *Raça e Assimilação* (1932).
64 Oswald de Andrade, *Estética e Política*, p. 44.
65 Abilio Guerra, *O Primitivismo em Mário de Andrade, Oswald de Andrade e Raul Bopp*, São Paulo, Romano Guerra, 2010, pp. 106-107.
66 *Idem*, pp. 107-108.

Mas, no romance, Graça Aranha ainda não expunha um aspecto que será posteriormente desenvolvido em seu pensamento sobre a formação nacional. Esse aspecto, apresentado, anos depois, em *A Estética da Vida*, compreende a afirmação de que o traço psicológico característico do brasileiro era a imaginação.

A predominância da imaginação na vida mental do brasileiro seria, para Graça Aranha, um produto de múltiplos fatores: por um lado, a presença das três "raças" formadoras — o indígena, o branco e o negro — que partilhavam, por razões diversas, uma mesma tendência à fantasia; por outro lado, a natureza tropical exuberante, subjugando todo o esforço humano de dominá-la e impondo às mentes dos que nela habitavam um sentimento de terror. Não é o caso aqui de esmiuçar as considerações de Aranha sobre o medo e o "terror cósmico" como sentimentos que estariam na origem das narrativas mitológicas e científicas sobre o universo — a ciência entendida como uma busca constante pela superação do medo. O que interessa das especulações do escritor são os atributos psicológicos que ele confere às três "raças" formadoras do Brasil.

Ao abordar a psicologia do homem europeu no Brasil, Aranha o analisa enquanto português, distinguindo-o do "gaulês", do "ibero" e do "italiano". As características psicológicas do português seriam o realismo e a tristeza, frutos, por um lado, da melancolia transmitida por Roma ao "espírito latino"[67] de que Portugal comungava, e por outro, da história das grandes navegações, da saudade dos que partiram nas caravelas. Já quando investiga a psicologia do negro e do indígena, Aranha entende-as de modo unívoco, ignorando variações étnicas, regionais e culturais, assumindo, nesse sentido, posição diferente daquela de Oliveira Vianna. Do negro e do indígena, ele afirma:

O espírito do negro, rudimentar e informe, como que permanece em perpétua infantilidade. A bruma de uma eterna ilusão o envolve, e o prodigioso dom de mentir é a manifestação dessa falsa representação das coisas, da alucinação, que vem do espetáculo do mundo, do eterno espanto diante do mistério. A mentira engana o medo, e inventar, imaginar é uma voluptuosidade para esses espíritos grosseiros, fracos e apavorados.

---

67 A origem dessa melancolia seria a expansão territorial do Império Romano, abrangendo uma enorme variedade de povos, "raças" e deuses, em um empreendimento jamais visto antes na história humana (Graça Aranha, *A Esthetica da Vida*, Rio de Janeiro/Paris, Livraria Garnier, 1921, pp. 87-88).

A outra raça selvagem, a raça indígena da terra americana, que é um dos elementos bárbaros dessa civilização, transmitiu aos seus descendentes aquele pavor que está no início das relações do homem e com o universo. É a metafísica do terror, que gera na consciência a ilusão representativa das coisas e enche de fantasmas, de imagens, o espaço entre o espírito humano e a natureza[68].

Assim, quando menciona a suposta predisposição do negro a ver em tudo "manifestações sobrenaturais" e a "alegria infantil" com que teria aceitado o novo deus imposto pelos portugueses, Oswald de Andrade parece ecoar as ideias de Aranha. Este assumia a perspectiva analógica entre ontogênese e filogênese, projetando no negro e no indígena a imagem da "infância da humanidade", um estágio "primitivo" de relação com e de compreensão do universo. A isso viria somar-se a natureza, cuja exuberância, no Brasil, manteria nas almas "um perpétuo estado de deslumbramento e de êxtase":

Tudo é um infinito e esmagador espetáculo, e os personagens do drama do sortilégio são a luz que dá o ouro aos semblantes das coisas, as formas extravagantes, as cores que assombram, o mar imenso, os rios volumosos, as planícies cheias da melancolia do deserto, a floresta invasora, tenaz, as árvores sussurrantes, castigadas pelos ventos alucinados...[69].

Esse "esmagador espetáculo" manteria o espírito humano em constante desvario, povoando uma natureza que ele é incapaz de dominar e compreender, com uma "mitologia selvagem" de seres fantásticos, deuses e lendas, tornando impossível precisar "onde começa para eles a realidade objetiva e onde acaba o sonho na floresta de mitos". Graça Aranha entende a história social do país como a própria história daquela imaginação povoando a natureza. E por acreditar na sobrevivência do terror primordial na alma humana, mesmo na do homem civilizado, um terror que poderia ser constantemente reavivado, o escritor entendia a vida espiritual no Brasil como uma "metafísica bárbara, sobrecarregada pela hereditariedade dos elementos psíquicos selvagens das raças formadoras da nação"[70]. Essa condição existencial produziria na alma do homem brasileiro estados pa-

---

68   *Idem*, pp. 88-89.
69   *Idem*, p. 89.
70   *Idem*, p. 95.

radoxais, ora entregando-se a um frenesi lúbrico, ora caindo em letargia, ambos estados de ânimo correspondentes, na expressão de Guerra[71], a "reflexos espirituais de uma natureza que se impõe invencível". Por isso, Aranha defendia que o trabalho necessário ao homem brasileiro era vencer essa condição. No entanto, como aponta Abílio Guerra, não se trata:

> [...] de uma conquista material, do domínio maquínico-civilizatório sobre as potências telúricas; o pavor cósmico, produto maligno da cisão indivíduo-universo e da consequente formação egoica, não poderá ser extinto pela ciência. [...] A conquista deve ser essencialmente espiritual, com a derrota do espectro assustador que habita a alma coletiva. A reconciliação homem-natureza somente se dará, no entender de Graça Aranha, com a adoção de uma concepção estética da vida e da aceitação do fieri incontrolável da existência[72].

Nessas formulações de Aranha, é possível encontrar alguns pontos de contato com o pensamento de Oswald de Andrade, em especial, o entendimento do caráter sobrepujante da natureza tropical, que o escritor já havia posto em destaque em "Em prol de uma pintura nacional". Também o impacto psicológico do contato com o "esmagador espetáculo" da natureza já havia sido esboçado por Oswald de Andrade, com a ideia de "visão tropical" que ele utiliza para se aproximar das pinturas de Helios Seelinger[73]. Onde Graça Aranha parece avançar é no entendimento de que seria preciso uma "estética da vida" que promovesse a reconciliação entre homem e natureza no Brasil. Pelo menos até o *Manifesto da Poesia Pau Brasil*, a ser discutido mais adiante, Oswald de Andrade havia apenas indicado a necessidade dessa reconciliação entre homem e natureza *na arte*.

Mas Graça Aranha e Oliveira Vianna haviam sido lembrados aqui pelas considerações que fizeram a respeito dos atributos psicológicos das três "raças" formadoras, cujo paralelo com o modo como Oswald de Andrade se referiu a elas na conferência foi rapidamente indicado. É o caso agora de comentar outros trechos em que o escritor mencionou a relevância do negro na cultura brasileira[74].

---

71  Abilio Guerra, *O Primitivismo em Mário de Andrade, Oswald de Andrade e Raul Bopp...*, p. 115.
72  Para Guerra, as ideias de Aranha seriam as bases de um "primeiro programa estético primitivista" brasileiro, proposto alguns anos antes do *Manifesto da Poesia Pau Brasil* (*Idem*, pp. 110 e 115)
73  Ver o item "Entre a Originalidade Geográfica e a Visão Tropical", no primeiro capítulo.
74  Depois da menção já apontada acima, o indígena é lembrado na conferência apenas quando o escritor critica a imagem idealizada dele construída nos romances de José de Alencar.

## 6. O sangue negro: um elemento realista

O trecho mais importante em que Oswald de Andrade se pronuncia a esse respeito é na sequência de argumentos que sustentam a afirmação de que a literatura brasileira só havia alcançado uma "realidade superior ao mesmo tempo em que nacional" na obra de Machado de Assis[75]. O argumento se baseia no reconhecimento de que um "sentimento brasileiro" já existia nas obras de poetas e escritores como Basílio da Gama, Gonçalves Dias e José de Alencar. Este último teria, inclusive, alcançado um esboço de "tipos que poderiam servir ainda hoje de base psíquica à nossa literatura", valendo-se de uma "língua pitoresca". Como se vê, a preocupação está sempre girando em torno da psicologia do brasileiro, daquilo que o caracteriza e distingue.

Mas, se Alencar teria produzido "verdadeiras 'bandeiras' das nossas preocupações criadoras", ele falhou ao projetar uma imagem do indígena idealizada e falsa. Oswald de Andrade prossegue, então, identificando uma espécie de paradoxo que os escritores brasileiros teriam alimentado, sendo o autor de *Iracema* o exemplo maior. Um paradoxo cuja origem ele situa no impacto provocado nos primeiros portugueses pela natureza tropical: "O português boquiabriu-se diante da natureza do mundo descoberto e, para exprimir seu entusiasmo, recorreu aos seus conhecimentos greco-latinos"[76]. Eis o paradoxo: a experiência singular e nova da vida nos trópicos era compreendida e tomava expressão por meio de recursos que lhe eram estranhos. Se José de Alencar não chegou a misturar Ulisses com cocos e bananas, como teriam feito os poetas coloniais, também não havia logrado "libertar-se da influência da importação que vinha ampliar os cenários dos novos páramos". Até Machado de Assis, portanto, os recursos expressivos de que os escritores brasileiros teriam lançado mão provinham "da influência de importação" e, por isso, resultavam em obras incompletas.

Oswald de Andrade não avança, entretanto, em sua caracterização da singularidade do autor de *Dom Casmurro* no panorama do esforço intelectual brasileiro por ele traçado. Limita-se apenas a afirmar que a "reação contra a loquacidade sul-americana operou-se no Brasil por intermédio do sangue negro", num reconhecimento da origem afro-brasileira do escritor: "Machado de Assis, branco de epiderme e cumulado de louvores pelos brancos, obteve equilíbrio, devido ao seu

---

75 Oswald de Andrade, *Estética e Política*, p. 42.
76 *Idem*, p. 43.

sangue negro". A reação contra a "loquacidade sul-americana" teria se manifestado na literatura de Machado de Assis pela precisão da escrita, em que "não há um desvio inútil de paisagem, nenhuma gafa lírica", sendo seus romances "nossas melhores obras de ficção"[77].

Chama atenção, no entanto, que esse argumento seja baseado em uma descrição do negro como "um elemento realista", o mesmo negro apontado, poucos parágrafos antes, como pronto a ver em tudo manifestações sobrenaturais. O trecho em que essa ideia é apresentada, que antecede imediatamente as considerações do escritor sobre Machado de Assis, vale a citação:

> O negro é um elemento realista. Isto observou-se ultimamente nas indústrias decorativas de Dakar, na estatuária africana, posta em relevo por Picasso, Derain, André Lhote e outros artistas célebres de Paris, na antologia, tão completa, de Blaise Cendrars. De resto, ele, que vinha da África, não podia maravilhar-se diante da nossa paisagem. O português, ao chegar, fazia sonetos, e o negro, por seu turno, a fim de expressar suas alegrias ou mágoas, rufava nos urucungos...[78]

O entendimento do negro aqui já aparece filtrado pelo contato do escritor com a vanguarda artística e o ambiente cultural francês, projetando-se em suas observações sobre Machado de Assis, que assume destaque no panorama do esforço intelectual brasileiro por representar um primeiro "esforço nacional" promovido graças ao "realismo" de seu "sangue negro". No final da conferência, ao comentar os músicos brasileiros, Oswald de Andrade demonstra estar plenamente consciente do processo de valorização de culturas não-europeias em curso em Paris naquele momento, ao afirmar: "jamais se sentiu tão bem em Paris o som dos tambores do negro e do canto do indígena. Essas forças étnicas estão em plena modernidade"[79].

Assim, é possível sugerir que, em 1923, o escritor se encontrava em um processo de revisão do modo como percebia a posição ocupada por negros e indígenas na formação cultural do Brasil. Seu entendimento sobre essa questão apresenta ainda resíduos de ideias racistas de autores como Oliveira Vianna e Graça Ara-

---

77  Idem, ibidem.
78  Na versão original, lê-se: "le nègre battait les premiers tambours, pour exprimer sa joie et sa peine" (idem, ibidem).
79  Trecho suprimido da tradução publicada na Revista do Brasil (Oswald de Andrade, "L'Effort Intellectuel du Brésil Contemporain", Revue de l'Amérique Latine, ano 2, n. 5, jul. 1923.

nha, ao mesmo tempo em que procura se apropriar da realidade de valorização das culturas não-europeias em Paris, fenômeno com o qual ele acabava de entrar em contato e que, no caso específico da cultura africana e afro-americana, ficou conhecido como "negrofilia"[80].

Dentro desse contexto, é possível afirmar que a modernidade do negro e do indígena, na visão projetada por Oswald de Andrade a partir do que vivenciava em Paris, residia em manifestações exteriores do que seriam aquelas duas "forças étnicas" brasileiras: os cantos ou o rufo dos tambores. Não há, em 1923, qualquer indício no pensamento do escritor de um interesse pelo significado dessas manifestações que vá além de seu entendimento como expressões de duas "forças étnicas". Por essa razão, pode-se argumentar que, ao valorizar aquelas práticas culturais apenas dessa maneira, ainda que com intenção de alçá-las à condição de realidades que colocavam o Brasil "em plena modernidade", Oswald de Andrade as exotizava, oferecendo uma imagem reconhecível ao gosto primitivista do público de sua conferência.

Para que se entenda a dimensão do impacto que o contato com a valorização de culturas não-europeias pelas vanguardas parisienses teve em Oswald de Andrade, pode ser interessante fazer um rápido desvio do texto da conferência para contrapô-lo a um pequeno artigo publicado pelo escritor quase dez anos antes. Trata-se de "O Natal de Jack Johnson", publicado na edição de número 167 do semanário *O Pirralho*, em 26 de dezembro de 1914, e que apresenta o único posicio-

---

80 Sobre o uso dessa palavra no contexto das vanguardas em Paris, Petrine Archer-Straw afirma: "'Negrofilia', do francês *négrophilie*, significa um apreço pela cultura negra. Nos anos 1920, o termo foi usado positivamente pela vanguarda parisiense para afirmar seu apreço provocador pelo negro. A origem da palavra, no entanto, não é tão lisonjeira. Ser chamado de 'negrófilo' ou 'amante dos negros' no século XIX era ser condenado como um apoiador de atitudes liberais a respeito da escravidão e da abolição. Ainda mais negativamente, negrófilos eram por vezes acusados de ter um apetite sexual depravado por negros, situando-os, assim, fora dos limites morais da sociedade 'civilizada'. [...] Tal como usada pelas vanguardas parisienses, a palavra pretendia ser provocativa e desafiadora dos valores burgueses. Agora, entretanto, ela está sendo reimplementada para examinar aspectos do próprio pensamento ocidental. Ela se junta a uma lista de outras palavras populares no século 19, como 'primitivo', 'tribal', 'selvagem' e 'civilizado', que hoje nos dizem mais sobre as sociedades que as usavam do que sobre aquelas que elas supostamente descrevem. Essa autorreflexão é uma ferramenta importante para analisar os negrófilos inadaptados do período colonial" (Petrine Archer-Straw, *Negrophilia: Avant-Garde Paris and Black Culture in the 1920s*, Nova York, Thames & Hudson, 2000, pp. 9-10, tradução nossa).

namento de caráter racial mais explícito, encontrado antes de suas considerações na conferência da Sorbonne.

Nele, Oswald de Andrade comenta a rápida passagem pelo Brasil do boxeador estadunidense Jack Johnson e, logo no início, ao apresentá-lo aos leitores, o escritor já adota uma perspectiva racializada, que irá perpassar todo o texto:

> Jack Johnson é hoje o sugestivo semideus da brutalidade, acrescido de valor porque às excelências dos mais façanhudos atletas junta o colorido animalesco de negro.
> A sua aparição foi brusca e natural com uma explosão de força terrestre[81].

Para Oswald de Andrade, parte daquilo que atraía a atenção do público sobre Johnson ligava-se à sua força: "Salva-o, para o grande público, a rijeza permanente dos seus músculos de gorila"[82]. Outra parte, porém, estava associada ao fato de ele ser negro, sendo, por isso, visto pelo escritor como mais próximo da natureza, daquilo que o humano tem de animal e do que ele chama de "força terrestre". Ao longo do artigo, ele apresenta uma descrição caricatural do boxeador negro, atribuindo-lhe uma "alma rudimentar", vinculando determinados comportamentos e atitudes praticados por Johnson à "sua velha covardia de negro", a seu "pavor característico de negro"[83]. Oswald de Andrade qualifica-o ainda de "inconsciente, bronco, insensível", alguém que, diante dos aplausos após esborrachar a cara do oponente branco, torce os músculos faciais, abrindo uma "horrenda boca desdentada" para sorrir "num esforço de vitória sobre a atávica animalidade"[84]. Ao racializar o comportamento, as reações e decisões de Johnson, Oswald de Andrade não disfarça sua visão inferiorizante e racista do homem negro naquele momento.

Em maio de 1923, porém, algo parecia ter mudado. O "sangue negro" era um fator positivo da cultura brasileira. Mas, ao valorizar a presença e o legado dos negros à cultura brasileira, terá Oswald de Andrade abandonado totalmente aquele entendimento animalizante do negro que ele demonstra tão francamente, em dezembro de 1914?

---

81 Oswald de Andrade, "Lanterna Mágica: O Natal de Jack Johnson", *O Pirralho*, n. 167, p. 7, 26 dez. 1914.
82 *Idem*, p. 8.
83 *Idem*, pp. 7-8.
84 *Idem*, p. 7.

Voltando ao conteúdo da conferência, além do realismo da escrita nos romances de Machado de Assis, a influência do "sangue negro" se fez presente, argumenta o escritor, também em outros elementos da cultura nacional. O sentimento nacional anunciado pelos poetas coloniais, na verdade:

Produzia-se então um pouco por toda a parte, nos cantos negros, nos cantos caboclos, para se diluir, na ingenuidade primitiva de ritmos pobres, em Casimiro de Abreu. Este é o primeiro cantor da nossa melancolia de raças exiladas no meio de um paraíso mal conquistado[85].

Em seguida, ele apresenta alguns autores ligados ao regionalismo, como Ricardo Gonçalves, Cornélio Pires e Catulo da Paixão Cearense, antes de introduzir ao público parisiense a figura proeminente de Monteiro Lobato, que ocupa quatro parágrafos do texto, sendo o escritor ao qual Oswald de Andrade dedica maior espaço na conferência. A apresentação dos regionalistas é antecedida pela seguinte frase: "Outros espíritos procuram também aproximar-se da verdade nacional, anunciada pelos cantos anônimos dos sertões, a cantiga nostálgica do vaqueiro, do almocreve, do negro e do caipira"[86]. A "pura verdade nacional" estava anunciada aos que quisessem ouvi-la pelos "cantos anônimos dos sertões", frase que quase ecoa Oliveira Vianna, ao falar nos "nossos cantores obscuros, os menestréis dos nossos sertões".

Assim, Oswald de Andrade resume o esforço do Brasil contemporâneo:

Dada nossa matéria psicológica e nosso sentimento étnico, a obra do Brasil contemporâneo consiste em aliar a estas riquezas adquiridas uma expressão e uma forma que podem dirigir nossa arte para o apogeu. Estamos assistindo ao esforço científico da criação de uma língua independente, por sua evolução, da língua portuguesa da Europa. Recebemos como benefício todos os erros de sintaxe do romancista José de Alencar e do poeta Castro Alves, e o folclore não atingiu somente o domínio filosófico[87].

---

85  Oswald de Andrade, *Estética e Política*, p. 45. Percebe-se aqui o quanto Oswald de Andrade, assim como Graça Aranha e, depois, Paulo Prado, conferia um lugar especial à melancolia no entendimento da psicologia nacional. No terceiro capítulo, esse tópico será retomado.
86  *Idem, ibidem*.
87  *Idem*, p. 46.

Nesse trecho, já é possível antever ideias que reaparecerão condensadas no *Manifesto da Poesia Pau Brasil*. O esforço do Brasil contemporâneo era livrar-se das "influências importadas" e aproveitar as riquezas de expressão que já possuíamos. Essa obra havia sido iniciada na literatura por Monteiro Lobato, com a criação "do tipo de Jeca Tatu", "o inseto inútil da terra magnífica", apontado por Oswald de Andrade como "precursor da riqueza americana, aberta a todas as tentativas das raças viris"[88]. Jeca Tatu queimava as matas "para deixar ao imigrante novo a possibilidade de estender a 'onda verde' dos cafezais". Para o conferencista, com a criação desse personagem, Lobato tinha ido além do "domínio puramente documental" explorado por escritores como Veiga Miranda, Albertino Moreira, Godofredo Rangel e Valdomiro Silveira. Ele havia entendido qual era o significado histórico de Jeca Tatu: sair de cena para abrir caminho ao imigrante.

Da mesma forma como, na visão de Oswald de Andrade, Jeca Tatu preparara o terreno para o imigrante, Lobato havia preparado o terreno para a "atual geração literária do Brasil". Logo após comentar a importância da obra de Lobato, Oswald de Andrade introduz Mário de Andrade, Manuel Bandeira, Menotti Del Picchia, Ronald de Carvalho e Guilherme de Almeida, já se encaminhando para a conclusão de sua apresentação. É então que surgem "as outras artes" — escultura, pintura e música —, que, como a literatura, a filosofia e a crítica, também iniciavam "sua evolução para as finalidades do país e os seus sucessos expressivos"[89].

As ideias apresentadas por Oswald de Andrade na conferência aqui discutida já foram objeto de investigação para alguns autores e autoras[90]. Desse grupo, Aracy Amaral é quem dedica alguma atenção a seu conteúdo sobre arte. Segundo a historiadora, ao apresentar-se em Paris, Oswald de Andrade se mostra "objetivo e acomodatício", exibindo o que ela nomeia como o lado "oficial" de sua personalidade. Ainda assim, a autora identifica dois pontos importantes em "O esforço intelectual do Brasil contemporâneo". São eles: "o reconhecimento da atualidade do exótico na França e a rejeição positiva da atividade da Missão

---

88  *Idem*, p. 47.
89  *Idem*, p. 49.
90  Vinicius Dantas, "Entre 'A Negra' e a Mata Virgem", *Novos Estudos Cebrap*, vol. 2, n. 45, pp. 100-102, jul. 1996; Aracy Amaral, *Tarsila: Sua Obra e Seu Tempo*, pp. 106-109; Maria Eugenia Boaventura, *O Salão e a Selva: Uma Biografia Ilustrada de Oswald de Andrade*, Campinas/São Paulo, Editora da Unicamp/Ex Libris, 1995, p. 92; Marta Rossetti Batista, *op. cit.*, pp. 190-191.

Francesa em nosso país no século XIX"[91]. Pode ser útil verificar a pertinência desses dois pontos.

Com relação ao primeiro, como já foi visto acima, Oswald de Andrade cita alguns artistas e poetas baseados em Paris que valorizavam a cultura africana, além de mencionar a receptividade do ambiente cultural parisiense às "forças étnicas" do indígena e do negro, demonstrando uma compreensão de ambos que pode ser entendida como exótica. Quanto à "rejeição positiva" da Missão Francesa, de fato, como aponta Amaral, Oswald de Andrade afirma que o direcionamento da pintura brasileira no sentido de uma arte "sem personalidade" foi um efeito da atuação dos artistas ligados à Missão. Mas, no mesmo parágrafo em que ele afirma isso, há também outras opiniões não menos importantes sobre a pintura no Brasil:

> Se Debret teve o bom senso de reunir a seus assuntos anedóticos — ele era um discípulo de David —, os elementos da nacionalidade nascente e o sentido decorativo indígena, o pintor português Da Silva e os outros mestres da missão francesa dirigiram nossa pintura para um sentido de velho classicismo deslocado que fez, até nossos dias, uma arte sem personalidade. De fato, como na literatura, a lembrança das fórmulas clássicas impediu longamente a livre eclosão de uma verdadeira arte nacional[92].

Como se vê, Oswald de Andrade menciona o sucessor de Joachim Lebreton na direção da Escola Real de Ciências, Artes e Ofícios, o pintor Henrique José da Silva, ao lado dos "outros mestres da missão francesa", como aqueles que levaram a pintura brasileira a uma arte sem personalidade, deslocando Debret de uma participação direta nesse processo. No entanto, essa ressalva foi ignorada por Amaral em seu comentário sobre a conferência do escritor. O objetivo da autora, possivelmente, era mostrar como Oswald de Andrade pronunciava-se enquanto um modernista que recusava absolutamente os valores acadêmicos. No entanto, o trecho sobre Debret exibe um modernista que reconhece valor em pelo menos um dos "mestres" que vieram ao Brasil construir a Academia.

---

91 Aracy Amaral, *Artes Plásticas na Semana de 22*, pp. 108-109.
92 Na versão publicada na *Revista do Brasil*, todo o trecho até "de fato" foi suprimido (Oswald de Andrade, "L'Effort Intellectuel du Brésil Contemporain", *Revue de l'Amérique Latine*, ano 2, n. 5, p. 206, jul. 1923).

Sintomaticamente, outra frase ignorada por Amaral, que se pode ler poucas linhas antes do parágrafo citado acima, tem um efeito ainda mais contundente. Diz Oswald de Andrade: "Na pintura, criada no Rio por Debret, que fazia parte da missão francesa de cultura contratada por dom João VI, há toda uma tradição do retrato e de assuntos históricos"[93]. Para o escritor, portanto, a pintura no Brasil havia sido "criada no Rio por Debret". Seria, no mínimo, injusto ignorar um posicionamento como esse, apenas para manter intacta a imagem de um modernista que recusa completamente o passado acadêmico.

Se, de fato, como demonstram suas posições a respeito da Academia e suas "chapudas lições", mencionadas no capítulo anterior, Oswald de Andrade tinha muitas restrições à produção dos artistas por ela formados[94], seu posicionamento sobre Debret contribui para tornar mais complexo seu entendimento da história da pintura no Brasil. Embora o escritor não comente qualquer trabalho do pintor, a obra de Debret é entendida como uma primeira tentativa de inclusão tanto de "elementos da nacionalidade nascente", quanto de um "sentido decorativo indígena", o que permite pensar que a pintura do artista francês era, para o escritor, a primeira tentativa consciente de produzir uma arte singular, que só poderia existir onde foi produzida, uma arte com "personalidade".

Esse entendimento da história da pintura no Brasil torna-se ainda mais complexo quando Oswald de Andrade, com o objetivo de valorizar o passado artístico colonial brasileiro, afirma que Debret teve como precursores os pintores Leandro (provavelmente ele se refere a Leandro Joaquim) e Olímpio da Mata. Como se verá, esse interesse em dar destaque à arte colonial também se estende às suas afirmações sobre a escultura de Victor Brecheret. Nesse trecho dedicado à pintura, ele se refere a um trabalho perdido de Leandro Joaquim como "a obra-prima da nossa pintura antiga", e afirma ser Helios Seelinger o único continuador, em pintura, da obra daqueles dois precursores, conectando, de maneira um tanto enviesada, o pintor da "visão tropical" às obras dos artistas coloniais[95].

---

93 Oswald de Andrade, *Estética e Política*, p. 51.
94 A menção, na conferência, aos processos de Pedro Américo e do casal Lucílio e Georgina de Albuquerque, como algo superado pela nova geração de artistas brasileiros é outro exemplo disso.
95 "Dois precursores, Leandro e Olímpio da Mata, não tiveram outros continuadores mais que Helios Seelinger" (*idem*, p. 51).

Ainda sobre Debret, é possível inferir, embora a frase não torne isso explícito, que sua pintura teve um papel significativo para o surgimento da "tradição do retrato e de assuntos históricos" mencionada por Oswald de Andrade. Talvez, pelo contexto em que se dava a conferência, a menção a um pintor francês — discípulo de David, como o autor fez questão de frisar — como criador da pintura no Brasil tenha sido uma maneira de forjar mais um vínculo que unia o Brasil à tradição clássica francesa. No entanto, será justamente "a lembrança das fórmulas clássicas" o fator apontado como bloqueio à produção de uma verdadeira arte nacional.

Após comentar a má influência de Henrique José da Silva e dos demais "mestres da missão francesa", Oswald de Andrade complementa:

Sempre a obsessão da Arcádia com seus pastores, sempre os mitos gregos ou então a imitação das paisagens da Europa, com seus caminhos fáceis e seus campos bem alinhados, tudo isso numa terra onde a natureza é rebelde, a luz é vertical e a vida está em plena construção[96].

Assim, se a conferência está envolta pelo contexto de construção de uma união entre a França e os países do continente americano pelos valores do "espírito latino" e seus ideais clássicos de sobriedade, ao mesmo tempo ela não deixa de apontar que a "eclosão da verdadeira arte nacional" deveria emergir também de outras fontes.

Pode parecer que quem fala no trecho acima é o Oswald de Andrade de 1915, o crítico dos pensionistas de "Em Prol de Uma Pintura Nacional". Mas não é mais. Agora, Almeida Júnior já não é mais o precursor, encaminhador ou o modelo da nova geração de artistas brasileiros. Precursores, como foi visto, foram deslocados para um período anterior à atuação do pintor ituano. Além disso, ao lembrar os protestos da Semana de Arte Moderna, Oswald de Andrade afirma que eles se dirigiam não apenas contra os "processos" de Pedro Américo ou do casal Lucílio e Georgina de Albuquerque, mas também contra a "mera documentação nacionalista de Almeida Júnior"[97]. Os modelos para a pintura brasileira contemporânea eram agora procurados em Paris: "Os novos artistas, precedidos por Navarro

---

96   *Idem*, pp. 51-52.
97   Na tradução publicada na *Revista do Brasil*, lê-se "decomposição nacionalista", porém, o texto original menciona "documentation nationaliste" (*idem*, p. 52).

da Costa, começaram a reação adotando os processos modernos, oriundos do movimento cubista da Europa"[98].

Considerado por Oswald de Andrade "um protesto contra a arte imitadora dos museus", o cubismo, entretanto, não vinha sendo adotado de forma inconsciente e acrítica pelos jovens artistas brasileiros, como sugere a seguinte afirmação: "E se é absurdo de aplicá-lo [o cubismo] no Brasil, as leis que ele soube extrair dos antigos mestres foram consideradas aceitáveis para muitos de nossos jovens pintores"[99].

Por essa afirmação, é possível inferir que, do encaminhamento "clássico" da pintura cubista no início da década de 1920, do qual o escritor, como foi visto, estava consciente, Oswald de Andrade julgava mais relevante reter as "leis", dando pouca atenção aos temas "clássicos" das obras, por exemplo, de Picasso nesse período. Isso, de certo modo, aponta para os limites da aproximação com o "espírito latino" proposta na conferência. Daquele espírito seria preciso reter o equilíbrio construtivo, as "leis" descobertas pelos cubistas nos mestres clássicos. Quanto aos assuntos, estes deveriam ser buscados em outras referências.

É o que sugerem os breves comentários de Oswald de Andrade no parágrafo em que menciona os artistas brasileiros que pesquisavam os processos modernos. Eram eles Di Cavalcanti, Anita Malfatti, Zina Aita, Vicente do Rego Monteiro, Tarsila do Amaral e Yan de Almeida Prado. De Anita Malfatti, ele destaca "os procedimentos enérgicos"; de Di Cavalcanti, "a fantasia"; de Rego Monteiro, diferente do que ele havia sugerido em carta a Mário de Andrade, o escritor destaca a pesquisa da "estilização de nossos motivos indígenas, procurando criar ao lado de uma arte pessoal, a arte decorativa do Brasil"[100]; e, por fim, de Tarsila do Amaral, a estética que "alia os temas

---

98 Idem, ibidem. Cabe destacar a menção ao paisagista carioca Navarro da Costa como um antecipador da reação modernista. Possivelmente, o escritor tinha em mente a pincelada bastante carregada, exibindo uma expressividade algo nervosa, que o artista experimentava já na década de 1910, em obras como *Marinha*, de 1911.

99 Trecho suprimido na versão publicada na *Revista do Brasil* (Oswald de Andrade "L'Effort Intellectuel du Brésil Contemporain", p. 206).

100 Já foi indicado acima o quanto a apresentação de "O esforço intelectual do Brasil contemporâneo" pode ser entendida como um momento estratégico no estabelecimento, por Oswald de Andrade, de contatos junto ao meio intelectual francês. Há em todo o texto um objetivo bastante nítido de mostrar a qualidade e o valor do esforço intelectual e artístico brasileiro. Esse objetivo, possivelmente, o levou a incluir na apresentação algumas posições que, em outro contexto, ele talvez não assumisse. Esse parece ser o caso das pinturas de Rego Monteiro. Em carta enviada a Mário de Andrade, alguns meses antes da conferência, na qual comentava o

do interior brasileiro aos procedimentos mais avançados da pintura atual"[101]. Não era, portanto, nas figuras da mitologia clássica que os artistas brasileiros buscavam inspiração, mas nos "motivos indígenas" e no "interior brasileiro".

Além dos pintores e pintoras, Oswald de Andrade também destacou na conferência o escultor Victor Brecheret. Mas não sem antes mencionar, como fizera com a pintura, os precursores coloniais, entre os quais ele cita o "entalhador de pedras do estado de Minas"[102], Aleijadinho, e os "primeiros criadores de imagens"[103] da Bahia e do Rio de Janeiro, Chagas, o Cabra, e Mestre Valentim. Para Oswald de Andrade, era dessas fontes que Victor Brecheret tentava extrair sua arte[104]. Paralelamente a esse movimento de aproximação da escultura brasileira às fontes coloniais, Brecheret também procurava "dar a São Paulo, onde nasceu[105], a expressão de sua história", com o seu projeto para o *Monumento às Bandeiras*. Ao explicar ao público o que foram as bandeiras, Oswald de Andrade afirma terem elas indicado "à pátria os seus limites geográficos e à raça os seus caracteres étnicos"[106]. Assim, o projeto do monumento figurava não apenas como expressão da história de São Paulo, mas também da "raça" brasileira.

> Salon des Indépendants, Oswald de Andrade se refere às obras da exposição nos seguintes termos: "o salão dos independants [sic], a última arrancada, já ridícula, já triste, da modernidade ocidental. Não é mais cubismo, é cú... ismo. Lhote, Léger, Gleizes, Lipchits [sic] comandando esquadrões de Regos Monteiros. Uma palhaçada!" (Oswald de Andrade, Carta de 4 mar. 1923). Se no Salon des Indépendants ele havia identificado "esquadrões de Regos Monteiros", portanto uma arte indiferenciada, produzida em série sob a batuta dos mestres cubistas, é difícil imaginar que alguns meses depois ele percebesse na obra do artista pernambucano a arte pessoal apontada na conferência.

101 Oswald de Andrade, "L'Effort Intellectuel du Brésil Contemporain", *Revue de l'Amérique Latine*, p. 206.
102 "tailleur de pierres", no original; "cavouqueiro", na tradução da *Revista do Brasil*.
103 "premiers imagiers", no orginal; "primeiros curiosos", na tradução da *Revista do Brasil*.
104 A conexão das esculturas de Brecheret às de artistas coloniais como Chagas, o Cabra, e Aleijadinho, já havia sido sugerida por Mário de Andrade anos antes, em texto sobre o escultor, publicado na revista *Ilustração Brasileira*: "São Paulo, mais uma vez e em outro terreno, vai glorificar-se, reatando uma tradição artística que o Aleijadinho de Vila Rica, o gênio inculto do portal de São Francisco de Assis, em Ouro Preto, e da escadaria de Congonhas encetou e que nenhum ousara continuar. E Brecheret, cujas forças artísticas rapidamente se maturam ao calor de impecilhos e rivalidade, não só renova o passado em que a Bahia deu Chagas, o Rio Mestre Valentim e Minas João Francisco Lisboa, como realiza o ideal moderno da escultura, templo onde pontificam Boudelle, Lembruck, Carl Milles e Mestrovic" (Mário de Andrade, "De São Paulo", *Illustração Brasileira*, ano 8, n. 3, nov. 1920). (Oswald de Andrade, *Estética e Política*, p. 51).
105 Como se sabe, Victor Brecheret nasceu em 1894, na cidade italiana de Farnese di Castro, mudando-se para São Paulo, acompanhado da irmã, em 1904.
106 Oswald de Andrade, *Estética e Política*, p. 51

Em seguida, o escritor pontua um exemplo do "lado tradicionalista" da obra que Brecheret desenvolvia em Paris, chamando atenção para a peça *Ídolo*. O "tradicionalismo" dessa "pequena estátua", porém, não se referia à escultura europeia, uma vez que, nela, o escultor dirigia "suas linhas e seu estilo para a estatuária negro-indiana da colônia"[107]. Dessa forma, Brecheret é apresentado por Oswald de Andrade como um artista pesquisador de uma tradição nacional na escultura. Uma tradição alheia aos escultores formados pela Academia e marcada, como na literatura e nos cantos populares, pelo "sangue negro".

## 7. A Negra

As considerações de Oswald de Andrade sobre a determinação do "sangue negro" para a escrita de Machado de Assis; sua menção aos "cantos negros" como uma das manifestações de um "sentimento brasileiro" que se produzia no período colonial; a vinculação do estilo pesquisado por Brecheret à "estatuária negro-indiana da colônia", são demonstrações de um esforço do escritor em dar destaque à importância do negro e do indígena na formação cultural brasileira. Ambos, e especialmente o negro, eram o contraponto ao "idealismo latino" e às "influências importadas". No entendimento do escritor, foi graças a eles que se produziu no Brasil, espontaneamente, uma reação contra ambos.

Naquele mesmo ano de 1923, Tarsila do Amaral pintou a tela *A Negra* [Figura 6], para a qual realizou também alguns desenhos preparatórios, um dos quais figurou na capa do volume *Feuilles de Route I. Le Formose*, do poeta franco-suíço Blaise Cendrars, publicado no ano seguinte. Como Oswald de Andrade o fizera em seu panorama do esforço intelectual brasileiro, a artista procurou incorporar à sua obra realizada em Paris uma conexão entre certa imagem do negro e a realidade brasileira. Esse ponto de convergência entre as posições do escritor e da pintora a respeito dessa questão fundamental da sociedade brasileira sugere a oportunidade de uma discussão sobre *A Negra*, levando em conta a complexidade implicada na valorização dos negros brasileiros promovida por um escritor e uma artista brancos, no contexto específico de Paris da década de 1920.

A fortuna crítica dessa pintura de Tarsila do Amaral é consideravelmente extensa e não cabe percorrê-la exaustivamente. Algumas questões já apontadas pe-

---

[107] *Idem, ibidem.*

los diversos autores e autoras que sobre ela se debruçaram serão levantadas aqui, na medida em que contribuam para a discussão sobre a pintura que se propõe apresentar, buscando traçar um paralelo com aspectos do pensamento de Oswald de Andrade sobre a cultura brasileira apresentado acima.

Essa discussão pode ser iniciada estabelecendo-se um contraponto entre *A Negra* e *Autorretrato (Manteau Rouge)*, realizado por Tarsila do Amaral também durante sua estadia em Paris, em 1923 [Figura 7]. Contrapor essas duas obras pode ser um recurso útil para se entender a natureza complexa da relação de Tarsila do Amaral — e também de Oswald de Andrade — com a cultura afro-brasileira e com os descendentes de africanos escravizados no Brasil.

Em *A Negra* não se vê o retrato de um indivíduo, mas uma imagem que representa certa ideia do que seria "a negra", na visão da artista. A figura feminina é representada nua, sem cabelos ou penteado e sem qualquer tipo de adorno. Seu corpo, ao qual a pintora aplica de modo *sui generis* o princípio cubista da fragmentação do objeto, se liga pelos ombros a uma folha de bananeira. A conexão entre corpo e folha permite o entendimento de que aquela figura humana pertence, como a figura vegetal, a um mundo natural, sensação reforçada pela posição das pernas cruzadas, sugerindo uma postura de quem está sentada no chão, em contato com a terra. A negra emerge do fundo abstrato do quadro brotando como uma "força terrestre", para usar a expressão com que Oswald de Andrade se referiu à aparição de Jack Johnson no Brasil. A mulher negra de Tarsila do Amaral pertence a um mundo composto de terra (os tons terrosos predominam inclusive no fundo abstrato), vegetação e corpos nus. É o avesso do mundo da civilização[108].

O rosto da figura é grotesco, suas proporções são exageradas e distorcidas, em uma estilização animalizada e caricatural que já foi apontada como tendo por modelo esculturas africanas[109]. Esse é o "tipo", a imagem de mulher negra criada

---

[108] A relação da figura da mulher negra na pintura de Tarsila do Amaral com uma iconografia que conecta o corpo da mulher afro-brasileira à terra e seus produtos, desde pinturas de Frans Post e Rugendas até fotografias de Alberto Henschel, foi recentemente apontada em Marcos Hill, *"Mulatas" e Negras Pintadas por Brancas: Questões de Etnia e Gênero Presentes na Pintura Modernista Brasileira*, Belo Horizonte, C/Arte 2017, pp. 156-157.

[109] Alexandre Eulalio sugere que a forma oval da cabeça remete a máscaras marfinianas Dan (Alexandre Eulalio, *A Aventura Brasileira de Blaise Cendrars: Ensaio, Cronologia, Depoimentos, Antologia, Desenhos, Conferências, Correspondência, Traduções*, 2. ed. rev. e ampl. por Carlos Augusto Calil, São Paulo, Edusp/Fapesp, 2001, p. 104).

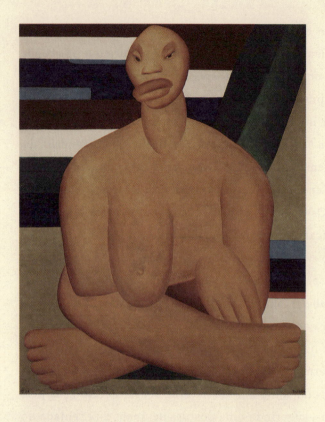

Figura 6. Tarsila do Amaral, *A Negra*, 1923, óleo sobre tela, 100 x 80 cm, Museu de Arte Contemporânea da Universidade de São Paulo. Foto: Romulo Fialdini/Tempo Composto.

Figura 7. Tarsila do Amaral, *Autorretrato (Manteau Rouge)*, 1923, óleo sobre tela, 73 x 60 cm, Museu Nacional de Belas-Artes, Rio de Janeiro. Foto: Romulo Fialdini/Tempo Composto.

por Tarsila do Amaral, que Mário de Andrade sintetizou ao se referir à pintura como "urucaca de peitos fecundos":

> Eu principiei tendo ciúmes de Cendrars por causa daquele desenho que vem na capa de *Le Formose*. Que negra tão preta aquela, com a bonita folha de bananeira nas costas! [...] Dona Tarsila do Amaral é que fez bem de desenhar no livro dele aquela urucaca de peitos fecundos. Desse casamento vão nascer filhos bem bons[110].

A feiura da figura feminina em *A Negra* apontada por Mário de Andrade não impediu que leituras posteriores projetassem na imagem um apelo erótico. Alexandre Eulalio, por exemplo, percebe uma "forma de sexo" em sua "beiçorra entumecida", numa leitura de caráter algo psicanalítico que associa a nudez da figura a um "gesto amoroso", uma tentativa de "desmistificar a chita paternalista, toda má consciência, das mães-pretas oficiais"[111].

Vinicius Dantas, por sua vez, vê na nudez da figura um reconhecimento das dificuldades em transpor o vocabulário plástico "pós-cubista" de Léger, enraizado na investigação do universo da máquina e das fábricas, à realidade do mundo do trabalho na sociedade brasileira, que trazia ainda a marca do paternalismo. *A Negra* mostrava uma referência "mais psicológica e menos mecânica" a esse universo nacional, exibindo uma figura cuja "tristeza associa lassidão e languidez da prostração sexual às sevícias da escravidão, imagem impressionante e ousada da disponibilidade sexual feminina segundo uma mulher avançada para seu tempo"[112]. Para o autor, a operação crítica de Tarsila do Amaral consistiria em fazer da figura "um totem pagão cuja poesia emana da estranheza em face do Outro primitivo e latente, mas é também alegoria nacional, cartaz publicitário, artigo de exportação, cromo patriarcal, mãe ancestral, "contraste de formas", fetiche sexual, manifesto modernista"[113].

Já Aracy Amaral, que situa a pintura como uma antecipação do que ela entende ser o caráter "surreal" da fase antropofágica da obra da artista, destaca "a monumentalidade que [a artista] empresta ao que emerge da terra"[114]. Na opinião da

---

110 Mário de Andrade, "Literatura Francesa", *Estética*, ano 2, vol. 1, n. 3, pp. 322-327, abr.-jun. 1925.
111 Alexandre Eulalio, *A Aventura Brasileira de Blaise Cendrars*, p. 105.
112 Vinicius Dantas, "Entre *A Negra* e a Mata Virgem", *Novos Estudos Cebrap*, p. 110.
113 *Idem*, pp. 110-111.
114 Aracy Amaral, *Tarsila: Sua Obra e Seu Tempo*, p. 120.

autora, a tela carregaria uma "mensagem de autenticidade", remetendo à presença do negro na formação e na infância da artista. Seguindo essas sugestões de Aracy Amaral, Jorge Schwartz afirma ser a figura "explosiva, monumental, bruta em sua extraordinária beleza", emergindo das "profundezas da afro-brasilidade", e destaca seu "olhar oblíquo que oscila entre a sensualidade e a mirada impenetrável"[115].

Das leituras mencionadas acima, apenas a de Vinicius Dantas identifica na expressão do rosto e na nudez da figura alguma dimensão crítica, atribuindo-a a uma possível preocupação social da artista a respeito da exploração sexual e da força de trabalho da mulher negra. É possível, entretanto, direcionar para outros sentidos uma discussão sobre a complexidade da presença na pintura de um corpo negro nu.

Se a referência visual utilizada pela pintora para criar sua imagem da mulher negra é incerta, uma possibilidade adicional parece ainda não ter sido explorada[116]. O seio caído, a nudez "bruta", o aspecto imóvel, como se em pose orientada para uma fotografia antropométrica, remetem ao imaginário ocidental construído em torno de homens e mulheres africanos ao longo dos séculos 19 e 20, em um

---

115 Jorge Schwartz, "Tarsila e Oswald na Sábia Preguiça Solar", *Fervor das Vanguardas: Arte e Literatura na América Latina*, São Paulo, Companhia das Letras, 2013, pp. 30-31.

116 Na mostra *Tarsila do Amaral*, realizada em 2012, no Centro Cultural Banco do Brasil, no Rio de Janeiro, com curadoria de Antônio Carlos Abdalla, uma fotografia, datada de 1926, que mostra uma mulher negra, vestida, com os cabelos presos para trás e sentada em uma escada, possivelmente empregada da família Amaral, presente em um álbum de viagens que pertenceu à pintora, já foi apontada como possível referência da pessoa que a artista pode ter imaginado ao conceber a figura que se vê *A Negra* (Silas Martí, "Tarsila do Amaral em Retrospectiva no Rio", *Folha de S. Paulo*, 13 fev. 2012). Essa associação já havia sido apontada por Alexandre Eulalio, *A Aventura Brasileira de Blaise Cendrars...*, p. 104, que inseriu, abaixo da reprodução da fotografia, a legenda "a mãe preta de Tarsila". Mais recentemente, no ensaio "A Negra, Abaporu, and Tarsila's Anthropophagy", publicado no catálogo da mostra *Tarsila do Amaral: Inventing Modern Art in Brazil*, realizada pelo Art Institute of Chicago e pelo Museum of Modern Art de Nova York, Estados Unidos, em cartaz entre outubro de 2017 e junho de 2018, (Stephani D'Alessandro, "A Negra, Abaporu, and Tarsila's Anthropophagy", *Tarsila do Amaral: Inventing Modern Art in Brazil,* Catálogo, Chicago/Nova York, Art Institute of Chicago/The Museum of Modern Art, 2017, p. 49, tradução nossa) voltou a lembrar dessa imagem, no contexto de sua leitura da obra como uma interpretação do tema da banhista: "Ela [a mulher da fotografia] está posicionada de uma maneira que lembra *A Negra*, e seu longo vestido branco dá a seu corpo a forma concentrada da banhista pintada; a parede e a escadaria atrás delas também imitam o fundo listrado da tela". A essa leitura formalista da imagem caberia ponderar que o fato da mulher da fotografia estar vestida e usar um penteado confere a seu corpo um estatuto diferente da nudez da figura em *A Negra*. Na fotografia não se está diante de um corpo "selvagem", mas de um corpo que tem história, ainda que desta tenha restado apenas a presença de sua imagem em um álbum de viagens e uma vaga informação profissional.

cruzamento entre as disciplinas da antropologia e da etnologia e o universo da indústria do entretenimento.

Nas origens desse imaginário está a história de Saartjie Baartman, mulher negra de origem Khoisan, povo que habita uma região da África do Sul, que foi levada, no início do século XIX, para Londres e Paris com o objetivo de ser "estudada" enquanto fenômeno da natureza. Devido a uma condição genética, comum às mulheres daquela etnia, seu corpo produzia um acúmulo natural de gordura na região das nádegas (conhecido como esteatopigia), tornando-as "desproporcionais" aos olhos científicos dos europeus civilizados. Baartman tornou-se célebre nas cidades para onde foi levada como "Venus Hottentote", em referência ao nome holandês pelo qual também era conhecido o povo Khoisan. Morta poucos anos depois de chegar ao continente europeu, seu esqueleto e órgãos, junto com uma reconstituição de seu corpo por molde em gesso, ficaram em exibição no Muséum National d'Histoire Naturelle durante todo o século XIX e, posteriormente, no Musée d'Ethnographie du Trocadéro (depois Musée de l'homme), até a década de 1970[117].

A história de Saartjie Baartman e a exibição de seus restos mortais ao lado do molde de seu corpo participam de um processo de fetichização e espetacularização dos corpos de mulheres e homens africanos, de construção de uma identidade para esses corpos, que tomou diversas formas no contexto dos espetáculos de massa não apenas na França, mas em outros países europeus e nos Estados Unidos. Para Gilles Boëtsch e Pascal Blanchard[118], esse processo de formulação do corpo exótico ocorreu em paralelo à formulação do corpo monstruoso. O fato de Baartman ser mulher e "Hottentote" a situava de saída em um lugar de alteridade irredutível [*un ailleurs irréductible*], que a conectava ao mundo das aberrações e da monstruosidade:

A selvageria se exprime nesse corpo catalogado sob a rubrica das 'monstruosidades', ou pelo menos dos corpos extraordinários; mas, na realidade, é sobretudo um corpo negro, feminino e nu, proveniente da 'selvageria' e 'deformado' que foi exibido, opondo-o aos

---

117 Pascal Blanchard e Gilles Boëtsch *at al.*, "La Vénus Hottentote ou la Naissance d'un 'Phénomène'", *Zoos Humains et Exhibitions Coloniales. 150 Ans d'Inventions de L'autre*, Paris, La Découverte, 2011, pp. 95-105.
118 *Idem*, p. 103.

corpos brancos e vestidos das mulheres europeias. É também por isso que a ciência o situará fora das normas morfológicas em comparação com os cânones ocidentais. Esses corpos serão utilizados em seguida por P. T. Barnum nas suas encenações dos 'fenômenos humanos' (entre corpos exóticos e corpos monstruosos), mas também por inúmeros empresários europeus, para colocar lado a lado e depois face a face, os *ethnics shows* e os *freaks shows* em uma espécie de mundo paralelo àquele do mundo normatizado[119].

Nessa fabricação do corpo exótico-monstruoso desempenharam um papel importante os chamados "zoológicos humanos" e as exibições etnológicas organizadas por empresários privados ou como parte das Exposições Universais e Coloniais organizadas pelos governos dos países que as sediavam, constituindo uma verdadeira indústria de exibição da alteridade étnica. Nesses espaços, grupos de indivíduos de diferentes origens étnicas, provenientes das colônias europeias em África, Oceania ou Antilhas, ficavam expostos junto a cenários compostos de edificações, objetos e mesmo animais, que procuravam reconstituir seus "ambientes" naturais[120].

Às exposições etnológicas deve-se acrescentar ainda a presença do corpo negro como objeto de curiosidade visual nos cabarés e teatros. Este foi o caso, por exemplo, do ator e dançarino Habib Benglia, nascido na Argélia, que ganhou notoriedade na década de 1920 pelas performances de dança que protagonizava no cabaré Folies Bergères e por sua atuação em peças como *Le Loup de Gubbio* (1921), *Cyclone* (1923), *L'Empereur Jones* (1923), entre outras. Além do teatro e do circo, o esporte também criava espaços para a circulação de imagens de corpos negros. Nas primeiras décadas do século XX, lutadores de boxe negros, como os estadu-

---

[119] Tradução nossa.

[120] Um dos espaços de maior celebridade em Paris pelas exposições etnológicas foi o Jardin zoologique d'acclimatation, localizado no bois de Boulogne e aberto ao público em 1860, inicialmente com a finalidade de aclimatar espécies animais para fins agrícolas, comerciais ou de entretenimento. A exibição de seres humanos como "selvagens" nesse espaço teve início em 1877, tendo sido exibidos, entre aquele ano e o ano de 1890, grupos das etnias Nubiens, Esquimós, Gauchos, Fuégiens, Cinghalais, Kalmouks, Caraïbes Galibis, Araucaniens, Indiens Omahas, Hottentots, Lapos, Soalis (Christine Barthe e Benoît Coutancier, "'Exhibition' et Médiatisation de l'Autre: Le Jardin Zoologique D'acclimatation (1877-1890)", *Zoos Humains et Exhibitions Coloniales. 150 Ans d'Inventions de L'autre*, 2011). As exposições movimentavam ainda uma produção iconográfica importante, que compreendia cartazes, ilustrações, álbuns fotográficos e cartões-postais, compondo, ao lado das fotografias realizadas durante expedições etnográficas, uma produção massiva de imagens sobre corpos "selvagens".

nidenses Jack Johnson, Dixie Kid ou Sam Mac Vea, podiam ser vistos em arenas armadas em circos. Configurou-se naquele período um espectro considerável de espetáculos nos quais, antes de tudo, o corpo negro era a verdadeira atração, como aponta Sylvie Chalaye[121]:

> O público branco se vê confrontado com o corpo do Outro: o corpo negro do boxeador americano sobre a arena do circo, como aquele do guerreiro zoulou que veio aos Folies Bergères ou aquele da dançarina ashanti ao Jardin zoológico de aclimatação, ou ainda aquele do escaramuçador [tirailleur] senegalês que desfila pela primeira vez na capital em Longchamp, em 1899. E não é o soldado, não é o boxeador, não é o dançarino ou o guerreiro que os parisienses observam, mas verdadeiramente a corporeidade "negra" de uma presença que impressiona. [...] São corpos para *se ver*, corpos *autênticos*, em carne e osso, objetos de apresentação oferecidos à curiosidade do público. O corpo negro feito espetáculo.

Esse espetáculo do corpo negro deve ser entendido, ainda segundo Chalaye[122], em contraposição ao corpo branco, como projeção de uma "fantasia erótica que agita os anos loucos", ou seja, a década de 1920:

> Empacotados em seus ternos cor de grafite, sufocados nos *corsets* que lhes comprimem o peito, burgueses e burguesas olham o corpo do "negro" ou da "negra" como um corpo livre e disponível. [...] Uma nudez para se ver com toda liberdade porque ela ocupa a cena em nome do espetáculo, e sobretudo de um certo realismo etnográfico.

Essa projeção, por outro lado, não ocorre sem uma carga de animalização, de um entendimento do corpo negro não apenas como lúbrico, mas também como monstruoso e bestial. É o que Chalaye identifica nas críticas publicadas na imprensa francesa, entre outubro e novembro de 1923, a respeito da atuação de Habib Benglia como protagonista da peça *L'Empereur Jones*, escrita pelo estadunidense Eugene O'Neill e montada naquele ano pelo ator e diretor francês Firmin Gémier, no Odéon-Théâtre. Segundo a autora, o público se sentia atraído mais pela performance atlética de Benglia do que por suas qualidades como ator:

---

121 Sylvie Chalaye, "Théâtre et Cabarets: Le "Nègre" Spectacle", *Zoos Humains et Exhibitions Coloniales. 150 Ans d'Inventions de L'autre*, p. 400.
122 *Idem, ibidem*.

Não se retém a performance do ator, mas a agitação que provoca a corporeidade de sua presença. Em *Le Carnet*, René Wisner reconhece o talento de Benglia, mas em termos que o reduzem curiosamente a uma condição animal: "Ele tem espasmos e sobressaltos de besta capturada. Todo seu corpo se dobra, se recompõe, salta e cai novamente. Ele faz de sua academia negra um poema exprimindo a aflição ou a esperança. Um ator atua com seu cérebro e seu rosto, já o Sr. Benglia atua com seus músculos. [...] É impossível ser mais sincero, estar mais próxima da animalidade, e ser mais artista"[123].

Na opinião da autora, esse tipo de vocabulário animalizante seria uma prova de que entre as exposições etnológicas do Jardin Zoológique d'Acclimatation e o palco do teatro, "o olhar do espectador não percebe nenhuma diferença"[124].

Voltando à pintura de Tarsila do Amaral, a menção à suposta "mãe negra" de sua infância como referência para a figura de *A Negra*, com base na fotografia existente de uma trabalhadora da família Amaral, é, sem dúvida, plausível e coerente com declarações da própria artista. No entanto, os atributos monstruosos da figura feminina em *A Negra* e sua conexão com um elemento da natureza (a folha de bananeira) tornam também plausível sua aproximação com o imaginário que circulava na França e em outras partes do continente europeu, entre os séculos XIX e XX, em torno do corpo "selvagem" de homens e mulheres africanos. Nas imagens e situações referidas acima, como em *A Negra*, esses corpos são exibidos também em associação a elementos cênicos, objetos ou vestimentas que os identificam como "selvagens", como essencialmente ligados a um mundo natural, oposto à civilização moderna. É precisamente a constituição desse imaginário que propiciará o surgimento de um ícone da cultura negrófila parisiense da década de 1920: a dançarina estadunidense Josephine Baker, que estreou em Paris dois anos depois da realização de *A Negra*, em 1925 [Figura 8].

Independentemente de quais tenham sido as intenções ou as vontades conscientes e inconscientes de Tarsila do Amaral, essa breve investigação de um conjunto de imagens e suas respectivas projeções sobre os corpos negros, permite situar *A Negra* como mais uma representação que reiterava o preconceito que sustentava a circulação desse imaginário. Na passagem de um "racismo científico"

---

123 Sylvie Chalaye, *op. cit.*, p. 404..
124 *Idem*, p. 405.

De Babilônia ao Pau Brasil

Figura 8. Waléry, Joséphine Baker, Paris, 1926, fotografia, 15 x 10,3 cm, Bibliothèque Marguerite Durand, Paris, França.

para um "racismo popular"[125], difundido em eventos promovidos para um público de larga escala e ocorridos em várias partes do mundo ocidental, negros e negras eram apresentados como "forças terrestres", como seres selvagens e animalizados.

No extremo oposto desse tipo de fabricação identitária está *Autorretrato (Manteau Rouge)*. Os traços do rosto da figura não são deformados ou caricaturais. Ao contrário, se é possível observar alguma angulosidade na representação das linhas do rosto, ela é bem mais suave se comparada àquela aplicada à figura da mulher negra. A figura feminina (a própria artista) aparece penteada, maquiada e vestida[126], exibindo um traje — enfatizado no título — desenhado sob medida. A mulher de *Autorretrato (Manteau Rouge)* não aparenta "brutalidade" ou "sensualidade", como já se apontou em relação à figura de *A Negra*. Pode-se sugerir que Tarsila do Amaral se apresenta como uma mulher sedutora, mas não neces-

---

125 *Idem.*
126 Segundo Aracy Amaral, *Tarsila: Sua Obra e Seu Tempo*, p. 103, o traje com que a artista se autorretratou foi desenhado pelo estilista francês Jean Patou. Com ele, Tarsila do Amaral compareceu ao jantar em homenagem a Santos Dumont, oferecido pelo embaixador Souza Dantas no mesmo ano de realização da pintura.

sariamente sensual, nem fisicamente disponível, exibindo seu corpo nu ao olhar do observador, com a figura de *A Negra*. Sua possível sedução não está ligada à sua nudez, mas aos marcadores que a distinguem enquanto uma mulher completamente integrada ao que oferecia a sociedade moderna europeia em termos de estilo de vida singular[127].

Levando-se em conta o fato de que as pinturas foram realizadas no mesmo ano, é difícil não questionar por que a artista não experimentou a mesma estilização e decomposição da figura presentes em *A Negra* ao produzir seu autorretrato. Ou, inversamente, por que não representou a mulher negra da mesma forma que a si mesma, valendo-se de uma estilização mais próxima de uma representação objetiva da realidade? Que identidade de "raça", de classe e quais característica psicológicas Tarsila do Amaral atribuía a si mesma e àquela figura acompanhada de uma folha de bananeira, ao representá-las iconográfica e plasticamente de modo distinto?

No que se refere à construção plástica da figura, pode ser útil discutir algumas obras que se encontram na origem do tipo de vocabulário plástico construído com base na investigação de máscaras e esculturas africanas, na pintura europeia de vanguarda do início do século XX. Para isso, será interessante retomar a experiência de um de seus principais agentes, o pintor espanhol Pablo Picasso. Inicialmente, o que se propõe aqui é realizar o mesmo exercício de contraponto descrito acima, mas, dessa vez, aproximando duas obras de Picasso, produzidas nos anos em que o pintor começava a investigar outros modos de representação da figura humana, para além daqueles consolidados pela tradição pictórica europeia. São elas *Autorretrato*, de 1907, e *Busto de Homem*, de 1908, às quais se poderia acrescentar, ainda, *Cabeça de Homem*, também de 1907.

Dessas duas obras, com base no tom dominante na representação da pele e pela estilização do cabelo, pode-se imaginar que apenas em *Busto de Homem* o pintor

---

[127] Sobre essa pintura, o sociólogo Sergio Miceli comenta: "O casacão púrpura com que ela se auto-retratou na tela *Manteau rouge* [...] emoldura, com a imensa gola bufante e os dois florões de arremate, a imagem luminosa de uma Tarsila deslumbrante que mira o espectador com olhos sombreados em azul, lábios desenhados, o colo, o pescoço e o rosto a compor um triângulo de pele macia. Um retrato sob medida para atender às exigências de representação reiteradas pelo companheiro, poeta e herdeiro-especulador" (Sérgio Miceli, *Nacional Estrangeiro: História Social e Cultural do Modernismo Artístico em São Paulo*, São Paulo, Companhia das Letras, 2003, p. 130).

tenha tido como modelo real ou imaginário um homem de origem não europeia. O mais importante, entretanto, é que isso não faz diferença, pois o modo como Picasso estiliza os traços de seu próprio rosto e do rosto de seu outro modelo é basicamente o mesmo. Ambos possuem uma rispidez e angulosidade similar e provocam uma sensação de distorção das feições do rosto pelas proporções exageradas, especialmente do nariz e dos olhos, comum a diversas telas do pintor nesse período em que ele explorava a agressividade plástica das máscaras africanas que conheceu no Musée d'Ethnographie du Trocadéro. Independentemente de quem sejam ou a que etnia eventualmente pertençam os modelos, a estilização de seus rostos é a mesma.

Isso indica que o compromisso do pintor não era com a representação visual de uma alteridade étnica. O traço quase caricatural sugerido pelas distorções de certas partes do rosto não era algo apenas reservado à representação de uma etnia (aquela que havia criado as máscaras e esculturas que ele havia estudado). Era um recurso plástico e expressivo que interessava ao pintor na representação dos corpos de qualquer figura humana, como ele demonstrou no célebre *Les Demoiselle d'Avignon*. Picasso estava interessado em testar pictoricamente outro modelo de representação da imagem humana e o aplicou sem reservas tanto a si mesmo quanto a outros modelos de origem não-africana.

Como foi visto acima, o mesmo não se pode afirmar a respeito de Tarsila do Amaral. A agressividade plástica na representação da figura humana, que era o que atraía Picasso nas máscaras africanas subtraídas das colônias europeias em África; agressividade que a pintora brasileira aplicou à representação da mulher negra, embora de forma mais contida do que o pintor espanhol; essa agressividade, Tarsila do Amaral deixou de lado não apenas em seu autorretrato de 1923, mas também nos retratos que realizou, no mesmo ano, de Oswald de Andrade e Sérgio Milliet, e mesmo depois de seu retorno ao Brasil, no conhecido *Autorretrato I*, de 1924, em que a artista representa apenas sua cabeça, figurando outra vez maquiada e penteada, com longos brincos dourados pendentes das orelhas.

Por que a representação distorcida e estilizada do rosto, a nudez e a fragmentação do corpo só foram experimentadas pela artista em *A Negra*? Por que, nas telas em que Tarsila do Amaral se autorrepresenta (e *Caipirinha*, iniciada também em 1923, pode ser uma delas), a figura humana nunca está desprovida de atributos culturais (roupas, joias, acessórios), seu rosto nunca é caricatural e seu corpo nunca se desmembra? Se não cabe aqui sugerir respostas a essas questões, apontar essas diferenças pode ser um primeiro passo no sentido de desnaturalizar um conflito étnico-racial que faz parte da história do modernismo no Brasil. Qual era a ideia e qual era a imagem do negro e da negra brasileiros que Oswald de Andrade e Tarsila do Amaral fizeram circular em Paris?

Pode-se argumentar, inicialmente, que era uma imagem contraditória. Porque, para exaltar a imagem do negro ou da negra e sua presença na realidade brasileira, era preciso reduzi-los a um coeficiente étnico, a manifestações exteriores — e já àquela altura estereotipadas — do que seria sua "força étnica", sua "força terrestre", seu "colorido animalesco", de modo a torná-los palatáveis ao gosto negrófilo parisiense.

As imagens das exposições etnológicas e coloniais, assim como de Jack Johnson, Habib Benglia ou Josephine Baker, que circulavam em Paris nas primeiras décadas do século XX, são exemplares do tipo de visão que se projetava sobre o corpo do homem e da mulher negros. São corpos associados a uma fantasia selvagem, manifestações daquilo que o humano teria de animal; corpos passíveis de serem consumidos como produtos da natureza, como forças naturais com as quais a civilização ocidental moderna buscava forjar uma improvável reconciliação. Ainda em 1928, o escritor Paul Morand afirmaria esse desejo contraditório de identificação ao dizer, em *Paris-Tombouctou*: "Há certamente qualquer coisa de negro em nós: gritar, dançar, se alegrar, se exprimir, é ser negro"[128].

Convém lembrar ainda de alguns outros eventos que antecederam a consagração parisiense de Josephine Baker e contribuíram para a constituição de um ambiente cultural receptivo a objetos e práticas culturais não-europeias, na Paris da década de 1920. Em 1919, a Galérie Devambez promoveu a primeira exposição oficial de "arte negra", reunindo peças oriundas de nativos americanos, da Oceania, África e Indochina. É também a partir desse ano que diversas orquestras de jazz norte-americanas, compostas por músicos negros, começam a fazer turnês pela França e outros países europeus, alcançando enorme sucesso e fazendo do jazz americano a música da modernidade parisiense[129].

Um dos principais agentes dessa reconfiguração da cena musical parisiense foi Darius Milhaud, que havia visitado clubes de jazz e cabarés no bairro do Harlem, em Nova York, além de ter conhecido o maxixe brasileiro quando visitou o

---

128 Morand, 1928, *apud* Sylvie Chalaye, "Théâtre et Cabarets", p. 402, tradução nossa.
129 Carole Sweeney, *From Fetish to Subject. Race, Modernism, and Primitivism, 1919-1935*, Westport, Praeger Publishers, 2004, p. 30.

país como membro de uma missão diplomática, ao lado de Paul Claudel, entre 1917 e 1918. Milhaud compôs, em 1919, a música Le Boeuf sur le Toit [O Boi no Telhado], título que traduz um maxixe de autoria de Zé Boiadêro[130], transformada depois em balé, em parceria com Jean Cocteau. Posteriormente, Le Boeuf sur le Toit se tornaria o nome do cabaré onde Oswald de Andrade conheceria Cocteau. Também de Milhaud era a composição musical do balé *La Création du Monde*, estreado pela companhia Les Ballets Suédois, no Théâtre des Champs-Elysées, em outubro de 1923, com a presença na plateia de Tarsila do Amaral e Oswald de Andrade. O espetáculo contava com roteiro de Blaise Cendrars, além de cenários e figurinos de Fernand Léger, baseados em pesquisas sobre escultura, indumentária e rituais africanos.

Diante desse ambiente cultural em que imagens de corpos "selvagens", objetos etnográficos, ritmos musicais, danças e expressões corporais eram associados de forma homogênea e indistinta a uma noção problemática de identidade negra[131], é difícil não se cogitar o quanto Tarsila do Amaral, ao pintar uma mulher negra nua, justaposta a uma folha de bananeira, não estaria comungando de uma projeção exótica, monstruosa e animalizante sobre o corpo negro e, inevitavelmente, também sobre sua psicologia. O mesmo se poderia dizer de Oswald de Andrade, quando lembra do negro em sua conferência como dotado de uma "alegria infantil", prestes a ver em tudo manifestações sobrenaturais, destacando como contribuições suas à cultura brasileira os cantos ou o rufo dos urucungos.

Evidentemente, essas considerações não são feitas aqui para desvalorizar nem as ideias, nem as obras, nem o legado de ambos, cujo lugar na história da arte e da cultura no Brasil está solidamente construído. Essas considerações são feitas porque não é mais possível hoje discutir a valorização da cultura afro-brasileira promovida por Tarsila do Amaral e Oswald de Andrade, assim como por outros artistas e escritores modernistas, de maneira acrítica, sem apontar o seu caráter contraditório. A pretensa valorização do negro e de elementos da cultura afro-brasileira acabava contribuindo para o desconhecimento acerca dela,

---

130 Alexandre Eulalio, *A Aventura Brasileira de Blaise Cendrars*, p. 92.
131 "O *jazz* americano se tornara o *leitmotif* musical de tudo o que era moderno em Paris, apresentando-se fortemente em representações visuais de um indistinto texto da negritude, na medida em que o Afro-americanismo e o *jazz* eram combinados de forma não problemática em uma identidade negra homogênea, no arco cultural totalizante da primeira negrofilia" (Carole Sweeney, *From Fetish to Subject*, p. 30, tradução nossa).

ampliando com isso um apagamento que a atingia tanto simbólica quanto materialmente. Esse desconhecimento baseava-se no entendimento dos descendentes brasileiros de africanos escravizados como portadores de uma cultura "bárbara", supostamente mais ligada às forças da natureza ou à "infância da humanidade"; destituída, por isso, de complexidade.

Se Paris fez Tarsila do Amaral e Oswald de Andrade entenderem que era urgente reconhecer a existência dos negros na sociedade brasileira (antes de 1923, nenhum dos dois parecia ter qualquer interesse a esse respeito), quão distantes estavam eles dos juízos presentes em interpretações como as de Oliveira Vianna, Graça Aranha e outros? É preciso insistir uma vez mais que a valorização por eles promovida foi feita mediante um processo de exotização e, portanto, de apagamento da especificidade e complexidade da história dos negros no Brasil. Isso para não mencionar o fato de que aquela valorização sequer tocava o problema da sobrevivência mesmo da cultura afro-brasileira, que só foi possível por meio de um contínuo esforço de organização, de luta e de resistência, que prossegue até hoje. Os cantos e rufos dos urucungos eram para Oswald de Andrade expressões de "alegrias" ou "mágoas" do povo negro; não eram práticas sagradas e de resistência cultural. Ao enfatizá-los apenas em suas manifestações exteriores, o escritor incorre em um tipo de apagamento que Abdias do Nascimento descreveu de forma certeira, ao comentar o processo de folclorização das religiões afro-brasileiras:

> A redução da cultura africana à condição de vazio folclore revela somente o desprezo ao negro da sociedade vigente, branca, como também exibe a avareza com que essa sociedade explora o afro-brasileiro e sua cultura com fins lucrativos. Pois embora a religião e a arte sejam tão ridicularizadas e folclorizadas, elas constituem valiosas e rentáveis mercadorias no comércio turístico. Nesse caminho, as manifestações religiosas negras tornam-se "curiosidades" para entreter visitantes brancos. [...] Cultura africana posta de lado como simples folclore se torna em instrumento mortal no esquema de imobilização e fossilização dos seus elementos vitais. Uma sutil forma de etnocídio. [...] Os conceitos originários da Europa ocidental que informam e caracterizam uma cultura pretensamente ecumênica, predominam neste país de negros. Para essa cultura de identificação branca o homem folclórico reproduz o homem natural, aquele que não tem história, nem projetos, nem problemas: ele possui de seu apenas sua alienação como identidade. Sua identidade é, pois, sua mesma alienação. Desde que a matéria-prima é o não ser que aguarda a forma,

podemos concluir, a respeito do folclore negro, ser ele uma espécie de matéria-prima que os brancos manipulam e manufaturam para obter lucro[132].

Historicamente, porém, aquele era o discurso possível para dois indivíduos formados nos marcos da educação prevista para um homem e uma mulher brancos, ambos oriundos de famílias ligadas à elite econômica paulista, imersos no ambiente negrófilo parisiense. As condições de possibilidade para que seu discurso sobre os descendentes de africanos escravizados no Brasil pudesse ser diferente ainda não existiam[133]. Hoje, quando essas condições começam a surgir, olhar para *A Negra* ou ler as considerações de Oswald de Andrade, em sua conferência na Sorbonne, sobre a presença do negro na cultura brasileira sem perceber o conflito étnico-racial inerente a seus discursos, seria reiterar a alienação de que falava Nascimento.

## 8. Ambientes intelectuais de Paris

Embora tenham sido publicados depois da divulgação do *Manifesto da Poesia Pau Brasil* no jornal carioca *Correio da Manhã*, em 18 de março de 1924, antes de discutir esse texto chave do pensamento estético de Oswald de Andrade na década de 1920, pode ser interessante analisar as duas partes de seu artigo "Ambientes intelectuais de Paris"[134], em que o escritor narra parte de suas experiências na

---

132 Abdias do Nascimento, *O Genocídio do Negro Brasileiro: Processo de um Racismo Mascarado*, São Paulo, Perspectiva, 2017, pp. 146-147.

133 No texto de sua aula inaugural no Collège de France, proferida em 2 de dezembro de 1970, o filósofo francês Michel Foucault apresenta quatro noções ou princípios reguladores do trabalho de análise dos discursos do saber que ele gostaria de desenvolver naquela instituição: acontecimento, série, regularidade e condição de possibilidade. Essas quatro noções se contrapõem, respectivamente, às de criação, unidade, originalidade e significação, que predominavam, segundo o autor, na história tradicional das ideias. Desse modo, enquanto oposição à exigência de uma significação oculta de um determinado discurso ou acontecimento, a noção de "condições de possibilidade" opera no âmbito da investigação daquilo que o tornou possível, dito de outro modo, de suas "condições de aparição" (Michel Foucault, *A Origem do Discurso*, trad. Laura Fraga de Almeida Sampaio, São Paulo, Loyola, 2009, pp. 54-56).

134 Publicado em duas partes, no jornal *Correio Paulistano*, o artigo termina com uma nota dizendo ter sido extraído de uma conferência. Provavelmente trata-se da participação de Oswald de Andrade no V Ciclo de Encontros da Villa Kyrial, o famoso sarau promovido pelo senador José de Freitas Valle. Essa não era a primeira vez que Oswald de Andrade participava dos saraus de Freitas Valle. Consta de sua biografia participação também na edição de 1922. Além disso, em

capital francesa, no ano anterior. Embora curto, o texto oferece um relato dos espaços por onde Oswald de Andrade circulou e também de como ele os entendeu, além de mencionar personalidades que conheceu, relações que criou, assim como ideias que lhe ocorreram a partir dessas experiências. Nesse sentido, configura um documento importante para a compreensão do impacto que os meses vividos em Paris naquele ano tiveram em sua experiência intelectual.

Na primeira parte do artigo, ele compara alguns espaços de reunião de artistas e escritores, com o intuito de criar um contraste entre a atmosfera que marcou a geração simbolista — e que ele conheceu durante sua primeira viagem a Paris, em 1912, ignorando, naquele momento, a existência dos pintores cubistas — e a atmosfera moderna que caracterizava a nova geração com a qual ele conviveu em 1923. Nessa contraposição, o escritor apresenta o modo como entendia essa nova época, que havia produzido, em sua opinião, um novo modo de ser poeta e artista. Oswald de Andrade apresenta aquela oposição entre gerações da seguinte maneira:

A Paris de antes da guerra e a Paris de hoje são duas cidades diversas, agitando-se somente no mesmo cenário. Duas mentalidades opostas construíram, na Paris de outrora, a lenda dos cafés literários; na Paris de hoje, a realidade dos *dancings*[135].

A contraposição entre o café e o *dancing* anuncia uma oposição entre a neurastenia de uma geração e a energia vital da seguinte. Os cafés — como o Lapin Agile e o Closerie des Lilas, citados pelo escritor — eram o ambiente de uma geração simbolista boêmia, composta "por seres estáticos, cabeludos e pálidos", que cultivavam, com base em "duas ou três ideias caminhadas do romantismo", o "gosto da anormalidade" e um "nirvanismo noctâmbulo"[136]. Foi esse modo de ser poeta que, por muitos anos, alimentou a ambição de artistas estrangeiros e poetas provincianos, entre eles, aliás, o próprio Oswald de Andrade. Aquela geração regada a álcool e sonho foi deposta pela "ação ao ar livre" da vida contem-

---

texto sobre Lasar Segall a ser comentado no quarto capítulo deste trabalho, o próprio escritor menciona sua presença em reuniões organizadas por Freitas Valle já em 1913, ocasião em que especula poder ter conhecido o pintor, durante sua primeira viagem ao Brasil.
135 Oswald de Andrade, "Ambientes Intelectuais de Paris — I", *Correio Paulistano*, 11 abr. 1924.
136 *Idem*.

porânea, "cortada de automóveis, de exposições cubistas, de antenas telegráficas, de barulhos de *jazz*".

Assim, embora aqueles ambientes simbolistas ainda despertassem o interesse dos curiosos pela "tradição emotiva e lírica de Paris", a intelectualidade francesa atual não se reunia mais nas "ambiências boêmias", mas sim em um *dancing* acompanhado de restaurante. Era o Boeuf sur le Toit, "prestigiado pela visita diária do poeta Jean Cocteau e de seus amigos". Agradava a Oswald de Andrade o caráter despretensioso da decoração do lugar — "nas paredes da sala do restaurante, uma série de excelentes reproduções cubistas de Picasso" —, que no espaço reservado ao *dancing* apresentava teatros e "um desarticulado jazz-band de mulatos". Foi no Boeuf sur le Toit, conta o escritor, que ele conheceu "três das principais figuras da atual geração parisiense" — Jean Cocteau, Raymond Radiguet e Georges Auric, trio que Oswald de Andrade encontrou durante um jantar.

Dos três, Jean Cocteau é aquele que mais é mencionado em seus textos, de modo que é possível afirmar que o autor de *Le Coq et l'Arlequin*, ao lado de Blaise Cendrars, foi um dos poetas cujas ideias chamaram mais a atenção de Oswald de Andrade. Na segunda parte de seu artigo, o escritor destaca o que seria uma ética do artista moderno, a qual percebia nas atitudes de Cocteau e Picasso:

A sua inquietação, tão parecida com a inquietação de Picasso, ele a defende com a necessidade do artista sempre se desenvolver, virar-se sobre si mesmo, até se tornar um bloco límpido. O público, porém, não compreende, deixa isso a cargo da posteridade, mas para gozarmos os resultados desse acordo era preciso que no mínimo fossemos póstumos[137].

O escritor brasileiro também comenta a experiência de ter visitado o quarto do poeta francês:

O quarto de Cocteau contém toda a mistura produzida pela vida contemporânea, de páginas fotográficas de esporte e aviação, tiradas de grandes revistas, a instantâneos banais, desenhos, rabiscos de grandes mestres, navios trabalhados nas galés, um plano, um retrato por Marie Laurencin, uma coleção de cachimbos e um cachorro de papelão feito por Picasso e amarrado ao pé da cama para não fugir[138].

137 Oswald de Andrade, "Ambientes Intelectuais de Paris — II", *Correio Paulistano*, 12 abr. 1924.
138 *Idem*.

Pode parecer uma observação banal, mas a inclusão desse "instantâneo" do quarto de Cocteau tem uma função no texto de Oswald de Andrade. Ele estava diante de um novo modo de viver, que apontava para um novo modo de ser poeta. Esse novo modo de vida do poeta incluía um espaço de trabalho mergulhado no que então era entendido como a "vida contemporânea", desde a publicidade dos grandes feitos nos esportes e na aviação às experimentações de artistas de vanguarda. Tudo compunha a vida contemporânea, contraposta à atmosfera decadente e gasta dos cafés literários.

Na sequência da segunda parte de "Ambientes Intelectuais de Paris", Oswald de Andrade comenta sua visita aos ateliês de alguns artistas. Além dos *dancings* e do quarto de Jean Cocteau, são esses os outros ambientes intelectuais que ele visitou. É importante observar, nesse sentido, que por "ambientes intelectuais" ele não entende qualquer espaço oficial de legitimação do saber, como poderia ser, por exemplo, a universidade na qual ele proferiu uma conferência ou, eventualmente, um museu que ele tivesse visitado. Os ambientes intelectuais são os espaços de trabalho e de convívio de poetas e artistas.

Oswald de Andrade começa seu percurso pelo ateliê de Pablo Picasso. É interessante pontuar que, do espaço do ateliê, uma das coisas que chamou sua atenção foram os quadros de Henri Rousseau que Picasso possuía:

> O seu apartamento atual, na rue La Boetie, contém alguns dos mais valiosos quadros do douanier Rousseau, esse divino *bonhomme* morto há dez anos e cuja orientação primitivista e comovida, parece dia a dia assenhorear-se da pintura contemporânea[139].

A identificação da obra de Henri Rousseau, por sua "orientação primitivista", como uma das chaves para o entendimento da pintura que se praticava na década 1920 é um ponto interessante para se compreender o modo como Oswald de Andrade percebia as tendências que orientavam a criação artística em Paris. Como foi visto acima, ao se discutir as ideias sobre arte por ele apresentadas na conferência na Sorbonne, uma dessas tendências correspondia ao reconhecimento das "leis" que os cubistas souberam extrair dos clássicos. Outra, também mencionada na conferência, envolvia a valorização de culturas não-europeias. A isso vem juntar-se agora a orientação "primitivista e comovida" de Henri Rousseau, que

---

[139] *Idem.*

também foi uma das referências manejadas por Tarsila do Amaral na construção do vocabulário plástico da pintura Pau Brasil.

Ainda sobre Picasso, Oswald de Andrade destaca no artigo um elemento que ele já havia sugerido em carta a Mário de Andrade, citada anteriormente: a independência e autonomia do artista. O pintor espanhol, persuasivo e irrequieto, desorientava a quem quisesse procurar em sua pessoa "a linha diretriz de seu pensamento". E isso se refletia em sua produção, pois ao mesmo tempo em que continuava a produzir "os mais arrevesados quadros cubistas", também realizava "desenhos perfeitamente clássicos" e "telas inéditas do século XV ou saídas das escavações de Pompeia". Ao destacar essa convivência, Oswald de Andrade parece reconhecer que o Picasso cubista e o Picasso clássico cabiam na independência da pesquisa plástica do pintor em relação à ortodoxia de princípios de outros pintores cubistas, como Albert Gleizes.

Além do apartamento de Picasso, Oswald de Andrade também apresenta suas impressões sobre o ateliê de Fernand Léger, que acabam se concentrando menos em uma descrição do ambiente e mais em uma situação do pintor no contexto dos debates teóricos em torno do cubismo. Esses debates eram travados, além de Léger, por Albert Gleizes e André Lhote. Não por acaso, são os pintores com quem Tarsila do Amaral estudou durante o ano de 1923. O primeiro é descrito pelo escritor como "o metafísico do cubismo", preocupado que estava com a "integralidade puritana dos quadros sem assunto" e que se refletia nas "classes de geometria colorida" promovidas por Gleizes em seu apartamento, que Oswald de Andrade possivelmente conheceu por intermédio da pintora brasileira. Já André Lhote, se não desprezava, como Gleizes, "o motivo humano e dramático", tinha a preocupação de "elevá-lo" até que perdesse todo "sentido anedótico"[140]. Aqui, Oswald de Andrade possivelmente se refere à simplificação dos traços do rosto, do corpo e das roupas das figuras, que se pode notar tanto em retratos realizados por Lhote, no início da década de 1920, quanto naqueles realizados por Tarsila do Amaral, em 1923.

Dessa forma, Oswald de Andrade situa Gleizes e Lhote em dois extremos das pesquisas plásticas de matriz cubista naquele momento: de um lado, a eliminação do assunto em prol da geometria; do outro, a manutenção das figuras, porém "elevando-as" acima do "sentido anedótico" (de uma narrativa ou descrição detalhista, pode-se supor), por meio da simplificação de seus traços. Reconhecen-

---

140 *Idem.*

do-se isso, é possível entender por que, para o escritor, era Fernand Léger quem esboçava "a grande linha central da pintura moderna", já que suas pinturas não se enquadravam em nenhum daqueles dois extremos. Eis como Oswald de Andrade apresenta o criador de *Ballet Mécanique*:

> Fernand Léger tenta a grande linha central da pintura moderna. Saído da fragmentação impressionista da cor, pela fragmentação cubista da forma, ele teve uma fase de desarticulação dinâmica, em que todas as suas qualidades de cor e de técnica produziram algumas das mais notáveis telas contemporâneas, das quais algumas se acham em São Paulo[141]. Hoje, Léger começa a articular os seus assuntos, caminhando em busca da forma de apogeu que deva caracterizar o nosso século[142].

Esse caminho, prossegue Oswald de Andrade, correspondia a uma das alternativas possíveis à "dissolvência colorista" a que haviam chegado as "escolas impressionistas". Essas alternativas eram ou "voltar a David ou pintar locomotivas e motores". Ambas compreendiam, no entanto, a um esforço para reestruturar a forma pictórica, retirando-a da fragmentação impressionista. Para o escritor, Léger havia tomado o segundo caminho, mas sem excluir o primeiro, pois buscava "chegar a uma equivalência de David, através de uma pesquisa mecanista que correspondesse a nossa época".

Desse modo, completa-se o quadro de referências visuais e conceituais que embasam a compreensão de Oswald de Andrade do estado das pesquisas pictóricas do início da década de 1920, tal como ele as percebeu em Paris. E ele reconhece a importância de ter convivido com os artistas e poetas que lhe apontaram caminhos para construir essa compreensão: "Na convivência desses guias da atualidade estética, desfaz-se todo o preconceito criado diante do aparente absurdo das correntes modernas. É uma simples questão de explicação e de hábito".

E o último desses guias, cujas pesquisas estéticas ele apresenta em seu texto, era o "apóstolo" Constantin Brancusi. Ao descrever a experiência de entrar no ateliê do escultor, na rua Impasse Ronsin, Oswald de Andrade afirma que o primeiro sentimento de um "espírito desprevenido" seria de revolta: "Está-

---

[141] O escritor provavelmente se refere a obras adquiridas em Paris por Olívia Guedes Penteado, Paulo Prado, Tarsila do Amaral e por ele mesmo.
[142] Oswald de Andrade, "Ambientes Intelectuais de Paris — II", *Correio Paulistano*, 12 abr. 1924.

tuas sintéticas, cabeças lisas como ovos perfeitos, linhas puras de mármore e de bronze, constituem o rico e esplêndido aspecto de sua forja"[143]. Esse aspecto, porém, poderia sugerir uma "ideia de blague", imediatamente desfeita diante da presença do escultor. Brancusi é caracterizado como "um apóstolo de barbas brancas e tamanco", que havia abandonado as "fáceis vitórias públicas" que seu talento poderia ter lhe proporcionado. Isso para poder trabalhar durante doze anos em um "pássaro vertical que acaba cantando na maravilhosa oficina criadora de onde saiu". O escritor referia-se possivelmente a algum trabalho das séries "Maiastra" ou "Pássaro no Espaço", que têm ambas o pássaro como tema de investigação plástica.

Oswald de Andrade prossegue relatando explanações de Brancusi se opondo desassombradamente à estética de Fídias e de Michelangelo. Valendo-se de um modelo de relevo do Parthenon, Brancusi esclareceu a seu visitante qual era a "grande razão" que fez o apogeu da arte grega: "uma unidade de pensamento coletivo anônima e sincera, que teria fatalmente de produzir a estatuária [ilegível] e equilibrada dos frisos". Esse mesmo fenômeno teria se repetido séculos depois com as catedrais medievais, afirma o escritor sem dizer se essa ideia é dele ou de Brancusi.

Esse tipo de força criativa coletiva e anônima já não seria mais possível na época moderna, restando aos criadores, "para evitar a cópia, criar um mundo novo de objetos e seres"[144]. A contribuição de Brancusi a esse novo mundo era composta de uma "espiritualizada série de realizações plásticas que atingem outra sublimidade", em oposição àquela alcançada pela "anatomia heroica" de Michelangelo.

Caminhando para a conclusão do texto, Oswald de Andrade menciona de passagem o contato com as obras de arte moderna da galeria de Leónce Rosenberg, L'Éffort Moderne, antes de vincular o grupo de artistas e escritores de vanguarda, que havia conhecido em Paris, ao movimento de renovação intelectual promovido pelo grupo que organizou a Semana de Arte Moderna, em São Paulo. Essa vinculação tinha um espaço especial em Paris para ser construída — o ateliê de Tarsila do Amaral, o último ambiente intelectual parisiense comentado pelo escritor:

Nós, brasileiros, tínhamos ocasião de nos avistar com as maiores personalidades da França intelectual no atelier de uma compatriota, a pintora paulista Tarsila do Amaral.

---

143 *Idem.*
144 *Idem.*

Aí, Erik Satie, Jean Cocteau, Jules Romains, Léger, Gleizes, Lhote, Cendrars, mantiveram estreito contato com os nossos artistas que tinham além disso o prazer do convívio de d. Olivia Guedes Penteado e de Paulo Prado[145].

A menção a Olívia Guedes Penteado e Paulo Prado não é casual. Retornando ao Brasil, ambos trariam na bagagem um conjunto de pinturas modernas de artistas europeus, que terá um papel importante em alguns episódios relevantes para a história do modernismo no país[146]. Um deles é a conferência "As Tendências Gerais da Estética Contemporânea", proferida por Blaise Cendrars e acompanhada de uma exposição de pinturas modernas no Conservatório Dramático e Musical de São Paulo, cerca de dois meses depois da publicação de "Ambientes Intelectuais de Paris"[147].

O final dos artigos deixa clara a intenção de Oswald de Andrade de mostrar que as ideias novas por ele encontradas nos ambientes intelectuais de Paris, já alcançavam adeptos não apenas junto a um pequeno grupo de escritores e artistas, mas também junto à elite econômica brasileira. Além disso, ele também menciona o jantar oferecido pelo embaixador Sousa Dantas, comentado acima, como "uma das melhores demonstrações de que o Brasil não ignora o momento estético de Paris"[148].

---

[145] Em artigo sobre Blaise Cendrars, publicado no *Diário de S. Paulo*, em 19 de outubro de 1938, Tarsila do Amaral relembra os encontros, sem deixar de pontuar a vontade de agradar ao gosto parisiense pelo exótico: "No meu estúdio da rue Hégésippe Moreau, em Montmartre, se reunia toda a vanguarda artística de Paris. Ali eram frequentes os almoços brasileiros. Feijoada, compota de bacuri, pinga, cigarros de palha eram indispensáveis para marcar a nota exótica. E o meu grande cuidado estava em formar, diplomaticamente, grupos homogêneos. Primeiro time: Cendrars, Fernand Léger, Jules Supervielle, Brancusi, Robert Delaunay, Vollard, Rolf de Maré, Darius Milhaud, o príncipe negro Kojo Tovalu (Cendrars adora os negros). Alguns dos acima citados passavam para o grupo de Jean Cocteau, Erik Satie, Albert Gleizes, André Lhote, e tanta gente interessante" (Tarcila do Amaral, *Crônicas e Outros Escritos de Tarsila do Amaral*, pesquisa e org. Laura Taddei Brandini, Campinas, Editora da Unicamp, 2008, p. 353; Oswald de Andrade, "Ambientes Intelectuais de Paris — II", *Correio Paulistano*, 12 abr. 1924).

[146] Sobre o contexto do colecionismo praticado pela elite paulistana no início do século XX e a atuação de Olívia Guedes Penteado e Paulo Prado, como representantes de uma ala mais aberta a um determinado tipo de arte moderna, ver os capítulos "Perfil e Iniciativas da Elite Perrepista" e "Olívia Geedes Penteado: Promotora dos Modernistas" (Sergio Miceli, *Nacional Estrangeiro*).

[147] Oswald de Andrade compareceu à conferência, que será comentada mais adiante.

[148] Oswald de Andrade, "Ambientes Intelectuais de Paris — II", *Correio Paulistano*, 12 abr. 1924

Finalmente, o escritor não poderia deixar de mencionar Blaise Cendrars, recém-chegado ao Brasil como convidado de Paulo Prado, atendendo a uma sugestão de Oswald de Andrade. Provavelmente presente na plateia da conferência que deu origem ao texto, o poeta é louvado por sua "simplicidade, o seu lirismo em ação, a sua cultura, a sua visão direta, eis todo o discutido milagre da modernidade". Embora tenha convivido com um grupo bastante diversificado de poetas, escritores e intelectuais em Paris, não há dúvida de que muitas das ideias apresentadas por Oswald de Andrade nesse momento de sua experiência intelectual têm em Cendrars uma importante referência, tópico a ser explorado mais adiante.

Um detalhe que aparece já nos últimos parágrafos de "Ambientes intelectuais de Paris" é a menção ao uruguaio Jules Supervielle, lembrado como "o grande romancista de *L'Homme de la Pampa*", cuja casa aparece como "outro núcleo da intelectualidade parisiense", logo após a menção ao ateliê de Tarsila do Amaral. Um dos vários sul-americanos circulando nos ambientes de Paris, Supervielle pode ter sido um intermediário da publicação da conferência de Oswald de Andrade na Sorbonne na *Revue de l'Amérique Latine*, com a qual o escritor uruguaio colaborava. A menção à sua casa sugere que o escritor brasileiro possa tê-la frequentado[149].

---

[149] Resgatar essa rápida menção a Jules Supervielle aqui tem um sentido. Naquele mesmo ano de 1923, além de ter escrito o prólogo ao catálogo, Supervielle havia participado do grupo que organizou a exposição do pintor uruguaio Pedro Figari, inaugurada em novembro na Galerie Drouet, em Paris. A exposição foi um sucesso comercial, sendo vendidos 49 dos 60 trabalhos expostos. Também foi um sucesso de crítica, com artigos publicados na *Revue de l'Amérique Latine* e na *Nouvelle Revue Française*, este último escrito por André Lhote, atraindo a atenção dos escritores e artistas latino-americanos em Paris (Jorge Castillo *et al.*, *Figari: XXIII Bienal de São Paulo*, Buenos Aires, Finambras, 1996, p. 26). No quinto capítulo deste trabalho, ao se discutir a poesia e a pintura Pau Brasil, vale a pena ter mente as telas de Figari, que representavam, em um estilo vagamente "ingênuo", memórias das tradições sul-americanas das missas, procissões, enterros, festas e costumes rurais; a paisagem dos pampas, com suas casas coloridas e pés de laranja; os movimentos rítmicos e ritualísticos dos candomblés dos africanos escravizados. Diante do vivo interesse da intelectualidade parisiense por expressões e práticas culturais não-europeias, que Oswald de Andrade e Tarsila do Amaral demonstraram ter percebido rapidamente, o sucesso da exposição de Figari, estando Jules Supervielle, um amigo do casal, diretamente envolvido em sua organização, possivelmente não lhes passou despercebido. As telas do pintor uruguaio podem ter lhes mostrado um caminho que ambos já anteviam. Seu sucesso em Paris indicava, além disso, que esse caminho era seguro.

## 9. Vantagens do caos brasileiro

Ao lado de "Ambientes Intelectuais de Paris", outros dois artigos escritos por Oswald de Andrade ainda na capital francesa, em novembro de 1923, e publicados como colaboração especial no jornal carioca *Correio da Manhã* (o mesmo que alguns meses depois publicaria o *Manifesto da Poesia Pau Brasil*), em 12 e 20 de dezembro do mesmo ano, completam esse panorama de sua experiência em Paris. São eles, respectivamente, "Vantagens do Caos Brasileiro" e "Preocupações Brasileiras", e seu conteúdo já dá o tom da orientação que seria elaborada pelo escritor no manifesto. Nesses artigos, Oswald de Andrade se concentra menos nos espaços que percorreu e mais no que deles poderia ser aproveitado por poetas e artistas brasileiros.

No primeiro texto, o escritor apresenta um diagnóstico da experiência criativa de escritores brasileiros, baseando-se para isso no artigo "Poesia velha, poesia nova, poesia eterna", de Amadeu Amaral, que discutia o problema do "transplante" de "modelos alienígenas" constantemente realizado pelos movimentos literários brasileiros. A posição de Amaral, que Oswald de Andrade reconhece como tendo feito "o processo de nossas instituições psíquicas, sociais, mentais" era de que mesmo imitando exterioridades dos modelos europeus que importavam, os escritores brasileiros nunca deixavam de ser brasileiros. Ainda que "vestidos à francesa", permaneciam:

[...] brasileiros dos quatro costados [...] com toda a conformação, todos os defeitos, todas as qualidades, todas as manias, todas as virtudes, todas as heranças e tendências conscientes e inconscientes que um meio e uma nacionalidade imprimem nas mais profundas entranhas das almas nativas, sujeitos, por submissão ou sem ela, às contingências da vida que se processa, independente *quand même*, dentro das fronteiras de um país geográfico, política e moralmente definido[150].

Esse entendimento de Amadeu Amaral sobre a experiência intelectual brasileira abria a Oswald de Andrade a oportunidade de valorizar o que ele entende ser o "caos" brasileiro, desde o campo institucional, com um "parlamento britânico" transplantado para o império de D. Pedro II, até a arquitetura "que representa trezentos e trinta tipos de cidades humanas". Tudo isso fruto de uma "psicologia

---

150 Oswald de Andrade, "Vantagens do Caos Brasileiro", *Correio da Manhã*, 12 de dez. 1923.

de exposição universal", que tudo acolhia com uma "tolice infantil", "cheia de audácia, de pesquisas, de seiva casamenteira".

No entanto, ainda que reconhecesse o valor dessa atitude psicológica nacional, o escritor aponta um perigo que ameaçava o verdadeiro caminho intelectual para o país: "o perigo de uma lógica na submissão a certo gosto exterior apreendido", que consistia em abandonar "nossa escolha natural e flutuante, para nos submeter a uma perigosa deformação aparentemente ortopédica". Na escolha dos modelos exteriores a incorporar, era preciso, portanto, obedecer ao que o "organismo" nacional conseguisse extrair de "elementos brasileirantes" daqueles modelos:

> Possuímos, afinal, um organismo, pois é ele que procura, elege, aceita, absorve e transforma. Esse organismo já tem mesmo algumas características marcadas pela adaptação no ambiente da vitalidade orgânica de certos modelos que ou vieram nas raças de formação ou com elas melhor coincidiram[151].

Essas características marcadas ou "tendências já definidas e mesmo chegadas a um caráter de tradição" seriam aquelas já apresentadas pelo escritor na Sorbonne: "em música, o ritmo do índio e o canto negro; nas artes plásticas, a ingenuidade dos mulatos místicos; na literatura, o 'folclore'". Por "mulatos místicos", entende-se que Oswald de Andrade se refere aos escultores coloniais — Aleijadinho, Chagas, o Cabra, Mestre Valentim. Era a partir dessa "base" nacional já estabelecida que se deveria orientar a escolha de modelos.

Na sequência, o escritor aponta alguns elementos que poderiam ser tomados como exemplos daquela submissão "ortopédica" a modelos exteriores. E um deles está relacionado à pintura:

> A nossa pintura, começada pela religiosidade ingênua e dura dos primitivos e desgraçadamente interrompida por um século de servilismo acadêmico, não pode e não deve, por motivos de luz e de geografia, seguir o impressionismo e a doçura do mestres franceses e italianos do século passado[152].

---

151 *Idem.*
152 *Idem.*

O mesmo perigo de correção "ortopédica" do que seriam as tendências "naturais" da pintura no Brasil, estabelecidas pela tradição colonial, se fazia presente tanto nos modelos acadêmicos quanto nos impressionistas. Estar ciente disso, no entanto, não implicava em renegar o que acontecia na Europa. Ao contrário, o escritor aponta a urgência de se entender o fenômeno de "descoberta" da América que vinha se processando naquele continente:

A Europa descobriu definitivamente a América e deixou-se facilmente sugestionar pela forte novidade da vida veloz e prática do novo continente. Apenas, sendo um mais aperfeiçoado cadinho, já produziu nas suas elites o que a América ainda apresenta em bruto como arte e literatura[153].

Assim, o cubismo francês é por ele entendido como produto da "máquina americana", do mesmo modo como as músicas de Erik Satie e Igor Stravinski, "saíram das liberdades do *jazz* americano". Retomando exemplos extraídos das artes visuais, Oswald de Andrade afirma que, nesse contexto de aproveitamento das novas experiências estéticas promovidas pela modernidade, o gosto de Monteiro Lobato pela pintura de um Paul Chabas era uma "monstruosidade estética". Do autor de *Ideias de Jeca Tatu*, no entanto, era preciso aproveitar, como símbolo, o personagem Jeca Tatu, mas purificando-o das "intoxicações" de Lobato, "dessa aberração de admirar cromos franceses". Era preciso mostrar ao "doente" Jeca Tatu, que ele "não vale menos como pintor que Corot, o grande representativo da passada doçura francesa".

Toca-se aqui em um ponto importante desse artigo pouco conhecido de Oswald de Andrade. A argumentação de que a pintura de um Jeca Tatu valia tanto quanto a de um Jean-Baptiste Camille Corot consiste em uma defesa da pintura popular, muito anterior à valorização no Brasil dos pintores "ingênuos", que só ocorreria na década de 1940. O escritor apresenta essa ideia contando uma de suas experiências em Paris. Dessa vez, no apartamento de Darius Milhaud:

Esperando Darius Milhaud, o conhecido músico da vanguarda parisiense, em uma visita que lhe fiz, vi na parede, ao lado de uma natureza-morta de Picasso e de um desenho de Delacroix, duas paisagens curiosíssimas com montanhas, palmeiras e casas. Milhaud fez-me ler a assinatura "Jacaré", embaixo dos desenhos e acrescentou:

153  *Idem.*

— O Brasil não sabe o que tem. Essas deliciosas pinturas que coloco, sem medo, em meu apartamento de Paris, ao lado de Picasso e Delacroix, foram compradas por quase nada no porto da Bahia. O dia em que vocês descobrirem que é esse o caminho da pintura brasileira, poderão conquistar um lugar interessante no mundo[154].

Pouco antes de contar essa experiência que abriu seus olhos para um possível e ignorado "caminho da pintura brasileira", Oswald de Andrade havia lembrado do "interessante primitivo baiano que se chamou Olímpio da Matta e dos seus inúmeros sucessores anônimos, perdidos no país que os deprecia para admirar as borracheiras mais ou menos francesas que tanto honram a Escola Nacional de Belas-Artes"[155]. Olímpio da Matta e Jacaré eram os "Jecas" cuja pintura valia tanto quanto um Corot e que a existência da Academia Imperial e, depois, da Escola Nacional de Belas-Artes, contribuía para que permanecessem ignorados[156]. O escritor termina o artigo com uma convocação: "Sejamos antes caóticos, mas livres, que um dia seremos pessoais"[157].

No artigo "Preocupações Brasileiras", Oswald de Andrade retoma o problema do "caos" próprio ao interesse dos intelectuais brasileiros por modelos estrangeiros. Dessa vez, porém, concentra-se nas duas instituições — Escola Nacional de Belas-Artes e Academia Brasileira de Letras — que engendravam, em sua opinião, o que esse caos poderia produzir de mais nefasto: a submissão. O texto aborda mais os problemas literários, discutindo o quanto ações instituídas pela Academia contribuíam para a difusão do "caos" da mentalidade nacional. Em meio a essas considerações, porém, surgem algumas observações sobre pintura e uma pequena nota sobre cinema.

154 Oswald de Andrade, "Vantagens do Caos Brasileiro", *Correio da Manhã*, 12 de dez. 1923.
155 *Idem*.
156 Se o casal Lucílio e Georgina de Albuquerque é outra vez lembrado como exemplo de artistas acadêmicos que "não representam nem o Brasil, nem a França, nem coisa de definido sentido", e a missão artística francesa é apontada novamente como a responsável pela "longa escravatura artista [sic]" que em vez de "melhorar e instituir a técnica pictórica entre nós, deu de destruir o admirável espírito de nossa pintura nascente", Oswald de Andrade preocupa-se em ressalvar "a exceção curiosa de Debret". A menção a Debret como exceção à "malfadada e pretensiosa missão de D. João VI" reafirma, portanto, a opinião do escritor sobre a importância do pintor francês para a história da pintura no Brasil, que ele já havia apontado em sua conferência na Sorbonne.
157 Oswald de Andrade, "Vantagens do Caos Brasileiro", *Correio da Manhã*, 12 de dez. 1923.

Com relação ao cinema, Oswald de Andrade apresenta a sugestão curiosa de que o cinema teria matado o exotismo. Após citar a impopularidade crescente das obras dos romancistas franceses Claude Farrère e Pierre Loti, ele afirma: "O cinema natural foi o melhor contrapeso para as visões cabotinas desses Alencares de última hora que não tiveram o valor histórico do autor das *Minas de Prata*". No contexto do artigo, esse argumento visa demonstrar o quanto um tipo de literatura interessada no "exotismo" de forma convencional e descritiva havia perdido a função com os "filmes naturais". No entanto, no Brasil, essa forma convencional e descritiva continuava ativa, impedindo que a arte e a literatura trabalhassem o que o país tinha de próprio e típico "com a noção simples e nativa que dessas coisas tinham nossos primeiros homens de letras e nossos primeiros artistas". Os culpados eram as duas instituições acima mencionadas. Desse argumento se pode inferir que o que importava a Oswald de Andrade ao chamar atenção para elementos que ele julgava serem próprios ao Brasil era sobretudo a construção de um novo modo de olhar.

Esse novo modo de olhar, produto "da oficina mecânica, da bateria coletivista, produzida pela vida atual das grandes cidades com metropolitanos, organização esportiva, aviões, problemas de circulação, etc."[158] vinha sendo experimentado nas artes e literaturas europeias. Ele consistia em uma atitude de "volta aos objetos", no entanto, sem qualquer preocupação seja de enobrecê-los, seja de menosprezá-los:

> Desapareceu de fato, com a falsa aristocracia do sublime que defendia de cabeleira os passos de ópera e as atitudes de cançoneta, essa mania de nobilitar ou horrificar [sic] a vida comum de nossos dias.
>
> Assim, de Cézanne para cá, pintam-se mesas, garrafas, copos, jornais. E foi essa volta aos objetos que fez achar aos atuais artistas a grande tradição da pintura, perdida pelos cabeludos ignaros e sentimentais do último século[159].

Era preciso aprender com essa "volta aos objetos", que nada mais era, no entendimento de Oswald de Andrade, do que reassumir frente ao mundo uma atitude semelhante às dos primeiros escritores e artistas "nativos". E para isso, era preciso também:

---

158 Oswald de Andrade, "Vantagens do Caos Brasileiro", *Correio da Manhã*, 12 de dez. 1923.
159 *Idem.*

[...] esquecer quase tudo quanto aprendemos — das maléficas ternuras de Lord Byron aos paradoxos invertidos de Wilde, das tolices materialistas de Flaubert, às estéticas embrulhadíssimas de além Reno.

Voltemos corajosamente aos mulatos místicos e urbanos da Bahia, de Pernambuco, de Minas[160].

Só assim seria possível fazer valer "nosso organismo pesquisador, absorvente, irrequieto", que fazia com que queimássemos nossas "pestanas tropicais atrás de questões que afetam a psique mórbida do norte da Europa". Só assim seria possível fazer do caos de referências, que constantemente escritores e artistas brasileiros buscavam naquele continente, algo de fato favorável. Como será visto a seguir, está traçado aqui o roteiro do programa estético Pau Brasil.

## 10. Um caderno de notas sobre estética

Antes de passar, finalmente, à discussão da atuação decisiva de Oswald de Andrade no Brasil, em 1924, cabe apresentar um documento que compõe, ao lado do texto da conferência na Sorbonne, das cartas enviadas pelo escritor a Mário de Andrade e dos artigos acima comentados, o principal material disponível acerca de suas atividades e reflexões em 1923. Trata-se de um caderno de anotações, hoje pertencente a uma coleção particular[161], contendo reflexões esparsas sobre estética, filosofia, poesia, teatro, criação artística, trechos de conversas, diagramas, desenhos e um rascunho do quadro *A Caipirinha*, de Tarsila do Amaral.

Enquanto fonte para o entendimento das ideias estéticas de Oswald de Andrade naquele momento, o caderno é um documento fundamental, mas de extrema dificuldade, por se tratar de um conjunto bastante fragmentado de pensamentos lançados no papel, com desenvolvimentos de raciocínio quebrados e

---

160 *Idem*.
161 Pertencente à Coleção Pedro Corrêa do Lago, o caderno encontra-se sem datas em quase todas às folhas, à exceção de uma nota que traz escrito a lápis "Sestri, 14-8-1923". Possivelmente, essa anotação foi feita durante a viagem de Tarsila do Amaral e Oswald de Andrade à Itália, no verão de 1923, durante a qual estiveram em Sestri Levante, onde o escritor concluiu a redação de *Memórias Sentimentais de João Miramar*. Isso permite inferir que as anotações anteriores a essa página do caderno (quase a totalidade de seu conteúdo) referem-se a experiências vivenciadas até aquela data.

incompletos, misturados com citações e, em alguns casos, partes de transcrições de falas ou conversas. Em todo caso, vale a pena extrair desse conjunto alguns excertos que focalizam a obra de arte e, quando existirem, especificamente a obra de arte visual.

Logo na primeira página, encontra-se uma definição do que seriam os três elementos da obra de arte:

Matéria — imutável mas móvel aplásmica
Sentimento — mutável segundo o temperamento — contribuição viva
Expressão — imutável mas legislada d'après cosmos físico[162].

A obra de arte seria composta por dois elementos imutáveis e um mutável. Dos imutáveis, a expressão, problema que ocupava o escritor desde seus primeiros escritos sobre arte, seria regida por leis oriundas do "cosmos físico". Na anotação seguinte, descrita como uma "contribuição do dicionário filosófico", o ritmo da obra de arte é definido como o sentimento — o elemento mutável da equação — submetido às leis da expressão na matéria. Essas notas estão em perfeita consonância com a insistência de Oswald de Andrade na importância das leis extraídas das obras dos mestres clássicos pelos pintores cubistas. Elas revelam que para o escritor não existe expressão sem lei que a organize; não existe sentimento ou "contribuição viva" que possa se tornar obra de arte sem estar submetido a essa organização. O puro sentimento, expresso desordenadamente, não constitui, para Oswald de Andrade, uma obra de arte.

Trata-se aqui de um aspecto fundamental de seu pensamento sobre arte que, como se verá, o acompanhará ao longo de sua experiência intelectual. A obra de arte produz-se no atrito entre o vivo-mutável e o eterno-imutável. Não é por outra razão que, algumas páginas adiante, Oswald de Andrade escreve, com seu estilo lapidar: "O artista — quem tem a felicidade de fixar um pouco de vida"[163].

Em outra nota, o escritor volta à questão das "leis de expressão", discriminando-as a partir das diferentes artes:

---

162 Oswald de Andrade, Caderno contendo notas e desenhos, c. 1923. 15 fls, Coleção Pedro Corrêa do Lago, p. 1.
163 *Idem*, p. 27.

Leis da expressão
Pintura (geometria plana), escultura (geometria no espaço)
Literatura (métrica — poesia) Música (aritmética)

A pintura é a [arte da] expressão do meio. Expressar [riscado] vivificar o meio geográfico (linhas e cores) pelas leis da geometria plana.

A escultura é a arte de expressar [riscado] vivificar o corpo humano pelas leis da geometria no espaço.

A música é a arte de expressar [riscado] vivificar a alma humana pelas leis da aritmética — do número —

A literatura é a arte de vivificar a história do homem e do mundo pelas leis do ritmo pictórico escultóreo [sic] e musical — na palavra —[164].

Por essa nota fica claro como Oswald de Andrade entende a pintura enquanto arte bidimensional, regida por leis da geometria plana; cumpre a ela "vivificar" o mundo (meio geográfico), transpondo-o para seu espaço através de linhas e cores e baseando-se naquelas leis. À escultura caberia a mesma tarefa, mas voltada especificamente para o corpo humano e projetando-se no espaço tridimensional[165].

Essas reflexões sobre as leis de expressão de cada arte continuam em outros trechos, vinculadas, pelas iniciais entre parênteses, ou à pintura de Tarsila do Amaral ou a ideias que ela própria pode ter discutido com o escritor:

A linha não existe. É o limite de um plano. A pintura — lei dos planos
(T. do A.)
[...]
Os adjetivos na pintura
A pintura substantiva
(T. do A.)[166]

Em uma quase antecipação das pesquisas de Lygia Clark na série "Planos em Superfície Modulada", a pintura já não é mais linhas e cores, pois a linha não

---

164 *Idem*, p. 2.
165 Provavelmente, Oswald de Andrade ainda não havia conhecido os pássaros de Brancusi.
166 *Idem*, p. 13.

existe. A pintura é composta por planos, cujos limites formam as linhas. É desse entendimento das especificidades da pintura que parecem advir as afirmações seguintes. A pintura substantiva é aquela cujos elementos são o que são. Os planos são os planos, são aquilo que constrói a própria pintura, não estão ali como atributo ou representação de algo que não eles mesmos. Do mesmo modo, o vermelho é o vermelho, sua função na pintura é essa e não ser a cor que preenche uma determinada forma. Trata-se, portanto, de uma outra relação com a realidade, como demonstra o trecho seguinte:

A questão realidade: há duas: a do [...] modelo e a do quadro — o ser é o que é. Um quadro não é metal, será metal transposto em pintura [...] de metal[167].

Em outro trecho das anotações, Oswald de Andrade parece interessado em compreender o movimento da história da arte na passagem da Idade Média à Renascença, aparentemente por meio da leitura dos volumes ilustrados de *Histoire de l'Art*, do historiador da arte francês Elie Faure, lançados entre 1909 e 1921. As notas parecem se referir ao terceiro volume, *L'Art Renaissant*, cuja primeira edição data de 1914:

Faure — A renascença — Guttenberg — Colombo — Van Eyck — Masaccio [...]
A escultura desceu do nicho, a pintura do vitral —
Os movimentos de síntese que se concentram nos primeiros analistas que os quebram —
Os góticos vienenses — [ilegível] — Cenino Cenini
A pintura (escultura) do Egito
A escultura (pintura) da Itália Renascente — Donatello e Bruneleschi indo a Roma, [ilegível] cavar estéticas antigas[168].

Ao anotar que a escultura desceu do nicho e a pintura do vitral, Oswald de Andrade situa na Renascença, tal como a apresenta Elie Faure, o início da separação da arte em relação à arquitetura religiosa. Essa compreensão a respeito da mudança de estatuto da arte na Renascença, que parece se iniciar nessas notas de leitura da obra do historiador francês, irá acompanhar o escritor até suas últimas reflexões sobre arte que serão analisadas neste trabalho, já na década de 1940.

---

167 *Idem*, p. 26.
168 *Idem*, pp. 7-8.

Outras notas do caderno permitem perceber uma visão histórica marcada fortemente pelas noções de época, de decadência e ascensão. Como Oswald de Andrade afirmará em seu manifesto, a época moderna se constitui dentro da própria dinâmica produzida pela desagregação da época anterior, entendimento que ele começa a exercitar a partir da leitura do filósofo francês Jacques Maritain:

> Maritain diz que quando se passa de um sistema superior a um inferior, o que é vício e deformação naquele é lei neste — Ver o lado oposto, o cubismo saindo da podridão impressionista, os 6 personagens na desagregação de Pirandello[169].
>
> Atender ao julgamento do estado de espírito de cada época — o eterno através do hoje[170].

Em um trecho que parece uma iluminação sobre a poesia Pau Brasil, Oswald de Andrade anota:

> A idade da América
> Substituir *le bois sacré* [o bosque sagrado] pela capoeira.
> A *source olympienne* [fonte olímpica] pela catarata selvagem que ilumina as cidades, as fazendas — a *flûte de Pan* [flauta de Pan] pela sanfona[171].

Ressoando ideias apresentadas na conferência na Sorbonne, que serão aprimoradas no *Manifesto da Poesia Pau Brasil*, o trecho mostra com clareza o projeto oswaldiano nesse momento. Substituir as fontes românticas, parnasianas e simbolistas de inspiração poética pelas novas realidades da "idade da América": a expressão cultural afro-brasileira e sertaneja, ao lado da natureza selvagem que alimenta as turbinas modernas. Essas são as novas fontes da poesia Pau Brasil.

O caderno também parece conter anotações referentes aos encontros com artistas, alguns deles mencionados por Oswald de Andrade em "Ambientes Intelectuais de Paris". Brancusi é lembrado como "O homem que fez a negra de mármore branco", possivelmente em referência a *La Négresse Blanche I*, de 1923. Léger também é lembrado em uma anotação que parece registrar uma possível conversa entre pintor e escritor:

---

169 Referência à peça *Seis Personagens à Procura de um Sutor* (1921), de Luigi Pirandello, que Oswald de Andrade assistiu em Paris e sobre a qual escreveu o artigo "Anunciação de Pirandello", publicado no *Correio Paulistano*, em 29 de junho de 1923.
170 *Idem*, p. 11.
171 *Idem*, p. 9.

(Léger/eu) — o objeto belo não deve ser copiado. Devem-se criar outros objetos belos — reproduzir, transpor a beleza das máquinas — dos motores — das rodas.

Essa rápida nota a respeito de um problema fundamental para a teoria da arte, a relação entre cópia e criação, aparece na sequência de um raciocínio sobre os cânones estabelecidos pelas "grandes épocas":

As grandes épocas — guiadas por uma unidade de pensamento, criaram cânones de deformação — A questão deformação nem sequer se discute. Só as pequenas épocas de submissão, subjetivismo e diversidade, copiam a natureza[172].

Copiar a natureza ou qualquer outro objeto belo estava, portanto, fora de questão para Oswald de Andrade, pelo menos desde seus artigos publicados entre 1920 e 1922, discutidos no primeiro capítulo. A beleza da natureza, como aquela dos objetos belos produzidos pela mão humana, deve ser transposta na criação de novos objetos belos. Para Oswald de Andrade, é isso o que faz individualmente um artista e foi isso o que, histórica e coletivamente, fizeram "as grandes épocas".

A questão da "unidade de pensamento" que caracterizaria uma época e sua relação com a atividade criativa dos artistas é desenvolvida, em outra nota, pelo exemplo da catedral de Chartres, em contraposição às instâncias oficiais de organização da criação artística:

Os artistas sempre estiveram fora das organizações (os pensionistas e as E[scolas de] Belas-Artes) — os movimentos oficiais (burocráticos) nunca alcançaram nada. É outra coisa quando há uma unidade de pensamento coletivo anônima e sincera — o artista então vem e realiza naturalmente sua tarefa de homem em estado de graça. É isso que fez Chartres — É a unidade de pensamento que estabelece os caminhos de uma época e designa a obra a realizar. Arte apanágio das religiões[173].

Continuando esse raciocínio, o escritor parece investigar estratégias possíveis para alcançar a "realização" designada por sua própria época. Veja-se, por exemplo, uma nota sobre André Lhote, que ecoa os comentários a respeito do pintor

---

172 *Idem*, pp. 14-15.
173 No original, a nota é quase inteiramente redigida em francês (*Idem*, p. 15, tradução nossa).

em "Ambientes Intelectuais de Paris": "Lhote — A organização gráfica — Elevar assuntos baixos, fazê-los perder o sentido anedótico em vez de baixar os assuntos elevados"[174]. Era preciso, assim, encontrar os assuntos da época, "tão apaixonante como a *mise en tombeau* o foi na Renascença italiana. Assim uma partida de futebol ou um *match* de boxe"[175]. Era o que André Lhote vinha pesquisando, como na tela *Les Joeurs de Rugby*, exposta no Salon d'Automne de 1923 e adquirida, nesse mesmo ano, por Mário de Andrade, por intermédio de Tarsila do Amaral.

Ainda explorando a questão do tratamento a ser dado aos assuntos que caracterizavam a época moderna, Oswald de Andrade pondera sobre a dificuldade do público diante da pintura moderna, atribuindo-a à "influência do didatismo na visão crítica do século XIX". Diz o escritor:

As populações que aprenderam a verificar as verdades didáticas nas ilustrações dos livros escolares, dos dicionários, dos *feuilletons* ilustrados, nesse sentido procuravam isso nas obras de arte[176].

Era preciso, portanto, construir "outra verdade, a verdade plástica, a verdade rítmica — opostas à falsidade plástica, à falsidade rítmica"[177]. E a busca por essa outra verdade havia sido iniciada por Paul Cézanne, como Oswald de Andrade já havia argumentado, em 1922. Em uma nota tomada "com Lhote e T. do A.", o escritor aponta que, depois da pintura de Cézanne, "o drama não está mais no assunto! nos personagens e sim na técnica. [...] Tudo está na *façon de representer* [modo de representar]"[178]. Era preciso "virar o copo não com a mão, mas com o espírito"[179], produzindo um outro modo de recriá-lo na tela.

Outra vez interessado nas possíveis conexões dessa nova época que ele buscava entender com a história da arte, ele anota seu interesse pelas obras de Tintoretto e El Greco, assim como de Constable e Chardin, e pelo século XVII italiano, que ele entende como "os artistas isolados". A perspectiva aparece também como chave

174   *Idem.*
175   *Idem*, pp. 15-16.
176   *Idem*, p. 16.
177   *Idem, ibidem.*
178   *Idem*, pp. 17-18.
179   *Idem*, p. 18.

para o entendimento de uma mudança histórica nos modos de representação do mundo, que se processou entre o Renascimento e o início do século XX:

> A perspectiva da linha — Renaissance
> A [perspectiva] da cor — Impressionistas
> A [perspectiva] dos planos geométricos — Cubistas[180].

Um artista lembrado pelo escritor que, sem alinhar-se à perspectiva dos planos geométricos cubistas, havia trazido um "*apport* [contribuição] de poesia, de invenção, de novidade na linha aliás perdida no colorismo impressionista"[181] é Henri Rousseau, cujos trabalhos, como foi visto acima, Oswald de Andrade conhecera no ateliê de Picasso. Essa questão do aporte ou da contribuição aparece, inclusive, como critério para o julgamento de um artista, que deveria ser avaliado com base em suas contribuições: "Primeiro à humanidade, segundo ao seu tempo, terceiro ao seu país"[182].

Com relação ao terceiro ponto, uma nota já quase ao final do caderno dá a dimensão do projeto de Oswald de Andrade:

> O tom dado pela América e aproveitado por Paris — como a nossa borracha, o nosso cacau e (o nosso café?)
> Uma questão de reivindicação
> Precisamos ter as nossas fábricas nacionais[183].

Cabia, portanto, à geração modernista começar a trabalhar as matérias primas nacionais em fábricas também nacionais.

## 11.  Poesia Pau Brasil: manifesto técnico

Publicado no jornal carioca *Correio da Manhã*, em 18 de março de 1924, o *Manifesto da Poesia Pau Brasil* é a súmula de um programa estético fruto dos contatos, ideias e reflexões amadurecidos entre a Semana de Arte Moderna e o retorno de

---

180  *Idem*, p. 18.
181  *Idem, ibidem*.
182  *Idem, ibidem*.
183  *Idem*, p. 26.

Oswald de Andrade ao Brasil em dezembro de 1923. Muito do que foi apresentado até aqui de suas reflexões sobre pintura, escultura, criação artística e modernidade, ao longo daquele intenso ano, reaparece no manifesto, trabalhado para ter o efeito fulminante que o texto tem até hoje.

Como se sabe, trata-se de um texto com uma fortuna crítica extensa e não é interesse deste trabalho acrescentar a ela mais uma contribuição. O manifesto figura aqui pelas relações que nele se percebem com as artes visuais, algo que ainda não foi discutido com maiores detalhes pelos autores que se debruçaram sobre o texto[184]. Depois do que foi apresentado acima, aquelas relações com as artes visuais aparecem agora, em certa medida, como naturais, uma vez que a pintura e a escultura foram temas de interesse e reflexão para Oswald de Andrade, especialmente e de modo mais intenso durante o período que antecedeu a divulgação do texto.

Em diversas passagens do *Manifesto da Poesia Pau Brasil* é possível notar desenvolvimentos de ideias discutidas no primeiro capítulo deste trabalho, como é o caso do definitivo abandono daqueles que eram entendidos por Oswald de Andrade como valores naturalistas, aos quais seus primeiros escritos sobre arte estavam ligados. Assim, o escritor retoma uma argumentação contra a ideia de cópia associada ao naturalismo:

> Houve um fenômeno de democratização estética nas cinco partes sábias do mundo. Instituíra-se o naturalismo. Copiar. Quadro de carneiros que não fosse lã mesmo, não prestava. A interpretação no dicionário oral das Escolas de Belas-Artes queria dizer reproduzir tudo igualzinho...[185]

Se, como já foi apontado no primeiro capítulo, a associação do naturalismo com a ideia de "reproduzir tudo igualzinho" é questionável, não deixa de surpreender o fato de que Oswald de Andrade o entenda, agora, como um fenômeno de democratização estética. O naturalismo aparece aqui, uma vez mais, como uma tentativa de eliminação de qualquer aspecto expressivo ou subjetivo na interpretação da realidade. Se o critério estético é a reprodução objetiva do mundo, qualquer indivíduo que

---

184 Uma exceção é o trabalho de Geneviève Vilnet (2006), que se concentra nas relações dos manifestos de Oswald de Andrade com a fotografia e o cinema.
185 Oswald de Andrade, *A Utopia Antropofágica*, São Paulo, Globo, 2011, pp. 61-62.

dominasse uma técnica própria para isso era capaz de atingir esse critério e se tornar artista. Estava aberto o caminho para o surgimento do "artista fotógrafo":

> [...] veio a pirogravura. As meninas de todos os lares ficaram artistas. Apareceu a máquina fotográfica. E com todas as prerrogativas do cabelo grande, da caspa e da misteriosa genialidade de olho virado — o artista fotógrafo[186].

No primeiro capítulo, foi comentada a associação feita por Oswald de Andrade entre fotografia e reprodução objetiva do mundo, a aderência à realidade que ele conferia à imagem fotográfica. Nessa passagem do manifesto, o escritor parece agora voltar-se não tanto para o modo como essa ligação entre fotografia e realidade contaminava as expectativas do público em relação às exposições de arte, mas sim para o que seriam consequências sociais do surgimento da imagem técnica. Por um lado, a ampliação das possibilidades de alguém se tornar um produtor ou uma produtora de imagens é entendida, talvez com ironia, como democratização estética; por outro, "o artista fotógrafo", passível de ser entendido como o sujeito que emula soluções e artifícios da arte (mais especificamente da pintura), para conferir "artisticidade" a suas imagens, é o novo agente social gerado por esse fenômeno de democratização. Apresentar-se como "artista", ou destacar o caráter artístico de sua atividade, constituía, de fato, uma estratégia publicitária de diversos estúdios fotográficos surgidos no período inicial de expansão comercial da fotografia no país, maneira de sugerir que suas imagens possuíam aquela "artisticidade"[187]. A mera reprodução da realidade, aparentemente, não era suficiente.

---

186 *Idem*, p. 62.
187 Em seu *Noticiario Geral da Photographia Paulistana 1839-1900*, Paulo Goulart e Ricardo Mendes reunem um amplo conjunto de anúncios publicitários desses estúdios, entres os quais, a título de exemplo, pode-se mencionar o reclame divulgando a inauguração (fev. de 1882) do estúdio Photographia Alemã de propriedade de Alberto Henschel & C., que a certa altura afirma: "Os proprietários da Photographia Alemã, embora achem desnecessário falar acerca da perfeição dos seus trabalhos, pois a sua casa da Corte é vantajosamente conhecida nesta capital e província, tem a satisfação de comunicar ao público que só artistas de primeira ordem os auxiliarão nos seus trabalhos" (Paulo Cezar Goulart e Ricardo Mendes, *Noticiario Geral da Photographia Paulistana: 1839-1900*, São Paulo, CCSP/Imprensa Oficial do Estado de São Paulo, 2007, p. 171). Além disso, o anúncio convida o público a conferir a exposição permanente de retratos da nova casa. Outro estúdio, inaugurado em São Paulo, em 1895, pelo austríaco Otto Rudolf Quaas, promovia o caráter artístico das imagens que produzia já desde o nome: Photographia Artistica (*idem*, p. 194). Além disso, é importante não esquecer da foto-pintura, técnica que consistia em pintar,

Esse fenômeno social de expansão em escala industrial da produção de imagens, o tipo de imagem produzida por ele e seu caráter acessível a qualquer pessoa que alcançasse um mínimo de destreza no manejo de um conjunto de procedimentos técnicos, dificilmente seria visto de forma positiva por um escritor interessado na pesquisa das leis de expressão, dos assuntos e dos materiais a serem trabalhados para a criação de um novo classicismo moderno, de uma arte em sintonia com a época e a vida moderna. No entanto, a fotografia era parte dessa vida e precisava ser ao menos reconhecida enquanto tal no diagnóstico de sua época traçado por Oswald de Andrade no manifesto.

Em resposta àquele movimento de democratização, não poderia deixar de surgir uma reação. E, contra a democratização baseada no critério da reprodução objetiva e técnica do mundo, a revolução se processa por uma volta às elites:

[...] as elites começaram desmanchando. Duas fases: 1ª a deformação através do impressionismo, a fragmentação, o caos voluntário. De Cézanne e Mallarmé, Rodin e Debussy até agora; 2ª o lirismo, a apresentação no templo, os materiais, a inocência construtiva[188].

Reaparece aqui, uma vez mais, a aposta de Oswald de Andrade na dimensão construtiva da arte moderna. E a Poesia Pau Brasil será apresentada como a primeira construção brasileira no movimento de reconstrução geral do espírito em que se encontrava a sociedade moderna naquele momento. Na sequência do texto, o escritor lista as leis desse movimento, surgidas da própria dinâmica dos fatores destrutivos apresentados antes (fragmentação, caos voluntário). São sete: a síntese, o equilíbrio, o acabamento técnico, a invenção, a surpresa, uma nova perspectiva e uma nova escala. Dessa vez, além do naturalismo, também o romantismo será alvo dessa dinâmica de reação construtiva: "O trabalho contra o detalhe naturalista — pela síntese; contra a morbidez romântica, pelo equilí-

com tinta a óleo, diretamente sobre uma imagem fotográfica. Em uma série de artigos, publicados no jornal *Correio Paulistano*, em 1898, intitulada "Artes de Amador" e assinada por Zero, o autor introduz o processo aos leitores que desejassem praticá-lo. Esses são alguns entre os muitos exemplos dos modos como a fotografia penetrava na vida cotidiana da sociedade paulistana. Pode-se argumentar que, possivelmente, era esse tipo de penetração que Oswald de Andrade tinha em mente ao falar em democratização estética e no surgimento do "artista-fotógrafo".
188 Oswald de Andrade, *A Utopia Antropofágica*, p. 62.

brio geômetra e pelo acabamento técnico; contra a cópia, pela invenção e pela surpresa"[189].

Mais adiante, contra a ilusão ótica da perspectiva linear, lei que ele considera de aparência, já que os objetos distantes não diminuem efetivamente de tamanho, Oswald de Andrade propõe: "Substituir a perspectiva visual e naturalista por uma perspectiva de outra ordem: sentimental, intelectual, irônica e ingênua"[190]. Essa mudança de perspectiva vinha acompanhada também por uma mudança de escala. Contra um mundo conhecido através das proporções de sua catalogação nos livros e dicionários, o escritor defende a escala da publicidade urbana, o "reclame produzindo letras maiores que torres". A isso se somavam outros fenômenos próprios ao desenvolvimento urbano: "as novas formas de indústria, da viação, da aviação. Postes. Gasômetros. Rails. Laboratórios e oficinas técnicas. Vozes e tics de fios e ondas e fulgurações". Ao escritor não escapa nem mesmo o desenvolvimento da astrofotografia, ao mencionar "estrelas familiarizadas com negativos fotográficos". A "surpresa física" proporcionada por essas novas relações de escala na vida urbana e de posição da humanidade diante do infinito e do cosmos, devia encontrar seu correspondente na arte.

Essa correspondência envolvia também uma reação contra "o assunto invasor, diverso da finalidade". O quadro histórico tornava-se "uma aberração", a "escultura eloquente, um pavor sem sentido". Era preciso uma volta ao que o escritor chama de "sentido puro" diante do mundo e diante da própria arte: "Um quadro são linhas e cores. A estatuária são volumes sob luz. [...] Nenhuma fórmula para a contemporânea expressão do mundo. Ver com olhos livres"[191].

Nesses trechos do *Manifesto da Poesia Pau Brasil*, fica claro como Oswald de Andrade está tentando conciliar os fundamentos da pintura cubista, que ele já conhecia e defendia desde 1922, e que pode aprofundar durante sua estadia em Paris no ano seguinte, com a valorização do que seria algo supostamente característico da realidade e da experiência cultural brasileira, a pureza e a ingenuidade dos olhos não viciados, algo que ele também já havia defendido desde sua interpretação das pinturas de Helios Seelinger, em 1917, quando destacou a "visão tropical" do pintor.

---

189 *Idem*, p. 63.
190 *Idem*, p. 64.
191 *Idem*, pp. 64-65.

É importante observar ainda que, ao dizer que a contemporânea expressão do mundo não deveria ter nenhuma fórmula, Oswald de Andrade pode dar a impressão de defender a transposição desorganizada e caótica da realidade para a arte. No entanto, é preciso ter em mente que, pouco antes, ele havia apresentado as sete leis que organizavam a reação construtiva de que a Poesia Pau Brasil desejava fazer parte. Não podia haver construção sem organização. Leis eram diferentes de fórmulas. Estas conduziam sempre ao mesmo resultado. Aquelas, por constituírem um modo de organização da matéria e do sentimento, segundo o que o escritor anotou em seu caderno, eram mais um meio do que um fim, estavam abertas ao confronto com a vida e aos novos resultados que dele surgissem. E um deles era a Poesia Pau Brasil.

Ao chamar atenção no início do manifesto para o "azul cabralino" dos céus, para os "casebres de açafrão e de ocre nos verdes da favela" como fatos estéticos, bárbaros e nossos, é esse enraizamento na experiência e na vida que ele procura. E essa vida, no caso de um poeta brasileiro, tinha de ser tipicamente brasileira, tinha de conter a "originalidade nativa":

O estado de inocência substituindo o estado de graça que pode ser uma atitude de espírito. O contrapeso da originalidade nativa para inutilizar a adesão acadêmica [...] O melhor de nossa tradição lírica. O melhor de nossa demonstração moderna. Apenas brasileiros de nossa época[192].

Esse é o caminho apontado por Oswald de Andrade para encarar o problema daqueles anos posteriores ao trabalho aberto pela Semana de Arte Moderna. Problema que ele define pela fórmula "ser regional e puro em sua época". Assim, o escritor retoma sua antiga preocupação em prol da arte nacional, mas já completamente integrada ao que ele entendia serem as diretrizes do movimento de reconstrução internacional que se processava em um século de síntese, como ele acreditava que fosse o século XX. Já não se trata mais de reconhecer apenas o valor pictórico da paisagem local, nem de plasmar na tela uma realidade comovida pela personalidade do artista. Trata-se de compreender a poesia que existe nos fatos estéticos característicos da realidade brasileira e de saber

---

192 *Idem*, p. 66.

integrá-los ao quadro levando em conta que um quadro é antes de tudo linhas e cores[193].

◆

O reconhecimento de determinados aspectos da realidade brasileira como "fatos estéticos" presente no manifesto merece ser examinado com mais atenção. Já se teve oportunidade de apontar acima algo da complexidade envolvida na valorização, por Oswald de Andrade e Tarsila do Amaral, da presença dos negros na sociedade brasileira. No manifesto, ela aparece já desde as primeiras frases, quando o escritor menciona os casebres de açafrão e ocre "nos verdes da Favela"; quando afirma ser o carnaval do Rio de Janeiro "o acontecimento religioso da raça", definindo-o como "bárbaro e nosso". Logo depois, ele complementa esse conjunto com uma lista de riquezas brasileiras. A primeira é a própria "formação étnica", seguida da riqueza vegetal, do minério, da cozinha, do vatapá, do ouro e da dança. Aspectos culturais e sociais, como o carnaval, as favelas, a culinária e a dança, aparecem, portanto, ao lado de fontes de riqueza econômica, características geográficas do país exploradas para a obtenção de matéria-prima e mercadorias para exportação. E a própria Poesia Pau Brasil é definida no texto como poesia de exportação.

Em outro trecho no qual a questão racial aparece, Oswald de Andrade cita o que teria sido uma sugestão de Blaise Cendrars aos modernistas: "Tendes as locomotivas cheias, ides partir. Um negro gira a manivela do desvio rotativo em que estais. O menor descuido vos fará partir na direção oposta ao vosso destino"[194]. A sugestão do poeta franco-suíço era clara: a direção na qual os modernistas deviam seguir é apontada simbolicamente por um negro. Era a direção de seu legado à cultura brasileira.

Ainda uma vez a situação racial brasileira será lembrada no manifesto, seguindo a lógica de oposições que atravessa o texto:

---

[193] É inevitável pensar, ao acompanhar o desenvolvimento do pensamento de Oswald de Andrade no manifesto, nas pinturas realizadas por Tarsila do Amaral em 1924 e 1925. Elas serão discutidas no quinto capítulo deste trabalho, em conjunto com a análise do livro *Pau Brasil*.

[194] Oswald de Andrade, *A Utopia Antropofágica*, p. 61.

Temos a base dupla e presente — a floresta e a escola. A raça crédula e dualista e a geometria, a álgebra e a química logo depois da mamadeira e do chá de erva-doce. Um misto de 'dorme nenê que o bicho vem pegá' e de equações[195].

Pelos trechos elencados, é possível perceber uma diferença do manifesto em relação à conferência na Sorbonne, no que diz respeito à compreensão de Oswald de Andrade da ligação entre a formação étnica do país e suas tradições culturais. Se o manifesto, como a conferência, também identifica a reação contra a importação cultural como o esforço intelectual necessário aos escritores brasileiros, o remédio caseiro contra essa importação aparece agora de forma mais elaborada. Esse remédio é agora identificado com aspectos da experiência social cotidiana e popular do país.

Os elementos responsáveis pela reação contra a cultura importada não são mais apenas os cantos negros e caboclos, o rufo dos urucungos, o "sangue negro" de Machado de Assis. A Poesia Pau Brasil estava interessada na convivência de referências culturais a princípio estranhas umas às outras, algo que seria próprio da cultura brasileira:

Obuses de elevadores, cubos de arranha-céu e a sábia preguiça solar. A reza. O carnaval. A energia íntima. O sabiá. A hospitalidade um pouco sensual, amorosa. A saudade dos pajés e os campos de aviação militar. Pau Brasil[196].

A isso somava-se a própria língua, "sem arcaísmos, sem erudição. Natural e neológica. A contribuição milionária de todos os erros. Como falamos. Como somos"[197].

Se na conferência na Sorbonne, possivelmente envolta pela atmosfera de negrofilia parisiense, há um reforço da presença dos negros e, com menos ênfase, dos indígenas na cultura brasileira, no manifesto essa presença já aparece diluída pela ênfase na convivência de elementos e práticas culturais provenientes de diferentes origens, assim como nas novas práticas culturais que essa convivência produzia — as impurezas próprias ao sincretismo cultural, como sugere James Clifford[198]. E

---

195 *Idem*, p. 65.
196 *Idem*, p. 65.
197 *Idem*, p. 61.
198 James Clifford, *Dilemas de la Cultura. Antropología, Literatura y Arte en la Perspectiva Posmoderna*, trad. Carlos Reynoso, Barcelona, Editorial Gradisa, 2001, p. 115.

isso era reconhecido pelo escritor na experiência cotidiana da população do país. Experiência que ele deseja explorar através de uma "prática culta da vida", que se contrapunha à vida catalogada pelo gabinetismo. Experiência que inclui também "o melhor da nossa demonstração moderna", por incipiente e contraditória que fosse, na medida em que essa demonstração se dava em fricção, como irá mostrar a Poesia Pau Brasil, com aquelas tradições e práticas populares[199].

É preciso reconhecer, entretanto, o quanto a valorização das tradições e aspectos cotidianos da vida popular era uma estratégia voltada para fora. Poesia de exportação, diz o manifesto. O caráter da vida popular brasileira interessava aos consumidores da mercadoria modernista a ser exportada e Oswald de Andrade sabia disso. Quem apontou as locomotivas cheias de matéria-prima para os modernistas foi, por assim dizer, um agente intermediário de seus possíveis consumidores. Esses consumidores não eram, e nem se pretendia que fossem, as pessoas que mantinham vivas as práticas culturais valorizadas no manifesto e das quais a Poesia Pau Brasil em parte se servia.

## 12. A conferência de Blaise Cendrars

Como já foi mencionado acima, muito do que Oswald de Andrade vivenciou junto ao meio artístico e literário parisiense se deu por intermédio do contato com o poeta franco-suíço Blaise Cendrars. Ao que tudo indica, foi o escritor brasileiro quem sugeriu a Paulo Prado que convidasse o poeta para conhecer o Brasil. Do grupo de escritores, artistas e poetas com que teve contato na França, Cendrars foi quem pareceu a Oswald de Andrade aquele cujas ideias e realizações mais se aproximavam dos interesses do grupo modernista. Ou, pelo menos, dos seus interesses[200]. Na conferência na Sorbonne, Oswald de Andrade menciona a *Anthologie Nègre* de Cendrars e, no manifesto, insere uma sugestão de que o poeta teria apontado aos modernistas o caminho da valorização da presença dos negros na vida e na cultura brasileiras. Mas essa convergência de interesses não se restringe apenas a esse aspecto.

---

199 Sobre o tema, ver Roberto Schwarz, "A Carroça, o Bonde e o Poeta Modernista", *Que Horas São? Ensaios*, São Paulo, Companhia das Letras, 1987 [2012], pp. 11-28.
200 Embora reconhecesse a importância de Cendrars, Mário de Andrade, desde o artigo que escreveu sobre a chegada do poeta, demonstrou certo incômodo com a presença do poeta no Brasil.

No que diz respeito às artes visuais, um documento bastante útil para verificar outras convergências de ideias entre Cendrars e Oswald de Andrade é o texto de uma das conferências pronunciadas em São Paulo pelo autor de *Du Monde Entier*, pouco depois de sua chegada à cidade. Trata-se de "As tendências gerais da estética contemporânea", "conferência-exposição"[201] que ocorreu no Conservatório Dramático e Musical de São Paulo, em 12 de junho de 1924, e à qual Oswald de Andrade compareceu[202].

Na conferência, Cendrars exibe toda sua aversão ao que, em sua opinião, o século XIX representava para a teoria da arte. As obras de teóricos oitocentistas, entre os quais ele cita Winckelmann e Burckhardt, teriam vulgarizado um culto ao passado, a uma ideia de arte e de beleza clássicas, cuja origem remontava à Renascença. Esse culto teria resultado em uma completa alienação, por parte de poetas, artistas e arquitetos, em relação a tudo aquilo que o presente, o mundo moderno da máquina a vapor, da indústria, do comércio e das finanças, oferecia em termos de experiência do mundo e entendimento do universo:

O presente não existia. Os poetas se isolavam na sua torre de marfim. Os pintores se cercavam de um bricabraque vulgar e copiavam, copiavam. A escultura mergulhava no mais sinistro realismo. Os arquitetos não sabiam mais construir uma casa. [...] Não se sabia mais abrir os olhos. Todo mundo usava óculos, e segundo a excitação de cada um, óculos florentinos, óculos romanos, óculos atenienses[203].

Concluindo essa argumentação, Cendrars cita uma frase do filósofo e poeta estadunidense Ralph Waldo Emerson, que entende o século XIX como retrospectivo e não criador, produzindo uma arte baseada em imitação e pesquisa. Era pre-

---

201 A exposição era composta por telas de Fernand Léger, Robert Delaunay, Albert Gleizes, Gino Severini, existentes (algumas recém-adquiridas) em coleções paulistanas, além de trabalhos de Lasar Segall e Tarsila do Amaral, que havia pintado *E.F.C.B.* especialmente para a ocasião (Alexandre Eulalio, *A Aventura Brasileira de Blaise Cendrars...*, p. 133).
202 Antes da "conferência-exposição", em 21 de fevereiro de 1924, Cendrars pronunciou sua primeira conferência em São Paulo, sobre poetas modernos, também no Conservatório Dramático e Musical. Em 28 de maio, participou do V Ciclo de Encontros da Villa Kyrial, falando sobre "A Literatura Negra" (Carlos Augusto Calil, "As Palestras de Cendrars em São Paulo", em Alexandre Eulalio, *A Aventura Brasileira de Blaise Cendrars...*, pp. 129-133).
203 Blaise Cendrars, "As Tendências Gerais da Estética Contemporânea [1924]", em Alexandre Eulalio, *op. cit.*, pp. 138-139.

ciso se desvencilhar dos olhos do século XIX e procurar leis, culto, trabalho e arte próprios às terras novas, aos homens novos e aos pensamentos novos que surgiam.

Cendrars enumera, em seguida, as diversas agitações políticas e militares por que passavam vários países da Europa, num amplo processo de revisão de valores que buscava não mais "uma verdade abstrata", mas o "sentido verdadeiro da vida". Países novos, como os Estados Unidos da América e os então assim chamados Estados Unidos do Brasil, são valorizados enquanto "síntese de raças, de crenças, de princípios", portadores do "complemento bem novo de sua verdadeira democracia"[204] e, por isso, exemplos a seguir. Tal descrição ignora os muitos problemas políticos e sociais enfrentados por ambos os países, entre os quais, para citar apenas um exemplo, a segregação racial norte-americana. No caso brasileiro, além da segregação racial velada, as primeiras décadas do século XX foram marcadas por greves, revoltas e insurreições populares e militares, reprimidas com energia e, por vezes, sem qualquer preocupação com a segurança da população civil, como foram os casos da chamada Revolta da Chibata, em 1910, e do conflito iniciado poucos menos de um mês depois da conferência de Cendrars, conhecido como Revolução de 1924, de que o poeta seria testemunha em São Paulo[205]. Fora do campo idealizado da "síntese de raças, de crenças, de princípios", a sociedade brasileira era pródiga em exemplos das fragilidades de sua democracia.

Na conferência, porém, interessava ao poeta demonstrar como as artes, "em colaboração estreita com os engenheiros"[206], deviam participar daquele processo de refundição dos valores humanos vivenciado nas primeiras décadas do século 20, um processo que produzia, prossegue Cendrars, uma nova forma de sociedade humana. Essa nova forma de organização social que "enlaçava" e "moldava" o mundo inteiro nada mais era do que "a grande indústria moderna do tipo capitalista"[207]. Na sequência, o poeta descreve alguns elementos do processo de

---

204 *Idem*, p. 139.
205 Para o cenário de revoltas e insurreições na Primeira República, ver os capítulos "A consolidação da República: rebeliões de ordem e progresso" e "Religião e política no alvorecer da República: os movimentos de Juazeiro, Canudos e Contestado", em Jorge Ferreira & Lucilia de Almeida Delgado, *O Tempo do Liberalismo Excludente — Da Proclamação da República à Revolução de 1930*, 2014. Especificamente sobre as greves operárias de 1917 e 1918 ocorridas em São Paulo, ver os capítulos "Duas Mobilizações" e "Assimilação e Repressão", em Boris Fausto, *Trabalho Urbano e Conflito Social: 1890-1920*.
206 Blaise Cendrars, "As Tendências Gerais da Estética Contemporânea [1924]", p. 139.
207 *Idem, ibidem*.

produção capitalista, de sua necessidade constante por matéria-prima para a produção de mercadorias e das consequências dessa necessidade para a natureza das regiões onde esse processo de produção se instalava. Ele descreve a criação de novas rotas comerciais após o término da Primeira Guerra, identificando, como viajante experimentado que era, um processo de "uniformização" de cidades em países estranhos histórica e geograficamente, e conclui: "a indústria moderna é a artífice infatigável de uma obra que tende a uniformizar, senão o planeta, ao menos cada uma das zonas do planeta"[208]. Cendrars identifica, então, a lei que rege essa nova sociedade humana, que teria na monotonia uma de suas expressões:

[...] esta monotonia que invade cada vez mais o mundo, e esta monotonia que alguns deploram, esta monotonia é justamente o signo de nossa grandeza. Ela é a marca de uma unidade e é a expressão de uma lei que rege toda nossa atividade moderna: a Lei da Utilidade[209].

Estaria aí indicada aquela "unidade de pensamento coletivo e anônimo", sobre a qual Oswald de Andrade especulava em seu caderno de anotações? O tópico seguinte da conferência de Cendrars descreve aquela lei "formulada pelos engenheiros" e que o poeta afirma ser "um princípio estético e talvez a única lei estética que conhecemos hoje em dia e que podemos formular"[210]. A lei da utilidade consistiria na própria beleza que reside na utilidade de um instrumento, de uma técnica, de uma invenção que torna a vida humana mais simples, que satisfaz, pela simplificação, a necessidade do homem moderno. Em nenhum momento, porém, o poeta discute a que interesses políticos ou econômicos serve a simplificação ou, dito de outro modo, quem lucra e quem perde com aquela uniformização da vida.

Cendrars prossegue descrevendo as criações estéticas dos engenheiros e as novas formas plásticas por eles criadas. Primeiro, a paisagem: estradas, vias férreas, canais, linhas elétricas de alta tensão, tubulações de água, pontes, túneis: "todas essas linhas retas e essas curvas que dominam a paisagem contemporânea lhe impõe sua geometria grandiosa. Vejam o traçado da São Paulo Railway Co.". Ele cita também a monocultura como "um do mais poderosos agentes de

---

208 *Idem*, p. 140.
209 *Idem*, p. 141.
210 *Idem, ibidem*.

transformação da paisagem contemporânea" e menciona a fazenda São Martinho, propriedade da família Prado, na região de Ribeirão Preto, a mesma fazenda que dá título a uma das seções do livro *Pau Brasil*. Cendrars compara o método de plantação dos cafezais com o jardim de Versalhes e prefere a "monotonia viva" da "bela superfície ondulada" dos primeiros, em vez do "pitoresco natimorto", do "rococó e [da] afetação" do segundo[211].

O conferencista descreve, então, a evolução do design e dos materiais utilizados na fabricação dos transportes coletivos e automóveis. Contrapondo-os ao veículo a cavalo "de antigamente", mas que ainda circulava nas ruas do centro de São Paulo, ele afirma: "É um conjunto novo de linhas e formas, uma verdadeira obra plástica, quase uma peça de museu"[212]. Do automóvel ele passa para o avião, "a mais bela das criações do engenheiro", não sendo suplantada plasticamente nem mesmo pela escultura de Brancusi.

O poeta retoma, em seguida, o problema da reelaboração desse novo mundo de formas em linguagem artística, abordando o que considera a insuficiência do realismo para esse fim. Embora Cendrars não aprofunde a discussão, presume-se que a insuficiência do realismo seria tratar o mundo enquanto realidade exterior, ao passo que, para o poeta, a estética das máquinas representava um prolongamento de sua própria personalidade, uma realização de seus pensamentos mais íntimos, um aperfeiçoamento de seus sentidos[213]. Por isso, seria um erro considerar a estética das máquinas enquanto "realidades exteriores dotadas de animismo", apenas porque as máquinas se movem. E essa seria a atitude realista diante da máquina.

Como contraponto, Cendrars oferece um primeiro exemplo, exposto no ambiente onde ocorria a conferência, de linguagem artística que realizou com êxito o estudo das novas formas plásticas que ele havia descrito: o quadro *A Torre Eiffel*, de Robert Delaunay. Depois de relembrar sua amizade com o pintor, o poeta discute os processos de pesquisa empírica da luz solar e da torre Eiffel empreendidos pelo pintor, para afirmar que "nenhuma fórmula da arte conhecida até então podia ter a pretensão de resolver plasticamente o caso da torre Eiffel"[214]. Por "caso da torre Eiffel", Cendrars entendia não apena a experiência visual, mas também urbanísti-

---

211 *Idem, ibidem.*
212 *Idem*, p. 142.
213 *Idem, ibidem.*
214 *Idem*, p. 145.

ca e corporal da torre. Ele enumera as mudanças de escala e de forma que se podia verificar ora se posicionando em diferentes plataformas da torre, ora ao observá-la de diferentes pontos da cidade e aponta a solução alcançada pelo pintor:

> [...] ele a desarticula para fazê-la entrar no seu quadro, ele a trunca e a inclina para dar-lhe seus trezentos metros de vertigem, ele adota dez pontos de vista, quinze perspectivas, tal parte é vista de baixo, outra do alto; as casas que a circundam são pegas pela direita, pela esquerda, pelo alto e terra-a-terra. Acho que ficou bastante bom[215].

Ficavam, assim, demonstradas aos presentes as razões pelas quais nem o realismo, nem "a Renascença", poderiam resolver o "caso" da Torre Eiffel. Depois dessa demonstração da inutilidade das fórmulas instituídas da arte diante de um problema plástico moderno, Cendrars prossegue apresentando "os pintores cubistas" e também o movimento "pós-cubista", entre os quais inclui Fernand Léger, o próprio Delaunay, Lasar Segall e Tarsila do Amaral, representados na exposição no conservatório.

Nesse trecho, as anotações do poeta para a conferência começam a ficar mais fragmentadas, dando a impressão de que ele anotou ideias que desenvolveria de improviso. Uma delas, já conhecida de Oswald de Andrade, que estava presente na plateia, era de que Cézanne havia indicado o caminho da "regeneração da pintura". Para Cendrars, no entanto, a contribuição do pintor tinha sido apenas essa. A geração cubista teria aprendido com Cézanne não o classicismo que ele desejava alcançar para a pintura impressionista, mas a "deformação", entendida por Cendrars como uma "tradição humana"[216].

De Picasso, que ele lamenta não ter nenhum quadro para mostrar, o poeta destaca "a influência dos negros" contra o "tema nobre". Menciona a pesquisa de materiais nas telas do pintor espanhol e o "gigantismo" de sua pintura atual. De modo semelhante a Oswald de Andrade em "Ambientes intelectuais de Paris", aponta Gleizes como "o teórico do grupo [cubista]" e menciona muito rapidamente Georges Braque, Francis Picabia e Marcel Duchamp, para retornar às telas em exposição, comentando as obras de Léger, Segall e Tarsila do Amaral. Do primeiro, ele

---

215 *Idem*, p 146.
216 *Idem*, p. 148.

destaca "a estética da máquina", que substituía "o grande tema de David"[217]. Segall aparece como "contribuição humana russa", ao lado de Chagall. Por fim, os tópicos anotados sobre Tarsila do Amaral destacam "as bombas de gasolina", "a arquitetura em formação", o "exotismo e síntese industrial" e "um pouco de ternura", presente na tela *Morro da Favela*[218].

Ao final desse sobrevoo pelas telas expostas, Cendrars conclui com um comentário sobre uma dimensão ética daquelas pesquisas plásticas:

A ambição dos pintores de hoje de que acabo de falar-lhes, é não mais fazer quadros, mas de participar, de colaborar da maneira mais estreita com o conjunto da Vida contemporânea. Pragmatismo otimista e alegria de viver e de agir[219].

Comparando-se o conteúdo da conferência de Cendrars com aqueles do caderno de notas de Oswald de Andrade, dos textos que enviou de Paris e do artigo "Ambientes intelectuais de Paris", é possível verificar convergências em diversos pontos, envolvendo especialmente o entendimento que o escritor brasileiro aprofundou a respeito das "leis de expressão" de cada linguagem artística, assim como da relação entre a obra de arte e a época a qual pertence. Se esses já eram assuntos discutidos por Oswald de Andrade em textos anteriores à sua passagem por Paris em 1923, o contato com Cendrars certamente contribuiu para a consolidação no pensamento do escritor da ideia de classicismo moderno e do que o Brasil tinha a oferecer na construção dessa ideia.

Mas agora Oswald de Andrade já não estava mais em Paris. Seus artigos e manifestos são recebidos de diferentes maneiras no Brasil, proporcionando novas interlocuções. As reações a suas ideias, assim como os novos direcionamentos do movimento modernista e as posições assumidas por Oswald de Andrade diante de seu fracionamento em diferentes grupos, que culminaram na publicação do *Manifesto Antropófago*, serão objeto do terceiro capítulo.

---

217 *Idem*, p. 151.
218 *Idem, ibidem*.
219 *Idem, ibidem*.

# Capítulo 3

# Bárbaro e nosso

1. Monumentalistas de Ouro Preto

No capítulo anterior foi visto como, já na conferência da Sorbonne, Oswald de Andrade demonstrava um desejo de vincular o movimento modernista ao passado colonial brasileiro, ao afirmar que Victor Brecheret trabalhava seu estilo tendo como inspiração a "estatuária negro-indiana da colônia", citando Aleijadinho, Chagas, o Cabra, e Mestre Valentim como os principais escultores do período colonial. Como o escritor não se estende nos comentários sobre a produção dos três artistas, é difícil saber até que ponto ele de fato conhecia seus trabalhos, ou se se apoiava na leitura, por exemplo, do estudo *A Arte Religiosa no Brasil*, publicado por Mário de Andrade entre 1919 e 1920[1], ou ainda no livro *Artistas Baianos*,

---

[1] Depois de regressar de sua primeira viagem a Minas Gerais em junho de 1919, Mário de Andrade publicou na revista *A Cigarra* (ano 6, n. 123, São Paulo, 1 nov. 1919), o texto de uma conferência pronunciada na Congregação da I. C. de Santa Efigência, sob o título "A Arte Religiosa no Brasil. Triunfo Eucarístico de 1733". No ano seguinte, publicou mais quatro crônicas sobre o mesmo tema na *Revista do Brasil* (números 49, 50, 52 e 54, respectivamente de janeiro, fevereiro abril e junho de 1920). Os textos foram reunidos postumamente em Mário de Andrade, *A Arte Religiosa no Brasil*, São Paulo, Experimento/Giordano, 1993.

do pintor e intelectual nascido na Bahia, Manuel Querino, publicado no Rio de Janeiro, em 1909[2].

Do que se conhece de sua biografia, só é possível afirmar com segurança que Oswald de Andrade teve contato com obras de um daqueles escultores pela primeira vez durante a viagem às cidades históricas mineiras, realizada em abril de 1924, junto com uma caravana composta por seu filho Nonê, Olívia Guedes Penteado, Goffredo da Silva Telles, Rhené Thiollier, Mário de Andrade, Blaise Cendrars e Tarsila do Amaral. Nas palavras do jornal *Diário de Minas*, para o qual o escritor concedeu uma entrevista em Belo Horizonte, o grupo compunha uma verdadeira "embaixada artística" paulista.

A importância dessa viagem para a pintura produzida por Tarsila do Amaral, entre 1924 e 1925, já foi largamente comentada, tendo por base o próprio depoimento da artista[3]. Igualmente, com relação à produção poética e ao pensamento sobre arte de Oswald de Andrade, pode-se afirmar que essa experiência não foi menos impactante. De modo que será útil investigar o que o escritor deixou de impressões da viagem na entrevista acima mencionada, publicada em 27 de abril, quando a caravana já havia visitado São João del Rei, Tiradentes e Sabará, parando em Belo Horizonte, antes de prosseguir, voltando, rumo a Ouro Preto, Congonhas do Campo e outras cidades.

Logo no início do relato de suas impressões, o escritor aponta a urgência da preservação das cidades antigas mineiras, vítimas de "criminosa devastação". Ainda assim, ele as situa entre "as mais belas do mundo". Com relação à arquitetura das cidades que visitara, Oswald de Andrade as entende como "uma censura viva aos inconscientes que pretendem transplantar para o nosso clima o horror

---

2   Manuel Querino, *Artistas Bahianos*, Rio de Janeiro, Imprensa Nacional, 1909.
3   Em "Pintura Pau-Brasil e Antropofagia", texto publicado, em 1939, na *Revista Anual do Salão de Maio*, a pintora afirma: "As decorações murais de um modesto corredor de hotel; o forro das salas, feito de taquarinhas coloridas e trançadas; as pinturas das igrejas simples e comoventes, executadas com amor e devoção por artistas anônimos; o Aleijadinho, nas estátuas e nas linhas gerais da sua arquitetura religiosa, tudo era motivo para as nossas exclamações admirativas. Encontrei em Minas as cores que adorava em criança. Ensinaram-me depois que eram feias e caipiras. Segui o ramerrão do gosto apurado... Mas depois vinguei-me da opressão, passando-as para as minhas telas: azul-puríssimo, rosa-violáceo, amarelo-vivo, verde-cantante, tudo em gradações mais ou menos fortes, conforme a mistura de branco. Pintura limpa, sobretudo, sem medo de cânones convencionais. Liberdade e sinceridade, uma certa estilização que a datava à época moderna". (Tarsila do Amaral, *Crônicas e Outros Escritos de Tarsila do Amaral*, Editora da Unicamp, 2008, p. 720).

dos bangalôs e das casas de pastelaria"[4]. Ele dirige essa censura à capital mineira, que apresentava, assim como São Paulo e Rio de Janeiro, "uma desordem banal copiada de todos os estilos"[5]. O contraponto que as cidades antigas ofereciam à arquitetura importada eram "as cores vivas e o aspecto sólido e calmo das casas mineiras", cujo "cor-de-rosa das fachadas, o abrigo dos beirais e o azul das janelas" teriam nascido da própria paisagem e "tradição" brasileiras, estando por isso naturalmente de acordo com ambas. Na opinião do escritor, seria um crime substituir essa arquitetura genuína pelas "cores cinzentas da Europa"[6].

Oswald de Andrade tem a mesma opinião com relação à imaginária religiosa. Para ele, seria igualmente um crime "substituir nos altares as imagens maravilhosas feitas à mão pelos santeiros por uma súcia de santos almofadinhas e sem caráter definido, saídos da industrialização italiana e alemã"[7]. Isso porque tanto a arquitetura quanto as imagens religiosas pertenciam ao que ele chama de "civilização do ouro", uma civilização que julga não ser inferior a qualquer outra correspondente na Europa, apenas tendo sido construída com materiais menos nobres. Assim, seja na arquitetura ou na escultura, para o escritor:

[...] o Aleijadinho não fica atrás dos monumentalistas do Vaticano. Apenas não tendo os mesmos recursos, não podia produzir a mesma obra.

Idêntico milagre de harmonia e bom gosto se repete nos velhos palácios e nas moradias que visitamos[8].

Mais adiante, depois de sugerir que o progresso que se realizava em Minas Gerais era o que poderia salvar a arquitetura de Belo Horizonte, com a introdução dos edifícios modernos e arranha-céus de cimento armado, Oswald de Andrade volta a insistir na urgência da defesa das cidades históricas. Propõe que, nessas cidades, se adapte o "lindo estilo colonial às necessidades de conforto e aumento", preservando, no entanto, o seu caráter. Além disso, reitera a necessidade de uma

---

4 Oswald de Andrade, *Os Dentes do Dragão: Entrevistas*, São Paulo, Globo, 2009, p. 28.
5 *Idem*, p. 29.
6 *Idem* p. 28.
7 *Idem, ibidem*.
8 *Idem*, p. 29.

defesa severa das igrejas, mobiliário, imagens e "demais monumentos atestadores de nosso opulento e maravilhoso passado"[9].

Na conclusão da entrevista, o escritor sugere ainda que a defesa desse patrimônio poderia impulsionar, através do turismo, a própria economia mineira: "Feito isso, o turismo que Minas merece será com certeza uma das suas melhores fontes de riqueza e vitalidade"[10]. Por essas opiniões, fica clara sua preocupação com a preservação do patrimônio cultural construído pelo que ele nomeia de "civilização do ouro". Como se verá adiante neste trabalho, em outras oportunidades ao longo de sua trajetória intelectual, essa preocupação será formalizada em documentos destinados ao poder público.

## 2. Modernismo atrasado

Ao retornar para São Paulo, Oswald de Andrade ocupou-se com a organização da conferência-exposição de Blaise Cendrars comentada no capítulo anterior, com sua própria conferência "Ambientes Intelectuais de Paris", e especialmente com a publicação de *Memórias Sentimentais de João Miramar*, primeiro experimento literário no qual o escritor busca alinhar-se às pesquisas de vanguarda que conheceu em Paris, retrabalhando um texto em processo desde 1916. O romance foi lançado em junho de 1924, com capa de Tarsila do Amaral. Paralelamente, ele já vinha se dedicando também à escrita dos poemas que iriam compor o livro *Pau Brasil*, publicado no segundo semestre do ano seguinte, além de trabalhar na escrita de *Serafim Ponte Grande*, livro que só publicaria em 1933.

No mês de lançamento de *Memórias Sentimentais de João Miramar*, Oswald de Andrade se envolveu em uma polêmica com Graça Aranha, por conta da conferência "O Espírito Moderno", proferida pelo filósofo maranhense na Academia Brasileira de Letras, em 19 de junho de 1924. Aranha apoiava o grupo dos modernistas de São Paulo e do Rio de Janeiro, desde a realização da Semana de Arte Moderna, quando emprestou ao evento seu prestígio de membro da Academia, pronunciando a conferência "A Emoção Estética na Arte Moderna". Pouco mais de dois anos depois, expandiu esse apoio ao questionar de dentro os fundamentos

---

9   *Idem*, p. 30.
10   *Idem, ibidem*.

da própria existência no Brasil de uma instituição como a Academia, defendendo ao mesmo tempo sua abertura aos escritores modernos.

Antes de chegar a isso, porém, a conferência traçava um diagnóstico sobre as características do que seria o "espírito moderno", apresentando considerações sobre o estado atual da pintura — especialmente sobre o cubismo —, da escultura e da literatura no início do século XX. Inspirado em parte por ideias de natureza científica, como a relação entre matéria e energia, Aranha distinguia o espírito moderno do romântico, seu antecessor imediato, pelo abandono do subjetivismo na direção do que ele nomeia de "objetivismo dinâmico".

É nesse contexto que o filósofo situa suas considerações a respeito do movimento de renovação da língua brasileira, que ele identificava junto ao grupo de escritores modernistas de São Paulo e Rio de Janeiro. Mas, para situá-los nesse panorama mais amplo sobre o espírito moderno e delimitar a singularidade daqueles escritores, definindo o trabalho que eles deveriam realizar no Brasil, o filósofo retoma parte de suas interpretações em *Estética da Vida* sobre a constituição cultural do país, discutidas no segundo capítulo deste trabalho. Dessa vez, porém, Aranha afirma de modo muito mais assertivo que as populações indígenas não teriam deixado qualquer legado proveitoso para a construção da cultura brasileira, além de silenciar sobre a presença africana no país. Para o filósofo: "Toda a cultura nos veio dos fundadores europeus"[11].

Apesar disso, ele reconhece que o Brasil não era um tipo de civilização "exclusivamente europeu", tendo sofrido "as modificações do meio e da confluência das raças povoadoras do país"[12]. Na verdade, como ele esclarece na sequência, o Brasil sequer teria constituído um tipo de civilização, estando ainda num estágio de "esboço". Para Aranha, justamente tal "esboço" de civilização deveria ser o ponto de partida para a criação da "verdadeira nacionalidade" por escritores e artistas.

Por outro lado, o trabalho de construção da verdadeira nacionalidade, se tinha na cultura europeia sua principal referência, precisava se desvencilhar da mera imitação, atitude que teria predominado até então no país, da literatura à organização política: "A cultura europeia deve servir não para prolongar a Europa, não

---

11 Graça Aranha, "O Espírito Moderno", *Espírito Moderno*, São Paulo, Editora Monteiro Lobato, 1925, p. 36.
12 *Idem, ibidem.*

para obra de imitação, sim como instrumento para criar coisa nova com os elementos, que vêm da terra, das gentes, da própria selvageria inicial e persistente"[13].

Na sequência de sua explanação, Aranha se posiciona sobre esse último aspecto, discutindo a atitude que os escritores brasileiros deveriam assumir frente à "selvageria inicial e persistente" do país. Na verdade, ele dirige uma dura crítica aos escritores que, em sua opinião, procuravam "dar de nossa vida a impressão de selvageria"[14]. Haveria uma confusão nas experiências desses escritores, pois, diz o filósofo, "ser brasileiro não significa ser bárbaro". Sem nomear a quem exatamente dirige sua crítica, Aranha qualifica aqueles escritores que apresentavam a vida brasileira como selvagem, como pedantes literários, produtores de uma "falsa literatura", argumentando que seu "primitivismo" era um ato de vontade e não um ato espontâneo como seria o dos "verdadeiros primitivos", entendidos pelo filósofo como "pobres de espírito, simples e bem-aventurados". Aquele primitivismo forjado, na medida em que se tratava de um artifício, se aproximava do próprio padrão acadêmico, também ele artificial, por ele criticado. Assim, Aranha conclui suas ponderações afirmando:

> Ser brasileiro não é ser selvagem, ser humilde, escravo do terror, balbuciar uma linguagem imbecil, rebuscar os motivos da poesia e da literatura unicamente numa pretendida ingenuidade popular, turvada pelas influências e deformações da tradição europeia. Ser brasileiro é ver tudo, sentir tudo como brasileiro, seja a nossa vida, seja a civilização estrangeira, seja o presente, seja o passado. É no espírito que está a manumissão nacional, o espírito que pela cultura vence a natureza, a nossa metafísica, a nossa inteligência e nos transfigura em uma força criadora, livre e construtora da nação[15].

O autor do *Manifesto da Poesia Pau Brasil* se reconheceu como alvo das palavras de Aranha e se defendeu no artigo "Modernismo Atrasado", assinado por ele e com a data de 22 de junho de 1924, e publicado na revista carioca *Para Todos*. Para além das críticas à retórica especulativa, ao excesso e ao ecletismo das referências teóricas invocadas pelo filósofo na conferência, além do caráter tardio e confuso do contato de Aranha com a produção artística e literária moderna, a resposta de Oswald de Andrade apresenta alguns pontos interessantes no que diz

---

13 Graça Aranha, "O Espírito Moderno", *Espírito Moderno*, pp. 36-37.
14 *Idem*, p. 44.
15 *Idem*, pp. 43-44.

respeito tanto às artes visuais, quanto ao modo como o escritor se percebia em relação aos demais escritores brasileiros citados na conferência[16].

Especificamente sobre as artes visuais, Oswald de Andrade comenta muito rapidamente a menção a Victor Brecheret na conferência. O escritor cita-o ao lado de Villa-Lobos e de si mesmo entre os "exemplos nacionais inconsequentes", escolhidos por Aranha para ilustrar sua conferência. Depois de qualificar o compositor como um "debussyista zangado" e a si mesmo como um "escritor romântico de livros velhos e sentimentais e atual cultivador da madeira brasileira em poesia", Oswald de Andrade se refere a Brecheret como um "escultor de assuntos"[17].

Essa denominação parece indicar que, depois de ter visto em Paris a "sublimidade" da síntese plástica experimentada por Brancusi, como ele mesmo afirmou em "Ambientes Intelectuais de Paris", Oswald de Andrade pode ter revisto sua posição em relação à obra de Brecheret, percebendo-o agora como um escultor "de assuntos". No artigo, ele não desdobra essa afirmação, mas um dado a se considerar é que nos textos de Oswald de Andrade analisados neste trabalho, ele não fará mais qualquer menção à obra do escultor até 1926, quando inclui uma digressão sobre Brecheret em uma de suas colunas "Feira das Quintas", a ser comentada a seguir.

Além dessa rápida menção a Brecheret, outro ponto do artigo que tangencia as artes visuais é a acusação feita por Oswald de Andrade de que Graça Aranha havia conhecido o cubismo poucos meses antes de sua conferência na Academia, enquanto tomava chá com Paulo Prado e ele, no ateliê de Tarsila do Amaral em Paris. Procurando desqualificar o modo como Aranha havia criticado o cubismo na conferência, Oswald de Andrade sugere que a apreciação do filósofo sobre o movimento vinculava-se menos às telas que viu no ateliê da artista[18] e mais às teorias que agitaram Paris até o armistício, supostamente lidas por Aranha nos volumes da revista *L'Esprit Nouveau*; revista que, como discutido no primeiro capítulo, o próprio Oswald de Andrade também acompanhava.

---

16  Na conferência, Aranha cita os seguintes artistas e escritores enquanto representantes do espírito moderno no Brasil: Villa-Lobos, Victor Brecheret, Ronald de Carvalho, Guilherme de Almeida, Mário de Andrade, Renato Almeida, Jackson de Figueiredo, Agrippino Griecco, Manuel Bandeira, Paulo Silveira, Tristão de Athayde, Menotti del Picchia, Ribeiro Couto e Oswald de Andrade.
17  Oswald de Andrade, "Modernismo Atrasado", *Para Todos*, ano 6, n. 290, 5 jul. 1924.
18  Ao mencionar a pintora, o escritor destaca sua "coleção de telas cubistas", assim como quadros de sua autoria, qualificados como "de transição" e "filiados" ao cubismo.

Na sequência, ele demonstra como Aranha ignorava o cubismo até o chá no ateliê de Tarsila do Amaral citando um trecho do livro *A Estética da Vida*, publicado em 1921, no qual o filósofo expunha sua opinião sobre a pintura moderna, dizendo ser ela decorativa, fácil e superficial em sua fantasia colorista. Para Oswald de Andrade, essa visão se opunha àquela exposta pelo filósofo na conferência de 1924, em que Aranha sugeria que o principal problema do cubismo seria seu "intelectualismo" derivado de teorias que remontavam a Platão e Kant. Isso fazia do cubismo, segundo o escritor, tudo menos uma arte superficial; a diferença entre o que o filósofo disse em 1921 e em 1924 não só demonstrava que Aranha havia conhecido o cubismo há pouco tempo, mas também que sua compreensão do movimento era "filha de um chá elegante, onde sandwichs e broinhas exageram a importância espiritual dos primeiros quadros da escola"[19]. Ou seja, Aranha teria, para Oswald de Andrade, uma visão superficial do cubismo.

Isso permite perceber alguns pontos importantes: primeiro, que Oswald de Andrade tinha clareza sobre a diferença entre o cubismo praticado antes e depois da Primeira Guerra, uma clareza que ele acreditava que Graça Aranha não tinha. Cubismo não era para ele uma indicação genérica, mas uma "escola" que já tinha uma história; o segundo ponto é justamente esse, o cubismo é nitidamente entendido por Oswald de Andrade enquanto *escola*. Em 1922, como discutido no primeiro capítulo, o escritor havia negado que o cubismo fosse uma escola, apontando-o antes como um movimento geral de reação construtiva da pintura moderna. Agora, em 1924, sem a necessidade da retórica de independência que predominava nos textos da coluna "Semana de Arte Moderna", e conhecendo as práticas de ensino artístico de Lhote, Gleizes e Léger, já não era um problema assumir que o cubismo era uma escola de pintura, à qual, por sinal, ele filia os "quadros de transição" produzidos por Tarsila do Amaral naquele ano[20].

---

19 Oswald de Andrade, "Modernismo Atrasado", *Para Todos*, ano 6, n. 290, 5 jul. 1924.
20 Como se sabe, a própria artista, em entrevista concedida logo que retornou ao Brasil, depois do ano de estudos nos ateliês cubistas de Paris, afirmou que estava ligada ao cubismo, movimento que considerava um "serviço militar": "— *A senhora é cubista?* — Perfeitamente. Estou ligada a esse movimento que tem produzido seus efeitos nas indústrias, no mobiliário, na moda, nos brinquedos, nos quatro mil expositores do Salon d'Automne e dos Independentes. [...] — *Mas se [o cubismo] É uma Escola, Deve Escravizar.* — Não. Há leis gerais às quais não podemos escapar. Essas persistem. Como exemplo de liberdade cubista, chamo a atenção para dois nomes: Fernand Léger e Albert Gleizes. Esses artistas, submetendo-se às leis gerais, seguem caminhos completamente diferentes. O cubismo é exercício militar. Todo o artista, para ser

No que diz respeito ao modo como entendia sua posição em relação aos demais escritores citados por Aranha, assim como em relação à crítica feita por este ao "primitivismo" na literatura brasileira, a resposta de Oswald de Andrade aponta com clareza o caminho que o escritor havia planejado ao publicar o *Manifesto da Poesia Pau Brasil*, meses antes da conferência. O escritor transcreve o trecho da conferência em que Aranha se referia aos escritores que exploravam a selvageria da vida brasileira, repreendendo o filósofo por não o ter nomeado abertamente. Em seguida, afirma se sentir muito mais "à vontade" empreendendo aquela investigação primitivista "do que de braços pela Avenida das Nações com o barulho metafísico do Renato Almeida e a sabença do meu ainda caro Mário Andrade, atrás da charola do emboaba Graça Aranha"[21].

Oswald de Andrade está claramente recusando ser listado genericamente como parte de um grupo que ele nomeia em outro trecho de "Espalha-Brasas ilustres", reivindicando para si um caminho singular, que se desviava até mesmo de Mário de Andrade. Ao final da resposta, no entanto, ele esclarece que o fato de não se vincular a um tipo de pesquisa de linguagem como a dos escritores aos quais Aranha o havia vinculado, nem por isso ele permanecia apenas na pesquisa do que seria "bárbaro" na vida brasileira, abdicando das "conquistas atualistas". Ao contrário, Oswald de Andrade faz questão de lembrar seu histórico na defesa dessas conquistas, possivelmente referindo-se a seus artigos publicados de 1921 em diante.

Sua resposta, portanto, não é apenas uma defesa contra os ataques de Aranha, mas representa também a delimitação de uma fronteira entre as pesquisas que ele vinha desenvolvendo, buscando alinhar às "conquistas atualistas" a "selvageria" da vida brasileira, e a produção dos demais escritores vinculados ao movimento modernista por Aranha. Além disso, a resposta de Oswald de Andrade configura uma ruptura com o próprio Graça Aranha e com o que seus escritos representavam, na opinião do escritor, em termos de "discurseira passadista". A resposta pode também ser compreendida como uma reação diante da suposta vontade do filósofo de assumir uma liderança junto ao grupo de modernistas e um dos primeiros sinais de que esse grupo não tinha a homogeneidade que a con-

---

forte, deve passar por ele" (Aracy Amaral, *Tarsila: Sua Obra e Seu Tempo*, 3. ed. rev. e ampl., São Paulo, Editora 34/Edusp, 2003[2010], pp. 418-419).
21  Oswald de Andrade, "Modernismo Atrasado", *Para Todos*, ano 6, n. 290, 5 jul. 1924.

ferência dava a entender. Os anos seguintes mostraram que, de fato, o "espírito moderno" no Brasil assumiria múltiplas e conflitantes formas.

◆

No início do mês de julho, estourou em São Paulo a chamada Revolução de 1924, que resultou na ocupação das ruas e de alguns edifícios públicos da cidade pelas tropas de Isidoro Dias Lopes por mais de 20 dias. Até o retorno de Carlos de Campos, então presidente do Estado, ao Palácio dos Campos Elíseos, em 28 de julho, diversos pontos da capital paulista foram bombardeados tanto pelos rebeldes como pelas forças legalistas enviadas pelo governo federal. Assim como muitos que tinham condições para isso, Oswald de Andrade saiu da cidade, refugiando-se na Fazenda Sertão, propriedade do pai de Tarsila do Amaral[22]. Em setembro, a artista viajou novamente para Paris e Oswald de Andrade permaneceu em São Paulo, ao que se sabe cuidando de negócios. O casal iniciou intensa correspondência amorosa e, no final de novembro, o escritor seguiu ao encontro da pintora, formalizando em dezembro o pedido de casamento.

## 3. Ambientes intelectuais de São Paulo

Existem poucas informações sobre a atuação de Oswald de Andrade no Brasil, no segundo semestre de 1924, até seu embarque para Paris. Por uma carta enviada por Mário de Andrade a Tarsila do Amaral em 1 de dezembro, sabe-se que pouco tempo antes do envio da correspondência, o autor de *Serafim Ponte Grande* havia lido trechos desse livro ao amigo, o que gerou mais um dos muitos atritos entre ambos, uma vez que Mário de Andrade criticou o texto[23]. Como o amigo, Oswald

---

22 Em 20 de julho, o escritor obteve um salvo-conduto junto ao governo do município de Campinas, garantindo-lhe a passagem em direção à fazenda, localizada no atual município de Itupeva, região de Jundiaí.

23 Eis o que Mário de Andrade diz na carta: "Osvaldo, *apesar de todo o cabotinismo dele* (quero-lhe bem apesar disso) é fraquinho agente de ligação. A gordura é má condutora, dizem os tratados de física. Era. Hoje está em Paris esse felizardo das dúzias que eu invejo quanto se pode invejar neste mundo. Que faz ele? Mostrou-se o *Serafim Ponte Grande*? Ficou (o Osvaldo) meio corcundo comigo porque eu disse que não gostei. Mas se ele conhecesse os meus trabalhos atuais, faria as pazes comigo. Estou inteiramente pau-brasil e faço uma propaganda danada do paubrasilismo" (Aracy Amaral, *Correspondência Mário de Andrade & Tarsila do Amaral*, vol. 2, São Paulo, Edusp/IEB/USP, 2001, pp. 86-89)".

de Andrade também frequentava o salão Paulo Prado, que acontecia aos domingos e que era um dos espaços de consolidação do grupo modernista em São Paulo junto à elite econômica paulista, ao lado do salão de Olívia Guedes Penteado, ativo sempre às terças-feiras, desde seu retorno de Paris, em 1923.

A respeito desses salões paulistanos, Mário de Andrade deixou um depoimento importante em sua conhecida conferência "O Movimento Modernista", pronunciada em abril de 1942, no Rio de Janeiro, por ocasião da celebração dos 20 anos da Semana de Arte Moderna. Sobre o salão de Paulo Prado, o escritor afirma:

> Tinha por pretexto o almoço dominical, maravilha de comida lusobrasileira. Ainda aí a conversa era estritamente intelectual, mas variava mais e se alargava. Paulo Prado com o seu pessimismo fecundo e o seu realismo convertia sempre o assunto das livres elocubrações artísticas aos problemas da realidade brasileira. Foi o salão que durou mais tempo e se dissolveu de maneira bem malestarenta. O seu chefe, tornando-se, por sucessão, o patriarca da família Prado, a casa foi invadida, mesmo aos domingos, por um público da alta que não podia compartilhar do rojão dos nossos assuntos. E a conversa se manchava de pôquer, casos de sociedade, corridas de cavalo, dinheiro. Os intelectuais, vencidos, foram se arretirando[24].

O salão de Olívia Guedes Penteado acrescentava ao pretexto culinário — agora, segundo Mário de Andrade, de caráter afro-brasileiro — e às conversas intelectuais a presença marcante das artes visuais, no "salão moderno, construído nos jardins do solar e decorado por Lasar Segall"[25]. O "salão moderno" a que o escritor se refere ficaria conhecido como "Pavilhão Moderno", erguido em 1925 nos jardins do palacete onde residia Olívia Guedes Penteado[26], em espaço anteriormente destinado às baias dos cavalos. Nesse pavilhão, somavam-se à decoração concebida e executada por Segall, obras adquiridas em Paris, como *A Compoteira de Pêras*, de Fernand Léger. A respeito do "Pavilhão Moderno", Fernando Pinheiro Filho faz uma observação importante:

---

24 Mário de Andrade, "O Movimento Modernista", *Aspectos da Literatura Brasileira*, 6. ed., São Paulo, Martins Fontes, 1978, p. 239.
25 *Idem, Ibidem*.
26 A residência ficava na rua Conselheiro Nébias, n. 61, esquina com a Avenida Duque de Caxias.

Vale lembrar que o pavilhão está separado do palacete, é um anexo dele. Como espaço que traduz o princípio organizador da coleção, ele abrigará as obras modernas, enquanto a arte acadêmica permanece emoldurando a vida doméstica[27].

A menção a formas e ambientes de sociabilidade construídos entre o grupo modernista e os mecenas que o apoiavam tem interesse aqui na medida em que sinaliza os espaços por onde Oswald de Andrade circulava e aos quais, como se discutirá mais adiante, ele conferia tal importância que procurou constituir o seu próprio ambiente.

•

Uma das poucas notícias que se tem da atuação do escritor entre o fim de 1924 e o início de 1925 diz respeito ao projeto de um "balé brasileiro", a ser posto em cena pela companhia Ballets Suédois[28], com texto de Oswald de Andrade, cenários e figurinos desenhados por Tarsila do Amaral e música composta por Heitor Villa Lobos. Do projeto, que trazia o título *História da Filha do Rei*, restam apenas um manuscrito sem data atribuído ao escritor, mas que se acredita ser de 1924; duas cópias posteriores, possivelmente já da década de 1940, indicando a intenção de retomá-lo, dessa vez com cenário e figurinos de Nonê e música de Mignone; e alguns desenhos de Tarsila do Amaral, localizados por Aracy Amaral à época da exposição retrospectiva da artista, por ela organizada em 1969, e que a autora sugere que possam ter ligação com o projeto[29].

Embora nunca tenha saído do papel, as correspondências trocadas no período por Oswald de Andrade, Tarsila do Amaral e Blaise Cendrars, que intermediaria o contato com a companhia, indicam uma intenção concreta de realização. Elas demonstram ainda que o escritor e a artista trabalhavam não só em seus projetos de consagração individuais (a exposição da pintora e o livro *Pau Brasil*),

---

27 Fernando Antonio Pinheiro Filho, *Lasar Segall: Arte em Sociedade*, São Paulo, Cosac Naify, Museu Lasar Segall, IPHAN-MINC, 2008, p. 56.
28 Dirigida pelo empresário sueco Rolf de Maré, a companhia esteve em Paris, entre 1920 e 1925, instalada no Théâtre des Champs-Elysées. Em 1923, Ballets Suédois encenou *La Création du Monde*, com texto de Cendrars, cenários e figurinos de Léger e música de Darius Milhaud, a cuja estreia Oswald de Andrade e Tarsila do Amaral compareceram.
29 Cf. Aracy Amaral, "Oswald, Tarsila e Villa-Lobos: Um Balé Irrealizado", em Oswald de Andrade, *Mon Coeur Balance; Leur Âme*, 3. ed. rev. e ampl., São Paulo, Globo, 2003, p. 259.

mas também planejavam esse empreendimento coletivo, como uma afirmação do grupo modernista brasileiro na capital francesa.

◆

Em fevereiro de 1925, Tarsila do Amaral retornou ao Brasil para trabalhar em uma série de quadros visando a realização de sua primeira exposição em Paris. Oswald de Andrade enviou algumas correspondências à artista, nas quais comenta algo de suas atividades na capital francesa. Entre elas, destacam-se um encontro com Leónce Rosenberg, que se mostrava interessado em receber a mostra da pintora na Galerie L'Éffort Moderne, e notícias de sua convivência com Blaise Cendrars[30]. Durante essa estadia em Paris entre junho e setembro de 1925, com base em sua correspondência com a artista, Aracy Amaral afirma que "a roda de Oswald de Andrade seria menos Cendrars, mas estaria frequentemente com 'a oficialidade', Antônio Prado, Washington Luís, Paulo Prado"[31]. O escritor ocupou-se basicamente de negócios, como se infere de seus constantes comentários sobre esse tema em suas cartas a Tarsila do Amaral: "Não vi ainda Betita nem Rosenberg nem Cocteau etc. É que a preocupação financeira de negócios toma o tempo todo", diz ele, em correspondência de 4 de julho de 1925[32].

Em razão dessa escassez de informações sobre atividades ligadas às artes visuais e de textos publicados no primeiro semestre, apenas ao longo do segundo semestre de 1925 serão encontrados novos posicionamentos de Oswald de Andrade a respeito dos encaminhamentos do movimento modernista, sendo o principal deles uma nova polêmica em que se envolveu, desta vez com o crítico Alceu Amoroso Lima (Tristão de Athayde). Nos tópicos que seguem, será discutida a posição das artes visuais em textos e entrevistas do escritor, desde essa polêmica de 1925 até a ruptura com os grupos modernistas que haviam se formado ao longo da década de 1920, ruptura marcada pela publicação do *Manifesto Antropófago* e pelo lançamento da *Revista de Antropofagia*, em 1928. Como se verá, o escritor abraçará completamente a pintura de Tarsila do Amaral como a principal realização moderna e brasileira no campo da arte, praticamente ignorando artistas que par-

---

30 O papel de Oswald de Andrade na organização da primeira individual de Tarsila do Amaral será comentado mais adiante.
31 Aracy Amaral, *Tarsila: Sua Obra e Seu Tempo*. 3. ed. rev. e ampl., São Paulo, Editora 34/Edusp, 2003, p. 194.
32 *Idem*, p. 198.

ticiparam da Semana de Arte Moderna, como Anita Malfatti, Victor Brecheret, Vicente do Rego Monteiro ou Di Cavalcanti.

## 4. Depois do Aleijadinho, Tarsila

Em 13 de junho de 1925, pouco antes de embarcar novamente para a Europa, após breve retorno ao Brasil, Oswald de Andrade enviou uma colaboração ao periódico carioca *O Jornal*, que saiu sob o título "Pau Brasil". Na chamada que antecede o texto do escritor, os redatores apresentam-no como "um dos corifeus do modernismo em São Paulo", que iria passar em revista "as últimas produções literárias da mocidade futurista da pauliceia". De fato, o artigo retoma algo do aspecto "didático" da coluna "Semana de Arte Moderna" e é dividido em quatro tópicos — "Fatigados de tudo"; "Arte Moderna"; "O Lloyde Brasileiro" e "Outros Futuristas" — que desenvolvem algumas das ideias lançadas no *Manifesto da Poesia Pau Brasil*, apresentando também poemas do próprio autor e de Mário de Andrade, Guilherme de Almeida, Sérgio Milliet e Menotti del Picchia.

Ao final do artigo, Oswald de Andrade cita outros três nomes que julgava importante mencionar, como para demonstrar que não era apenas no campo da poesia que se estava "trabalhando bem a matéria nacional"[33]. Eram eles Tarsila do Amaral, na pintura; Paulo Prado, na ensaística[34]; e Olívia Guedes Penteado, como mecenas que o escritor situa no "centro de nossa vida social e culta" e que havia aberto espaço para a literatura e a arte moderna em seu "estúdio" decorado por Lasar Segall e por quadros de Tarsila do Amaral e Fernand Léger.

Oswald de Andrade dedica apenas algumas linhas do texto à pintura de Tarsila do Amaral; no entanto, além de vinculá-la diretamente ao programa estético Pau Brasil, as duas frases que abordam a obra da artista descrevem um movimento de seu pensamento sobre a arte brasileira que merece atenção: "Que lhe hei de dizer mais. Apenas que Tarsila do Amaral fundou a grande pintura brasileira, pondo-nos ao lado da França e da Espanha de nossos dias. Ela está realizando a maior obra de artista que o Brasil deu depois do Aleijadinho"[35].

---

33 Oswald de Andrade, *Os Dentes do Dragão: Entrevistas*, São Paulo, Globo, 2009, p. 39
34 Paulo Prado preparava a publicação de *Paulística*, que sairia ainda naquele ano e que Oswald de Andrade dá a entender que já havia lido.
35 *Idem, ibidem.*

Trata-se aqui de uma nova vinculação entre a obra de uma artista brasileira interessada nas pesquisas estéticas modernas e a arte colonial brasileira, como Oswald de Andrade já havia feito com Victor Brecheret. Dessa vez, porém, uma vinculação mais histórica do que estilística, como seria o caso do escultor. Há que se notar, porém, o fato de o escritor omitir no texto qualquer menção a Brecheret, concentrando-se apenas em Tarsila do Amaral, que ele aponta como fundadora da "grande pintura brasileira" e a "maior obra de artista que o Brasil deu depois do Aleijadinho". Ao dizer isso, Oswald de Andrade não só põe de lado a precedência histórica de Debret, que ele havia apontado dois anos antes em sua conferência na Sorbonne, como também minimiza a importância da obra de Brecheret, artista que àquela altura já havia alcançado um reconhecimento em Paris que Tarsila do Amaral ainda não possuía[36].

A omissão de Brecheret e o destaque dado à pintora paulista podem ser vistos por pelo menos dois ângulos. Um deles seria a maior "atualidade" da pintura de Tarsila do Amaral. Na resposta que escreveu a Graça Aranha, comentada anteriormente, Oswald de Andrade havia se referido a Brecheret como "escultor de assuntos", uma observação que sugere a percepção de que o artista se afastava de um tipo de pesquisa escultórica mais atual e autônoma (no sentido da autonomia da forma), que o escritor havia conhecido no ateliê de Brancusi. Nesse sentido, Tarsila do Amaral, ao incorporar em sua pintura elementos que a colocavam "ao lado da França e da Espanha de nossos dias", estaria mais "atualizada" em relação ao que Oswald de Andrade conheceu da arte moderna que circulava em Paris, em meados dos anos 1920.

Entre esses elementos, estaria, por exemplo, a organização descontínua e plana do espaço, que rejeita as relações de escala e proporção estabelecidas pelas leis da perspectiva linear, pondo os objetos em relação no plano pictórico sem tentar escamotear essa planaridade, como é o caso de *E.F.C.B.*, exibida na conferência-exposição de Blaise Cendrars, em 1924. Na pintura, reverberam trechos do *Manifesto da Poesia Pau Brasil*, especialmente aquele em que Oswald de Andrade afirma que "um quadro são linhas e cores". Como já foi inúmeras vezes apontado,

---

36 Em outubro de 1923, a escultura *Mise au Tombeau* havia sido premiada no Salon d'Automne, recebendo comentários elogiosos na imprensa parisiense. Sobre a trajetória de Brecheret em Paris, ver Daisy Peccinini, *Brecheret e a Escola de Paris,* São Paulo, Instituto Victor Brecheret/ FM Editorial, 2011.

as soluções experimentadas por Tarsila do Amaral ao encarar a paisagem brasileira sob essa perspectiva são bastante devedoras da pintura que Fernand Léger vinha praticando desde o início da década de 1920, o que alinharia a produção da artista ao que de mais recente se fazia em pintura em Paris.

Outra possibilidade para a omissão de Brecheret, no entanto, são os próprios "assuntos" presentes na obra do escultor desse período. Tome-se, por exemplo, *Mise en Tombeau*, trabalho premiado no Salon d'Automne de 1923 e adquirido por Olívia Guedes Penteado, que hoje se encontra em seu túmulo, no Cemitério da Consolação, em São Paulo. Trata-se da representação de um tema tradicional da iconografia cristã, o último episódio da Paixão de Cristo. Se, como aponta Daisy Peccinini[37], essa obra pode ser aproximada de uma linguagem formal geométrica próxima à de Léger, baseada em volumes cilíndricos e sintéticos, o que colocaria o escultor em uma mesma atualidade de pesquisa que Tarsila do Amaral (embora o parâmetro de escultura moderna para Oswald de Andrade fosse Brancusi), dificilmente ela poderia ser aproximada da pesquisa da realidade brasileira defendida no *Manifesto da Poesia Pau Brasil*. O mesmo se poderia afirmar de trabalhos como *Porteuse de Parfum*, apresentada no Salon d'Automne de 1924, *Virgem com o Menino* e *Ascensão*, do mesmo ano, ou ainda *Fauno*, de 1925.

Ainda que seja notável a síntese formal alcançada por Brecheret nessas obras, especialmente na última, se comparadas, por exemplo, à *Musa Impassível*, de 1921, os "assuntos" escolhidos pelo escultor não fazem referência direta a qualquer aspecto da realidade brasileira. Tomando-se como balizas as ideias do *Manifesto da Poesia Pau Brasil*, não haveria nesses trabalhos elementos que distinguissem o escultor como brasileiro, exceção feita a uma possível relação entre a estilização de suas figuras e a imaginária religiosa popular e colonial brasileira. No entanto, mesmo essa estilização seria inspirada, ainda segundo Peccinini[38], "em tipos arcaicos da arte grega, egípcia, khmer e chinesa", portanto, não mais na "escultura negro-indígena" colonial, como havia sugerido Oswald de Andrade na conferência da Sorbonne.

---

37   *Idem*, p. 59.
38   *Idem*, p. 66.

## 5. Banho de estupidez

Esse é um ponto importante para esta pesquisa, que diz respeito à relação entre o "primitivismo" do programa estético Pau Brasil e as artes visuais. O primitivismo do escritor paulista estava menos interessado em uma pesquisa de natureza arcaizante como a que Brecheret vinha desenvolvendo em Paris, do que em uma operação intelectual que ele descreve em seu texto para *O Jornal* como um "banho de estupidez":

> Porque o nosso cérebro precisa é de um banho de estupidez, de calinada bem nacional, brotada dos discursos da câmara, dos comentários da imprensa diária, das folhinhas, enfim, de tudo quanto representa a nossa realidade mental.
>
> O resto é desarmonia quando não é falsidade [...][39]

Depois de oferecer como exemplos ao leitor os poemas "Reclame", "O Cruzeiro" e "Noite no Rio", todos incluídos em *Pau Brasil*, o escritor depura um pouco mais essa ideia:

> Como esses [poemas], os outros procuram somente fixar com simplicidade, sem comentário, sem erudição, sem reminiscência, os fatos poéticos de nossa nacionalidade, pareça ela tosca, primitiva, humorística ou guindada. Isto é o que eu quero[40].

Essa operação intelectual de mergulho nos "fatos poéticos de nossa nacionalidade", assumindo sua natureza fosse ela qual fosse, era o que Tarsila do Amaral também vinha buscando em sua pintura, como ela mesma indica nas correspondências que enviou de Paris à família[41].

---

39 Oswald de Andrade, *Os Dentes do Dragão: Entrevistas*, São Paulo, Globo, 2009, p. 32.
40 *Idem*, p. 36.
41 Nas cartas que enviou à família em abril e agosto de 1923, Tarsila do Amaral já falava em seu desejo de mergulhar nos "assuntos brasileiros". Em 19 de abril, ela diz: "Sinto-me cada vez mais brasileira: quero ser a pintora da minha terra. Como agradeço por ter passado na fazenda a minha infância toda. As reminiscências desse tempo vão se tornando preciosas para mim. Quero, na arte, ser a caipirinha de São Bernardo, brincando com bonecas de mato, como no último quadro que estou pintando". Em maio, ela menciona a vontade de passar alguns dias na Bahia, "onde há documentos preciosos de arte brasileira que é meu caminho atual", além do desejo de passar muito tempo na fazenda da família e voltar à Paris com muitos "assuntos

Tal mergulho talvez faltasse às esculturas de Brecheret, o que possivelmente contribuiu para a omissão de seu nome no texto. Seja como for, será precisamente sobre esses pontos do texto de Oswald de Andrade que Tristão de Athayde, então crítico literário de *O Jornal*, construirá sua crítica ao programa estético Pau Brasil no artigo "Literatura Suicida", publicado em duas partes, em 28 de junho e 5 de julho de 1925, no mesmo periódico.

O texto compartilha, em linhas gerais, do ataque feito por Graça Aranha ao que seria uma fragilidade conceitual da proposta de Oswald de Andrade, a saber, o caráter artificial e forjado de seu primitivismo, que confundia a pesquisa da nacionalidade com aquilo que esta teria de "bárbaro", promovendo um "retorno" a esse estado. Logo no primeiro tópico de seu artigo, Athayde defende a necessidade de lucidez contra "todas as aberrações do espírito"[42], marcando sua oposição ao "banho de estupidez" proposto pelo escritor paulista. O movimento do texto será de demonstrar o quanto a poesia Pau Brasil, ao contrário do que proclamava, importava programas estéticos europeus típicos de um "modernismo destruidor", que Athayde identifica como um perigo a ser evitado pela geração de poetas e escritores que surgia no Brasil.

Esse modernismo destruidor — que ele já havia discutido em um artigo anterior sobre o surrealismo[43] — não deveria ser apenas recusado com indiferença; ao contrário, Athayde defende a necessidade de estudá-lo com atenção, pois re-

---

brasileiros" (cf. Aracy Amaral, *Tarsila: Sua Obra e Seu Tempo*, pp. 101; 115-116). As cartas se aproximam tanto da conferência de Oswald de Andrade na Sorbonne quanto da conhecida carta enviada por Mário de Andrade a Tarsila do Amaral — mas também endereçada ao escritor — em 15 de novembro de 1923, incitando-a a "voltar para dentro de si mesma", abandonar "Gris e Lhote, empresários de criticismos decrépitos e de estesias decadentes" e vir "para a mata-virgem, onde não há arte negra, onde não há também arroios gentis" (Aracy Amaral, *Correspondência Mário de Andrade & Tarsila do Amaral*, vol. 2, São Paulo, Edusp/IEB/USP, 2001, p. 79). Para Vinícius Dantas, essa correspondência a três configura o germe do programa estético Pau Brasil, uma resposta tanto às inclinações da artista, quanto às inquietações de Mário de Andrade: "*Pau-Brasil* é uma réplica à carta de Mário de Andrade tanto quanto glosa à figuração primitivista da preta tarsiliana. Pau-Brasil engloba a vocação localista de A negra e a ansiedade nacionalista da mata virgem numa formulação abrangente e complexa, mais ciente das dualidades com que joga, embaralhadas agora com rigor" (Vinicius Dantas, "Entre *A Negra* e a Mata Virgem", *Novos Estudos Cebrap*, , vol. 2, n. 45, jul. 1996, p. 116).

42 Tristão de Athayde, [Alceu Amoroso Lima], "Literatura Suicida [1925]", *Teoria, Crítica e História Literária,* Rio de Janeiro/Brasília, DF, Livros Técnicos e Científicos/Instituto Nacional do Livro, 1980, p. 345.

43 "O suprarrealismo", incluído em *Estudos*, 1925.

conhece-o como produto de "toda uma causalidade histórica e psicológica" que ele entendia representar uma "marcha à dissolução"[44]. A poesia Pau Brasil, com sua "estética da costa d'Africa", nas palavras do crítico, procurava importar esse movimento ao Brasil. Desse modo, Athayde ataca a própria base da proposta de Oswald de Andrade, na qual não vê originalidade alguma e sim apenas mais um movimento de importação literária, recorrente na história intelectual brasileira. Os modelos estéticos importados pela poesia Pau Brasil, na opinião do crítico, seriam o dadaísmo francês e o expressionismo alemão:

> Toda a originalidade novinha em folha do Sr. Oswald de Andrade, toda a sua literatura mandioca, aborígene, pré-cabrálica [sic], pré-colombiana, pré-mongólica, toda ela é bebidinha, direta e indiretamente, em duas fontes europeias muito recentes e muito conhecidas; o dadaísmo francês e o expressionismo alemão[45].

Athayde demonstra essa afirmação comparando trechos do texto de Oswald de Andrade com citações de manifestos e poemas de André Breton, Francis Picabia e Louis Aragon, os três ligados à etapa parisiense do movimento dada, e citações do escritor Kasimir Edschmid e dos críticos Paul Fechter e Wilhelm Hausenstein, sobre as bases conceituais do expressionismo na Alemanha. Depois dessa demonstração, ele conclui: "é essa 'moléstia alemã' e esse 'cadáver' francês que o Sr. Oswald de Andrade pretende impingir-nos como novidade, como coisa sua, como poesia nacional, nascida, crescida aqui, poesia-mandioca"[46].

Seriam esses, portanto, os dois "modelos" europeus importados por Oswald de Andrade, na opinião de Athayde, frutos do "desespero por excesso de sutileza mental, em França; desespero, de preferência, pela imensa desilusão da guerra e da paz que mergulhou a Alemanha num pessimismo sombrio. Tanto um como outro, formas de suicídio literário"[47]. Nenhuma dessas razões de desespero se aplicaria ao Brasil, o que leva o crítico a especular sobre as motivações do poeta brasileiro ao "importar" as ideias desses dois movimentos europeus. Para Athayde, tratava-se apenas do "prazer de matar pelo gosto de ver como morriam,

---

44 Tristão de Athayde [Alceu Amoroso Lima], "Literatura Suicida [1925]", *Teoria, Crítica e História Literária*, p. 348.
45 Idem, p. 349.
46 Idem, p. 354.
47 Idem, ibidem.

entre as suas mãos, essas recém-nascidas, que são a poesia e a prosa brasileira"[48]. A poesia Pau Brasil era fruto de um ato de puro sadismo literário e a pretensão de Oswald de Andrade e seus "admiradores" era "abolir todo o esforço poético no sentido da lógica, da beleza, de construção, e nadar no instintivo, na bobagem, na mediocridade. Exaltar a vulgaridade. Chegar ao puro balbuciamento infantil"[49].

Antes de propor seu antídoto para combatê-la, Athayde abre um parêntese para tratar do conceito de imitação, com o intuito de esclarecer que ao acusar Oswald de Andrade de imitar estéticas europeias, não estava condenando o "conceito empírico de imitação". Na verdade, o crítico defende que a imitação de modelos era ainda necessária à literatura brasileira, no estágio em que se encontrava:

> O Brasil ainda não está em condições sociais de poder dar origem a uma literatura inteiramente própria e ao mesmo tempo universal. [...] A nossa condição por muito tempo ainda será trabalhar na sombra, em silêncio, por assim dizer, absorvendo a matéria nacional, plasmando-a — mas sem desfalecimento, nem renúncia[50].

A questão, portanto, era saber como e quais modelos imitar. Com relação ao primeiro ponto, Athayde esclarece que imitação não é reprodução, distinguindo entre uma imitação criadora ou inspiradora e uma imitação servil. A primeira seria "reveladora da nossa humanidade, dilatando o campo de nossa sensibilidade e a penetração da nossa inteligência", fornecendo apenas "os elementos iniciais da libertação"; já a segunda, "se prolonga desses elementos iniciais, às realizações, às formas"[51]. Haveria, portanto, uma distinção entre imitação da forma, que levaria à submissão, e uma "imitação inspiradora do espírito", que poderia conduzir a uma criação verdadeira:

> Imitar, para inspirar-se, portanto, não é submeter-se cegamente ao exemplo estranho. Imitar o espírito é um reconhecimento dos limites, a maior prova de independência de um espírito. É a sua humanização[52].

---

48 Idem, ibidem.
49 Idem, p. 348.
50 Idem, p. 355.
51 Idem, ibidem.
52 Idem, p. 356.

É esse o tipo de imitação defendida por Athayde. Uma imitação que não se prende a formas exteriores, mas busca inspiração na "situação mental em que se situaram aqueles que realmente criaram alguma coisa de grande e de estável"[53]. Isso conduz ao segundo ponto, ou seja, onde e em que se inspirar. A resposta do crítico é que a inspiração deve vir das "forças de sanidade a que a Europa está lançando um apelo para reagir contra a decadência"[54]. Era nessas forças de reação contra a literatura suicida engendrada pela Primeira Guerra Mundial onde a geração de escritores brasileiros deveria buscar inspiração para que não se "infeccionasse" com o "primitivismo artificial, sarcástico, cabotino" proposto pela poesia Pau Brasil; do contrário daríamos ao mundo "o mais triste exemplo do nosso colonialismo"[55].

Tais forças de reação se concentravam no que Athayde chama de "ida ao clássico": "Ir ao clássico é renunciar à desordem"[56]. Ao definir o que entende por clássico, o crítico questiona a oposição que alguns críticos faziam entre clássico e romântico, sustentando que em vez de se oporem, os dois conceitos se sucedem e integram. Em sua opinião, o clássico incorpora o romântico, ideia que ele desdobra em termos psicológicos: "O romantismo é a verdade parcial. O clássico é a verdade total, enquanto é acessível ao nosso entendimento. O romantismo é a descida ao inconsciente: o clássico é a reascensão ao consciente"[57]. Assim, ser clássico significava "submeter a criação à crítica", depurar e coordenar as forças que emergem do "romantismo profundo do nosso subconsciente" para chegar à essência e à expressão. O clássico seria um aproveitamento dessas forças, evitando uma diluição ou dispersão nelas.

Retomando a discussão a respeito dos movimentos artísticos surgidos no início do século XX, Athayde argumenta que o desdobramento lógico do romantismo seria a destruição a que chegaram os expressionistas, dadaístas e surrealistas[58]. Qualquer esforço de extrair uma obra dessa atitude seria um erro, pois para o crítico "apenas o clássico constrói". E constrói sem negar tais forças destruti-

---

53 Idem, ibidem.
54 Idem, p. 356.
55 Idem, p. 358.
56 Idem, ibidem.
57 Idem, ibidem.
58 À época, *surréaliste* era traduzido por suprarrealista. É esse o termo que Athayde utiliza para se referir ao Surrealismo.

vas, mas incorporando-as e "vacinando-se" contra elas, para chegar à "verdadeira perfeição humana, o pressentimento da imortalidade na universalidade"[59].

Trata-se de um entendimento da obra de arte, como Athayde esclarece em outro trecho, no qual esta existe para revelar-se a si mesma em uma dimensão atemporal ou universal, e não para revelar o caráter contingente e transitório da vida de seu autor: "a obra será tanto maior quanto menos ela dependa do seu autor"[60]. A obra de arte existe para transcender a personalidade de seu criador, sendo a ideia de clássico "justamente essa transcendência do 'eu', essa passagem ao social e ao humano"[61], definição que o crítico sustenta baseado em uma citação do poeta Max Jacob[62].

Voltando-se novamente para o problema brasileiro, Athayde conclui sua crítica afirmando, de modo semelhante a Graça Aranha, que o país se encontrava imerso no caos, desde sua formação étnico-racial — "a raça não está caldeada" —, até sua formação política, territorial, intelectual, artística, literária ou filosófica: "Tudo transitório. Tudo por fazer. Tudo vago, indeciso, amorfo"[63]. Nesse contexto, era absurdo e "grotesco", em sua opinião, querer introduzir o horror à forma, como ele entende ser o desejo da poesia Pau Brasil. Era preciso reagir e penetrar no espírito clássico — e não na imitação das formas clássicas, como desejavam os parnasianos —, na sua disciplina criadora, para assim alcançar o domínio sobre as "forças esparsas, bárbaras, dissolventes, românticas, que nos rodeiam"[64]. So-

---

59 *Idem*, p. 360.
60 *Idem*, p. 359.
61 *Idem*, p. 360.
62 A citação, em francês no artigo, tem o seguinte conteúdo, em tradução nossa: "Uma época clássica é uma época unitária, tendo um único gosto e inimiga das curiosidades, caracterizada por uma espécie de desinteresse pelo 'eu'. Os artistas das grandes épocas clássicas estão a serviço da humanidade e da beleza, ou parecem estar. Somente se pode ser eterno, quer dizer, clássico, servindo as grandes leis da vida e se servindo delas. Toda afetação é um desvio da beleza em prol do indivíduo. A humanidade é uma. Ela é imensamente uma, mas ela é uma" O crítico cita a entrevista de Max Jacob a Frédéric Lefevre, publicada com o título "Une Heure avec M. Max Jacob" no periódico cultural *Les Nouvelles Littéraires, Artistiques et Scientifiques: Hebdomadaire D'information, de Critique et de Bibliographie*, n. 78, 12 abr. 1924. Disponível em <http://gallica.bnf.fr/ark:/12148/bpt6k64424342?rk=21459;2>.
63 Tristão de Athayde, [Alceu Amoroso Lima], "Literatura Suicida [1925]", *Teoria, Crítica e História Literária*, p. 360.
64 *Idem*, p. 361.

mente o espírito clássico poderia conduzir à lucidez necessária para alcançar essa dominação, a "reascensão do inconsciente ao consciente".

Embora bem fundamentada, a crítica de Tristão de Athayde ao texto de Oswald de Andrade deixou de considerar uma série de aspectos do *Manifesto da Poesia Pau Brasil* — e mesmo de textos anteriores de seu autor — que defendiam justamente a necessidade da "disciplina criadora". Tanto Athayde quanto Aranha parecem ter apreendido o manifesto de forma parcial, deixando de levar em conta o apelo feito pelo autor às leis de expressão da arte moderna, comentadas no capítulo anterior, e que contemplavam síntese, equilíbrio e acabamento técnico. Oswald de Andrade não se furtou a lembrá-los disso, como foi visto acima em relação a Graça Aranha. O mesmo se repetiu com Tristão de Athayde.

Ainda que parciais, no entanto, as críticas de Aranha e Athayde tocam em um ponto problemático do programa estético Pau Brasil: seu "primitivismo", sua relação com o caráter "bárbaro" da vida nacional, sua vontade de "descida ao inconsciente" nacional, não só eram mediadas por uma pesquisa expressiva cuja matriz era exterior a essa vida, como também corriam o risco de ignorar problemas de ordem extra-artística implicados na valorização da vida "bárbara" brasileira[65].

◆

65 Em seu artigo, Athayde cita alguns desses problemas que conferiam à sociedade brasileira um caráter que ele nomeia de "informe": "Estamos, nós brasileiros, no caos. Tudo é informe. Tudo é transitório. Aceitamos as correntes mais contrárias. A raça não está caldeada. A saúde do povo corrompida. A riqueza, nas mãos de estrangeiros ou no fundo da terra. A unidade nacional abalada. A sorte do indivíduo abandonada. O poder, arbitrário, periclitante ou acometido de armas nas mãos. A arte, a filosofia, a literatura, imitando o passado ou comprazendo-se na diluição, no sarcasmo, no cinismo, na morte. A terra ignorada. O futuro incerto. Tudo transitório. Tudo por fazer. Tudo vago, indeciso, amorfo" (Tristão de Athayde, [Alceu Amoroso Lima]. "Literatura Suicida [1925]", em *Teoria, Crítica e História Literária*, p. 360). É importante ter essa discussão em mente pois, como se verá, tanto a posição de Oswald de Andrade em relação à "descida" primitivista ao inconsciente, quanto em relação aos problemas da vida brasileira apontados por Athayde, irão se radicalizar com a publicação do *Manifesto Antropófago*, em 1928, e suas contribuições à segunda dentição da *Revista de Antropofagia*, em 1929. Nesses textos pode-se notar uma tentativa de expandir para outros campos da vida social o que no *Manifesto da Poesia Pau Brasil* havia permanecido circunscrito ao campo da criação poética e artística. E Tristão de Athayde seguirá como um interlocutor constante do escritor, configurando um diálogo intelectual na história do modernismo ainda pouco reconhecido e discutido, diálogo que tem início com a polêmica apresentada acima, mas que, quando lembrado, limita-se às piadas feitas por Oswald de Andrade — como a criação do apelido Tristinho do Ataúde —, sem penetrar no conteúdo da divergência entre os dois intelectuais.

A resposta mais elaborada de Oswald de Andrade a "Literatura Suicida" demorou algum tempo para ser publicada porque o escritor se encontrava em Paris quando soube do artigo, por meio de um recorte que lhe foi entregue por Paulo Prado. Sua primeira reação foi enviar uma carta a Menotti del Picchia, então responsável pela coluna "Crônica Social", do jornal *Correio Paulistano*, assinando-a sob o pseudônimo Helios[66]. Nela, Oswald de Andrade reprova o amigo por ter feito em sua coluna considerações que poderiam corroborar as acusações de falta de originalidade propostas por Athayde, reputando tais acusações à falta de informação sobre suas ideias. Já sobre del Picchia, ele afirma:

> Você, porém, deve saber que elas [as ideias de Oswald de Andrade] são construtivas e não anárquicas. E talvez ninguém melhor que você estivesse colocado para explicar ao brilhante polemista o seu engano e mostrar que a 'Poesia Pau Brasil' é a negação de Dada e do Expressionismo. É o que farei chegando aí em setembro[67].

De fato, em 18 de setembro, *O Jornal* publica "A Poesia Pau Brasil. Resposta a Tristão de Athayde", texto assinado por Oswald de Andrade e datado de agosto de 1925. No início de sua resposta, o escritor perfaz dois movimentos: primeiro desvia-se da acusação de ter no dadaísmo e no expressionismo os modelos para a poesia Pau Brasil, afirmando que, embora conhecesse os dois movimentos, ignorava os "manifestos epilépticos" de André Breton, citados por Tristão de Athayde para provar a semelhança; além disso, o escritor propõe que se fosse de seu interesse promover a poesia Pau Brasil plagiando criações europeias, poderia tê-lo feito com maior proveito e atualidade criando alguma aproximação com o surrealismo, este sim um movimento recém-surgido em Paris quando Oswald de Andrade publicou o texto "Pau Brasil" em *O Jornal*. Fazendo piada, o escritor chega até a imaginar um nome para essa hipotética variante do surrealismo: o "arrealismo".

O segundo movimento da resposta de Oswald de Andrade é demonstrar que suas ideias coincidiam com a proposta de reação lançada por Athayde em sua crítica. Apropriando-se do método utilizado pelo crítico, o escritor compara trechos do artigo de Athayde a trechos do *Manifesto da Poesia Pau Brasil* nos quais condena a "morbidez romântica" e defende a poesia Pau Brasil como um movimen-

---

66 Datada de 2 de agosto, a carta foi publicada em 26 de agosto de 1925.
67 Helios (Menotti del Picchia), "Chronica Social — Uma Carta", *Correio Paulistano*, 26 ago. 1925.

to construtivo baseado em leis de síntese e equilíbrio. Na sequência, Oswald de Andrade devolve a crítica de que ele teria tomado por modelos dois movimentos — dadaísmo e expressionismo — àquela altura já ultrapassados, argumentando que a própria "ida ao clássico" defendida por Athayde também não era novidade: "Como não foi novidade para v. [você] o expressionismo-dadaísmo das minhas ideias — o que aliás é falso — é velha para mim a sua ida ao clássico, esgotada até a medula pela revista *Le Mouton Blanc*"[68].

Oswald de Andrade sugere ter havido até mesmo uma "classicomania moderna" na Europa e cita, para corroborar essa ideia, uma anedota que teria se passado entre Jean Cocteau, Pablo Picasso e ele. Conta o escritor que um dia encontrou Picasso irrequieto, incomodado com a moda do clássico, desconfiando que era Cocteau quem andava "etiquetando" a todos dessa forma. Picasso ameaçava "fazer um escândalo" e "virar cubista". Encontrando Cocteau, o brasileiro contou-lhe a queixa de Picasso, ao que o escritor francês reagiu buscando um dicionário e, em seguida, fazendo uma ligação telefônica, da qual Oswald de Andrade transcreve o diálogo:

— É você, Picasso? Olhe, descobri que você é clássico...
— Como? Nunca!
— Você sabe o que é clássico? Veja, no Petit-Larousse: "Ce qu'on enseigne dans les classes" [Aquilo que se ensina nas classes]. A sua pintura está chegando aos liceus. Clássica[69].

Recuperar essa anedota interessa aqui porque confirma algo que já se podia perceber em textos anteriores, a saber, que Oswald de Andrade tinha consciência da historicidade da pintura cubista, ou seja, das diferentes formas que ela havia assumido desde a "geometria pictórica" inicial, que ele conhecia já em 1922, até os "desenhos perfeitamente clássicos" ou as "telas inéditas do século XV", que ele viu quando esteve no apartamento de Picasso no ano seguinte. Além disso, fica também evidente outra vez como o escritor percebia o cubismo como "escola", já que os princípios cubistas eram ensinados nas classes de pintura, ainda que fossem aquelas dos próprios pintores cubistas.

---

68 Oswald de Andrade, *Os Dentes do Dragão: Entrevistas*, p. 43. Como foi visto no primeiro capítulo, Oswald de Andrade conhecia e possuía um exemplar da revista.
69 *Idem, ibidem*.

Na sequência, o escritor volta-se aos princípios do que defendia como Pau Brasil, que nada mais seria do que uma "indicação agressiva e cômoda criada para tudo quanto seja nacional"[70]. Indicação que ele qualifica como "disciplinadora e construtiva" e aponta como "apenas em coincidência de passagem com o niilismo dadá", ao qual nada devia. Oswald de Andrade lista, então, alguns elementos nacionais que poderiam ser considerados Pau Brasil, dois deles ligados às artes visuais:

Pau Brasil são os primeiros cronistas, os santeiros de Minas e da Bahia, os políticos do Império, o romantismo de sobrecasaca da República e em geral todos os violeiros. Pau Brasil era o pintor Benedito Calixto antes de desaprender na Europa. Pau Brasil é o sr. Catulo, quando se lembra do Ceará, e o meu amigo Menotti quando canta o Brás[71]

Como foi visto acima, a originalidade da imaginária religiosa popular já havia aparecido no discurso de Oswald de Andrade na entrevista que concedeu em Belo Horizonte, durante a viagem da caravana modernista a Minas Gerais, em 1924. Aqui, os produtores dessas peças aparecem pela primeira vez identificados como Pau Brasil, em uma aproximação genérica entre manifestações populares da nacionalidade, como a música dos violeiros, e manifestações "oficiais", como os políticos do Império ou o romantismo de sobrecasaca da República.

No trecho em que o escritor aponta individualmente artistas e poetas que poderiam ser considerados Pau Brasil, chama atenção a presença de Benedito Calixto, ainda que com a ressalva "antes de desaprender na Europa". Oswald de Andrade possivelmente se refere às obras do período autodidata do pintor, como a decoração e pano de boca realizados para o Teatro Guarani, inaugurado em 1882, na cidade de Santos[72]. Essa é a principal obra de Calixto produzida antes de sua viagem de estudos em Paris, entre 1883 e 1884, cujo patrocínio se deveu ao sucesso alcançado pela decoração do teatro[73].

Também desse período encontra-se hoje na Pinacoteca Benedito Calixto, em Santos, a pintura *Os Quatro Cantos e a Rampa do Mercado* (1882), em que se nota uma execução algo "desajeitada" da vista em perspectiva dos edifícios.

---

70  *Idem*, p. 44.
71  *Idem*, p. 45.
72  O trabalho de Calixto para o Teatro Guarani foi destruído por incêndio ocorrido 1981.
73  A viagem do artista foi patrocinada por Nicolau José de Campos Vergueiro (cf. Ruth Sprung Tarasantchi, *Pedro Alexandrino*, São Paulo, Edusp, 1996, p. 101).

O casarão à direita, cujo eixo encontra-se ligeiramente torto, pendente para o canto inferior direito da tela, apresenta ainda uma simplificação na execução dos detalhes, como no telhado e balaustradas, próprias de um artista cujas noções do ofício haviam sido adquiridas de um tio a quem auxiliara no restauro da decoração de uma igreja, quando ainda vivia em Brotas, no interior de São Paulo.

É possível imaginar que era esse caráter algo canhestro das pinturas de Calixto desse período que interessava a Oswald de Andrade. Por razões quase opostas, ao nomeá-las Pau Brasil, o escritor implicitamente as aproxima das pinturas de Tarsila do Amaral. Se o aprendizado na Europa era justamente o que havia fornecido à artista os elementos para fundar a "grande pintura brasileira", como ele já havia afirmado, no caso de Calixto, ocorrera o oposto. Embora após o retorno da Europa o pintor tenha se tornado um importante paisagista, dedicando-se especialmente ao litoral e interior de São Paulo, na opinião de Oswald de Andrade o estudo em Paris o teria desviado do que ele possuía de nacional, do que ele possuía de "Pau Brasil". Esse atributo, pode-se argumentar, não estava ligado tanto aos temas de suas pinturas, mas sim a certo "estado de inocência" frente aos problemas construtivos pictóricos, como o que Darius Milhaud havia lhe mostrado nas obras do pintor popular baiano Jacaré[74].

Da resposta de Oswald de Andrade a Tristão de Athayde, interessam ainda alguns trechos em que ele volta a abordar a relação de Pau Brasil com as vanguardas europeias, em especial dadaísmo, expressionismo e surrealismo. Neles, aparecem temas que serão desenvolvidos pelo escritor em suas intervenções posteriores na imprensa e, de forma mais sistemática, no *Manifesto Antropófago* e na *Revista de Antropofagia*.

Em um tópico da resposta intitulado "O Ground", o escritor desenha o cenário da disputa contemporânea no campo literário: "De um lado estão Dadá e as antiescolas anarquistas. Do outro, todos os operários da construção atual, chamem-se eles Maurras ou Massis, Cendrars ou Satie"[75]. Para Oswald de Andrade, Athayde se inclinaria para o "lado Maurras"[76], que ele entendia ser uma "divisão antipoeta, burguesa e convencional" do grupo dos construtores. Uma divisão que

---

74 O episódio foi comentado no segundo capítulo, no subcapítulo "Vantagens do Caos Brasileiro".
75 Oswald de Andrade, *Os Dentes do Dragão: Entrevistas*, p. 47.
76 Referência a Charles Maurras (1868-1952), poeta, ensaísta, jornalista e político francês, principal fundador do periódico nacionalista *Action Française*, que circulou entre 1908 e 1944.

não partilhava com o dadaísmo da "necessidade de se afogar o monstro da sabença, num dilúvio, sem arca"[77]. Quanto a isso, ainda que antes tenha qualificado Breton, Tzara e Picabia como "dissolventes mentais", o escritor admite e não se envergonha de sofrer "o mesmo nojo pelo *Homo sapiens* do século passado que produziu o cientificismo e entre nós resultou nas mentalidades guanabarinas"[78]. A diferença era que os dadaístas, segundo Oswald de Andrade, desejavam permanecer no refúgio da "treva gagá" ou "tatear para um compartimento puramente freudiano", provavelmente referindo-se ao surrealismo. A isso ele contrapõe a defesa da "linha nacionalista que vem da santidade dos cronistas à burrice dos anúncios dos Fróis [sic]"[79].

Haveria, portanto, algo que unia os relatos dos primeiros cronistas sobre o Brasil e o que possivelmente é uma referência a textos de anúncios das apresentações da companhia de teatro do ator, compositor e cantor Leopoldo Fróes. Esse "algo" seria aquele "estado de inocência" da poesia Pau Brasil.

Depois de contrapor outros trechos de Breton e Fechner a ideias apresentadas no *Manifesto da Poesia Pau Brasil*, Oswald de Andrade conclui, para não deixar dúvidas:

> Pau Brasil contra o falso êxtase alemão. Pau Brasil contra o hermetismo dos negroides de Paris. Pau Brasil diferente da minha própria poesia desarticulada das *Memórias Sentimentais* [*de João Miramar*], fase de desagregamento técnico. Necessária. [...] Pau Brasil, sobretudo, clareza, nitidez, simplicidade e estilo. A ordem direta dos nossos rios[80].

É interessante notar a negação do "hermetismo dos negroides de Paris", dois anos depois do escritor ter reconhecido como positiva, na conferência que pronunciou em 1923 na Sorbonne, a abertura encontrada por ele em Paris às manifestações culturais indígenas e africanas. Oswald de Andrade parece já reconhecer que aquela abertura levava a caminhos e soluções diversos, rejeitando o caminho "hermético" tomado por dadaístas e surrealistas.

Por fim, no item da resposta a Athayde intitulado "Primitivismo no tempo e no espaço", já concluindo seu artigo, Oswald de Andrade apresenta o que entende

---

77 Oswald de Andrade, *Os Dentes do Dragão: Entrevistas*, p. 47.
78 Referência ao crítico de arte, músico e dramaturgo Oscar Guanabarino (1851-1937), que escrevia regularmente para os jornais *O Paiz* e *Jornal do Commercio* (idem, ibidem).
79 Idem, p. 48.
80 Idem, ibidem.

por primitivismo, e que difere das acusações de "balbuciamento infantil" feitas por Graça Aranha e seguidas pelo crítico de O Jornal. Para o escritor, naquele momento, primitivismo nada mais era do que ser de sua época, uma época que começava, que "ignorava o vapor há cem anos, o automóvel há trinta, o avião há vinte, o gás asfixiante há doze e o Brasil há três"[81]. Sendo "naturais", sem "escolas" ou "monomanias" europeias, fatalmente os poetas brasileiros seriam de sua época, seriam "primitivos".

Justamente esse entendimento de primitivo como algo próprio de uma época que se inicia já havia aparecido no discurso de Oswald de Andrade pouco antes de toda a discussão com Tristão de Athayde comentada acima. Em junho, de passagem por Recife, a caminho da Europa, o escritor concedeu uma entrevista a Joaquim Inojosa, na qual reiterou muito do que havia afirmado no artigo "Pau Brasil"[82]. A certa altura, ao comentar o nome com que havia batizado a poesia dos fatos estéticos nacionais e mencionar seu esforço de construção da poesia Pau Brasil e o esforço de Tarsila do Amaral "para a formação da pintura brasileira", ele comenta sobre o que entende ser o trabalho de sua geração: "Não devemos perder tempo, que à nossa geração pertence o preparar o alicerce dessa obra, que outra, sem dúvida, terminará. O nosso cérebro necessita de tudo quanto possa constituir a nossa realidade mental"[83].

Sua visão sobre o papel histórico da geração modernista continua, portanto, a mesma da Semana de Arte Moderna, quando afirmou serem os "futuristas" de São Paulo os primitivos de uma época clássica que se anunciava. A diferença, agora, é que a construção desse classicismo por vir dependia do quão fundo eles seriam capazes de mergulhar na realidade mental brasileira.

Nessa mesma entrevista a Inojosa, Oswald de Andrade toca no problema da independência do artista em relação a "escolas":

Estamos numa época de pesquisa que chegou a formular os seus primeiros resultados. O século 20 vai achando a sua expressão. Isso sem formar-se escola. Arte livre. Artista

---

81  Idem, p. 52.
82  "Uma Palestra com o Escritor Modernista Oswald de Andrade", Entrevista a Joaquim Inojosa, Jornal do Commercio, 21 jun. 1925.
83  Oswald de Andrade, Os Dentes do Dragão: Entrevistas, p. 57.

independente, sem preconceitos, sem fórmulas consagradas. Sair de uma escola para obedecer a novas regras é cair noutra escola. Resultando nenhum o esforço de libertação[84].

Esse trecho é particularmente interessante, pois permite compreender que embora Oswald de Andrade reconhecesse o cubismo como "escola", associando a ela alguns quadros "de transição" de Tarsila do Amaral, o esforço da geração moderna como um todo — nela incluída a brasileira — não cabia nas fórmulas de nenhuma escola. Assim, pode-se argumentar, a pintura da artista fazia uso de princípios ou leis estabelecidas pela "escola" cubista, mas era fundamentalmente outra coisa; seu esforço e os problemas que procurava enfrentar eram outros. Eram, no entendimento do escritor, a própria "formação da pintura brasileira", uma pintura também ainda por vir.

Como se verá mais adiante, o entendimento de primitivismo que se depreende dessas declarações irá se transformar, no pensamento de Oswald de Andrade, ganhando novos contornos com a publicação do *Manifesto Antropófago*. Cada vez mais o escritor perceberá a época da qual ele e seus companheiros de geração seriam os "primitivos" como essencialmente dedicada à revisão dos valores sobre os quais se constituiu o que se entendia por "civilização ocidental". Mais do que se alinhar à psicologia do telégrafo sem fio, do automóvel ou do avião[85], aquela seria a real tarefa histórica de escritores e artistas no início do século XX. As formulações do *Manifesto Antropófago* serão a resposta do escritor a essa percepção.

## 6. O documental de Tarsila

Mas antes de discutir o caminho percorrido por Oswald de Andrade até essa reformulação, e como as artes visuais aparecem nele, cabe uma discussão mais detalhada da posição que o escritor atribui a Tarsila do Amaral no contexto da história da arte no Brasil. Além das declarações discutidas acima, no período entre 1925 e 1928, não foram encontrados maiores comentários de Oswald de Andrade sobre a produção da artista, com exceção de um manuscrito sem data, em uma caderneta de anotações, trazendo o título "Tarsila: Um Renascimento da Pintura

---

84 *Idem*, pp. 57-58.
85 Na mesma entrevista a Joaquim Inojosa comentada acima, o escritor faz uma analogia entre essas tecnologias modernas e o movimento modernista.

Brasileira", que Aracy Amaral apresenta da seguinte maneira: "Manuscrito de Oswald de Andrade em uma caderneta de anotações, com esboço, em tópicos, para um estudo sobre a artista, provavelmente de 1925"[86].

O que o manuscrito apresenta, portanto, são ideia anotadas quase "telegraficamente", ao estilo oswaldiano. Embora elas não estejam concatenadas em parágrafos e raciocínios detalhados, ainda assim é possível visualizar como o escritor percebia a trajetória da artista. Quase metade do texto é dedicado ao que se pode entender como período de formação da pintora, sendo a outra metade uma apresentação de sua "primeira fase" como pintora consciente de sua obra, complementada por uma breve tentativa de situá-la num panorama histórico da pintura brasileira.

Do período de formação são destacadas a "infância na fazenda", item que abre as anotações, e as três viagens à Europa realizadas por Tarsila do Amaral. Ao listar sucessivos acontecimentos que marcariam essas etapas de formação, Oswald de Andrade mescla observações positivas e negativas tanto em relação ao que seria próprio ao contexto brasileiro, quanto em relação ao contexto europeu. Assim, se do Brasil a pintora carrega a memória da infância na fazenda, das bonecas de mato e das quadrinhas que ouvia, também daqui ela sofre "a ignara influência do meio", observação que vem logo após a menção a seus "professores de S. Paulo"[87].

Já nos itens que se referem à segunda viagem da artista à Europa, Tarsila do Amaral aparece como uma artista ainda despreparada em sua ambição de tornar-se pintora. A palavra "desilusão" surge duas vezes, ambas relacionada a visitas a museus, compondo um panorama de desorientação complementado por frases como "o espírito de obediência" e "o impressionismo inconsciente". É apenas na terceira viagem à Europa que a pintora aparece mais segura — "a confiança selvagem" — dos caminhos por onde seguir. São mencionados "o ateliê de Cézanne", os cursos com Lhote, Gleizes e Léger, "os dias de música e feijoada" em seu ateliê e suas "primeiras afirmações" como artista[88].

O item seguinte abre-se como uma descrição de sua "primeira fase", marcada pela "solidez construtiva e a riqueza paulista". Surge a figura da "caipirinha cubista"

---

86  A autora não cita a fonte de onde extraiu ou coleção à qual pertence o documento. (Aracy Amaral, *Tarsila: Sua Obra e Seu Tempo*, p. 421).
87  *Idem, ibidem.*
88  *Idem, ibidem.*

e Oswald de Andrade menciona os quadros *Paris, Rio 1, Rio 2* e *Academia*[89] como próprios desse momento de primeiros resultados, ou, como ele anota, de *aboutissement*. Na volta ao Brasil, aparece "a atração pelos assuntos brasileiros". "Os primeiros São Paulo", em referência, provavelmente a *São Paulo (135831)* e *São Paulo (Gazo)*, ambos de 1924, são descritos como "duas telas cubistas"[90]. O escritor menciona as viagens ao Rio de Janeiro e Aparecida do Norte, apontando-as como "A liberação". Em seguida, pontua a viagem a Minas Gerais e destaca a tela *Morro da Favela*, de 1924, e os desenhos realizados para *Feuilles de Route — Le Formose*, sem deixar de mencionar a conferência de Blaise Cendrars em São Paulo, em que a artista exibiu a tela *E.F.C.B.*, à qual provavelmente se refere a anotação "gares e paisagens".

A quarta viagem à Europa, já depois de ter se definido como artista, aparece apenas como uma série de encontros com outros artistas residentes em Paris, além da menção à exposição Section d'Or, ocorrida na capital francesa em 1925, e ao surgimento do projeto de exposição individual da artista.

Concluindo as anotações, Oswald de Andrade procura situar a obra de Tarsila do Amaral dentro do que ele chama de "questão da pintura brasileira":

A questão da pintura brasileira — As gravuras de Debret e Rugendas — O documental de Almeida Júnior.

Os primitivos e a pintura popular.

A decadência oficial — O comercialismo — O péssimo reflexo — Os pensionados — A pinacoteca de S. Paulo.

Nobres acepções vencidas pelo ambiente — Benedito Calixto — Wasth Rodrigues.

Os cadernos de croquis brasileiros — O documental da pintora[91].

Nas entrelinhas dessas notas surge um entendimento de que a questão da pintura brasileira passava por uma preocupação documental[92]. O "documental" de

---

89   O escritor provavelmente se refere a: *Pont Neuf*, 1923, coleção particular, RJ; *Rio de Janeiro*, 1923, coleção Adrien Claude, Paris (hoje extraviada); *Rio de Janeiro*, 1923, Acervo Fundação Cultural Emma Gordon Klabin; e *Estudo (Academia nº 1 ou La Tasse)*, 1923, coleção particular, RJ. Dados extraídos de Aracy Amaral, *Tarsila: Sua Obra e Seu Tempo*.

90   Oswald de Andrade, "Tarsila: Um Renascimento da Pintura Brasileira", em Aracy Amaral, *Tarsila: Sua Obra e Seu Tempo*, p. 422.

91   *Idem, ibidem*.

92   É o mesmo entendimento que o escritor projetava como o esforço da poesia brasileira. Um esforço documental, como ele afirmará na coluna "Feira das Quintas", em 17 de fevereiro de 1927:

Almeida Júnior aparece ao lado das gravuras de Debret e Rugendas, também elas uma documentação visual da realidade brasileira. Ao final, os cadernos de viagem de Tarsila do Amaral são apontados como "o documental da pintora". Desse modo, a artista é entendida como continuadora de uma linhagem de pesquisa "documental" da visualidade brasileira que se iniciava com Debret e Rugendas e passava por Almeida Júnior.

Ao lado dessa possível tradição documental, Tarsila do Amaral assumia também a tarefa de incorporar outra tradição: a dos primitivos[93]. Pode-se imaginar que o escritor tinha em mente artistas coloniais como Aleijadinho, cuja obra já havia sido equiparada à de Tarsila do Amaral por Oswald de Andrade, ou o pintor baiano Olímpio da Matta, atuante entre as décadas de 1840 e 1850, em Salvador, e dedicado à pintura religiosa[94], que o escritor havia destacado em 1923, no artigo "Preocupações Brasileiras". Ao estudo dos "primitivos" somava-se a pesquisa das qualidades da pintura popular brasileira, que o escritor havia percebido com a ajuda de Darius Milhaud, ao ser apresentado aos trabalhos de Jacaré em seu apartamento, como ele menciona naquele mesmo texto de 1923.

Por meio da elaboração desse conjunto de referências visuais e munida dos recursos pictóricos modernos adquiridos pelo estudo com os mestres certos em Paris, Tarsila do Amaral logrou resistir, na opinião de Oswald de Andrade, ao que ele entendia ser a "ignara influência do meio", ao "comercialismo" e à "decadência oficial". As "nobres acepções" de Wasth Rodrigues e Benedito Calixto, ainda

---

"Mas se o Brasil é irreal e suntuoso, basta descobri-lo. Se o Brasil é inesperado, realizemos pelo menos um documental de poesia" (Oswald Andrade, "Feira das Quintas — Pelo Brasil. Feira das Quintas", *Jornal do Commercio*, 17 fev. 1927).

93 Oswald de Andrade parece utilizar o termo primitivo aqui também no sentido de "primeiros", de "iniciadores" de uma época, como ele entendia serem os modernistas desde 1922.

94 Em tese sobre a pintura religiosa na Bahia, na virada dos séculos XVIII e XIX, Maria de Fátima Hanaque Campos aponta os seguintes dados sobre Olímpio Pereira da Matta: "Poucas foram as referências encontradas sobre o pintor Olímpio Pereira da Matta. Apresenta no conjunto de sua obra a capa do Compromisso da Irmandade de Nossa Senhora da Conceição do Boqueirão, produzida em 1847. Produziu também quatro telas que receberam os nomes de Desponsório de Nossa Senhora e São José, Anunciação, Visita de Nossa Senhora à Santa Isabel e a Apresentação de Jesus a Simeão, todas no interior da Igreja de Nossa Senhora do Boqueirão. Foi professor de Desenho no Colégio Órfãos de São Joaquim, entre março de 1844 a maio de 1852" (Maria de Fátima Hanaque Campos, *A Pintura Religiosa na Bahia, 1790-1850*, Departamento de Ciências e Técnicas do Patrimônio, Universidade do Porto Faculdade de Letras, Porto, Portugal, 2003. Disponível em: <https://repositorio-aberto.up.pt/bitstream/10216/14292/2/5108td01p000072277.pdf>. Acesso em: 1 mar. 2018. (Tese de Doutorado).

na opinião do escritor, acabaram sucumbindo a essas características que ele notava no ambiente artístico brasileiro[95].

Até onde se sabe, o texto a que essas anotações dariam origem — se é que dariam[96] — nunca foi publicado. No entanto, é possível afirmar que, mesmo em uma linguagem extremamente sintética, própria à transcrição de pensamentos soltos, elas contêm o que de mais esclarecedor se pode encontrar a respeito do modo como Oswald de Andrade entendia os problemas que a pintura deveria enfrentar no Brasil naquele momento, meados da década de 1920.

Uma nova reflexão mais substancial de Oswald de Andrade sobre arte e artistas brasileiros será encontrada apenas na coluna "Feira das Quintas", mantida pelo escritor no *Jornal do Commercio*, edição São Paulo, entre setembro de 1926 e maio de 1927. Esse salto temporal de quase um ano se deve ao fato de que, entre o final de 1925 e praticamente todo o ano de 1926, Oswald de Andrade se dedicou pouco à sua produção jornalística. Isso não significa, entretanto, que as artes visuais estiveram ausentes de seu horizonte de interesses e preocupações durante esse período.

## 7. Do cruzeiro ao solar

Se em abril de 1924, Oswald de Andrade havia integrado uma caravana que seguiu de trem rumo às cidades históricas mineiras, em dezembro de 1925, o escritor fez parte outra vez de um grupo de viajantes, mas agora embarcando em um cruzeiro marítimo pelo Mediterrâneo, rumo a um roteiro intercontinental que abrangia cidades da Europa, Oriente Médio e Egito. O grupo era composto, além do escritor, por sua noiva, Tarsila do Amaral[97], seu filho Nonê, Dulce do Amaral (filha do primeiro casamento da pintora), Altino Arantes, acompanhado da esposa Gabriela Junqueira, e pelo escritor Cláudio de Sousa.

---

95 Tanto José Wasth Rodrigues quanto Benedito Calixto foram colaboradores do historiador Afonso Taunay no projeto de construção da narrativa histórica visual materializada no Museu Paulista.

96 A rigor, nada garante que as anotações tivessem como objetivo a produção de um texto. Podem ser notas, por exemplo, para alguma conferência ou palestra.

97 Oswald de Andrade havia pedido Tarsila do Amaral em casamento em dezembro de 1924. No entanto, o noivado só foi tornado público depois de maio de 1926, após audiência do casal com o Papa Pio XI, que anulou o primeiro casamento da artista.

De acordo com Maria Eugenia Boaventura[98], durante os meses de janeiro e fevereiro de 1926, os viajantes saíram de Marselha, na França, de onde seguiram para Nápoles, na Itália, visitando Pompéia e a ilha de Capri. Depois, conheceram a Grécia e a Turquia, onde passaram pelas cidades de Atenas, Constantinopla (atual Istambul), Esmirna, Rodes e Chipre. Ainda no Mediterrâneo, visitaram Beirute, Sídon e Tiro, no Líbano, seguindo para Jerusalém, que se encontrava sob administração do Reino Unido desde a Conferência de Lausanne, em 1922, e Haifa. O último país visitado pelo grupo, antes do retorno a Marselha em 18 de fevereiro, foi o Egito, onde conheceram as cidades do Cairo, Luxor e Assuã[99].

A viagem deixou marcas tanto na literatura de Oswald de Andrade[100] quanto em seu pensamento sobre arte, especialmente no que diz respeito à dimensão e importância coletiva da criação artística, possíveis de se rastrear até mesmo em seus escritos da década de 1940, que serão discutidos no próximo capítulo. E algumas reflexões despertadas pelo contato com monumentos da antiguidade nas cidades que visitou já são apresentadas quando o escritor retorna ao Brasil, no segundo semestre de 1926, como se verá a seguir.

Logo após a viagem, porém, Oswald de Andrade se estabelece com Tarsila do Amaral em Paris, onde ambos se preparam para o casamento, planejado para o final daquele ano. Embora pareça um dado circunscrito à biografia de ambos, uma reflexão sobre as escolhas do casal na aquisição dos objetos que comporiam sua futura residência não é desprovida de interesse.

Parte do mobiliário que deveria compor a residência do casal, no solar da família Amaral à Alameda Barão de Piracicaba, em São Paulo, já havia sido adquirida por Oswald de Andrade na Exposição de Artes Decorativas de Paris, no ano

---

98  Maria Eugenia Boaventura, *O Salão e a Selva: Uma Biografia Ilustrada de Oswald de Andrade*, Campinas/São Paulo, Editora da Unicamp/Ex Libris, 1995, p. 119.
99  Um dado importante a ser destacado na viagem é a constante presença da fotografia, de que se pode ter uma ideia pela quantidade de imagens registrando a passagem do grupo por pontos turísticos das cidades que visitaram ou, ainda, em deslocamento a bordo do navio. Parte dessas imagens integram um álbum pertencente a Oswald de Andrade Filho, conforme mencionado em Maria Eugênia Boaventura que as reproduz em sua biografia ilustrada de Oswald de Andrade (*idem*, p. 120).
100 Vários capítulos de *Serafim Ponte Grande* têm a viagem de navio como assunto: "No Elemento Sedativo"; "Cérebro, Coração e Pavio"; "O Meridiano de Greenwich"; "Os Esplendores do Oriente". Este último, que antecede a parte final da obra, está diretamente ligado ao cruzeiro marítimo de que o escritor fez parte, uma vez que o personagem Serafim percorre os mesmos locais.

anterior, e integrava o conjunto que o designer e estilista Paul Poiret, de quem ambos eram clientes assíduos, havia apresentado[101]. Somam-se a isso trabalhos dos artistas de quem o casal se aproximou, como a *A Torre Eiffel*, de Robert Delaunay, utilizada por Cendrars em suas explicações sobre a pintura moderna na conferência discutida no capítulo anterior, além de obras de Léger e Brancusi, ao lado dos trabalhos da própria artista.

Algo de como era esse ambiente que Oswald de Andrade e Tarsila do Amaral construíram não apenas para viver juntos, entre 1926 e 1929, mas também para abrigar o que o escritor chamou de sua "roda literária"[102], pode ser visto em uma fotografia datada de 1929[103].

Para além do fato social que mobilizou como paraninfo da cerimônia, ocorrida em 30 de outubro de 1926, o presidente-eleito da República e amigo de Oswald de Andrade, Washington Luís, além do presidente do Estado de São Paulo, Júlio Prestes, padrinho do noivo, o casamento do escritor e da artista levava o modernismo que ambos praticavam em suas atividades criativas à constituição de um ambiente doméstico da elite paulistana. Apesar do caráter socialmente restrito e elitista dessa mudança, a residência do casal mostrava que a modernidade artística devia penetrar e transformar também os modos de vida, a começar pela própria decoração do lugar onde se vive.

Nesse sentido, é preciso não esquecer o quanto Oswald de Andrade tinha uma atenção especial ao caráter dos ambientes onde viviam escritores e artistas, que ele entendia serem "ambientes intelectuais", como demonstrou nos artigos que publicou ao retornar de Paris, em 1924. Por isso, não é irrelevante observar que a arte moderna que Olívia Guedes Penteado limitou-se a manter restrita a um pavilhão nos jardins de seu palacete, estava agora integrada ao "ambiente intelectual" que Oswald de Andrade e Tarsila do Amaral construíram para viver, ainda

---

[101] Em carta à família, enviada de Paris, em 22 de março de 1926, Tarsila do Amaral conta: "Oswald já me fez presente de uma linda mobília da sala de jantar que figurou na Exposição de Artes Decorativas. Uma mesa lindíssima, 12 poltronas de madeira amarela, forradas de veludo verde, seis cadeiras e dois buffets. É muito moderna e decorativa" (Aracy Amaral, *Tarsila: Sua Obra e Seu Tempo*, p. 225).

[102] Maria Eugenia Boaventura, *O Salão e a Selva: Uma Biografia Ilustrada de Oswald de Andrade*, p. 117.

[103] Vale lembrar, no entanto, que, de acordo com Aracy Amaral, *Tarsila: Sua Obra e Seu Tempo*, p. 211, o "salão" de Tarsila do Amaral na casa da Alameda Barão de Piracicaba se inicia em 1925, portanto antes do casamento com o escritor.

que a arquitetura da casa não acompanhasse a modernidade de sua decoração[104]. De certo modo, a residência complementava o que o casal simbolizava enquanto imagem do modernismo em São Paulo. Sobre isso, Aracy Amaral comenta:

> O tipo de vida excêntrico de Tarsiwald os definia como a imagem mesma do modernismo em São Paulo: cosmopolitas, avançados, ele audacioso com seu livro de poemas recém-publicado, ambos em constantes idas e vindas a Paris, ela faiscante como personalidade, beleza e encantamento[105].

◆

Além das providências para o casamento e a constituição de um ambiente moderno para abrigar discussões literárias e artísticas, Oswald de Andrade dividia-se em Paris entre duas realizações importantes para o movimento modernista: a redação de *Serafim Ponte Grande*, romance cuja publicação ele já havia anunciado em revistas e no livro *Pau Brasil*, e a participação na organização da primeira exposição de Tarsila do Amaral em Paris. Com relação ao romance, o processo de escrita, somado às discussões em que se envolveu na imprensa a respeito do programa estético Pau Brasil, fizeram com que o escritor publicasse um prefácio, mesmo sem o livro estar concluído. Mais adiante, será discutida a relevância das artes visuais para a ideia de obra de arte defendida nesse primeiro prefácio a *Serafim Ponte Grande*[106]. Neste momento, porém, cabe uma discussão sobre como se deu a participação do escritor na organização da primeira individual de Tarsila do Amaral.

## 8. Escute, Tarsila

Desde o período em que esteve sozinho em Paris, no começo de 1925, Oswald de Andrade escrevia para Tarsila do Amaral, que havia retornado ao Brasil, para que trabalhasse com afinco, de modo a poder apresentar uma mostra relevante no ambiente artístico parisiense, o que seria uma realização importante para o

---

[104] Como se sabe, nesse período começavam a surgir as primeiras realizações de arquitetura moderna em São Paulo, com as casas modernistas de Gregori Warchavchik, fenômeno ao qual Oswald de Andrade estará atento, como se verá adiante.
[105] Aracy Amaral, *Tarsila: Sua Obra e Seu Tempo*, p. 210.
[106] Ao publicar o livro, em 1933, Oswald de Andrade redige um novo prefácio, muito mais virulento e crítico, a ser comentado no próximo capítulo.

movimento modernista brasileiro. É o que escritor afirma em carta datada de 29 de março de 1925: "Escute, Tarsila, peço-lhe que trabalhe com muita urgência. O [Léonce] Rosenberg espera quadros novos seus. E você sabe o compromisso que há de todo o grupo moderno em ver v. triunfar na Rue La Boétie"[107].

Um ano depois, com a chegada do casal a Paris, levando a produção recente da artista, Oswald de Andrade assume um papel ativo na preparação da mostra. Em abril de 1926, Léonce Rosenberg comunica ao escritor ter intercedido junto à direção da Galerie Percier para que vissem os trabalhos da artista, a quem se refere como "Madame de Andrade"[108]. A Galerie Percier localizava-se justamente à Rue de la Boétie, mencionada na carta do escritor acima citada, que concentrava um número expressivo de galerias de arte[109]. A artista estaria, portanto, exibindo seus trabalhos em espaço situado em uma área da capital francesa conhecida pela atividade artística, garantindo visibilidade à sua obra.

Blaise Cendrars, que acompanhava do Brasil o processo de preparação da mostra, enviava ao casal recomendações de críticos a serem convidados para a exposição, maneira de assegurar que a mostra repercutisse junto ao meio artístico parisiense e não apenas junto à colônia de artistas brasileiros na capital francesa. Em carta dirigida a Oswald de Andrade, em 1º de abril de 1926, o poeta sugere: "Penso que você vá se ocupar ativamente da exposição de Tarsila e completar minhas listas. Faça uma exposição FRANCESA, PARISIENSE e não uma manifestação sulamericana. O perigo para vocês é a oficialidade"[110]. Em correspondência enviada à pintora, na mesma data, Cendrars menciona os poemas que enviaria

---

107 Aracy Amaral, *Tarsila: Sua Obra e Seu Tempo*, p. 193.
108 Recomendada a André Level, diretor da Galerie Percier, por Blaise Cendrars, que se encontrava no Brasil naquele momento, a artista rememora o momento em que apresentou seus trabalhos a Level no artigo "Recordações de Paris" *Habitat — Revista das Artes no Brasil*, n. 6, 1952, São Paulo: "Apesar da apresentação, [Level] não quis comprometer-se com uma pintora desconhecida. Pretextou não haver vaga, mas decidiu ver meus quadros. Diante do *Morro da Favela* com seus negrinhos, com suas casas rosas, azuis, amarelas, M. Level voltou-se para mim perguntando: 'Quando quer expor?' Estava aprovada: imaginem minha alegria" (Tarsila do Amaral, *Crônicas e Outros Escritos de Tarsila do Amaral*, p. 735). Como se vê, a julgar por esse depoimento, a negrofilia e o gosto pelo exótico típicos dos anos 1920 parisienses continuavam a se projetar sobre a obra da artista.
109 L'Effort Moderne, dirigida por Rosenberg, situava-se à rue de la Baume, n. 19, paralela à rue de la Boétie. Foi nessa galeria que Tarsila do Amaral, Olívia Guedes Penteado e Paulo Prado adquiriam obras modernas, em 1923.
110 Aracy Amaral, *Tarsila: Sua Obra e Seu Tempo*, p. 230, destaques do autor.

para figurar no catálogo e se mostra seguro de que Oswald de Andrade garantiria a presença de Jean Cocteau e Léonce Rosenberg na exposição.

Além de se envolver diretamente nos trâmites para encontrar a galeria mais adequada, que assegurasse uma entrada efetiva da artista no mercado de arte parisiense, e garantir a repercussão da mostra entre críticos de arte e escritores, o autor de *Pau Brasil*, conforme carta enviada por Tarsila do Amaral à família, em 13 de maio de 1926, atuava também como produtor da exposição: "Oswald não se descuida em providenciar tudo. Fala com o fotógrafo, com o tipógrafo que cuidará dos catálogos, com o emoldurador etc."[111]. Como se sabe, o "emoldurador" a que a artista se referia era Pierre Legrain, célebre por seu trabalho como encadernador e desenhista de móveis *art déco*. Segundo Aracy Amaral[112], as molduras de Legrain, que são inclusive mencionadas no catálogo, formavam com a apresentação poética de Cendrars um "duplo apoio" à exposição[113].

Cabe observar aqui que o critério de consagração desejado desde o início tanto por Oswald de Andrade quanto pela artista foi sempre o mercado de arte e não mostras coletivas como Salon d'Automne ou Salon des Indépendants[114]. Aliás, como foi visto no segundo capítulo, a opinião de Oswald de Andrade sobre os expositores desses salões era negativa, entendendo-os como "esquadrões" de seguidores dos mestres cubistas. A respeito desse entendimento do mercado de

---

111 *Idem*, p. 229.
112 *Idem* p. 231.
113 Além desse envolvimento, com a exposição aberta de 7 a 23 de junho, Oswald de Andrade compilou, copiando-os à mão, os textos críticos sobre a mostra, tomando também o cuidado de anotar os compradores de cada quadro vendido (Maria Eugenia Boaventura, *O Salão e a Selva: Uma Biografia Ilustrada de Oswald de Andrade*, pp. 123-126). Alguns meses depois, em sua coluna "Feira das Quintas", *Jornal do Commercio*, do dia 3 de fevereiro de 1927, o escritor publicou trechos desses textos, sob o título "A Pintura Brasileira em Paris. Exposição Tarsila. Documentação". Os trechos selecionados são de José Severiano de Rezende, publicado na *Gazette du Brésil*; Maurice Raynal, no *Intransigeant*; Louis Vauxcelles, em *Volonté*; e O. de Pavlowski, em *O Journal*. Ao final da transcrição, Oswald de Andrade conclui com a expressão latina *Pro Domo* — em causa própria.
114 Segundo Aracy Amaral (*Tarsila: Sua Obra e Seu Tempo*, p. 465) teria participado do Salon des Indépendants apenas no mesmo ano de 1926, portanto poucos meses antes da abertura de sua individual, pois o salão ocorreu entre março e maio. No entanto, no catálogo digitalizado disponível no portal Gallica, da Biblioteca Nacional da França, não consta o nome da artista. Os brasileiros participantes da 37ª edição do Salon des Indépendants foram Anita Malfatti, Vicente do Rego Monteiro e Roberto Augusto Colin.

arte parisiense como instância de consagração, Sergio Miceli o situa como parte do que entende ser um amplo "projeto artístico literário semi-empresarial":

> Tarsila e Oswald estavam iniciando uma parceria amorosa e de trabalho que repercutiria sobre a produção de ambos. Em função da disponibilidade de recursos ao seu alcance, viabilizaram um projeto artístico-literário semi empresarial, tendo, ao longo da década inteira de 1920, Paris como sede de operações, mestres literários e plásticos franceses como modelos e o mercado metropolitano como espaço privilegiado de difusão. A griffe do casal Tarsiwald se estendia a todos os domínios de consumo de bens culturais: vestuário, mobiliário e decoração, jantares e recepções, espetáculos de vanguarda, corridas de cavalos e de automóveis, livros e obras de arte. A ambição de brilho social se misturava às pretensões de supremacia intelectual[115].

Alcançado o sucesso comercial e de crítica almejado para a exposição, o casal Tarsiwald retornou ao Brasil, desembarcando no dia 16 agosto de 1926. No dia seguinte, *O Jornal* publicou uma entrevista com a artista, da qual Oswald de Andrade participa. Em meio às explicações da pintora sobre sua aproximação aos processos pictóricos cubistas e à maneira como ela os adaptou, "torcendo-os a [seu] jeito e de acordo com o [seu] temperamento", o escritor faz alguns apartes. Em primeiro lugar, Oswald de Andrade destaca o sucesso da mostra em Paris. Em outro momento, mostra-se preocupado em eliminar qualquer vínculo possível entre a pintura de Tarsila do Amaral e a designação genérica de "futurista", a qual ele mesmo e o movimento modernista como um todo haviam ficado associados desde a publicação de seu artigo "O Meu Poeta Futurista", em 1921:

> Tarsila não é, como se tem dito e insistentemente repetido — intervém o sr. Oswaldo de Andrade — uma artista futurista. O futurismo é uma escola regional italiana que passou já, embora subsista ainda o seu chefe, que é Marinetti. No Brasil chama-se futurista a tudo que se afasta dos modelos clássicos. É uma denominação imprópria, entretanto[116].

Concordando com o escritor, a artista aponta Paris como o principal "centro de irradiação do espírito moderno", algo que a Itália, pressionada por sua "pe-

---

115 Sergio Miceli, *Nacional Estrangeiro*, p. 129.
116 "A Pintura Moderna Vista por uma Artista Moderníssima", *O Jornal*, 17 ago. 1926.

sadíssima tradição" não podia ser[117]. Ao final da entrevista, Oswald de Andrade aproveita para criticar as obras expostas no que o jornalista nomeia apenas o Salon, sem identificar qual, e fustigar os irmãos Henrique e Rodolfo Bernardelli: "[Oswald de Andrade] Acusa os irmãos Bernardelli — dois monstros artísticos, segundo expressão sua — de serem nefastos à arte nacional e de terem prejudicado a espontaneidade e originalidade de várias gerações de artistas brasileiros"[118].

Depois dessa breve ofensiva antiacadêmica, Tarsila do Amaral e Oswald de Andrade se ocuparam dos últimos detalhes para a cerimônia de casamento, realizada em 31 de outubro, no oratório particular da residência onde viveriam. Ambos passaram os anos seguintes em trânsito constante entre a casa na capital paulista e a Fazenda Santa Teresa do Alto, na região de Itupeva, propriedade do pai da artista, que teria sido adquirida por Oswald de Andrade[119] em troca de terrenos em Pinheiros[120].

Se para a artista esse seria um "tempo de calmaria"[121], já em setembro de 1926 o escritor iniciou sua coluna semanal no *Jornal do Commercio* de São Paulo, "Feira das Quintas", na qual retoma alguns temas polêmicos do ano anterior e se envolve em novas discussões, sempre em torno do programa estético Pau Brasil, dessa vez com Menotti del Picchia, Cassiano Ricardo e Plínio Salgado, do grupo verdeamarelista. Paralelamente, Oswald de Andrade trabalhava na preparação de seu livro de poemas *Primeiro Caderno do Aluno de Poesia Oswald de Andrade*, e do segundo volume da "Trilogia do Exílio", o romance *A Estrela de Absinto*, ambos lançados em 1927[122]. É nesse contexto de retomada da produção jornalística e literária que o

---

117 *Idem, ibidem.*
118 *Idem, ibidem.*
119 Essa informação consta em Amaral (*Tarsila: Sua Obra e Seu Tempo*, p. 252), embora a autora mencione não ter podido confirmá-la. Na fazenda, o casal receberá os amigos modernistas brasileiros e alguns convidados estrangeiros nos anos seguintes, entre os quais Lasar Segall e Jenny Klabin Segall, Mário de Andrade, o escritor francês René Bacharach, o filósofo alemão Hermann Keyserling, a cantora e dançarina estadunidense Josephine Baker, além de Abelardo Pinto, o palhaço Piolim, de quem Oswald de Andrade era constante espectador no barracão do Largo do Paissandu, onde ocorriam suas apresentações. Sobre a admiração do escritor e de outros modernistas por Piolim, ver o capítulo "Dos Salões Modernistas aos Barracões dos Circos", em Maria Augusta Fonseca, *Oswald de Andrade: Biografia*, 2. ed., São Paulo, Globo, 2007.
120 Com o falecimento de seu pai em fevereiro de 1919, Oswald de Andrade, que era filho único e havia perdido a mãe em 1912, herdou uma grande área de lotes de terrenos entre os bairros de Pinheiros e Cerqueira César.
121 Aracy Amaral, *Tarsila: Sua Obra e Seu Tempo*, p. 255.
122 As duas obras serão discutidas no capítulo 5.

escritor publicou, na edição de 30 novembro de 1926 da *Revista do Brasil*, o primeiro prefácio a *Serafim Ponte Grande*, com o título "Objeto e Fim da Presente Obra".

## 9. Classicismo e romantismo

Construído como justaposição de aforismos, no estilo telegráfico dos manifestos oswaldianos, o texto basicamente retoma ideias que o escritor já havia apresentado anteriormente, como o desprezo ao "academismo" em prol do que a vida oferecia de experiências estéticas, ou ainda a crítica ao naturalismo, entendido novamente como "copiar igualzinho", em favor da transposição da vida na obra de arte. Percebe-se uma constante identificação, ou pelo menos o reconhecimento de uma irmandade entre o que se passa no campo da obra literária e da obra artística. Logo no início do texto, Oswald de Andrade refere-se a sua atividade criativa como "obra de ficção": "A obra de ficção em minha vida corresponde a horas livres em que, estabelecido o caos criador, minhas teorias se exercitam em pleno controle"[123]. Na frase seguinte, entretanto, se pergunta "o que é a obra de arte?" O autor utiliza o termo "obra de arte" de maneira ampla, englobando desde a pintura até sua "obra de ficção" literária.

Nesse sentido, o texto é significativo para o objetivo deste trabalho na medida em que se utiliza de argumentos que se pode atribuir ao interesse do autor pelas artes visuais. É o caso, por exemplo, da crítica ao academismo: "O academismo não existe. Surpresa para os que acreditam que o Brasil tem uma pintura desde o piquenique transatlântico de Dom João XI"[124].

As reflexões surgidas de suas experiências em Paris parecem embasar o outro trecho em que Oswald de Andrade responde à pergunta lançada antes sobre "o que é a obra de arte": "Fenômeno social ou antissocial. Ciclos. Caráter coletivista, caráter individualista. Classicismo e pesquisa. Romantismo e decadência"[125]. Essa definição remete à conversa do escritor com Brancusi, que ele narra no artigo "Ambientes intelectuais de Paris", na qual o escultor teria afirmado que o apogeu da arte grega se deu por conta de "uma unidade de pensamento coletivo anônima e sincera", fenômeno que teria se repetido séculos depois na construção

---

123 Oswald de Andrade, *Serafim Ponte Grande*, 9. ed., São Paulo, Globo, 2004, p. 33.
124 *Idem, ibidem.*
125 *Idem, ibidem.*

das catedrais medievais e que, no período moderno, já não era mais possível. Se acrescentarmos a essa sugestão de Brancusi, o texto de Jean Hytier para o primeiro número de *Le Mouton Blanc*, citado pelo escritor em "Pequena Tabuada do Espírito Contemporâneo", a ideia de ciclos históricos de caráter coletivista e ciclos de caráter individualista se completa. A essas referências poderia ser acrescentado o prefácio de Elie Faure à edição de 1923 de seu *L'Art Renaissant*[126], no qual se encontra a seguinte afirmação: "Procurei contar nesse volume a epopeia do indivíduo, da qual a Renascença e a Reforma marcaram a eclosão dramática [...]"[127].

Ao entendimento cíclico da história, determinado pela alternância entre coletividade e individualismo, Oswald de Andrade acrescenta a oposição entre classicismo e romantismo, que, como se nota em sua discussão com Tristão de Athayde, fazia parte do vocabulário crítico que circulava nos debates estéticos brasileiros naquele momento[128].

Pelo modo como organiza seu aforismo por meio de uma sequência de oposições, o escritor associa classicismo a "caráter coletivista" e "pesquisa", enquanto romantismo estaria ligado ao "caráter individualista" e à "decadência". Mais de dez anos antes de expor esse entendimento, como foi discutido no primeiro capítulo, o escritor já afirmava, no artigo "Naturalismo e a Arte dos Ambientes", que a estética naturalista seria uma reação à "florada mórbido-romântica dos Schiller e Goethe, Byron e Lamartine"[129], em um primeiro entendimento do romantismo que o associava à ideia de morbidez, de onde pode derivar sua compreensão como decadência.

Outros posicionamentos do escritor no início da década de 1920 apontam igualmente para uma compreensão daquele período em chave negativa, como o texto "Escolas & Ideias", publicado na revista *Klaxon*. Nele, vale lembrar, Oswald de Andrade igualava romantismo a uma "arte interpretativa" e centrada no "Eu", por isso unilateral, que precisava ser superada para se alcançar o que àquela altu-

---

126 Como foi visto no capítulo anterior, Oswald de Andrade conhecia a obra de Faure.
127 Elie Faure, *L'Art Renaissant*, Paris, Le livre de poche, 1971, p. 25, (Histoire del'Art).
128 Tal oposição, entretanto, tem uma origem mais remota e significados variados, como sugere Giulio Carlo Argan ao comentar esses dois conceitos, cuja relação dialética estaria, em sua avaliação, no centro da cultura artística moderna, tal como ela foi compreendida na Europa e Estados Unidos entre os séculos XIX e XX. Giulio Carlo Argan, *Arte Moderna: Do Iluminismo aos Movimentos Contemporâneos*, São Paulo, Companhia das Letras, 1992, p. 11.
129 Oswald de Andrade, "Naturalismo e a Arte dos Ambientes", *O Pirralho*, n. 169, pp. 7-9, 9 jan. 1915.

ra ele nomeava de "imperativo metafísico" e que correspondia à fixação da realidade em função da eternidade, como haviam feito Cervantes, Dante e "os gregos".

Ainda em 1926, portanto, o escritor sustentava a defesa do classicismo, alinhando-se, assim, ao Retorno à Ordem que dominava parte dos debates literários e artísticos na França e em outros países europeus desde a Primeira Guerra Mundial, como foi visto no capítulo anterior. Com a diferença, porém, que classicismo agora já não se tratava mais apenas de fixar a realidade em função da eternidade, mas de "pesquisa" no sentido de uma arte entendida como "fenômeno social", integrada à coletividade. Um classicismo moderno, cuja atualidade no debate estético francês da década de 1920 pode ser rastreada tanto em Max Jacob, como mostra o trecho da entrevista citada por Tristão de Athayde comentado acima, quanto em Jean Cocteau[130] e nas revistas *Le Mouton Blanc* e *L'Esprit Nouveau*. Encerrando o prefácio, Oswald de Andrade retoma a oposição entre clássico e romântico para afirmar que seu livro constituía "o primeiro passo para o classicismo brasileiro", superando, assim, os "anúncios mal-direitos de uma legislação romântica nacional", baseada em cópia e em uma "arte amanhecida da Europa requentada ao sol das costas"[131]. *Serafim Ponte Grande* seria o primeiro passo — uma obra primitiva,

---

[130] No artigo "Vérités", publicado em 1923, no quarto número da revista *Le Mouton Blanc*, Jean Cocteau expõe como entendia a relação do classicismo moderno com a tradição, em chave que se aproxima da atitude de Oswald de Andrade de aversão à cópia: "Um grave mal-entendido consiste em tomar pastiche por tradição. Uma obra somente pode se tornar clássica à custa de não tê-lo sido. Ela muda tudo. É um golpe certeiro. Procure, portanto, o classicismo futuro naquilo que menos se parece com os clássicos" (Jean Cocteau, em Alicia Dorey, *L'Avant-garde et Ses Revues Dans le Lyon de L'entre-Deux-Guerres. L'émergence d'une Avant-Garde Provinciale à Travers Trois Revues Lyonnaises D'après-Guerre: Le Mouton Blanc, Promenoir et Manomètre*. Université de Lyon, Institut d'Études Politiques de Lyon, 2011, p. 41, tradução nossa). Alguns anos antes, em *Le Coq et l'Arlequin*, publicado em 1918, o escritor indicava uma das fontes onde escritores e artistas modernos poderiam buscar o "sentido de sua época" e assim se aproximar da tradição: "Zombou-se muito de um aforismo meu, citado em um artigo do *Mercure de France*: 'O artista deve engolir uma locomotiva e expelir um cachimbo'. Eu queria dizer com isso que nem pintor nem músico devem se servir do espetáculo das máquinas para mecanizar sua arte, mas da exaltação mensurada que neles provoca o espetáculo das máquinas para exprimir um outro objeto mais íntimo. As máquinas e as construções americanas se parecem com a arte grega, no sentido que a utilidade lhes confere uma secura e uma grandeza desprovida de supérfluo. Mas isso não é arte. O papel da arte consiste em captar o sentido da época e beber no espetáculo dessa secura prática um antídoto contra a beleza do inútil que encoraja o supérfluo" (Jean Cocteau, "Le Coq et l'Arlequin", *Romans, Poésies, Oeuvres Diverses*, Paris, Le Livre de Poche, 1995, pp. 438-439, tradução nossa).

[131] Oswald de Andrade, *Serafim Ponte Grande*, 9. ed. São Paulo, Globo, 2004d, p. 34.

nesse sentido de iniciadora — para superar essa época de decadência brasileira, de acordo com os termos estabelecidos pelo escritor.

Outro aforismo que tem como base uma referência à história da arte aproxima um artista renascentista e um artista contemporâneo: "*In illo tempore*, uma madona de Rafael que até dá náuseas, constituía fenômeno vivo, localizado na coluna vertebral da humanidade. Hoje, um compasso de Léger penetra na nossa medula"[132]. De modo implícito, com essa aproximação Oswald de Andrade critica menos a obra de Rafael, da qual reconhece o valor na época em que foi realizada, do que aqueles que a tomavam como cânone para a produção artística atual — novamente os acadêmicos, subentende-se. Para o escritor, era o compasso de Léger que constituía um "fenômeno vivo" de sua época.

Em outro trecho, Oswald de Andrade retoma a crítica ao naturalismo, conceito presente em seu pensamento sobre arte desde 1915. De modo semelhante a seus textos publicados durante a Semana de Arte Moderna e ao *Manifesto da Poesia Pau Brasil*, o escritor volta-se contra a ideia de cópia que associa ao naturalismo, defendendo a transposição da vida na obra de arte. E novamente se vale de um exemplo extraído das artes visuais em seu argumento: "Transponho a vida. Não copio igualzinho. Nisso residiu o mestre equívoco naturalista. A verdade de uma casa transposta na tela é outra que a verdade na natureza. Pode ser até oposta. Tudo em arte é descoberta e transposição"[133]. A obra de arte aparece aqui, novamente, como produto de uma linguagem dotada de uma "verdade" específica, para a qual a vida deve ser transposta, adaptada, traduzida. Essa "verdade" própria da arte e diferente da "verdade na natureza" é invocada para combater o que seria o equívoco naturalista de, "copiando" a natureza, confundi-la com a obra de arte.

Nesse prefácio, portanto, Oswald de Andrade acrescenta pouco às ideias que já havia apresentado em outros textos. Sua publicação pode ser entendida como uma reafirmação de princípios, diante das críticas que o programa estético e o livro *Pau Brasil* haviam recebido. Seu pensamento sobre arte ganhará desdobramentos mais interessantes na coluna semanal de rodapé "Feira da Quintas", publicada às quintas-feiras no *Jornal do Commercio*, edição São Paulo, entre 2 de setembro de 1926 e 5 de maio de 1927[134].

---

132 *Idem*, p. 33.
133 *Idem*, p. 34.
134 Totalizando 27 textos, a publicação da coluna foi interrompida entre 11 de novembro de 1926 e

## 10. Feira das quintas

O modo como Oswald de Andrade estruturou sua colaboração para o jornal conferia à coluna um caráter de espaço experimental, em que o escritor apresentava trechos de seus romances em elaboração, pequenas narrativas ficcionais, informes sobre exposições abertas e livros lançados, por vezes mesclando essa variedade de formas literárias e marcando posições a respeito de artistas ou escritores através de diálogos ficcionais ou paródias[135]. Por vezes, as colunas abordavam mais de um assunto, sempre exercitando o estilo característico da escrita oswaldiana, marcado pelo humor, pela ironia e pelo caráter sintético dos argumentos. Desse conjunto, serão discutidos a seguir os trechos em que aparecem posicionamentos mais significativos do escritor sobre as artes visuais.

E já é possível encontrá-los na coluna de estreia, em um trecho intitulado "Cosmos e Caos", que apresenta um diálogo sobre pintura protagonizado por um professor e um aluno:

> PROFESSOR: Por que uma paisagem copiada não satisfaz um espírito organizado?
>
> ALUNO: Porque é fragmento de um todo. Como a vida humana é esforço de síntese, o que corre em sentido oposto desanima e aborrece.
>
> P.: A vida... Esforço de síntese?
>
> A.: Sim. O homem, efêmero, analítico, fragmentário, se sintetiza na produção ou na família, na raça ou na civilização. — A obra de arte, para ser boa tem que ser organizada como um Cosmos. Quando fragmentária, portanto analítica, não corresponde a sua fatalidade de equivalência.
>
> P.: Equivalência de que?
>
> A.: Equivalência de Cosmos.
>
> P.: E por que Seu Pedrinho Alexandrão só pinta "pêra e metá?"

---

20 de janeiro de 1927, sem razão aparente. Uma análise dos textos, situando-os no contexto da polêmica entre Oswald de Andrade e o grupo verdeamarelista pode ser encontrada em Roberta Fabron Ramos, *"Feira das Quintas": Crítica e Polêmica nas Crônicas Oswaldianas*, IEL/Unicamp, 2008. Disponível em: <http://repositorio.unicamp.br/jspui/handle/REPOSIP/270086>. Acesso em: 11 de jan. 2018. p. 12 (Tese de Dissertação de Mestrado em Teoria e História Literária). Para a citação dos textos de "Feira das Quintas", foi utilizada aqui a transcrição apresentada pela autora no Anexo I de seu trabalho.

[135] *Idem*, p. 12.

A.: Porque gosta de caos.

P.: Não é.

A. : Por que então?

P.: Porque é capa de borracha.

O aluno dá risada e toma nota. A campainha toca. Recreio[136].

O aluno aparece no texto como porta-voz de algumas ideias de Oswald de Andrade que já foram discutidas neste trabalho, como a crítica à cópia da natureza. Aqui, porém, o escritor apresenta um argumento novo: a insatisfação diante da cópia não é apenas um incômodo diante da falta de consciência da especificidade da linguagem e dos meios artísticos; a cópia é entendida como contrária ao que caracterizaria a própria vida humana, que seria o esforço de síntese e organização da experiência fragmentária e analítica diante do mundo. A obra de arte aparece então como um dos produtos possíveis desse trabalho de síntese — ao lado da família, da "raça" e da civilização — e sua organização "como um Cosmos" surge como critério de valor. A obra de arte será boa quando alcançar essa organização, distanciando-se da experiência fragmentária do mundo.

Ao final do diálogo, Oswald de Andrade zomba do pintor Pedro Alexandrino, a quem em 1921 ele havia se referido como "mestre na Paris culta", no artigo "Questões de Arte". Valendo-se de um trocadilho com o nome do pintor, o professor do diálogo pergunta sobre suas naturezas-mortas — jocosamente citadas como "pêra e metá" —, que o aluno entende ser um exemplo da submissão à fragmentação, próprio de alguém que "gosta do caos". A resposta do professor, no entanto, aponta uma saída menos filosófica para a questão: o pintor é apenas "capa de borracha", ou seja, impermeável a ideias diferentes das que havia aprendido, como bem interpretou Ruth Tarasantchi[137], tomando a resposta humorística do professor como a opinião de Oswald de Andrade.

Na coluna desse mesmo dia, em um trecho intitulado "Brasil dos Andores", o escritor retoma seu interesse pelo que chama de dois "aspectos sérios" da "arte popular no Brasil", o carnaval e a procissão, ambos responsáveis pela criação de

---

136 Oswald de Andrade, "Feira das Quintas — Uma atriz Parisiense — Cosmos e Caos — Psicologia das Revoluções — Piolin Versus Mario — Brasil dos Andores — Um Caso de Quadros — Glória de Artista", *Jornal do Commercio*, 2 set. 1926.

137 Ruth Tarasantchi, *Pedro Alexandrino*, São Paulo, Edusp, 1996, p. 33.

uma "tradição de gosto inconfundível, de pitoresco e de maravilhoso"[138]. As duas manifestações culturais marcavam para Oswald de Andrade um "ritmo invencível do grandioso ingênuo", que seria próprio do Brasil, e tornavam dispensáveis "as malícias organizadas da civilização europeia" e os Egitos de papelão que os teatros nacionais importavam para êxtase do público local. Mais interessantes eram os teatros populares dos barracões de lona, ao som de músicas rachadas, assim como os altares e salas de milagre decorados, que tinham razão de se armar com as lantejoulas dos "corações caipiras"[139]. Tendo em mente possivelmente a pintura Pau Brasil de Tarsila do Amaral, que desejava justamente incorporar elementos da visualidade presente em práticas culturais populares, Oswald de Andrade sugere ainda que também as "manifestações de arte superior" teriam razão de se armar com as lantejoulas dos corações caipiras.

Em 16 de setembro, o escritor comenta com indignação a importância conferida pelo professor da disciplina de História da Arte na Escola Nacional de Belas-Artes, José Flexa Pinto Ribeiro, à descoberta de uma réplica da estátua de Zeus em Olímpia, de Fídias, por arqueólogos italianos em Cirena, na Líbia. Nos dois artigos que publicou sobre o tema no *Correio Paulistano*, nos dias 3 e 16 de setembro, Flexa Ribeiro situava a importância da descoberta por meio de uma explanação a respeito do desenvolvimento da escultura na Grécia antiga, suas diferenças e suposta superioridade em relação à estatuária do Oriente, além da posição ocupada por Fídias no contexto da cultura ateniense do século V a.C., o chamado "século de Péricles". Chamando-o ironicamente de "Sra. Flexa Ribeiro", Oswald de Andrade comenta os textos nos seguintes termos:

A Sra. Flexa Ribeiro quer emprestar uma importância excessiva à descoberta de mais um Zeus grego na África. Mas que temos nós com isso, oh teimoso professor de beleza oficial! Assoberbados (o termo é justíssimo) por questões próximas como o imposto sobre a renda, a fixação Cambial, etc., etc., não há nada mais cacete do que a gente se distrair com a genealogia complicada e inútil do apogeu grego e reter a atenção com descrições tiradas a compêndios da suposta grandeza de uma era que não nos diz nada[140].

138 Oswald de Andrade, "Feira das Quintas — Uma atriz Parisiense — Cosmos e Caos — Psicologia das Revoluções — Piolin Versus Mario — Brasil dos Andores — Um Caso de Quadros — Glória de Artista", *Jornal do Commercio*, 2 set. 1926.
139 Oswald de Andrade, *Serafim Ponte Grande*. p. 34.
140 Oswald de Andrade, "Feira das Quintas — Diálogo sobre Atenas Precedido de um Comentá-

"Mas que temos nós com isso" é um dos bordões que Oswald de Andrade utiliza no *Manifesto Antropófago*, ao se referir às complicações filosóficas europeias a princípio alheias aos problemas brasileiros. Ela já aparece nesse artigo de 1926, mas se referindo a um tema relacionado à história da arte antiga, uma "era", na opinião do escritor, "que não nos diz nada". Trata-se de uma afirmação curiosa, pois fora se utilizando de um modelo de relevo do Parthenon, que Brancusi teria discorrido a Oswald de Andrade sobre a unidade de pensamento coletivo que fez o apogeu da arte grega, como ele conta em "Ambientes intelectuais de Paris". Cabe lembrar, entretanto, que o escritor também diz que Brancusi não acreditava que uma força criadora coletiva e anônima como a que teria produzido a arte grega clássica pudesse existir na época moderna, cabendo aos artistas modernos criar um novo mundo de objetos e seres.

Levando isso em conta, é possível compreender que o que incomodava o escritor nos textos de Flexa Ribeiro era a maneira de tratar a história da arte grega antiga à base de descrições e genealogias que não compunham uma imagem histórica útil à sua própria época. A imagem histórica de um ciclo de criação coletiva e anônima, que lhe foi apresentada por Brancusi, independentemente de sua profundidade analítica, era mais útil, pois permitia o contraste com a modernidade. Não era um conjunto de dados e fatos compilados, que apenas legitimavam uma visão já difundida sobre a "suposta grandeza" daquela sociedade. Subjaz, portanto, à crítica de Oswald de Andrade um entendimento da história ancorado no presente que, a rigor, está na base do programa estético Pau Brasil e se desdobra no *Manifesto Antropófago*.

O escritor conclui sua crítica a Flexa Ribeiro novamente com um diálogo bem-humorado:

A propósito disso, aí vai um diálogo que não é de Luciano de Samósata.

— Atenas deve ter sido como Batatais. O que fez da Grécia um mundo sublimado, foi a fixação escrita. O Egito teve menos cronistas, menos escritores. Atenas andava cheia de Pedros Taques.

— A Acrópole vale um templo negro do Benin. E não é mais bela que uma dessas nossas igrejas "vestidas de virgem" que fizeram do Aleijadinho um dos maiores arquitetos do século dezoito.

rio à Economia Brasileira — O Dr. Plínio Barreto, O Voto Secreto e as Elites Negativas — Fixação Nacional", *Jornal do Commercio*, 16 set. 1926.

— O que deu à Grécia essa importância foi o romantismo... dos clássicos.

— E o classicismo... dos românticos.

— Vamos ao cinema?

— Vamos[141].

No diálogo, já se percebe uma atitude iconoclasta que marcará a *Revista de Antropofagia*, especialmente sua segunda fase. Comparando-a a Batatais, o escritor suspende qualquer visão idealizada da Atenas do século V a.C., aproximando-a da realidade brasileira. Ele ainda relativiza a centralidade da Grécia na história do mundo antigo, pondo-a lado a lado com o Egito e o Benin. Invocando outra vez o par dialético classicismo-romantismo, o escritor sugere também que aquela centralidade tinha origem no modo como a Grécia antiga foi entendida na Europa dos séculos XVIII e XIX. Além disso, se a "genealogia complicada e inútil" de Flexa Ribeiro aparecia a Oswald de Andrade como anacrônica, na medida em que estava em descompasso com as preocupações de sua época, no diálogo ele apresenta uma alternativa que também poderia ser entendida como anacrônica. Comparando a Acrópole, que ele conheceu durante o cruzeiro pelo Mediterrâneo no início de 1926, com a arquitetura religiosa de Aleijadinho, produto da "civilização do ouro" brasileira, como ele nomeava o século XVIII mineiro, o escritor aproxima realidades históricas separadas por mais de dois mil anos. No entanto, o faz para mostrar o quanto era anacrônico e "inútil" o entendimento da Grécia antiga como civilização superior, sendo mais "útil" perceber sua equivalência com um momento considerado grandioso da civilização brasileira.

Finalmente, se em poucas frases os dois sujeitos do diálogo perfazem tantos movimentos de pensamento, nada disso é tão grave que não se possa concluir com um convite para um cinema. Levando-se em conta que se trata de uma coluna semanal em um jornal, essa estratégia do diálogo pode ser entendida como um recurso literário visando aproximar o leitor de um debate que, no limite, continha toda a reivindicação da geração modernista naquele momento — reconfigurar sua relação com a história da arte e da literatura tendo o Brasil e a modernidade como parâmetros.

Uma vez mais, portanto, Oswald de Andrade comparava a arte e a arquitetura colonial brasileiras a modelos de grande realização artística da civilização ocidental, como ele já havia feito antes ao comparar Aleijadinho aos "monumen-

---

141 *Idem, ibidem.*

talistas do Vaticano". Era, portanto, uma estratégia discursiva consciente, que tinha como objetivo valorizar o patrimônio artístico brasileiro.

No mesmo ano de 1926, essa valorização extrapolou o âmbito dos textos jornalísticos do escritor, tomando forma em uma proposta a ser apresentada ao recém-empossado presidente Washington Luís, que dispunha sobre a criação do Departamento de Organização e Defesa do Patrimônio Artístico do Brasil — DODEPAB[142]. Na proposta, percebe-se que a valorização da arte colonial não era apenas retórica, mas uma preocupação real do escritor, que pode ser entendida no contexto de uma articulação política visando a criação de um organismo para a preservação do patrimônio histórico e artístico nacional, presente no contexto do modernismo brasileiro já desde 1924, quando Blaise Cendrars redigiu o projeto de criação da Sociedade dos Amigos dos Monumentos Históricos do Brasil, analisado por Carlos Augusto Calil[143].

Para o Dodepab, que teria como sede o Museu Nacional do Rio de Janeiro, Oswald de Andrade estabelece a finalidade de:

> Salvar, inventariar e tombar o patrimônio nacional, as riquezas artísticas espalhadas pelo território brasileiro. Considerar monumentos públicos e proteger como tais as principais realizações arquitetônicas da Colônia e os sambaquis, necrópoles e demais vestígios da nossa pré-história[144].

O escritor também propunha ações de divulgação desse patrimônio, tais como: "propaganda intelectual" que promovesse o conhecimento e defesa dos bens artísticos brasileiros; criação e manutenção de museus locais onde seriam

---

142 Conforme artigo de Carlos Augusto Calil, o documento manuscrito pertence à coleção Adelaide Guerrini de Andrade. Nas citações abaixo, foi utilizada a transcrição do texto integral apresentada pelo pesquisador no artigo (cf. Carlos Augusto Calil, "Sob o Signo do Aleijadinho. Blaise Cendrars, Precursor do Patrimônio Histórico", *Arquitextos*, ano 13, n. 149.05, Vitruvius, out. 2012. Disponível em: <http://www.vitruvius.com.br/revistas/read/arquitextos/ 13.149/4540>. Acesso em: 11 jan. 2018).

143 Como se sabe, um órgão nacional com essa finalidade somente seria instituído em 1937, com a criação do Serviço do Patrimônio Histórico e Artístico Nacional-SPHAN, com base em projeto de Mário de Andrade do ano anterior, redigido a pedido do então Ministro da Educação, Gustavo Capanema.

144 Oswaldo de Andrade, 1926, em Carlos Augusto Calil, "Sob o Signo do Aleijadinho. Blaise Cendrars, Precursor do Patrimônio Histórico".

preservadas "as riquezas artísticas e tradicionais que não se possam transportar para o Museu Nacional", organização de publicações, álbuns, coleções fotográficas, reproduções de documentos e fichas, com tradução para línguas estrangeiras; criação de relações com museus estrangeiros "a fim de melhorar nossas coleções e fazer conhecidos em todo o mundo o Brasil artístico e tradicional"; organização de conferências e cursos na capital e outras cidades; pesquisa e divulgação através de livros e revistas das "nossas tradições, lendas e riquezas folclóricas"; fundação de uma "Biblioteca Brasílica, destinada à guarda do tesouro intelectual e artístico do Brasil anterior"; organização de "excursões educacionais" e promoção do turismo "às principais regiões onde se acham os monumentos tradicionais da arte brasileira — Minas, Bahia, Marajó, Miracanguera etc."[145].

Embora bastante sintético, o rascunho compõe um panorama do modo como Oswald de Andrade percebia o patrimônio histórico e artístico brasileiro, que aparece também em suas colaborações para os jornais. Ainda durante sua viagem às cidades históricas mineiras, em 1924, como foi visto no início deste capítulo, ele já demonstrava a preocupação com sua descaracterização pela presença de imagens religiosas e edificação de casas em estilos de inspiração estrangeira. Na coluna "Feira das Quintas", comentada acima, o escritor exaltava o carnaval e as procissões como "aspectos sérios" da "arte popular" no Brasil. O projeto para o DODEPAB documenta a percepção de que essa tradição se encontrava sob uma dupla ameaça: a descaracterização e o desconhecimento.

É interessante perceber essa preocupação institucional como parte da experiência intelectual de Oswald de Andrade, compreendendo-a em conjunto com seus questionamentos ao Pensionato Artístico do governo de São Paulo, à Escola Nacional de Belas-Artes e à Academia Brasileira de Letras. Com relação a esta última, em 1925 o escritor lançou-se em uma candidatura de protesto à cadeira de número 18, que havia ficado vaga com a morte de Alberto de Faria. Na carta aberta que dirigiu aos acadêmicos, em 15 de outubro, Oswald de Andrade[146] fez uma série de propostas visando uma reforma da atuação institucional da Academia:

---

145 *Idem, ibidem.*
146 Citado em Maria Eugenia Boaventura, *O Salão e a Selva: Uma Biografia Ilustrada de Oswald de Andrade*, pp. 109-110.

A Academia Brasileira está fazendo o papel dum arrivista que, atulhado de milhões, não tem nem a tradição do bem viver nem o instinto de prosperidade.

Uma seção editorial, destinada à primeira passagem dos novos e à garantia de publicidade dos colocados, é medida urgente que se impõe.

O auxílio direto aos seus membros, por meio de comissões retribuídas, de relatórios pagos, de pesquisas encomendadas — fonte legítima de renda para os que não tem outra capacidade na vida senão a de matutar — é ideia justíssima.

O montepio à família dos grandes escritores, a instituição de prêmios para os operários da pena e do tinteiro (ou da pena-tinteiro) isso então é dever piedoso.

A atividade provocada por essas medidas talvez atulhasse de inutilidade o ex-Silogeu, mas dar-nos-ia, pelo menos, a ilusão de possuirmos uma literatura digna das atenções póstumas de Francisco Alves.

Longe de qualquer brincadeira, está aí silenciosa, de chapéu nos asfaltos, sob o céu das avenidas, a preocupação dramática de mil e um brasileiros de talento, cujas capacidades não se podem desenvolver por miséria.

Essa dimensão institucional do pensamento oswaldiano ainda carece de um estudo mais aprofundado.

◆

Em 26 de setembro de 1926, Oswald de Andrade apresenta em "Feira das Quintas" o que chama de "uma digressão sobre Brecheret", que consiste na narrativa de um episódio envolvendo o escultor e Monteiro Lobato, acompanhada de uma reflexão sobre o início dos debates em torno da arte moderna em São Paulo, antes de 1922, e sobre a escultura de Victor Brecheret naquele período. A narrativa do episódio acaba valendo como uma revelação de que uma cena de seu romance *Estrela de Absinto*, que o escritor preparava para publicação no ano seguinte, teria sido inspirada em um fato real[147]. A cena narra a visita de um crítico de arte ao ateliê do escultor Jorge d'Alvelos, protagonista do romance, que resultou em uma total incompreensão de seus trabalhos, confundidos com exemplares do que

---

147 Embora ainda inédita em livro, a cena já havia sido apresentada aos leitores do *Jornal do Commercio* em um texto publicado em 14 de junho de 1921, com o título "Páginas de Atelier", como comentado no primeiro capítulo deste estudo. A presença das artes visuais no romance, cujo protagonista Jorge d'Alvelos era escultor, será analisada no capítulo 5.

o crítico chamava "escola alemã". Pelo que Oswald de Andrade conta no artigo, embora sem mencionar o romance, é possível saber que, na cena, Jorge d'Alvelos era Victor Brecheret e o crítico de arte era Monteiro Lobato:

> Um dos maiores desastres que presenciei em matéria de critério de arte, foi a visita de Monteiro Lobato ao atelier que então Brecheret conseguira formar no interior do Palácio das Indústrias. [...] O fato é que o benquisto autor de *Cidades Mortas* não entendeu patavina da arte aliás fácil — toda anatômica e heroica — que Brecheret apresentava naquela época. Colocando a palheta sobre uma pequena maravilha do artista que ele tomara por cabide, o escritor paulista fez a seguinte extraordinária reflexão:
> — Imagino um jeca de noite aqui dentro. Acabava dando tiros.
> Não disse mais nada. Olhou, viu e saiu com a "tiririca" [Mário] Pinto Serva atrás[148].

Parte do objetivo de Oswald de Andrade ao relembrar esse episódio era desqualificar Lobato como crítico não só de arte, mas também de literatura. O motivo era o texto do escritor taubateano sobre o romance *O Estrangeiro*, de Plínio Salgado, publicado naquele ano, reconhecendo nele uma força de renovação na literatura brasileira. Com isso, Lobato minimizava a importância, para aquela renovação, de *Memórias Sentimentais de João Miramar*, publicado em 1924.

Mas, ao narrar a cena, o escritor apresenta também uma reflexão sobre o que os anos de 1920 e 1921 representaram para os debates artísticos e intelectuais em São Paulo. Antes de iniciar o relato citado acima, Oswald de Andrade afirma que a escultura de Brecheret tinha sido "uma espécie de banca examinadora da intelectualidade de nossa terra"[149], ainda que o escultor apresentasse uma arte que ele qualifica como "fácil", "anatômica" e "heroica". Era pela maior ou menor capacidade de compreender as obras do artista que se podia saber, naquele momento, quem estava de fato informado sobre as ideias modernas em arte[150].

---

148 Oswald Andrade, "Feira das Quintas — Digressão sobre Brecheret, O Problema das Fazendas e as Falhas de Motor em Monteiro Lobato", *Jornal do Commercio*, 23 set. 1926.
149 Idem, ibidem.
150 Independentemente da veracidade do episódio narrado pelo escritor, convém lembrar que, em 16 de abril de 1921, Lobato publicou no jornal *Folha da Noite* o artigo "As Quatro Asneiras de Brecheret", no qual, apesar do título, elogia o artista, dando especial destaque à escultura *Eva*: "A *Eva* de Brecheret possui esta alma, este algo, indizível, indefinível, imponderável, inclassificável, possui esta força misteriosa que no observador se traduz pela sensação augusta da obra-prima. Inutilmente os críticos de arte amontoam palavras sobre palavras para definir este 'quê' pertur-

Com relação à observação feita por Oswald de Andrade a respeito das esculturas de Brecheret, percebe-se que o escritor fazia uma reavaliação da obra do artista daquele período (1920-1921).

Como foi visto no primeiro capítulo, no artigo "Questões de Arte", publicado em 1921, Oswald de Andrade havia destacado justamente o caráter "heroico" e os exageros anatômicos das figuras de Brecheret, como forma de demonstrar aos críticos do escultor que sua preocupação não era a fidelidade à aparência natural da figura humana, mas sim a estilização expressiva dessa figura. Ao citar naquele texto a força desmesurada dos músculos tensos de seus Bandeirantes, referindo-se à primeira maquete do *Monumento às Bandeiras*, era isso que ele tinha em mente. Passados cinco anos daquele momento de afirmação e defesa de toda a arte que rejeitasse a reprodução da realidade como critério de valor, aquela expressividade e heroísmo agora eram entendidas como uma arte fácil.

Da produção mais recente do escultor, que havia chegado em São Paulo em 31 de agosto de 1926 e preparava-se para uma exposição individual na cidade[151], Oswald de Andrade se limita apenas a mencionar que, em visita ao ateliê de Brecheret em Paris, teve a oportunidade de conhecer "o possante cavalo de mármore que se acha agora no estúdio de Dona Olívia Guedes Penteado[152] e a estátua destinada ao parque de Antônio Prado Júnior"[153]. Nesses trabalhos, é possível notar a "síntese construtiva"[154] da estilização anatômica praticada pelo escultor naquele momento, abandonando, portanto, o tipo de solução "heroica" da figura humana do início da década de 1920. No entanto, esse amadurecimento e depuração da obra do escultor em uma direção que se aproxima de ideias que o escritor vinha defendendo, não chega a ser discutido por Oswald de Andrade.

    bador das verdadeiras obras de arte. Fugidio e inapreensível por essência, é dessas coisas que a alma sente mas a palavra não diz" (Monteiro Lobato, "As Quatro Asneiras de Brecheret", *Folha da Noite,* 16 abr. 1921. Disponível em: <https://acervo.folha.com.br/>. Acesso em: 1 mar. 2018). Sobre a importância da ideia de *"quid* misterioso" para o pensamento estético de Monteiro Lobato, ver Tadeu Chiarelli, *Um Jeca nos Vernissages* São Paulo, Edusp, 1995, pp. 117 *et seq.*

151 A exposição foi inaugurada em 7 de dezembro de 1926 (Daisy Peccinini, *Brecheret e a Escola de Paris,* São Paulo, Instituto Victor Brecheret/FM Editorial, 2011, p. 96).

152 *Cavalo, c.* 1925, adquirida por Olívia Guedes Penteado em 1926, foi instalada em seu Pavilhão Modernista (*idem,* p. 103).

153 Oswald Andrade, "Feira das Quintas — Digressão sobre Brecheret, O Problema das Fazendas e as Falhas de Motor em Monteiro Lobato", *Jornal do Commercio,* 23 set. 1926.

154 Daisy Peccinini, *Brecheret e a Escola de Paris,* p. 103.

Em outubro de 1926, a Igreja Católica celebrava setecentos anos da morte de São Francisco de Assis, o que possivelmente inspirou Oswald de Andrade a abordar esse tema em sua coluna do dia 7 daquele mês, com o título "Homenagem a São Francisco". Fiel à postura de discutir tradições europeias aproximando-as da realidade brasileira, o escritor introduz no texto novamente uma valorização da arte colonial brasileira, lembrando ao leitor a existência da Igreja de São Francisco de Assis, uma das principais realizações de Aleijadinho em Ouro Preto.

O modo como Oswald de Andrade faz isso chama atenção, pois ele insere suas considerações sobre o século 18 mineiro na sequência de um conjunto de ideias sobre "arte passadista", que lhe ocorreram quando visitou a região da Úmbria, na Itália, onde fica a cidade de Assis:

> A Úmbria guarda, para mim, as riquezas mais vivas da arte passadista. É a Minas Gerais da Itália. Nas igrejas de Assis, da Porciúncula à Santa Clara, do Cristo que falou ao poverello, até os instantâneos clássicos e iluminados de Simone Martini — tudo que vai de Cimabue e Giotto até os altos degraus donde Rafael se suicidou na cretinice plástica das madonas universais, representa o mais próximo e realizado esforço do homem comovido para a fixação da sua intimidade com o sobrenatural.
>
> Milagre de São Francisco, centro da síntese da Itália verdadeira, cortada de cortiços republicanos e vistosos, ambiciosos e guerreiros, a Úmbria abre nas suas paisagens largas, uma geografia e uma história que ainda não se gastaram na cópia dos museus nem na vulgaridade das reproduções.
>
> E a gente assiste a esta extraordinária concordata do mundo faquirizado pelas proporções anatômicas em arte, bater os joelhos ante a grave aparição da feiura santificada pelos primitivos de Assis[155].

Percebe-se aqui uma identificação maior de Oswald de Andrade com a "feiura santificada" na pintura dos "primitivos"[156] Simone Martini, Giotto e Cimabue do que com a "cretinice plástica" das madonas de Rafael. É uma opção por uma pintu-

---

155 Oswald de Andrade, "Feira das Quintas — Homenagem a São Francisco", *Jornal do Commercio*, 7 out. 1926.
156 Outra vez, Oswald de Andrade utiliza o termo primitivo no sentido daqueles que vieram primeiro, dos iniciadores, o mesmo que ele atribui ao termo ao se referir à geração modernista.

ra que se aproximava mais do que ele entendia ser a "ingenuidade" de Aleijadinho; uma pintura ainda não submetida nem ao "ascetismo" das proporções anatômicas, nem à cópia dos museus.

Em seu desejo de aproximação, Oswald de Andrade inclusive se refere à existência de uma "época de arte franciscana" no Brasil:

> No Brasil, tivemos uma época de arte franciscana.
>
> Foi a época que eu chamaria de "Civilização do Ouro", quando a Minas central dos descobrimentos de riqueza, fundava com caráter próprio, a irrequieta vontade de fixar em catedrais de tijolo e profetas de pedra sabão, a autoridade de um ciclo pessoal e distinto num país sem personalidade e sem independência.
>
> Daí surgiram — outros milagres de Assis — as famosas igrejas de São Francisco levantadas numa candura pelos tocos de braço do Aleijadinho[157].

Por meio de uma ênfase em aspectos de sua biografia e na incompreensão posterior de sua obra, o escritor constrói uma imagem idealizada de Antônio Francisco Lisboa, atribuindo à sua existência e suas realizações um caráter lendário e mesmo "sobrenatural":

> Quem era esse pardo de Minas, morfético e pedreiro, doente e construtor, anônimo e idealista, que deixou a sua passagem pela terra marcada por cem obras-primas como todo o resto da América ainda não conseguiu realizar?
>
> A sua história é lenda, mas a sua realidade persiste, vivificadora da bondade e propulsora da fé espalhando-se em procissões, missas, jubileus populares, cortejos, superstições e maravilhas.
>
> Coelho Netto não o entendeu, João do Rio sorriu para as suas ingenuidades. Um padre de Congonhas pretendeu queimar as suas grandes cenas do Calvário, em madeira. Querem prova maior de que o Aleijadinho foi um homem sobrenatural?[158].

Concluindo o artigo, Oswald de Andrade menciona também a Bahia como "parte do patrimônio artístico que nos salva de um naufrágio no meio de folhinhas e bonecos instalados para sempre na mentalidade de nossas academias de

---

157 Oswald de Andrade, "Feira das Quintas — Homenagem a São Francisco", *Jornal do Commercio*, 7 out. 1926.
158 *Idem, ibidem*.

conserva"[159]. No entanto, lamenta que a construção de casas em estilos arquitetônicos europeus ou reformas urbanas que demoliam igrejas antigas estivessem destruindo "o aspecto colonial da glória do Recôncavo"[160]. Salvavam-se, para o escritor, os azulejos do claustro da igreja e convento de São Francisco e a catedral da capital baiana, cantada por um "poeta futurista" (ele mesmo) como "mais grandiosa que São Pedro", outra vez comparando com vantagem a arquitetura colonial brasileira com a arquitetura europeia:

> Genuflexório dos primeiros potentados
> Confessionário dos inquisidores
> Catedral
> És o fim do roteiro de Roberio Dias
> Romance de Alencar
> Encadernado em ouro
> Por dentro
> Mais grandiosa que São Pedro
> Catedral do Novo Mundo[161].

Uma nova menção às artes visuais será encontrada em "Feira das Quintas" apenas na coluna do dia 20 de janeiro de 1927, intitulada "Patrícios". Logo no início, o texto já mostra seu tom crítico, ao afirmar que discutirá "duas ou três manifestações chamadas de arte" que faziam parte da programação cultural de São Paulo naquela semana. Eram elas: as apresentações musicais do compositor Marcelo Tupinambá e do músico popular Patrício Teixeira; um recital de poesias pela atriz e declamadora argentina Gloria Bayardo; e a primeira exposição de Antonio Gomide no Brasil, desde seu retorno da Europa, no ano anterior[162].

---

[159] Idem, ibidem.
[160] Idem, ibidem.
[161] No artigo, Oswald de Andrade transcreve alguns versos do poema "versos baianos", do livro *Pau Brasil*. ("Feira das Quintas — Homenagem a São Francisco", *Jornal do Commercio*, 7 out. 1926).
[162] Inaugurada em 15 de janeiro de 1927, a mostra ocorreu no mesmo endereço onde Victor Brecheret expusera em dezembro do ano anterior, uma galeria localizada na Avenida São João, 187 (cf. Elvira Vernaschi, Gomide, São Paulo, MWM Motores Diesel; Indústrias de Freios Knorr = Edusp, 1989, p. 215; Daisy Peccinini, *Brecheret e a Escola de Paris*, p. 96).

No texto, Oswald de Andrade mescla às observações sobre cada um desses eventos também uma crítica ao público que os prestigiava. Aos esforços de "uma elite que vê nas manifestações da arte popular brasileira a salvação do país em matéria estética", ou seja, os modernistas, ele opunha a "ingenuidade paulistana [que] vai se comprazer diante das metrificações declamadas pela ilustre alma do outro mundo que é a senhora Bayardo, e machucar as palmas ante o tenor que derrapou na cançoneta com a arte já dúbia de Marcelo Tupinambá"[163]. Em uma inversão típica de seu discurso, a ingenuidade que usualmente se atribui à arte popular para diminuí-la é transferida para o público paulistano "ilustrado", que frequentava e se comprazia com manifestações de uma arte pretensamente "superior", mas de qualidade duvidosa.

Sobre a exposição de Antonio Gomide, o escritor afirma:

Gomide representa para S. Paulo um blefe salutar. Passa por moderno. O pessoalzinho que não entende mas que está sempre dispostíssimo a entender, revira os olhos antes aquelas calculadas monstruosidades — tão calculadas como as tolices do Sr. Jorge Mendonça — e bate o mea culpa das conversões.

— Isto sim, é um bicho! Moderno até ali! Futurista!

Vai ver é um simples receituário de geometrias aplicado a uma taciturna fúria de pintar[164].

Mais uma vez, o público é criticado, agora pela condescendência com que aceitava, supostamente sem entendê-las, as "calculadas monstruosidades" do artista. No entanto, percebe-se que algo havia mudado no modo como o escritor compreendia a atitude dos frequentadores das exposições na capital paulista, se essa crítica for comparada ao "preconceito fotográfico" que Oswald de Andrade denunciava na defesa que fez, em 1918, da exposição de Anita Malfatti. Quase dez anos depois, o público se dispunha a aceitar a pintura moderna, mas ainda não era, de acordo com o escritor, capaz de distinguir quando se tratava apenas de um "blefe salutar".

Para entender o que Oswald de Andrade chama de "um simples receituário de geometrias aplicado a uma taciturna fúria de pintar", pode ser útil discutir dois trabalhos do artista desse período, ainda que não seja possível saber se faziam parte das 76 obras apresentadas na exposição, entre afrescos, óleos e aquarelas.

---

163 Oswald de Andrade, "Feira das Quintas — Patrícios", *Jornal do Commercio*, 20 jan. 1927.
164 *Idem, ibidem.*

Tanto em *Cristo* (1923), quanto em *Mulher e Boneco* (c. 1925) fica evidente o modo como Antonio Gomide estrutura geometricamente tanto a estilização das figuras, quanto a composição como um todo, valendo-se especialmente do círculo fracionado, de triângulos e de cilindros. A dinâmica da composição em *Mulher e Boneco*, por exemplo, é construída pela linha curva que sai do canto inferior esquerdo na direção do braço do boneco no canto superior direito, formando uma área de um quarto de círculo. Essa linha é cortada na metade da altura do quadro pela diagonal que sai do canto inferior direito, formando um vértice de triângulo junto às ondulações dos cabelos da figura. O vértice é contraposto por outro, menor, que aponta na direção do boneco, cujo corpo ondulado responde às ondulações do cabelo da mulher.

Possivelmente foi a esse tipo de jogo de contrapontos formais geométricos que Oswald de Andrade se referiu como "receituário de geometrias". Já a "taciturna fúria de pintar" talvez diga respeito à quantidade de obras exibidas. Gomide apresentou treze afrescos e 44 pinturas a óleo, uma quantidade muito maior do que os dezessete quadros que figuraram na individual de Tarsila do Amaral em Paris. Já os tons mais rebaixados e as cores frias que se nota em muitas pinturas do artista nesse período talvez tenham lhes rendido o adjetivo "taciturna".

As críticas de Oswald de Andrade a Gomide produziram reações junto ao grupo verdeamarelista (Menotti del Picchia, Plínio Salgado, Cassiano Ricardo e Guilherme de Almeida), com quem o escritor já vinha polemizando em "Feira das Quintas", pois sustentava que "Verde e Amarelo" era apenas um rótulo diferente que aqueles escritores "farmaceuticamente" haviam criado para o programa estético Pau Brasil[165]. Sem entrar no mérito daquela polêmica[166], cabe

---

165 Na coluna "Feira das Quintas" do dia 4 de novembro de 1926, Oswald de Andrade escreve: "O motivo da desavença [dentro do movimento modernista] cabe ao grupo que farmaceuticamente se intitulou Verde e Amarelo, querendo fugir a fundadas suspeitas de andar se encartando na corrente Pau Brasil. Pau Brasil era simplesmente uma indicação para fenômenos de poesia, brotados da descoberta da terra desde o plumitivo Pero Vaz, e que de modo nenhum seu autor procurava monopolizar ou ter inventado. Verde e Amarelo visou fardão. E pior, deu nos seus fundadores a cócega pouco distinta de insultar os triunfos da Sabedoria, ou seja a grande situação alcançada por Mário de Andrade. Foi mal feito. Mário e a sua numerosa e solidária família vingaram-se com uma mudez de desprezo que talvez atinja mais duramente o grupo auriverde pendão de minha terra, que a gritaria indelicada deste. Eu leio uns e outros. Gosto de uns e outros. Brigo com uns e outros".

166 A polêmica havia se iniciado já em 1925, logo depois da publicação de Pau Brasil, com artigos de Menotti del Picchia e Plínio Salgado no *Correio Paulistano*. Para um panorama da discussão

avaliar como a pintura de Antonio Gomide foi sequestrada por uma disputa entre intelectuais.

No dia seguinte à publicação de "Patrícios", Menotti del Picchia, sob o pseudônimo Helios, publicou em sua coluna "Crônica Social", no *Correio Paulistano*, o artigo "Crítica a um Crítico". Dirigindo-se sempre a João Miramar, que é como Oswald de Andrade assinava sua coluna no *Jornal do Commercio*, Helios questiona principalmente a autoridade de seu colega para se pronunciar sobre pintura: "O sr. João Miramar entende de pintura como eu de ictiologia. Como todos os que não entendem de uma coisa é claro que doutrine sobre ela"[167].

Baseado mais em ataques pessoais do que na definição de critérios, o artigo de Helios atribui a "doutrinação" de João Miramar a caprichos e a um exibicionismo supostamente fruto de seu contato com artistas estrangeiros em viagens "pelas Europicas e pela Cinegambia [sic]"[168]. Sua informação sobre pintura seria apenas "*snob*, feita de peregrinações pelos *ateliers* dos ultraístas parisienses"[169]. O autor de *Pau Brasil* acaba "provando do próprio veneno", quando Helios conta uma anedota que teria sido protagonizada por João Miramar e que lembra o caso de Monteiro Lobato no ateliê de Brecheret. Diz o jornalista: "Não sei se é dele [João Miramar] que contam ter se imobilizado em êxtase de admiração diante de uma roda de amolar lâminas, no *atelier* de Brancousi [sic], pensando ser uma obra genial do mestre..."[170].

Menotti del Picchia, no entanto, oferece pouco além dessas investidas contra a suposta ignorância de Oswald de Andrade sobre arte. Quando defende Gomide, apela para adjetivos como "vigoroso", "forte e consciencioso", exaltando o "temperamento" e a "visão pessoal" do artista, além do suposto e questionável ineditismo de sua expressão artística. Nesse sentido, a observação de Oswald de Andrade, que de fato não se preocupava em argumentar sobre seus juízos, ao me-

---

na coluna "Feira das Quintas", ver Roberta Fabron Ramos, *"Feira das Quintas": Crítica e Polêmica nas Crônicas Oswaldianas*, IEL/Unicamp, 2008. Disponível em: <http://repositorio.unicamp.br/jspui/handle/REPOSIP/270086>. Acesso em: 11 de jan. 2018 (Dissertação de Mestrado em Teoria e História Literária).

167 Helios (Menotti del Picchia), "Chronica Social — Crítica a um Crítico", *Correio Paulistano*, 21 jan. 1927.
168 *Idem, ibidem.*
169 *Idem, ibidem.*
170 *Idem, ibidem.*

nos se mostra um pouco mais objetiva, questionando um aspecto relacionado à *obra* e não à pessoa do artista.

Não satisfeito com esse primeiro artigo, no dia seguinte Menotti del Picchia volta ao tema em "Miramar e Gomide". E outra vez, parte para uma crítica pessoal, com certo tom moralista, como quando afirma:

> O que eu queria, porém, que ficasse bem claro, é a grave injustiça que Miramar fez ao galhardo artista Gomide. Negou-lhe pão e negou-lhe água. Ao paulista esforçado, que tanto trabalhou na Europa pelo bom nome da arte patrícia, Miramar fechou as portas da hospitalidade mental a que têm direito suas obras e seu talento[171].

O articulista defende que, por uma questão de coerência com seu papel de "trombeta de todas as modernidades", João Miramar não poderia ter negado seu apoio a Gomide. Novamente, ele ressalta o vigor e audácia do artista, situando-o, ao lado de Anita Malfatti e Tarsila do Amaral, como parte da "trindade libertadora no nosso decrépito mundo pictórico"[172]. Em nenhum momento, porém, del Picchia enfrenta a questão levantada por Oswald de Andrade a respeito das obras do artista, de que elas seriam apenas aplicações de receitas de geometria. Termina por atribuir a uma irreflexão precipitada a suposta incoerência do escritor.

No entanto, o que Menotti del Picchia entendia ser uma incoerência, era, na verdade, produto da convicção de Oswald de Andrade de que um artista brasileiro formado na Europa deveria produzir uma obra que o diferenciasse dos "esquadrões" de pintores que expunham nos principais salões parisienses. E o que Gomide apresentou em sua exposição não lhe permitiu encontrar essa diferença. É isso que ele argumenta na resposta a del Picchia publicada em "Feira das Quintas", no dia 27 de janeiro de 1927, com o título "Carta a um Amigo Que Não Tem Dente do Siso".

No texto, que se dirige nominalmente a Menotti del Picchia, Oswald de Andrade assume que de fato não entendia de pintura, mas o faz de forma a colocar esse argumento de autoridade em suspensão, devolvendo a seu interlocutor a mesma acusação de ignorância:

---

171 Helios (Menotti del Picchia), "Chronica Social — Miramar e Gomide", *Correio Paulistano*, 22 jan. 1927. Disponível em: <http://hemerotecadigital.bn.gov.br/>. Acesso em: 1 mar. 2018.
172 *Idem, ibidem.*

É sabido que o local do crime atrai o criminoso. Não há vez que você ataque alguém sem falar em ignorância. Obsessão e cábula, a ignorância constitui para ti, uma espécie de nervo de dente furado que vives palitando. E foi talvez por isso que Mário de Andrade te chamou de dó de peito da ignorância nacional.

Se te falo assim, meu caro Menotti, com tamanho desembaraço, é que eu também me julgo ignorante principalmente em matéria de arte, não pondo dúvida em concordar perfeitamente contigo que não entendo de pintura. Mas diga-me uma coisa: quem é que entende? Você? O Nestor Pestana?[173]

Apesar disso, o escritor se percebe em "pequena vantagem", por estar informado do que se passava no mundo, e apresenta o que considera uma "prova" de que Antonio Gomide era um "blefe salutar":

O nosso homem estudou em Paris[174] e deu de imitar os expositores dos três salões que fazem o movimento coletivo daquela Capital. Sabes quantos Gomides expõem anualmente no Salon des Indépendants, no Salon d'Automne e no Salon des Tuileries? Cerca de 3 000 por hospital. Nove mil Gomides que inutilmente, cada ano, procuram se inculcar no atalho estreito onde uma dezena de grandes forças dirige as tendências do século. Procuram, mas não conseguem porque imitam em vez de criar[175].

Por outro lado, Oswald de Andrade entende que em São Paulo a exposição do artista não era desprovida de interesse. Ela era "salutar" na medida em que permitia a seguinte "constatação útil":

---

173 Oswald de Andrade, "Feira das Quintas — Carta a um Amigo que Não Tem Dente do Siso", *Jornal do Commercio*, 27 jan. 1927.
174 A informação de Oswald de Andrade é imprecisa. Antonio Gomide, na verdade, havia se estabelecido com a família em Genebra, Suíça, em 1913, então com 18 anos de idade. Naquela cidade, estudou na Escola de Comércio, onde conheceu Sérgio Milliet, de quem se tornou amigo. Entre 1914 e 1918, frequentou a Escola de Belas-Artes de Genebra, tendo aulas com Ferdinand Hodler. Regressou a São Paulo em agosto de 1918, viajando à Europa novamente em maio de 1920 e instalando-se em Paris durante o ano de 1921. No ano seguinte, voltou a Genebra por motivos de saúde e em 1923 transferiu-se para Toulouse, na França, onde estudou a técnica do afresco com Marcel Lenoir. Apenas em 1924, estabeleceu um ateliê em Paris, próximo ao ateliê de Victor Brecheret (Cf. Elvira Vernaschi, Gomide, São Paulo, MWM Motores Diesel; Indústrias de Freios Knorr, pp. 211-215).
175 Oswald de Andrade, "Feira das Quintas — Carta a um Amigo que Não Tem Dente do Siso", *Jornal do Commercio*, 27 jan. 1927.

Que quem pinta sem as preocupações da atualidade, fala uma linguagem morta. Por exemplo o Sr. Clodomiro Amazonas e o Sr. Theodoro Braga pensam que existem, mas de fato, não existem. O Sr. Pedro Alexandrino nasceu morto. E o Sr. Alípio Dutra provou bem os resultados que dá o pensionato passadista — estudou pintura 7 anos, à custa do Estado, para acabar na firme defesa da rubiácea em Antuérpia. O Sr. Gomide existe, mas não presta[176].

O interesse da pintura de Gomide, portanto, residia menos na qualidade das obras em si do que no contraste com o que apresentavam outros pintores atuantes em São Paulo naquele momento. Note-se, uma vez mais, a crítica ao Pensionato Artístico, tendo por alvo Alípio Dutra, um dos artistas que havia retornado ao Brasil em razão da Primeira Guerra Mundial, quando da publicação do artigo "Em prol de uma pintura nacional", discutido no primeiro capítulo. Dutra voltou à Europa em 1919, também sob patrocínio do governo de São Paulo, encaminhando-se para Bruxelas, na Bélgica, onde estudou na Académie royale des Beaux-Arts e permaneceu até 1921. Nesse ano, o artista foi convidado a trabalhar como adido comercial na Embaixada brasileira em Paris, retornando ao Brasil somente em 1934[177].

Sobre sua estadia em Bruxelas, Ruth Tarasantchi sugere que o artista "se apaixonou pela Bélgica, especialmente pela encantadora Bruges, com suas casas típicas e os seus canais. Voltou várias vezes depois, nunca se cansando de pintar recantos com casario e as pontes refletindo-se na água"[178]. Eis, portanto, o que Oswald de Andrade entendia ser a "firme defesa da rubiácea em Antuérpia" da pintura de Alípio Dutra, que o escritor pode ter conhecido em 1923 ou 1924, quando o artista participou do Salon des Artistes Français, em Paris.

Durante o restante do mês de janeiro e todo o mês de fevereiro de 1927, em seus textos para "Feira das Quintas", Oswald de Andrade alternou entre o debate com o grupo verdeamerelista, reiterando suas posições no *Manifesto da Poesia Pau Brasil* e nos artigos comentados no início deste capítulo, e a publicação de trechos de seus romances inéditos, *Serafim Ponte Grande* e *Estrela de Absinto*. Somente na coluna de 10 de março daquele ano se encontram ideias que interessam

---

176 *Idem, ibidem.*
177 Ruth Sprung Tarasantchi, *Pintores Paisagistas: São Paulo 1890 a 1920*, São Paulo, Edusp/Imprensa Oficial, 2002, pp. 207-210.
178 *Idem*, p. 208.

ao foco desta pesquisa, quando o escritor volta a discutir e questionar o gosto do público paulistano, desta vez tendo a arquitetura como tema.

O assunto principal do artigo era o "desastre da Sorocabana". Não se tratava, porém, de um acidente ferroviário, mas do desastre arquitetônico representado, na opinião de Oswald de Andrade, pela nova estação de São Paulo, que seria erguida "em puro estilo Luís XVI", na Alameda Cleveland[179]. Logo no início, o escritor aponta o que entende ser a "irracionalidade dos nossos construtores e dos nossos chamados homens de bom gosto", em especial no campo do urbanismo e do "conforto", citando como exemplo os "chalés pensos" construídos no Rio de Janeiro, "cujo violento declive é destinado a evitar o acúmulo de neve nos tetos".

Na sequência, dirige sua crítica a São Paulo, dessa vez focalizando o mercado de arte local:

E aqui em São Paulo, a melhor glória de certos argentários é pagar fortunas pelo rebotalho de arte que a Europa recusa guardar nos seus mais infames depósitos de inutilidades. Para isso, dois ou três exploradores cínicos, vestidos de estetas, abrem e mantém aqui, com luxo de reclames, galerias de quadros e esculturas que fariam a vergonha de qualquer cidade civilizada. E os nossos bocós endinheirados pasmam ante as maravilhas assinadas por uma dúzia de borrabotas, ignorados nos meios cultos mas, cuja salvação é o mercado aberto pela cretinice milionária das três Américas.

Na Europa, cultiva-se em grossa e grosseira escala, esse ramo de lindezas em mármore e telas, para o uso e gozo da gentinha sem educação, que enriqueceu deste lado da terra e deseja a muque ter um ambiente, sem segurança de espécie nenhuma[180].

O gosto do público comprador de arte na capital paulista é um tema que, como foi visto nos capítulos anteriores, preocupava Oswald de Andrade pelo menos desde 1917, quando, na coluna "Notas de Arte" do *Jornal do Commercio* em que abordou a exposição do pintor Carlos Chambelland, criticou a preferência do público por "nomes arrevesados e catálogos esquisitos de pintores estrangeiros", sustentando que as casas paulistanas deveriam "acolher sem medo os trabalhos da moderna

---

179 A estação a que se refere o texto é a atual Estação Júlio Prestes, de fato projetada pelo arquiteto Cristiano das Neves em estilo Luís XVI. As obras haviam se iniciado em 1926 e só seriam concluídas em 1938.
180 Oswald de Andrade, "Feira das Quintas — Panatrope", *Jornal do Commercio*, -10 mar. 1927.

pintura brasileira". Dez anos depois, o problema da falta de segurança e critério dos "homens de bom gosto" brasileiros persistia, manifestando-se também na construção civil e na arquitetura religiosa, caso da catedral da Sé, que o escritor avalia da seguinte maneira:

> Um dos crimes mais ridículos, e que denuncia a que sublime grau de falsa cultura e de charlatanice atingiu entre nós a mentalidade arquiepiscopal, é se estar fazendo a catedral de S. Paulo (na América do Sul, no século XX!) em estilo gótico. Contra isso, levantou-se, e ficará como um dos mais belos gestos da intelectualidade nacional, a voz de Affonso Arinos[181]. Mas, inutilmente, porque quem mandava no momento tinha por enlevo pôr acima dos mais sérios interesses a vaidade das próprias tolices. Lentamente, de pedra, cimento e cal, esse crime se consuma aos olhos dos paulistas. Mas para diminuir-lhe a gravidade, já se levantaram ao lado dois ou três ignominiosos pão-de-lós arquitetônicos dos quais o Santa Helena é o mais calamitoso[182].

Em seguida, Oswald de Andrade se volta para a estação em construção:

> Construir uma estação atual, para uso de jecas práticos e serviço de zonas onde estua a vida utilitária e forte da América, no rendilhado e inútil estilo Luiz XVI, desobedecendo às mais naturais e comuns sugestões do material empregado, da cor local citadina ou das terras fertilizadas e abertas pela rede viária, é tão grave como ir para um escritório moderno trabalhar de cabeleira de marquês[183].

Do mesmo modo como era "inútil" o interesse de Flexa Ribeiro pela genealogia da escultura na Grécia antiga e a importância que dava à descoberta da réplica da estátua de Fídias na Líbia, a opção de Cristiano das Neves e das autoridades que aprovaram o projeto pelo estilo Luís XVI aparecia a Oswald de Andrade não só como um anacronismo, mas também como um sintoma do cativeiro mental

---

[181] Oswald de Andrade possivelmente se refere à conferência pronunciada por Afonso Arinos na Sociedade de Cultura Artística, em 1915, na qual afirmou que a catedral passava a impressão de "cópia vil de estranhas arquiteturas" (cf. Karen Ramirez, e Henrique Lindenberg Neto, "De Igreja de Taipa a Catedral: Aspectos Históricos e Arquitetônicos da Igreja Matriz da Cidade de São Paulo", *PÓS. Revista do Programa de Pós-Graduação em Arquitetura e Urbanismo da FAU-USP*, São Paulo, vol. 21, n. 35, jun. 2014, p. 195).

[182] Oswald de Andrade, "Feira das Quintas — Panatrope", *Jornal do Commercio*, 10 mar. 1927.

[183] *Idem, ibidem.*

em que se encontravam intelectuais, arquitetos, políticos, escritores e "homens de bom gosto" brasileiros. É o que sugere a sequência de sua argumentação: "Mas aqui — e é esse um dos alarmantes sintomas da inferioridade do cativeiro — somente essas épocas vencidas da França da decadência e da fraqueza é que têm foros de interesse e de estima"[184].

Após denunciar essa tendência da imaginação nacional a buscar referências sempre na história e na tradição europeias, até mesmo para as fantasias de carnaval, o escritor sugere que tal atitude pode ser fruto do "receio de passar por habitantes de terras exóticas". Isso, para ele, era um equívoco que ignorava a "valorização nacionalista" promovida naquele momento por países como o Japão e Estados Unidos. Deste último, Oswald de Andrade destaca a "originalidade negra" que se lançava para a conquista de "definitivos aplausos" no mundo, referindo-se possivelmente ao sucesso do jazz e da dançarina e cantora Josephine Baker em Paris.

Todo o programa estético Pau Brasil apontava no sentido oposto das atitudes que o escritor denunciava. Aos brasileiros era preciso justamente valorizar-se enquanto habitantes "de terras exóticas". Era preciso reconhecer o que em suas palavras era um "país de fabulosas sugestões, onde há lenda, há história, há tipos de forte e desenhado caráter"[185]. A preocupação de Oswald de Andrade com essa valorização trazia em si uma vontade de reação contra a contínua descaracterização promovida pelo que ele afirma ser uma "falsa estética": "Urge, porém, reagir, reclamar, gritar contra a falsa estética de desfibrados sem personalidade e sem formação intelectual que se votaram ao estrago contínuo dos nossos panoramas e dos nossos ambientes"[186].

Note-se outra vez a preocupação com o caráter dos "ambientes", que, assim como as construções da nova estação ferroviária e da Catedral da Sé, denunciavam o que ele chama de mentalidade "escrava":

Aqui, o bonito é possuir um quadreco de [Paul-Émile] Chabas, uma escultura de qualquer Leopoldo e Silva d'aquém ou d'além mar e uma ensurdecedora fonola[187] para berrar enquanto a gente admira tais belezas. Em vez disso, não seria mais natural que a gente procurasse se cercar de coisas do país? Más ou péssimas que fossem — ornatos

---

184 *Idem, ibidem.*
185 Oswald de Andrade, "Feira das Quintas — Panatrope", *Jornal do Commercio*, 10 mar. 1927.
186 *Idem, ibidem.*
187 O título da coluna, "Panatrope", faz referência a esse aparelho para reprodução de discos.

índios, quadros ingênuos — nunca trariam em si tão gravemente a confissão e a marca de que nossa mentalidade é escrava[188].

A sugestão de que "ornatos índios" e "quadros ingênuos" eram mais relevantes como objetos de decoração em um ambiente brasileiro do que um quadro de Paul-Émile Chabas ou uma escultura de Leopoldo e Silva pode ser entendida como a proposição de um "antídoto" ao cativeiro em que se encontrava a mentalidade nacional[189]. Nesse trecho, já é possível perceber um tema que será trabalhado pelo escritor cerca de um ano depois no *Manifesto Antropófago*: era preciso descolonizar o imaginário nacional.

## 11. Abaporu

Das diversas leituras que se projetaram sobre o *Manifesto Antropófago*[190], o trabalho de Beatriz Azevedo[191] chama atenção para um aspecto nem sempre destacado e que interessa diretamente ao que esta pesquisa propõe: a materialidade do texto, seu caráter de peça gráfica.

O manifesto aparece no primeiro número da *Revista de Antropofagia*, publicado em março de 1928, ocupando toda a página 3, diagramada em três colunas, e continua na página 7, em mais duas colunas, agora dividindo espaço com outros conteúdos. Os blocos de aforismos, 53 no total, são separados por traços. Na página 3, o texto é distribuído de modo a "emoldurar" a reprodução de um desenho de Tarsila do Amaral,

---

188 Oswald de Andrade, "Feira das Quintas — Panatrope", *Jornal do Commercio*, 10 mar. 1927.
189 Em "A Propósito de João de Sousa Lima", publicado no *Correio Paulistano*, em 27 de janeiro de 1928, Oswald de Andrade retoma a discussão sobre a persistência das referências estrangeiras na arquitetura nacional, associando-a a uma tendência do "brasileiro médio" a ignorar "os tesouros atuais do Brasil intelectual e artístico", que se manifestava também na falta de interesse do público pelas apresentações em São Paulo do maestro Sousa Lima, que havia sido "festejado em Paris". Como exemplo dessa mesma falta de interesse do público, mas no campo das artes visuais, o escritor cita Lasar Segall, que apesar de "ter algumas de suas telas em museus da Europa, não conseguiu senão um relativo sucesso de venda com sua última exposição" (Oswald de Andrade, "A Propósito de Sousa Lima", *Correio Paulistano*, 27 jan. 1928, São Paulo).
190 Antonio Candido, Augusto e Haroldo de Campos, Benedito Nunes, Caetano Veloso, Gilberto de Mendonça Telles, Jorge Schwartz, José Celso Martinez Corrêa, Maria Eugenia Boaventura, Maria Amélia Mello, Mário da Silva Brito, Paulo Herkenhoff, Sergio Miceli, Silviano Santiago, Wilson Martins e mais recentemente Adriano Bitarães Netto, Beatriz Azevedo, Eduardo Viveiros de Castro e Pedro Duarte, são apenas alguns dos autores e autoras que já escreveram sobre o manifesto e/ou o tomaram como referência para seus trabalhos artísticos.
191 Beatriz Azevedo, *Antropofagia. Palimpsesto Selvagem*, São Paulo, Cosac Naify, 2016, p. 30.

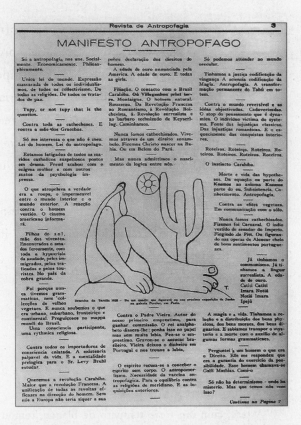

Figura 9. *Revista de Antropofagia*, ano 1, n. 1, maio 1928, p. 3.

que aparece com a seguinte legenda: "Desenho de Tarsila 1928 — De um quadro que figurará na sua próxima exposição de junho na galeria Percier, em Paris". O desenho é uma versão do quadro *Abaporu*, também de 1928 [Figura 9].

O que se quer destacar com essa observação é que as artes visuais estão no centro da experiência de leitura do manifesto, tal como ele apareceu ao público pela primeira vez. É nessa relação de reciprocidade entre desenho e texto que interessa aqui uma discussão do manifesto, pelo viés da imagem de homem brasileiro que ambos constroem. Mas até que ponto texto e imagem andam juntos nessa projeção? Até que ponto o desenho de Tarsila do Amaral acompanha as ideias de Oswald de Andrade?

Para investigar essas perguntas pode ser útil uma consideração sobre a presença da pintura de Tarsila do Amaral na origem mesmo da ideia de se criar um movimento artístico-literário em torno do conceito de antropofagia indígena. Em uma entrevista concedida por Oswald de Andrade ao jornal *Estado de Minas* e publicada em 13 de maio de 1928, pouco antes do lançamento da revista e do *Manifesto Antropófago*, o escritor responde ao jornalista, que perguntara sobre "essa senha de antropofagia", dizendo: "Foi talvez na pintura bárbara de Tarsila que eu achei essa expressão"[192]. Essa resposta corrobora depoimentos posteriores de Tarsila do Amaral e Raul Bopp, que teriam protagonizado, ao lado de Oswald de Andrade, o momento do "achado" da antropofagia. Em *Vida e Morte da Antropofagia*, Bopp descreve esse processo, que teria se dado em dois momentos. O primeiro aconteceu durante um jantar em um restaurante, no bairro de Santana, em São Paulo, para o qual o casal Tarsiwald havia convidado um grupo de amigos. A especialidade do restaurante, que nem todos quiseram provar, eram rãs:

> Quando, entre aplausos, chegou o prato com a esperada iguaria, Oswald levantou-se, começou a fazer o elogio da rã, explicando, com uma alta percentagem de burla, a doutrina da evolução das espécies. Citou autores imaginários, os ovistas holandeses, a teoria dos homúnculos, para provar que a linha da evolução biológica do homem, na sua longa fase pré-antropoide, passava pela rã — essa mesma rã que estávamos saboreando entre goles de um Chablis gelado.
>
> Tarsila interveio:
>
> — Com esse argumento, chega-se teoricamente à conclusão de que estamos sendo agora uns... quase-antropófagos.
>
> A tese, com um forte tempero de blague, tomou amplitude. Deu lugar a um jogo divertido de ideias. Citou-se logo o velho Hans Staden e outros estudiosos da antropofagia:
>
> 'Lá vem nossa comida pulando!'[193]

O segundo momento relatado por Bopp teria ocorrido alguns dias depois e é lembrado também por Tarsila do Amaral, em pelo menos duas ocasiões. A primeira, no texto "Pintura Pau-Brasil e Antropofagia", de 1939:

> O movimento antropofágico de 1928 teve sua origem numa tela minha que se chamou *Abaporu*, antropófago. [...] Essa tela foi esboçada a 11 de janeiro de 1928. Oswald de Andrade e Raul Bopp — o criador do afamado poema 'Cobra Norato' —, chocados ambos diante do *Abaporu*, contemplaram-no longamente. Imaginativos, sentiram que dali poderia surgir um grande movimento intelectual[194].

---

192 Oswald de Andrade, *Os Dentes do Dragão: Entrevistas*, p. 61.
193 Raul Bopp, *Vida e Morte da Antropofagia*. 2. ed., Rio de Janeiro, José Olympio, 2008, p. 58.
194 Tarsila do Amaral, *Crônicas e Outros Escritos de Tarsila do Amaral*, p. 722.

A segunda ocasião em que a artista recorda a importância de *Abaporu* no surgimento do movimento antropófago é no texto "Ainda a 'Semana'", publicado no *Diário de S. Paulo*, em 28 de julho de 1943:

> Afirmei, sim, que esse movimento se originou de uma tela minha, batizada por Oswald de Andrade e Raul Bopp com o nome de "antropófago", que depois foi traduzido por "abaporu", cujo desenho saiu no primeiro número de maio de 1928, da *Revista de Antropofagia*. Oswald de Andrade, com a adesão de Raul Bopp e Antônio de Alcântara Machado, criou um movimento em torno desse quadro, que foi esboçado na noite de 10 para 11 de janeiro[195] *d'après* uma reminiscência infantil. Segui apenas uma inspiração sem nunca prever os seus resultados. Aquela figura monstruosa, de pés enormes, plantados no chão brasileiro ao lado de um cacto, sugeriu a Oswald de Andrade a ideia da terra, do homem nativo, selvagem, antropófago, e daí o movimento criado por ele com o concurso inicial de Raul Bopp e Antônio de Alcântara Machado e ao qual aderiram nomes ilustres da intelectualidade e da arte brasileira[196].

Dos relatos sobre esses dois momentos que estariam na gênese da Antropofagia, interessa aqui reter que o *Abaporu*, ainda que à revelia das intenções declaradas pela artista, ofereceu um símbolo para o novo sujeito que o movimento antropofágico desejava produzir. Era a imagem do "homem nativo, selvagem, antropófago" que iria disparar a "flecha antropofágica" indicando a direção de "um Brasil mais profundo, de valores ainda indecifrados"[197]. Nesse sentido, pode ser útil investigar o quanto a imagem de homem "selvagem" que emerge do manifesto dialoga com a pintura, cujo desenho aparece como um emblema junto ao texto.

Em "Pintura Pau-Brasil e Antropofagia", Tarsila do Amaral descreve *Abaporu* como "uma figura solitária monstruosa, pés imensos, sentada numa planície verde, o braço dobrado repousando num joelho, a mão sustentando o peso-pena da cabecinha minúscula. Em frente, um cacto explodindo numa flor absurda"[198]. Como

---

195 A data de esboço mencionada pela artista não é casual. Embora em seu relato ela omita esse dado, 11 de janeiro é a data de nascimento de Oswald de Andrade. O *Abaporu* seria, portanto, um presente de aniversário ao escritor, como sugere Aracy Amaral, Aracy Amaral, *Tarsila: Sua Obra e Seu Tempo*, p. 279.
196 *Crônicas e Outros Escritos de Tarsila do Amaral*, pp. 539-540.
197 Raul Bopp, *Vida e Morte da Antropofagia*. 2. ed., Rio de Janeiro, José Olympio, 2008, p. 58.
198 *Crônicas e Outros Escritos de Tarsila do Amaral*, p. 722.

já foi observado por Leila Danziger[199], essa postura da figura permite situá-la na tradição iconográfica ocidental de representação da melancolia. No entanto, na interpretação da autora, *Abaporu* estaria orientada pela "descoberta do inconsciente" e pela "valorização do elemento mítico", contrapondo-se à falência de uma ideia de sujeito construída pela tradição filosófica ocidental, baseada no conflito com o "lado sombrio" da vida mental — com a loucura, a preguiça, a aflição, a instabilidade. A célebre gravura *Melencolia I*, de Albrecht Dürer, constitui uma das principais representações daquele conflito, simbolizado pelos elementos iconográficos que representam tanto a instabilidade de um mundo que não se deixa dominar, quanto as ferramentas oferecidas pelas ciências e pelas artes para o enfrentamento dessa instabilidade, se acumulando desordenadamente ao redor do anjo alado que os olha com desânimo e apoia a cabeça sobre a mão esquerda.

Sem entrar na complexa discussão entre os estudiosos da iconologia a respeito dos significados possíveis da atitude da figura diante do conjunto de elementos que a rodeiam, interessa aqui o fato de que a Melancolia é representada em um cenário composto pelos objetos mesmos que a produzem. A respeito disso, em seu estudo sobre a Melancolia na obra poética de Charles Baudelaire, Jean Starobinski afirma:

> Na tradição iconológica, que Baudelaire parece ter conhecido extensamente, a personagem melancólica ou a Melancolia personificada são rodeadas de objetos díspares, quer se trate de um gabinete de trabalho desordenado, um canteiro de obras interrompidas ou um campo de ruínas semeado de vestígios monumentais [...] Ocorre por vezes que esboços e detritos se misturem. A confusão dos elementos é desnorteante: um caos que faz pensar nas etapas que o trabalho alquímico deve obrigatoriamente atravessar para chegar à perfeição da Obra. A pior das melancolias consiste em não poder seguir adiante e deixar-se capturar pelo bricabraque[200].

Nada disso está presente em *Abaporu*. No entanto, uma leitura da figura como representação da melancolia pode ainda se sustentar se o "caos" a ser atravessado, a que se refere Starobinski, for entendido no contexto brasileiro não como

---

199 Leila Danziger, "Melancolia à Brasileira: A Aquarela Negra Tatuada Vendendo Caju, de Debret", *19&20*, vol. III, n. 4, out. 2008. Disponível em: <http://www.dezenovevinte.net/obras/melancolia_ld.htm>. Acesso em: 14 jan. 2018.

200 Jean Starobinski, *A Melancolia Diante do Espelho: Três Leituras de Baudelaire*, São Paulo, Editora 34, 2014, p. 60.

um conjunto de bricabraques, mas como a violência da natureza tropical. Essa violência estaria representada alegoricamente no cacto, planta infensa ao contato humano, que se ergue ao lado da figura humana. Dela brota a flor-sol, elemento para o qual converge o olhar do espectador e cujas ressonâncias simbólicas no *Manifesto Antropófago* serão discutidas mais adiante. Por ora, interessa explorar a ideia de que a melancolia da figura humana estaria relacionada a uma natureza que a confronta.

Como foi visto no capítulo anterior, o papel desempenhado pela natureza, no que então era entendido como a formação psicológica do homem brasileiro, era um tema importante para o pensamento de Graça Aranha. Sua posição era de que o esforço a ser feito pelo intelectual brasileiro consistia em alcançar uma conciliação com a natureza tropical, mas para isso era necessário vencê-la por meio da cultura. No *Manifesto da Poesia Pau Brasil*, Oswald de Andrade expôs sua posição sobre a questão, também em chave conciliadora: "Temos a base dupla e presente — a floresta e a escola [...] Bárbaros, crédulos, pitorescos e meigos. Leitores de jornais. Pau Brasil. A floresta e a escola. O Museu Nacional. A cozinha, o minério e a dança. A vegetação. Pau Brasil"[201]. A ambos se pode acrescentar ainda Paulo Prado, amigo de Oswald de Andrade e autor do prefácio ao livro *Pau Brasil*, que em novembro de 1928 publicou *Retrato do Brasil: Ensaio sobre a Tristeza Brasileira*, livro que havia concluído em fins de 1927.

Em *Retrato do Brasil*, a natureza tropical aparece também como uma força violenta, mas seu efeito sobre a psicologia do homem brasileiro não será entendido no sentido do "terror cósmico" de Graça Aranha. Para Paulo Prado, a natureza tropical faz parte de um conjunto de fatores que fomentava a luxúria que estaria, ao lado da cobiça e da tristeza, na base da "psique racial" brasileira. Dada a proximidade do autor ao casal Tarsiwald e sua defesa da tristeza e da melancolia como traços psicológicos do povo brasileiro, pode ser útil verificar como Prado expõe alguns de seus argumentos, ainda que *Retrato do Brasil* tenha sido publicado meses depois da criação de *Abaporu* e do *Manifesto Antropófago*[202].

---

201 Oswald de Andrade, *A Utopia Antropofágica*, 4. ed., São Paulo, Globo, 2011b, pp. 65-66.
202 Uma aproximação entre *Abaporu* e *Retrato do Brasil*, pela via da melancolia, foi brevemente sugerida por Danziger, no artigo comentado acima, relacionando a pintura também a outros dois textos publicados em 1928, o *Manifesto Antropófago* e *Macunaíma*. Deste último, a autora chama atenção para a preguiça como uma denominação para a "melancolia tropical".

No capítulo em que aborda a luxúria, Prado dedica alguns parágrafos a uma caracterização sumária da natureza brasileira à época da invasão portuguesa:

No Brasil, a mata cobria as terras moles da bacia amazônica, e a partir da barra do São Francisco, depois das dunas e mangues do Nordeste, seguia o litoral até muito além do Capricórnio para terminar nas praias baixas do Rio Grande. Oferecia um obstáculo formidável para quem a queria penetrar e atravessar, como que exprimindo a opressiva tirania da natureza a que dificilmente se foge no envolvimento flexível e resistente das lianas[203].

O escritor prossegue comentando a "força e violência" da vegetação na zona equatorial do país, de clima úmido e quente: "Nela, os sentidos imperfeitos do homem mal podem apanhar e fixar a desordem de galhos, folhagens, frutos e flores, que o envolve e submerge"[204]. O mesmo "emaranhado hostil de lianas, trepadeiras e orquídeas" era encontrado na costa do Atlântico, com o acréscimo de "urticáceas, espinhos, samambaias [que] tolhem ainda mais o andar do homem, que só vence a vegetação a golpes de facão"[205].

Segundo Prado, vencida "a hostilidade da natureza", a vida dos primeiros europeus estabelecidos nos poucos e esparsos núcleos de povoamento envolvia, por um lado, a adaptação à mentalidade, moralidade e meios de subsistência que aprendiam com os indígenas, e, por outro, o exercício sem freio da "lascívia do branco solto no paraíso da terra estranha", para a qual contribuía, entre outros fatores, "a molícia do ambiente físico" e "a contínua primavera"[206]. Portanto, na visão de Paulo Prado, a natureza tropical era ao mesmo tempo uma força hostil e violenta e, pela indolência e languidez que provocava, um agente catalisador da "superexcitação erótica em que vivia o conquistador e povoador, e que vincou tão fundamente o seu caráter psíquico"[207].

No capítulo sobre a tristeza, o escritor extrai algumas conclusões de caráter psicológico, com base nesse panorama:

---

[203] Paulo Prado, *Retrato do Brasil: Ensaio sobre a Tristeza Brasileira*, org. Carlos Augusto Calil, 10. ed., São Paulo, Companhia das Letras, 2012, pp. 42-43.
[204] *Idem, ibidem*.
[205] *Idem*, p. 43.
[206] *Idem*, p. 62.
[207] *Idem*, p. 63.

Ao findar o século das descobertas o que sabemos do embrião da sociedade então existente é um testemunho dos desvarios da preocupação erótica. Desses excessos de vida sensual ficaram traços indeléveis no caráter brasileiro. Os fenômenos de esgotamento não se limitam às funções sensoriais e vegetativas; estendem-se até o domínio da inteligência e dos sentimentos. Produzem no organismo perturbações somáticas e psíquicas, acompanhadas de uma profunda fadiga, que facilmente toma aspectos patológicos, indo do nojo até o ódio[208].

A isso somava-se a desenfreada cobiça pelo ouro, de modo que, conclui Prado: "Na luta entre esses apetites — sem outro ideal, nem religioso, nem estético, sem nenhuma preocupação política, intelectual ou artística — criava-se pelo decurso dos séculos uma raça triste"[209]. É aí que entra a melancolia, produto do "enfraquecimento da energia física, da ausência ou diminuição da atividade mental" gerados pela dedicação excessiva e exclusiva àqueles dois "apetites": "Luxúria, cobiça: melancolia. Nos povos, como nos indivíduos, é a sequência de um quadro de psicopatia: abatimento físico e moral, fadiga, insensibilidade, abulia, tristeza"[210]. Estava traçado o diagnóstico, o brasileiro era um povo doente de tristeza:[211]

[...] o véu da tristeza se estende por todo o país, em todas as latitudes, apesar do esplendor da Natureza, desde o caboclo, tão mestiçado de índio da bacia amazônica e dos

---

208 *Idem*, p. 96.
209 *Idem*, p. 97.
210 *Idem* p. 98.
211 À interpretação de Paulo Prado, de matriz positivista inspirada nas obras de Thomas Henry Buckle e Hippolyte Taine, baseada na influência do meio e da "raça" sobre a formação psicológica de um povo (Abilio Guerra, *O Primitivismo em Mário de Andrade, Oswald de Andrade e Raul Bopp: Origem e Conformação no Universo Intelectual Brasileiro*, São Paulo, Romano Guerra, 2010, pp. 152-163), havia alternativas, como mostra Adriano Bitarães Netto, em *Antropofagia Oswaldiana: Um Receituário Estético e Científico*, São Paulo, Annablume, 2004. No capítulo "Medicar o Corpo Natural", referindo-se ao texto "Jeca Tatu, A Ressurreição", de Monteiro Lobato, o autor afirma: "Os textos clínicos, filosóficos e literários do início do século XX salientavam que o Brasil era 'doente' não por causa do clima ou da mestiçagem do povo, mas pela precariedade da saúde e falta de saneamento. Jeca Tatu representou a grande figura dentro desse cenário de conscientização popular e ruptura com os discursos eugenistas. O personagem de Lobato, ao seguir as instruções higiênicas e preventivas, deixou de ter preguiça, ser indolente e beber cachaça. Tornou-se um outro homem, completamente curado e aliado da ciência, ainda que, em princípio, duvidasse de seus métodos" (Adriano Bitarães Netto, *Antropofagia Oswaldiana: Um Receituário Estético e Científico*, p. 92).

sertões calcinados do Nordeste, até a impassibilidade soturna e amuada do paulista e do mineiro[212].

Retomando a pintura de Tarsila do Amaral, a interpretação de *Abaporu* como uma alegoria da Melancolia ganha ainda mais sentido quando situada no contexto dessa discussão sobre um afeto que seria constitutivo do caráter psicológico do povo brasileiro. Evidentemente, não se quer sugerir aqui que a pintura seja uma transposição para o campo da arte do pensamento e da interpretação de Paulo Prado sobre o Brasil. Trata-se, antes, de um posicionamento da artista em um debate intelectual e artístico cuja origem é muito anterior ao modernismo, mas no qual muitos de seus agentes se envolveram, entre eles Oswald de Andrade, procurando atualizá-lo[213].

Nesse sentido, é interessante pensar na flor do cacto, que é também uma representação esquemática do sol, como uma indicação de que a natureza hostil e "bárbara" não produzia apenas terror, molícia ou melancolia. Dela poderia brotar um símbolo que orienta e dá vida.

Encontra-se aqui um primeiro ponto de contato entre o *Abaporu* e o *Manifesto Antropófago*, quando Oswald de Andrade[214] invoca a mitologia Tupi[215] para qualificar o sujeito coletivo em nome do qual o manifesto fala: "Filhos do sol, mãe dos

---

212 A terapêutica imaginada pelo escritor é prescrita em uma conhecida passagem do "Post-scriptum": "Para tão grandes males parecem esgotadas as medicações da terapêutica corrente: é necessário recorrer à cirurgia. Filosoficamente falando — sem cuidar da realidade social e política da atualidade —, só duas soluções poderão impedir o desmembramento do país e a sua desaparição como um todo uno criado pelas circunstâncias históricas, duas soluções catastróficas: a Guerra e a Revolução" (Paulo Prado, *Retrato do Brasil: Ensaio sobre a Tristeza Brasileira*, p. 142).

213 Para uma discussão sobre construções visuais da identidade brasileira, tendo como fio condutor a tensão entre homem e natureza tropical, ver o texto "A repetição diferente: aspectos da arte no Brasil entre os séculos 19 e 20 (Tadeu Chiarelli, "A Repetição Diferente: Aspectos da Arte no Brasil Entre os Séculos XX e XIX", conferência pronunciada como aula inaugural do Bacharelado em História da Arte do Instituto de Artes da Universidade Federal do Rio Grande do Sul, 2009). O texto discute um grupo de retratos do Imperador D. Pedro II, confrontando-os com pinturas de Almeida Júnior, Anita Malfatti, Lasar Segall, Tarsila do Amaral e Candido Portinari.

214 Oswald de Andrade, Oswald de Andrade, *A Utopia Antropofágica*..., p. 68.

215 Como já foi apontado por Benedito Nunes em "Antropofagia ao alcance de todos" (Em Oswald de Andrade, *A Utopia Antropofágica*) e Beatriz Azevedo (*Antropofagia. Palimpsesto Selvagem*, São Paulo, Cosac Naify, 2016) nas referências que faz à mitologia Tupi, Oswald de Andrade baseia-se no livro *O Selvagem*, de Couto de Magalhães, publicado em 1876.

viventes. Encontrados e amados ferozmente, com toda a hipocrisia da saudade, pelos imigrados, pelos traficados e pelos touristes. No país da cobra grande"[216]. Mais adiante, o autor especifica a que divindades quer associar o movimento: "Se Deus é a consciência do Universo Incriado, Guaraci é a mãe dos viventes. Jaci é a mãe dos vegetais"[217].

O manifesto invoca, portanto, Jaci, a mãe dos vegetais, e Guaraci, a mãe dos viventes, o sol, responsável pela origem da luz do dia. Os vegetais, os viventes e o sol, assumindo-se que a flor do cacto é também sol, estão presentes em *Abaporu*. Já a cobra grande, também mencionada por Oswald de Andrade, teria em *O Ovo (Urutu)*, de Tarsila do Amaral, e no poema *Cobra Norato*, de Raul Bopp, também o seu lugar no imaginário antropofágico.

A filiação antropofágica ao imaginário mítico Tupi tinha o objetivo de propor um antídoto aos males que a civilização ocidental havia introduzido na América. Diversos deles são mencionados no manifesto, frequentemente precedidos de um "contra" ou "nunca tivemos/nunca fomos". Dois desses "males", a roupa e o pensamento especulativo, podem ser relacionados ao que *Abaporu* representa:

> O que atropelava a verdade era a roupa, o impermeável entre o mundo interior e o mundo exterior. A reação contra o homem vestido. O cinema americano informará. [...] Contra as sublimações antagônicas. Trazidas nas caravelas. [...] Não tivemos especulação. Mas tínhamos adivinhação. [...] Contra os Conservatórios, e o tédio especulativo[218].

Percebe-se que texto e imagem não caminham totalmente juntos. A figura humana na pintura pode ser associada à "reação contra o homem vestido" e à vontade de introduzir uma maior permeabilidade entre mundo interior e mundo exterior, livrando-se da roupa e dos bloqueios que ela produzia. No entanto, essa mesma figura não parece reagir contra o "tédio especulativo", como quer o manifesto. Ao contrário, é a ele que ela se entrega, assumindo a postura melancólica comentada.

---

216 O trecho não deixa de ressoar a imagem de Paulo Prado da luxúria — "amados ferozmente" — que teria predominado no "encontro" do europeu com as mulheres indígenas. A saudade que, na construção idealizada de Graça Aranha comentada do segundo capítulo, fazia parte da melancolia do português no Brasil, aparece como hipocrisia.
217 Oswald de Andrade, *A Utopia Antropofágica*, p. 71.
218 *Idem*, pp. 71-72.

Mas texto e imagem voltam a se encontrar quando Oswald de Andrade denuncia: "Antes dos portugueses descobrirem o Brasil, o Brasil tinha descoberto a felicidade. [...] A alegria é a prova dos nove. / No matriarcado de Pindorama"[219]. Como bem observa Pedro Duarte[220] sobre esse aforismo, "a tristeza, como questão, estava na agenda nacional. Se a alegria é uma prova em que devemos passar, é porque a tristeza é nosso problema, ou seja, é um problema de fato brasileiro". O desafio a que se lançava Oswald de Andrade, portanto, era propor roteiros para um reencontro com a alegria. Roteiros para ir na direção daquela alegria que os povos indígenas já possuíam.

Nesse sentido, o *Abaporu*, o antropófago moderno, aparece ainda sob o efeito letárgico da tristeza e da melancolia produzida por mais de quatro séculos de dominação intelectual, mas tem diante de si Guaraci, o sol, a mãe dos viventes, a origem da luz diurna, a apontar-lhe um roteiro para o reencontro com a alegria[221].

---

219 *Idem*, pp. 72-73.
220 Pedro Duarte, *A Palavra Modernista: Vanguarda e Manifesto*, Rio de Janeiro, Casa da Palavra, 2014, p. 175.
221 Em uma entrevista concedida por Oswald de Andrade a *O Jornal*, em 18 de maio de 1928, ao comentar o que entendia ser a falência intelectual da civilização europeia, o escritor traduz em uma imagem aquilo que considerava ser a alternativa oferecida pelo continente americano: "A Europa faliu, meu amigo, definitivamente. Faliu. Há muito vinha agonizando. Desde a Revolução Francesa de 79 [sic], desde a conquista dos direitos do homem. Influência nossa. Da América, que acenava, ao longe, com o seu grande sol ingênuo de liberdade, de felicidade, o que quer dizer, de naturalidade. Nós queremos voltar ao estado natural, ouça bem, natural, não primitivo, da História" (Oswald de Andrade, *Os Dentes do Dragão: Entrevistas*, p. 68). Note-se a imagem do homem natural, ao lado do "grande sol ingênuo de liberdade", compondo uma alegoria da "felicidade" americana que faz pensar no *Abaporu*. Sobre a distinção entre homem natural e homem primitivo, em "Esquema ao Tristão de Athayde", o escritor esclarece: "Quanto ao equívoco de se pensar que eu quero é a tanga, afirmo e provarei que todo progresso real humano é patrimônio do homem antropofágico (Galileu, Fulton etc.)" (Oswald de Andrade, "Esquema ao Tristão de Athayde", *Revista de Antropofagia*, ano 1, n. 5, set. 1928, em Pedro Puntoni e Samuel Titan Jr. (orgs.), *Revista de Antropofagia — Revistas do Modernismo 1922-1929 — Edição Fac-Similar*, São Paulo, Imprensa Oficial do Estado de São Paulo/Biblioteca Brasiliana Guita e José Mindlin, 2014). No editorial "De Antropofagia", para o primeiro número da segunda "dentição" da *Revista de Antropofagia*, assinando sob o pseudônimo Freuderico, Oswald de Andrade volta à questão do "primitivo": "Nós acreditaríamos num progresso humano se a criança nascesse alfabetizada. Mas enquanto ela aparecer no mundo, como nesses últimos quarenta séculos de crônica conhecida, nasce naturalmente na idade da pedra. E aí ficaria, primitiva e nhambiquara, se não a deformassem imediatamente. Não há motivos para se ter saudades das idades líticas. Todos os dias nascem milhões de homens pré-históricos".

Esse roteiro é a devoração universal: "Morte e Vida das Hipóteses. Da equação *eu* parte do *Kosmos* ao axioma *Kosmos* parte do *eu*. Antropofagia", como diz Oswald de Andrade[222] no manifesto, contrapondo-se outra vez a Graça Aranha, como sugere Pedro Duarte:

> Embora não cite o nome de Graça, a primeira equação [eu parte do Cosmos] pertence ao filósofo e a segunda [Cosmos parte do eu], aí sim, a Oswald, ele mesmo. Não é pequena a diferença. Para Graça, a alegria é a absorção do indivíduo no todo; para Oswald, é a absorção do todo no indivíduo. No que diz respeito a um projeto de país, a primeira opção pergunta-se como encaixá-lo no mundo, a segunda opção pergunta-se como ele fará para deglutir o que o mundo oferece — ou seja, aqui surge a antropofagia[223].

Deglutir o que o mundo oferece implicava uma inversão de perspectiva e de percepção sobre os problemas da imitação e das "influências" que atuavam na experiência intelectual brasileira:

> Todas as influências que constituíram o Brasil, portanto, deixam de ser, na sua mistura, um motivo de angústia, para ser uma alegria. Encontros tidos como maus — por exemplo,

> Diante dessa constatação — que não cabe aqui avaliar o mérito científico — Oswald de Andrade propõe o desvio desse homem "primitivo", que nasce todos os dias, na direção do homem biológico ou "natural": "Todo nosso julgamento obedece ao critério biológico. A adjetivação antropofágica é apenas o desenvolvimento da constatação do que é favorável e do que é desfavorável ao homem biologicamente considerado. Ao que é favorável chamaremos bom, justo, higiênico, gostoso. Ao que é desfavorável chamaremos perigoso, besta, etc." (Freuderico (Oswald de Andrade), "De Antropofagia", *Revista de Antropofagia*, 2ª dentição, n. 1, 17 mar. 1929, em Pedro Puntoni e Samuel Titan Jr. (orgs.). *Revista de Antropofagia — Revistas do Modernismo 1922-1929 — Edição Fac-Similar,* São Paulo, Imprensa Oficial do Estado de São Paulo/Biblioteca Brasiliana Guita e José Mindlin, 2014). Nesse sentido pode-se afirmar que a "descida antropofágica", termo muito utilizado na *Revista de Antropofagia*, não propunha uma "volta", mas uma "ida" na direção desse "homem natural", biológico, "animal devorante" (Oswald de Andrade, *Os Dentes do Dragão: Entrevistas,* p. 78), obedecendo assim ao que o escritor nomeou no manifesto de "instinto antropofágico", que estabelece a devoração como base da existência humana. Essa "ida" ao encontro do "homem natural", portanto, implicava não uma negação absoluta da civilização ocidental, mas relativa, praticando a "devoração" apenas daquilo que o passado e o presente ofereciam de "favorável" para aquele encontro.

222 Oswald de Andrade, *A Utopia Antropofágica,* p. 70.
223 Pedro Duarte, *A Palavra Modernista: Vanguarda e Manifesto,* p. 195.

os étnicos — podem ser vistos como bons. Não são apenas o entrave para a entrada do país na civilização ocidental-europeia, mas também, e eis o que importa, possibilidade de alterar seu caminho, quem sabe para melhor[224].

Como se sabe, uma formulação mais conhecida para esse roteiro de devoração da civilização ocidental europeia é a "transformação permanente do Tabu em totem", inspirada na leitura feita por Sigmund Freud da antropologia de James Frazer, entre outras referências, em seu livro *Totem e Tabu* (1913). Enquanto emblema visual desse amplo projeto de inversão de perspectiva e de percepção da experiência intelectual brasileira frente à cultura ocidental europeia, a imagem do antropófago moderno criada pelo *Abaporu* pode ser lida como síntese contraditória daqueles dois termos. Ela representa ao mesmo tempo *o tabu* da melancolia e da tristeza, compreendidas à época como heranças da formação étnico-racial do país e da influência negativa da natureza e do clima tropicais, e que podem ser também associadas ao pensamento especulativo "trazido nas caravelas", pensamento afastado da terra, como a cabeça da figura que se projeta para o alto, em contraste com o pé enorme que pisa a terra; e *o totem* do homem natural, "bárbaro", despido literal e metaforicamente da roupa ocidental que o subjugava. O movimento seguinte, que o quadro, diferente do manifesto, deixa em suspensão, seria a devoração permanente.

◆

Lançada a ofensiva do *Manifesto Antropófago*, Oswald de Andrade e Tarsila do Amaral seguiram para Paris, onde cuidaram da organização da segunda mostra individual da artista, aberta em 18 de junho de 1928, na mesma Galerie Percier. Como mostra Aracy Amaral[225], as ideias do manifesto repercutem na apreciação da crítica sobre a exposição, que associam a pintura da artista à Antropofagia e sua proposta de insurgência "contra a dominação do Ocidente no domínio do espírito", como diz o texto "Tarsila et l'Anthropophagie", de Waldemar George. Pouco depois do encerramento da mostra, em julho, o casal Tarsiwald já retornava ao Brasil.

Na primeira fase da *Revista de Antropofagia*, de maio de 1928 a fevereiro de 1929, a publicação teve um grande número de colaboradores, de vários estados,

---

224 Idem, p. 196.
225 Aracy Amaral, *Tarsila: Sua Obra e Seu Tempo*, pp. 291-292.

em uma tentativa de atuar como órgão de divulgação de um movimento nacional, alcançando relativa descentralização[226]. As colaborações de Oswald de Andrade nesse período, entretanto, foram poucas, sendo as mais relevantes o *Manifesto Antropófago* e "Esquema ao Tristão de Athayde", em que o escritor dá continuidade a seu diálogo intelectual com o crítico carioca, iniciado em 1925 e tendo novamente a questão do primitivismo como o foco da discussão[227]. Assim como o manifesto, o texto não faz qualquer referência ao universo das artes visuais, limitando-se a uma discussão sobre o modo como a Antropofagia entendia a religião no Brasil, em especial o cristianismo; um debate sobre o "direito antropofágico", baseado no princípio da "posse contra a propriedade"; e, por fim, a transcrição de uma carta de Raul Bopp em que se fala na criação de um clube de Antropofagia e de todo o processo de revisão de valores — "o idioma, o direito de propriedade, a família, a necessidade do divórcio" — que o movimento deveria promover, buscando expandir suas ações para além dos campos da literatura e da arte.

Mas, se Oswald de Andrade não se ocupou das artes visuais nos textos que publicou e nas entrevistas que concedeu nesse período, isso não significa que seu interesse pela pintura tenha diminuído. Data de outubro de 1928 uma ampliação importante de sua coleção de pinturas modernas: a aquisição de duas telas de Gior-

[226] Dirigida por Antônio de Alcântara Machado, com gerência de Raul Bopp, nessa primeira fase a revista contou com a colaboração de escritores e poetas de Minas Gerais, Rio de Janeiro, Paraná, Rio Grande do Sul, Rio Grande do Norte, Pernambuco, Alagoas, Ceará, Pará. A proposta de descentralização ficava patente com a menção à cidade dos colaboradores, a partir do segundo número da revista. Para uma lista dos colaboradores de cada um desses estados, acompanhada de uma análise crítica desse movimento de descentralização promovido por uma revista fundada por um grupo de intelectuais paulistas, ver Eucanaã Ferraz, "Notícia (Quase) Filológica", em Pedro Puntoni e Samuel Titan Jr. (orgs.), *Revista de Antropofagia — Revistas do Modernismo 1922-1929 — Edição Fac-Similar*, São Paulo, Imprensa Oficial do Estado de São Paulo/Biblioteca Brasiliana Guita e José Mindlin, 2014, pp. 11-18.

[227] "Esquema ao Tristão de Athayde", publicado no número 5, de setembro de 1928, é uma resposta ao artigo "Neo-indianismo", que Tristão de Athayde havia publicado em *O Jornal*, em 27 de maio de 1928. Nele, o crítico apresenta sua visão sobre o *Manifesto Antropófago*, argumentando que o texto provava que, quando denunciou, em 1925, o primitivismo do autor do *Manifesto da Poesia Pau Brasil*, ele estava com a razão, a despeito das respostas de Oswald de Andrade. A posição de Athayde sobre o novo manifesto, entretanto, mostra-se ambígua. Por um lado, ele percebia um interesse maior nas ideias de Oswald de Andrade do que em qualquer produção saída da Academia, e reconhecia a importância do texto para a nova geração de escritores brasileiros; por outro, via com "angústia" o que ele entende serem suas partes "satânica" e "destruidora". Estas diziam respeito, fundamentalmente, à atitude iconoclasta de Oswald de Andrade diante da tradição católica brasileira.

gio de Chirico, por intermédio da amiga de Tarsila do Amaral, Angelina Agostini, que estava em Paris. De acordo com os recibos manuscritos guardados pelo escritor, uma das telas foi adquirida do próprio pintor, sendo a outra negociada com Jaqueline Apollinaire, esposa do falecido poeta Guillaume Apollinaire[228].

As duas telas ficaram com Oswald de Andrade até o fim de sua vida. Uma dessas telas é *Enigma de Um Dia*, hoje no acervo do Museu de Arte Contemporânea da USP; a outra, a que ele se referia como "os cavalinhos" e que não foi possível localizar e identificar, aparece em uma fotografia da década de 1950. Por essa imagem, foi possível verificar que a obra era possivelmente parte de uma série de pinturas de cavalos diante do mar, realizadas pelo artista na década de 1920, como *Cavalos à Beira do Mar (Os Dois Cavalos)*, de 1926[229].

## 12. Antropófago *boxeur*

A segunda dentição da revista, sob responsabilidade do "açougueiro" Geraldo Ferraz, circulou de março a agosto de 1929, em novo formato[230], com menos colaboradores e menos seções. Oswald de Andrade assumiu maior protagonismo, contribuindo regularmente, embora quase sempre com pseudônimos[231]. Em seus

---

228 No Fundo Oswald de Andrade, no Cedae-Unicamp, estão guardados os dois recibos manuscritos, assinados por Giorgio de Chirico e Jacqueline Apollinaire.

229 É oportuno lembrar aqui que a obra de Giorgio de Chirico também interessava a Tarsila do Amaral. Obras de sua fase antropofágica, como *O Sapo* (1928), apresentam ressonâncias dos espaços metafísicos de De Chirico, com suas arcadas e projeções de sombras angulosas.

230 De exemplares avulsos, com periodicidade mensal, oito páginas e dimensões de 32x22,5 cm., a revista passou a integrar o jornal *Diário de S. Paulo*, sendo publicada semanalmente, em uma página, com projeto gráfico muito semelhante ao do próprio jornal. Como observa Eucanaã Ferraz ("Notícia (Quase) Filológica", em Pedro Puntoni e Samuel Titan Jr. (orgs.), *Revista de Antropofagia — Revistas do Modernismo 1922-1929 — Edição Fac-Similar,* Imprensa Oficial do Estado de São Paulo/Biblioteca Brasiliana Guita e José Mindlin, p. 11), essa migração para o jornal ampliou em larga escala a visibilidade da publicação.

231 De acordo com Eucanaã Ferraz, é possível afirmar com segurança que, além dos dois únicos textos assinados com seu próprio nome, Oswald de Andrade era autor dos textos assinados por Freuderico, Japy-Mirim, Cabo Machado e Pinto Calçudo, totalizando onze colaborações. Além dos textos, complementa Ferraz: "Oswald empenhou-se diretamente na condução da revista, escrevendo cartas, solicitando textos, criando desdobramentos para a antropofagia que iriam além dos programas editorial e literário, como discussões, cursos, congressos, intervenções políticas, o que caracterizaria, enfim, um movimento, nascido da literatura, porém buscando mais que ela" (Eucanaã Ferraz, "Notícia (Quase) Filológica", em Pedro Puntoni e Samuel Titan Jr. (orgs.), *Revista de Antropofagia — Revistas do Modernismo 1922-1929 — Edição Fac-Similar*, p. 18).

textos, como naqueles assinados por Tamandaré (pseudônimo do jornalista Oswaldo Costa), é feito um balanço — talvez um dos primeiros — bastante crítico do modernismo desde 1922, acompanhado de constantes ataques a antigos companheiros. Os alvos principais são Menotti del Picchia, Plínio Salgado, Antônio de Alcântara Machado e, com particular virulência, Mário de Andrade e sua atuação como crítico e como articulador do movimento modernista, especialmente junto ao grupo mineiro da revista *Verde*.

Em meio a esse "esquartejamento" do modernismo, os poucos comentários que surgem sobre pintura e escultura aparecem na coluna "Moquém", assinada por Tamandaré[232]. Não são, portanto, de autoria de Oswald de Andrade, cujos textos se dedicavam mais a desdobramentos filosóficos, políticos, morais e mesmo jurídicos do *Manifesto Antropófago*[233].

Além dos breves comentários de Tamandaré, a presença das artes visuais na segunda "dentição" da *Revista de Antropofagia* fica por conta apenas de algumas ilustrações de Tarsila do Amaral, Pagu, Di Cavalcanti e Cícero Dias, e, sobretudo, da divulgação e repercussão da primeira exposição de Tarsila do Amaral no Brasil, ocorrida em julho de 1929, no Palace Hotel, no Rio de Janeiro. No número 12, a exposição é anunciada em conjunto com a notícia da vinda do filósofo alemão Hermann Keyserling ao país, aproximando os dois eventos em chave antropofágica: "Tarsila é a afirmação dos caminhos novos, Keyserling o grandioso desespero ocidental e a ânsia de renovamento de que só a América natural possui a chave"[234]. No número seguinte, junto com um desenho da artista, aparece o sumário

---

[232] A crítica mais violenta de Tamandaré (Oswaldo Costa) ao movimento modernista aparece nas colunas "Moquém II — Hors d'Oeuvre", no número 5, e "Moquém III — Entradas", no número 6 da segunda dentição da *Revista de Antropofagia*, em que, por exemplo, Brecheret é acusado de produzir "pastiches de Mestrovic", uma "arte falsa, decadente, sem nenhuma expressão, superficial, chata e burguesa" (Tamandaré (Oswaldo Costa), "Moquém II — Hors d'Oeuvre", *Revista de Antropofagia*, 2ª dentição, n. 5, 14 abr. 1929, em Pedro Puntoni e Samuel Titan Jr. (orgs.), *Revista de Antropofagia — Revistas do Modernismo 1922-1929 — Edição Fac-Similar*).

[233] Embora não seja assinada, uma nota que anunciava expedientes para a organização do "Primeiro Congresso Brasileiro de Antropofagia", expõe nove teses que deveriam ser debatidas pelos participantes. A nona tese diz respeito às artes e ressoa algo da proposta de Oswald de Andrade em sua anticandidatura à Academia Brasileira de Letras: "Supressão das academias e sua substituição por laboratórios de pesquisa" (*Revista de Antropofagia*, 2ª dentição, n. 15, 19 jul. 1929). Como lembra Raul Bopp (*Vida e Morte da Antropofagia*, 2. ed., Rio de Janeiro, José Olympio, 2008, pp. 64-79), o congresso nunca foi realizado.

[234] *Revista de Antropofagia*, 2ª dentição, n. 12, 26 jun. 1929.

do catálogo da exposição, com a menção a um poema de Oswald de Andrade, possivelmente *atelier*, incluído em *Pau Brasil*[235]. Finalmente, inaugurada a exposição, no último número da revista, publicado em 1º de agosto de 1929, é publicada uma compilação de notícias de jornais sobre a mostra, com a chamada "A exposição de Tarsila do Amaral, no Palace Hotel, no Rio de Janeiro, foi a primeira grande batalha da Antropofagia"[236]. Ao lado das notas, vê-se uma reprodução do quadro *Floresta*.

Em uma das matérias transcritas, publicada no jornal carioca *O Paiz*, em 19 de julho, com o título "Uma Arte Bem Brasileira, uma Artista Bem Nossa", aparece o depoimento de "um antropófago paulista", que Aracy Amaral[237] identifica como sendo Oswald de Andrade, identificação que tanto o estilo, como o vocabulário e as ideias apresentadas, além do fato de que o escritor compareceu ao vernissage, permitem acreditar que esteja correta. A pintura de Tarsila do Amaral é entendida pelo escritor como plenamente vinculada à proposta antropofágica, sendo exaltada uma vez mais como a principal realização artística brasileira:

> O Rio de Janeiro vai descobrir Tarsila e vai ter com essa descoberta a exata sensação de um maravilhoso encantamento. Tarsila é o maior pintor brasileiro. Nenhum, antes dela, atinge aquela força plástica — admirável como invenção e como realização — que ela só possui entre nós. Nem também nenhum penetrou tão bem quanto ela a selvageria de nossa terra, o homem bárbaro que é cada um de nós, os brasileiros que estamos comendo, com a ferocidade possível, a velha cultura de importação, a velha arte imprestável, todos

---

[235] Nesse mesmo número, é anunciada em pequena nota a presença de Cícero Dias em São Paulo, com a publicação de um desenho do artista.

[236] O título parece aludir, em espírito antropofágico, tanto à exposição, quanto a um episódio noticiado também pela revista, ocorrido durante a inauguração, quando Oswald de Andrade teria se envolvido em uma "luta" com um admirador do pintor Rodolfo Amoedo: "Nota interessante — Correu sangue na exposição. Oswaldo [sic] de Andrade, agindo antropofagicamente, esborrachou o nariz de um admirador do sr. Amoedo. O sangue espirrou, com imensa satisfação dos antropófagos presentes. / A *Revista* pede a Oswaldo que esborrache outros narizes, o mesmo aconselhando a todos os seus leitores. É o meio infalível de se reagir contra certos azares. E era assim que o índio fazia: pau no crânio do inimigo!" ("Exposição de Tarsila do Amaral no Palace Hotel, do Rio de Janeiro, Foi a Primeira Grande Batalha da Antropofagia", *Revista de Antropofagia*, 2ª dentição, n. 16, 1 ago. 1929, São Paulo, em Pedro Puntoni e Samuel Titan Jr. (orgs.), *Revista de Antropofagia — Revistas do Modernismo 1922-1929 — Edição Fac-Similar*. Como se vê, agir antropofagicamente tinha um sentido elástico para os editores da revista.

[237] Aracy Amaral, *Tarsila: Sua Obra e Seu Tempo*, p. 314.

os preconceitos, em suma, com que o Ocidente, através das manhas da catequese, nos envenenou a sensibilidade e o pensamento. A pintura de Tarsila é uma das muitas formas de reação contra essa nefanda conquista espiritual de que se utiliza, para a vistoria de suas ideias, o já triunfante movimento antropofágico. A sua exposição é a nossa primeira grande batalha. É a nossa primeira grande ofensiva[238].

O vocabulário utilizado nesse último trecho chama atenção, pois retoma a retórica da luta, presente nos textos da coluna Semana de Arte Moderna. Desta vez, porém, é uma luta pela retomada da sensibilidade e do pensamento próprios à "selvageria" da terra brasileira, envenenada por quatro séculos de "conquista espiritual". Cabe destacar ainda a ideia de que a força da reação contra essa conquista contida na pintura da artista era sobretudo *plástica*[239]. E de que essa força plástica existia por uma solução "admirável" enquanto invenção e realização. Aparece aí um duplo critério de avaliação da força plástica de uma pintura, baseado na relação entre os momentos de invenção e de realização.

Na sequência da entrevista ao jornal, o antropófago paulista sai em ofensiva contra a Escola Nacional de Belas-Artes e, como já havia feito em artigos comentados acima, contra o público:

Os quadros que Tarsila vai expor — alguns de suas fases anteriores e a maior parte puramente antropofágicos — são tão gostosos, tão repousantes, tão nossos, que eles, sozinhos, nos vingam da Escola de Belas-Artes e da sua incrível Pinacoteca, das inconcebíveis galerias particulares que por aí pululam e da burrice irremediável dos colonos do Ocidente[240].

Depois de citar uma frase de José Severiano de Resende, que dizia ser a pintura da artista "uma revelação e uma revolução"[241], o escritor prossegue dando

---

238 "Exposição de Tarsila do Amaral no Palace Hotel, do Rio de Janeiro, Foi a Primeira Grande Batalha da Antropofagia", *Revista de Antropofagia*, 2ª dentição, n. 16, 1 ago. 1929. *Revista de Antropofagia — Revistas do Modernismo 1922-1929 — Edição Fac-Similar*.

239 Para uma discussão da entrevista no contexto de uma aproximação entre antropofagia e surrealismo, ver Thiago Gil de Oliveira Virava, *Uma Brecha para o Surrealismo*, 1. ed., São Paulo, Alameda, 2014, pp. 160-172.

240 "Exposição de Tarsila do Amaral no Palace Hotel, do Rio de Janeiro, Foi a Primeira Grande Batalha da Antropofagia"...

241 A frase é de um artigo publicado na *Gazette du Brésil*, que Oswald de Andrade transcreveu

exemplos do Brasil revelado por Tarsila do Amaral — "O Brasil de Cunhambebe, de Cristo baiano[242], de Sinhô. O Brasil de Marajó" — para em seguida propor que a pintura da artista era:

> a primeira revolução séria que se fez no pensamento brasileiro, porque, como já disse, a antropofagia tem suas raízes profundas nessa pintura nova, audaz, liberta, em que a invenção se equilibra num maravilhoso e admirável sentido plástico e naquele 'senso agudo da cor' a que se referiu, não escondendo o seu entusiasmo, o francês Waldemar George. Pintura direta. Antianedótica. Antiliterária. Pura força plástica. O maior prazer dos olhos brasileiros[243].

Nesse trecho, Oswald de Andrade desdobra seu entendimento da relação entre invenção e realização, esta última compreendendo pelo menos dois elementos, forma ("sentido plástico") e cor. Pela sequência do raciocínio, percebe-se ainda que, para o escritor, quanto mais direta, antiliterária e antianedótica, ou seja, quanto mais desvinculada de temas e da aparência visível dos objetos for uma pintura, maior será sua "força plástica".

## 13. Hollywood e a casa modernista

Encerrando esse percurso do Pau Brasil à Antropofagia, pode ser interessante discutir dois textos escritos por Oswald de Andrade nos dois últimos anos da década de 1920, que tiveram como assunto a atuação em São Paulo do arquiteto ucraniano Gregori Warchavchik, estabelecido no Brasil desde 1923. O primeiro deles, publicado em duas partes no jornal *Correio Paulistano*, em fevereiro de 1929,

---

na coluna "Feira das Quintas", do *Jornal do Commercio*, em 3 de fevereiro de 1927. Essa referência contribui para a identificação do "antropófago paulista" como sendo o autor do *Manifesto Antropófago*.

242 No *Manifesto Antropófago*, Oswald de Andrade introduziu em um dos aforismos — "Fizemos Cristo nascer na Bahia" — a referência à canção popular "Cristo Nasceu na Bahia", composta por Sebastião Cirino e Duque, cuja letra canta: "Dizem que Cristo nasceu em Belém/ A história se enganou/ Cristo nasceu na Bahia, meu bem/ E o baiano criou". A identificação da referência à música e a transcrição da letra são de Beatriz Azevedo, *Antropofagia. Palimpsesto Selvagem*, pp. 131-133.

243 "Exposição de Tarsila do Amaral no Palace Hotel, do Rio de Janeiro, Foi a Primeira Grande Batalha da Antropofagia".

com o título "A Casa e a Língua", apresenta uma crítica à brochura *A Arquitetura Moderna em São Paulo. Artigos de Crítica e Estética Publicados no Correio Paulistano*, lançada no final de 1928 pelo arquiteto Dacio de Moraes. A brochura era uma resposta à série de dez artigos "Arquitetura do Século 20", publicados por Warchavchik também no *Correio Paulistano*, no mesmo período, na qual o arquiteto expunha o conceito de edifício residencial como "máquina de morar".

A primeira parte de "A Casa e a Língua", em mais da metade do artigo, preocupa-se em mostrar o quanto o texto de Dacio de Moraes era mal construído, repleto de erros gramaticais e ideias mal exposta. Por meio de citações de páginas específicas, Oswald de Andrade aponta os erros e faz sugestões, quase como se fosse um revisor, com o objetivo, supõe-se, de desautorizar a capacidade intelectual do arquiteto, explicando, assim, sua resistência às ideias de Warchavchik. Mas antes de apresentar essas supostas — e superficiais — "provas" da limitação intelectual de Dacio de Moraes, o escritor faz algumas considerações sobre arquitetura moderna. Começa classificando a casa construída por Warchavchik na rua Santa Cruz como a "mais bela casa de São Paulo" e elogia os artigos do arquiteto, "verdadeiras lições" sobre a arquitetura da época. Em outro trecho, com o intuito de mostrar a desinformação de Moraes, dedica algumas linhas a Le Corbusier, acusando o arquiteto brasileiro de ter tomado contato com suas ideias apenas por ocasião da exposição urbanista de Stuttgart, ocorrida em 1927. Nesse parágrafo, apesar da confusão que faz entre Le Corbusier e Amédée Ozenfant, fica patente o quanto Oswald de Andrade, como discutido no primeiro e segundo capítulos, era leitor da revista *L'Esprit Nouveau*. Além disso, também é possível perceber o quanto sua noção de classicismo moderno, e sua relação com a tradição artística europeia, tinha nessa revista uma de suas fontes:

Da leitura do folheto, se deduz primeiramente que até há pouco tempo (exposição urbanista de Stuttgart) o sr. Dacio de Moraes ignorava Le Corbusier e as pesquisas em torno de uma arquitetura de nosso tempo. Para ele, Le Corbusier aparece como um escândalo vivo em Stuttgart. No entanto qualquer homem culto terá decerto acompanhado desde o dia seguinte do armistício (já há disso dez anos!) a ação viva, erudita e empolgante do notável artista parisiense. Quem ignorará, nas rodas de arte contemporânea, que Le Corbusier foi com Jeanneret o diretor da revista excelente *L'Esprit Nouveau*? Quem não saberá, num meio informado, que com o nome de Ozenfant[244], ele expõe seus quadros de vanguarda nas melhores galerias da Europa? Quem ignorará justamente a campanha de cultura e de ligação com o passado, desenvolvida por *L'Esprit Nouveau* que nunca se cansou de pôr em valor Miguel Angelo e Fídias, ao lado das conquistas da linha e do volume inauguradas pelo nosso tempo?[245].

A menção à valorização do passado nos escritos teóricos de Le Corbusier tinha por objetivo invalidar a crítica feita por Dacio de Moraes, de que o arquiteto suíço propunha "fechar os olhos ao passado". Para Oswald de Andrade, toda a obra de Le Corbusier mostrava o oposto, "pois nos seus divulgadíssimos livros de propaganda existe um respeito quase que exagerado pelas grandes obras de séculos anteriores"[246]. O que o arquiteto suíço defendia, ainda segundo o escritor, era apenas "não atravancar as cidades modernas com inexpressivas e impotentes cópias do passado"[247], formulação que lembra as críticas de Oswald de Andrade à construção da Catedral da Sé e da atual Estação Júlio Prestes.

O classicismo de Le Corbusier e sua relação com a arquitetura do passado são retomados na segunda parte de "A Casa e a Língua", publicada dois dias depois, que focaliza também o conceito da casa como "máquina de morar". Entendido como uma expressão dos princípios de "aproveitamento, utilidade, ordem, nitidez de esforços conjugados", o conceito de casa como "máquina de morar" seria uma decorrência do estudo da "linha histórica de Le Corbusier", de onde o arquiteto extrairia sua visão do classicismo moderno, e que Oswald de Andrade sintetiza da seguinte maneira:

[...] a Acrópole, o Panteão, a invasão bárbara, a igreja romaica [sic], a Catedral, o Século 19 analista e produtor de instrumentos, a nova invasão bárbara individualista e,

---

244 Na verdade, quem fundou a revista foram Charles-Édouard Jeanneret-Gris (Le Corbusier) e Amédée Ozenfant, que, aqui, Oswald de Andrade toma por Le Corbusier.
245 Oswaldo de Andrade, "A Casa e a Língua I — Como um Construtor se Destrói", *Correio Paulistano*, 8 fev. 1929. Disponível em: <http://hemerotecadigital.bn.gov.br/>. Acesso em: 1 mar. 2018.
246 *Idem, ibidem*.
247 *Idem, ibidem*.

finalmente, a reação de hoje, coletivista e visando o alto fim social de ordenar a moradia e a cidade[248].

É interessante reter essa síntese dos ciclos históricos, mais uma vez marcada pela oscilação entre individualismo e coletivismo, pois ela será retomada por Oswald de Andrade em boa parte de seus textos sobre arte publicados na década de 1930, que serão discutidos no próximo capítulo.

Prosseguindo em sua argumentação contra a ideia de que a arquitetura moderna rompia com a arquitetura do passado, Oswald de Andrade resume a atitude de Le Corbusier como "ter continuamente os olhos abertos para o passado, afim de bem achar as suas equivalências no presente, renovando assim o fenômeno clássico"[249]. Essa equivalência pode ser entendida com base em dois trechos do texto *L'Urbanisme*, que o escritor transcreve no artigo. O primeiro deles afirma que a "ordem é indispensável ao homem, sem o que os seus atos seriam, sem coesão, sem sequência possível"[250]. O segundo define o "sentimento moderno" como "um espírito de geometria, um espírito de construção e de síntese. A exatidão e a ordem são a sua condição"[251].

Como se vê, o surgimento da Antropofagia e sua "descida antropofágica" rumo à revisão dos valores da "civilização ocidental" não eliminou em Oswald de Andrade a confiança nesses princípios, que formam um dos pilares do programa estético Pau Brasil, ao lado da valorização da poesia nos fatos estéticos nacionais. A atitude de cópia, sempre invocada como recurso argumentativo em seus textos, desde 1922, é uma vez mais apontada por Oswald de Andrade como o reverso da atitude de pesquisa na direção do classicismo moderno. Dessa vez, ele denuncia não a cópia da natureza ou da aparência visível do mundo exterior, mas de estilos arquitetônicos alheios às condições e demandas da época moderna.

Em "A Casa e a Língua", Oswald de Andrade marcou sua posição de total apoio à arquitetura moderna, expandindo suas considerações sobre a necessidade de reformulação da decoração dos ambientes domésticos brasileiros para o campo da própria arquitetura residencial. Cerca de um ano depois da publicação dos artigos,

---

248 Oswaldo de Andrade, "A Casa e a Língua II — Tabalogia Paulistana", *Correio Paulistano*, 10 fev. 1929. Disponível em: <http://hemerotecadigital.bn.gov.br/>. Acesso em: 1 mar. 2018.
249 *Idem, ibidem*.
250 *Idem, ibidem*.
251 *Idem, ibidem*.

entre 26 de março e 20 de abril de 1930, teve lugar em São Paulo a Exposição de uma Casa Modernista, organizada como evento de inauguração da residência projetada por Warchavchik na rua Itápolis, à época n. 119, no bairro do Pacaembu[252]. A mostra era uma demonstração do que poderia ser um "ambiente intelectual" integralmente moderno, compreendendo desde a concepção arquitetônica até o mobiliário, a decoração, as obras de arte e o projeto gráfico dos livros de escritores modernos, também expostos. No catálogo, constam entre os artistas expositores Anita Malfatti, Victor Brecheret, Celso Antônio, Cícero Dias, Di Cavalcanti, Esther Bessel, Antonio Gomide, Jenny Segall, Lasar Segall, Menotti del Picchia, Oswaldo Goeldi, Regina Gomide, John Graz, Tarsila do Amaral e o próprio Warchavchik. Oswald de Andrade também integrou a exposição, entre os escritores que exibiram livros[253].

Rejane Cintrão[254] destaca a grande afluência de público à exposição e o que ela representava em termos de um novo modo de exibição de obras de arte em São Paulo:

[...] o visitante, acostumado a frequentar o Museu Paulista, a Pinacoteca do Estado e as mostras apresentadas nas salas improvisadas da cidade, pôde, pela primeira vez, ver um projeto de exposição completo, arquitetônica e museograficamente concebido, com a grande vantagem de ser um espaço aberto ao público, ao contrário do Pavilhão Modernista de D. Olivia Penteado ou da Villa Kyrial [residência de José de Freitas Valle], destinados apenas aos poucos convidados.

Atento a esse acontecimento importante da vida cultural paulistana, Oswald de Andrade comentou a mostra no artigo "A Casa Modernista, o pior crítico do

---

252 Tombado pelo Instituto do Patrimônio Histórico e Artístico Nacional, em 1986, o imóvel passou por restauração em 2010, quando abrigou mostra sobre a obra de Warchavchik, realizada em parceria com o Museu da Casa Brasileira, em comemoração aos 80 anos da construção.
253 Mencionados no item "Literatura", além de Oswald de Andrade, também expuseram livros: Antônio de Alcântara Machado, Álvaro Moreyra, Affonso F. Schmidt, Arthur Carneiro, Ascenso Ferreira, Augusto Meyer, Brasil Gerson, Felippe D'Oliveira, Graça Aranha, Guilherme de Almeida, Jorge de Lima, José Américo de Almeida, Manuel Bandeira, Mário de Andrade, Menotti del Picchia, Cândido Motta Filho, Osório César, Plínio Cavalcanti, Plínio Salgado, Paulo Prado, Ronald de Carvalho, Rubens de Moraes, Tristão de Athayde, entre outros incluídos nos "etc. etc." do convite.
254 Rejane Cintrão, *Algumas Exposições Exemplares: As Salas de Exposição na São Paulo de 1905 a 1930*, Porto Alegre, Zouk, 2011, p. 151.

mundo e outras considerações", publicado em julho de 1930, no jornal *Diário da Noite*. O texto já anuncia a presença marcante e bem mais frequente do cinema na produção jornalística do escritor ao longo da década de 1930, ao fazer uma aproximação entre o que se passava na casa modernista de São Paulo e dois filmes estadunidenses em cartaz na cidade. O escritor aponta-os como uma das possíveis razões para a compreensão que o público demonstrava, em sua opinião, diante da "casa estranha e sóbria da rua Itápolis":

> Gregori Warchavchik tem sido compreendido pelo público que acorre em massa curiosa à casa estranha e sóbria da rua Itápolis. Talvez porque duas fitas excelentes que passam no écran paulista lhe dão razão. Basta olhar para os interiores apresentados por Greta Garbo em *Mulher Singular* e Joan Crawford em *Donzelas de Hoje*[255], para qualquer indivíduo, por mais curto, compreender que uma arte da casa atual, intransigente, lógica, unida nos demais diferentes detalhes, reivindica para si o lugar de vitória no mundo transformado de hoje[256].

Os cenários dos filmes a que Oswald de Andrade se refere, de inspiração *Art Déco*, foram ambos desenhados pelo designer e diretor de arte estadunidense Cedric Gibbons, atuante na indústria cinematográfica desde o término da Primeira Guerra Mundial, inicialmente no estúdio californiano Goldwin Pictures, cuja fusão em 1924 com a Metro Pictures e a Louis B. Mayer Production Company, deu origem ao célebre estúdio Metro-Goldwyn-Mayer, de que Gibbons foi chefe do departamento de arte[257].

Essa menção ao cinema estadunidense mostra como as referências de Oswald de Andrade em seus posicionamentos sobre arquitetura e ambientes modernos abrangiam desde Le Corbusier aos cenários hollywoodianos. Deve-se ter em conta, porém, que com funções bem diferentes. Se o primeiro oferecia as bases teóricas para os debates entre intelectuais e artistas, o cinema hollywoodiano atuava em outra escala, introduzindo, assim acreditava o escritor, uma parcela muito maior da população às formas modernas de se viver e morar.

---

255 Respectivamente, *The Single Standard*, 1929, dir. John S. Robertson, e *Our Modern Maidens*, 1929, dir. Jack Conway.
256 Oswaldo de andrade, *Estética e Política*, 2. ed. ver. e ampl. São Paulo Globo, 2011a, p. 214.
257 Cf. Christina Wilson, "Cedric Gibbons: Architect of Hollywood's Golden Age", em Mark Lamster (ed.), *Architecture and Film*, Nova York, Princeton Architectural Press, 2000.

Oswald de Andrade prossegue o artigo com novas ofensivas contra Dacio de Moraes, somadas agora a questionamentos sobre "o velho critério da arte desinteressada" que orientava os juízos sobre a exposição e sobre a arquitetura de Warchavchik emitidos pelo "pior crítico do mundo", Mário de Andrade[258]. O escritor discordava das observações do agora ex-amigo e ex-companheiro modernista quando afirmou que a tendência de qualquer obra de arquitetura era, com o passar do tempo, ter o nome de seu autor esquecido, tornando-se apenas "Arquitetura". Se em São Paulo ainda se falava das "casas de Warchavchik", era, na opinião de Mário de Andrade, apenas questão de tempo até elas se tornarem apenas casas[259]. Defendendo a personalidade da obra de Warchavchik, Oswald de Andrade mostra que seus projetos para as casas modernistas iam além de um "valor técnico" que pudesse ser replicado por outros construtores:

> Por exemplo, a bandeja geográfica em que Warchavchik situa as suas construções, o encaixotamento vivo dos volumes, em que ele arma a obra vivíssima, a cor distribuída nos interiores, as vidraças de luz artificial.
>
> Será possível que um bom pedreiro como o sr. Cristiano das Neves possa conseguir o mesmo arranjo maravilhoso? Não e não![260]

Além da arquitetura de Warchavchik, o escritor também avalia o que "os veteranos da Semana de Arte Moderna", Anita Malfatti, Victor Brecheret, John Graz e Regina Gomide Graz, apresentavam na exposição. Apesar de julgar que "fazem bonito", Oswald de Andrade não deixa de pontuar algumas críticas, como quando comenta a "grande e dramática" Anita Malfatti, sugerindo que a artista teria sido "pervertida pelos conselhos estéticos do senador Freitas Valle", fazendo "concessões acadêmicas". Na exposição, porém, o escritor percebia que a artista estaria "reagindo como uma fera", mas não se refere a nenhum trabalho específico que possa sustentar essa percepção[261]. De Brecheret, limita-se a destacar a "estátua

---

258 Em 5 de abril de 1930, Mário de Andrade havia publicado no *Diário Nacional*, o artigo "Exposição Duma Casa Modernista — Considerações".
259 Mário de Andrade, "Exposição Duma Casa Modernista — Considerações", *Diário Nacional*, 5 abr. 1930. Disponível em: <http://hemerotecadigital.bn.gov.br/>. Acesso em: 1 mar. 2018.
260 Oswald de Andrade, *Estética e Política*, p. 216.
261 O catálogo informa que Anita Malfatti participou com quatro obras: as pinturas *Homem Amarelo* e *Operária Americana*; o desenho *Secretário*; e o pastel *Torso*.

esplêndida" que o escultor apresentava no jardim, e do casal Graz, o "grande progresso decorativo em São Paulo", referindo-se às colchas e almofadas apresentadas por Regina Gomide Graz, além do Projeto de Vitral, de John Graz. Chama atenção nesses comentários, ainda que muito breves, a ausência, outra vez, de Di Cavalcanti, que talvez se explique porque o artista participou com apenas uma aquarela.

Sobre os artistas que surgiram depois de 1922, o escritor apenas destaca a "grande ascensão" de Lasar Segall, Celso Antônio, Tarsila do Amaral, Oswaldo Goeldi e Antonio Gomide, pontuando a respeito deste último que ainda o julgava "amaneirado, se bem que senhor de uma técnica rara", possivelmente referindo-se ao domínio que o artista tinha do afresco. Quanto às "revelações", o escritor destaca Esther Bessel, de quem apenas diz ser "ilustradora de Freud"; o "enorme" Cícero Dias; a obra *Vaso de Feira*, de Pagu[262], "duma poesia nova e marcada de violência" e Jenny klabin Segall, "segura individualidade".

Essa separação entre os "veteranos" e "os que vieram depois" tem sua razão de ser. Oswald de Andrade percebia a Exposição de uma Casa Modernista como o fim de um ciclo na história do modernismo em São Paulo. Antes de comentar os artistas que expunham, o escritor expõe essa avaliação:

A casa de Warchavchik encerra o ciclo de combate à velharia, iniciado por um grupo audacioso, em fevereiro de 1922. É a despedida de uma época de fúria demonstrativa. [...] Da Semana de Arte Moderna à casa vitoriosa de Warchavchik vão oito anos de gritaria para convencer que Brecheret não era nenhuma blague, que Anita Malfatti era a coisa mais séria deste mundo, que a literatura da Academia Brasileira de Letras era uma vergonha nacional, etc., etc.![263]

Essa percepção de que a casa modernista de Warchavchik punha fim a um ciclo de combates modernistas aponta para um processo de autocrítica que Oswald de Andrade, àquela altura, começava a realizar. Dessa revisão do que o movimento modernista havia conquistado e de como sua própria experiência intelectual se inseria nessa história irá se alimentar boa parte da produção de Oswald de Andrade na década de 1930. Nesse período, dois artistas que emergem como agentes

---

262 Oswald Andrade afirma que Pagu teria sido convidada a expor à última hora. Possivelmente em razão disso, seu nome e obras expostas não constam no catálogo.
263 Oswald de Andrade, *Estética e Política*, p. 216.

importantes no panorama artístico brasileiro, Flávio de Carvalho e Candido Portinari, estarão ligados aos novos rumos que assume o pensamento sobre arte do escritor. É o que se discute no próximo capítulo.

# Capítulo 4

# Entre o ícone e a revolução

1.  Do homem nu ao homem do povo

Pouco depois do encerramento da Exposição de uma Casa Modernista, em São Paulo, a Escola Nacional de Belas-Artes sediou no Rio de Janeiro o IV Congresso Pan-Americano de Arquitetos. Flávio de Carvalho participou do evento, apresentando maquetes de projetos[1] e expondo em conferência uma tese intitulada "A Cidade do Homem Nu". Oswald de Andrade acompanhou Flávio de Carvalho ao Rio de Janeiro para apoiá-lo, conforme o arquiteto lembra, anos depois, no texto "O Antropófago Oswald de Andrade"[2]. Em 28 de junho de 1930, ainda durante o congresso, o jornal carioca *Diário da Noite* publicou uma entrevista com o escritor,

---

1 Entre 1927-1929, Carvalho já havia apresentado, sob o pseudônimo "Eficácia", projetos para os concursos do Palácio do Governo do Estado e do Palácio do Congresso Legislativo de São Paulo, além da Universidade de Minas Gerais. As propostas alcançaram considerável repercussão pública, pelo contraste que criavam com os demais, em razão de sua interpretação particular da arquitetura e do urbanismo modernos. Sobre o tema, ver Flávio de Carvalho, "Flávio por Ele Mesmo [1963]"; Rui Moreira Leite *et al.*, *Flávio de Carvalho: Catálogo*, São Paulo, Museu de Arte Moderna de São Paulo, 2010a, pp. 34-49.
2 *Idem*, pp. 106-107.

na qual solicitava que comentasse a contribuição do arquiteto, cuja conferência se realizaria naquele dia.

Na entrevista, Oswald de Andrade procura manter viva a chama da Antropofagia, cuja revista havia deixado de circular em agosto de 1929. Ele apresenta Flávio de Carvalho como "uma das grandes forças do movimento antropofágico brasileiro", embora a aproximação do arquiteto com o grupo fosse recente, e o situa ao lado de Gregori Warchavchik e Jayme da Silva Telles como um dos que "encabeçavam" a renovação da arquitetura residencial no Brasil. As proposições de Flávio de Carvalho mostravam, segundo o escritor, que a Antropofagia era um movimento de ação e pesquisa, que não se estagnava "nem ante as grandes realizações russas e americanas atuais, nem ante a formidável contribuição de Le Corbusier"[3].

Le Corbusier, cujas ideias, como foi visto no capítulo anterior, foram invocadas por Oswald de Andrade para contrapor as críticas de Dacio de Moraes a Warchavchik, é agora apontado como um "arquiteto burguês", que não teria alcançado a superação dos "quadros cristãos". A arquitetura de Le Corbusier, como a dos russos, é classificada pelo escritor como niveladora e "standardizadora", por inutilizar "o rendimento máximo que pode trazer à coletividade o indivíduo"[4]. Assim, apesar de admirá-lo, Oswald de Andrade percebe nas ideias do arquiteto suíço o "mais estreito espírito burguês cristão", como diz ao mencionar *L'Urbanisme*, mesmo livro por ele citado na polêmica com Dacio de Moraes. O ideal do arquiteto, sua "intenção psicológica em urbanismo", seria, ainda segundo o escritor, "standardizar a pavorosa vida medíocre dos hotéis"[5].

Ao propor um urbanismo que tinha como critério o homem nu, Flávio de Carvalho estaria trazendo o "ponto de vista antropofágico" para os debates no congresso. A esse ponto de vista, conclui Oswald de Andrade, "não falta o critério climatérico que já produziu no Brasil, a grande arquitetura colonial dos tempos idos"[6]. Mais uma vez, portanto, o escritor lança mão da estratégia de conectar a emergência de um valor importante no cenário dos debates modernos no Brasil à arquitetura colonial[7].

3   "A Cidade do Homem Nu. Algumas Palavras de Oswald de Andrade", *Diário da Noite*, 28 jun. 1930.
4   *Idem*.
5   *Idem*.
6   *Idem*.
7   A cidade do homem nu seria organizada em torno da pesquisa do desejo. Estruturado em anéis concêntricos, seu espaço urbano seria assim dividido de modo a obter a maior eficiência de des-

Amigos desde 1929, quando Flávio de Carvalho frequentava as reuniões que Oswald de Andrade e Tarsila do Amaral promoviam em sua casa, o apoio do escritor à participação do arquiteto no congresso marca o início de uma colaboração entre os dois intelectuais, que percorre toda a década de 1930 e será discutida ao longo deste capítulo. Neste momento, entretanto, é preciso avaliar a importância do ano de 1931 para a experiência intelectual e política de Oswald de Andrade. Suas atividades nesse ano, especialmente no jornal *O Homem do Povo*, oferecem elementos importantes para a compreensão de muitos de seus posicionamentos sobre arte nos anos 1930.

◆

Para tanto, é necessário recuar até o ano crítico de 1929. Ano do rompimento da relação conjugal com Tarsila do Amaral; ano do início do relacionamento amoroso com Patrícia Galvão (Pagu), acompanhado da notícia de que seria pai pela segunda vez[8]; ano das primeiras consequências para a economia paulista da crise

    locamento dos habitantes. No centro da cidade, estaria um grande centro de pesquisa, a "única autoridade constituída", cuja finalidade era "descobrir as coisas do universo e da vida, para conhecer a alma do homem, torna-la métrica e utilizá-la para o bem-estar da cidade" e cuja função era distribuir cientificamente todas as "energias da metrópole", sendo por isso "o deus-símbolo do desejo maravilhoso de penetrar no desconhecido" (Flávio de Carvalho, "Uma Tese Curiosa — A Cidade do Homem Nu [1931]", em Rui Moreira Leite *et al.*, *Flávio de Carvalho: Catálogo*, p. 71).

8  Oswald de Andrade e Pagu se casaram em cerimônia realizada na igreja da Penha, no dia 5 de janeiro de 1930, que foi o desfecho de um complicado enredo. Em setembro de 1929, a escritora havia contraído matrimônio com o pintor Waldemar Belisário, ligado à família de Tarsila do Amaral, tendo como padrinhos a artista e Oswald de Andrade. O casamento com Belisário foi um artifício tramado para que Pagu pudesse deixar a casa dos pais, uma vez que era menor de idade (tinha então 19 anos). Em troca, o noivo obteve o financiamento de uma temporada de estudos na Europa, em arranjo que teria chegado a envolver Júlio Prestes, então governador do Estado de São Paulo. Logo após o casamento, Belisário e Pagu seguiram em fictícia viagem de núpcias à Europa, já com a documentação da separação encaminhada. Quando o navio chegou à Bahia, Pagu desembarcou. Pouco tempo depois, Oswald de Andrade solicitou seu retorno, alegando complicações com a separação e enviando a passagem para São Paulo. Era, na verdade, um pretexto. Encontrando-a no Rio de Janeiro, o escritor revelou que havia deixado Tarsila do Amaral e que desejava viver com ela. Segundo o relato da escritora, antes mesmo desse enredo, ambos já haviam tido uma relação ocasional. Pagu voltou da Bahia grávida de uma criança que acabou perdendo. Pouco depois, engravidou novamente de Rudá Poronominare Galvão de Andrade, que nasceu em 25 de setembro de 1930, sendo o segundo filho do escritor e o primeiro de Pagu (Patrícia Galvão, *Paixão Pagu: Uma Autobiografia Precoce de Patrícia Galvão*, em Geraldo Galvão Ferraz (org.), Rio de Janeiro, Agir, 2005, pp. 59-64).

econômica mundial desencadeada pela quebra da bolsa de Nova York e que atingiram diretamente Oswald de Andrade.

Financeiramente dependente da renda obtida do aluguel e venda de imóveis que herdara do pai, após o casamento com Tarsila do Amaral, o escritor se tornou membro de uma importante família paulista de cafeicultores, além de proprietário de uma fazenda produtora de café. É esse contexto que dá ensejo à inusitada participação do escritor no Congresso de Lavradores, ocorrido em São Paulo, na primeira semana de dezembro de 1929.

O congresso havia sido convocado por uma comissão executiva composta por representantes das principais associações agrícolas de São Paulo e contou com a participação de agricultores de diversas regiões do interior do Estado. Em entrevista ao jornal *O Estado de S. Paulo*[9], na véspera da abertura do congresso, o presidente da comissão, Afrodísio Sampaio Coelho, destacou que as principais propostas a serem discutidas entre os participantes consistiam basicamente na revisão dos meios de financiamento da produção, regularização e amparo do mercado de café em Santos, e obrigatoriedade da venda gradativa dos estoques, como soluções para a causa principal da crise dos produtores naquele momento, a superprodução. Da discussão dessas pautas resultou um projeto de lei a ser apresentado ao governo, no qual se propunha uma reestruturação do Instituto do Café e de sua relação com o poder público.

A intervenção de Oswald de Andrade divergia da proposta apresentada pelo congresso no seu próprio fundamento. Para o escritor, a solução para a crise não viria através de medidas que apenas reconfiguravam as relações entre partes que agiam somente de um dos lados do problema, diminuindo a participação do Estado nas deliberações do Instituto do Café. Era preciso integrar o próprio colono à economia, para além da condição de mão de obra barata, e era preciso rever não apenas o financiamento, a regulamentação e a distribuição, mas o sistema de produção agrícola como um todo:

Não, senhores congressistas, a lavoura não pode hostilizar nem o governo, nem o braço que na fazenda trabalha de sol a sol! O Congresso nas suas reuniões se esqueceu desse lado importantíssimo que é o lado prático das suas relações com o colono, pois se a redução de salários não for acompanhada de um plano que reerga a economia do trabalhador, graves problemas

---

9   "A Situação do Café", *O Estado de S. Paulo*, 1 dez. 1929, p. 2.

se agitarão nos dias a vir. [...] Os tempos mudaram e mudam em todo o planeta. É a morte do latifúndio, é a organização da economia livre do colono, a policultura, a cooperação cada vez mais socializadora do Estado. Sejamos paulistas! Tenhamos coragem para o reajustamento![10]

Sob vaias, antes mesmo de concluir sua exposição, Oswald de Andrade foi convidado a se retirar da tribuna do Teatro República, onde acontecia o Congresso dos Lavradores[11]. Sua incitação à modernização das relações econômicas no setor agrícola, ainda que não contenha nada que se aproxime da defesa de um processo revolucionário, mostra já uma preocupação com a situação econômica do trabalhador — nesse caso, do trabalhador rural — e um esboço de crítica à concentração de terras e à distribuição de renda no país, questões que estarão na ordem do dia do jornal *O Homem do Povo*.

◆

Em sua autobiografia, Pagu afirma que a ideia de criar *O Homem do Povo* teria surgido durante uma reunião na residência onde vivia com Oswald de Andrade, no bairro de Santo Amaro. No final de 1930, a escritora havia viajado para Buenos Aires, onde tentou, sem sucesso, um encontro com Luiz Carlos Prestes, que estava exilado na capital argentina, depois de uma estadia na Bolívia, para onde os remanescentes da Coluna Prestes haviam se deslocado, em fevereiro de 1927[12]. Embora não tenha conseguido encontrar o líder da Coluna, Pagu teve contato com Silo Meireles, um dos fundadores, ao lado de Prestes, da Liga de Ação Revolucionária na capital argentina. Ao regressar a São Paulo, trouxe uma bagagem carregada de "livros marxistas e tudo que havia de material editado nos últimos tempos pelo Partido Comunista Argentino"[13]. Nesse período, Astrojildo Pereira, um dos fundadores do Partido Comunista do Brasil (atual Partido Comunista Brasileiro), em 1922, e então seu secretário-geral, passou a frequentar a casa de Oswald de Andrade e Pagu, estimulando a escritora a traduzir o material que ha-

---

10  Oswald de Andrade, *Estética e Política*, org., int. e notas Maria Eugenia Boaventura, 2. ed. rev. e ampl., São Paulo, Globo, 2011, pp. 262-263, Obras Completas de Oswald de Andrade.
11  O texto da participação do escritor foi publicado no jornal *O Estado de S. Paulo*, em 5 de dezembro de 1929.
12  Anita Leocadia Prestes, *Luiz Carlos Prestes: Um Comunista Brasileiro*, São Paulo, Boitempo, 2015, pp. 94-101.
13  Patrícia Galvão, *Paixão Pagu: Uma Autobiografia Precoce de Patrícia Galvão*, p. 73.

via trazido. *O Homem do Povo* teve origem, portanto, nesse ambiente de interesse intelectual pelo pensamento de Karl Marx e pelo comunismo, somado a um sentimento de entusiasmo e vontade de ação que levou o casal a se aproximar do PCB[14]:

> Recomecei a ler. Oswald também parecia interessar-se pelas doutrinas sociais. Começamos a ter em casa novos visitantes.
>
> Nessa ocasião, numa conversa entre diversas pessoas, inclusive Oswaldo Costa, que estava presente, resolveu-se fazer o *Homem do Povo*. A ocupação era absorvente. Não havia muita convicção. Mas muito entusiasmo. Entusiasmo sem discrição, mais de revolta acintosa. Vontade de adesão exibicionista de minha parte por uma causa revolucionária. Necessidade[15].

O jornal circulou entre 27 de março e 13 de abril de 1931, teve apenas oito números e contava com Álvaro Duarte, como editor, Pagu e Queiroz Lima, como secretários, anunciando a direção como sendo "do homem do povo", o que indica, talvez, uma direção coletiva. No entanto, Oswald de Andrade, que assinava os editoriais, era apontado pela imprensa como diretor do jornal, fechado por ordem policial após dois incidentes envolvendo estudantes da Faculdade de Direito do Largo São Francisco, que tentaram empastelá-lo[16].

---

14 Sob o pseudônimo de Aurelino Corvo, Astrojildo Pereira colaborou em todos os números de *O Homem do Povo*, o que lhe rendeu problemas junto ao PCB, por ser um periódico sem qualquer ligação oficial com o partido. Ver: Maria de Lourdes Eleutério, "O Homem e a Utopia", *O Homem do Povo: Coleção Completa e Fac-Similar do Jornal Criado e Dirigido por Oswald de Andrade e Patrícia Galvão (Pagu)*, 3. ed., São Paulo, Globo/Museu Lasar Segall/Imprensa Oficial do Estado de São Paulo, 2009, pp. 65-71.

15 Patrícia Galvão, *Paixão Pagu: Uma Autobiografia Precoce de Patrícia Galvão*, p. 74.

16 Na edição de número 7, de 9 de abril de 1931, Oswald de Andrade publicou o editorial "As Angústias de Piratininga", em que se referia a "dois cancros de São Paulo — a Faculdade de Direito e o café". No mesmo dia, estudantes da faculdade foram até a sede do jornal, na Praça da Sé, onde entraram em confronto com Oswald de Andrade e Pagu, dirigindo-se depois à Secretaria de Segurança Pública. O escritor, por sua vez, procurou a polícia e conseguiu garantir a segurança da redação do jornal até o dia 13 de abril, quando circulou seu oitavo e último número, no qual Oswald de Andrade publicou o editorial "Isto aqui é Coimbra?", atacando novamente a Faculdade de Direito. Estudantes foram outra vez até a redação do jornal e só não entraram em conflito com os editores pela presença da polícia, que conduziu Oswald de Andrade e Pagu à delegacia (cf. Maria de Lourdes Eleutério, *O Homem do Povo: Coleção Completa e Fac-Similar do Jornal Criado e Dirigido por Oswald de Andrade e Patrícia Galvão (Pagu)*, pp. 60-63).

Para o poeta e crítico Augusto de Campos, *O Homem do Povo* — um "pasquim proletário" — prolongava estratégias típicas da segunda dentição da *Revista de Antropofagia*, como a paródia[17] e o uso de metáforas digestivas, sendo dela um "descendente engajado"[18]. Avaliando-se o conteúdo dos oito números, são poucas as referências diretas ao universo artístico, exceções feitas às ilustrações de Pagu e ao artigo "Teatro Antigo e Moderno", de Flávio de Carvalho, publicado no terceiro número, na seção "Palco, Tela e Picadeiro"[19]. De modo que é possível afirmar que a literatura e as artes visuais não estavam no centro dos interesses dos editores, que possivelmente viam na ilustração e na tira[20], assim como no teatro e no cinema, formas de criação mais próximas do público que desejavam alcançar. Esse público é descrito por Helio Negro (pseudônimo do militante anarquista português Antonio Candeias Duarte)[21], no artigo "O Nosso Programa": "discutiremos todos os problemas sociais, econômicos, financeiros, em forma popular, para serem compreendidos pela massa menos culta da população, a fim de que esta aprenda a opinar"[22].

Dentro desse programa, as ilustrações de Pagu ganham destaque, dialogando com temas tratados ora no editorial, ora em outras seções do jornal. Nelas se pode notar o mesmo uso da sátira, que dá o tom de muitos artigos do periódico, como

---

[17] Sobre os experimentos linguísticos da Revista de Antropofagia, entre os quais a paródia e a colagem, ver Maria Eugenia Boaventura, "A Vanguarda Antropofágica", *O Salão e a Selva: Uma Biografia Ilustrada de Oswald de Andrade*, Campinas/São Paulo, Editora da Unicamp/Ex Libris, 1995, pp. 22-100.

[18] Augusto de Campos, "Notícia Impopular de O Homem do Povo", *O Homem do Povo: Coleção Completa e Fac-Similar do Jornal Criado e Dirigido por Oswald de Andrade e Patrícia Galvão (Pagu)*, p. 59.

[19] Essa seção, sob "direção de cena" de Piolim, apresentava notas sobre cinema, a maior parte de autoria de Pagu e assinadas sob pseudônimos, acompanhadas de reproduções de retratos de atrizes nelas comentadas. As notas tinham em geral um caráter moral e destacavam a influência do cinema nos modos de vida, com atenção especial à posição da mulher na sociedade moderna. Musas do cinema estadunidense e europeu, como Joan Crawford, Greta Garbo, Clara Bow, Lilian Harvey, Maria Jacobini, Marlene Dietrich aparecem como exemplos de um novo cinema, o "cinema sexual", representativo de uma nova atitude da mulher diante da sexualidade e do corpo.

[20] Com o pseudônimo Peste, Pagu manteve ao longo dos oito números a tira "Malakabeça, Fanika e Kabelluda", que conta a história de um casal, Malakabeça e Fanika, e sua sobrinha Kabelluda, alter-ego da artista, que assinou alguns textos para o jornal com esse pseudônimo.

[21] Para um perfil biográfico dos colaboradores do pasquim, ver Maria de Lourdes Eleutério, "O Homem e a Utopia", *O Homem do Povo: Coleção Completa e Fac-Similar do Jornal Criado e Dirigido por Oswald de Andrade e Patrícia Galvão (Pagu)*.

[22] Helio Negro, "O Nosso Programa", *O Homem do Povo*, n. 1., p. 2, 27 mar. 1931. Reproduzido em *O Homem do Povo: Coleção Completa e Fac-Similar do Jornal Criado e Dirigido por Oswald de Andrade e Patrícia Galvão (Pagu)*.

Figura 10. Ilustração de Pagu para *O Homem do Povo*, ano 1, n. 2, 28 março 1931, p. 1.

no caso da ilustração "Impróprio para Menores", publicada no número 2 [Figura 10], comentando uma instrução do Vaticano que proibia pais e professores de tratarem de "assuntos íntimos" com crianças. O desenho, em linguagem próxima à da caricatura, mostra um padre à esquerda, segurando um fálico castiçal com uma vela acesa e apontando na direção de uma pequena igreja ao fundo. Ao lado dele, vê-se uma personagem feminina, muito semelhante à Kabelluda da tira "Malakabeça, Fanika e Kabelluda"[23]. A personagem lê um livro, sem dar ouvidos ao padre, a quem parece corresponder a fala que vem logo abaixo do desenho: "— Minha filha, o Papa disse que só o padre pode ministrar educação sexual às crianças".

Se o alvo da crítica dessa ilustração era um padre indeterminado, em uma fotomontagem publicada no número 5, na seção "Mulher do Povo", a vítima será o Cardeal Sebastião Leme, arcebispo do Rio de Janeiro. A fotografia do cardeal aparece recortada sobre um fundo negro, tendo acima o título "Butantan Girls" e, logo abaixo, o seguinte texto: "O S. Cardeal Leme que, depois da encíclica do

---

23 A escritora era responsável por "A Mulher do Povo", que aparecia sempre à página 2, e era uma espécie de jornal dentro do jornal, marcado pela crítica ácida aos padrões de comportamento feminino na sociedade paulista daquele momento e à igreja católica. Além disso, Pagu também desenhava as vinhetas das seções.

Figura 11. Ilustração de Pagu para *O Homem do Povo*, ano 1, n. 4, São Paulo, 2 abril 1931, p. 1.

papa sobre educação íntima, resolveu entregar-se à piedosa tarefa de ensinar as meninas a amansar cobras nos cinemas". As *butantan girls*, numa referência ao serpentário do Instituto Butantan, seriam as vítimas da "cobra" do cardeal. Como se vê, com a elevação da posição na hierarquia católica, subia também a mordacidade da crítica, que avançava sobre a hipocrisia do voto de castidade, aludindo a abusos sexuais praticados por membros da igreja.

As ilustrações de *O Homem do Povo* também dialogavam com as críticas à política internacional e econômica do país, presentes nos artigos e editoriais do jornal, que dedicou uma atenção especial à visita do príncipe de Gales ao país. No número 4 [Figura 11], Oswald de Andrade assinou o editorial "A Ordem da Ferradura", criticando a atitude subserviente das autoridades brasileiras que receberam a comitiva do príncipe e acabaram "mimoseadas" com uma série de "coices" antidiplomáticos proferidos pelo herdeiro do trono britânico em discursos e entrevistas. O escritor destaca com especial indignação uma analogia que o príncipe teria feito, comparando o Brasil ao banco de estação ferroviária, sobre o qual um viajante, tendo se levantado para ir ao banheiro, havia deixado uma mala para guardar o assento, mas, ao retornar, encontrou outro passageiro em seu lugar. A moral da história, interpreta Oswald de Andrade, era que, para o príncipe, o Brasil não passava de um "pobre banco de Estrada de Ferro, onde deve sentar-se o mais forte — a Inglaterra"[24].

Na mesma página do jornal, vê-se uma ilustração intitulada "a opinião do príncipe", em que a figura de Edward[25] aparece aplicando um chute (ou um "coice") na representação do mapa do Brasil, tendo abaixo a legenda "este presunto não presta". O país aparece, como no texto de Oswald de Andrade, como objeto das disposições do príncipe, podendo ser descartado tão logo não corresponda aos interesses do imperialismo britânico.

A crítica à presença cada vez mais ostensiva do capital estrangeiro na economia nacional já havia aparecido logo no primeiro número do jornal, no editorial "Ordem e Progresso", quando Oswald de Andrade afirma ter o Brasil se tornado um "país de sobremesa":

Aqui, os capitais estrangeiros deformaram estranhamente a nossa economia. Dum país que possui a maior reserva de ferro e o mais alto potencial hidráulico, fizeram um país de sobremesa. Café, açúcar, fumo e bananas. Que nos sobrem ao menos as bananas![26]

Retomando, por outra perspectiva, a análise que já fazia, desde 1924, a respeito da importação de estilos arquitetônicos nas capitais brasileiras, o escritor agora associa também a própria conformação urbanísticas daquelas cidades à presença do capital estrangeiro[27], como parte de uma estratégia colonialista de exportação de mercadorias e serviços de infraestrutura urbana:

24  Oswald de Andrade, "A Ordem da Ferradura", *O Homem do Povo*, ano 1, n. 4, 2 abr. 1931.
25  Na cobertura do desembarque do príncipe, que veio acompanhado de seu irmão George, é possível vê-lo em trajes muito semelhantes ao da figura na ilustração, com a bengala listrada, o chapéu, o terno claro, ombreiras e medalhas. Cf. *Correio da Manhã*, 26 mar. 1931. Disponível em <http://memoria.bn.br/DocReader/089842_04/6375>. Acesso em: 24 jan. 2018.
26  Oswald de Andrade, "Ordem e Progresso", *O Homem do Povo*, ano 1, n. 1, 27 mar. 1931, p. 1. Reproduzido em *O Homem do Povo: Coleção Completa e Fac-Simile do Jornal Criado e Dirigido por Oswald de Andrade e Patrícia Galvão (Pagu)*.
27  Exemplo notório desse processo foi a empresa São Paulo Tramway, Light and Power Company, atuante no país desde o final do século XIX. A respeito da atuação da empresa em São Paulo, o historiador Nicolau Sevcenko afirma: "O mais danoso agente especulador, que comprometeu definitivamente o futuro da cidade, forçando seu desenvolvimento em bolsões desconexos, espaços discriminados, fluxos saturados e um pavoroso cemitério esparramado de postes e feixes de fios pendurados como varais por toda a área urbana, foi o monopólio do fornecimento de gás, eletricidade, transportes urbanos, telefones e mais tarde de água, obtido pela Light and

Os capitais estrangeiros compraram as nossas quedas d'água e criaram um sórdido e meigo urbanismo colonial que passou a ser o que eles queriam — um dos melhores mercados para os seus produtos e chocalhos.

Sendo assim, o ouro entra pelo café e sai pelos escapamentos dos automóveis[28].

A visão da modernização urbana de São Paulo que se vê nas citações acima destoa consideravelmente do ufanismo que lastreou a emergência do futurismo paulista, comentado no primeiro capítulo. As análises do escritor a respeito da situação da economia brasileira são aqui mencionadas por estarem na base da autocrítica realizada por Oswald de Andrade ao longo da década de 1930. Igualmente, suas posições sobre as artes visuais nesse período devem ser consideradas como parte dessa reconfiguração do entendimento do escritor sobre a sociedade brasileira. As páginas de *O Homem do Povo*, no entanto, nada revelam a respeito de seu pensamento sobre arte.

Com o fechamento da publicação, Oswald de Andrade e Pagu viajaram a Montevidéu para uma nova tentativa de encontro com Luiz Carlos Prestes, que havia se transferido à capital uruguaia em outubro de 1930, perseguido pelo governo argentino. Àquela altura, Prestes já manifestava em panfletos e cartas abertas sua adesão às posições do PCB[29]. Dessa vez, conseguiram encontrá-lo, uma experiência que marcou a ambos. Em uma entrevista ao jornal *A Gazeta*, em 1º de abril de 1945, o escritor destacou a importância do encontro com Prestes no Uruguai para sua vida intelectual:

Encontrei-o [Prestes] em companhia de Silo Meireles. E, durante o nosso primeiro encontro, vi que aquele capitão do exército era um intelectual, cheio não só de cultura política mas de cultura geral. O seu conhecimento das doutrinas sociais era completo. Conversei com ele três noites a fio nos cafés de Montevidéu. E desde aí toda a minha vida

---

Power, uma empresa de capital misto canadense-anglo-americano". Para a atuação da Light and Power no processo de expansão urbana de São Paulo, ver Nicolau Sevcenko, *Orfeu Extático na Metrópole: São Paulo, Sociedade e Cultura nos Frementes anos 20*, São Paulo, Companhia das Letras, 1992, pp. 122-136.

28 Oswald de Andrade, "Ordem e Progresso", *O Homem do Povo*.
29 Anita Leocadia Prestes, *Luiz Carlos Prestes: Um Comunista Brasileiro*, pp. 133-136. O contato inicial de Prestes com ideias e textos comunistas se dera ainda na Bolívia, em 1927, por intermédio de Astrojildo Pereira, mas somente no início de 1931 o líder revolucionário se declara publicamente alinhado às posições do PCB.

intelectual se transformou. Encerrei com prazer o período do Modernismo. Pois aquele homem me apontava um caminho de tarefas mais úteis e mais claras. Desde então, se era já um escritor progressista que tinha como credenciais a parte ativa tomada na renovação da prosa e da poesia do Brasil desde 22, *pude ser esse mesmo escritor* a serviço de uma causa, a causa do proletariado que Prestes encarnava[30].

Como foi visto no capítulo anterior, a ideia de que o ciclo do Modernismo havia se encerrado já aparecia para Oswald de Andrade, em 1930, na Exposição de uma Casa Modernista. O encontro com Prestes parece ter confirmado o caminho da crítica social, econômica e política a ser percorrido a partir daquele momento, que o escritor já vinha pesquisando, ao lado de Pagu, no jornal *O Homem do Povo*. Mas esse depoimento de 1945 mostra, além disso, o entendimento de que trilhar esse novo caminho não implicava o abandono do que havia sido construído durante o período modernista. Tratava-se antes de colocar essa construção "a serviço de uma causa", em chave semelhante ao que se passou com o movimento surrealista francês, que em julho de 1930 lançou sua segunda revista sob o título *Le Surréalisme au Service de la Révolution*.

Ao longo deste capítulo, a relação entre o direcionamento político do pensamento de Oswald de Andrade e a experimentação estética do período modernista será retomada, ao se discutir alguns de seus textos sobre arte mais significativos publicados na década de 1930. O que se pretende sublinhar do encontro com Prestes em 1931 é o fato de que o escritor voltou ao Brasil com a convicção de que era preciso direcionar sua atividade criativa para a "causa do proletariado".

## 2. "Não há arte neutra"

Se 1931 pode ser apontado como o ano de projeção de um novo direcionamento na trajetória política e intelectual de Oswald de Andrade, 1933 é o ano em que surgem suas primeiras realizações literárias "a serviço" da causa revolucionária, com a publicação de *Serafim Ponte Grande*, aberto por um novo prefácio, e o

---

30 Oswald de Andrade, *Os Dentes do Dragão: Entrevistas*, pp. 161-162, grifos meus (Obras Completas de Oswald de Andrade).

início da redação da peça *O Homem e o Cavalo*[31]. É também a esse período que se pode atribuir a produção do primeiro texto em que o escritor se posiciona a respeito do que poderia ser a relação de escritores e artistas com aquela causa. Trata-se de um datiloscrito sem título e sem data, publicado na coletânea póstuma *Estética e Política* com o título atribuído de "A Associação dos Escritores e Artistas Revolucionários"[32].

Logo no início, Oswald de Andrade define o artista como o "detentor do patrimônio artístico coletivo", cujo papel social adquiria um poderoso sentido "à luz da dialética marxista". Esse sentido estaria fundado na "lógica da luta de classes", que o obrigava a se perguntar a "quem ele deve servir, contra quem ele deve lutar"[33]. Exigência da situação política do mundo naquele momento, o artista tinha de "tomar partido", na medida em que era um ser social: "O artista é sempre um ser social misturado ao meio social, cujo papel é transcrever pelos meios que lhe confere a vida econômica, a substância da sua época. Nesse sentido a arte se parece com a vida"[34]. À primeira vista, nessa definição, não se encontram grandes diferenças em relação ao pensamento do escritor na década de 1920. O esforço de pesquisa do classicismo moderno não era, para Oswald de Andrade, outra coisa senão a pesquisa da "substância da sua época".

---

31 A peça foi publicada, com capa de Nonê, em 1934, mas algumas cenas foram lida já em 21 de novembro de 1933, no Clube dos Artistas Modernos.

32 Na coletânea, o texto traz a data de *c.* 1940-1950. No entanto, o conteúdo faz menção a dois fatos políticos ocorridos entre 1931 e 1932: a invasão japonesa da região da Manchuria, na atual República Popular da China e a repressão a uma manifestação antifascista, organizada em Genebra pelo Partido Socialista suíço, que resultou na morte de treze pessoas e deixou dezenas de feridos (cf. Pierre Jeanneret, "Fusillade de Genève", *Dictionnaire Historique de la Suisse (DHS)*, 11 jul. 2007. Disponível em: <http://www.hls-dhs-dss.ch/textes/f/F17337.php>. Acesso em: 7 fev. 2018). O texto se refere aos eventos no seguinte parágrafo: "A progressão inaudita das ameaças de conflitos, a corrida armamentista disputada pelos imperialismos sob pretexto de segurança, as 'intervenções' japonesas na Manchúria, francesa em Marrocos, a repressão sangrenta que subjuga os povos coloniais, os massacres recentes de Genebra, não podem deixar ninguém indiferente". Já a conclusão do texto exalta a Associação de Escritores e Artistas Revolucionários, criada em março de 1932, em Paris, como seção francesa da União Internacional dos Escritores Revolucionários. A Associação esteve ativa até 1939, sendo retomada apenas em 2006 (cf. Bibliothèque Nationale De France. Association des Ecrivains et Artistes Révolutionnaires. Disponível em: http://data.bnf.fr/13146555/association_des_ecrivains_et_artistes_revolutionnaires_france/>. Acesso em: 7 fev. 2018). Em razão disso, parece mais plausível que o texto tenha sido escrito na década de 1930, possivelmente entre o final de 1932 e o ano de 1933.

33 Oswald de Andrade, *Estética e Política*, p. 472.

34 Idem, p. 473.

A diferença é que agora o ser social do artista é entendido pelo escritor como parte de uma cadeia de relações políticas, determinada pela própria estrutura da sociedade capitalista. Esta é apontada como limitadora das possibilidades de um artista alcançar aquela substância, fazendo dele apenas um instrumento, um prestador de serviço da burguesia, que contribui para a manutenção dos privilégios dessa classe social e que só tem valor enquanto tal. Dissimulando esse papel sob as noções enganosas de originalidade e personalidade, o artista se refugiaria em uma falsa independência, contra a qual era preciso reagir: "É preciso arrancar o véu ao individualismo sob o qual a burguesia quis camuflar a sua influência sobre as forças do espírito, literárias e artísticas"[35].

Enfatizando a necessidade de tomada de posição, Oswald de Andrade investe contra a ideia de neutralidade da arte, argumentando que a não-posição política de artistas e escritores implicaria uma complacência com o *status quo*:

> Não há arte neutra. Não há literatura neutra. E a não posição política para a qual muitos apelam com o fim de ilustrar essa pretendida liberdade do espírito, não é senão a complacência mais ou menos consciente para com o *status quo* e para com o regime de exploração e de lucro[36].

Invocando o "desenvolvimento acelerado dos acontecimentos, as perturbações precursoras de revoluções, o socialismo triunfante da URSS", Oswald de Andrade identifica sua época como um período de desordem e crise da evolução da sociedade capitalista, no qual a burguesia verificava a "decomposição do seu próprio regime" e procurava lutar contra isso, trazendo para mais perto de si o artista e "cobrindo-o de honras, exaltando a sua falsa originalidade, fechando-o nas malhas dos lucros materiais e fazendo dele por diversos títulos um beneficiário moral do regime"[37]. No entanto, o escritor mostra-se confiante de que essas estratégias não teriam efeito e propõe uma analogia algo forçada entre o artista e o proletário. Um e outro seriam igualmente suscetíveis às pressões e contingências da dominação social, embora de formas diferentes:

---

35 *Idem, ibidem*.
36 *Idem, ibidem*, grifos do autor.
37 *Idem*, p. 474.

Da mesma maneira que o capitalismo procura fazer suportar ao proletariado o peso das suas dificuldades econômicas por meio de reduções de salários e dispensas em massa e impostos cada vez mais pesados e mais arbitrários, por ameaças de guerras sempre maiores, o artista viu dia a dia se acumular sobre ele a mesma carga. Suas possibilidades de criação foram mais e mais reduzidas e limitadas quando não totalmente suprimidas. Ele também passou a ser um desempregado. A ele também a burguesia impõe a "grande persistência". Essa burguesia que até então lhe fornecia encomendas, que o fazia construir, decorar e mobiliar seus palácios, essa burguesia que lhe pedia diversões literárias, pictóricas ou dramáticas, não lhe pode mais garantir um mínimo de trabalho[38].

É esse entendimento do artista como ser social, desviado pela dominação social burguesa daquilo que seria a sua própria função — transcrever a substância social de sua época —, que sustenta a defesa de Oswald de Andrade do alinhamento de escritores e artistas à luta do proletariado revolucionário, pondo a seu serviço "as forças artísticas de que a burguesia tenta se apoderar para seus fins de exploração" e também participando "das demonstrações, das lutas e da ação direta do proletariado"[39]. Contra a "degenerescência burguesa", era preciso unir "todas as vontades combativas" e "todas as forças artísticas ainda sãs", união que o escritor apostava que a Associação dos Escritores e Artistas Revolucionários seria capaz de promover.

O texto revela que, nesse momento, Oswald de Andrade ainda não tinha clareza sobre o que significava, artística e literariamente, colocar a arte "a serviço" da revolução proletária, uma vez que ele nada diz sobre que formas e conteúdos essa arte revolucionária deveria assumir. Daí seu caráter vago e pouco propositivo, tratando-se mais de um apelo moral à solidariedade aos trabalhadores na luta entre trabalho e capital, que se cruzava, assim entendia o escritor, com a luta de artistas e escritores contra a dependência do mercado de arte burguês.

Uma proposta de arte revolucionária irá surgir no discurso de Oswald de Andrade sobre pintura apenas em 1934, no artigo "O Pintor Portinari", publicado por ocasião da primeira exposição individual de Candido Portinari em São Paulo. Para melhor entendê-la, pode ser útil discutir antes alguns eventos importantes

---

38   *Idem, ibidem.*
39   Essa era a posição também de Pagu, que participava de panfletagens e comícios operários. Foi em uma dessas participações que a escritora foi presa pela primeira vez, em 1931, na cidade de Santos.

ocorridos em 1933, na capital paulista, no contexto das atividades do Clube dos Artistas Modernos (CAM).

◆

Idealizado por Flávio de Carvalho, com o apoio dos pintores Di Cavalcanti, Antonio Gomide e Carlos Prado, o CAM surgiu paralelamente à Sociedade Pró-Arte Moderna (SPAM), como resultado de discussões envolvendo diferentes agentes do meio artístico paulistano, em fins de 1932, pouco depois da derrota paulista na chamada Revolução Constitucionalista. O intuito era criar uma associação de artistas modernos, voltada para a organização de atividades coletivas que promovessem a arte moderna, evitando o isolamento e a dispersão de iniciativas individuais, ideia já acalentada por Mário de Andrade e Lasar Segall, em 1931[40].

De acordo com J. Toledo e Paulo Mendes de Almeida, a criação do CAM foi uma iniciativa de Flávio de Carvalho, em parte por impaciência diante de complicações e delongas na criação da agremiação, mas também por discordar do caráter "elitizante" que parte dos envolvidos — os criadores da SPAM — desejava imprimir-lhe[41]. No entanto, apesar dessa divergência, alguns fundadores e sócios da SPAM foram também sócios e frequentadores do CAM[42]. As duas agremiações chegaram a colaborar entre si, firmando uma parceria com a Pró-Arte, no Rio de Janeiro, com a qual também editaram em conjunto a revista *Base*[43].

---

40 Em carta enviada a Lasar Segall, em 9 de fevereiro de 1931, Mário de Andrade diz: "Uma coisa que vai alegrar você — a quase realização daquela nossa velha ideia — lembra-se? — de um centro de arte moderna juntamente com Dona Olívia Guedes Penteado e com outras algumas senhoras da nossa melhor sociedade, estou tratando de dar a essa ideia uma forma palpável, útil. Creio que faremos, para principiar, uma espécie de clube que se chamará 'Sala Moderna', na qual exporemos quadros, estátuas, livros, etc. e faremos ouvir musicistas, escritores etc., exclusivamente modernos, nacionais e estrangeiros. A 'Sala Moderna' terá um número limitado de sócios e, mantendo um chá (*tea room*) anexo atrairá, com isso, a visita da sociedade — o que será para os artistas de grande utilidade prática..." (apud Graziela Naclério Forte, *CAM e SPAM: Arte, Política e Sociabilidade na São Paulo Moderna do Início dos Anos 1930*, Dissertação de Mestrado em História Social, FFLCH-USP, 2008, p. 37).

41 J. Toledo, *Flávio de Carvalho: O Comedor de Emoções*, São Paulo/Campinas, Brasiliense/Editora da Unicamp, 1994, p. 130.

42 Para uma análise das afinidades e diferenças das duas associações, ver Graziela Naclério Forte, *CAM e SPAM: Arte, Política e Sociabilidade na São Paulo Moderna do Início dos Anos 1930*, pp. 52-80.

43 A Pró-Arte havia sido fundada, no Rio de Janeiro, em 1931, pelo alemão Theodor Heuberger, que administrava, desde 1925, uma galeria de arte no edifício da Associação dos Empregados do Comércio. A proposta da sociedade era promover o intercâmbio artístico e musical entre

O clube foi inaugurado em 24 de novembro de 1932, no primeiro andar do mesmo edifício onde Carvalho dividia um ateliê com Di Cavalcanti, Antonio Gomide e Carlos Prado, à Rua Pedro Lessa, próximo ao Viaduto Santa Efigênia. A proposta de manter suas atividades sem apoio de mecenas ficava patente já na circular que anunciava sua criação:

[...] um grupo de artistas modernos resolveu fundar um pequeno clube para os seguintes fins: reunião, modelo coletivo, assinatura das melhores revistas sobre arte, manutenção de um pequeno bar, conferências e exposições, formação de uma biblioteca sobre arte, defesa dos interesses da classe [...] o nosso orçamento mostra que poderemos iniciar atividades, alugando imediatamente a sede, com 45 sócios; e esperamos o seu apoio[44].

Esse intuito de criar um espaço autônomo faz do espaço do CAM "uma tentativa de se criar um tipo novo de sociabilidade, que não fosse o modelo de mecenato burguês"[45], como eram os salões de Freitas Valle, Paulo Prado e Olívia Guedes Penteado. Trata-se de uma observação importante, pois, como será discutido no quinto capítulo, no romance *Marco Zero II: Chão*, Oswald de Andrade cria cenas em que contrapõe justamente esses dois modelos de sociabilidade artística.

A programação cultural do CAM, além das sessões de modelo vivo, contou com apresentações musicais e de dança, bailes de Carnaval, exposições, um curso de pintura cubista ministrado por Antonio Gomide, além de jantares promovidos no bar e restaurante instalado no espaço. Das exposições, a mostra da artista alemã Käthe Kollwitz[46], inaugurada em junho de 1933, ganhou destaque, sendo objeto da conferência "As Tendências Sociais da Arte e Käthe Kollwitz", pronunciada por Mário Pedrosa no clube, alguns dias depois.

---

Brasil e Alemanha, contando, a partir de 1932, com a direção artística de Alberto da Veiga Guignard, que ali atuou como professor e organizador de exposições, festas e bailes. O intercâmbio firmado entre Pró-Arte e CAM previa, entre outras coisas, a franquia das duas sedes para eventos, exposições individuais e coletivas, além da criação de uma revista. Daí surgiu *Base — Revista de Arte, Técnica e Pensamento*, editada no Rio de Janeiro, pelo arquiteto alemão Alexandre Altberg (idem, pp. 33-37).

44 Cf. J. Toledo, *Flávio de Carvalho: O Comedor de Emoções*, p. 131.
45 Graziela Naclério Forte, *CAM e SPAM: Arte, Política e Sociabilidade na São Paulo Moderna do Início dos Anos 1930*, p. 12.
46 A mostra foi realizada como primeiro resultado da parceria entre o CAM e a Pró-Arte, do Rio de Janeiro.

Na conferência, Pedrosa criticava o caráter caótico e o subjetivismo do movimento moderno e defendia a arte que toma seus motivos da sociedade e não da "segunda natureza" representada pelo mundo da técnica. A oposição ou divisão que marcava o campo artístico naqueles anos é claramente designada pelo crítico: "de um lado a arte desses criadores que ficaram absorvidos por essa segunda natureza superposta à primitiva que é a nossa natureza moderna e mecânica — a técnica — e desligados completamente da sociedade". Do outro lado se colocavam:

[...] os artistas sociais, aqueles que se aproximam do proletariado e, numa antecipação intuitiva da sensibilidade, divisam a síntese futura entre a natureza e a sociedade, destituída afinal dos idealismos deformadores e das convulsões místicas das carcomidas mitologias[47].

Como se vê, o crítico situa essa síntese no futuro, na arte "de uma nova idade", de modo semelhante ao que se encontra no pensamento de Oswald de Andrade sobre pintura.

Pouco depois da exposição de Kollwitz, o CAM organizou uma mostra de cartazes russos, que Tarsila do Amaral e o psiquiatra Osório César, então seu companheiro, haviam trazido da viagem que fizeram à União Soviética. Em 29 de junho, a artista pronunciou no clube uma conferência com o tema "Arte Proletária". No final de agosto, seria a vez de Osório César organizar a exposição "Arte dos Loucos e das Crianças", com a coleção de trabalhos dos pacientes do Hospital Psiquiátrico do Juqueri[48], como parte de um "Mês dos Loucos e das Crianças", organizado pelo CAM. Por ocasião da exposição, César pronunciou a conferência "A Arte dos Loucos e Vanguardistas".

As apresentações que acompanhavam as exposições integravam uma ampla e diversificada programação de conferências, transcorrida durante todo o ano de 1933 e início de 1934. Além dos já mencionados, participaram dessa programação Jayme Adour da Câmara, Caio Prado Júnior, os psiquiatras Durval Marcondes,

---

47 Mário Pedrosa, "As Tendências Sociais na Arte e Käthe Kollwitz", *Política das Artes: Textos Escolhidos II*, org. Otília Arantes, São Paulo, Edusp, 1995, pp. 46-48.

48 Na década de 1920, Osório César já havia publicado dois estudos sobre a relação entre psiquiatria e expressão artística: *Contribuição ao Estudo do Simbolismo Místico nos Alienados* (São Paulo, Helios, 1927) e *Expressão Artística nos Alienados (Contribuição para o Estudo dos Símbolos na Arte)* (São Paulo, Oficinas Gráficas do Hospital do Juqueri, 1929). Neste último, apresenta estudos de caso baseados nos trabalhos que desenvolvia no hospital.

Antônio Carlos Pacheco e Silva e Fausto Guerner, o escritor Jorge Amado, entre outros, dos quais interessa diretamente a esta pesquisa destacar o pintor mexicano David Alfaro Siqueiros, que pronunciou a conferência "A Pintura Mural Mexicana", em 26 de dezembro de 1933[49], a ser comentada mais adiante.

Além disso, o CAM inaugurou, em 15 de novembro de 1933, no mesmo edifício onde funcionava o clube, o Teatro da Experiência, com a peça *Bailado do Deus Morto*, escrita por Flávio de Carvalho. Foi em razão dessa montagem, denunciada como moralmente ofensiva, que o Teatro da Experiência sofreu uma primeira intervenção policial, suspendendo a encenação da peça e interditando o teatro. Nesse contexto de tensão e vigilância policial em relação às atividades do Teatro da Experiência e do próprio CAM[50], que se colocavam abertamente em um campo de agitação cultural politicamente à esquerda, Oswald de Andrade leu, em 21 de novembro de 1933, trechos da peça *O Homem e o Cavalo*. A peça, prevista para ser montada pelo teatro, pode ser entendida como a primeira realização literária do autor no sentido de uma arte "a serviço" da luta revolucionária[51].

O texto, dividido em nove quadros, alterna ofensivas contra a religião católica e contra a burguesia, apontando o caminho do futuro nas vozes de Stalin e Eisenstein, que saem de alto-falantes para comunicar a transformação do mundo conduzida pela industrialização soviética, a passagem do cavalo animal para o cavalo-vapor sob a égide do socialismo. Em meio ao confronto entre personagens que simbolizavam uma era da história humana em vias de superação e personagens que anunciavam a nova era porvir, um quadro chama particularmente atenção. Nele, Oswald de Andrade apresenta uma discussão sobre a imagem em chave iconoclasta e incorpora ao texto um fato recente, que havia alcançado repercussão pública em São Paulo: a ação realizada por Flávio de Carvalho, em 1931, no centro da cidade, ao caminhar na direção de uma procissão de Corpus Christi sem tirar o chapéu, e que se tornou conhecida com a publicação do livro *Experiência n.º 2*.

---

49  A conferência será comentada a seguir.

50  Segundo Graziela Nacário Forte, o prontuário do clube no Arquivo da DEOPS mostra que as conferências eram sistematicamente acompanhadas e relatadas por agentes infiltrados, que identificavam o CAM como foco disfarçado de difusão de ideias comunistas.

51  Em texto publicado na revista *Boletim de Ariel*, em julho de 1934, o escritor Jorge Amado se referiu à publicação da peça como "primeiro livro do revolucionário Oswald de Andrade" (Oswald de Andrade, *Panorama do Fascimo/O Homem e o Cavalo/A Morta*, São Paulo, Globo, 2005, p. 17).

Trata-se do 8º Quadro, intitulado "O Tribunal", em que é encenado o julgamento de Jesus Cristo, ao qual estão presentes São Pedro e Santa Verônica[52]. Ao se encontrarem, os dois se reconhecem e procuram lembrar de onde se conheciam. A Verônica relembra que eles haviam se encontrado vinte séculos atrás, no "frege do Calvário" e mostra a São Pedro uma fotografia que trazia nas mãos, em evidente alusão do autor ao sudário de Santa Verônica, e afirma ser "a precursora da indústria dos retratos"[53].

Na fotografia que a santa trazia, porém, quem aparece é Adolf Hitler, crucificado na Suástica. Ao ver a imagem, São Pedro reconhece nela o "Cristo Rei", ao que Verônica complementa: "Perfeitamente! O chanceler Cristo, a última encarnação do antisemitismo"[54]. É possível que essa analogia entre a figura de Cristo e a de Hitler se inspire nas considerações sobre a psicologia das massas expostas por Flávio de Carvalho em *Experiência nº 2*. Na segunda parte do livro, depois de descrever a experiência e as reações da multidão que o ameaçou de linchamento, o autor analisa essas reações com base em referências teóricas extraídas da antropologia, psicologia e psicanálise.

Carvalho afirma que a figura do Cristo na procissão de Corpus Christi que ele desafiou atuava como um "objeto-fetiche", criado para receber a projeção narcísica do "Eu das massas crentes", como parte de um mecanismo composto pela trilogia sujeito-fetiche-totem, que o autor entende ser a mediação fundamental da relação entre homem e mundo. Segundo Carvalho, o totem seria a instância que permite que os diferentes sujeitos de um determinado grupo se identifiquem; é a ideia na qual encontram o seu "igual". Os totens tomam forma material em "fetiches", geralmente uma imagem (no caso da religião católica, deus toma forma nas imagens de Cristo e dos santos), que atuam como apoio objetal para se alcançar a identificação. Por isso, quando desrespeitou a imagem do Cristo ao não retirar o chapéu diante da procissão, era como se tivesse agredido diretamente cada uma das pessoas que a acompanhavam.

Nos ensaios "A Trilogia" e "O Complexo de Onipotência", também incluídos no livro, Carvalho expande suas considerações sobre esse mecanismo também para o campo político, investigando a figura do "político heroico" e o fenômeno do na-

---

52   Na peça, a personagem traz o nome "A Verônica".
53   Essa surpreendente analogia entre a imagem sagrada e mítica e a imagem profana moderna será desenvolvida por Oswald de Andrade em outros textos que serão comentados neste capítulo.
54   *Idem*, p. 121.

cionalismo segundo essa lógica de identificação totêmica e projeção narcísica[55]. Oswald de Andrade, que certamente conhecia o livro, pode ter extraído daí a ideia de substituir a imagem de Cristo pela de Hitler, compreendendo a ambos como "objetos-fetiche" por meio dos quais as "massas crentes" alcançam seja a identificação religiosa, seja a identificação nacionalista.

Voltando à peça, na cena seguinte do mesmo 8º Quadro, São Pedro e A Verônica ganham a companhia de Maria Madalena, que vinha testemunhar no julgamento. O diálogo entre as duas mulheres incorpora uma discussão sobre a imagem técnica e sobre a natureza política da imagem. Enquanto Madalena representa a "arte pela arte", Verônica representa a imagem indicial em suas formas modernas:

MADALENA: Você matou a arte na Judeia.

A VERÔNICA: Fui apenas a precursora da indústria do retrato.

MADALENA: Continua estragando a verdadeira arte. Nem a Renascença pôde com você. Aliou-se aos padres para inundar o mundo de santinhos sofredores!

A VERÔNICA: Hoje. Dedico-me ao cinema...

MADALENA: Assisti *O Rei dos Reis*. Boa droga!

A VERÔNICA: Engano. Estou a serviço do cinema de Estado. Evoluí. Sou o progresso em pessoa.

MADALENA: Pois eu continuo a ser a arte pela arte.

A VERÔNICA: Ainda é modelo de *atelier*?

MADALENA: Como na Judeia. Se você não aparecesse, teríamos uma arte nativa semita que fortificaria a unidade sentimental da Diáspora. Isso talvez produzisse as maiores consequências políticas. Um povo disperso e sem arte dá nisso[56].

Enquanto representante da "arte pela arte", Madalena é associada à "poesia futurista", uma "poesia da tuberculose e das ruelas atrás das catedrais", e ao cubismo — "Hoje sou cubista", diz a personagem —, definindo-se como "patrona da arte ilegal", em uma possível alusão à interdição pela polícia do Teatro da Experiência[57]. Já Verônica, precursora da indústria do retrato, a serviço do cinema

---

55 Flávio de Carvalho, *Experiência n. 2: Realizada sobre uma Procissão de Corpus-Christi — Uma Possível Teoria e uma Experiência*, Rio de Janeiro, Nau Editora, 2001, pp. 55-60; 113-140.

56 Oswald de Andrade, *Panorama do Fascimo/O Homem e o Cavalo/A Morta*, pp. 122-123.

57 No ano de lançamento de *O Homem e o Cavalo*, em julho de 1934, a exposição individual de Flávio de Carvalho em São Paulo também foi objeto de intervenção da delegacia de costumes.

de Estado, parece representar a força e o poder de influência da imagem técnica, reprodutível em larga escala.

Flávio de Carvalho aparece nominalmente na peça na terceira cena do 8º quadro, quando ocorre a entrada espetacular de Cristo em seu julgamento. Em meio ao som de um órgão e de uma quadrinha profana[58] entoada como cântico de igreja, somados a "urros históricos", vozes gritavam:

VOZES: Viva o Chanceler! Viva! Péu! Péu! Tira o chapéu! Tira, Flávio! Lincha! Mata!
A VOZ DE UM ENGENHEIRO: Evidentemente, coagido pela força bruta, vencido pelo número, vejo-me forçado a continuar meu caminho sem chapéu. Mas esse puto me paga![59]

A montagem de *O Homem e o Cavalo* acabou não ocorrendo, em parte devido à intervenção policial e ao parecer indeferindo a requisição de licença para funcionamento do Teatro da Experiência[60], mas também em razão das dificuldades financeiras enfrentadas pelo CAM e agravadas pela evasão de sócios depois desses incidentes, o que culminou com o encerramento das atividades do clube em janeiro de 1934. De todo modo, a menção ao texto ganha sentido aqui pela presença de uma discussão sobre imagem em um dos quadros da peça, que revela algo da compreensão histórica de Oswald de Andrade tanto sobre o retrato quanto sobre a natureza política da imagem técnica, tema que será discutido novamente ainda neste capítulo.

---

Sobre o fechamento da exposição e a apreensão de cinco obras pelo Delegado Costa Netto, ver J. Toledo, *Flávio de Carvalho: O Comedor de Emoções*, pp. 231-236.

58 Entoada por um coro de "vozes de eunucos e velhas", a cantiga em duas estrofes diz: "Vestido de branco/ Chegou afinal! / Trazendo na cinta/ Pistola e punhal! / Pra dar na cabeça / Do pobre e do mau / Gentil Bernadete / Pegando no pau!" Oswald de Andrade, *Panorama do Fascimo /O Homem e o Cavalo/A Morta*, p. 126. O escritor faz uma paródia da canção católica "Louvando Maria", em cujas estrofes se lê: "Vestida de branco, Ela apareceu, / Trazendo na cinta, as cores do céu. / Mostrando um rosário, na cândida mão, / Ensina o caminho, da santa oração", ou ainda, "O Anjo descendo, num raio de luz, / Feliz Bernadete, à fonte conduz". Agradeço a Tadeu Chiarelli a referência da música.

59 Oswald de Andrade, *Panorama do Fascimo/O Homem e o Cavalo/A Morta*, p. 127.

60 Para uma apreciação do processo que culminou com o fechamento do Teatro da Experiência pela polícia, bem como as posteriores reações de apoio ao teatro e os posicionamentos de autoridades. Graziela Naclério Forte, *CAM e SPAM: Arte, Política e Sociabilidade na São Paulo Moderna do Início dos Anos 1930*, pp. 155-172.

De todos os eventos promovidos pelo CAM, o que se sabe com mais segurança é que Oswald de Andrade esteve presente na mostra de Käthe Kollwitz, onde adquiriu a obra *Mãe e Filho*[61], e na conferência de David Siqueiros. Desses dois eventos relacionados a uma das vertentes de interesse do clube — a arte social —, certamente a conferência do pintor mexicano é a que mais aparece no discurso de Oswald de Andrade sobre arte nos anos seguintes. Por essa razão, será útil rastrear, na medida do possível, o que pode ter sido seu conteúdo.

## 3. "Uma conferência a que todos assistimos"

A breve passagem de David Siqueiros pelo Brasil, entre 26 e 31 de dezembro de 1933, fez parte de sua viagem de navio de volta aos Estados Unidos, saindo de Buenos Aires[62]. No Brasil, Siqueiros realizou mais duas apresentações: uma em São Paulo, no CAM, intermediada por Tarsila do Amaral, membro da diretoria do

---

61 A informação consta na reportagem sobre a mostra publicada pelo jornal *Brasil Novo*, em 10 de julho de 1933.

62 Militante do Partido Comunista Mexicano, desde 1923, e crítico do governo mexicano, com a ilegalidade do PCM, em 1929, e a repressão crescente ao comunismo no México, Siqueiros foi preso em 30 de abril de 1930, permanecendo sete meses encarcerado na Cidade do México e 15 meses sob custódia judicial na cidade de Taxco. Tendo violado a custódia para pronunciar a conferência de encerramento de sua mostra individual na Cidade do México, no início de 1932, foi convidado a se retirar do país, obtendo permissão para se exilar em Los Angeles, onde havia recebido convite para lecionar na Chouinard School of Art. Em outubro de 1932, no entanto, as autoridades da imigração estadunidense indeferiram seu pedido de renovação de visto para permanência no país como visitante, motivo pelo qual o pintor se exilou no Uruguai, país natal de sua companheira Blanca Luz Brum. Em maio de 1933, o casal seguiu para Buenos Aires, a convite da escritora e editora argentina Victoria Ocampo, fundadora da revista *Sur*, que planejava, junto com a Asociación Amigos del Arte, a realização de uma exposição e três conferências do pintor. As duas primeiras conferências de Siqueiros dividiram opiniões junto ao meio intelectual argentino, o que levou inclusive ao cancelamento da última. Empenhado na difusão de suas ideias, o pintor se aproximou do grupo de intelectuais ligados à revista *Contra* e ao jornal *Crítica*, de propriedade de Natalio Botaña, que convidou Siqueiros, àquela altura já sob ameaça de prisão, a realizar um mural no porão de sua residência em Don Torcuato, a quinta Los Granados. Desse convite surgiu o mural *Ejercício Plástico*, realizado por Siqueiros em colaboração com os argentinos Lino Enea Spilimbergo, Antonio Berni, Juan Carlos Castagnino e o uruguaio Enrique Lázaro (cf. Philip Stein, *Siqueiros: His Life and Works*, New York, International Publishers, 1994, pp. 66-91; Ana Martínez Quijano, *Siqueiros: Muralismo, Cine y Revolución*, Buenos Aires, Larivière, 2010; David Alfaros Siqueiros, *Palabras de Siqueiros*, Seleção, prólogo e notas Raquel Tibol, México, D. F., Fondo de Cultura Económica, 1996, pp. 507-509). O mural será comentado mais adiante.

clube; e outra no Rio de Janeiro, no Studio Nicolas[63], organizada de forma improvisada por Di Cavalcanti e outros intelectuais que receberam o pintor, ligados à revista carioca *Rumo*[64]. Além das conferências, o pintor concedeu uma entrevista ao jornal paulista *Diário da Noite* e, alguns meses depois, enviou um artigo para publicação em *Rumo*. A entrevista e o artigo, somados a um fragmento de uma das conferências na Argentina, constituem as fontes documentais pelas quais é possível avaliar o teor das ideias apresentadas por Siqueiros durante sua passagem pela América do Sul[65].

As conferências em São Paulo e no Rio de Janeiro, como atestam alguns depoimentos de artistas e escritores que as presenciaram, deixaram a audiência fascinada. O redator de *Rumo*, ao introduzir o artigo enviado pelo pintor à revista, descreve a reação do público carioca durante sua explanação nos seguintes termos:

Impossível reproduzir as opiniões de Siqueiros, a sua lógica esmagadora, nas duas horas de conferência. Di Cavalcanti apresentou-o à plateia. David Alfaro Siqueiros começou a falar e virou mil. Palavra-verruma, sugestionando, prendendo, trazendo o auditório até onde ele estava para ver do mesmo plano os mesmos problemas [...] No fim as ideias dele estavam rodando dentro da cabeça de cada um, feito transfusão de sangue[66].

Flávio de Carvalho, no balanço histórico das atividades do CAM que apresenta em 1939, na *Revista Anual do Salão de Maio*, também ressaltou o efeito exercido pela fala de Siqueiros no público:

Siqueiros empolgava a assistência, formava um verdadeiro campo magnético no auditório e conservava esse campo com o mesmo potencial durante as horas que duravam as suas orações, nunca, em nenhum momento esmorecia, como costuma acontecer com os

---

63 O espaço do estúdio era cedido pelo fotógrafo Nicolas Alagemovits para a realização de exposições e eventos. Ali expuseram, entre outros, artistas do Núcleo Bernardelli e Ismael Nery.
64 Marta Rossetti Batista, "Da Passagem Meteórica de Siqueiros pelo Brasil — 1933", *Cultura Vozes*, ano 86, vol. 99, n. 5, set.-out. 1992, pp. 81-83.
65 Por alguns comentários de Siqueiros durante a conferência em Buenos Aires, é possível inferir que ela foi acompanhada de uma mostra de reproduções fotográficas de murais por ele realizados na Califórnia.
66 David Alfaro Siqueiros, "Pintor Revolucionário", *Rumo*, ano 2, n. 8, jun. 1934. Reproduzido em *Cultura Vozes*, ano 86, vol. 99, n. 5, pp. 84-85, set.-out. 1992.

altos e baixos do orador normal. [...] A assistência, imóvel, hipnotizada, sem o menor sinal de cansaço, escutou Siqueiros durante quatro horas[67].

Oswald de Andrade, anos depois, em "Aspectos da Pintura Através de *Marco Zero*", também lembrou o quanto a conferência foi marcante:

Justamente por essa época, creio que em 34, passava por São Paulo um dos mestres da pintura mexicana, David Alfaro Siqueiros. Ele veio realizar no Clube dos Artistas Modernos, uma conferência a que todos assistimos e nela lançou a primeira dissensão séria que viria perturbar a unidade da ofensiva modernista[68].

Pela leitura das fontes acima mencionadas, não é difícil compreender o fascínio exercido pela fala de Siqueiros. O artista expôs, sem muitas elucubrações teóricas, o que foi sua vivência como integrante do movimento muralista mexicano, na década de 1920; como se deram suas pesquisas plásticas no interior desse movimento, dedicando bastante espaço ao relato de descobertas e soluções técnicas, ocorridas durante o período em que esteve na Califórnia, em 1932. Descobertas e soluções para problemas técnicos que ele apresenta como problemas políticos, a começar pela própria opção pela pintura mural.

Na entrevista que concedeu ao *Diário da Noite*, Siqueiros vinculou o surgimento da pintura monumental mexicana à participação de alguns artistas de sua geração na Revolução Mexicana (1910-1920), "sentindo e convivendo diretamente com as massas". Terminado o período de guerra civil, o artista afirma que havia, entre esse grupo, uma compreensão coletiva de que:

[...] a pintura uniexemplar, a pintura do retângulo de tela, não podia interessar às massas. A pintura mural se nos apresentou então, como a verdadeira saída para essa situação, e vinha como uma antítese à pintura dos pequenos quadros, modalidade artística burguesa, restrita, individualista, sem repercussão nas massas[69].

---

67  Flávio de Carvalho, "Recordação do Clube dos Artistas Modernos", *RASM — Revista Anual do Salão de Maio*, São Paulo, 1939.
68  Oswald de Andrade, *Ponta de Lança*, 5. ed., São Paulo, Globo, 2004, p. 176 (Obras Completas de Oswald de Andrade).
69  "A Evolução da Pintura Revolucionária no México", *Diário da Noite*, 28 dez. 1933.

O direcionamento para a pintura mural correspondia a um desejo da parte desses artistas — compondo a tríade do muralismo mexicano, Siqueiros cita, além de si próprio, Diego Rivera e José Clemente Orozco — de manter uma relação de diálogo político com "as massas", fazendo da revolução armada também uma revolução artística, que, em seu caso particular, ainda estaria em desenvolvimento. Essa última observação introduz um ponto importante, que diz respeito ao modo como Siqueiros compreendia o momento do movimento muralista no início da década de 1930. Para o pintor, depois das primeiras realizações do grupo e da fundação do Sindicato de Operários Técnicos Pintores e Escultores, naquele momento o movimento vivia uma cisão, que ele apontava como inevitável. A razão disso teria sido uma aproximação excessiva de parâmetros estéticos da arte popular mexicana, fugindo ao desejo inicial do grupo de produzir, sim, uma arte revolucionária "para as massas", mas que fosse dotada também de:

[...] força desmedida de expressão, que servisse de impulso e de incitação ao proletariado e às massas agrárias, arte em que um operário não fosse mais apresentado como um santo, de feições mansas, em atitude passiva, mas sim como um elemento consciente da luta de classes[70].

Esse objetivo havia se desviado para o que o pintor denomina uma "arte populista, ou popular". Um retorno àquelas bases originais, ao caráter revolucionário da pintura muralista, podia ser observado, ainda segundo Siqueiros, apenas recentemente, tendo como marco o período que ele passou na Califórnia, em 1932.

No manuscrito da conferência em Buenos Aires, o pintor desenvolve esse ponto, interpretando o primeiro momento do "renascimento mexicano" como "expressão populista" por estar relacionado "com a ideologia de uma revolução que não era a proletária, mas sim uma revolução agrário-reformista ou, dito mais claramente, uma revolução democrata-burguesa"[71]. Essa interpretação estava baseada, por um lado, em uma análise técnica das realizações desse período, que, segundo Siqueiros, mantiveram-se nos marcos de uma teoria arcaica e tradicionalista, vindo daí seu caráter "místico e pesado". Por outro lado, o pintor acusava

---

70 *Idem.*
71 David Alfaros Siqueiros, "Conferencia en Argentina", *Fundación del Muralismo Mexicano*, Introdução, compilação e notas Héctor Jaimes, México, D. F., Siglo XXI Editores, 2012, p. 17.

o movimento de ter se corrompido e desvirtuado, sucumbindo, como a própria economia mexicana, ao imperialismo norte-americano, e se convertendo em um "movimento folclórico e de exploração, que estava submetido à vontade do diletante que adquiria quadros"[72].

Não é o caso aqui de avaliar se essa interpretação histórica do muralismo mexicano era ou não correta. O que interessa é mostrar como Siqueiros a desenhou para sua audiência sul-americana, de modo a realçar o caráter de ruptura que sua atuação recente assumia frente àqueles "desvios" em relação aos objetivos primeiros do movimento muralista.

O pintor atribui ao período que passou na Califórnia uma importância eminentemente técnica. Foi um período de enfrentamento e resolução de problemas materiais da pintura mural. O principal deles foi a adaptação do afresco às paredes de concreto dos edifícios modernos californianos. Com o auxílio de um arquiteto e de um químico que se juntaram ao grupo de artistas reunidos em torno do pintor em Los Angeles[73], chegou-se à solução da substituição da cal e da areia pelo cimento pigmentado, cuja aderência e fixação das cores no processo de cristalização eram muito superiores naquele tipo de superfície. No entanto, o processo de cura e secagem era bem mais rápido, o que exigia uma agilidade ainda maior na execução da pintura.

Diante desse problema técnico surgiu a solução do aerógrafo automotivo, que permitia cobrir grandes áreas com mais velocidade. No início, houve resistência ao abandono do pincel em prol de um artefato mecânico, "que não tem alma", "que não tem espírito". A resposta do pintor diante desses questionamentos mostra um entendimento interessante da relação entre inovação técnica e tradição, que toca o problema do classicismo moderno:

Descobrimos claramente que todos os grandes pintores de plástica de todas as épocas, haviam usado os instrumentos de seu tempo. Os instrumentos que eles haviam usado eram os instrumentos mecânicos que correspondiam à sua época. Eles haviam sido consequentes com a realidade técnica; eles haviam sido consequentes com a realidade ideológica e com

---

72 *Idem, ibidem.*
73 Uma das primeiras ações sugeridas por Siqueiros aos artistas com quem trabalharia, que eram de várias nacionalidades (estadunidenses, alemães, peruanos e mexicanos), foi a formação de uma organização, dando origem ao Block of Mural Painters.

as correntes de seu tempo; portanto, nós ao nos colocarmos dentro da realidade de nossa época, plasticamente nós somos os clássicos do nosso tempo[74].

A maneira como Siqueiros entende clássico enquanto aquilo que está alinhado à realidade técnica de seu tempo, estendendo essa noção para o campo dos instrumentos, ferramentas e problemas materiais da produção pictórica, coloca a discussão sobre classicismo moderno, já comentada neste trabalho, em outra perspectiva. O "compasso de Léger" que penetrava a medula de Oswald de Andrade em 1926, porque penetrava o próprio espírito da época moderna, era realizado geralmente em tinta a óleo aplicada sobre tela com pincel, instrumentos considerados por Siqueiros como seculares e "arcaicos" diante do "pincel mecânico" moderno. Para o pintor, o problema não era mais apenas pesquisar uma linguagem plástica moderna, mas também um processo de produção que utilizasse ferramentas, como o aerógrafo, em consonância com a época moderna, porque produzidas em razão de necessidades da produção industrial moderna. Em 1925, Tarsila do Amaral afirmou que trabalhava pacientemente para que seu quadro fosse "lindo, limpo, lustroso como uma Rolls [Royce] saindo da oficina"[75]. As experiências de Siqueiros procuravam sair do campo da analogia com a produção industrial para incorporar o que dela se pudesse aproveitar materialmente para a criação plástica.

Além dos instrumentos e problemas materiais, o modo de produção da pintura mural também punha em xeque as prerrogativas individualistas da pintura de cavalete, uma vez que a pintura mural demandava uma realização ou "forma de trabalho" coletiva[76]. Segundo o relato de Siqueiros, essa forma de trabalho coletiva existia desde a concepção até a execução, o que não implicava uma anulação da individualidade dos realizadores, mas trazia o benefício da constante crítica por comparação, algo que o indivíduo solitário não teria. Diz o pintor ao *Diário da Noite*:

---

74 "Descubrimos claramente que todos los grandes pintores de plástica de todas las épocas, habían usado los instrumentos de su tiempo. Los instrumentos que ellos habían usado eran los instrumentos mecánicos que correspondían a su época. Ellos habían sido consecuentes con la realidad técnica; ellos habían sido consecuentes con la realidad ideológica y con las corrientes de su tiempo; por lo tanto, nosotros al colocarnos dentro de la realidad de nuestra época, plásticamente nosotros somos los clásicos de nuestro tiempo" (David Alfaros Siqueiros, "Conferencia en Argentina", *Fundación del Muralismo Mexicano*, p. 21, tradução nossa).

75 Carta de Tarsila a Joaquim Inojosa, São Paulo, 6 nov. 1925, citada em Aracy Amaral, *Tarsila: Sua Obra e Seu Tempo*, 3. ed. rev. e ampl., São Paulo, Editora 34/Edusp, 2003, p. 205.

76 David Alfaros Siqueiros, "Conferencia en Argentina", *Fundación del Muralismo Mexicano*, p. 25.

Produzindo coletivamente em grupos, discutindo coletivamente os problemas que se nos apresentavam, fazendo a nossa autocrítica coletivamente, verificamos que o trabalho assim realizado não deprime, mas sim exalta o indivíduo, no confronto das competências e capacidades, que se faz a todo o instante evidente, no desenvolvimento do trabalho[77].

Na sequência, Siqueiros expõe um raciocínio que remete ao que Oswald de Andrade apresentou em seu texto, discutido acima, sobre como o sistema capitalista afetava artistas e escritores:

Fazendo o elogio do individualismo, o regime capitalista não o anima, mas o sufoca, na impossibilidade em que coloca o indivíduo de realizar tudo aquilo que pretende e pode fazer... A personalidade se afoga no oceano das dificuldades, e não pode dar a sua expressão própria a uma obra individual que intente[78].

Outra questão importante mencionada por Siqueiros foi a realização de pinturas murais ocupando as paredes exteriores de edifícios. Para o pintor, esse foi um passo decisivo na direção da "pintura para as massas": "[...] não só pelas proporções que pode atingir, como pela força de demonstração que tem. Equivale a milhões de cópias, fartamente distribuída e vistas por todos os olhos que pousem na superfície pintada"[79]. Tratava-se de uma mudança não apenas na quantidade de espectadores da pintura, mas também na qualidade desses espectadores.

Como argumenta Siqueiros na conferência de Buenos Aires, ao se conceber um mural externo não se podia mais ter em conta o que ele nomeia de "espectador estático", um espectador cuja variação de pontos de vista era relativamente previsível (de 10 a 15 pontos, segundo o pintor). Esse era ainda o caso das pinturas murais interiores. Agora, porém, voltada para a rua, a pintura seria vista "pela esquerda e pela direita, a cem metros de distância, a mil metros, portanto tínhamos que organizar uma máquina plástica que respondesse a uma nova realidade técnica, física e social"[80]. O problema agora era situar a pintura em uma escala não apenas arquitetônica, mas também urbanística.

---

77 "A Evolução da Pintura Revolucionária no México", *Diário da Noite*.
78 *Idem*.
79 *Idem*.
80 David Alfaros Siqueiros, "Conferencia en Argentina", *Fundación del Muralismo Mexicano*, p. 28.

Junto com os problemas técnicos e de organização do trabalho envolvidos na pintura mural, Siqueiros abordou também as questões ideológicas que lastreavam sua experiência recente do movimento muralista. Estas diziam respeito ao problema fundamental que era *o que pintar* sobre os muros. De acordo com o artista, nos trabalhos que realizou em Los Angeles e Santa Mônica, essa decisão foi sempre coletiva e baseada em uma investigação das especificidades do local em que a pintura seria realizada, de quais edifícios e infraestruturas urbanas estava próximo, qual era a circulação de pessoas na região, quem eram essas pessoas, e, sobretudo, da realidade social e política do país, no caso, os Estados Unidos. Ao narrar, na conferência em Buenos Aires, os questionamentos que mobilizaram a discussão em torno da realização do mural *América Tropical*, o segundo de seu período em Los Angeles, fica patente a dimensão crítica dessa investigação.

O estabelecimento que havia contratado a execução do mural era o Plaza Art Center e, de acordo com Siqueiros, seu diretor foi quem sugeriu o tema "América Tropical", possivelmente tendo em mente um assunto pitoresco, em consonância com os objetivos turísticos do local. Conta, então, o pintor, que se reuniu com seu grupo de colaboradores e começaram a discutir:

> Como era o trópico? Naturalmente o diretor quando nos encomendava isso pensava que íamos pintar uma América tropical cheia de alegria, de música, de cores, de danças, mas aquilo não podia ser senão o trópico latino-americano do Brasil dominado pela casa Ford; era o trópico do Brasil onde os generais se vendem ao imperialismo inglês e desencaminham o país; era o trópico explorado pela burguesia aliada dos diversos imperialismos assim como também o México tropical, onde o índio trabalha em empresas de borracha por salários miseráveis e onde não existe maior autoridade que a da companhia imperialista; o México tropical era o que todos conhecemos onde se está desenrolando um drama amargo (um drama bíblico) de povoados [*pueblos*] ricos geograficamente, que estão morrendo de fome, e então nós pintamos, o melhor que pudemos, o México da América Latina[81].

Na sequência, o pintor descreve as soluções encontradas para expressar essa visão da América Latina subjugada pelos imperialismos estadunidense e inglês:

---

81   *Idem*, p. 30, tradução nossa.

No centro, em meio a uma vegetação tremenda que dá a ideia desse drama cosmogônico e por si trágico, pintamos a realidade contemporânea, o símbolo do trabalhador [peón] índio e negro crucificado sobre sua cruz. A águia norte-americana foi colocada precisamente como a águia imperialista que aparece em todas e cada uma das moedas norte-americanas, para que o símbolo fosse mais preciso aos olhos dos trabalhadores [...][82]

Do lado esquerdo dessa figura central estava a vegetação tropical, contorcendo-se no seu "drama cosmogônico" e avançando na direção do templo pré-hispânico que forma a paisagem de fundo ao trabalhador crucificado. Do lado direito, foram colocados sobre uma base vermelha dois trabalhadores empunhando armas, como símbolos de uma realidade também objetiva e concreta, a dos trabalhadores que começavam a se organizar para a luta armada, "a verdadeira luta do proletariado revolucionário que é a única que pode pôr fim à iniquidade do imperialismo"[83].

Percebe-se, nessa descrição, a vontade de utilizar figuras que simbolizassem com clareza aos olhos dos espectadores — os trabalhadores mexicanos que circulavam pelo bairro onde ficava o edifício do Plaza Art Center — seus papéis na luta revolucionária. A posição ideológica do muralismo devia ser, como sugere Siqueiros na entrevista ao *Diário da Noite*, de esclarecimento aos trabalhadores mexicanos da situação política de seu país e de como essa situação os afeta. O muralismo se investia, assim, de uma dimensão pedagógica, à qual Oswald de Andrade irá fazer referência nos textos em que defende a pintura mural, a serem comentados a seguir.

Por fim, ainda na entrevista ao *Diário da Noite*, Siqueiros mais uma vez cria uma contraposição, do ponto de vista da linguagem plástica muralista, entre o que praticavam naquele momento Diego Rivera e José Clemente Orozco e as direções tomadas por sua própria pintura. Ele acusa Rivera de ter parado na pintura tradicional do tempo da revolução mexicana, enquanto Orozco teria retrocedido. As obras de ambos ainda seriam tributárias do que ele qualifica como "período de transição" do muralismo, marcado pelo "misticismo na essência plástica, pouca realidade subjetiva, e muito do que se poderia chamar, antes, arte filantrópica do que revolucionária"[84].

82 Idem, ibidem.
83 Idem, p. 31.
84 "A Evolução da Pintura Revolucionária no México", *Diário da Noite*.

Parece claro que Siqueiros procurava se colocar como representante do futuro tanto ideológico quanto plástico do movimento muralista, questões que para ele estavam imbricadas. É esse caminho futuro do muralismo mexicano que ele expõe ao narrar suas experiências mais recentes. E um elemento importante dessa nova fase era a superação do caráter estático predominante em suas realizações até aquele momento. Mesmo os trabalhos realizados na Califórnia ainda se ressentiam desse problema, segundo o pintor. Tome-se, por exemplo, *América Tropical*, que se divide em três partes claramente separadas: a vegetação à esquerda, o templo central onde o trabalhador é crucificado e a estrutura avermelhada onde os revolucionários armados preparam uma emboscada contra a águia imperialista. São três blocos, com significados particulares, que precisam ser observados em conjunto e relacionados para compor o que seria o sentido geral da obra: a opressão da América tropical e de sua classe trabalhadora pelo imperialismo estadunidense, que começava a ser enfrentada pela organização revolucionária.

Siqueiros percebia essa "estaticidade" como um problema e havia realizado na Argentina uma primeira investigação de "um meio de expressão que emprestou um sentido dinâmico à plástica"[85], com o mural *Ejercicio Plástico*. Embora o conteúdo da pintura não seja ideologicamente revolucionário, pois, segundo o pintor, não faria sentido no local onde a obra foi realizada, a estrutura arquitetônica do espaço — o porão de uma residência privada — permitiu experimentar "o sentido dinâmico da plástica". O chão e estrutura em abóbada do porão foram inteiramente cobertos por imagens de mulheres nuas, em diferentes ângulos e atitudes corporais, compondo o que Ana Martínez Quijano[86] entende ser um "espaço penetrável", que demanda um espectador ativo e participante, comparável às propostas espaciais que, décadas mais tarde, Jesús Soto, Hélio Oiticia, Lygia Clark e Julio Le Parc desenvolveriam. A autora chama atenção para a "poliangularidade" da pintura ambiental:

[...] um dispositivo que ativa o olhar e demanda participação — propõe uma relação sincronizada com o espectador disposto a caminhar e a descobrir novas e múltiplas perspectivas. A pintura se constrói através desse deslocamento[87].

---

85  *Idem.*
86  Ana Martínez Quijano, *Siqueiros: Muralismo, Cine y Revolución*, p. 65.
87  *Idem*, pp. 65-66.

Entre o ícone e a revolução

De fato, é o que se experimenta ao penetrar no ambiente de *Ejercício Plástico*. A pintura é vivenciada com o corpo todo[88] e a cada mudança de ponto de vista toda a composição se reorganiza, muda-se o foco da ação sem prejuízo do sentido geral da obra, de modo que não existe apenas um ou alguns pontos de vista privilegiados para sua apreensão.

Para Siqueiros, se quisesse alcançar a massa das ruas e desempenhar com êxito seu efeito no maior número de espectadores possível, a pintura mural precisava desse efeito dinâmico, ou seja, precisava ser completa aos olhos dos espectadores do maior número de pontos de vista possível. A dinâmica plástica permitiria à pintura mural atingir múltiplos espectadores com igual intensidade, algo que naquele momento o pintor acreditava que só podia ser alcançado com trabalhos baseados na multiplicidade, pensados para serem reproduzidos em larga escala, e que Siqueiros também considera eficientes.

Assim, concluindo sua entrevista ao *Diário da Noite*, o pintor afirma que a arte revolucionária naquele momento se dividia em duas vertentes: "Ou a grande forma, a pintura mural, dinâmica, ou a obra que possa se desdobrar eficientemente em milhares de exemplares, para propaganda, como meio educativo social e revolucionário"[89]. No manuscrito da conferência em Buenos Aires, ele também comentou a importância do que chamava de "plástica multiexemplar" para a arte revolucionária:

[...] prefiro a gravura ou litografia, o cartaz policromo ao quadro pequenino pintado a óleo, propriedade de quem o possui, partindo da base de que um quadro deve chegar a todos os operários e deveria expulsar dos lares operários a plástica detestável que lhes dão os jornais por um preço ínfimo[90].

Com esse mapeamento das ideias veiculadas por Siqueiros durante sua passagem por Buenos Aires, São Paulo e Rio de Janeiro, será possível avaliar em que medida Oswald de Andrade incorporou alguns desses temas a seu próprio discursos sobre arte. Com foi visto nos três primeiros capítulos, o escritor já havia consolidado algumas posições sobre a pintura e a escultura modernas ao longo de sua experiência intelectual, mas passava por um momento de revisão do que

---

88   O mural se encontra atualmente aberto à visitação no *Museo del Bicentenario*, em Buenos Aires.
89   "A Evolução da Pintura Revolucionária no México", *Diário da Noite*.
90   David Alfaros Siqueiros, "Conferencia en Argentina", *Fundación del Muralismo Mexicano*, p. 34.

de fato significava o legado do primeiro "ciclo" modernista, de 1920 a 1930. Contribuir enquanto intelectual e escritor para a revolução proletária passou a ser a principal preocupação de Oswald de Andrade, como ele anuncia no virulento prefácio a *Serafim Ponte Grande*, publicado em 1933:

> O movimento modernista, culminando no sarampão antropofágico, parecia indicar um fenômeno avançado. São Paulo possuía um poderoso parque industrial. Quem sabe se a alta do café não ia colocar a literatura nova-rica da semicolônia ao lado dos custosos surrealismos imperiais?
>
> Eis porém que o parque industrial de São Paulo era um parque de transformação. Com matéria-prima importada. Às vezes originária do próprio solo nosso. Macunaíma.
>
> A valorização do café foi uma operação imperialista. A poesia Pau-Brasil também. Isso tinha que ruir com as cornetas da crise. Como ruiu quase toda a literatura brasileira "de vanguarda", provinciana e suspeita, quando não extremamente esgotada e reacionária. Ficou da minha este livro. Um documento. [...] eu prefiro me declarar enojado de tudo. E possuído de uma única vontade. Ser pelo menos, casaca de ferro[91] na Revolução Proletária[92].

## 4. O pintor Portinari

Cerca de um ano depois da passagem de Siqueiros por São Paulo, Oswald de Andrade publicou no *Diário de S. Paulo* o artigo "O Pintor Portinari", tendo por objeto a exposição individual que Candido Portinari realizava na capital paulista, aberta em 8 de dezembro de 1934. O texto pode ser considerado o mais consistente publicado pelo escritor sobre a obra de um artista, em que se nota algo relativamente raro em seus textos sobre arte: análises detidas em obras específicas,

---

[91] Maria Augusta Fonseca (*Palhaço da Burguesia — Serafim Ponte Grande e o Universo Circense*, São Paulo, Polis, 1979, p. 43) propõe o seguinte sentido para essa expressão: "O que arcava com o serviço braçal mais pesado ajudando na armação da barraca, limpando o picadeiro, carregando cadeiras, escadas. [...] Outras vezes, conforme depoimento de Arrelia, o casaca de ferro era transformado em palhaço pobre para divertir a criançada e chamar atenção do público para o espetáculo do dia, saindo às ruas" (*apud* Beatriz Azevedo, *Antropofagia. Palimpsesto Selvagem*, São Paulo, Cosac Naify, 2016, p. 48).

[92] Oswald de Andrade, *Serafim Ponte Grande*, 9. ed., São Paulo, Globo, 2004, pp. 38-39 (Obras Completas de Oswald de Andrade).

demonstrando o embate profícuo que Oswald de Andrade teve com os trabalhos que figuravam na exposição e que apresentavam um panorama da produção de Portinari até aquele momento.

"O Pintor Portinari" também pode ser entendido como um primeiro confronto entre as posições que Oswald de Andrade havia defendido sobre pintura durante a década de 1920 e seu engajamento político posterior. Se, antes, Tarsila do Amaral era apontada como a criadora da pintura brasileira moderna, atualizando uma tradição de documentação visual da realidade brasileira que começava em Debret e passava por Almeida Júnior e por artistas populares, a pintura de Portinari será entendida não como documentação, mas como um produto em si da terra brasileira, sinalizando um novo caminho para a pintura no país. Um caminho que Tarsila do Amaral, na opinião de Oswald de Andrade, não se mostrava em condições de trilhar.

Logo na abertura do texto, Portinari já aparece como "produto da terra roxa", do "idílio trágico" que tinha como cenário as "plantações feudais" de Brodowsky, cidade natal do artista, no interior de São Paulo. Essa vinculação à terra onde o artista viveu sua infância constrói a base do argumento, desenvolvido ao longo do texto, de que Portinari era um "realista de fundo campônio", que havia conseguido criar, para a "iconografia social dos trópicos", a pintura da "grande época plástica do latifúndio". Mais uma vez lançando mão do recurso da aproximação entre o passado artístico europeu e os artistas brasileiros, Portinari é descrito por Oswald de Andrade como "um Brueghel colonial perdido na terra-roxa da América"[93].

O escritor se referia especificamente às obras em que o artista representava amplos espaços abertos, chamando atenção para o "emprego luminoso das terras" e para o lirismo da ação coletiva presente em telas como *Futebol*, *Circo* e *Morro*. Oswald de Andrade entende-as como uma das três fases da pintura do artista, caracterizado como um irrequieto pesquisador, que não se contentava com os resultados parciais de sua pintura.

Antes da "*trouvaille* das campesinadas", Portinari havia passado por uma fase de negação daqueles assuntos que o interessavam e comoviam particularmente, dedi-

---

[93] Oswald de Andrade, "O Pintor Portinari", *Diário de S. Paulo*, 27 dez. 1934. Oswald de Andrade dá o crédito a Mário de Andrade, que havia publicado um texto sobre a exposição, também no *Diário de S. Paulo*, em 15 de dezembro de 1934, por essa aproximação com Brueghel.

cando-se exclusivamente a problemas plásticos[94]. Esse seria o período "da laranja", que recebe esse nome de Oswald de Andrade provavelmente pela recorrência dessa fruta nas naturezas-mortas pintadas pelo artista no início da década de 1930:

> Inicia-se sua vida plástica com uma curiosa fuga a qualquer referência autobiográfica. Ele pinta tudo, menos o que o toca e o que o aflige de perto. Sendo um realista de fundo campônio, essa fuga o levou para uma fase puramente plástica. A natureza-morta — reação a todo simbolismo, divagação histórica ou expansão individualista — marca a primeira fixação e a primeira vitória do pintor. Aparecem os frutos sobre um fundo de mar, os peixes defumados sobre pratos, os barquinhos de papel vagando na superfície lisa de uma mesa. É o período que eu chamaria o da 'laranja' de Portinari. É o triunfo do objeto na obra do artista. Longe do assunto, desmembrado da anedota, da reminiscência ou da intenção[95].

Para o escritor, com essa primeira fase de sua obra, Portinari apontava um caminho novo na pintura moderna brasileira, depois de encerrado o período iniciado por Tarsila do Amaral: "[...] são afinal os barquinhos de papel de Portinari que põem a pique as famosas armadas futuristas, aparecidas atrás da nau da descoberta que foi Tarsila"[96]. Depois, como será discutido a seguir, a própria nau de Tarsila do Amaral ficará para trás.

Do ponto de vista da linguagem plástica, Oswald de Andrade entende as naturezas-mortas de Portinari como "a abstração tornada realidade plástica" ou, dito de outro modo, como uma "redução materializada do abstrato", referindo-se ao tratamento simplificado e antinaturalista dos objetos, como se observa na *Natureza--Morta*, de 1930. Nessa obra, a ideia — ou abstração — de laranja, ao se materializar em realidade plástica, é "reduzida" a um contorno preenchido por pinceladas largas de tons claros e escuros que criam o volume da fruta. Vale lembrar aqui das observações do escritor, em 1922, sobre os estudos de Gino Severini acerca da pintura de Cézanne. A fórmula "abstração tornada realidade plástica" remete diretamente

---

[94] Vale mencionar que, no início do texto, Oswald de Andrade afirma que era preciso ignorar o período em que Portinari foi aluno da Escola Nacional de Belas-Artes: "No estudo de sua obra pictórica, o primeiro cuidado será excluir o período de contato com a Escola de Belas-Artes — solene degradação porque passam os principiantes de Rio, São Paulo e mais partes do mundo".
[95] *Idem.*
[96] *Idem.*

Figura 12. Candido Portinari, *Jogo de Futebol em Brodowski*, 1933, óleo sobre tela, 49 x 124 cm. Coleção particular, Coleção Banco Bradesco, Osasco-SP. Direito de reprodução gentilmente cedido por João Candido Portinari.

à teoria que o pintor italiano apresenta no ensaio "Cézanne et le Cézannisme", discutido no primeiro capítulo deste trabalho[97].

A pesquisa plástica dessa primeira fase da pintura de Portinari teria, segundo Oswald de Andrade, dotado o artista de um vocabulário plástico que persistia em sua obra posterior:

Essa redução materializada do abstrato prossegue na obra posterior de Portinari e constitui para mim um grande dom que é feito do seu realismo campônio. Como natureza-morta, ele tratou depois a paisagem (mar de Paquetá, não exposto agora). E quando sua inteligência aberta se fecundou do espírito social da pintura de hoje, é ainda como natureza-morta que aparece a luta de classes na obra inquieta que caminha (Preto da Enxada, Mestiço)[98].

A fase seguinte à das naturezas-mortas seria, então, a das paisagens. Mas não qualquer paisagem. Depois do mar de Paquetá, Portinari dedicou-se à sua terra natal, às "extensões abusivas da terra, onde não é possível o juiz de linha no futebol do 'hinterland'"[99]. Eram as terras a perder de vista no largo horizonte terroso de *Jogo de Futebol em Brodowsky* e *Circo* [Figura 12].

Tendo alcançado esses "achados" plásticos e poéticos, Portinari poderia, sugere Oswald de Andrade, ter se tornado refém de si mesmo, "um estereotipador de

---

97   Ver item 1.7. Severini, "Cézanne e o Cézannismo".
98   Oswald de Andrade, "O Pintor Portinari", *Diário de S. Paulo*.
99   Idem.

cliché feliz, como Delaunay com a Torre Eiffel". No entanto, "passou adiante"[100]. Em telas como *Morro* e *Sorveteiro*, o escritor percebia a transição para o que entendia ser a terceira e mais importante fase da obra do artista, que plasticamente se manifestava como uma pesquisa do "problema das distâncias" e da monumentalida. Marco dessa nova fase era a tela *Operário*, "uma pequena obra-prima" que inaugurava a pintura social de Portinari:

> Aí tudo é engastado. A luta de classes, o artista a sente autobiograficamente nas cidades mais do que no campo. O campo lembra-lhe as cores idílicas da infância. Nessa joia Portinari inaugura muito bem a sua pintura social. Aí encerra-se o quadro de cavalete num profundo equilíbrio de composição, de matéria e de relação de valores[101].

A partir dali o pintor seguia sua marcha rumo aos "problemas do ar livre atual". A monumentalização de sua pintura tem início ainda nas paisagens descampadas, mas agora não mais no horizonte do *hinterland* e sim do morro, onde "as figuras se engrandecem acima do telhado, referência tornada minúscula. Os problemas do artista são agora os do quadro monumental. A escultura o tenta"[102].

O escritor possivelmente se refere a telas como *Morro*, em que de fato as figuras ganham em solidez, se comparadas às de *Circo* ou *Jogo de Futebol em Brodowsky*. Como para demonstrar essa mudança de qualidade na construção da figura humana, Oswald de Andrade cita a obra *Índia e Mulata*, "de uma construção tão sólida que amolece o Pão de Açúcar, de fundo".

É então que ele identifica na pintura de Portinari, destacando as telas *Mestiço* [Figura 13] e *Lavrador de Café*, um caminho para a arte revolucionária no Brasil, caminho este apontado pelo muralismo mexicano:

> Os fortes detalhes de seu sonho plástico pulam nos músculos do *Mestiço*, nos dedos e nos lábios, quebram a moldura na posição hercúlea do *Preto da Enxada* [hoje conhecido como *Lavrador de Café*]. Reclamam os muros que Siqueiros e seu grupo já conseguiram arrancar à burguesia no México e na Califórnia e que Rivera viu a reação destruir em Nova York.

---

100 Essa observação não se mostrou totalmente correta depois de 1934, uma vez que Candido Portinari continuou pintando motivos semelhantes, baseados em reminiscências de Brodowsky, até a década de 1940.
101 *Idem*.
102 *Idem*.

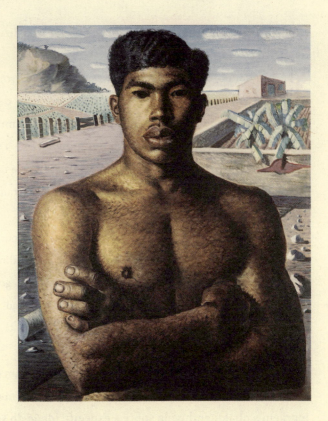

Figura 13. Candido Portinari, *Mestiço*, 1934, óleo sobre tela, 81 x 65,5 cm. Pinacoteca de São Paulo, São Paulo, SP. Direito de reprodução gentilmente cedido por João Candido Portinari.

Ambos são uma esplêndida matéria-prima da luta de classes. E ambos — trabalhadores e negros — querem sair da estreiteza educada do quadro para falar, expor enfim num ensinamento mural, que todos vejam e sintam, a exploração do homem pelo homem que, no fundo alinhou para outros os cafezais do seu suor. Portinari coloca-se visivelmente na linha dos artistas revolucionários de nossa época[103].

Cumpre observar como já aparece no pensamento do escritor a ideia do mural como "ensinamento", como uma pintura que deve "falar" a todos, dotada de uma função pedagógica. De fato, em *Mestiço*, mais até do que em *Lavrador de Café*, o detalhamento da figura humana e seu posicionamento em primeiríssimo plano, em contraste com a relativa simplificação da paisagem de terra lavrada, fazem com que ela se "descole" desse fundo, como se estivesse encarando o espectador quase de fora do quadro. Foi possivelmente essa impressão de descolamento, de que as figuras estão "avançando" na direção de quem as observa, que fez Oswald de Andrade se referir aos quadros como relevos: "De fato, esses dois relevos da

---

103 *Idem*.

exposição atual, surgem como pedaços poderosos de uma obra sonhada, indicam o quadro monumental de protesto"[104].

Em 1934, porém, se Portinari era uma grande promessa, ainda mostrava uma indecisão em sua fase "monumental". Valendo-se de uma contraposição semelhante à que Siqueiros fez entre a primeira fase do muralismo mexicano, quando o trabalhador era representado "como um santo" e a fase posterior, que buscava uma força de expressão capaz de incitar operários e camponeses à revolução, Oswald de Andrade compara *Operário* a *Mestiço* e *Lavrador de Café*:

> Portinari ainda vê a fazenda com a cor que a criança pôs no feudo sagrado onde queria penetrar. O que ele conseguiu sentir na pequena joia citadina que é *O Operário*, se paralisa no primeiro estudo do trabalhador rural. *O Operário* magoa, revolta, produz a sensação dolorosa e imediata do erro social. Os dois grandes quadros ainda guardam um caráter deslumbrado de detalhe[105].

Faltava, portanto, às duas obras que representam o trabalhador rural, aquela "força desmedida de expressão" que incitasse as "massas agrárias". Sem deixar margem a qualquer dúvida sobre a especificidade do sentido político de suas ponderações, o escritor conclui:

> A luta de classes penetrou em Portinari, mas no campo, onde correu e armou arapucas a sua infância maravilhada, ainda não se fez sentimento. O trabalhador ainda olha bestificado para o latifúndio em arranjo ideal, longe da célula comunista que o espera e que já hoje o empolga[106].

É curioso que Oswald de Andrade nada diga a respeito dos braços cruzados da figura em *Mestiço*, gesto que pode ser entendido como protesto contra a exploração do trabalho. Seja como for, o escritor conclui o artigo com uma incitação, dessa vez sua, a que a pintura de Portinari tomasse a direção do muralismo:

---

104 *Idem*. No entanto, o sonho do "quadro monumental de protesto" não irá se concretizar do modo como o escritor imaginava que Portinari poderia realizar, o que será motivo das críticas que Oswald de Andrade dirigiu ao pintor, em 1939, como será discutido a seguir.
105 *Idem*.
106 Oswald de Andrade, "O Pintor Portinari", *Diário de S. Paulo*.

Um dia plástico e vermelho, todos eles rebentarão [sic] as molduras que os oprimem, todos partirão, as negrinhas, os negrinhos, o menino da arapuca, o operário e o sorveteiro, os futeboleres [sic] descalços, o mestiço, a índia e a cabeça beethoveniana de Pilar Ferrer — partirão para o imenso conclave da pintura mural[107].

A ruptura com a moldura aparece aqui como símbolo da própria tomada de consciência de classe e da luta contra a opressão. Produzir um "ensinamento" que conduzisse a isso era a "alta finalidade sociológica" para a qual Oswald de Andrade acreditava que caminhava a pintura no mundo. Além dessa aposta no muralismo como arte revolucionária e da esperança depositada em Portinari nesse sentido, há mais alguns elementos interessantes que merecem destaque em "O Pintor Portinari".

O primeiro deles diz respeito às observações de Oswald de Andrade sobre os retratos que Portinari exibiu em sua mostra, situando essa produção "ao lado das conquistas criadoras" do artista. O escritor parecia notar uma alteração qualitativa na técnica do pintor quando se dedicava àquele gênero pictórico: "Sua técnica se refina e se solidifica *nas fontes do passado*. Vem o retrato de Lecchio e o da Embaixatriz, de uma acabada *maestria clássica*. Este, é a folhinha de Portinari. Um calendário imóvel que ele colocou num começo de ano"[108].

Diante desse comentário ao caráter "passadista" dos retratos de Portinari, cabe lembrar que Oswald de Andrade já havia comparado, em chave negativa, as pinturas de "nossas academias de conserva" às "folhinhas" de calendário, em um texto de 1926 para a coluna "Feira das Quintas", comentado no capítulo anterior. Tendo isso em vista, é possível sugerir que o reconhecimento, em 1934, da exibição de virtuosismo do pintor nos retratos contém o germe da crítica que o escritor fará a Portinari, em 1939, a ser discutida mais adiante[109].

Um dos retratos que Portinari exibia, da pianista espanhola Pilar Ferrer[110], chamava atenção de Oswald de Andrade por conter os elementos de monumentalidade explorados pelo pintor em sua terceira fase. Sobre o retrato, o escritor afirma:

---

107 *Idem.*
108 *Idem*, grifos meus.
109 O reconhecimento dessa maestria provavelmente já existia desde 1931, quando Oswald de Andrade enviou seu filho Nonê para ter aulas de pintura com Portinari.
110 Naquele momento, Oswald de Andrade mantinha um romance com a pianista.

Na direção do afresco justamente agora Portinari acaba de tratar um motivo dramático e plástico. É a cabeça de Pilar Ferrer que já Siqueiros levou daqui em fotografia por ele mesmo tirada, em Santos, para figurar numa pintura mural. [...] Portinari fez dela uma fixação de cabeça extraordinária que uma aflição beethoveniana domina. Seria um Modigliani se não fosse mais — um monolito, uma pedra poderosa e solene[111].

Em outro trecho do texto, o Oswald de Andrade antropófago toma a palavra para comentar a relação de Portinari com dois artistas europeus, Picasso e De Chirico:

Na liberdade que procura atingir para a afirmação de uma estética própria, Portinari resolve problemas e liquida influências. É assim que na atual exposição da rua Barão de Itapetininga, há uma venda excepcional de elefantíases e acrópoles. Picassos e Chiricos são jogados fora intencionalmente para desembaraço do pincel criador que já se sente forte e capaz de superar as grandes diretrizes romântico-plásticas do início do século[112].

Entende-se o que o escritor afirma ao se observar os horizontes distantes de De Chirico, onde um trem passa em silêncio, elemento que se vê também em *Operário* e *Lavrador de Café*. Ou ainda as acrópoles que aparecem no alto de colinas em obras do pintor italiano como *Cavalos à Beira do Mar (Os Dois Cavalos)*[113], de 1926, e que em Portinari se convertem em casebres no alto de morros, como em *Índia e Mulata*. Depois de estudar esses elementos, assim como a construção robusta das figuras "clássicas" de Picasso, Portinari podia "jogar fora" os dois artistas europeus, pois já havia compreendido o que eles tinham a lhe oferecer. Além do caráter antropofágico dessa operação, ela mostra o quanto, mesmo nesse período de defesa do engajamento político de artistas e escritores a serviço da revolução proletária, Oswald de Andrade reconhecia a importância do estudo das

---

[111] Não foi possível verificar se de fato procede a informação dada pelo escritor de que Siqueiros teria levado uma fotografia ou de Pilar Ferrer, ou de seu retrato feito por Portinari (o que também não fica claro no texto) para utilizá-la em um mural. Caso Siqueiros tenha levado uma fotografia da obra, isso apontaria para um reconhecimento, por parte do líder do movimento muralista, de que a pintura de Portinari havia atingido resultados interessantes na direção dos problemas plásticos daquele tipo de pintura (Oswald de Andrade, "O Pintor Portinari", *Diário de S. Paulo*).
[112] Idem.
[113] Essa obra é bastante semelhante à pintura de De Chirico adquirida por Oswald de Andrade em 1928 e que aparece em uma fotografia publicada em 1950, na revista *Trópico*, em uma entrevista com o escritor.

vanguardas históricas, enquanto aprendizado de recursos expressivos para uso próprio do pintor.

Por fim, em dois momentos do artigo, Portinari é situado em relação a outros artistas brasileiros. Na sequência do trecho em que afirma que as naturezas-mortas de Portinari abriam uma nova possibilidade para a pintura brasileira depois da "nau da descoberta" de Tarsila do Amaral, Oswald de Andrade volta a atacar os "boêmios ou canhestros" que continuavam a pintar "errado" para impressionar a "sensibilidade pequeno-burguesa intoxicada pelo gás de guerra futurista". Portinari, por sua vez, pintava "certo": "Após a retificação da natureza na direção expressionista, trazida dos Estados Unidos por Anita Malfatti, é o pintor que aparece em meio à borradela dos Visconti e a impotência dos Baptista da Costa"[114]. Se Portinari, aluno da Escola Nacional de Belas-Artes, se destacava em relação a outros pintores formados pela Academia, o pintor também se afastava dos problemas que a primeira geração modernista procurava resolver: "Quanto aos problemas, estamos longe dos problemas de Anita e Tarsila, a retificação da sensibilidade e o verniz duro na natureza tropical estilizada. Começou em Portinari a superação do quadro de cavalete"[115].

A qualidade com que Portinari conduzia sua pesquisa nessa direção o colocava à frente também de outros artistas que surgiam naquele momento, dos quais o escritor menciona Hugo Adami:

> Portinari marcha para os problemas do ar livre atual, enquanto outros artistas desfalecem no primeiro round ou planejam como o sr. Ugo Adami [sic] uma sortida na direção dos elementos de Chirico, que lhe fazem pedir que fique nos tomates[116].

Ao concluir o artigo, Oswald de Andrade não deixa dúvidas da posição de destaque que atribui a Portinari entre os artistas brasileiros. Àqueles que procuravam acompanhá-lo nas tendências sociais e monumentais de sua pintura, o escritor atri-

---

114 *Idem.*
115 *Idem.*
116 *Idem.* Observe-se como Oswald de Andrade, de modo semelhante ao que havia feito em 1922, quando afirmou que os "futuristas" de São Paulo eram "*boxeurs* na arena", faz uso de uma metáfora ligada ao boxe ao dizer que alguns artistas "desfalecem no primeiro round" da nova luta pelo que poderia ser a pintura no Brasil, que se configurava no início da década de 1930.

bui apenas uma posição marginal, como seria a de Silvia Meyer, à sombra do pintor. Já dos que tomavam outras direções, Oswald de Andrade faz um balanço severo:

> Os que se destacam de sua rota caem no abstruso ou no impotente. Ismael Nery, mesmo em vida, foi pintura de centro espírita, com médium, crentes e receitas. Anita levou uma patada do Jeca Lobato, outra do puritanismo doméstico e a terceira do dr. Freitas Valle, que a fizeram tímida e má língua. Não quis reagir na direção das suas grandes qualidades iniciais. Tarsila emprega hoje a inocência decorativa na luta de classes. Sem o resultado sério da fase pau-tinta[117].

Sem entrar no mérito do juízo apressado de Oswald de Andrade sobre Ismael Nery, artista que uniu de forma singular um interesse pelo surrealismo a uma investigação sobre identidade de gênero e espiritualidade, o trecho sobre Tarsila do Amaral interessa particularmente, primeiro porque se trata de uma artista que, na década de 1920, era entendida pelo escritor como a principal artista brasileira; segundo, porque se trata da única, entre os três mencionados nesse parágrafo, que vinha buscando, como Portinari, trabalhar temas sociais, em quadros como *Costureiras*, *Segunda Classe* e *Operários*[118].

A opinião de Oswald de Andrade sobre a nova fase da artista mostra que, para ele, apenas aquela aproximação a temas sociais não bastava. Era preciso trabalhá-los pictoricamente com um vocabulário plástico diferente da "inocência decorativa" da fase Pau Brasil. Havia, portanto, um descompasso entre forma e conteúdo na pintura da artista. Por isso, Portinari era o grande pintor brasileiro naquele momento e o exemplo a ser seguido:

> Sendo assim, o Brasil tem em Candido Portinari o seu grande pintor. Mais do que escola, que faça exemplo. Pintor iniciado na criação plástica e na honestidade do ofício, homem de seu tempo banhado das correntes ideológicas em furacão. Não admitindo a arte neutra, construindo na tela as primeiras figuras do futuro titânico — os sofredores e os explorados do capital[119].

---

117 *Idem.*
118 Mais uma vez, chama atenção a ausência de Di Cavalcanti na argumentação do escritor.
119 *Idem.*

Tal era a percepção de Oswald de Andrade sobre a pintura de Portinari, quando de sua primeira individual em São Paulo, em 1934[120]. A um vocabulário plástico de caráter realista — sugestão que aparece no texto pelo uso das expressões "realismo campônio" e "realista de fundo campônio" —, acrescentava-se a pesquisa da monumentalidade, que anunciava a pintura mural, o principal caminho da arte revolucionária vislumbrado por Oswald de Andrade naquele momento.

Pelo uso daquelas expressões que remetem ao realismo, somadas ao argumento de que as naturezas-mortas de Portinari eram uma "abstração tornada realidade plástica", pode ser útil verificar alguns aspectos tanto do debate sobre o realismo na década de 1930, quanto do que o artista e crítico alemão Franz Roh denominou "pós-expressionismo" em *Realismo Mágico — Pós-Expressionismo: Problemas da Pintura Europeia mais Recente*[121].

## 5. O realismo campônio

Em *Pintura Não É Só Beleza*, ao discutir a importância, para o pensamento de Mário de Andrade sobre arte, do fenômeno conhecido por Retorno à ordem na arte do período entreguerras, Tadeu Chiarelli apresenta algumas leituras sobre o caráter "realista" que nela se verifica, apontando para a existência de uma variedade de "realismos" na produção daquele período. Ao mesmo tempo em que se atribuía um caráter realista às pinturas da fase "clássica" de Picasso, o mesmo acontecia com obras do alemão Christian Schad, ligado à Nova Objetividade alemã, e do italiano Mario Sironi, que na década de 1910 esteve ligado ao futurismo e a partir da década seguinte se tornaria

---

120 Para uma contextualização do artigo de Oswald de Andrade entre os demais textos publicados sobre a exposição por Mário Pedrosa, Mário de Andrade e Geraldo Ferraz, ver Annateresa Fabris, *Candido Portinari*, São Paulo, Edusp, 1996, pp. 33-49.

121 Franz Roh, *Nach-Expressionismus (Magischer Realismus): Probleme der Neuesten Europäischen Malerei*, Leipzig, Klinkhardt & Biermann, 1925. Para as citações foi utilizada a reprodução fac-similar da tradução espanhola de Fernando Vela (*Realismo Mágico — Post Expressionismo: Problemas de la Pintura Europea más Reciente*, Revista de Occidente, 1927), publicada por ocasião da exposição *Realismo Mágico: Franz Roh y la Pintura Europea, 1917-1936* (Instituto Valenciano de Arte Moderna, 1997). Em uma listagem bibliográfica dividida por temas, presente no acervo documental de Oswald de Andrade e possivelmente referente à sua biblioteca, aparece a tradução espanhola, com o número 796, entre os itens da seção "Arte" (cf. *Listas Contendo Referências Bibliográficas Organizadas por Assunto*, s.d., 53 p., manuscrito, Fundo Oswald de Andrade, Centro de Documentação Alexandre Eulalio do Instituto de Estudos da Linguagem, Unicamp, p. 1).

um dos artistas mais representativos do Novecento italiano, movimento que aspirava ao classicismo moderno próprio ao período pós-Primeira Guerra.

O que unia as obras bastante diferentes de artistas como os três acima mencionados era um posicionamento contrário à abstração e uma aderência de suas pinturas às "formas aparentes", procurando, no entanto, adequá-las à realidade plástica do quadro. Essa adequação, por sua vez, poderia assumir conotações variadas.

Uma delas aplicava aos corpos das figuras certa deformação, enfatizando também sua gestualidade, valendo-se de soluções próprias ao expressionismo histórico da década de 1910, que Chiarelli propõe nomear como "realismo expressionista". Já o realismo "clássico", buscava reagir contra o experimentalismo das vanguardas no início do século por um retorno ao que seriam os valores "eternos" da arte. Essa vertente se desdobraria entre o realismo socialista e a arte oficial do fascismo e do nazismo, que se diferenciavam do "classicismo" de artistas como Derain, Severini e Sironi "tanto do ponto de vista estético, quanto de seus compromissos com o papel da arte na sociedade"[122]. Do ponto de vista estético, esses artistas buscavam uma "síntese formal" que se manifestava na pesquisa de imagens ideais e protótipicas, "não contaminadas pelos índices de individualização das figuras"[123]. Já quanto aos assuntos das obras, observa-se uma variação entre artistas que buscavam eliminar qualquer indício de especificidade de lugar e de tempo nas imagens, enquanto outros, mantendo um "forte idealismo na composição, não deixarão de trabalhar com índices que especifiquem certos elementos mais descritivos"[124].

Junto dessas questões de ordem plástica em torno do termo "realismo", havia também, como mostra Paul Wood, um componente político importante, que se exacerba na década de 1930, quando a ascensão de Hitler ao poder na Alemanha, em 1933, faz com que o Realismo Socialista seja projetado como uma possibilidade de união entre os artistas no combate ao avanço do fascismo:

Como tal, ele [o Realismo Socialista] pode ser visto como o componente artístico de um movimento mais amplo, a Frente Popular, que pretendia reunir pessoas de todas as posições sociais numa resistência comum contra o fascismo [...] a Frente Popular constituiu um

---

[122] Tadeu Chiarelli, *Pintura Não É Só Beleza: A Crítica de Arte de Mário de Andrade*, Letras Contemporâneas, 2007, p. 35.
[123] Idem, p. 36.
[124] Idem, ibidem.

poderoso movimento internacional e, em conformidade com ele, a demanda por um realismo social ou mesmo 'socialista' na arte encontrou ressonância em muitos artistas. Preocupados com o avanço do fascismo, com a crise mundial do capitalismo e, mais recentemente, com a deflagração da Guerra Civil Espanhola, eles se sentiram impelidos a participar *como artistas* no que se oferecia como um movimento mundial plausível pela justiça social[125].

Essa posição, no entanto, não foi unânime. Artistas como Férnand Léger propuseram uma via alternativa que escapasse à oposição entre Realismo Socialista e vanguarda, com a ideia de um "realismo novo", lastreado nas experiências da arte moderna de libertação da cor e da forma geométrica. Para Wood, Léger propunha uma noção de realismo afastada da representação ilusionista da realidade moderna, mas que mantivesse uma conexão com as "condições da modernidade":

Léger estava convencido de que o jogo de contrastes formais em uma obra de arte podia, sem perder de vista uma relação com os "objetos" modernos, ser utilizado para obter representações das condições da modernidade. A obra de arte poderia ser um equivalente, um tipo de análogo à sua própria maneira, do jogo mais amplo de forças no mundo, em vez de uma tentativa de ilustrá-lo segundo as convenções de uma arte acadêmica que, ela própria, *não* pertencia a esse mundo moderno[126].

Em meio a essa complexidade que assumia o termo "realismo" na década de 1930, à qual não se pode deixar de acrescentar a experiência do muralismo mexicano[127], como entender a fórmula de Oswald de Andrade, de que a pintura de Portinari expressava um "realismo campônio"? Para responder a essa pergunta, pode ser útil averiguar outra consideração do escritor sobre a obra do artista, ao afirmar que suas naturezas-mortas eram uma "abstração tornada realidade plástica". A noção de "realismo mágico", proposta em 1925 pelo artista e crítico de arte alemão Franz Roh, oferece uma chave interessante para entender essa afirmação.

Segundo Roh, o realismo mágico estaria ligado ao "pós-expressionismo", que caracterizava a produção artística europeia na década de 1920, e que formava, ao

---

125 Paul Wood, "Realismos e Realidades", Briony Fer *et al., Realismo, Racionalismo, Surrealismo. A Arte no Entre-Guerras*, São Paulo, Cosac & Naify, 1998, pp. 257-258, grifos do autor.
126 *Idem*, p. 260, grifos do autor.
127 *Idem*, pp. 251-254.

lado de outras duas "tendências", o impressionismo e o expressionismo, uma "frente única contra a reprodução extrínseca do mundo"[128]. Essas tendências pictóricas se desenvolviam a partir da tensão entre a "criação espiritual" e o mundo objetivo:

> A pintura sente agora — por assim dizer — a realidade do objeto e do espaço, não como cópia da natureza, mas como uma segunda criação [...] Exibe a estrutura de sua composição com uma clareza muito distinta. Uma oculta estereometria segue sendo sua maneira de se aproximar dos últimos enigmas e harmonias do existente. Crê também que o ser possui formas fundamentalmente simples [...] Realizar não é retratar, copiar, senão — rigorosamente — *edificar, construir* os objetos que, definitivamente, se encontram na natureza nessa tão distinta forma primordial[129].

Em seguida, Roh define o realismo mágico com base na contraposição entre abstração e "projeção sentimental", tal como a propõe Wilhelm Worringer no livro *Abstração e Empatia* [*Abstraktion und Einfühlung*, 1908]:

> Falou-se muitas vezes de períodos em que domina a abstração na arte e períodos em que prepondera a projeção sentimental, tomando ambos os termos no sentido que lhes infundiu Worringer. Se se quer caracterizar a arte do século XIX, inclusive o impressionismo, como uma época de projeção sentimental, o expressionismo deverá ser chamado arte de abstração. Mas o realismo mágico pode ser entendido como uma, por assim dizer, *compenetração* de ambas as possibilidades; não equilíbrio, nem menos ainda confusão dos contrários, mas sutil, e, no entanto, incessante tensão entre a submissão ao mundo presente e a clara vontade construtiva frente a ele. O mundo, então, já não é nem um fim em si mesmo nem simples material, senão (como em toda verdadeira vontade vital, mesmo fora da arte) uma terceira magnitude, que compreende ambos os contrários. E talvez esse tipo de arte, em que se infiltram e compenetram ambas as tendências, tenha sido o mais fértil em toda a história[130].

---

128 Franz Roh, *Nach-Expressionismus (Magischer Realismus): Probleme der Neuesten Europäischen Malerei*, tradução espanhola de Fernando Vela, *Realismo Mágico — Post Expressionismo: Problemas de la Pintura Europea más Reciente*, p. 25, tradução nossa, grifos do autor. "Con objeto de hacer más fácil la intelección, acostumbramos a separar netamente uno de otro el impresionismo, el expresionismo y el post expresionismo. Pero estas tres tendencias tienen fundamentos comunes, que, algún día, cuando ya estemos a distancia, se nos harán visibles; forman un *frente único contra la reproducción extrínseca del mundo*".

129 *Idem*, pp. 48-49, tradução nossa, grifos do autor.

130 *Idem*, p. 52, tradução nossa, grifos do autor.

É isso o que parece estar na base da afirmação de que as naturezas-mortas de Portinari eram abstrações tornadas realidade plástica. Na medida em que Oswald de Andrade afirma em seguida que o pintor tratava as paisagens de Brodowski e mesmo os trabalhadores rurais, em *Lavrador de Café* e *Mestiço*, como naturezas-mortas, é possível compreender que era esse tipo de projeção de uma "vontade construtiva" frente ao mundo, descrita por Roh como realismo mágico, que sustentava a plástica de Portinari em 1934, tal como a entendia Oswald de Andrade. Já o "fundo campônio" desse realismo do artista era aquilo que permitia caracterizar sua obra como um "produto" da terra roxa paulista, da realidade histórica de onde ela emergia, das cenas típicas da vida na zona rural paulista, fossem o trabalho na plantação ou os momentos de lazer e diversão no jogo de futebol e no circo.

## 6. O quarteirão

Depois de "O Pintor Portinari", uma nova reflexão mais extensa de Oswald de Andrade sobre pintura será encontrada apenas em 1938, na conferência pronunciada pelo escritor no II Salão de Maio. Antes de passar à discussão desse texto, porém, cabe mencionar alguns aspectos de sua atuação nos conturbados anos de 1935 a 1937, período de formação da Aliança Nacional Libertadora[131], visando o combate ao avanço do fascismo no país, potencializado com a criação da Ação Integralista Brasileira, em 1932; das insurreições populares armadas de novembro de 1935, comandadas pelo PCB, depois de decretada a ilegalidade da ANL pelo governo de Getúlio Vargas; do golpe de estado de 1937 que inaugura o Estado Novo, alçando Vargas à liderança de um governo autoritário, que se manteria no poder até 1945.

Desse período data um projeto pouco conhecido de Oswald de Andrade, que envolveu também a participação de Flávio de Carvalho e outros intelectuais de

---

[131] Fundada em março de 1935, a Aliança Nacional Libertadora foi uma organização política com atuação nacional e não-partidária, cujo objetivo era combater o fascismo e o imperialismo. A aliança congregava partidos políticos, sindicatos, organizações femininas, culturais, estudantis, tendo recebido também adesões de profissionais liberais e de militares. Ao ser oficialmente lançada em comício realizado no dia 30 de março de 1935 no Teatro João Caetano, na então capital federal, a ANL teve Luís Carlos Prestes aclamado como seu presidente de honra. Cf. Marly de Almeida Gomes Vianna, *Revolucionários de 1935: Sonho e Realidade*, São Paulo, Expressão Popular, 2007, pp. 157-162.

São Paulo, alguns de uma geração mais nova. Trata-se da sociedade O Quarteirão, fundada em 1935. Restam poucas informações a respeito desse projeto, mas ao que tudo indica, O Quarteirão recuperava o espírito do Clube dos Artistas Modernos, buscando atuar como uma espécie de centro cultural, tendo nas artes e na literatura seu foco de atividades, mas expandindo-o também para outros campos do conhecimento. É o que sugere o depoimento do historiador e crítico de cinema Paulo Emílio Salles Gomes, no texto "Um Discípulo de Oswald em 1935":

> Oswald estava fundando um clube artístico, O Quarteirão, e me colocou na secretaria geral como seu instrumento. O clube nunca chegou a se organizar realmente mas foram criadas comissões de todo tipo, menos de cinema, e houve muita reunião. Flávio de Carvalho procurava distinguir as tendências artísticas aceitáveis das que deveriam ser combatidas. Raul Briquet representava a ciência. Paulo Mendes de Almeida propunha noções sobre Carducci. Oswald exaltava Bernard Shaw, "o ponta esquerda da burguesia britânica". Havia jovens, Afranio Zuccolotto, Sangirardi Junior, Décio de Almeida Prado, Osmar Pimentel. Geraldo Ferraz, que simpatizava com a Quarta, procurava detectar nas moções as palavras de ordem da Terceira Internacional[132].

O Quarteirão chegou a ser objeto de reportagem do jornal *A Plateia*, publicada em 23 de outubro de 1935. Maria Eugenia Boaventura[133] resgata um trecho da matéria, que comenta o objetivo do grupo de organizar conferências populares, sobre "diversos problemas contemporâneos", um modelo que lembra o do CAM.

Na documentação preservada pelo escritor, encontra-se ainda um rascunho dos estatutos de O Quarteirão, descrito como uma sociedade civil, mantida por meio de mensalidades pagas pelos membros, cujo fim era "o desenvolvimento das relações culturais e artísticas em nosso meio". Para tanto, previa a organização de exposições de arte dentro e fora de sua sede (São Paulo), além de festivais, conferências, cursos, debates e da divulgação do patrimônio intelectual, cultu-

---

132 Paulo Emílio Salles Gomes, "Um Discípulo de Oswald em 1935", *O Estado de S. Paulo*, Suplemento Literário, 24 out. 1964
133 Maria Eugenia Boaventura, *O Salão e a Selva: Uma Biografia Ilustrada de Oswald de Andrade*, p. 195.

ral e artístico do país, por meio da criação de uma revista[134]. Aí aparecem duas diferenças em relação ao CAM: a ambição de irradiar as atividades pelo Brasil, mantendo para isso membros correspondentes, e a preocupação com o patrimônio, que lembra a proposta redigida por Oswald de Andrade para o DODEPAB, comentada no terceiro capítulo.

Como menciona Salles Gomes, a sociedade teria seções especializadas, cada uma com um presidente e um técnico. Pelo depoimento do crítico, pode-se imaginar que Flávio de Carvalho seria o encarregado da seção de pintura[135]. Os estatutos estabeleciam como atribuições dos presidentes fazer a ligação entre as diferentes seções e membros da diretoria, além de orientar os colaboradores. Quanto aos técnicos, ficariam responsáveis por orientar o Quarteirão no que dissesse respeito à sua competência específica.

Mesmo que a sociedade não tenha saído do papel, o interesse de mencioná-la aqui é reforçar a preocupação de Oswald de Andrade com a institucionalização das atividades culturais no país, algo que atravessa toda a sua experiência intelectual. Além disso, o Quarteirão procurava manter viva a chama do CAM, como um ambiente dedicado a debates artísticos e culturais.

Entre 1935 e 1937, Oswald de Andrade se dividiu, em sua produção jornalística, entre críticas contundentes ao movimento integralista, a seu líder Plínio Salgado, à política econômica brasileira subserviente aos interesses imperialistas, "hipotecando" os recursos naturais do país[136], e um esforço para que as conquistas da Semana de Arte Moderna não fossem relegadas a segundo plano pela nova geração de artistas e escritores atuantes na década de 1930. É o que se observa na carta que dirigiu a Afranio Zuccolotto pela revista *Ritmo*, publicada em novembro de 1935, e no texto "O Divisor das Águas Modernistas", publicado no Suplemento de Rotogravura do jornal *O Estado de S. Paulo*, em setembro de 1937.

---

[134] Cf. Estatutos do Quarteirão, s. d., 2 p., datilografado. Fundo Oswald de Andrade, Centro de Documentação Alexandre Eulalio do Instituto de Estudos da Linguagem, Unicamp.

[135] O pintor havia acabado de retornar de uma viagem de seis meses pela Europa, passando por Praga, Paris, Londres, e entrevistou artistas e escritores como Jean Helion, Ben Nicholson, Man Ray, André Breton, Roger Caillois, Tristan Tzara, além do crítico de arte britânico Herbert Read.

[136] Ver os artigos "A Retirada dos Dez Mil" (*A Manhã*, 3 jul. 1935) e "País de SobreMesa" (*Problemas*, n. 1, 15 ago. 1937, republicado em Oswald de Andrade, *Estética e Política*, pp. 275-281).

## 7. O legado de 1922 e o divisor das águas modernistas

Na carta que envia ao primeiro número da recém-fundada revista *Ritmo*[137], Oswald de Andrade mostra-se preocupado com a tendência que percebia em alguns jovens artistas e escritores, de diminuir a importância daquilo que sua geração — a geração de 1922 — havia realizado para a renovação artística e literária no Brasil. Ele cita nominalmente Paulo Emílio Salles Gomes, com quem já havia polemizado em razão das críticas que este dirigiu à peça *O Homem e o Cavalo*, e, surpreendentemente, Flávio de Carvalho. Embora reconheça que muitos dos que estiveram na Semana de Arte Moderna resultaram em "irremediáveis prostituições", o escritor se refere às realizações de sua geração como um "patrimônio de experiências acumulado" e afirma:

> Nós fizemos, paralelamente às gerações mais avançadas da Europa, todas as tarefas intelectuais que nos competiam. E disso — enriquecimento, honra e vantagem — não serão vocês que nos seguem cronologicamente, que se irão desfazer como de uma carga importuna, apoiados em um ou outro desertor da nossa clarividência[138].

Para o escritor, existiria uma afinidade estrutural entre a geração de 1922 e a nova geração de 1930. Ambas eram originárias de uma "pequena burguesia colonial e agrária", mas sentiam as transformações trazidas pelo "abalo diário da terra telegráfica e a mobilização das catástrofes que vão engolir, com manteiga de sangue, a velha sociedade", diz o escritor pressentindo a Segunda Guerra Mundial. E, assim como a geração de 1922, os novos procuravam incorporar "o que resta de bom em arte do individualismo burguês" ao enfrentamento dos problemas das "massas sociais". E nessa tarefa, não deveria haver "nenhuma abdicação das conquistas asseguradas no penoso trajeto". Essa era, no entanto, a falha daqueles que queriam diminuir a importância da geração anterior, acomodando-se à "chupeta realista" representada, na opinião de Oswald de Andrade, pela obra do romancista José Lins do Rego.

O escritor apontava o perigo de que a nova geração passasse direto "do Eça português ao Eça nordestino", sem ter em conta que "entre eles existe o drama

---

137 A revista foi fundada naquele mesmo ano por Afranio Zuccolotto, egresso da Faculdade de Direito do Largo São Francisco.
138 Oswald de Andrade, *Estética e Política*, p. 71.

humano que vai de Proust e de Joyce a Gide e Aragon". Era preciso estudar sem preconceitos todos os esforços que compunham o "tabuleiro universal" da época:

> Não podemos, sob nenhum pretexto geográfico, nos desfazer das linhagens e dos encargos intelectuais da época, sejam vindos de Montparnasse, de Bronx ou da Praça Vermelha. Sob o pretexto de que os surrealistas são burgueses, não podemos ignorar o fenômeno surrealista nem dele deixar de tirar o que houver de honesto e humano. Sob o pretexto de que José Lins descobriu o marxismo, não podemos jogar de lado os consideráveis esforços que deram a grande poesia de Cobra Norato de Raul Bopp[139].

É importante fixar essa posição de Oswald de Andrade, ainda que se refira à literatura, pois sua atitude perante a pintura no final da década de 1930 se mostrará semelhante. Por trás dessa defesa do "esforço útil" que eram as conquistas da Semana de Arte Moderna, do movimento Pau Brasil e do "admirável sarampão de revolta que se chamou 'Antropofagia'"[140], estava o perigo do menosprezo da capacidade do grande público; o perigo de uma literatura "fácil de compreender" e que "não obriga ninguém a ter cultura especial nenhuma". Não era isso que Oswald de Andrade esperava de uma literatura revolucionária:

> A massa, meu caro, há de chegar ao biscoito fino que eu fabrico. "Devemos transformar a propaganda em arte", gritou no Congresso de Escritores de Paris o colossal [Aldous] Huxley. Descrer da capacidade de compreensão da massa é descrer do próprio progresso revolucionário. É compactuar com a atitude de complô da indústria capitalista, denunciada pela tecnocracia, a qual guarda nas gavetas das burras as invenções mais preciosas e necessárias ao desenvolvimento da humanidade, porque convém aos interesses de grupo que a massa patine nos processos atrasados de produção.
>
> Para a frente é que se deve andar[141].

No artigo "O Divisor das Águas Modernistas", o escritor volta ao tema, ao afirmar que a Semana de Arte Moderna havia anunciado "uma sintaxe para a liberdade criadora de nossa gente", tendo depois a Revolução de 1930 decidido qual seria o aprovei-

---

139 Idem, ibidem.
140 Idem, ibidem.
141 Idem, p. 73.

tamento desse movimento, agindo assim como o divisor das águas do modernismo. Depois de 1930, foram para o lado da "direita" e da "reação" figuras como Tristão de Athayde e Plínio Salgado; à "esquerda" ficaram os romancistas Jorge Amado, Graciliano Ramos, Érico Veríssmio e José Lins do Rego, além de Caio Prado Júnior e Djacir Menezes, no campo da sociologia, de Rubem Braga, na crônica, e dos pintores Candido Portinari, Quirino da Silva, Carlos Prado e Tomás Santa Rosa Júnior.

A menção a esse grupo de pintores como estando, em 1937, à "esquerda" do movimento que dava continuidade ao caminho aberto pela geração de 1922, permite compreender o que era para Oswald de Andrade, naquele momento, uma arte que interessava já não mais propriamente à revolução, mas à "defesa da liberdade nacional" e ao "chamado da liberdade e o caminho da democracia"[142].

Embora o escritor se limite a listar os artistas, sem comentar suas obras, é possível observar em telas como *Varredores de Rua (Os Garis)*, de Carlos Prado, o interesse desse artista pela questão social, no caso, o mundo do trabalho. Além disso, nota-se nessa pintura uma construção plástica das figuras humanas e das ambientações na chave do realismo sintético discutido acima, o que confere uma dimensão ao mesmo tempo metafísica, misteriosa e subversiva à pintura, como se aquele agrupamento de trabalhadores estivesse ali articulando as estratégias de um movimento grevista.

Já Tomás Santa Rosa tinha uma atuação importante como ilustrador, sendo de sua autoria as capas dos romances *Cacau*, de Jorge Amado, e *Caetés*, de Graciliano Ramos. Portinari, como comentado acima, desde 1934 era apontado por Oswald de Andrade como um exemplo a ser seguido. Em 1937, o artista ainda era visto pelo escritor como um valor importante da pintura social no Brasil.

## 8. Elogio da pintura infeliz

Tendo estabelecido, ao longo da década de 1930, alguns parâmetros do que poderia ser uma arte voltada para a construção da sociedade socialista, Oswald de Andrade apresenta, na conferência "Elogio da Pintura Infeliz"[143], uma primeira reflexão sobre quais seriam as raízes históricas da pintura burguesa, cuja situação de crise

---

142 *Idem*, p. 82.
143 A conferência foi pronunciada no "grill room" do Esplanada Hotel, em 29 de julho de 1938, como parte da série de conferências organizada pelo II Salão de Maio, que ocorria naquele mesmo local.

levaria, acreditava o escritor, à sua superação pela pintura mural. Como exemplo do que ele entendia ser a função social do artista naquele momento, Oswald de Andrade começa sua explanação contando a história de um pintor que, depois de ter passado por experiências *fauves* e "outras experiências deformadoras", foi atacado pela incompreensão e pela ignorância, refugiando-se então na "cópia educada do primitivismo cristão". Mesmo assim, atacaram-no novamente. Sendo chamado de "lambido", decidiu-se por voltar aos primeiros estudos e tornar-se acadêmico. Novo ataque, agora de seus antigos colegas. O resultado foi que o pintor fez leilão do ateliê e se tornou vendedor de louças sanitárias.

Essa história, que o escritor apresenta como verídica, resumia, em sua opinião, todo um ciclo da história da arte. Ao deixar de lado tanto as experiências de vanguarda quanto a pintura acadêmica e ter-se dedicado "ao comércio de aparelhos úteis à sociedade", o pintor "tomava a direção do futuro, renunciando a perturbar com suas doenças plásticas ou com suas estereotipias covardes um mundo cansado de vida interior e de tragédia subjetiva"[144]. A direção do futuro, portanto, era a da arte útil à sociedade.

A pintura poderia ser útil à sociedade pois, para Oswald de Andrade, trata-se de uma forma de expressão que tem "o dom de intervir", como ele demonstra fazendo um apanhado da presença da pintura em diferentes momentos da história humana:

A pintura tem esse dom de intervir. Nela o homem vê o alfabeto da caverna. Nela procura um apoio e uma solução arruaceira que teve e tem na era moderna. Civilizações inteiras realizaram a arte hierática e harmônica. Temos nas ruínas de Karnak o testemunho das estabilidades teocratas firmadas sobre as estabilidades sociais. A dinâmica da Índia panteísta submerge o indivíduo. A rítmica alada dos assírios é arquitetônica. Mais próximo de nós, o surto gótico é construído e anônimo sob a tortura que o anima. O artista divorciado do corpo social, reagindo contra ele, protestando e expondo em pintura as forças do seu isolamento, toda essa cultura do drama humano no drama plástico que culmina em nossos dias, é apenas a curva histórica do quadro de cavalete[145].

---

144 Oswald de Andrade, *Estética e Política*, p. 228.
145 *Idem*, p. 229.

Como comentado antes, a ruptura com a moldura e com o quadro de cavalete já havia sido defendida por Oswald de Andrade em "O Pintor Portinari". Agora, o escritor se empenhará em estudar as origens daquele modo de produção artística, esboçando uma espécie de genealogia da pintura moderna, na qual o quadro de cavalete será associado ao surgimento de gêneros pictóricos próprios ao ciclo histórico de ascensão a burguesia.

Esse ciclo teria introduzido na história da arte, como anuncia a citação acima, um processo de marginalização do artista, que acompanhava as mudanças no modo de produção da arte. O afresco é associado à dimensão coletiva, anônima e pedagógica que a arte teria na Idade Média, enquanto o Renascimento teria introduzido na arte não só o quadro de cavalete, como também o retrato, o princípio de uma arte produzida de indivíduo para indivíduo. Afirma Oswald de Andrade:

A pintura deixou a sua função pedagógica de cartaz de um ciclo quando, na Renascença, abandonou os temas sacros e apeou-se das paredes das basílicas.

A Gioconda marca o pórtico da era individualista. Aquela figura de mulher não é de nenhuma rainha, de nenhuma santa. É o retrato da namorada [...][146]

O escritor propõe que o quadro de cavalete havia assumido o primeiro plano na história da arte desde as "batalhas monumentais que deram a Paolo Ucello a conquista da perspectiva visual à degradação inaugurada pelo barroco no Vaticano das Lojas [sic] e da Sixtina"[147]. O "documental pessoal" de Dürer, Velázquez e Goya, possivelmente uma referência aos retratos e autorretratos desses artistas, é ressaltado como "elemento vitalizador da época".

Saltando do Barroco para o século, o escritor constata a mudança nos assuntos e o surgimento de novos gêneros pictóricos, sempre os situando como parte do ciclo histórico que se processava, com o surgimento da indústria e da burguesia:

[...] a paisagem substitui pouco a pouco as crucificações, as Virgens e Bambinos. O habitat terreno passa a interessar mais que o habitat prometido pelas religiões. A geografia toma lugar mesmo nas composições mitológicas e nas composições históricas. E a era da máquina anuncia-se primeiro com Rembrandt, depois com Chardin. Aquele é o pintor

---

146 *Idem, ibidem.*
147 *Idem, ibidem.*

inicial do burguês. É quem pela primeira vez fixa no quadro as figuras do comércio e da medicina. [...] Chardin traz para a tela, com um equilíbrio de grande época, os primeiros elementos criados pela indústria e produz a natureza-morta[148].

O isolamento definitivo do artista, porém, seria um produto do século XIX, marcado pelo individualismo:

Os princípios egoístas da liberdade individual separam o mundo da concorrência em setores antagônicos. Está criado o mercado mundial. O artista é abandonado aos seus próprios recursos. *Laissez faire, laissez passer*! Começa então a história das evasões que vão de Delacroix aos impressionistas[149].

O Romantismo reagira buscando o exótico e o pitoresco "contra um mundo sem graça e sem cor", enquanto as "taras" e os "ferozes aspectos iconográficos" da burguesia foram fixados nas "sombrias denúncias de Courbet e nas figuras hospitalares profetizadas por Cézanne e Van Gogh"[150]. Começava, então, "o documentário sádico do realismo burguês" do qual, no entanto, a pintura logo se evadiria para o naturalismo e o impressionismo.

A burguesia, por sua vez, reagia cultivando os salões oficiais e alimentando-se "de sua gosma de adulação", dentro dos "cenáculos de tolice maldosa" que seriam as escolas de Belas-Artes. Os artistas modernos se veem, então, expulsos dos salões e das "graças da sociedade", como um "castigo para sua independência". Com isso, Oswald de Andrade pinta o retrato do artista maldito: "O Douanier Rousseau espera com fome a consagração póstuma do Louvre. Modigliani mata-se de miséria numa rua estreita de Paris"[151].

Mas os artistas também reagem, criam exposições independentes e tomam suas exclusões como verdadeiros "diplomas de valor". São excluídos, mas por isso mesmo são livres e Oswald de Andrade percebia duas consequências importantes dessa oposição que se acirrava entre artista e sociedade e que produzia a "pintura infeliz":

---

148 *Idem*, p. 230.
149 *Idem, ibidem*.
150 *Idem, ibidem*.
151 Oswald de Andrade, *Estética e Política*, p. 231.

De um lado, ele [o artista] se aperfeiçoa na luta e se refina na técnica, vai às mais aventurosas e livres experiências do quadro e do desenho. Não é à toa que é livre. De outro lado, ele encerra num psiquismo fechado e hostil que vem produzir no século XX as florações interiores das escolas atuais. O artista cria a pintura infeliz. Não podendo realizar-se na sua função harmônica de guia e mestre social nem explicar o ciclo que o repudia, nele se entumula e se analisa[152].

Na narrativa do escritor, a reação dos artistas não poderia ser outra. Ou era aquela recusa, ou ter de "fazer o retrato apologético de uma sociedade de arrivistas e corsários garantidos pelo Estado"[153]. Os artistas refugiaram-se inicialmente nos "piqueniques de cor que dos impressionistas herdaram os divisionistas Seurat e Signac". Depois, ergueram-se contra o "panorama doméstico intelectual" do século XIX, povoado de naturezas-mortas "oleográficas" e "cínicas", de onde saíram os "protestos macabros" na literatura de Baudelaire, Huysmans, Rimbaud e Lautréamont. O "subjetivismo lírico" deste último, que, para Oswald de Andrade, beirava o "autismo", atingira, no entanto, um plano nunca antes alcançado na criação literária. E dele derivavam, já no século XX, a pintura de De Chirico e dos surrealistas:

Abre-se a brecha na psique entumulada do artista da burguesia. O patrimônio milenário, que se estratificara no inconsciente cultural, no inconsciente troglodita, desabafa nas transferências simbólicas que a psicanálise incita. Os surrealistas aparecem, manifestam e teorizam.

Explodem essa flora e essa fauna de fundo de homem-fundo de mar que fez estalar as formas convencionais e seculares de pintura anedótica[154].

Além da brecha aberta pelos surrealistas, Oswald de Andrade não deixa de mencionar outro lado dessa ofensiva, que partia dos *fauves* e dos expressionistas: "O elemento humano produz aí um artesanato gótico. O artista executa a plástica de sua vida interior, enriquecida pelo isolamento"[155]. Retomando sua consideração inicial sobre o Renascimento, o escritor abre uma digressão para comentar a relação en-

---

152 *Idem, ibidem.*
153 *Idem*, pp. 231-232.
154 *Idem*, pp. 232-233.
155 *Idem*, p. 233.

tre individualismo e cristianismo, em uma explicação mitológica que une Prometeu, Cristo, o apóstolo Paulo, Leonardo da Vinci, Nietzsche e Flávio de Carvalho. Os dois parágrafos em que Oswald de Andrade costura esse conjunto de referências valem a longa citação, na medida em que permitem a compreensão de que, para o escritor, com a era do individualismo burguês se encerraria, também, a era cristã:

> Se quisermos abarcar longamente o fenômeno da exaltação do indivíduo, que teve como cadinho as catacumbas cristãs, pode-se dizer que, de Prometeu a Cristo, deste a Leonardo da Vinci e deste a uma figura da decadência cristã muito conhecida entre nós, o sr. Flávio de Carvalho, há uma filiação desconcertante. O primeiro cristão teria sido Prometeu crucificado no Cáucaso porque brandira contra um conluio de deuses passadistas a flama dos direitos individuais. O centro dessa linha, mais do que o mito pedagógico de Cristo, foi o romano São Paulo.
>
> Ninguém melhor do que este convertido fixou como base do Cristianismo as reivindicações da pessoa humana que deram depois por transbordamento a ferocidade das Cruzadas, a ordem militar dos jesuítas, a revolução francesa e a alta paranoia de Frederico Nietzsche. Todos esses fenômenos de expansão da personalidade espernariam juntos no rótulo comum que os liga. Mas como chama-los senão de cristão, pois que eles no longo caminho da história humana cumpriram esse sentimento de inferioridade da pessoa isolada que para ser superado torna-se imperialista e agressivo. Por uma constante do aparelho sadomasoquista, essa superação se deu. E o cristão de hoje nada mais faz através das escolas patéticas senão o seu autorretrato[156].

Retomando a *Mona Lisa* como marco inaugural da pintura individualista, o escritor faz uma observação sobre a fotografia: "A Kodak já pôs no bolso de qualquer funcionário a sua Gioconda". Com esse argumento, ele sugere que os artistas estavam livres para investir contra a "aparência ótica" e contra o assunto, o que havia resultado em um retorno às "catacumbas cristãs", onde os artistas modernos desenhavam "os símbolos angustiados, a carantonha de sua demonologia interior", que produzira o surrealismo e o expressionismo. Dessa maneira, o quadro de cavalete realizava, do Renascimento ao surrealismo, "a sua curva emocional, histórica e plástica"[157].

Essa "curva histórica" descrita por Oswald de Andrade mostrava, em sua opinião, que o "caos aparente" da pintura moderna começava, naquele momento, a se

---

156 *Idem*, pp. 233-234.
157 *Idem*, p. 235.

desfazer. E, nesse ponto, o escritor faz uma interessante observação sobre o modernismo no Brasil, que, de certo modo, o descreve como um "modernismo que veio depois"[158], por ter surgido já nos momentos finais daquela "curva histórica" por ele esboçada: "Como se vê, o caos aparente hoje já se desfaz. Ao abrir os olhos, a nossa geração viu nas escolas adversárias da aparência o modernismo e o futuro, a revolução e a nova ordem. Tudo isto, no entanto, era o passado"[159]. Ou seja, ao abrirem os olhos, entre 1917 e 1922, os modernistas brasileiros viram nas "escolas adversárias da aparência" a ferramenta de que precisavam para lutar contra os preconceitos que dominavam o meio artístico local — e a fotografia, como foi visto no primeiro capítulo, era responsável por um deles, o entendimento da pintura como reprodução do mundo exterior. As vanguardas que naquele momento apareciam como o futuro, na verdade já eram "passado", já eram a linha descendente daquela curva histórica que agora, em 1938, Oswald de Andrade conseguia visualizar.

Prosseguindo em sua argumentação, o escritor apresenta as conquistas daquelas escolas que julgava importante reter:

Desse passado, é preciso distinguir, além das conquistas técnicas, o largo patrimônio das riquezas acumuladas pelo inconsciente cultural, pelos instintos em transe, pela reflexologia dos milênios mediterrâneos, rolando no plano inclinado da liberdade. São as sondagens interiores de De Chirico. É a contribuição estética de *Gromaires* [sic][160] de Miró[161].

No entanto, além do "esfarelamento plástico", essa pesquisa da liberdade criadora traria um outro perigo, que Oswald de Andrade nomeia de "narcisismo doentio". Esse narcisismo produziria uma "exposição de taras, de cacoetes, de

---

158 Essa expressão foi utilizada por Tadeu Chiarelli no texto "Dufy e um Modernismo que Veio... Depois", publicado em 1999 e depois reunido na coletânea *Um Modernismo que Veio Depois*. A expressão faz referência ao trecho do último texto que Mário de Andrade escreveu sobre Candido Portinari, entre 1943 e 1944, no qual afirmava que o experimentalismo da obra do artista "é um experimentalismo que vem... depois" (Mário de Andrade, *apud* Tadeu Chiarelli, *Um Modernismo que Veio Depois. Arte no Brasil: Primeira Metade do Século XX*, São Paulo, Alameda, 2012, p. 19).
159 Oswald de Andrade, *Estética e Política*, p. 235.
160 Possivelmente um erro tipográfico da revista *Dom Casmurro*, que publicou a conferência, em setembro de 1938, seguido na republicação em *Estética e Política*. Oswald de Andrade provavelmente estava se referindo ao pintor francês Marcel Gromaire.
161 Oswald de Andrade, *Estética e Política*, p. 235.

dramas entupidos" que precisaria "ser queimada para que o artista reabilite completamente perante os caminhos do futuro"[162].

A superação da condição marginal do artista é projetada, então, no futuro:

> É necessário que ele [o artista] tenha a coragem de queimar a alma doente nascida das suas estufas artificiais, a fim de participar da nova era, que ele deixe esses passos de necrofilia em que se espasma, para voltar à Ágora plástica e à arquitetura de um mundo verdadeiramente renovado[163].

Ao se referir à "Ágora plástica", o escritor tinha em mente uma pintura que não fosse mais produto do isolamento e do individualismo. Uma pintura que apontasse para a coletividade. A primeira reação nesse sentido havia surgido com o cubismo, descrito como um primeiro "fenômeno de interpretação" da curva histórica e plástica da pintura moderna. Retomando suas ideias da década de 1920, Oswald de Andrade entende o cubismo como reação ao esfarelamento e dispersão da forma na pintura impressionista: "Firmados nesse dialeto que foi Cézanne, eles geometrizam, recriam a forma, reduzida ao ponto químico. A plástica retoma os seus direitos construtivos"[164].

Os elementos mecânicos penetravam na pintura com Delaunay e produziam "desarticulações líricas"; o objeto industrial das naturezas-mortas de Chardin mudava de caráter na obra do "gigante plástico que é Fernand Léger" e se tornava "o habitat do homem da era nova que reclama o seu lugar na estética dos tempos anunciados"[165]. Essa genealogia expressa da pintura cubista ecoa as ideias apresentadas por Oswald de Andrade em 1923, no artigo "Vantagens do Caos Brasileiro", discutido no segundo capítulo, quando o escritor afirmou que o cubismo francês tinha suas raízes na "máquina americana". Quinze anos depois, ele percebia que as raízes do cubismo poderiam ser encontradas na própria história da pintura francesa, com a incorporação do objeto industrial à pintura nas naturezas mortas de Chardin.

Além de Delaunay e Léger, Oswald de Andrade também lembra "os ensaios puristas de Albert Gleizes e do abstracionismo", que indicavam "a luta tenaz con-

---

162 *Idem, ibidem.*
163 *Idem*, pp. 235-236.
164 *Idem*, p. 233.
165 *Idem*, p. 236.

tra o assunto". Para o escritor, no entanto, o caminho de Gleizes se mostra problemático. Se por um lado a sociedade moderna, "que se realiza no plano da ação e da solidariedade", podia dispensar a cultura do drama individualista, por outro, "a transformação social de uma época não pode dispensar a sua função moralista e educativa"[166]. A pintura era feita agora para "largas massas humanas" e o seu "setor panegírico" e "pedagógico" era composto pela valorização dos temas sociais.

Já desde o século XIX, esse "setor" da pintura do novo ciclo que se anunciava recebia sugestões. Uma delas vinha de Henri Rousseau, que assinalava "o aparecimento do povo na grande pintura"; mas era ainda "o sentimento de domingo" que surgia[167]. No século XX, o muralismo mexicano trazia "o sentimento do trabalho, a semana de quarenta horas"; Käthe Kollwitz, "o sentimento da greve e do desespero"; Lasar Segall, "o sentimento da perseguição, da migração e do *pogrom*"[168]. Dessa arte que anunciava os "elementos sociais do futuro", fazia parte ainda o "cartaz que luta, ao lado dos aviões de caça e dos gases mortíferos, por reivindicações antigas e caras à humanidade. E também a gravura e o volante"[169].

Concluindo a conferência, Oswald de Andrade frisa novamente a importância de não se rejeitar o passado representado pelas formas irregulares e pelos "sím-

---

[166] Idem, ibidem. No texto "Posição do Pintor", publicado em seu livro *Ensaios* (São Paulo, Brusco & Cia., 1938) e reproduzido em *Pintura Quase Sempre* (São Paulo, Livraria do Globo, 1944, p. 94-97), Sérgio Milliet cita a conferência de Oswald de Andrade no II Salão de Maio e afirma concordar com suas ideias sobre o individualismo e cerebralismo da pintura moderna. Depois de citar o trecho em que Oswald de Andrade reivindicava a "função moralizadora" da pintura, o crítico complementa: "É preciso retornar a uma concepção menos esotérica da arte. Impõe-se a pesquisa de humanidade como um treino imprescindível à volta do artista, esse filho pródigo, à arte honesta, sincera, feita de sangue e carne, que foi a de seus antepassados maiores. Impõe-se uma trégua de doutrinas torturadas, de cientismos tão alheios à Plástica. [...] O divórcio do artista com o público foi provocado pela cerebralização de sua arte. A sua ligação com o intelectual só trouxe para o patrimônio artístico do mundo frutos passados. Um novo casamento com o povo precisa realizar-se. Mas um casamento de verdade, com aliança e confirmação religiosa" (*idem*, p. 97). Alguns anos depois, aquilo que Oswald de Andrade nomeava na conferência como "apartamento" ou "isolamento" da sociedade, enfrentado pelos artistas modernos, será retomado e estudado com mais profundidade por Milliet sob o nome de "marginalidade", no livro *Marginalidade da Arte Moderna* (São Paulo, Departamento de Cultura, 1942). A posição de Oswald de Andrade a respeito dos "frutos passados" da pintura "cerebralista", no entanto, não coincide totalmente com a de Milliet, como se verá a seguir.

[167] Oswald de Andrade, *Estética e Política*, p. 237.

[168] Idem, ibidem.

[169] Idem, ibidem.

bolos torturados" das vanguardas históricas. Além das conquistas técnicas, havia neles um sentido de protesto, de "luta milenária da dignidade humana", protagonizada por artistas como Cézanne e Max Ernst, que "não se venderam aos donos ocasionais da sociedade"[170]. Assim, o escritor entende que a pintura das vanguardas históricas, ou dos estertores do individualismo burguês, como ele a caracteriza:

> [...] foi revolucionária porque foi destrutiva. Ela trazia em si os sinais de uma era que se desmancha. Deu mais que a voz sociológica do branco, do adulto e do civilizado, produziu também o grito da criança e do primitivo. E isso queria dizer alguma coisa. Com certeza os seus patéticos documentos figurarão como testemunhas do homem, no processo histórico do futuro, o *habitat* geométrico anunciar [sic] uma nova arquitetura da vida e da cidade[171].

Fica clara, portanto, a posição de Oswald de Andrade em relação às vanguardas históricas. Elas figuram como um patrimônio de conquistas técnicas e "riquezas acumuladas", em constante movimento sobre o "plano inclinado da liberdade", que nada mais é do que o plano da criação. Esses recursos faziam parte, entretanto, de um passado que deveria ser acionado apenas naquilo que tinha de útil para a construção do novo ciclo que se anunciava e da nova arte que a ele correspondia, uma arte coletivista, integrada ao espaço da arquitetura e da cidade.

Algumas das observações de Oswald de Andrade ganham ainda mais sentido se entendidas no contexto do II Salão de Maio, no qual figurou um contingente expressivo de artistas britânicos, como Ben Nicholson, Ceri Richard, Charles Howard, Erik Smith, Geoffrey Graham, I. Cant, John Banting, Julian Trevelyan, Roland Penrose, W. S. Haile. Pelas reproduções no catálogo, percebe-se que as obras apresentadas por esses artistas se dividiam entre a abstração geométrica (caso de Ben Nicholson) e uma maioria surrealista. Elas destoavam sensivelmente da maior parte dos expositores brasileiros e latino-americanos, que se mostravam divididos entre obras de caráter expressionista (Lívio Abramo, Oswaldo Goeldi, Yolanda Pongetti, Leopoldo Méndez) e outras — a maioria — que se aproximavam do retorno à "Plástica" defendido por Sérgio Milliet, casos de Carlos Prado, Di Cavalcanti, Elisabeth Nobling, Ernesto De Fiori, Gervasio Muñoz, Hugo Adami, Lasar Segall, Lucy Citti Ferreira, Moussia Pinto Alves, Noemia Mourão, Or-

---

170   Idem, ibidem.
171   Idem, pp. 237-238.

lando Teruz, Oswald de Andrade Filho, Paulo Werneck, Quirino da Silva, Silvia Meyer, Tarsila do Amaral, Vittorio Gobbis.

Apenas Alberto da Veiga Guignard e Flávio de Carvalho se distinguiam desses dois grupos, o último exibindo óleos e aquarelas que se aproximavam do surrealismo, no sentido da pincelada "automática", que parte dos dados exteriores do modelo para se entregar a um livre jogo de formas e cores que obedece ao desejo do pintor. É esse mesmo tipo de pesquisa plástica, na qual as figuras se "afundam" no animismo da matéria pictórica, tornada viva pela pincelada automática, que se observa no retrato feito pelo artista de Oswald de Andrade e Julieta Bárbara Guerrini[172] [Figura 14].

Embora Flávio de Carvalho não apareça no catálogo como membro da comissão organizadora[173] do II Salão de Maio, sabe-se que ele está por trás do envio britânico à mostra. O pintor retornara em 1935 de uma viagem de seis meses pela Europa[174], na qual permaneceu por algum tempo em Londres, onde teve contato com o crítico Herbert Read, de quem publicou uma entrevista no *Diário de S. Paulo*, em 24 de fevereiro de 1935[175]. Na entrevista, Read afirmava que a arte moderna se dividia em duas direções, uma "abstrata e intelectual", possivelmente referindo-se à abstração geométrica, e outra "subjetiva e psicológica (super-realista)"[176].

Por ocasião do 1º Salão de Maio, realizado em 1937, o artista havia exposto na conferência "O Aspecto Psicológico e Mórbido da Arte Moderna" uma visão que se cruza, em alguns aspectos, com aquela que Oswald de Andrade apresenta no ano seguinte, projetando, como Read, no surrealismo e no abstracionismo as duas vertentes principais da arte na década de 1930. Desenvolvendo ideias que já havia exposto em *Os Ossos do Mundo*, Carvalho entendia o cubismo, o expressionismo,

---

172 Separado de Pagu desde junho de 1932, Oswald de Andrade se casou com Julieta Bárbara em dezembro de 1934, tendo Candido Portinari como padrinho.
173 A comissão era composta por Odete de Freitas, Paulo Ribeiro de Magalhães, Geraldo Ferraz e Quirino da Silva.
174 O pintor havia sido convidado a participar do VIII Congresso Internacional de Psicotécnica, realizado em Praga, em agosto de 1934, e permaneceu na Europa até fevereiro de 1935. Durante a viagem, encontrou-se com diversos artistas, entre os quais Barbara Hepworth, Henry Moore, Picasso, Salvador Dalí, Man Ray, Jean Helion. Das notas de viagem, surgiu o livro *Os Ossos do Mundo*, publicado em 1936 (J. Toledo, *Flávio de Carvalho: O Comedor de Emoções*, p. 754).
175 Em janeiro de 1938, Carvalho publica na revista *Problemas*, n. 5, quatro entrevistas com artistas que conheceu durante sua viagem à Europa, entre eles Ben Nicholson.
176 Flávio de Carvalho, "Arte na Inglaterra. Entrevista com Herbert Read [1935]", em R. M. Leite *et al.*, *Flávio de Carvalho: Catálogo*, São Paulo, Museu de Arte Moderna de São Paulo, 2010, p. 82.

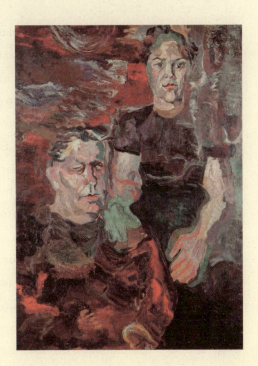

Figura 14. Flávio de Carvalho, *Retrato do poeta Oswald de Andrade e da poetisa Julieta Bárbara*, 1939, óleo sobre tela, 130x97 cm, Coleção Museu de Arte Moderna da Bahia, Governo do Estado da Bahia/SECULT/IPAC.

o fauvismo e o dadaísmo como movimentos que expunham as "feridas" do mundo, como demonstrações de sadismo, nas quais a "emoção transpira em osmose através de todos os poros do quadro, a forma torna-se claramente secundária — sangue, angústia sofredora e morte são fontes de prazer"[177]. Desse panorama, surrealismo e abstracionismo apareciam como forças "curativas" contra a "morbidez" da pintura moderna. O primeiro como uma tentativa de reconstruir o sujeito e reconciliá-lo com a "sujeira da alma", escavando-a no inconsciente e promovendo um choque com esse material. O abstracionismo, ao contrário, avesso a qualquer confronto com aquele submundo do sujeito, procurava refugiar-se na "purificação" por meio dos "elementos do pensamento matemático e das forças geométricas"[178].

Essas considerações mostram o quanto a intervenção de Oswald de Andrade no 2ª Salão de Maio dialogava com novos debates que se apresentavam no meio artístico paulista, impulsionados pela atuação de Flávio de Carvalho, depois de seu retorno ao país, em 1935. Não é à toa que o artista é citado na conferência. Ainda que o escritor percebesse em suas realizações mais um índice da curva histórica descendente em que vinha a "pintura infeliz", Carvalho era um interlocutor importante de

---

[177] Flavio de Carvalho, "O Aspecto Psicológico e Mórbido da Arte Moderna [1937]", p. 60.
[178] *Idem*, p. 61.

Oswald de Andrade. Trazia ideias novas aos debates artísticos locais, como o escritor destaca no artigo "De Literatura: Em São Paulo", ao afirmar que o artista vinha sendo "um fermento de vanguarda e de progresso" para São Paulo, mantendo na capital paulista a preocupação "de estar ao par, de se colocar na linha mais avançada do estilo literário e artístico", que a salvavam "da modorra em que adormeceram suas energias depois da queda do café"[179]. É isso que fará com que Carvalho se torne um dos personagens do romance *Marco Zero*, a ser discutido no próximo capítulo.

Em um manuscrito datado de 1938, intitulado "O Burguês Infeliz Criador de Pintura", redigido para uma palestra posterior ao II Salão de Maio[180], Oswald de Andrade retoma algumas das questões que apresentou naquela ocasião, acrescentando elementos que pode ser útil pontuar. O escritor inicia citando uma fala de um dos personagens de sua peça de teatro *A Morta*, publicada em 1937. Nela, o Poeta exclama: "Sou a classe média. Entre a bigorna e o martelo fiquei com o som! [...] Um dia se abrirá na praça pública o meu abscesso fechado! Expor-me-ei perante as largas massas... Um dia serei conduzido à atmosfera"[181]. Com base nesse trecho, ele propõe uma analogia entre pintura e poesia: "É isso a poesia e, portanto, a pintura, nestes últimos dois séculos, uma criação desarmônica, revolucionária e perigosa para regimes que dos primórdios da era da máquina até nós estende [sic] os seus cordões de isolamento social"[182].

O argumento do texto é basicamente o mesmo de "Elogio da Pintura Infeliz", ao qual o escritor acrescenta algumas novas reflexões que lhe ocorreram depois de ouvir uma conferência proferida por Roger Bastide, a respeito da arte na França nos séculos XVII e XVIII. Segundo Oswald de Andrade, o sociólogo havia falado sobre duas situações em que a corte francesa procurou sem sucesso incorporar artistas ao ambiente da "bela sociedade". Os artistas não foram porque àquela altura já havia se quebrado, na interpretação do escritor, "a unidade medieval em que o artista era o artífice e o companheiro identificado na comunidade profissional, na comunidade social"[183]. Depois dessa quebra, com o desenvolvimento

---

[179] Oswald de Andrade, *Obras Completas X: Telefonema*, p. 74. O texto foi publicado originalmente no jornal *Meio-Dia*, Rio de Janeiro, 19 abr. 1939.
[180] Logo no início das notas, Oswald de Andrade afirma que essa nova palestra "continua as pesquisas do II Salão de Maio".
[181] Oswald de Andrade, *Estética e Política*, p. 239.
[182] Idem, ibidem.
[183] Idem, p. 240.

do capitalismo e o surgimento de uma classe nova, que desejava ver fixados na arte seus "lancinantes direitos", suas saudades, aspirações e revoltas, Oswald de Andrade entendia que a história da pintura ocidental estava indissociavelmente ligada à história da pequena burguesia.

A essa ideia, o escritor acrescenta agora uma nova formulação sobre o papel da arte, compreendendo-a como elemento de "ligação social":

> O homem, na sua acidentada história, não podendo retornar ao paraíso perdido, procura realizá-lo em pequenas etapas, em pequenos círculos fechados, em tribos ou na família, nos conventos ou nas suas transferências em grupos afins e até em nações e sociedades. Não é outro o sentido dos aglomerados religiosos e civis, onde através dos séculos, a arte teve uma função coletiva, um papel preponderante e ligador. E não é outro o sentido secular, milenário mesmo da arte, expressão religiosa de ligação social, estímulo, liame e expressão das pequenas ou grandes ideias tentadas pelo homem histórico[184].

A título de exemplos da "mais íntima ligação entre arte, religião e poder civil" que se encontravam "nas velhas civilizações de que a história e a arqueologia nos dão notícia", Oswald de Andrade cita a "Ásia bimilenária", o "Egito antigo", a "África de Frobenius", a "Polinésia dos antropólogos" e a "América pré-colombiana". Já no mundo ocidental, a mesma comunhão estaria presente no teatro grego, nas catedrais e na missa católica, quando o artista era anônimo e sua obra era a "ressonância de uma expressão coletiva e ecumênica"[185].

Mas aquela unidade coletivista havia sido quebrada com o advento da máquina e de relações sociais cada vez mais baseadas no individualismo, que esvaziaram o sentido daqueles grandes espetáculos clássicos. Na época moderna, o escritor apenas observava um retorno daquele fenômeno de "comunhão de recursos plásticos e rítmicos" no futebol, no "cinema plástico e falado" e nas paradas militares. A arte servia aí como "elemento emotivo e sugestionador"[186]. Oswald de Andrade não deixa claro, contudo, se percebia nesses fenômenos uma superação da marginalidade do artista em relação ao poder civil, à criação religiosa e à própria sociedade.

---

184 *Idem, ibidem.*
185 *Idem,* p. 241.
186 *Idem, ibidem.*

Chardin é novamente lembrado como um artista que introduziu a "democratização dos assuntos pictóricos", quando deixou de pintar "os nobres e guindados reclames da crucifixão ou os fatos da nobreza e suas idealizações", para se dedicar aos "simples produtos da indústria e os elementos da terra colhidos ou mortos pela mão do homem, num arranjo familiar"[187]. Ao lado da *Mona Lisa* de Leonardo Da Vinci, que para Oswald de Andrade criava o retrato burguês, o pintor francês inaugurava o período de isolamento cada vez maior do artista em relação a qualquer sentido de criação coletiva. O restante do manuscrito apresenta fundamentalmente uma síntese de "Elogio da Pintura Infeliz".

A genealogia da pintura moderna — ou, mais precisamente, do artista maldito — proposta por Oswald de Andrade está visivelmente enformada pela aposta em uma arte coletivista, integrada à arquitetura e ao espaço urbano. O escritor, por assim dizer, sequestra a história da arte para sustentar a defesa de um modelo de produção artística que poderia recuperar ao ato de criação artística alguma dimensão coletiva, supostamente perdida. Isso porque, aos olhos de Oswald de Andrade, a sociedade moderna dava sinais de que caminhava naquela direção coletivista, com o surgimento de fenômenos sociais de massa como o futebol, o cinema, as paradas militares. O artista precisava assumir seu papel nesse novo contexto, precisava tomar posição e atuar politicamente, valendo-se do legado das vanguardas para restaurar a "função educadora" que a arte deveria ter em períodos coletivistas como seria a modernidade, na visão do escritor.

Naquele momento, tomava corpo no Rio de Janeiro um projeto multidisciplinar que parecia integrar o Brasil nesse movimento mais amplo: o edifício do Ministério da Educação e Saúde (1936-1945), que integrava à arquitetura projetada pela equipe de Lúcio Costa, afrescos e azulejos de Candido Portinari, esculturas de Bruno Giorgi, Celso Antônio, Adriana Janacópulos e Jacques Lipchitz, além do paisagismo de Roberto Burle Marx.

## 9. As pinturas do coronel

Ao contrário do que se poderia esperar, a participação nesse empreendimento de Candido Portinari, o "grande pintor brasileiro" em 1934, não entusiasmou Oswald de Andrade. A proposta do pintor para os painéis representando os ciclos

---

[187] *Idem*, p. 242.

econômicos brasileiros foi duramente criticada pelo escritor em dois artigos publicados em 1939.

O primeiro apareceu em 10 de maio no jornal carioca *Meio-Dia*, onde Oswald de Andrade mantinha duas colunas, "De Literatura" e "Banho de Sol". Com o título "De Literatura: Para Comemorar Machado de Assis", o texto não discute apenas a obra de Portinari, mas faz uma recapitulação do que era a literatura brasileira antes da Semana de 1922. O escritor focaliza dois dos autores mais valorizados por ele, Machado de Assis e Euclides da Cunha, como parte de uma reflexão sobre as estreitas perspectivas que percebia para a geração de jovens escritores que se formava nas capitais do país. Oswald de Andrade lamentava a inexistência de incentivos oficiais ao desenvolvimento do trabalho intelectual no Brasil, como programas de intercâmbio. Sem amparo do poder público, predominava junto aos que desejavam se dedicar à atividade intelectual um "clima de intimidação e terror" que os encaminhava ou para a "transigência" ou para a "miséria". Do lado da "transigência", Portinari aparece como um "caso típico de desorientação, de desacordo e de paraplegia criadora que atingiu na medula um dos maiores artistas nacionais, glória da recuperação brasileira para a pintura"[188].

O escritor resume a trajetória do "camponês bisonho e inculto de Brodowski" nos mesmos termos que havia feito em 1934. A obra de Portinari havia sido o "ascensional espelho das reivindicações que animavam a massa donde ele mesmo brotara", ascensão que culminava em *Café*. Oswald de Andrade relembra o que havia dito a respeito das figuras do artista, quebrando com sua monumentalidade "as estreitas molduras do quadro de cavalete" e exigindo a pintura mural. Deram, então, muros a Portinari, que se tornou, segundo o escritor, "o monopolizador dos afrescos oficiais"[189]. Aí começavam os problemas, pois uma "onda de reação" havia levado a "sinceridade" da obra inicial do artista: "O velho produto da Escola de Belas-Artes substituiu-se ao lírico do futebol e ao plástico dos negros e dos cafezais"[190]. Oswald de Andrade se referia aos estudos para os afrescos do Ministério da Educação e Saúde, publicados naquele ano pelo próprio ministério. Estes

---

188 Oswald de Andrade, "De Literatura: Para Comemorar Machado de Assis", *Meio-Dia*, 10 maio 1939.
189 Oswald de Andrade se refere ao fato de que entre 1935 e 1939, Portinari havia realizado, além dos afrescos para o Ministério da Educação e Saúde, os murais para o Monumento Rodoviário, na estrada entre o Rio de Janeiro e São Paulo (atual Rodovia Presidente Dutra), e os painéis para o Pavilhão Brasileiro da Feira Mundial de Nova York.
190 *Idem*.

eram, para o escritor, "simplesmente vergonhosos", exibições de virtuosismo em "pés, mãos, cabeças copiadas de Rivera ou de documentos coloniais", construídas com base em "recursos passadistas e primários"[191].

Se comparados aos trabalhos da exposição de 1934 discutidos acima, os estudos de Portinari para os afrescos, em especial os desenhos a carvão, apresentam de fato outro caráter. A monumentalidade obtida pelo agigantamento dos membros das figuras humanas, além de mais contida, ganhava agora um modelado anatômico bastante detalhado, construído por jogos de claro-escuro.

Para Annateresa Fabris[192], se o escritor tinha razão ao denunciar o "monopólio" exercido por Portinari, seu ataque às obras recentes do artista, acusando-o de imitar obras de outros artistas, não as considerava corretamente. Oswald de Andrade atacava a maestria técnica de Portinari, que desde seu retorno da Europa, em 1931, era o grande trunfo do artista contra os que ainda atacavam os modernistas com o argumento de que desconheciam o *métier*; mas seu alvo era, na verdade, o processo de "endeusamento" do pintor praticado por parte da crítica.

Essa interpretação ressoa no texto, pois paralelamente às críticas aos estudos para os murais de Portinari, Oswald de Andrade atacava também Mário de Andrade, um dos principais responsáveis pela difusão do "mito Portinari": "[Os estudos de Portinari] Só podiam fazer abrir de puro êxtase a beiçorra crítica do Professor Mário de Andrade que não percebeu, açulado contra a minha honesta campanha, os recursos passadistas e primários de que se utilizava agora o pintor"[193]. Na sequência, o escritor afirma que o próprio artista teria percebido os problemas por ele apontados, encontrando-se naquele momento em um estado de desorientação:

O que ele [Mário de Andrade] achava digno de Fídias, o próprio Portinari, perseguido pela sua má consciência, destruiu implacavelmente. Inquieto, o artista tornou-se um derruba-paredes. Nada mais o satisfazia, pois perdera o seu clima, que era a sinceridade. Acabou nas imitações desesperadas dos modernistas. Dos nacionais, recorreu a Segall e a Tarsila da fase Pau Brasil. E copiou Chagall e copiou Braque![194]

---

191 *Idem.*
192 Annateresa Fabris, *Portinari, Pintor Social*, São Paulo, Perspectiva/Edusp, 1990, p. 27.
193 Oswald de Andrade, "De Literatura: Para Comemorar Machado de Assis", 10 maio 1939.
194 *Idem.*

Assim, Oswald de Andrade atacava o artista para atingir o mito[195]. Em dezembro de 1939, ele voltou a criticar Portinari no artigo "As Pinturas do Coronel", publicado na revista *Dom Casmurro*[196]. Fundamentalmente, era a mesma crítica ao "mito Portinari", que encarnava, na opinião do escritor, o personagem histórico do coronel da Primeira República. Na verdade, "no campo despoliciado das nossas artes e letras", o "coronel" e seu latifúndio simbólico seria uma figura recorrente no Brasil, reunindo "em torno de si uma malta de pequenos sicários, violeiros e espiques[197], destinada justamente a produzir a acústica do Coronel e de seus feitos"[198]. Era isso que Portinari havia se tornado:

Portinari agora, é o Coronel Candinho, nada mais, nada menos, com capangas, moleques de cria, eleitores fanáticos, soltadores de rojão. Ninguém mais pode honestamente olhar a sua pintura, fazer este ou aquele reparo aos seus painéis, sem ser imediatamente considerado o inimigo n° 1 das artes nacionais. É bom, é ótimo, é único, está acabado! Porque é do Coronel Candinho[199].

O escritor outra vez acusa a cumplicidade com o artista manifestada por Mário de Andrade, sempre apontado por Oswald de Andrade como péssimo crítico[200]. Especificamente sobre a pintura do artista, no entanto, a opinião de Oswald

---

195 Annateresa Fabris, *Portinari, Pintor Social*, p. 28.
196 O texto possivelmente foi escrito em razão da exposição individual de Portinari no Museu Nacional de Belas-Artes naquele ano, que contou com 269 obras, e é mencionada pelo escritor.
197 Trata-se, provavelmente, de um abrasileiramento do inglês *speakers*.
198 Oswald de Andrade, "As Pinturas do Coronel", *Dom Casmurro*, ano 3, n. 127, 2 dez. 1939.
199 *Idem*.
200 "Nunca neguei ao Sr. Mario de Andrade o valor criativo de sua língua-bunda nem o de ter despejado os seus pesados recalques — quando ainda os tinha — nos desvarios de uma poesia revolucionária e de uma prosa tão inaugural como o foi em seu tempo, a de José de Alencar. O que sempre neguei e nego é que o autor ilustre de *Macunaíma* entenda alguma coisa de artes e literatura. Como crítico é um cavalo! Sabe um pouco de música por ter tirado um diploma de Humanidades e Clarineta no Conservatório Dramático e Musical de São Paulo. Claro que tinha que vencer a cultura de sandeu do sr. Oscar Guanabarino que ainda hoje escreve nas colunas do *Jornal do Commercio* sob o pseudônimo de Andrade Muricy. Em literatura deixa de marcar o aparecimento notável de Emil Fahrat, para jogar nas nuvens o soterrado Marques Rabelo. Vive das igrejinhas efêmeras que cria e alimenta. Esqueceu as fotografias de arte de Sergio de Castro. Mas lá está em azul 'avaly', com cara de quem ganhou cartucho de procissão, na exposição Portinari. Não foi à toa que ele teve de achar aqueles célebres e medíocres cartões para afresco, dignos de Fídias. A glória do Coronel exigia!". (*idem*)

de Andrade não se modifica. Reconhece nela a mesma "seriedade técnica" de Rodolfo Amoedo e Eliseu Visconti, e por isso mesmo entende-a como "uma volta à boa tradição de nossa Academia de Belas-Artes"[201]. Mas não entendia que Portinari estivesse em condições de passar desse domínio para a "posição de criador ou à responsabilidade muito séria de mestre modernista". O máximo que o artista poderia dar à pintura brasileira era "uma contribuição sentimental e plástica impressionante ou lavada que ensaia. É um bom pintor da terra de Brodowski"[202].

Não é fácil avaliar o que pode estar por trás de um juízo tão severo. Em todo caso, ele parece conter mais que apenas uma investida contra o "mito Portinari". Há que se levar em conta que, em "Elogio da Pintura Infeliz", o escritor defendia a importância do patrimônio das pesquisas das vanguardas, ainda que já fossem "passado", para a criação da "Ágora plástica" do mundo renovado. Além disso, em 1935, Oswald de Andrade defendeu as conquistas da geração de 1922, argumentando que não podiam ser ignoradas ou desprezadas como uma "carga importuna". Sua reação diante do que ele percebia como um retorno ao "velho produto da Escola de Belas-Artes" na pintura de Portinari indica a firmeza com que o escritor não abria mão daquelas conquistas, mesmo depois da autocrítica que vinha fazendo desde o início da década de 1930. O que permite compreender que aquela autocrítica não implicava a renegação das pesquisas de linguagem da primeira geração modernista, mas sim sua reorientação no sentido da coletividade, da revolução, da arte social. Qualquer "passo atrás" ou concessão no campo da linguagem, fosse a narrativa direta dos romances de José Lins do Rego, ou o detalhamento anatômico dos estudos de Portinari, era criticável para Oswald de Andrade, na medida em que se desviava da busca por formas de expressão que contivessem a marca de sua época, a marca da modernidade.

Alguns meses depois da publicação de "As Pinturas do Coronel", em fevereiro de 1940, a *Revista Acadêmica* editou um número em homenagem a Portinari, no qual incluiu artigos e depoimentos de dezenas de escritores, poetas e críticos, como Manuel Bandeira, Mário de Andrade, Aníbal Machado, Antonio Bento, Carlos Drummond de Andrade, Santa Rosa, Murilo Mendes, Lúcio Cardoso, José Lins do Rego, Pedro Dantas, Jorge de Lima, entre outros. Em 6 de abril, o semanário literário *Dom Casmurro*, com o qual Oswald de Andrade colaborava, publicou uma nota não assinada

---

201 *Idem.*
202 *Idem.*

criticando o caráter excessivamente laudatório da homenagem, que alçava Portinari à condição de único pintor existente no país, pela ausência de menções a qualquer outro artista nacional, fosse anterior ou contemporâneo ao pintor. Os editores também condenam a ausência de qualquer comentário crítico em relação à obra de Portinari, tampouco a artistas que o teriam "influenciado", como Diego Rivera.

Intervindo no debate, que Paulo Mendes de Almeida[203] denominou "o choque" entre o portinarismo e o antiportinarismo, a revista *Diretrizes*, com a qual Oswald de Andrade também colaborava, publicou no sexto número de seu Suplemento Literário o resultado de um inquérito sobre a polêmica, realizado entre diversos escritores. E o autor de *Rei da Vela* era um deles.

A resposta de Oswald de Andrade avaliava a homenagem da *Revista Acadêmica* — que o escritor descreve como *in memoriam* a Portinari — traçando uma analogia com um enterro, onde todos os amigos do pintor "gordo e regalado, morando bem mas na verdade pintando mal" compareciam para "cobrir de coroas o cemitério de obras que está saindo de sua palheta criadora". A pintura de Portinari sucumbira vítima de um "colapso criador". No final da resposta, o escritor analisa:

> O modernismo saído da fase heroica — Segall, Anita Malfatti, Tarsila — tinha que amolecer. Coube a Portinari esse destino que arfa de espasmos as narinas de seus dilatados capangas. Não foi só a Escola de Belas-Artes que venceu. O coronel também..."[204]

## 10. O ícone e a revolução

Daquela trinca de artistas da "fase heroica" do modernismo — da qual se encontra ausente, outra vez, Di Cavalcanti[205] —, Oswald de Andrade irá se aproximar,

---

[203] Paulo Mendes de Almeida, *De Anita ao Museu: O Modernismo, da Primeira Exposição de Anita Malfatti à Primeira Bienal*, São Paulo, Terceiro Nome, 2014, pp. 137-156.

[204] Oswald de Andrade, *Diretrizes*, ano 3, n. 25, maio 1940, Suplemento Literário, apud Paulo Mendes de Almeida, *De Anita ao Museu: O Modernismo, da Primeira Exposição de Anita Malfatti à Primeira Bienal*, p. 155.

[205] Uma das raras menções de Oswald de Andrade a Di Cavalcanti, aparece no texto "De Literatura: Em São Paulo", publicado no jornal carioca *Meio-Dia*, em 14 de abril de 1939, em que, ao mencionar a Semana de Arte Moderna e o Clube dos Artistas Modernos, o escritor lembra que o "travesso e completo Di Cavalcanti" havia participado de ambos (Oswald de Andrade, *Obras Completas X: Telefonema*, 2. ed., Rio de Janeiro, Civilização Brasileira, pp. 75-76).

Figura 15. Lasar Segall (Vilnius, Lituânia, 1889 - São Paulo, Brasil, 1957), *Retrato do Escritor Oswald de Andrade* (1940 c., grafite sobre papel, 50 cm x 33 cm). Acervo do Museu Lasar Segall-Ibram/Ministério do Turismo.

no início da década de 1940, de Lasar Segall. A amizade entre ambos existia já desde a década de 1920, quando Segall e sua esposa Jenny Klabin Segall frequentavam a Fazenda Santa Teresa do Alto, a convite do casal Tarsiwald. Era o período da alta do café, que Oswald de Andrade chama de sua "fase do café", quando podia oferecer ao casal Segall, no terraço de sua fazenda, "o leite espumoso de uma Jersey, com conhaque velho, trazido pessoalmente de Bordeaux", como conta no principal texto que escreveu sobre o artista, em 1943, a ser comentado adiante. Passados quinze anos daquela fase, marcados por crises políticas e econômicas no país, muitos terrenos vendidos e dívidas contraídas, Oswald de Andrade refletia: "Hoje só posso oferecer a Segall o meu entusiasmo"[206].

Desse entusiasmo e da aproximação entre ambos na década de 1940, surge uma colaboração importante, com as três ilustrações de Segall para o poema *Cân-*

---

206 Oswald de Andrade, *Estética e Política*, p. 221.

tico dos *Cânticos para Flauta e Violão*, escrito em dezembro de 1942 e dedicado a Maria Antonieta d'Alkmin, companheira de Oswald de Andrade, desde que se separou de Julieta Guerrini naquele mesmo ano, e com quem permanece até sua morte em 1954. Produzidas na mesma época em que Segall retratou em três desenhos o escritor [Figura 15], Gênese Andrade[207] identifica nas ilustrações para o poema o retrato de Maria Antonieta, musa cantada nos versos. Em "O Antropófago Oswald de Andrade"[208], Flávio de Carvalho comenta as ilustrações:

> Os desenhos do mestre Segall conseguiram compreender o poeta. Oswald, que criava palavras para preencher vazios no lirismo. O ritmo e o som tinham mais sentido que o mero significado. Era uma linguagem de volta ao útero, contendo, na expressão, a simplicidade dos primeiros habitantes do continente. Sexo e fome, condições básicas da natureza humana, eram na sua linguagem a nota dominante[209].

Se em sua poesia, como sugere Carvalho, Oswald de Andrade buscava uma "linguagem de volta ao útero", um modo de expressão originário, seu pensamento sobre arte nesse momento se dirige também para as origens da pintura, como parte da investigação iniciada em "Elogio da Pintura Infeliz" em torno da genealogia da pintura moderna. Quatro textos escritos em 1943 permitem compor um panorama dessa pesquisa de Oswald de Andrade, atravessada também por uma discussão sobre o lugar do artista na sociedade contemporânea, porque a investigação histórica, para o escritor, ganhava sentido efetivo ao permitir a compreensão e a transformação do presente. São eles, cronologicamente: "Diálogo Contemporâneo [I]", "O Intelectual e a Técnica", "A Evolução do Retrato" e "Diálogo das Vozes Segallianas", todos republicados nas coletâneas de artigos do escritor[210].

---

[207] Gênese Andrade, "Do Brado ao Canto, Oswald de Andrade, Anos 1930 e 1940", *Pagu, Oswald, Segall*, Curadoria e coordenação editorial Gênese Andrade, Catálogo, São Paulo, Museu Lasar Segall/Imesp, 2009, p. 21.

[208] Publicado originalmente na revista *Manchete*, 14 out. 1967.

[209] Flávio de Carvalho, "O Antropófago Oswald de Andrade [1967]", em Rui Moreira Leite *et al.*, *Flávio de Carvalho: Catálogo*, p. 107.

[210] As décadas de 1940 e 1950 são o período de atividade mais intensa e regular de Oswald de Andrade como colaborador de jornais, quando o escritor manteve as colunas "Feira das Sextas" (1943-1944), no *Diário de S. Paulo*, e "Telefonema" (1944-1954), no jornal carioca *Correio da Manhã*. Além disso, colaborou de forma mais esparsa também com outros jornais, entre os quais

Em "Diálogo Contemporâneo [I]", publicado no jornal *O Estado de S. Paulo*, em 8 de julho de 1943, Oswald de Andrade lança mão, como fizera na coluna "Feira das Quintas", na década de 1920, de um recurso literário — o diálogo — para abordar o tema que desejava discutir. Narrando o encontro em um restaurante de dois amigos que não se viam há muito tempo, o escritor retoma a discussão de 1938 sobre o apartamento ou desajustamento social do artista. Um dos personagens conta estar lendo o clássico de Oscar Wilde, *O Retrato de Dorian Gray*, por conta de uma curiosidade "pela etimologia de certas tendências persistentes do eu contemporâneo": "Não sei porque, mas o artista continua um rebelado e sem o caráter subversivo da sua aparição, ele não se afirma [...] Há uma espécie de marca de fábrica que faz diferentes os senhores da criação"[211]. Seu interlocutor aponta que a sociedade estava finalmente "compreendendo que artistas e escritores são padrão de boa terra" e procurava sanar o problema do isolamento e da miséria do artista, mas pondera que eram raros os artistas que "apesar de ter boa mesa e boa casa" continuavam com sua mensagem de protesto. O personagem traça então uma comparação entre Candido Portinari e Lasar Segall. Sobre o primeiro, ele afirma:

Veja entre nós, alguns casos presentes... o nosso Portinari. Desde a hora em que o poeta Carlos Drummond de Andrade[212] lhe deu a mão, passou a se tornar pior. Abusou do apoio. Agora, no Rio, houve uma exposição de pintura que se revestiu de um caráter sensacional. Não falo da de Portinari, falo da de Lasar Segall. Portinari está procurando de novo se desacademizar, mas não dá mais, senão raramente, os frutos da terra roxa de Brodósqui que caracterizaram a sua aparição[213].

se destacam os artigos para *O Estado de S. Paulo*, reunidos por Gênese Andrade no volume *Feira das Sextas*, de suas obras completas.
211 Oswald de Andrade, *Feira das Sextas*, 2. ed., São Paulo, Globo, 2004, p. 75 (Obras Completas de Oswald de Andrade).
212 O escritor se refere ao fato de que Carlos Drummond de Andrade foi chefe de gabinete durante a gestão de Gustavo Capanema no Ministério da Educação e Saúde, entre 1934 e 1945, período em que Portinari realizou os afrescos para o edifício do ministério; foi contratado para lecionar na Universidade do Distrito Federal, no Rio de Janeiro; realizou os painéis para o pavilhão brasileiro na Exposição Internacional de Nova York, em 1939; realizou, também em 1939, sua grande exposição individual no Museu Nacional de Belas-Artes, fatos que contribuíram para a fama do artista de "pintor oficial" do Estado. Para uma discussão crítica dessa imagem que se projeta sobre a obra do artista, consultar "O 'Problema Portinari'", em Annateresa Fabris, *Portinari, Pintor Social*, pp. 25-40.
213 Oswald de Andrade, *Feira das Sextas*, p. 76.

Segall, por sua vez, um "europeu educado e fino", que aparecia publicamente sempre sorrindo e amável, "trazendo na mala a sua carta de naturalização e seu atestado de boa conduta", persistia, no entanto, em sua missão de protesto e guardava "no bolso do seu sobretudo bem talhado", a "bomba-relógio" de sua arte. Esta era, diz um dos personagens, a expressão de sua condição de *heimatlos*, de indivíduo "que perdeu o lar, perdeu a pátria"[214]. Era aquela persistência em protestar e refletir sobre essa condição que fazia o valor de obra de Segall, como sugere ainda o mesmo personagem:

Veja se no tumulto presente não é esse um dos dramas fundamentais, o de homem que é forçado a deixar suas raízes... Os motivos de Segall, que nos apaixonam, vêm nos seus imigrantes, nas suas famílias desgarradas nas travessias do oceano incerto, nas carnificinas legais dos pogroms, na guerra... e a prova do que digo está na recente exposição realizada no Rio[215].

O personagem se refere à mostra individual do pintor, aberta em maio de 1943 no Museu Nacional de Belas-Artes e patrocinada pelo Ministério da Educação, na qual estavam expostas obras como *Navio de Emigrantes*, *Pogrom* e *Guerra*. A exposição vinha sendo objeto de uma campanha difamatória de caráter nacionalista, antissemita e anticomunista, promovida por Cypriano Lage, Carlos Maul e Augusto de Lima Jr., nas páginas do jornal *A Notícia*[216]. A campanha entra na conversa dos dois amigos, sendo descrita como um verdadeiro *pogrom*, um ataque violento e destrutivo contra Segall, que poderia ter chegado ao linchamento físico do artista. Seus protagonistas são apontados como "filhos naturais de Goebbels"[217], que queriam "esmagar" Segall, apesar de toda a disposição do artista em se "passar por inofensivo e bonzinho".

Os dois amigos ponderam então que um verdadeiro artista, tenha ou não "ótimos costumes, hábitos normais e posição social vigente", carregará sempre "essa

---

214 *Idem*, p. 77.
215 *Idem, ibidem*.
216 Sobre o assunto, ver Maria Luiza Tucci Carneiro e Celso Lafer, *Judeus e Judaísmo na Obra de Lasar Segall*, Cotia, Ateliê Editorial, 2004, pp. 62-74.
217 Referência ao político alemão Joseph Goebbels, Ministro da Propaganda da Alemanha nazista, entre 1933 e 1945.

característica contrária a seu tempo"[218]. Suas opiniões, no entanto, se dividem: enquanto um acredita que sim, acrescentando ao exemplo de Segall, os de Oscar Wilde e Liev Tolstói, o outro defende que "em alguns países", a sociedade já era capaz de fazer de grandes artistas também "grandes homens oficiais", citando os exemplos soviéticos do compositor russo Dmitri Shostakovitch e do escritor Feodor Gladkov e, do "lado da paranoia", Adolf Hitler, cujo livro *Minha Luta* constituía, diz o personagem, a base de sua carreira sangrenta. O personagem sugere que Hitler havia sido compreendido "por milhões de desorganizados, de enlouquecidos", por alemães que ansiavam por um chamado ao qual pudessem dedicar "toda sua gigantesca vocação técnica". Ansiavam por "uma voz da floresta", que havia aparecido na voz de Hitler. Encerrando a conversa, o interlocutor complementa: "[Uma voz] Que a sociedade, para subsistir, precisa abafar"[219].

O diálogo permite perceber que Oswald de Andrade dividia-se em sua avaliação do que poderia ser o futuro do artista como ser social naquele momento. Parece claro que o diagnóstico de uma história de isolamento e apartamento social, agravada no século XIX e em crise na primeira metade do século XX, estava consolidado para o escritor. Mas o lugar reservado ao artista pela sociedade contemporânea, entendida por Oswald de Andrade como uma sociedade em transição para um futuro coletivista, capaz de mobilizar grandes contingentes humanos em espetáculos de massa (entre os quais, as paradas militares), não parecia claro. Se por um lado existiam os artistas a serviço do Estado, por outro, a obra de um "artista" era capaz de produzir um fenômeno de paranoia coletiva, de consequências nefastas em escala mundial[220]. Ao menos era assim que Os-

---

[218] Oswald de Andrade, *Feira das Sextas*, p. 77.
[219] *Idem*, p. 78.
[220] Essa argumentação remete ao trecho final de "A Obra de Arte na Era de sua Reprodutibilidade Técnica" (1935-1936), em que Walter Benjamin comenta o que denominou "estetização da política": "'*Fiat ars, pereat mundus*', diz o fascismo e espera que a guerra proporcione a satisfação artística de uma percepção sensível modificada pela técnica, como faz Marinetti. É a forma mais perfeita do *art pour l'art*. Na época de Homero, a humanidade oferecia-se em espetáculo aos deuses olímpicos; agora, ela se transforma em espetáculo para si mesma. Sua autoalienação atingiu o ponto que lhe permite viver sua própria destruição como um prazer estético de primeira ordem. *Eis a estetização da política, como a pratica o fascismo. O comunismo responde com a politização da arte*" (Walter Benjamin, "A Obra de Arte na Era de sua Reprodutibilidade Técnica", *Magia e Técnica, Arte e Política: Ensaios Sobre Literatura e História da Cultura*, 7. ed., tradução Sérgio Paulo Rouanet, São Paulo, Brasiliense, 1994, p. 196, grifos do autor).

wald de Andrade parecia entender naquele momento o que acontecia na União Soviética e na Alemanha nazista.

Em "O Intelectual e a Técnica"[221], à percepção da marginalização do artista e do escritor na sociedade capitalista acrescentam-se algumas considerações sobre o caráter pedagógico que a atuação de ambos poderia assumir no futuro, recuperando o que seria "a grande linha clássica da intervenção intelectual nos destinos humanos":

De Ésquilo aos profetas judaicos, de Aristófanes e Plauto a Petrônio e Sêneca, dos filósofos da patrística aos nominalistas medievais, de Francisco de Assis a Thomas Morus e Campanella, há todo um arco de ação que liga a intervenção correcional, progressista e polêmica de escritores e artistas na marcha da civilização[222].

Esse arco histórico de ação intelectual, representado na pintura pelo "fogo purificador" do "cartaz religioso de Leonardo da Vinci e dos sinfonistas murais de Veneza", havia sido rompido pela "fome ascensional de poder" da burguesia, que "baniu da utilidade pública o filósofo e o pintor". Surgia assim a "pintura infeliz", onde se refugiaram o "sentido partidário" e a "função pedagógica" inerentes a toda pintura antes da era burguesa. É assim que Oswald de Andrade começa a esboçar uma argumentação sobre as origens da pintura, que é ao mesmo tempo uma afirmação de seu caráter essencialmente pedagógico:

Desconhecer a função pedagógica da pintura é ignorar que ela foi o primeiro alfabeto e que sua compreensão para a massa continua instantânea, próxima e direta. Ela foi a fixadora dos primeiros aspectos que interessaram o homem da caverna na caça e na luta, pelos seus primeiros espaços. A mitologia e a história tiveram nela a sua razão educadora inicial, no Egito, em Knossos e Micena. Religiosa e decorativa na Índia, na Pérsia e na Mesopotâmia, ela foi a companheira prestigiosa da marcha ética dos deuses. E na catacumba surge ela na efígie revolucionária do Cordeiro imolado. Daí fixa-se no mural das primeiras igrejas cristãs. O bizantino manda-lhe o vitral e o mosaico faz da Ravena Felix o primeiro comício mural dessa grande procissão em que pouco a pouco o homem

---

221 *O Estado de S. Paulo*, 18 de setembro de 1943.
222 Oswald de Andrade, *Feira das Sextas*, p. 131.

despe as suas aflições e roupagens místicas e se isola e humaniza na vitória plástica e única de Rafael Sanzio de Urbino. Estava criado o quadro de cavalete[223].

Para se reaproximarem daquele sentido pedagógico, de compreensão "instantânea, próxima e direta", que do Barroco ao surrealismo havia se perdido, intelectuais e artistas precisavam se apropriar da técnica moderna:

> É na técnica que o intelectual contemporâneo deve se organizar. Hoje, ela constitui o seu clima como constitui todo o clima do homem. Que é a guerra atual senão a guerra técnica? E que assistimos no Brasil, senão à passagem da era agrária para a era industrial?[224]

Oswald de Andrade cita então dois trechos da carta-prefácio publicada, em 1937, com a peça *A Morta*, em que expunha sua compreensão sobre o afastamento em que os poetas se encontravam em relação à "linguagem útil e corrente". O escritor conclamava os intelectuais à participação nos "chamados populares", incitando-os a sair do "soterramento" em que se encontravam para voltar "às barricadas". Para isso, no entanto, era necessária "a coragem incendiária de destruir a própria alma desvairada que neles nasceu dos céus subterrâneos a que se acoitaram. As catacumbas líricas ou se esgotam, ou desembocam nas catacumbas políticas"[225]. É aí que entra a questão da técnica, pois, como ele já havia sugerido em "Elogio da Pintura Infeliz", nessa subida das catacumbas às barricadas, nenhuma conquista técnica poderia ser abandonada:

> Se de fato é a desagregação da forma e do espírito que presidem ao surto das escolas ininteligíveis da pintura e da poesia deste século, elas participam com Chirico, Miró, Dalí e os expressionistas, da revelação dos continentes freudianos emersos no cataclismo de uma era. [...] Hoje não mais se malbaratam o poeta, o pintor e o filósofo nas diabruras espetaculares dum virtuosismo sem finalidade e sem ação. Obtida a técnica expressional, tomam os intelectuais o seu posto na vanguarda das reivindicações civilizadoras[226].

---

223 *Idem*, p. 132.
224 *Idem*, p. 130.
225 *Idem*, p. 133.
226 *Idem, ibidem*.

Esse é, em resumo, o entendimento dialético que Oswald de Andrade tinha da história da pintura e da poesia modernas: postas em situação de marginalidade social desde o século XVI, atingindo seu ápice no século XIX, foi, no entanto, nessa condição que se constituiu toda a técnica expressiva que manteve vivo o caráter de protesto e de "intervenção correcional" inerente à toda ação verdadeiramente intelectual. Com a nova época coletivista que o escritor acreditava estar emergindo, o intelectual — compreendendo escritores, poetas e artistas — reassumiria sua função pedagógica, mas sem abrir mão das conquistas técnicas[227] que obtivera durante os séculos de isolamento e análise.

Se essa síntese estiver correta, pode-se argumentar que Oswald de Andrade compreendia a sociedade coletivista do futuro ao mesmo tempo como superação e como conservação do individualismo que caracterizava a sociedade capitalista. Era por entender que o individualismo construído ao longo de cinco séculos de civilização capitalista não desapareceria simplesmente, mas seria um elemento constitutivo da nova sociedade socialista, que Oswald de Andrade não descartava a importância do patrimônio de recursos expressivos legado pelas vanguardas desde o fim do século XIX, na análise que desenvolveram do indivíduo produzido pela civilização que se esgotava.

Esse entendimento já estava contido no pensamento do escritor em 1938, como mostra "Elogio da Pintura Infeliz". Desse texto até 1945, ano de publicação da coletânea de artigos *Ponta de Lança*, que reúne os textos de duas conferências sobre pintura a serem discutidos na sequência, e do segundo volume de *Marco Zero*, discutido no próximo capítulo, é possível afirmar que Oswald de Andrade apenas desenvolve aquela percepção sobre o estado de transição em que se encontrava a sociedade mundial naquele período e sobre o modo como acreditava que artistas e escritores deveriam atuar na construção do futuro[228].

---

227 Note-se como Oswald de Andrade entendia técnica como meio de expressão. Se o intelectual contemporâneo deveria se "organizar" na técnica, isso significava compreender o que a "era industrial", na qual o Brasil começava a entrar, havia representado em termos de transformação da relação entre homem e mundo, quais novas experiências ela havia produzido, e como isso poderia se tornar meio de expressão literária e artística. Não há nada no discurso do escritor que aponte para a possibilidade do artista se apropriar materialmente de técnicas industriais para a criação, como sugeria Siqueiros.

228 Pode-se argumentar que já na década de 1920, ao se referir à geração modernista como "primitivos" de uma época clássica por vir, Oswald de Andrade já sinalizava esse diagnóstico. No entanto, naquele momento o escritor visava o processo de atualização das "técnicas expressionais", buscando

Se em "O Intelectual e a Técnica" sua discussão se circunscreve à noção de "técnica expressional", na conferência "A Evolução do Retrato", proferida em 30 de setembro de 1943, no encerramento da exposição individual de Carlos Prado, realizada no salão do Edifício Jaraguá, em São Paulo, Oswald de Andrade direciona parte de sua reflexão para a imagem técnica, mais especificamente, a fotografia e suas derivações no campo da comunicação de massa.

O texto é um ensaio sobre o retrato, que abrange desde a arte bizantina até Man Ray, passando por Giorgio Vasari e tendo por fio condutor o problema básico da fixação da imagem de uma pessoa. Configura-se como um percurso livre que, independentemente do pouco rigor das aproximações e das sínteses interpretativa propostas, mostra-se coerente com o pensamento que Oswald de Andrade vinha formulando sobre a função social da arte.

Logo ao introduzir o tema da conferência, o escritor insere nele a fotografia, observando que seu surgimento e difusão, nos séculos XIX e XX, haviam provocado uma mudança semântica na palavra retrato. Antes, "como em todos os tempos", retrato tinha apenas um sentido, que o escritor não diz qual era, mas que se pode supor que fosse a imagem de uma única pessoa, pois na sequência ele diz: "Hoje, ao contrário, retrato é a fotografia dos parentes no álbum de família, os noivos e o casal endomingado, o instantâneo de praia ou de jardim público ou através do magazine, a imagem sagrada da estrela e do astro"[229]. Percebe-se como Oswald de Andrade aproxima a imagem profana com a dimensão do sagrado, algo que ele irá repetir ao longo do texto.

O escritor reconhece o "triunfo momentâneo da Kodak sobre o pincel" como consequência da "era da máquina", mas não restringe a imagem fotográfica apenas à "semelhança" com a realidade, que a mão do pintor nunca conseguiria igualar. Para Oswald de Andrade, em sua evolução técnica, "do tosco e romântico daguerreótipo ao tecnicolor luzente", e com as experiências de composição, tempo de pose, ângulo, fundo e "acessórios", a fotografia tinha deixado de ser "naturalista para se tornar interpretativa, intervencionista e criadora". Por outro lado, isso não a retirava ainda do campo do registro da vida cotidiana:

---

adequá-las às experiências da vida moderna e aos fatos estéticos brasileiros. A dimensão política de intervenção pedagógica e transformação social que aparece na década de 1930 ainda não existia.

[229] Oswald de Andrade, *Ponta de Lança*, p. 140.

[A fotografia] Quis significar, numa comemoração sentimental ou alusiva pelo menos, os grandes feitos domésticos ou as intencionais valorizações do cotidiano de cada um. Tomou então a fotografia, e particularmente o retrato fotográfico, no segredo da pose, nos claro-escuros do sonho, na personalização procurada pela anedota caseira, um ar de sociologia ilustrada que ficará talvez mais importante para os pesquisadores do futuro, do que propriamente as minúcias documentaristas a que eles hoje se dedicam[230].

Do universo de "sociologia ilustrada", criado pelas imagens dos fotógrafos ambulantes dos jardins públicos, havia surgido, para Oswald de Andrade, uma primeira aproximação com a arte, na pintura de Henri Rousseau: "Este primitivo da fotomontagem está ligado pelo caráter urbano, maravilhoso e popular de sua obra à fotografia, ao cartão-postal e ao retrato"[231]. Se a pintura trazia a fotografia para seu interior, logo o inverso também ocorreu:

[...] passou a fotografia a recriar os domínios imaginosos que o impressionismo esvaía sobretudo em Carrière e a refazer na chapa, na madeira e no zinco o claro-escuro de Rembrandt. Chegou então às abstrações do americano Man Ray que isolava o objeto, produzindo a afirmação seca e triunfal das tintas clássicas de Dominique Ingres. De um modo concordante, deixava a fotografia as brumas poéticas da Bruges de Rodenbach para querer atingir o pendant sintético da escultura de Brancusi[232].

Na sequência, o escritor conecta o desenvolvimento das técnicas de reprodução fotográfica ao universo da comunicação de massa e às urgências de "acústica social" que o "mundo civilizado" vivia desde a Revolução Russa de 1917. Os artistas, já interessados pelo cinema e pela fotografia, não ficaram alheios àquele universo

---

[230] *Idem*, p. 141. Não é desprovido de interesse lembrar que data de 1943 o retrato do escritor realizado por Gregori Warchavchik, em que o "segredo da pose" aparece para compor o que talvez seja um dos retratos fotográficos mais expressivos de Oswald de Andrade. Também vale a menção à segunda candidatura do escritor a uma vaga na Academia Brasileira de Letras, uma espécie de "performance" literária. Junto com a carta aberta que dirigiu aos imortais, na qual se declarava um paraquedista ao lado dos outros candidatos (Menotti del Picchia e Manuel Bandeira), Oswald de Andrade divulgou no "Suplemento literário" do jornal *Meio-Dia*, em 22 de agosto de 1940, uma fotografia em que aparecia usando uma máscara contra gases venenosos, adquirida durante a última viagem do escritor à Europa, realizada no ano anterior.
[231] *Idem*, p. 142.
[232] *Idem, ibidem*..

e responderam a ele "na fotomontagem, no papel colado de Picasso e no construtivismo". Percebendo, porém, que se afastava com essas considerações do tema do retrato, Oswald de Andrade corta bruscamente sua reflexão sobre a relação entre arte e imagem técnica, para retomar o assunto de sua conferência. De todo modo, por essas considerações, percebe-se como ficou em 1921 o escritor que bradava — "Arte não é fotografia, nunca foi fotografia! Arte é expressão, símbolo comovido". Agora, arte e fotografia eram vasos comunicantes, informando-se mutuamente e em diálogo com o universo mais amplo da comunicação de massa.

Da realidade contemporânea, Oswald de Andrade salta para o Renascimento, resgatando uma afirmação que atribui a Giorgio Vasari, de que Giotto e Cimabue haviam sido os criadores da "arte do retrato", no século XIII. Discordando dessa origem, o escritor retoma "a lenda piedosa" do véu de Verônica, que ele já havia trabalhado na peça *O Homem e o Cavalo*. Ali estaria, em sua opinião, a origem remota do retrato, "a primeira valorização da efígie humana, num pano branco", a ideia "do primeiro documento da pessoa em pose", que teria conferido ao cristianismo "toda uma predestinação plástica e colorista"[233].

Dessa dupla "predestinação", os mosaicos de Ravena e as iluminuras dos livros de horas, missais e saltérios, "onde o sentimento bizantino produzia a época do ícone que caracterizou o primeiro cristianismo", seriam os primeiros produtos. O ícone bizantino, "dramático e polêmico", trazia, para Oswald de Andrade, a marca da primeira conquista "das almas bárbaras e pagãs" pela ideia do Cristo. E era, ao mesmo tempo, o "precursor humilde e tenaz" do retrato que surgiria no Renascimento. No ícone já existiria "a individuação do assunto, o tratamento expressional dos personagens", e já preexistiria "toda uma técnica do retrato, dando ao rosto das figuras, aos olhos sobretudo uma persuasão plástica que anuncia na pobre pintura sobre madeira e sobre pergaminho da Idade Média, a geometria calculada de Leonardo e de Rafael"[234].

Retomando Vasari, Oswald de Andrade sugere que já com Cimabue o Renascimento ensaiava os primeiros passos na direção do naturalismo, no sentido de um esforço por fazer com que a pintura parecesse viva. O escritor apresenta uma série de trechos, citados no original italiano, em que Vasari comenta os retratos de Giotto, Ticiano, Giorgione, Rafael e Leonardo, ressaltando a semelhança da pintu-

---

[233] *Idem*, p. 143.
[234] *Idem*, p. 144.

ra ao modelo, a impressão que transmitiam de estarem vivas. Na "ilusão do vivo e do natural" exaltada por Vasari, Oswald de Andrade percebia a "adesão da cultura humanística ao homem individuado", que era ao mesmo tempo uma afirmação filosófica, social, política e plástica: "É o homem só, exaltado na sua individuação espetacular. O doge, o papa, o cardeal e o grande senhor. É toda a Renascença no seu sentido social e político como na sua definitiva intenção plástica"[235].

A libertação das "brumas coletivistas" e a conquista do indivíduo traziam também a descoberta do mundo interior, que se manifesta no "primeiro sorriso burguês" documentado na Gioconda, retrato da mulher "que deixou de ser a serva e não é também a virgem dos altares dissimulada na carnadura dos modelos. É a mulher somente, nos albores de uma humanidade nova, ainda não aviltada pela competição e pelo lucro"[236].

Àquele retrato "panegírico e vitorioso" da Renascença italiana, Oswald de Andrade contrapõe os retratos de Goya, "que inicia a corrida de touros com os personagens que procuram comprar o seu pincel". O pintor espanhol representaria um primeiro movimento de confronto entre o artista e a sociedade mercantilizada, investindo "contra os palermas que lhe dão de comer a troco de uma roupagem de vermelhão e de cobalto. O retrato de Goya passa a ser hostil ao retrato"[237].

O século XIX, ápice do isolamento e da oposição entre artista e sociedade burguesa, como foi visto nos outros textos de Oswald de Andrade comentados aqui, aparece agora, curiosamente, como um período em que o retrato se desindividualiza. O artista isolado, expulso dos círculos das classes dominantes, direciona seu interesse para a "vida anônima" da cidade:

> É o retrato de um homem, de uma mulher, de uma moça ou de uma criança rosada. De um bebedor de cerveja ou de absinto. Ou são os ambientes excepcionais, como os circos de Toulouse-Lautrec que anunciam Picasso, as dançarinas de Degas, os cafés-concertos de Manet, e os piqueniques onde a pequena burguesia vai comer na relva e realizar dentro da ordem imposta seu cândido desafogo dominical[238].

---

235 *Idem*, p. 145.
236 *Idem*, p. 146.
237 *Idem*, p. 147.
238 Oswald de Andrade, *Ponta de Lança*, p. 147.

Quando os artistas singularizam indivíduos, são os seus iguais, "os poetas e os escritores malditos e subversivos": Stéphane Mallarmé, retratado por Degas; Émile Zola, por Manet; Baudelaire, por Daumier; Carlyle, por Whistler. É a época do "pincel que não se vende" de Cézanne e Van Gogh, opondo-se a uma "sub-pintura de folhinha" realizada para satisfazer a autoimagem dos "senhores da hora"[239]. Apenas Jacques-Louis David, Dominique Ingres e Eugène Delacroix são apontados pelo escritor como artistas que conseguiram romper o desligamento entre artista e sociedade burguesa.

Encerrando a conferência, Oswald de Andrade apresenta uma imagem alegórica que, em sua opinião, representava melhor do que qualquer "crítica minuciosa, ou exposição retrospectiva" o que era para ele o enigma da pintura, da Renascença até aquele momento. Essa imagem era o retrato de Dorian Gray. A história dessa pintura imaginária, cuja face adolescente se transformava a cada "bela torpeza" praticada pelo modelo retratado, convertendo-se em um reflexo monstruoso de sua "alma tenebrosa", resumia para Oswald de Andrade a história da pintura infeliz:

> Da alma enclausurada, nos afastamentos voluntários da vida social, surge a mais estranha galeria de figuras dramáticas com que a humanidade se retratou. Dorian Gray identifica-se nas tragédias de Daumier, nas cores sombrias de Courbert, nas rudes aparições de Manet, nas carnes gordas de Renoir. E de repente Rafael Sanzio de Urbino vê da sua perene mocidade, brotar no depoimento de Cézanne, a corcunda terrificante de Emperaire[240].

Da face imberbe de Rafael à figura do ano corcunda Achille Emperaire, retratado por Cézanne, a pintura havia absorvido toda sorte de "belas torpezas", do "esfarelamento" plástico impressionista às "diversões" do pontilhismo; das "taras invencíveis" dos *fauves*, às "monstruosidades" do expressionismo e do surrealismo. Como Dorian Gray, que tentou destruir seu retrato ignominioso, o artista moderno investiu contra a pintura: "O homem então, que pinta sua alma e não a encontra mais, pois ela se cultivou na solidão e no nada, atira-se contra a tela que o identifica e a destrói. É o Dadaísmo"[241].

---

239 *Idem*, p. 148.
240 *Idem*, pp. 149-150.
241 *Idem*, p. 150.

No romance de Oscar Wilde, Dorian Gray acaba morto, restaurando assim os traços originais de seu retrato. A frase final da conferência de Oswald de Andrade aponta qual seria o caminho para que a pintura moderna também alcançasse essa restauração:

> É então nos primeiros ensaios do mural moderno, como na ascese disciplinada que procuram a pintura soviética e mexicana, é nesses anseios prenunciados pela estética construtora de Léger e de Picasso que se pode restaurar a primavera de Dorian Gray[242].

Percebe-se como, ainda em 1943, já depois das polêmicas relacionadas às realizações de Portinari como muralista no Brasil, Oswald de Andrade continuava acreditando que o caminho da pintura era o "mural moderno". Se Portinari não havia alcançado o que Oswald de Andrade esperava de suas qualidades como artista, tendo "regressado", em sua opinião, a soluções plásticas hauridas nas lições acadêmicas da Escola Nacional de Belas-Artes, Lasar Segall aparece na década de 1940, como foi visto em "Diálogo Contemporâneo [I]", como um "mestre" que serenamente não deixava de afirmar sua arte de protesto.

Em "Diálogo das Vozes Segallianas", redigido em 20 de outubro de 1943 e publicado na *Revista Acadêmica*, em junho do ano seguinte, Oswald de Andrade apresenta sua visão sobre a obra de Segall, simulando um diálogo entre o que seriam duas vozes internas da mente do artista, o ícone e a revolução. Antes de apresentar o diálogo propriamente, o escritor introduz essa abordagem narrando um episódio que o próprio Segall teria lhe contado, exemplar da sua vida de *heimatlos*, quando o pintor teria tomado um trem na fronteira entre dois países, "sem saber para que destino o levava, se para a fuga ou para a prisão". Todo o "pânico" presente em sua obra resultaria desse anseio diante da indefinição entre fuga e prisão: "São suas figuras, cores e composições, uma demonstração plástica do ser que luta e se desdobra entre a agonia de viver e a certeza da morte"[243].

No diálogo, que tem por cenário "um grande ateliê de cortinas cerradas", a voz do ícone se apresenta como "o elemento essencialista da obra do mestre", do qual a pintura e o cristianismo nasceram. Na obra de Segall, o ícone residia nos olhos de suas figuras e nas tragédias que eram o homem, a mulher e a criança.

---

242 Idem, ibidem.
243 Oswald de Andrade, *Estética e Política*, p. 221.

Também se manifestava na "fatura primitiva" e no caráter de debate psicológico do artista entre o individual e o universal, "duas irreconciliações" que eram o "destino do próprio mundo". "Eu sou a permanência", diz a voz do ícone, em sua última intervenção[244].

A voz da revolução, por sua vez, apresenta-se como "o sentido perturbador e inconformado do homem que perdeu o seu lar, sua pátria e seu clima", habitando o inesperado, mas ambicionando o porto de uma vida nova. Plasticamente, ela se manifestava na arquitetura dos quadros do artista, "no pano amplo da guerra", nos cadáveres do pogrom, nas mãos dadas dos imigrantes e nas "massas do velho Brueghel do *Navio de Imigrantes*. A revolução era "o sentimento dramático de sua inspiração", a "construção dirigida através da saudade para os tempos novos e convulsos de hoje". "Eu sou o futuro", diz a voz, encerrando o texto[245].

Com esse diálogo imaginário, Oswald de Andrade não apenas situava Segall dentro do panorama de sua investigação sobre as origens do retrato e da própria pintura, como acrescentava àquela investigação a ideia de que a pintura evolui pela dialética entre a permanência e a revolução. Não é por outra razão que em "Salada Russa", publicado na coluna "Feira das Sextas" do *Diário de S. Paulo*, em 27 de agosto de 1943, o escritor colocou na fala de um dos interlocutores de seu diálogo ficcional uma declaração que demonstrava toda a sua admiração pela obra do artista. Comparando-o outra vez a Portinari, em torno do qual o personagem afirma que havia se formado um "PRP", em referência ao Partido Republicano Paulista que dominava a política de São Paulo até 1930, o escritor menciona a formação de uma "vitoriosa coligação [...] ante a maravilha emocional e política que são *Os Emigrantes* realizados, na maior técnica que o Brasil possui, por Segall..."[246].

O artista lituano superava Portinari inclusive na técnica. Não apenas porque, para Oswald de Andrade, técnica estava relacionada sobretudo à expressão, o que em sua opinião faltava à pintura do artista brasileiro desde que deixara a "sinceridade" com que havia tratado as cenas de Brodowsky, os morros cariocas e os trabalhadores rurais. O que fazia da técnica de Segall a maior que o Brasil

---

244 *Idem*, pp. 222-223.
245 *Idem*, p. 223.
246 Oswald de Andrade, *Feira das Sextas*, p. 126.

possuía era a maneira como o artista resolvia a contradição entre o permanente e o incerto — o ícone e a revolução — que movia todo ato de criação intelectual[247].

## 11. Prelúdio a *Marco Zero II: Chão*

Em 15 de agosto de 1944, por ocasião da Exposição Brasileiro-Norte-americana de Arte Moderna, realizada na Galeria Prestes Maia, em São Paulo, Oswald de Andrade pronunciou a conferência "Aspectos da Pintura Através de *Marco Zero*"[248]. No ano anterior, ele já havia publicado o primeiro volume do romance, intitulado *Marco Zero I: A Revolução Melancólica*, e vinha divulgando em entrevistas a publicação próxima do segundo volume. Na conferência, aproveitou a oportunidade para continuar essa divulgação e também avançou em alguns pontos no que diz respeito à visão conciliadora entre experimentação estética e preocupação social que se nota em seus textos desde "Elogio da Pintura Infeliz". Não é o caso aqui de apresentar o resumo feito pelo escritor dos debates entre os dois personagens pintores do romance, uma vez que as cenas protagonizadas por eles serão discutidas no próximo capítulo. Por ora, interessam os trechos finais da conferência, que destacam a importância da dimensão revolucionária da pintura moderna:

A pintura moderna subsistiu porque toda ela é revolução. Revolução na técnica, revolução no espírito, revolução no sortilégio, revolução no material e na plástica. [...] Não é só o esplêndido documentário lírico que nos deram os surrealistas, os impressionistas, os fauves, e os primitivos, realizando plasticamente os continentes freudianos do sonho e da sexualidade, mas há o sentido de protesto e a mensagem de sublevação que marcaram essa pintura também infeliz, também enxotada da incapacidade de compreensão da burguesia, como tinham sido os "monstros" de Cézanne, de Van Gogh e de Gauguin. Se o cabotinismo interveio e o mercado de quadros exaltou superfluamente certas tendências e certos valores, o fenômeno, no entanto, não pode ser por isso diminuído ou desvirtuado [...][249]

---

[247] Em "Diálogo das Vozes Segallianas", ao dizer que a mente do pintor oscilava entre ícone e revolução, Oswald de Andrade acrescenta: "Porque não me venham dizer que o pintor pinta com outra coisa senão com a cabeça, sendo as mãos e o pincel um prolongamento acessório do que ele recebe, sofre e alegoriza" (Oswald de Andrade, *Estética e Política*, p. 221).
[248] O texto da conferência foi incluído na seleção de ensaios reunidos no volume *Ponta de Lança*, publicado em 1945, mesmo ano da publicação de *Chão*.
[249] Oswald de Andrade, *Ponta de Lança*, p. 183.

A partir desse reconhecimento, o escritor apresenta uma posição que pode ser entendida como conciliadora entre a experimentação estética e a preocupação social:

> Não é possível, a pretexto de uma volta ao normal, eliminar-se da criação plástica contemporânea, a pesquisa que resultou de um século de análise do homem. Nada excluirá *Guernica* do coração da pintura social. A pretexto de se inaugurar um novo ciclo clássico, instalar-se-ia a pequena e sempre vitoriosa e servil, paciência acadêmica, sem espírito e sem drama. Seria excluir da criação toda aventura. E pior ainda, tirar da tela o seu incisivo caráter de debate interior[250].

Trata-se de uma ideia semelhante à que aparece em "Diálogo das Vozes Segallianas". O direcionamento social da pintura não poderia excluir aquele debate interior entre o ícone e a revolução, o permanente e o incerto. A superação do caráter marginal e mergulhado no individualismo, que a pintura teria assumido nos séculos XIX e XX, não significava abrir mão das conquistas e da ampliação do campo de experimentação pictórica que essa mesma pintura havia alcançado. O novo ciclo clássico da pintura não significava uma "volta ao normal", mas antes um realinhamento dialético daquelas conquistas vanguardistas no sentido do que Oswald de Andrade julgava ser uma forma de arte mais próxima da natureza coletivista da sociedade do futuro.

Se a caracterização histórica do surgimento da pintura moderna como conectada à ascensão econômica e política da burguesia, cujo ponto culminante no século XIX teria produzido a fratura entre artista e sociedade, assume por vezes contornos algo mecânicos e esquemáticos no pensamento de Oswald de Andrade discutido acima, a defesa que o escritor faz da liberdade de pesquisa estética mostra que é preciso compreendê-la no contexto daquilo que ele projetava para o futuro da pintura e da sociedade no momento de suas intervenções. Aquela genealogia é determinada pela ideia do fim do ciclo histórico da burguesia e do individualismo e da transição para um ciclo socialista e coletivista, ideia que está na base também do projeto de seu último romance, *Marco Zero*. As vanguardas modernas são entendidas como a conquista da liberdade e do mundo interior, mas também como o índice da agonia de uma época. Dentro desse esquema de interpretação histórica, a pintura da nova época deveria se desenvolver da tensão entre a suposta liberdade

---

250 *Idem*, pp. 184-185.

conquistada pelo artista em relação aos círculos de poder político e econômico, e a necessidade de retomar uma intervenção de caráter pedagógico no debate público.

## 12. Um museu clássico e moderno

Paralelamente a essa reflexão sobre as origens da pintura e sobre o seu futuro na sociedade contemporânea, Oswald de Andrade começava a pensar na necessidade de criação de um museu em São Paulo, onde se pudesse consultar "um mestre da pintura ou da escultura, seja clássico, seja moderno", como diz um manuscrito onde ele anotou suas reflexões sobre esse tema[251]. O texto remete à preocupação do escritor com a formação do público frequentador de exposições na capital paulista, notável em seus textos desde as "Notas de Arte" publicadas, entre 1917 e 1918 no *Jornal do Commercio*, passando pelos textos da coluna "Semana de Arte Moderna" e, depois, pela coluna "Feira das Quintas", todos naquele mesmo diário. Trata-se, portanto, de uma preocupação constante do pensamento de Oswald de Andrade sobre arte, assim como sua preocupação com o patrimônio artístico colonial. Nesse sentido, a década de 1930 representa em sua trajetória não apenas um engajamento político no que concerne à crítica à sociedade capitalista e às formas de arte por ela produzidas (paisagem, retrato, natureza-morta). Envolve também um engajamento político no sentido de tornar a arte — clássica e moderna — de fato um bem público.

Logo no início do manuscrito, o escritor afirma que a pintura moderna só existia em São Paulo dentro de galerias particulares, portanto "fechadas aos olhos do público e da crítica". Já os "antigos" podiam ainda ser vistos na Pinaco-

---

[251] Publicado na coletânea *Estética e Política* sob o título atribuído "Museu de Arte Moderna", o manuscrito, pertencente à coleção de Adelaide Guerrini de Andrade, aparece erroneamente datado como de 1931. Identifica-se o equívoco ao se verificar que, a certa altura do texto, Oswald de Andrade menciona quatro exposições coletivas anuais que demonstravam, em sua opinião, a vitalidade do meio artístico paulistano. Eram elas o Salão de Maio, o Salão do Sindicato dos Artistas Plásticos de São Paulo (a que ele se refere como "Sindicato dos Pintores"), as mostras da Família Artística Paulista e o Salão Paulista de Belas-Artes, sendo esta última a mais antiga, criada em 1933. Os Salões de Maio, assim como as exposições da Família Artística Paulista, se iniciaram em 1937, mesmo ano de criação do Sindicato, sendo que o Salão de Maio teve sua última edição em 1939. Por essa razão, é provável que Oswald de Andrade tenha redigido o texto entre 1939 e 1940, pois depois disso já não faria sentido mencionar o Salão de Maio como uma mostra realizada anualmente em São Paulo.

teca de São Paulo, porém em "reproduções fotográficas ou em gesso, ali postas sem nenhum critério artístico, histórico ou de seleção"[252].

Por suas considerações, o escritor não parecia acreditar que a Pinacoteca de São Paulo pudesse ser o espaço de formação de público e de artistas que ele almejava. Porque o objetivo desse museu imaginado pelo escritor era fundamentalmente a formação de artistas e do público, tarefa para a qual os livros de arte e as coleções de reproduções de obras não eram suficientes: "As melhores edições de livros e cadernos de arte, as mais custosas e cuidadas, não nos dão a ideia do que seja um quadro ou uma escultura no original"[253]. Ele reconhece, porém, que havia "estampas quase perfeitas", às quais seria preciso eventualmente recorrer, "mas sem descuidar a aquisição de originais".

O escritor estava ciente da dificuldade de viabilização financeira desse projeto, "pois um museu de obras autênticas ficaria caríssimo e seria mesmo impossível obter originais antigos de valor"[254]. Daí a necessidade de não se abrir mão totalmente de reproduções. Essas dificuldades eram agravadas pelo fato de que o acervo da Pinacoteca de São Paulo não possuía, na visão do escritor, um conjunto de obras que pudesse ser aproveitado. As cópias ali existentes eram, em sua opinião, orientadas "a um critério errado quanto ao valor dos originais reproduzidos"[255].

Essa carência de obras de "arte clássica" poderia ser compensada por uma boa escolha de "mestres contemporâneos de todas as nacionalidades", vivos ou não, que Oswald de Andrade julgava não ser difícil obter para São Paulo. O critério seria o da consagração "pelo mundo culto" e o modelo a ser seguido eram os "museus da Europa e dos Estados Unidos", que já incorporavam obras contemporâneas às suas coleções, "existindo mesmo pinacotecas especializadas nesse gênero como a de Nova York", referência ao Museum of Modern Art, fundado em 1929 naquela cidade. O escritor cita dois exemplos de artistas residentes em São Paulo que já contavam com obras em coleções de museus franceses: Tarsila do Amaral, cuja tela *A Cuca* (1924) fora adquirida pelo Musée de Grenoble, e Lasar Segall, com obras no Jeu de Paume, atual Musée National d'Art Moderne, Centre Pompidou, em Paris, que havia adquirido a obra *Retrato de Lucy VI* (1936).

---

252 Oswald de Andrade, *Estética e Política*, p. 468.
253 *Idem, ibidem.*
254 *Idem*, p. 469.
255 *Idem, ibidem.*

Além da importância como fonte de consulta para críticos, estudiosos e estudantes de arte, a existência do museu poderia contribuir para reduzir a "prevenção" que ainda existia em São Paulo contra as manifestações de arte contemporânea. Isso poderia ser alcançado por uma atuação de caráter didático:

> Creio bem que essa prevenção desapareceria com a existência de um local consagrador dos mestres atuais, onde seria explicada a evolução da pintura do século passado e das primeiras décadas deste. Talvez, conhecida a sua história e dada a sua frequente visão, a arte moderna adquirisse logo credenciais entre o nosso público sempre ávido se não de cultura ao menos de progresso[256].

O escritor atribuía à confusão que, em sua opinião, reinava no campo das artes visuais em São Paulo, o fato de "um grande pintor como Almeida Júnior [ter sido] colocado no Museu do Ipiranga, que é um repositório mais de documentos que de arte"[257]. O museu teria, portanto, a tarefa de minimizar a falta de conhecimento concreto da história da pintura por parte não só do público, mas também dos artistas brasileiros, criando condições para que o país, que tinha na natureza e na luz "um estímulo constante para a pintura", pudesse "se colocar bem no mundo plástico", como o México de Siqueiros, Orozco e Rivera. Era preciso, sobretudo, ver e confrontar obras concretas:

> Quanto às experiências que poderiam atualizar a nossa pintura, elas dependem em grande parte da visão dos quadros de artista contemporâneo. O cubismo e o fauvismo como o surrealismo e o abstracionismo precisam ser vistos para ser discutidos[258].

Desse estudo, Oswald de Andrade propõe que poderia resultar um entendimento mais alargado e menos preconceituoso da pintura moderna:

---

256 *Idem*, pp. 469-470.
257 *Idem*, p. 470. Oswald de Andrade não leva em conta aqui o quanto a narrativa historiográfica e museográfica promovida por Affonso Taunay à frente do Museu do Ipiranga (atual Museu Paulista da Universidade de São Paulo) amparava-se na visualidade. Sobre o tema, ver Tadeu Chiarelli, "Anotações Sobre Arte e História no Museu Paulista"; Annateresa Fabris (org.), *Arte & Política: Algumas Possibilidades de Leitura*, São Paulo/Belo Horizonte, Fapesp/C/Arte, 1998, pp. 21-48.
258 Oswald de Andrade, *Estética e Política*, pp. 470-471.

Um local que reunisse os mestres dessas tendências ao lado dos mestres impressionistas e dos antigos talvez mostrasse a íntima relação que existe na boa pintura. Isso liquidaria ainda com a vasta ignorância que existe entre nós a respeito dos movimentos artísticos que agitam e empolgam o mundo civilizado. [...] Talvez todos esses males se atenuassem com a criação de um museu de artes plásticas entre nós[259].

Muito do que o escritor imaginou nesse texto constituiu, anos depois, a atuação do Museu de Arte de São Paulo (Masp), do Museu de Arte Moderna de São Paulo (MAM-SP) e das primeiras edições de sua Bienal. Estas trouxeram ao país, ao lado dos artistas contemporâneos, também mostras históricas, como as de Van Gogh, Ensor, Ferdinand Hodler, Munch, Picasso, Léger, entre outros artistas e movimentos, como futurismo e expressionismo. Oswald de Andrade acompanhou com interesse o surgimento dessas instituições, para o qual se mobilizou, como mostra uma reportagem sobre a visita do escritor a Samuel Ribeiro com o intuito de defender a criação de um museu em São Paulo[260]. Este talvez tenha sido o último *round* do *boxeur* Oswald de Andrade na arena das artes de São Paulo.

Sua atuação nesse período fundamental para a institucionalização da arte moderna em São Paulo, consideravelmente extensa e intensa, foge, no entanto, ao recorte cronológico estabelecido para esta pesquisa, justificado na introdução. Por essa razão, encerra-se aqui o panorama do pensamento de Oswald de Andrade sobre arte que se procurou constituir ao longo deste trabalho, com o objetivo de demonstrar a hipótese aqui sustentada de que as artes visuais ocupam lugar de relevo na experiência intelectual desse escritor. Como desdobramento final dessa hipótese, o capítulo seguinte propõe uma discussão a respeito da presença das artes visuais em seus dois primeiros livros de poesias, *Pau Brasil* (1925) e *Primeiro Caderno do Aluno de Poesia Oswald de Andrade* (1927), bem como nos romances *Os Condenados* (1922-1934) e *Marco Zero* (1943-1945).

---

259 *Idem*, p. 471.
260 "Tradicional defensor da arte moderna, o sr. Samuel Ribeiro bate-se em favor da criação de um Museu em São Paulo", recorte de jornal, 12 maio 1946, sem indicação de veículo. Fundo Oswald de Andrade, Arquivo do Instituto de Estudos Brasileiros da USP. O empresário Samuel Ribeiro era irmão do então prefeito de São Paulo, Abrahão Ribeiro, que se posicionava, junto com Monteiro Lobato, contra a criação de um museu de arte moderna na cidade, ideia que começava a ser aventada, depois da publicação de um artigo de Sérgio Milliet no jornal *O Estado de S. Paulo*, em 10 de abril de 1946.

# Capítulo 5

# "A poesia e, portanto, a pintura"

1. *Os Condenados* e a arte como símbolo comovido

Para iniciar esta discussão sobre a presença das artes visuais — e num sentido mais amplo, da visualidade — em uma seleção de obras poéticas e ficcionais de Oswald de Andrade, pode ser interessante voltar a 1917, quando o escritor divulgou no semanário *O Pirralho* um fragmento de romance, que já naquele momento recebia o título de *Memórias Sentimentais de João Miramar*[1]. O texto narra uma caminhada do personagem Miramar pelo centro de São Paulo, após sair do Colégio acompanhado de colegas. Eles parecem discutir o futuro de cada um depois dos exames finais que se aproximavam. Miramar pondera estudar medicina em Paris, surpreendendo por não desejar ingressar na "Academia de Direito". Conversa-se sobre estudos e andanças por restaurantes na Praça da Sé. O personagem não quer saber de se preparar para os exames e termina a pequena cena sozinho, esperando a passagem de um poeta, estudante da Faculdade de Direito, a quem admirava.

---

1 Oswald de Andrade, "Rumo à Vida Sensacional", *O Pirralho*, ano 6, n. 238, São Paulo, 20 maio 1917.

Um aspecto interessante do texto é que o narrador conduz o leitor, ao longo do trajeto do grupo pela cidade, pontuando locais por onde os amigos passam: eles saem em grupo do Colégio; Miramar segue sozinho "pelo triângulo central de São Paulo", até ser alcançado por Carlos Cintra; ao fim do breve diálogo entre ambos, eles chegam aos "Quatro Cantos" e param quando veem surgir do portal de um café outro colega; conversam mais, se despedem e os dois seguem "pelo Viaduto", possivelmente o Viaduto do Chá, com a cena se encerrando em Miramar parado, esperando.

O trecho é ilustrado por um desenho de Di Cavalcanti, arrojado do ponto de vista da composição. Em primeiro plano, à direita e a meio corpo, está um personagem masculino de chapéu, parado em uma esquina. Ele olha na direção de um grupo de figuras, caminhando à esquerda. Ao fundo, atrás do homem em primeiro plano, vê-se a silhueta de alguém que caminha na rua. Certa atmosfera de suspense na cena fica condensada na figura do homem em primeiro plano, como se algo fosse acontecer em seguida.

A ilustração possui um aspecto de flagrante noturno, que se encontrará alguns anos depois no álbum *Fantoches da Meia-noite*, a ser comentado mais adiante. Harmoniza-se bem com o tipo de narrativa que acompanha, também ela uma espécie de flagrante, pela rapidez das descrições e diálogos e o tempo curto abarcado, o tempo de uma caminhada. Ambas são espécies de "instantâneos" da vida urbana paulistana na década de 1910, procurando absorver elementos fotográficos e cinematográficos, como o enquadramento, no caso da ilustração, e as descrições sintéticas e "cortes" da cena, que ambientam os personagens em passagens do centro, construindo o sentido da caminhada, no caso do texto.

Essa pode ser considerada a primeira aproximação existente entre o texto literário de Oswald de Andrade e as artes visuais. Uma aproximação que irá se intensificar no romance *Os Condenados*, cuja redação se iniciava naquele mesmo ano de 1917.

◆

A leitura de *Os Condenados* que se propõe aqui procura demonstrar o quanto o envolvimento do escritor com o meio artístico paulistano, durante os anos de redação da obra, pode ser uma chave interessante de análise do texto, aproximando-o das artes visuais. Essa aproximação pode ser apontada especialmente nos dois primeiros volumes da trilogia, *Alma* (1922) e *A Estrela de Absinto* (1927), mas também se encontra no terceiro, *A Escada* (1934)[2].

Em *Alma*, Oswald de Andrade narra a história de Alma d'Alvelos, neta do velho Lucas, que migrara do norte do país para São Paulo, onde vivia com Alma, um "moleque" que o ajudava e um cachorro, em uma casa humilde, que sustentava com a renda do aluguel de casas no bairro da Lapa. Alma é objeto do amor idealizado de João do Carmo, telegrafista que vive em um quarto na Avenida Tiradentes e passa suas horas de folga a cortejá-la de longe, sem coragem para declarar-lhe seu amor. Alma, por sua vez, não corresponde ao sentimento de João do Carmo, apaixonada por Mauro Glade, um cafetão que irá convencê-la a abandonar a casa do avô para explorá-la em um bordel na Penha, com ajuda da caftina D. Rosaura. Glade também a agride e a obriga a realizar um aborto. Ao engravidar novamente, Alma decide fugir, volta para a casa do avô e opta por acolher o amor de João do Carmo. A descoberta da gravidez resulta, no entanto, em sua expulsão da casa pelo velho Lucas, que morre em seguida.

Alma passa a viver, então, num quarto, pago por João do Carmo, da pensão de D. Genoveva, a quem auxilia em trabalhos de costura. Ali, dá à luz o pequeno Luquinhas, objeto de ciúmes e conflitos com João do Carmo, que se vê preterido com o nascimento da criança. Amando Alma, mas sem coragem de assumir publicamente a relação com uma mulher de reputação manchada na cidade, João do Carmo acaba ajudando-a a arranjar outro casamento. Alma casa-se com um eletricista conhecido do telegrafista, indo morar num bangalô em Perdizes com o marido, o filho e uma aia. João do Carmo, por sua vez, passa a frequentar cabarés com amigos boêmios e compõe um livro de sonetos que não publica.

Um dia, porém, Alma reencontra Mauro e sua antiga paixão se reacende. Os dois passam a se encontrar na nova casa da personagem, até que seu marido descobre a traição e a expulsa. Alma volta com o filho para o quarto na pensão de D.

---

[2] O primeiro volume foi publicado originalmente como *Os Condenados*, primeira parte da *Trilogia do Exílio*. Em 1941, ao republicá-la em volume único, o autor renomeou a trilogia, dando-lhe o título *Os Condenados*. O primeiro volume passou a se chamar apenas *Alma*, o segundo manteve-se como *A Estrela de Absinto*, e o terceiro ficou sendo apenas *A Escada*. De acordo com as indicações do autor nas diferentes edições, os três volumes foram redigidos entre 1917 e 1921. Ver "O Aluno de Romance Oswald de Andrade", de Mário da Silva Brito, em Oswald de Andrade, *Os Condenados: A Trilogia do Exílio*, pp. 7-8. Serão utilizados aqui os títulos atribuídos a cada volume na edição de 1941.

Genoveva e se prostitui novamente, dessa vez sem intermediários. Algum tempo depois, o menino adoece e morre. Mauro Glade é preso e João do Carmo decide finalmente concretizar seu amor idealizado, alugando um quarto para iniciar uma vida com Alma. O passado da mulher, porém, persegue o telegrafista e não o deixa viver em paz. As saídas de Alma com a amiga Camila — que certa vez a levara a um cabaré em Santo Amaro — o fazem pensar em uma possível traição, que acaba confirmada. Endividado pelos gastos da nova vida que buscava construir e desiludido com as expectativas frustradas em relação a seu amor, João do Carmo suicida-se nas últimas páginas do primeiro volume da trilogia, atirando-se de um viaduto.

O resumo do enredo de *Alma* apresentado acima já indica uma característica do romance: os personagens centrais, João do Carmo e Alma, são o tempo todo confrontados com a frustração. As expectativas e idealizações que projetam em pessoas e situações são sempre destruídas por uma realidade que se mostra ora violenta, ora apenas ordinária e banal. No entanto, ambos insistem em acreditar e perseguir esses ideais, como se de algum modo estivessem *condenados* a buscá-los e nunca os alcançar.

Além disso, como aponta Vilnet[3], o autor situa os personagens em uma condição de marginalidade, como "exilados" da sociedade, condição esta reforçada por uma tensão permanente entre as pessoas e os espaços da cidade de São Paulo por onde se movimentam. Esse conflito entre ideal e real, a ideia de que a experiência vivida está sempre em defasagem e aquém daquilo que se idealiza, conflito que domina a narrativa ao menos nos dois primeiros volumes, é um dos elementos que permitem vincular a trilogia à estética simbolista-decadentista que tivera alguma expressão no campo artístico e literário brasileiro do início do século 20 e com a qual, como foi discutido no primeiro capítulo, Oswald de Andrade partilhava algumas de suas ideias sobre arte.

Essa vinculação também aparece nas referências, principalmente em *Alma*, a autores como Charles Baudelaire e Oscar Wilde, tópico já explorado por Sandro Maio[4]. Baudelaire é admirado por João do Carmo, que o cita em diferentes

---

3   Geneviève Vilnet, *Champ et Hors Champ. La Photographie et le Cinéma dans les Manifestes et les Romans d'Oswald de Andrade*, Paris, Indigo et côte-femmes éditions, 2006, p. 87-88.
4   Sandro R. Maio, *Eros Alegórico da Melancolia e do Progresso: Oswald de Andrade em Os Condenados*, 1. ed., São Paulo, Alameda, 2013.

momentos e tem na parede de seu quarto, sobre a cama, uma gravura retratando o poeta de *Les Fleurs du Mal*, retirada de um livro. Já o autor de *Salomé* é citado justamente em uma cena de cabaré que faz menção à sua versão da dança da personagem bíblica:

> O rapaz curvo anunciou que ia tocar a Salomé, aos berros; voltou de novo as costas; começou uma escala no teclado. [...]
>
> Então, ante a alegria tocada de fúria sensual da disparatada assembleia, com grandes risadas de abandono, as faces em tijolo, os verdes olhos mortiços, Alma dançou a versão lasciva de Oscar Wilde[5].

A dança de Salomé é um motivo literário e artístico bastante trabalhado por autores ligados ao simbolismo-decadentismo. Lembre-se, por exemplo, das pinturas de Franz von Stuck e Gustave Moreau, assim como das ilustrações de Aubrey Beardsley para a peça escrita por Wilde. A representação de Salomé imaginada por Moreau é inclusive descrita no célebre romance *À Rebours*, de J. K. Huysmans e teria sido justamente a leitura dessa descrição a inspiração de Wilde para escrever *Salomé*. Outro pintor a representar a figura de Salomé foi Helios Seelinger, que expôs quadro com esse título em sua exposição realizada em São Paulo, em 1917, e comentada por Oswald de Andrade[6].

Ainda no campo das referências, pode ser mencionada também a cena em que Alma pensa em se suicidar, atirando-se no Tietê:

> Chegara a uma rua sem calçamento que se perdia no campo. Penetrou numa estrada terrosa aberta na relva pisada. Em sua frente, desenhou-se a sinuosidade onde corria o Tietê. Num porto quieto, carroças recolhiam a areia. E o rio apareceu de vidro, à flor das margens calvas.
>
> Vacas paravam, na distância. Um cãozinho ladrou.

---

5   Oswald de Andrade, *Os Condenados*, São Paulo, Globo, 2003b, p. 75 (*Obras Completas de Oswald de Andrade*).

6   Essa informação é mencionada em Monteiro Lobato, "Resenha do Mês. Movimento Artístico. Helios Seelinger". *Revista do Brasil*, ano 2, n. 21, pp. 105-108, set. 1917. Disponível em: <http://www.dezenovevinte.net/artigos_imprensa/revista_brasil/1917_hs.htm>.

A cidade mudara de silhueta. Um vento ríspido agrediu-a. O grande Jesus da torre tutelar do Sagrado Coração dava-lhe as costas. Pensou vagamente em se matar, por vingança, em aparecer boiando nas águas glaciais, como uma Ofélia de gravura[7].

A "Ofélia de gravura" poderia ser uma reprodução da conhecida pintura *Ophelia* (1851-1852), do artista britânico John Everett Millais, representando o desfecho do drama clássico de Shakespeare. Cabe observar ainda que, nas duas cenas citadas acima, em que aparecem figuras literárias que são também motivos iconográficos importantes para a estética simbolista-decadente, Oswald de Andrade se preocupa com a construção visual da cena, como se buscasse fixar uma imagem. A "alegria tocada de fúria sensual" da assembleia reunida no cabaré, as "faces em tijolo" e os "olhos verdes mortiços" de Alma, na primeira cena; a paisagem então semirrural das margens do Tietê como moldura do suicídio de Alma, na segunda, apontam nesse sentido.

Em ambas, porém, chama atenção um aspecto que permite relativizar a conexão do romance com princípios e referências estéticas simbolistas e decadentes. Seja na descrição de cabarés em Santo Amaro ou na Penha, seja na confrontação da cena clássica de Ofélia boiando com o contexto semirrural das margens do Tietê em processo de retificação, parece haver uma vontade do autor de trazer esse conjunto de referências para o contexto urbano da cidade de São Paulo. A cidade em pleno processo de modernização, cultural e urbanística, é constantemente lembrada na narrativa. O enraizamento da referência simbólica nesse contexto local parece produzir um duplo movimento: Ofélia e Salomé perdem algo de sua aura mítica, que é transferida e, de certa forma, atualizada e transformada pelo drama paulistano de Alma.

Outro aspecto que merece ser destacado é a "iluminação" das cenas em *Os Condenados*, como observa Vilnet[8]: "[O autor] trabalha a iluminação dos romances de maneira espantosa, em consonância com o tratamento do espaço, mergulha-os em um claro-escuro com uma predominância de cenas noturnas e dá assim à trilogia um toque expressionista". Além do "toque expressionista" nas cenas noturnas, é possível destacar ainda a construção cromática de outras cenas, que

---

7 Oswald de Andrade, *Os Condenados*, p. 96.
8 Geneviève Vilnet, *Champ et Hors Champ. La Photographie et le Cinéma dans les Manifestes et les Romans d'Oswald de Andrade*, 2006, p. 93.

pode ser associada também à estética simbolista, em especial às pinturas de artistas como Eugene Carrière, Franz von Stuck, Edvard Munch, e, no Brasil, à produção do jovem Di Cavalcanti[9]. Trata-se da inserção de personagens em ambientes monocromáticos e sombrios. Esse tipo de recurso expressivo aparece em *Alma*, por exemplo, na cena em que o velho Lucas agoniza e delira na cama, quando as cores de sua doença se espalham por seu corpo e pelo ambiente:

O agonizante não podia mais mexer-se. Pregado ao leito pela inércia branca que lentamente lhe tomara os membros, olhava um começado delírio. Perguntou enroladamente pela netinha.

Numa transmutação, a cor verde e doentia de tudo fixou-se, ganhou a paisagem larga e escura que se despejava do quarto[10].

Em outros trechos, a cor na paisagem parece dialogar com o estado de espírito dos personagens, como acontece em Munch:

O poente na Praça da República fazia tela vermelha às árvores e às hermas escuras.
João do Carmo atravessou o jardim. Sentia precipitar-se a sua tragédia[11].

Ou ainda, no trecho final da cena em que Alma sai em desespero vagando pela cidade:

Tomou um bonde para a Luz. Junto ao Jardim Público, através das árvores, viu uma fita longa de sangue cercar a madrugada citadina.

Galos cantavam, acordando as estrelas dos seus últimos êxtases. A cidade martelava os seus primeiros ruídos.

A fita de sangue enrubescia, amarelando-se de tons novos. E, por cima, o céu era todo azul-claro. A terra girava como ela no espaço sem apoio[12].

---

9   Veja-se a pintura *Amigos* (1921), do acervo da Pinacoteca de São Paulo.
10  Oswald de Andrade, *Os Condenados*, p. 103.
11  *Idem*, p. 120.
12  *Idem*, p. 133.

No que diz respeito aos personagens, pode ser útil discuti-los com base no que Antonio Candido expõe no ensaio "Estouro e Libertação". O autor entende o primeiro romance de Oswald de Andrade como falho enquanto realização de estilo e construção dos personagens, por sofrerem ambos com o "gongorismo psicológico" do romancista:

> O processo do autor consiste em acentuar violentamente as banalíssimas qualidades, afogando-os definitivamente na retórica. Literatos baudelairianos, caftens desalmados, flores do vício, velhinhos sofredores, funcionários ridículos, — todos são de uma coerência espantosa com os traços convencionais que os constituem. Feitos de um só bloco, sem complexidade e sem profundidade, não passam de autômatos, cada um com a sua etiqueta moral pendurada no pescoço[13].

A crítica de Antonio Candido interessa à leitura aqui proposta, pois introduz a ideia de que Oswald de Andrade tentava fixar tipos. Tome-se, por exemplo, a cena em que o personagem Mauro Glade, cafetão que explora a personagem Alma, é apresentado, após uma descrição do ambiente que abrigava "a desgraçada festa dos sem amor" madrugada adentro:

> Um bêbado maxixou num bolo, com duas mulheres seminuas.
> Uma canção canalha levantou gritos. A um canto, trepando uns sobre os outros, para ver o papel pautado, fêmeas e meninos esgoelaram.
> O dançarino, enroscado à mulher que espedaçava, provocou hurras histéricos.
> Chama-se Mauro Glade, e era filho confuso de confusos dramas da América. [...]
> Investindo com unhas de atavismos piratas para os mundos coloridos dos dancings, fizera-se macho na meia-tinta embriagada dos prostíbulos. Nunca trabalhara meses a fio. E vestia-se bem.
> Adunco, metálico, dançava nas ceias noturnas como um deus decaído. E bebia... acentuado o ríctus heroico que o marcava, e reforçando a épica sugestão canalha dos olhos pestanudos, que punham desfalecimento no coração das asiladas dos bordéis[14].

---

13 Antonio Candido, "Estouro e Libertação", *Brigada Ligeira*, 2011a, p. 15.
14 Oswald de Andrade, *Os Condenados*, pp. 51-52.

Também João do Carmo, personagem que nutre paixão idealizada por Alma, pode ser caracterizado como um tipo:

O telegrafista morava sem ninguém, num quarto de sobrado antigo, na Avenida Tiradentes. Para entrar, subia por corredores com degraus, atravessava um cubículo que atulhavam imensas malas etiquetadas de um vizinho. O quarto tinha a cama estreita, a mesa, livros e cadeiras e uma só janela, clareando o papel desbotado das paredes.

Sobre o leito, pendia uma gravura destacada de livro. Era Charles Baudelaire. Tinha um velho retrato da mãe morta, sobre a mesa desordenada[15].

Leitor e admirador de Baudelaire, o telegrafista representa a imagem do poeta decaído, perdido entre o amor irrealizado e a vida social sem sentido:

No emprego, considerava-se um só, em meio daqueles expressivos burgueses de mocidade extinta, sem banhos ao ar livre, sem namoros sonoros.

Perambulava confusamente por estéticas e religiões. Compunha versos e tinha receio de mostrá-los. Uma noite, conhecera, apresentado por um estudante de farmácia, três latagões que faziam parte berrante da jovem literatura cosmopolita da cidade. Atravessaram noites nos cafés, aborrecendo os garçons sonolentos e lendo. Aplaudiam-se incondicionalmente, despedindo-se na madrugada de tilburis e bêbedos[16].

É essa construção de tipos que aproxima *Os Condenados* dos desenhos de Di Cavalcanti em *Fantoches da Meia-noite*. Os fantoches do álbum são também tipos, no sentido atribuído por Candido aos personagens do romance. Além disso, a madrugada, a que pertencem as figuras representadas na série de desenhos de Di Cavalcanti, é também um elemento importante de *Os Condenados*. Diversas cenas narram caminhadas dos personagens na madrugada paulistana, envoltos em conflitos e sofrimentos morais: "E o telegrafista pretextara um serviço extraordinário para ficar dizendo na noite, sozinho, o nome sonoro do seu humilhado amor"[17]. Ou ainda:

---

15   *Idem*, p. 57.
16   *Idem*, p. 58.
17   *Idem*, p. 62.

Caminhara horas e horas, desde a saída do emprego. Foi para a cidade à meia-noite. Entrou no centro numa psicologia de préstito.

Gente saía aos magotes dos teatros. Parecia-lhe que todos o olhavam como se olha uma solene passeata de desgraças, com cruz na frente e processionais tocheiros.

O centro esvaziou-se, com os últimos bondes assaltados pelos últimos retardatários.

Ia sem direção, andando, os olhos presos inconscientemente nas luzes iguais das ruas.

Uma sola de botina envelhecida despregou-se, fez-lhe o acompanhamento trôpego da marcha.

Sentia os olhos pregados nas pestanas duras, a boca num repuxamento grande de músculos. Tinha sido deflorada, ela... o seu fulvo sonho de amor. [...] Na rua, junto a ele, varredores varriam folhas mortas, como destinos. [...] E ao subir as escadas, tateante na sombra, para o quarto desbotado onde vivia, molhou de lágrimas os olhos, que tinha exageradamente abertos[18].

No último parágrafo da citação acima, a desfiguração de João do Carmo, fruto do sofrimento que lhe causara a notícia da "impureza" de sua amada, somada à exaustão da caminhada noturna, assume traços expressionistas, que se aproxima do entendimento da arte como reprodução comovida da realidade, defendido por Oswald de Andrade em alguns dos textos analisados no primeiro capítulo. Essa ideia de arte como reprodução comovida pode ser também observada em *Fantoches da Meia-noite*.

O álbum de Di Cavalcanti foi realizado, como é sabido, tendo por inspiração a região portuária da cidade do Rio de Janeiro, área que, segundo o prefácio de Ribeiro Couto pontua, era uma zona de prostituição. Não se trata, portanto, dos mesmos ambientes geográficos de *Os Condenados*, os cabarés suburbanos de São Paulo. Mas os personagens se assemelham, como nas pranchas que parecem representar duas prostitutas e naquela que traz a figura de uma mulher gorda, identificada pelo texto com a caftina que as agencia [Figuras 4 e 5]. São figuras semelhantes às que trafegam pelas páginas do romance, assim como os jogadores de carta e o pianista, personagens ligados às formas de entretenimento noturno que faziam parte da experiência dos cabarés no início do século XX. Tanto o álbum quanto o romance parecem interessados em lançar luz sobre aspectos dessa vida noturna. As figuras no álbum são, inclusive, representadas como se estivessem sob a mira de um foco

---

18  Oswald de Andrade, *Os Condenados*, pp. 63-64.

luminoso, sempre acompanhadas pela própria sombra agigantada. A única exceção é a prancha que traz a imagem do próprio poste de luz.

O fato de Oswald de Andrade ter feito desse elemento obscuro da vida pública urbana de São Paulo parte da matéria literária de *Os Condenados* foi um dos elementos criticados à época no romance. Mario da Silva Brito cita um artigo assinado por Paulo de Freitas (possível pseudônimo de Moacyr Chagas), que se refere ao romance nos seguintes termos:

> [...] [o autor] foi meticuloso na tecnologia do lupanar, e mestre, mestre consumado, na propriedade do calão da meia-noite [...] esvurma a cancerosidade das torpezas humanas, e de prazer se regala no borbotear purulento do veio da prostituição [...] se nisto é que está o sentimento do belo, se nisto é que reside a arte, abram-se de par em par as portas do meretrício, e sejam às claras as torpezas que lá se fazem, para que se apurem na estética das sentinas os prosélitos da arte nova[19].

Chamar atenção para a realidade da vida noturna nas grandes cidades era, naqueles anos, ainda um ato que despertava esse tipo de reação. E ambos, Di Cavalcanti e Oswald de Andrade, se harmonizam nessa afronta. Talvez por isso o escritor afirmasse, em 1917, que Di Cavalcanti era uma promessa que poderia emergir "no sugestivo cenário de azul e de bruma da capital paulista"[20], e tenha adquirido o álbum *Fantoches da Meia-noite*, na exposição que o artista realizou em São Paulo, em 1920, como foi comentado no primeiro capítulo. Percebe-se tanto no romance quanto nos desenhos a busca pelo que Oswald de Andrade defendia ser "o desvio do artista [...] para o forte e rápido instantâneo cerebral do modelo que lhe reflita a própria personalidade". O desvio para a individualidade que "simboliza, apreende e transfigura"[21] uma realidade com a qual se identificavam.

◆

No segundo volume da "Trilogia do Exílio", a relação com as artes visuais se intensifica. O impacto que a obra de Victor Brecheret teve sobre Oswald de Andrade foi claramente incorporado como material em sua obra literária. O per-

---

19   Mário da Silva Brito, *As Metamorfoses de Oswald de Andrade*, 1972, pp. 44-45.
20   Oswald de Andrade, "Lanterna Mágica", *O Pirralho*, 22 jun. 1917.
21   *Idem*.

sonagem principal de *A Estrela de Absinto*[22], Jorge d'Alvelos, é escultor e seu ateliê fica em uma sala no Palácio das Indústrias, em São Paulo, mesmo edifício onde Victor Brecheret estabeleceu seu ateliê quando retornou de Roma, em 1919[23]. No livro, não aparecem muitos debates sobre arte, mas diversas cenas do romance são ambientadas no ateliê do personagem e mostram que o autor conhecia a dinâmica de trabalho do escultor, como se verá a seguir.

Ao destacar a importância do modo como Oswald de Andrade constrói os ambientes internos do romance — que a autora entende como "enquadramentos fotográficos" —, Geneviève Vilnet comenta a presença no ateliê de Jorge d'Alvelos de uma estatueta de esfinge com doze mamas, imagem escolhida por Brecheret para a ilustração que compõe a capa da primeira edição do romance. Nela, ocupa boa parte do quadro uma esfinge vermelha de cujas mamas vaza uma secreção, possível alimento para quatro pequenas esfinges, réplicas da maior. Brecheret parece ter fundido nessa imagem duas figuras mitológicas, a esfinge clássica e a loba que teria alimentado Rômulo e Remo, segundo um dos mitos fundadores da cidade de Roma. Vilnet entende a presença da escultura no ateliê como uma referência a dois trabalhos de Rodin, *Le Sphinx* e *La Sphinge*[24]. No entanto, se for levado em conta que o personagem é inspirado em Brecheret, pode-se observar, pelos traços da ilustração da capa do romance, que uma referência mais plausível talvez seja Ivan Mestrovic, que em 1911 havia realizado a *Esfinge do Templo de Kosovo* e cuja afinidade com a obra do escultor foi comentada no primeiro capítulo.

Vilnet destaca ainda um dado interessante a respeito da presença da escultura da esfinge compondo o ambiente do ateliê: a relação psicológica estabelecida entre

---

22 O livro foi publicado antecedido pela advertência de que fora escrito "em São Paulo, de 1917 a 1921. Refundido várias vezes é dado à publicação em 1927, mas na forma primitiva". Menotti Del Picchia (assinando Helios), no perfil que traça de Oswald de Andrade na série "Cartas a Crispim", confirma a versão de que a redação do romance data desse período (Helios, "Cartas a Crispim: Oswald de Andrade", *Correio Paulistano*, 6 nov. 1920).

23 Cabe lembrar que o escultor italiano Nicola Rollo, encarregado da realização das esculturas que decoram o Palácio das Indústrias, também mantinha ateliê nas dependências do edifício desde que este estava ainda em fase de construção, ocupando-o para essa finalidade mesmo depois da inauguração oficial do palácio, em 1924 (Maria Cecília Martins, *Nicola Rollo (1889-1970). Um Escultor na Modernidade Brasileira*, 2001, pp. 94-107). No entanto, como Oswald de Andrade em nenhum momento menciona Rollo em seus textos, certamente o personagem do romance é inspirado em Victor Brecheret.

24 Geneviève Vilnet, *Champ et Hors Champ. La Photographie et le Cinéma dans les Manifestes et les Romans d'Oswald de Andrade*, p. 93.

a escultura e o personagem Jorge d'Alvelos, atuando como uma "figura feminina protetora, totêmica", que "preside o enigma da criação artística", em cujos olhos o escultor projeta "o mistério da mulher e crê perceber neles a imagem da mãe desaparecida, cuja lembrança evoca-lhe a Amazônia de sua infância, onde se forjara sua consciência artística"[25]. Além disso, os projetos de esculturas nos quais Jorge d'Alvelos trabalhava constituem elemento importante para a construção da atmosfera de diversas cenas do romance, adquirindo um caráter por vezes animista, como no trecho em que o escultor está no ateliê junto com a mesma personagem Alma do primeiro volume da trilogia, que agora havia se tornado sua amante:

Jorge d'Alvelos passou o olhar pela esfinge atarracada ao lado de Alma, pelas estátuas cansadas de ouvi-los na tarde caída.

As estátuas dobravam mais seus gestos mudos, abriam mais a boca inerte. E vitórias e bruscos torsos punham na sombra inicial cambalhotas irônicas[26].

Ao longo do romance, as esculturas participam do sentimento de angústia que dominava o personagem, amante de uma mulher que o traía e que, por sua vez, amava outro homem, o cafetão Mauro Glade. Tal como no primeiro volume da trilogia, essa condição configura o ponto de tensão que orienta a narrativa de *A Estrela de Absinto*. E as esculturas serão objeto das reações de Jorge d'Alvelos ao drama emocional que vivia:

Ele destruíra friamente, doidamente, a marteladas implacáveis, o grupo imenso das *Amazonas e o Cavalo*, depois maquetes e torsos; atirara para o fundo uma esguia *Vitória* alada em mármore branco. E no cemitério de greda partida e gesso espedaçado, deixara apenas ao centro, presa ao gancho recurvo do cavalete, o motivo palpitante que arrancara do corpo de Alma para a *Fonte da Vida*[27].

Essa mesma escultura inspirada em Alma será modificada pelo escultor, depois de ter tomado conhecimento da traição. O trabalho artístico se mescla à vida do personagem e espelha sua condição fragmentária, alegorizada na imagem do ateliê:

---

25  *Idem*, pp. 93-94.
26  Oswald de Andrade, *Os Condenados*, pp. 164-165.
27  *Idem*, p. 185.

Fora sempre um fragmentário. Em torsos quebrados, metades, estudos largados, concentrava numa predileção alegre e constante a força reveladora de sua arte. Era um criador de mutilações.

O vasto atelier compunha-se assim: para lá em branco, as Amazonas com o animal; no cavalete central, a estátua de Alma, e esboços e trechos e torsos e bronzes vindos da Europa e fotografias das exposições e ânforas altas[28].

Em outros trechos, há ainda a descrição do trabalho do escultor sobre a matéria, no qual é possível notar um interesse por certa dimensão poética da rotina e métodos de trabalho de um escultor, além de uma alusão indireta a uma obra específica de Brecheret:

Compusera o panejamento ligeiro da estátua de Alma[29], a recobrir-lhe a descarnada nudez. [...] O formão, dirigido pela mão leve e certeira, revelava detalhes, compunha trechos de movimento, tirava pedaços de vida sepultada na massa. Às vezes, o escultor parava para arrancar as ligações de ferro que cingiam todo o bloco, e partes inteiras da forma, agora inútil, desmoronavam aos pés da estátua. Descobrira quase toda a figura e enervava-se em cima, num carinho, atacando de frente o rosto, numa ânsia de tirá-lo daquela sufocação inerte. Forçava cautelosamente o formão até atingir o trecho colorido em rosa, anunciando a presença imediata dos relevos.

E a estátua saiu do soterramento, moveu-se, livre, morta. [...] Quanto a greda, o bronze e o mármore eram a vida espetaculosa das formas, o gesso era a morte empedrada. Alma estava ali, branca, de pé, cinérea, sepulcral, num passo curto, de braços infinitos. O rosto ria um riso de outra vida, perturbador, gelado[30].

Pelos adjetivos com que qualifica a obra como sepulcral, com um riso de outra vida, gelado, de braços infinitos, é difícil não pensar que Oswald de Andrade se inspira ou pelo menos tem em mente a escultura *Musa Impassível*,

---

28  *Idem*, pp. 179-180.
29  Depois de brigas e reconciliações entre Jorge e Alma desde que o escultor descobriu que ela o traíra, em uma noite Mauro Glade apareceu subitamente na pensão onde a personagem vivia e a espancou. Socorrida por Jorge, Alma foi internada na Santa Casa, onde passou por uma cirurgia, convalesceu por dias com o escultor ao seu lado, mas não resistiu. Jorge d'Alvelos decidiu então realizar uma estátua para o túmulo de Alma, em um jazigo que havia adquirido no cemitério do Araçá. É a esse projeto que o texto da citação se refere.
30  Oswald de Andrade, *Os Condenados*, pp. 224-225.

de Brecheret, atualmente na Pinacoteca de São Paulo[31]. Para Daisy Peccinini[32], a obra integra um período de transição na escultura do artista, no qual a fisiologia corporal humana aparece sob uma construção mais geométrica. A autora ressalta ainda a "influência mestroviciana" e a ausência de referências religiosas em uma obra destinada a um mausoléu. De fato, a serenidade na face de olhos fechados contrasta com a tensão dos grandes seios se pronunciando sob o panejamento, que contribuem, junto com a posição dos braços, ligeiramente recuados em relação ao eixo em arco do tronco, e a perna direita flexionada, para a sensação de que a figura avança em um movimento de "passo curto", saindo do soterramento do bloco de mármore, como sugere o trecho do romance.

A situação do ambiente artístico de São Paulo por volta de 1920 também é lembrada em *A Estrela de Absinto*:

São Paulo tumultuava na expectativa das festas do Centenário. Artistas brasileiros, recém-chegados da Europa, armavam ateliers ao seu lado, no Palácio das Indústrias, agora em rápido acabamento.

No pavilhão térreo, alinhavam-se as maquetes do concurso para o Monumento do Ipiranga. Havia uma pulsação desconhecida nos meios artísticos da cidade. Fundavam-se revistas, lançavam-se nomes, formavam-se grupos[33].

Foi precisamente nesse contexto que Oswald de Andrade conheceu Brecheret. Ao visitar a exposição de maquetes do concurso para o Monumento à Independência, soube do ateliê que o escultor ocupava no mesmo Palácio das Indústrias e interessou-se. Pouco depois, o escritor lançaria a revista *Papel e Tinta*, que, como foi visto, contribuiu para a divulgação da obra do artista e para a formação do grupo que, depois, organizaria a Semana de Arte Moderna.

O modo como Oswald de Andrade apresenta as esculturas de Jorge d'Alvelos e situa seus personagens em relação a espaços da cidade de São Paulo remete ao texto

---

31 O trabalho foi encomendado ao escultor em janeiro de 1921 pelo Governo do Estado de São Paulo, para homenagear a poeta Francisca Júlia, falecida em 1 de novembro 1920, com um mausoléu no cemitério do Araçá.
32 *Brecheret e a Escola de Paris*, p. 36.
33 Oswald de Andrade, *Os Condenados*, p. 185.

que o escritor publicou sobre Brecheret, em 1920. Como foi comentado no primeiro capítulo, Brecheret e suas esculturas são enraizados na cidade, em frases como:

> Brecheret é a alma enrolada de músculos no desamparo da neblina, é a crepitação da íntima lareira nas regiões polares, tudo subindo, tudo se afirmando e gritando a saudade muda de terras candentes.
> Brecheret é a escultura de São Paulo. [...] Brecheret nasceu construtor da necrópole viva. As suas figuras, tirantes a que adoçou um velho amigo, o céu de Roma, são sobre-humanas ao inverso, parecendo crescer da terra para final debate com invisíveis poderes monstruosos.
> Entender Brecheret, o Brecheret arquitetônico da *Piedade*, onde Cristo e Virgem se entrelaçam, carne na carne, para o drama definitivo *post crucem* ficar em estilo de bronze, o Brecheret do *Projeto de Fonte* que permanece ignorado e genial no entulho do Palácio das Indústrias, é entender-se São Paulo e perdoar-se São Paulo[34].

O trecho em que o escritor afirma que as esculturas de Brecheret são "sobre-humanas ao inverso", porque crescem da terra para se debater contra "invisíveis poderes monstruosos" celestes, faz pensar no primeiro projeto que seria apresentado pelo escultor para o Monumento às Bandeiras, no mês seguinte à publicação desse texto. Pelas únicas imagens que se conhece da obra, que acabou sendo destruída, pode-se perceber esse movimento ascensional, ainda mais acentuado do que no projeto final do monumento, cujo caráter hierático e geometricamente estruturado das figuras torna esse movimento menos fluído. No primeiro projeto, essa fluidez ainda existia, fazendo com que os personagens que arrastam a canoa, em maior quantidade do que no projeto final, pareçam estar de fato emergindo da terra.

No último volume da Trilogia do Exílio, *A Escada*, publicado em 1934 e, dos três, aquele que talvez tenha sofrido mais alterações, há uma cena em que se pode identificar uma referência ao projeto do *Monumento às Bandeiras*[35]. A cena

---

34 Oswald de Andrade, "Victor Brecheret", *Papel e Tinta*, jun. 1920.
35 Embora *A Escada* tenha sofrido importantes alterações desde que Oswald de Andrade anunciou a publicação de sua trilogia, que abarcam desde acréscimos de cenas até o título, que inicialmente era *A Escada de Jacó* e, quando da publicação da primeira edição em 1934, passou a ser *A Escada Vermelha*, tendo se tornado *A Escada* apenas na edição da trilogia em volume único, em 1941, especificamente a cena que será comentada a seguir foi redigida em 1921, pois foi publicada, com algumas poucas alterações, no jornal *Correio Paulistano*, em 21 de abril de

descreve a visita de um grupo heterogêneo, "os artistas da cidade", ao ateliê de Jorge d'Alvelos: "Alguns já maduros, aceitos em rodas pasmas, outros na angústia de lutas incompreendidas, aumentadas pelas misérias de seus lares convulsos, os demais boêmios imprecisos, revoltados à toda, todos sob o íncubo de maldições e desastres"[36]. A curiosidade dos visitantes obriga o escultor a lhes mostrar um projeto no qual trabalhava, em que tentava "na greda úmida do Brasil fazer a caminhada das primeiras camadas raciais"[37]. O parágrafo que descreve a obra remete ao movimento convulso de "grande bloco" que se observa na maquete de Brecheret:

> E num ritmo de cavalos sobre-humanos, achatou-se na prancheta — lívida como a terra — a procissão de cruzes, bandeiras, maternidades, moléstias[38], êxtases incubados, falsas santidades, destrezas paralíticas — toda a verdade trágica da primeira gente emigrada para o degredo verde dos Tapuias, com bentinhos, franciscanos e rosários, sob um céu lírico, por um mar insensato, num delírio nômade de lucro[39].

Diante do grupo de artistas, todos entusiastas do escultor, Jorge d'Alvelos reflete sobre o que eles representavam enquanto descendentes daquela "primeira gente" que ele tentara fixar:

> Fitando de perto os terrosos, os amarelos bisnetos vivos dos rapazes conquistadores, curvos sob o defeito longo dos defeitos domésticos, dos fetiches da honra, dos amuletos sentimentais, da fidalguia suspeita e da glória bastarda dos navegadores e dos bandeirantes, Jorge d'Alvelos sentiu sua obra apequenada e pálida. [...] E na seriedade dos olhos onde se confessavam todos

---

1921, com o título *"Primeira Gente"*. Algumas dessas alterações, mais relevantes, serão discutidas a seguir. É importante ter isso em mente na medida em que a visão que Oswald de Andrade projeta sobre a maquete em 1921 e em 1934 é essencialmente a mesma, mas o sentido do desfecho da cena – que também permanece o mesmo – pode ser interpretado de formas distintas em cada ano, como será apontado adiante.

36 Oswald de Andrade, *Os Condenados*, p. 294.
37 *Idem*, p. 295.
38 O caráter "titânico" dos cavalos, assim como as bandeiras e as doenças são elementos do primeiro projeto do *Monumento às Bandeiras*, citados no memorial publicado junto com a reprodução fotográfica da maquete na revista *Papel e Tinta*, n. 3, São Paulo, jul. 1920.
39 Oswald de Andrade, *Os Condenados*, p. 295.

os crimes, todas as covardias, todas as vontades falhadas, mas também os martírios anônimos, as tentativas de vitórias fecundas, o escultor viu passar uma promessa contente[40].

Aquelas pessoas que se extasiavam diante da maquete que monumentalizava seus antepassados remotos, prossegue o narrador:

> Eram, com exceções, decaídos de famílias estabelecidas no continente num estouvamento de fidalguia, estendendo o seu domínio por gentes e escravos, campos e serras. O Império dera-lhes baronatos, a terra trabalhada pelos negros dera-lhes ouro. E no país assombrado haviam-se vinculado a preconceitos tentaculares de glória paroquiana, feudais senhores de chapelão e barba, gerando, numa sexualidade redobrada pelo degredo, rebentos inúteis e pomposos, falhos rombudos de orgulho nativo, pedaços anacrônicos de Meia-Idade portuguesa. O tempo trouxera a liberação dos escravos e as novas imigrações. E a terra cansara de dar a moeda rubra na ponta verde dos velhos cafezais[41].

Aquelas "novas imigrações", continua o narrador, chegavam ao país "sem o trambolho dos brasões, o lastro pesado das fidalguias ilógicas, o aluvião [sic] dos bentinhos caseiros, das guinés morais, dos atavismos líricos e das canseiras históricas"[42]. Desse confronto entre os descendentes paulistas e as "novas imigrações" resultava, portanto, o "apequenamento" que Jorge d'Alvelos sentia em sua obra. Depois que os visitantes o deixam novamente só no ateliê, eis a solução que o artista encontra para aquele esse conflito: "Jorge ergueu-se, andou e, numa confiança comovida, fez desmoronar, da extensa prancheta, numa bola informe e ruiva sobre o chão do *atelier*, o passado crepuscular de seu povo"[43].

Nesse ponto, pode-se sugerir que os significados simbólicos da destruição imaginária da maquete para o Monumento às Bandeiras em 1921, quando a cena foi veiculada pela primeira vez no jornal *Correio Paulistano*, e em 1934, quando o livro foi publicado, são diferentes. E algo dessa diferença pode ser vislumbrado ao se verificar que entre as duas versões, três dos quatro parágrafos que antecedem a conclusão da cena com a destruição da maquete foram suprimidos. Em 1921, o narrador, depois de mencionar que a "geração do Centenário" — a geração de 1922,

---

40  *Idem*, pp. 295-296.
41  *Idem*, p. 296.
42  Oswald de Andrade, *Os Condenados: A Trilogia do Exílio*, p. 296.
43  *Idem, ibidem*.

cujos representantes eram aquelas figuras que visitavam o ateliê do escultor — havia sido a primeira a sentir o estalar da crise econômica introduzida pelo "combate cego com as novas estirpes, vindas já depois da guerra e da revolução bolchevista", prossegue com a seguinte reflexão, que foi suprimida da versão em livro:

> Nos artistas nativos fixara-se a primeira consciência e a primeira esperança reacionária. Num drama de soluços, eles abandonavam o seio materno para se entregar avidamente às sublimizadas sugestões de um tempo novo numa América nova.
>
> Eram eles os que haviam estado ali, — o artista compreendia — os enxovalhados portadores dos primeiros fachos vacilantes.
>
> Jorge d'Alvelos, votado por circunstâncias pessoais, libertara-se cedo e definitivamente voltara integralizado dentro da moral convulsa dos seus pares avançados e da estética ciclópica do seu tempo vulcânico. Presentira, na nula romaria a Telhados Novos, a vitória a carabina dos recém-chegados sobre os velhos povoadores, que se incorporavam afinal à escalada definitiva de país inconquistado. E vira num e outro tipo de elegância combativa os primeiros liberados da moral de penumbra que sufocava a nação numa longa, numa inglória, numa tétrica feitiçaria[44].

Por esse trecho é possível perceber que o que levou Jorge d'Alvelos a destruir a maquete, na cena publicada em 1921, foi a percepção de que ela não fazia justiça à condição ambivalente e complexa que assumia, naquele momento, o fenômeno histórico das bandeiras e a figura histórica do bandeirante, que passavam por um processo de atualização histórica, discutido no primeiro capítulo. A posição de Oswald de Andrade no romance sugere que a monumentalização da história das bandeiras não deveria servir apenas de lastro simbólico para orgulho de uma "estirpe" paulista decadente, aferrada a "preconceitos tentaculares de glória paroquiana", que ansiava pela exaltação de seus antepassados heroicos. Ela precisava mostrar que a "geração do Centenário", com todas as contradições e falhas que carregavam, era quem esboçava uma primeira reação àquela decadência, promovida em conjunto com as "novas estirpes" imigrantes. Só assim um monumento às bandeiras encontraria a sua atualidade histórica, na visão do autor. A destruição simbólica da maquete em 1921 era um posicionamento de Oswald de Andrade sobre o mito do Bandeirante, em consonância com sua posição naquele

---

44   Oswald de Andrade, "Primeira Gente", *Correio Paulistano*, 21 abr. 1921.

momento a respeito da questão racial no Brasil, que entendia ser o povo paulista, um "povo de mil origens" e "iniludivelmente" futurista, o exemplo a ser seguido pelo restante do país. O bandeirante futurista não poderia ser apenas uma exaltação do passado "heroico" das bandeiras, um símbolo apenas para os paulistas de quatrocentos anos. Tinha de conter o "facho vacilante" de um futuro que seria construído não mais pelos orgulhosos "descendentes" dos bandeirantes, mas por seus "filhos pródigos" em aliança com as gerações de imigrantes.

Na década de 1930, porém, a posição do escritor a respeito daquela "geração do Centenário" já havia assumido outros contornos. Se Oswald de Andrade reconhecia a importância das conquistas daquela geração em termos de "técnicas expressivas", foi talvez um dos primeiros a fazer a crítica do que o movimento de 1922 representava politicamente e tomou as posições em relação a isso discutidas no capítulo anterior. Uma modificação introduzida pelo escritor na cena da destruição da maquete, quando da publicação em livro, é bastante sugestiva dessa autocrítica. No trecho que, em 1921, saiu como "O Império dera-lhes baronatos, a terra fácil dera-lhes ouro", em 1934 aparece da seguinte maneira: "O Império dera-lhes baronatos, a terra *trabalhada pelos negros* dera-lhes ouro"[45]. Trata-se de um pequeno detalhe, mas também de uma revisão crítica, pois a riqueza da terra não é mais vista como dádiva, e sim como produto do trabalho dos negros escravizados. De modo que, em 1934, a ideia original do Monumento às Bandeiras era falha também nesse aspecto, pois se reservou aos indígenas a condição de "guarda do monumento", o memorial publicado em 1920 em momento algum faz qualquer alusão aos negros. Foi concebido como "expressão de heroísmo e de glória de uma raça"[46], a dos "paulistas"[47].

---

45 Oswald de Andrade, *Os Condenados: A Trilogia do Exílio*, p. 296, grifos meus.
46 Victor Brecheret, "Ars. Monumento das Bandeiras", *Papel e Tinta*, jul. 1920.
47 Como se sabe, na versão final do monumento, retomada apenas em 1936, Brecheret incluiu, entre as figuras do grupo que segue os dois cavaleiros, algumas com fenótipos de afro-brasileiros, dentro de uma nova concepção para o projeto. A respeito dessa nova versão, o historiador Paulo Garcez Marins afirma (1998-1999, p. 18): "O projeto final proposto por Brecheret foi uma miscelânea de contradições simbólicas, bem adequada ao tempo em que se retomava a ideia do monumento. A permanência óbvia de um símbolo temporalmente excludente representado pelo bandeirante – dele, afinal, só descendiam carnalmente os antigos paulistas – seria reforçada pela adoção paulatina de soluções formais em que ao menos se identificavam as três raças do período colonial – brancos, índios e negros, bem como os mamelucos, todos esculpidos segundo uma plástica angulosa, muito distante de referências acadêmicas de Brizzolara ou daquelas de seus próprios projetos anteriores. Por outro lado, a despersona-

Assim, como observa Antonio Celso Ferreira, a destruição da maquete do monumento no romance é produto da desolação de Jorge d'Alvelos, diante da "incapacidade de representar, de uma maneira menos unívoca, o percurso histórico de um povo distinto em várias etnias, vidas pregressas e contrastantes realidades sociais no presente"[48].

Nessa aproximação entre as artes visuais e a produção literária de Oswald de Andrade, em *Os Condenados*, percebe-se que o ato criativo é compreendido sobretudo como materialização de uma ideia ou emoção. A maneira como o escultor imprimia na matéria o tumulto de sua vida interior, assim como Helios Seelinger transferia a voluptuosidade de sua imaginação tropical às fantasias de seu mundo subjetivo, parecia encantar o escritor. Além da presença do protagonista escultor, o romance guarda uma proximidade com o pensamento de seu autor sobre arte, precisamente nesse sentido de transformação da aparência do mundo exterior pela expressão da personalidade do artista. Como dizia Oswald de Andrade em 1921: "Arte é expressão, é símbolo comovido"[49].

## 2. *Marco Zero* e a pintura sob o refletor da história

> *O romance participa da pintura, do cinema e do debate público.*
> *Mais que da música que é silêncio, é recolhimento.*
> *Marco Zero tende ao afresco social. É uma tentativa de romance mural*[50].

Com a inscrição acima, acompanhada de uma nota mencionando a data (1933) do início dos primeiros cadernos de anotações para aquele projeto de romance mural, Oswald de Andrade encerra *Marco Zero I: A Revolução Melancólica*, o primeiro

---

lização dos projetos da década de 1920 permanecia (eram todos anônimos) numa oposição à fase escultórica anterior, marcada pelo personalismo laudatório capitaneado por Brizzolara e Taunay. Facilitava-se, assim, uma identificação mais ampla dos diversos paulistas – e também dos diversos brasileiros – com um monumento que era cada vez mais um movimento, uma hierarquia vencedora, uma síntese ou, ao menos, uma convivência racial eivada de força e 'avanço'".

48 Antonio Celso Ferreira, *A Epopeia Bandeirante: Letrados, Instituições, Invenção Histórica (1870-1940)*, 2002, p. 354.
49 Oswald de Andrade, "Questões de Arte", *Jornal do Commercio*, 25 julho 1921.
50 Oswald de Andrade, *Marco Zero I: A Revolução Melancólica*, p. 381.

volume do ciclo planejado pelo escritor[51]. A inscrição explicita o entendimento do romance como obra de caráter público, que tem na realidade social sua matéria constitutiva e que nela busca intervir. Aponta também para a possibilidade de analogia entre a pintura mural, também ela de caráter público, e a composição da obra literária. Antes de analisar uma cena específica do segundo volume do ciclo, que toma a pintura como objeto de discussão, pode ser interessante discutir essa proposta apresentada pelo autor, que é claramente uma tomada de posição.

*Marco Zero* é o resultado literário mais extenso da virada que Oswald de Andrade quis realizar em sua vida e em sua obra na década de 1930, aproximando-se do comunismo e se apresentando como "traidor" de classe, no conhecido prefácio de *Serafim Ponte Grande*, como foi visto no capítulo quatro. O leitor de *Marco Zero* deve ter isso em mente, pois a maior parte do conteúdo, assim como elementos da composição da obra, possui relação direta com esse direcionamento da experiência intelectual do autor.

O romance é também fruto da concepção de história que Oswald de Andrade desenvolveu e expôs entre as décadas de 1930 e 1940. Da crença, expressa no título do ciclo, de que a era ou o ciclo histórico da burguesia e do individualismo se encerrava, e de que naqueles anos o mundo e o Brasil assistiam ao surgimento de um novo ciclo de existência da humanidade, uma nova época que se apresentava inelutavelmente coletivista. *Marco Zero* está ligado ainda à aposta de que a arquitetura, a pintura e o romance poderiam participar da construção dessa nova sociedade, desde que assumissem formas adequadas àquele caráter coletivista.

Essas ideias, além do que foi apresentado no quarto capítulo deste trabalho, são parcialmente desenvolvidas por Oswald de Andrade em dois textos publicados em jornais, em 1943, e depois reunidos na coletânea de artigos *Ponta de Lança*. Ambos têm como tema a crise do romance burguês e as possibilidades que a forma romance poderia assumir na nova era por vir[52]. São eles "Sobre o Romance"[53]

---

[51] Terminado em 1942, o primeiro volume do ciclo, *Marco Zero I: A Revolução Melancólica*, foi publicado em 1943. O segundo volume, *Marco Zero II: Chão*, sai em 1945. O ciclo seria composto por outros três volumes, nenhum deles publicados: *Beco do Escarro*, do qual apareceram trechos na revista *Boletim de Ariel*, em 1935; *Os Caminhos de Hollywood* e *A Presença do Mar*.

[52] Sintomaticamente, também em *Ponta de Lança*, publicado em 1945, Oswald de Andrade incluiu o texto da conferência "A Pintura Através de Marco Zero", comentado no capítulo anterior, na qual apresentou e discutiu uma cena do romance que será analisada mais adiante.

[53] *O Estado de S. Paulo*, 12 ago. 1943.

e "Posição de Caillois"[54]. Uma breve discussão sobre esses textos pode ajudar a entender melhor o que está em jogo para Oswald de Andrade ao propor *Marco Zero* como afresco social e romance mural.

O primeiro texto, seguindo uma estratégia recorrente na produção jornalística do escritor, é composto como um diálogo, sem a mediação de um narrador, entre dois personagens anônimos. Em tom informal, a conversa se inicia com a constatação, por parte de um dos personagens, de que quando a forma romance, apresentada como "forma de explicar a vida e portanto de orientá-la", dava sinais de entrar em crise, ela teria sobrevivido com o surgimento do *roman-fleuve*. Aparentemente concordando com isso, o interlocutor cita a *Comédia humana*, de Balzac, e complementa: "O romance é sempre um tratado de filosofia, sem cátedra, sem terminologia especial e sem a responsabilidade de um sistema..."[55]. Em seguida, ambos procuram localizar o início do romance efetivamente moderno e, após algumas sugestões, surgem três nomes: James Joyce, Thomas Mann e Marcel Proust.

A discussão se encaminha para o que poderia distinguir os três romancistas e os dois últimos acabam associados ao fim de um ciclo histórico. Thomas Mann encerraria o ciclo do romantismo alemão iniciado em Goethe e alicerçado na "cultura humanística brotada da *Aufklärung*": "O romantismo que ficou clássico, porque justamente escapava ao que a burguesia tem de mais sincero e repugnante — a exaltação do lucro, frio"[56]. *Montanha Mágica* é qualificado como "o grito da cultura humanística contra a guerra", sem que Mann, no entanto, tenha sido capaz de encontrar um caminho para os dias do após-guerra que se anunciavam naquele momento. Já Proust seria simplesmente "a deliquescência a que chegou o laboratório da autoanálise da burguesia"[57].

O caminho construtivo para o período após-guerra teria sido apontado "a Leste", com *Energia*, do russo Feodor Gladkov, "o livro da humanidade que hoje os acontecimentos descortinam", "o romance da construção socialista"[58]. No esquema que o diálogo constrói aos poucos, o problema se apresenta da seguinte maneira: "Há um marco final que é dado pela *Montanha Mágica*. Um marco inicial

---

54 *Folha da Manhã*, 19 set. 1943.
55 Oswald de Andrade, *Ponta de Lança*, p. 85.
56 *Idem*, p. 87.
57 *Idem*, p. 86.
58 *Idem*, p. 89.

dado pela *Energia*, de Gladkov. E um grande marco antinormativo que é o *Ulisses* de Joyce. O resto é subliteratura"[59]. Aos três autores é acrescentado ainda D. H. Lawrence, mas também como um índice da decadência a que chegara a burguesia inglesa. A situação do romance se dividiria, portanto, entre os autores que encerravam um ciclo histórico (da burguesia) e aqueles que anunciavam um novo ciclo (socialista).

Em "Posição de Caillois", escrito agora em primeira pessoa, a mesma perspectiva se desenha para sustentar a discordância do autor em relação ao sociólogo francês[60]. O que incomodava Oswald de Andrade era o caráter definitivo que Roger Caillois teria atribuído ao romance burguês em seus livros sobre o tema. *Ulisses* será novamente afirmado como o "marco onde termina o romance da burguesia", o que o autor justifica pelo seguinte argumento: "pois aí [em *Ulisses*], num dia coletivista e mural, seus heróis destroçados não são mais de modo algum 'os mandatários da própria debilidade ao país da força'"[61]. Observando a predominância do "inventário cultural" sobre o "episódio pessoal" em *Montanha mágica*, Oswald de Andrade continua o argumento utilizando mais uma vez a expressão com que qualificara o projeto de *Marco Zero*: "Esses afrescos [*Ulisses* e *Montanha Mágica*] são suficientes para mostrar que o caminho do romance está mais que aberto na direção do futuro e o romance, retomando sua função pedagógica, está longe de se estiolar e perecer"[62].

A Roger Caillois teria escapado a dimensão coletivista, "o catedralismo de nossa época", a que os romances citados, assim como a nova arquitetura, procuravam dar forma, tentando alcançar "a comunicação e a igreja" em detrimento do privilégio ao indivíduo, "que quer ver na imagem fraterna do herói algo de inconfessável e visceral". Reforçando que a missão do romance não estaria cumprida, ele afirma que se abre para o romance "uma era de fecundo fanatismo social", manifesta nos "acentos religiosos de um mundo monumental, onde o romance tem o seu lugar assegurado", e termina citando novamente *Energia*, de Gladkov, obra que não chega a discutir, entretanto.

---

59   *Idem, ibidem*.
60   Um deles é *Sociologia do Romance*, lido por Oswald de Andrade em tradução publicada na Argentina, como ele menciona no artigo.
61   Oswald de Andrade, *Ponta de Lança*, p. 115.
62   *Idem, ibidem*.

Igreja, catedralismo e função pedagógica são conceitos que surgem nessa discussão em virtude do entendimento que Oswald de Andrade tinha do caráter coletivista do "mundo monumental" que se anunciava e da analogia possível entre esse mundo e o mundo medieval, pré-capitalista e anterior ao surgimento da ideia de indivíduo, como já foi apontado aqui em suas posições sobre pintura. Além disso, também está em jogo a função diferente — pedagógica, com seria a arte dos tempos pré-capitalistas em seu entendimento — acompanhada por soluções estéticas diferentes — o abandono da figura do herói individual, por exemplo — que não só o romance, mas também outras formas artísticas deveriam assumir diante dessa nova realidade.

Com base nesses posicionamentos de Oswald de Andrade sobre o futuro do romance no início da década de 1940, em estreita conexão com o futuro da sociedade na era coletivista de construção socialista que, em sua visão, se anunciava com o fim da Segunda Guerra, é possível compreender a inscrição no final de *Marco Zero I: A Revolução Melancólica*. O projeto de *Marco Zero* representa a tentativa de resposta de Oswald de Andrade a esse contexto internacional de transformação, de passagem do individualismo ao coletivismo que, para ele, a pintura mural simbolizava no âmbito das artes visuais e que o *roman-fleuve*, nas figuras dos autores mencionados nos artigos, transpunha para a literatura, configurando o encerramento do ciclo histórico da burguesia e de abertura do ciclo socialista.

Mas se *Marco Zero* pode ser entendido a partir dessa espécie de filosofia da história presente no pensamento estético de Oswald de Andrade na década de 1940, o projeto deve também ser encarado como resposta do autor às mudanças no panorama da produção cultural no Brasil, depois da crise econômica internacional de 1929, de suas consequências para a economia cafeeira paulista, e da chamada Revolução de 1930. Em "A Revolução de 1930 e a Cultura", Antonio Candido traça um panorama dessas mudanças em diversos setores, do ensino à atividade editorial e aos meios de comunicação. No que se refere ao campo literário, Candido aponta a penetração, antes apenas excepcional, de ideologias políticas e religiosas, criando uma polarização entre os intelectuais, estando, esquematicamente, de um lado aqueles que optavam pelo comunismo e, do outro, os que aderiam ao fascismo. Quando essa opção não era explícita ou não havia uma consciência clara, mesmo assim os textos traziam essas marcas. Essa situação promoveu uma ampliação da experiência cultural, que contribuiu para uma mudança de qualidade e de grau de consciência política por parte dos "detentores da cultura", resultando em uma atitude diferente com relação às suas atividades.

No campo mais alargado da cultura, sem que a Revolução de 1930 tenha sido de fato uma revolução, com modificação mais profunda da estrutura econômica e social do país, o que chegou à maior parte da população, ainda no panorama de Candido, foi somente o básico da instrução primária e, mesmo assim, "apenas de raspão". Os "detentores da cultura", os intelectuais, assumiam a função de falar em nome daquela coletividade, trazendo a público seus interesses e necessidades de expressão. Formou-se, entretanto, uma mentalidade mais democrática em relação à cultura, embora limitada pela imensa restrição de acesso. A consciência dessas contradições, extensão de contradições estruturais da sociedade brasileira, abriu, na opinião de Candido, a "fase moderna nas concepções de cultura no Brasil"[63]. Os conceitos de intelectual e de artista mudaram e muitos passaram a se colocar como opositores da ordem estabelecida, criticando a mentalidade conservadora e o regime autoritário que viria a se instaurar no país.

Em síntese, essa é a posição assumida por Oswald de Andrade, que ganha sua afirmação mais contundente no conhecido prefácio a *Serafim Ponte Grande*, redigido em fevereiro de 1933, mas também está presente nas modificações do texto original e do título do último volume da trilogia *Os Condenados*, pensado inicialmente como *A Escada de Jacó* e publicado com o título *A Escada Vermelha*, em 1934. Lembrando-se que os primeiros cadernos de anotações para *Marco Zero* datam desse mesmo período, mas que o primeiro volume da obra foi publicado apenas em 1943, é possível sugerir que o projeto do ciclo seria a realização mais acabada de uma nova fase da obra literária de Oswald de Andrade, sua resposta mais longamente elaborada às mudanças acima referidas[64].

---

63 Antonio Candido, "A Revolução de 1930 e a Cultura", *A Educação pela Noite & Outros Ensaios*, p. 195.

64 E, de fato, em "Digressão Sentimental sobre Oswald de Andrade", Antonio Candido menciona a expectativa que o próprio autor criara em relação a *Marco Zero*, fazendo leituras de capítulos em sua casa, publicando fragmentos. Segundo Candido, no começo da década de 1940, nas rodas, "falava-se desse romance preparadíssimo, anunciado como a realização mais completa do autor" (Antonio Candido, "Digressão Sentimental sobre Oswald de Andrade", *Vários Escritos*, p. 36). Em uma entrevista concedida ao jornal carioca *A Manhã*, em 27 de junho de 1943, pouco antes da publicação de *Marco Zero I: A Revolução Melancólica*, Oswald de Andrade diz ser *Marco Zero* o resultado de todas as suas experiências modernistas (Oswald de Andrade, Os

Com isso em mente, pode-se identificar alguns elementos que caracterizam os dois volumes publicados de *Marco Zero* e que apontam no sentido das observações acima, tanto no que se refere às ideias discutidas por Oswald de Andrade nos dois artigos sobre romance comentados antes, quanto ao fato de *Marco Zero* ser uma resposta às mudanças no panorama cultural brasileiro. O romance procura fixar a imagem da sociedade paulista em processo de transformação, focalizando a crise de poder da burguesia cafeeira paulista na década de 1930 e o surgimento de novas forças no cenário político, trazendo, assim, para o contexto histórico nacional a mudança de ciclo histórico que o autor acreditava se processar em âmbito internacional[65]. Em uma entrevista sobre a classificação de seu romance para o II Concurso Literário Latino-americano, o escritor afirmou: "*Marco Zero* significa o início de uma nova era, fenômeno estudado num aglomerado onde todas as raças se chocam"[66], o que mostra que a percepção racial do autor sobre São Paulo permaneceu a mesma dos anos 1920, mas agora atravessada por uma investigação crítica das relações sociais e econômicas em que se dava aquele "choque" de raças.

Outro elemento importante, agora já relacionado à estrutura do romance, é que no lugar de um personagem central, como João do Carmo ou Jorge d'Alvelos, em *Os Condenados*, João Miramar ou Serafim Ponte Grande, nos romances que levam os nomes desses personagens, *Marco Zero* acompanha uma multidão de personagens, que se dividem entre núcleos urbanos e rurais, pertencentes a diferentes classes e setores da sociedade paulista (cerca de cem personagens entram em cena nos dois volumes do romance, entre os quais encontram-se grileiros, posseiros, proprietários, colonos, agregados, fazendeiros, banqueiros, políticos, intelectuais, artistas, padres, bispos, comerciantes, latifundiários, industriais, operários, imigrantes de várias origens, fascistas, liberais, comunistas, espíritas); esses personagens aparecem conectados justamente pela situação histórica de

---

*Dentes do Dragão: Entrevistas*, org., introd. e notas de Maria Eugenia Boaventura, 2. ed. rev. e ampl., São Paulo, Globo, 2009, p. 132).

65 *Marco Zero I: A Revolução Melancólica* aborda as vésperas da revolta constitucionalista de 1932, chegando às movimentações de tropas durante a campanha e posterior reajustamento de suas consequências às vidas dos personagens. *Marco Zero II: Chão* focaliza os anos imediatamente posteriores à revolta, em um contexto mais urbano, abordando as tentativas de organização sindical e sua repressão; a vida cultural e mundana; o fenômeno do integralismo; a repressão ao comunismo.

66 Oswald de Andrade, *Os Dentes de Dragão: Entrevistas*, p. 128.

crise em que vivem, pelas diferentes formas com que são afetados por ela, pelas reações que assumem frente às mudanças e, fundamentalmente, pelas relações sociais conflitantes que protagonizam. Suas ações e pensamentos apresentados pelo narrador, mesmo os mais isolados ou íntimos, trazem sempre a impressão dessa marca histórica. É isso que faz com que cada um seja um elemento do painel muralista composto pelo autor, ou, segundo a imagem de Mário da Silva Brito[67], um "caco" no mosaico social de *Marco Zero*. Soma-se a isso o fato de que *Marco Zero* pretende ser também um "comício de ideias" e pressupõe a presença constante de debates e enfrentamentos entre classes, grupos e posições ideológicas opostas.

Os elementos apontados, que estão diretamente relacionados à reorientação que Oswald de Andrade procurou dar às suas atividades como escritor, abrem um caminho interessante para se discutir *Marco Zero* como realização literária, nos termos propostos pelo autor, a saber, como romance mural e afresco social. Uma primeira questão diz respeito ao estilo, pois essa proposta não representou uma quebra na construção cinematográfica, que avança por cortes e elipses, desenvolvida por Oswald de Andrade em seus romances anteriores. Ao contrário, segundo o próprio autor, *Marco Zero* seria seu ponto culminante e maduro de desenvolvimento. E a permanência de elementos desse estilo a serviço da proposta de "romance mural" é um dos conflitos apontados pela crítica como mal resolvidos na obra[68].

Outra questão estaria relacionada aos dois últimos tópicos mencionados acima, a multidão de personagens e os conflitos entre posições sociais e ideológicas antagônicas, pois isso teria prejudicado uma construção psicológica mais aprofundada ou contraditória de cada um dos personagens. Estes apareceriam sempre como "tipos", como representantes, às vezes caricaturais, de ideologias, de clas-

---

67  *As Metamorfoses de Oswald de Andrade*, pp. 107-108.
68  O estudo de Eduardo de la Vega Alfaro (*Eisenstein e a Pintura Mural Mexicana*, São Paulo, Fundação Memorial da América Latina, 2006) sobre a relação do cineasta russo Sergei Eisenstein com a pintura mural mexicana, na década de 1930, notável no projeto inacabado ¡Qué viva México!, mostra uma intersecção interessante entre cinema e pintura mural, que Oswald de Andrade também parece ter pressentido ao divulgar na *Revista do Brasil*, trechos de *Marco Zero* sob a forma de roteiro cinematográfico. O trecho *Perigo Negro* aparece da seguinte maneira: "*Perigo Negro*, filme extraído do romance cíclico paulista *Marco Zero*" (*Revista do Brasil*, 3ª fase, ano 1, n. 3, pp. 383-417, out. 1938). Já *Sombra Amarela*, é descrito como "cenário para filme" (*Revista do Brasil*, 3ª fase, ano 5, n. 45, pp. 26-28, mar. 1942).

ses, de atividades, de grupos étnicos, compondo um panorama demasiadamente plano e horizontal. Nesse sentido vai a crítica de Antonio Candido, em "Estouro e Libertação", escrito quando da publicação do primeiro volume do ciclo.

Para o crítico, haveria no livro uma antinomia entre concepção e realização, sendo um dos problemas da última a técnica que ele chama de "pontilhismo". Ao abrir muitas perspectivas e não as resolver de imediato, o romancista criaria a impressão de um movimento que não progride. As cenas se sucedem, os núcleos de personagens vão aparecendo, sem que resulte clara a relação entre eles[69]. No que diz respeito à elaboração dos personagens, novamente a técnica adotada, marcada por cortes e rápidos *close-ups*, "que pressupõe um conhecimento por meio do dado externo, o detalhe expressivo e pitoresco"[70], por isso mesmo não favorece o desenvolvimento da psicologia. Assim, na visão do crítico:

Os personagens, em grande número e de vária espécie, se ressentem da limitação que a técnica impôs à psicologia: são mais pitorescos que impressionantes, tendo mais significado alegórico do que humano. [...] Mas embora sejam fracos individualmente, os personagens adquirem maior realce tomados em conjunto, como aliás devem ser num romance mural. Vistos assim, o seu valor simbólico não choca tanto e eles vivem da ciência do relacionamento segundo o qual o autor os movimenta[71].

A observação final, embora não seja explorada por Candido no artigo, oferece uma das chaves para a leitura de *Marco Zero*. É precisamente na ciência do relacionamento segundo o qual o autor movimenta os personagens, na observação dos contextos em que eles circulam e das posições que assumem nos diálogos em que são flagrados pelo narrador, que se pode situá-los no panorama descontínuo

---

[69] Em "Digressão Sentimental sobre Oswald de Andrade", ensaio em que Candido reafirma boa parte de suas restrições à obra, o crítico relativiza a inadequação da técnica pontilista ao projeto de romance mural, considerando-a adequada ao intuito social do afresco de Oswald de Andrade. A multiplicidade de cenas contribuiria para uma melhor apreensão daquela ampla realidade social, desde que tivesse sido melhor aproveitada pelo escritor na justaposição dos fragmentos. Para Candido, o escritor se perde em uma oscilação entre trechos de maior unidade narrativa, em parte determinada pela vontade ideológica de fazer "romance social", e trechos excessivamente fragmentados, fazendo com que a técnica do corte seja muitas vezes fator de confusão.

[70] Antonio Candido, "Estouro e Libertação", *Brigada Ligeira*, p. 25.

[71] *Idem*, pp. 25-26.

de *Marco Zero*. É também dessa forma que se pode identificar como a história, ou a concepção de história do autor, penetra no romance através dos personagens. Para tanto, pode ser interessante compreender alegoricamente a imagem do mural ou do "afresco social" como "palco da História" e como espacialização do tempo na montagem das cenas. É o que propõe Ana Maria Formoso Cardoso e Silva. Para a autora, os personagens do romance aparecem como se iluminados no palco da História com H pelo narrador, como se este operasse um canhão de luz. Assim, eles ganham destaque ou são "iluminados":

> [...] nos momentos em que praticam ações tidas como historicamente significativas, ou seja, quando suas atitudes e seus pensamentos se tornam peças importantes na composição do panorama, o que explica, em parte, a preferência do autor por personagens planas. Os aspectos da história pessoal dos indivíduos que não estejam penetrados intimamente pela História tal como entendida por Oswald, em geral, não são flagrados pelo refletor ou recebem apenas uma claridade de penumbra[72].

Tendo isso em vista, pode ser útil mapear as principais situações em que os personagens Carlos de Jaert e Jack de São Cristovão, ambos pintores, são mencionados, para em seguida analisar a cena em que ambos ganham maior destaque, quando debatem suas posições sobre a pintura.

Após uma breve menção a Carlos de Jaert, mostrando sua ligação com Jango, neto do latifundiário patriarca da família Formoso[73], uma das vítimas da crise do café e em torno da qual boa parte da trama se desenvolve, o personagem aparece

---

[72] Ana Maria Formoso Cardoso Silva, *Marco Zero de Oswald de Andrade: Uma Proposta de Romance Mural*, p. 86.

[73] Jango é um dos principais personagens de *Marco Zero*, na medida em que é focalizado muitas vezes e em diversos contextos. Filho e neto de latifundiários, é diretamente afetado pela crise do café e participa de diversas negociações de dívidas e empréstimos em nome de seu pai e de seu avô. Ao mesmo tempo, conhece o militante Leonardo Mesa e se aproxima das teorias comunistas. Jango mantém um relacionamento amoroso conflituoso com Eufrásia Beato, professora de uma escola rural em Bartira, nas proximidades das terras da família Formoso. Esses conflitos, que culminam no assédio de Eufrásia pelo pai de Jango, durante o período em que este esteve convalescente na campanha constitucionalista, acabam dividindo a mente do personagem, ocupando por vezes mais espaço do que seu interesse pelo comunismo, no fim das contas superficial. Sobre as relações entre aspectos biográficos de Oswald de Andrade e os papéis de Jango e Leonardo Mesa em *Marco Zero* (ver Ana Maria Formoso Cardoso Silva, *Marco Zero de Oswald de Andrade: Uma Proposta de Romance Mural*, p. 78 *et seq.*).

pela primeira vez ao lado de Jack de São Cristóvão no capítulo "Os Latifundiários em Armas", o quinto de *Marco Zero I: A Revolução Melancólica*. Eles se conhecem como soldados do mesmo batalhão que marchava em direção ao Rio de Janeiro, durante a campanha constitucionalista de 1932.

Em um momento de descanso, Jack de São Cristóvão puxa conversa com o companheiro, revelando já uma característica de sua personalidade: ele não parece estar ali por convicção na causa política da campanha, que mais adiante qualifica de "guerra bandida", mas por um ímpeto emocional: "Estou aqui de raiva. Arranjei um lugar num caminhão e vim pra frente sem dar satisfação a ninguém"[74]. Jack se apresenta como engenheiro e, mais adiante, afirma ser sobrinho do banqueiro Ciro de São Cristóvão. A conversa toma o rumo de uma reflexão sobre o tempo e sobre a história, fazendo com que se conheça outra característica desse personagem, sua tendência à elaboração de teorias: "Mas a história do mundo anda dentro de nós e com ela o nosso tempo. Vivemos fechados nela como o feto no claustro materno, vivemos dentro da consciência atual e dela não se sai senão para a loucura"[75].

A fala do personagem em suas elucubrações sobre a noção de tempo se liga à ideia exposta acima, sobre a importância da noção de iluminação da história em *Marco Zero*. Para Jack, "o tempo só existe quando qualquer acontecimento o torna presente e atual. [...] O tempo é assim, precisa ser iluminado"[76]. Carlos de Jaert lembra que, para muitos, haveria outro tempo, um tempo fora da história do homem e anterior a ele. Um tempo que seria "a própria luz", o tempo de Deus, ao que o outro responde com mais uma teoria:

> O tempo é o desgaste. Olhe, eu tenho a convicção de que isto é uma teoria minha, mas aqui no Brasil não se toma nada a sério, quanto mais uma controvérsia desta natureza! Eu digo que o tempo é o contrário do espaço. É a dimensão negativa. É tudo que nos nega e destrói, desde o pêndulo até a namorada e o credor[77].

---

74 Oswald de Andrade, *Marco Zero I: A Revolução Melancólica*, p. 251.
75 *Idem*, p. 252.
76 *Idem*, p. 253.
77 *Idem, ibidem*.

Bergson, Proust, Machado de Assis e Einstein são lembrados de passagem por Carlos, que demonstra ser leitor do autor brasileiro, a quem qualifica de "grande mulato". Mas a fome despertada por "essas sutilezas" interrompe a discussão e ambos se voltam para o problema mais pragmático de arranjar a "boia" da tropa. A cena é cortada e o narrador passa a descrever as ações de um batalhão de reconhecimento, ao qual se pode inferir que pertenciam os dois personagens, pois Jack de São Cristovão aparece de forma intermitente nas cenas seguintes, que focalizam a desorientação dos soldados e sua prisão por tropas legalistas.

Dando razão às críticas de Antonio Candido, com o corte da cena os dois personagens, que haviam iniciado uma discussão interessante sobre tempo e história, desaparecem do romance, que segue apresentando a derrota dos paulistas e o drama vivido pela família Formoso ao receber notícias embaralhadas sobre a possível morte em combate de Jango. Em meio ao conjunto de cenas que mostra a precariedade dos recursos materiais e humanos das forças rebeldes, assim como a desorientação dos soldados, culminando em sua prisão pelas forças legalista, a discussão entre Jack de São Cristóvão e Carlos de Jaert sobre o tempo parece ter a função de representar um possível foco de consciência sobre o que significava aquele acontecimento de que ambos participavam. Porém, uma consciência que não se desenvolve, perdida em especulações algo abstratas e interrompida por urgências materiais.

Seja como for, a cena de discussão intelectual em plena campanha militar permite situar a posição desses personagens, que se confirmará em suas outras aparições. Ambos possuem alguma formação intelectual e tem acesso a leituras de filosofia e literatura contemporâneas. A situação social de Carlos de Jaert não é clara e sabemos apenas de sua amizade com Jango, com quem depois descobriremos que divide um apartamento em São Paulo. Quanto a Jack de São Cristóvão, possui formação de engenheiro e é sobrinho de um banqueiro.

O leitor só irá reencontrá-los na narrativa muito depois, já em *Marco Zero II: Chão*, segundo volume do ciclo, a partir do quarto capítulo, "Reina Paz no Latifúndio", quando são focalizados os anos posteriores à campanha constitucionalista. Descobre-se, então, que eles são frequentadores de um Clube de Arte, onde toda uma "fauna" de escritores, artistas, militantes comunistas, médicos e membros da elite, se reúne para acompanhar conferências sobre arte, literatura, psicanálise, comunismo, ou simplesmente para conversar em um bar[78]. Esse é o espaço em que os dois personagens serão "iluminados" mais vezes pelo narrador. Apenas Jack de São Cristóvão aparecerá em situações diferentes, como em seu encontro amoroso com a russa Ana Tolstói, esposa de um membro da elite paulista. O engenheiro a leva para seu apartamento, decorado com mobiliário e pinturas modernas, entre as quais um Miró e um Picasso. O personagem também aparece durante um jantar oferecido pelo Conde Alberto de Melo, banqueiro ligado à família de latifundiários Formoso, em uma residência no Jardim América. Nessa ocasião, Jack espantará a todos expondo ideias acerca da Antropofagia, movimento que demonstra conhecer e que parece admirar.

É também por um convite do Conde Alberto de Melo que Jack e Carlos aparecem durante um sarau realizado na fazenda Anica, propriedade do Conde, o que mostra a circulação dos dois personagens por ambientes da elite econômica paulista. A reunião ocorre em um pavilhão de linhas arquitetônicas modernas, projetado e decorado por Jack de São Cristóvão. Ao lado dos dois intelectuais, comparece ao sarau uma espécie de microcosmo reunindo figuras típicas da sociedade paulista daquele momento: além do conde, sua esposa e sua filha, há o Capitão Bruno Cordeiro, representando os "tenentes"; Jango e seu irmão adolescente Joaquim Formoso, aspirante a poeta, junto com um amigo, Cláudio Manoel; há um herdeiro de latifúndios no Cerrado e de propriedades na Capital, a quem chamavam de "Barão do Cerrado"; há Abílio Mourão, o Nhonhô Gaita, um "camponês ascensional, com a grosseria conservada nas mãos calosas e duras, o ar matreiro e gordo, a fala caipira"[79]; e há Anastácia Pupper, professora do grupo escolar de Bartira, cidade nas proximidades da fazenda, uma jovem cobiçada pelo ímpeto adúltero do conde anfitrião.

Os intelectuais aparecem deslocados nesse contexto, fazendo breves apartes em meio às discussões dos proprietários, entre entusiastas e xenófobos, sobre o aproveitamento de imigrantes japoneses como colonos na lavoura e sobre um possível programa secreto do governo japonês por trás da imigração, envolvendo intenções militares. Discute-se desde a Rússia, os preparativos para a guerra mundial que viria, o integralismo, até a história de um dos latifundiários, Nho-

---

78 O Clube de Arte em *Marco Zero II: Chão* alude claramente ao Clube dos Artistas Modernos.
79 Oswald de Andrade, *Marco Zero II: Chão*, p. 218.

nhô Gaita, e sua lista de "conquistas" na vida, que incluíam o assassinato da esposa por adultério e doenças como maleita e sífilis.

Depois de outras duas breves cenas na fazenda, uma descrevendo a conversa de fundo psicanalítico entre os adolescentes aspirantes a poetas, Joaquim Formoso e Cláudio Manuel, que falavam sobre a designação vocacional do sexo e as dúvidas sexuais que viviam; a outra insinuando o assédio do conde à professora de Bartira, que dormia em um dos quartos da fazenda, o leitor encontra Jack de São Cristóvão e Carlos de Jaert acordados em outro aposento. É quando acontece a discussão sobre pintura mais longa e mais elaborada da obra, durante a qual se descobre que os dois personagens são pintores. Carlos havia inclusive frequentado a Escola de Belas-Artes, fato que procurava esconder.

Os dois amigos conversavam sobre a figura peculiar do Barão do Cerrado, de quem Jack de São Cristóvão conhecia o histórico de exageros alcoólicos que costumavam resultar em vômitos pela casa e no automóvel da família. Fazendo uma brincadeira, o pintor diz que ao invés da pintura do som, seria preciso a pintura do cheiro para retratar o Barão[80]. Quando o companheiro pergunta por que ele não tenta, Jack responde com uma de suas teorias e traça uma genealogia da pintura, qualificando-a como sinais que acompanham o homem em sua caminhada desde as cavernas, passando pela figuração das religiões, das guerras, batalhas, comícios, madonas, mercados, revoluções. A pintura abria horizontes, educava, ensinava. A teoria termina com a fórmula: "A pintura é para mim dinamite e álgebra ao mesmo tempo..."[81]. Incomodado com a mania teórica do amigo, Carlos de Jaert afirma que a pintura, na verdade, é a coisa mais simples do mundo. Jack responde:

Ora...Para fazer o retrato do Barão do Cerrado. Como é que você poderia, Carlos, fazer o retrato do Barão do Cerrado sem recorrer à essa genealogia da pintura que vem do homem primitivo até o expressionista?

É por isso que a pintura deixou de existir com os românticos quando perdeu o seu contorno plástico... a sua unidade. [...]

---

80 O personagem faz referência ao conhecido interesse da arte abstrata pela analogia entre pintura e música, como na obra e escritos teóricos do pintor russo Wassily Kandinsky.
81 Oswald de Andrade, *Marco Zero II: Chão*, p. 228.

E o homem não perdeu a sua unidade justamente quando de Cézanne a Van Gogh e a Signac a pintura o soube retratar psicologicamente, porque o soube desagregar, fazê-lo como ele era na vida?[82].

Carlos, que se configura como antagonista de Jack na discussão, defende que a crise introduzida na pintura moderna pelos românticos fez com que aquela deixasse de ser pintura. Ele afirma que apenas Henri Rousseau teria restaurado a unidade da pintura, tornando-a "religiosa e humana" e aproximando-a novamente do povo, "elemento novo que triunfará na pintura de amanhã". Em seguida, Jaert menciona uma conferência do pintor mexicano David Alfaro Siqueiros no Clube de Arte, sugerindo que ambos os personagens compareceram para assisti-la. De acordo com Carlos de Jaert:

[Siqueiros] disse que Giotto e Cimabue esbofeteariam os artistas que não usassem câmaras fotográficas. E é justamente a cegueira burguesa que não deixa os nossos pintores enxergarem a cada passo, nas ruas, os gestos dos homens e as caras da luta de classes. Eles precisam abrir os olhos para ver o esforço do escravo moderno, a sua máscara... Sem querer você fez o processo de um século de pintura, Jack. O que foi Courbet, o pai dos Fauves? O que foram Manet e os Impressionistas, senão o que você quer ser? Um literato intencional que retrata com tintas, numa autoflagelação masoquista e infame, a sociedade do seu tempo. Só há pintura revolucionária ou a clássica, a que concorda, a que apoia como o órgão apoia o mistério da missa. Você, se não morrer de embolia num dos seus furores modernistas, há de ver a volta da pintura normal, a boa pintura pedagógica, ilustração da vida[83].

O arquiteto Jack zomba do interlocutor: "Você para pintar nem pisca, arregala os olhos! Eu, diante de uma tela, fecho as pálpebras, ilumino o mundo de imagens que minha retina guarda!" O outro personagem retruca:

Por isso a coleção de monstros que você faz copiados do Emperaire de Cézanne e dos Autorretratos de Van Gogh... No meio desse pandemônio, só as virtudes sólidas do povo puderam dar pintura. Depois de Rousseau, que ficou à margem desse turbilhão, veja a que

---

82 *Idem*, p. 229.
83 *Idem*, p. 230.

extremos vocês chegaram com todos os ismos que um fim de era rotulou. Acabaram no nada, no nirvana do Abstracionismo[84].

A discussão entre os dois artistas termina com Jack acusando o pintor Carlos de se refugiar na "demagogia mexicana", por ter detestado "as experiências magistrais de nossa época", realizadas pelas vanguardas. Carlos responde denunciando que essas experiências desaguaram no mesmo "vácuo" que seria representado tanto por Dada como pelo Abstracionismo. Ambos os movimentos seriam, em suas palavras: "o vácuo a que chegou a burguesia". A única forma de escapar a essa situação seria redescobrir o povo, reconduzindo a pintura à sua dimensão social, superando a era dos "ismos", uma era de crise da burguesia. "Fora da pintura social só há burguesia e besteira..." diz Carlos, que põe um ponto final no debate falando sobre a ideia que teve para um quadro:

Amanhã vou começar um quadro. Uma cena que vi na estrada quando vinha para cá. Uma mulher enorme, opilada, levando no braço uma criancinha de dois quilos. Ao lado o homem amarelo, em farrapos, com um galo de briga. Sabe qual é o título? Mudança[85].

A conversa, que começara com uma discussão sobre como seria possível retratar o latifundiário alcóolatra, termina com a imagem de uma pintura de tema social. Jack de São Cristóvão, defensor das "experiências magistrais" da arte moderna, que para pintar olhava para seu mundo interior, representa claramente um modernismo de tendência experimental. O mundo exterior, a realidade social, está excluído de suas preocupações estéticas, voltadas antes para a crise psicológica de desagregação e perda de unidade do homem moderno. A preocupação social aparece na proposta de seu antagonista Carlos de Jaert, que defende uma pintura conectada com o povo, pedagógica, "ilustração da vida"[86].

Se a princípio seria possível sugerir que os personagens se inspiram em Flávio de Carvalho e Candido Portinari, parece mais interessante, no entanto, perce-

---

84 *Idem*, p. 231.
85 *Idem*, p. 234.
86 Um estudo interessante a ser feito, para o qual não há espaço neste trabalho, seria uma análise comparativa entre esse confronto de ideias exposto por Oswald de Andrade e *O Banquete*, livro inacabado de Mário de Andrade, redigido como uma discussão estética em forma de diálogo, entre os anos de 1944 e 1945, mesmo período de redação do segundo volume de *Marco Zero*.

ber como os dois representam forças que movimentavam o próprio pensamento de Oswald de Andrade sobre arte, que embora reconhecesse a importância ou mesmo a urgência de se construir uma forma de arte coletivista, defendia que não se desprezassem tanto as pesquisas das vanguardas, quanto o próprio "debate interior" que fazia parte, em sua visão, de todo ato criativo. A disputa entre "arte neutra" e arte social, encarnada na oposição entre os dois personagens, termina apenas com o projeto de quadro de temática social de Carlos de Jaert, sem que haja um aprofundamento do problema, como, por exemplo, a discussão em torno da pintura de cavalete como modo de produção artística a ser superado pela pintura mural e as implicações estéticas dessa superação. Uma elaboração que o autor do romance já havia demonstrado ter condições de propor, tanto em "Elogio da Pintura Infeliz", quanto em "A Pintura Através de *Marco Zero*", conferências comentadas no capítulo quatro. Nesta última conferência, pronunciada pouco antes do término da Segunda Guerra, ficava explícita a defesa do que a pintura poderia vir a ser e do espaço que poderia ocupar naquilo que Oswald de Andrade chamou ora de "cidade nova", ora de "cidade do futuro", uma postura semelhante à que o escritor demonstrava a respeito do futuro do romance no novo ciclo histórico coletivista que, para ele, se anunciava naquele momento.

As questões que surgem no debate sobre pintura em *Marco Zero II: Chão* estavam, portanto, presentes no horizonte de reflexão estética de Oswald de Andrade, emergindo em diferentes intervenções públicas do escritor no meio artístico. Em *Marco Zero II: Chão*, porém, a possível conciliação entre experimentalismo e engajamento que pode ser vislumbrada naquelas intervenções não chega a se esboçar, como também não se esboça uma discussão mais profunda sobre quais seriam as bases da arte social defendida por Carlos de Jaert. Fica no ar apenas um sentido de denúncia da precariedade e insegurança da vida do homem do campo, no projeto de quadro que o pintor apresenta. É sintomático, no entanto, que os dois artistas tenham iniciado sua discussão a partir da ideia da produção de um retrato. Como foi visto no capítulo quatro, Oswald de Andrade associava esse gênero pictórico à história da pintura de cavalete, da burguesia, do surgimento da ideia de indivíduo. No esquema de entendimento histórico elaborado pelo escritor, tendo surgido para representar uma classe que vivia naquele momento um período de crise, o gênero do retrato — e com ele toda a história da "pintura infeliz" — entrava também em crise, como ele sintetiza alegoricamente valendo-se do retrato imaginário de Dorian Gray. A nova arte que deveria surgir, na nova era que se anunciava, demandava da pintura outras formas de produção, outros suportes, outras relações com a arquitetura, outros temas, outros problemas. A pintura mural poderia ser uma resposta, como se depreende da leitura dos artigos de Oswald de Andrade. No entanto, fica a questão: por que isso não aparece no romance?

Se *Marco Zero*, enquanto romance mural, pode ser entendido como fruto da convicção de Oswald de Andrade no novo ciclo histórico por vir, nem por isso a obra apresenta uma visão otimista ou idealizada sobre a participação de São Paulo nessa mudança. Na verdade, como mostra Ana Maria Formoso Cardoso e Silva[87], o romance é permeado pela representação das dificuldades encontradas por diferentes setores da sociedade para produzir qualquer transformação da realidade, principalmente entre os trabalhadores rurais e os operários urbanos, mais envolvidos na organização da luta por mudanças[88]. Dificuldades que abrangem desde a repressão policial às organizações sindicais até as lutas entre posseiros e grileiros, a desinformação generalizada sobre as ideias comunistas, especialmente entre os trabalhadores rurais, oscilando entre a ignorância e a vaga ideia de uma sociedade onde haveria trabalho e terra para todos. Daí o importante papel desempenhado pelos personagens militantes Leonardo Mesa e Maria Parede na difusão, mesmo que elementar, dos princípios comunistas. A imagem da crise da sociedade paulista que se constrói em *Marco Zero* exibe, assim, mais elementos de indeterminação sobre a configuração que essa sociedade poderia assumir do que qualquer representação idealizada de seu potencial para o futuro.

Essa mesma indeterminação atinge também o âmbito cultural, no debate entre os artistas. Carlos de Jaert, que poderia se aproximar mais de uma ideia de arte social, não demonstra uma consciência clara das formas pelas quais essa arte poderia se manifestar, do ponto de vista técnico e estético, nem demonstra qualquer preocupação com modificações estruturais no modo de produção da arte. Seu discurso se restringe a um idealizado retorno ao contato com o povo, através

---

87  Ana Maria Formoso Cardoso e Silva, "Marco Zero de Oswald de Andrade: Uma Proposta de Romance Mural", p. 96 *et seq.*
88  "Segundo a orientação do romance, conforme mostramos, esse 'dia novo' chegará quando a união dos trabalhadores favorecer a realização da 'verdadeira revolução' e eles se alçarem ao posto de herói coletivo. Porém, enquanto este ideal não é atingido, o que se vê em *Marco Zero* são personagens em meio a um desconcerto que afasta a possibilidade de surgir aí a figura do herói de força superior tal como se tem nas obras épicas. [...] Dessa forma, na narrativa só há espaço para heróis médios, que ganham projeção dependendo do meio e da situação em que se encontram e das ações que desempenham" (*idem*, pp. 96-97).

de uma forma de arte designada como "clássica" e como "ilustração da vida". Em termos de conteúdo, o que aparece é um realismo de denúncia da miséria do homem pobre. Do outro lado, Jack de São Cristóvão se compraz na "pintura infeliz", na ausência de preocupação com a realidade social, no interesse pela investigação estética da desagregação psicológica do homem moderno, especialmente através do retrato. O que é possível concluir com base nisso é que a complexa relação entre as conquistas estéticas da arte moderna e as formas artísticas adequadas ao caráter coletivista da era socialista, do ciclo histórico que Oswald de Andrade acreditava estar em sua aurora, era algo ainda a ser construído no momento focalizado pelo romance e por isso não tinha como aparecer claramente.

Essa ausência, na verdade, está de acordo com o caráter "pedagógico" que, como vimos acima, o autor defendia tanto para a pintura como para o romance mural. Estudando a decadência do mundo do café e as dificuldades daqueles empenhados em reconstruir a sociedade em novas bases, o narrador de *Marco Zero* expõe mais os problemas, conflitos, contradições e indefinições a serem superados, como um estímulo para que o leitor prestasse atenção neles, do que as possíveis novas formas de organização social e artística, como modelos a serem seguidos. Esse talvez seja o "desconcerto" da matéria histórica do romance. Desconcerto que, como observou Mário da Silva Brito[89], a escrita fragmentária e descontínua de que ele é composto incorpora e simboliza. Desconcerto que o narrador de *Marco Zero II: Chão* flagra numa conversa do Clube de Arte, na fala do pintor Carlos de Jaert:

Sob as areias movediças dos tempos novos, nenhuma economia, nenhuma política, nenhuma ética, nada pode se radicar. No começo tem que ser o grotesco criador, a cópia servil, o exagero e o medo. Só o trabalho, as suas condições e tragédias conduzirão a nova era internacional. O Brasil tem que entrar no cordão[90].

Encerrando essa discussão sobre *Marco Zero II: Chão*, cabe ainda uma observação a respeito dos ambientes em que Jack de São Cristóvão e Carlos de Jaert são focalizados. A mesma indeterminação que se percebe no discurso dos personagens parece se refletir também nos ambientes que eles frequentavam. A discussão sobre pintura protagonizada por ambos ocorre durante um sarau realizado

---

89 *As Metamorfoses de Oswald de Andrade*, p. 108.
90 Oswald de Andrade, *Marco Zero II: Chão*, p. 383.

na fazenda de um banqueiro paulista, num exemplo característico da forma como se exercia o mecenato artístico privado em São Paulo nos anos 1920[91]. Por outro lado, esses mesmos personagens frequentavam um Clube de Arte, que embora tivesse por público membros daquela mesma elite econômica, caracteriza-se com um espaço aberto, situado no 5º andar de um edifício.

Na porosidade entre ficção e realidade que existe nas páginas de *Marco Zero*, com a menção a eventos que de fato ocorreram em São Paulo — caso da conferência de Siqueiros —, esse contraste entre o Clube de Arte e o sarau na fazenda (onde os dois intelectuais não se sentiam confortáveis) parece indicar que, no período focalizado pelo romance, coexistiam formas tradicionais de sociabilidade entre artistas, intelectuais e mecenas, como a organização de saraus, ao lado de tentativas de criação de instâncias autônomas de fomento à criação e ao debate artístico, como o Clube dos Artistas Modernos, uma organização com sede aberta ao público, sustentada pelas mensalidades pagas pelos sócios. Diferente, portanto, das *soirées* nos palacetes e *villas* de Paulo Prado, Olívia Guedes Penteado ou José de Freitas Valle, todos frequentados por Oswald de Andrade.

Ao longo da década de 1930, os artistas paulistas ou imigrantes radicados em São Paulo procuraram de fato criar outras formas de organização, divulgação e apoio mútuo. Sem poder contar com o mesmo poder econômico do mecenato privado das décadas anteriores, não dispondo ainda de um mercado de arte capaz de absorver a estética moderna (algo que apenas começaria a se constituir no pós--guerra) e não tendo sido incorporados pelo Estado na mesma medida em que foram algumas frações dos escritores modernistas[92], os artistas plásticos procuraram se organizar em entidades como a Sociedade Pró-Arte Moderna, o Clube dos Artistas Modernos, o Sindicato dos Artistas Plásticos, ou grupos, como o Grupo Santa Helena e a Família Artística Paulista. Essas iniciativas, ainda que não os tenham desvencilhado totalmente da influência e da dependência em relação ao mecenato privado, diversificaram o teor dos debates sobre arte e a dinâmica dos locais onde estes ocorriam, como sugere a programação do Clube dos Artistas Modernos, mencionada no capítulo quatro[93]. Uma diversificação que contribuiu

---

91  Sobre o tema, ver Sergio Miceli, *Nacional Estrangeiro*, pp. 19-32.
92  Cf. Sergio Miceli, *Intelectuais à Brasileira*, São Paulo, Companhia das Letras, 2001.
93  Além da menção à conferência de Siqueiros e aos temas nele discutidos, a descrição que Oswald de Andrade faz do Clube de Arte em *Marco Zero* parece aludir também ao aspecto despojado do Clube dos Artistas Modernos: "Era apenas um extenso salão com mobília rústica de

para o que Antonio Candido descreveu como uma maior conscientização política do meio artístico nos anos 1930, refletida na polarização de posicionamentos (entre uma arte de conteúdo social e outra "esteticista" ou "neutra") que Oswald de Andrade procurou representar em *Marco Zero* por meio dos personagens Jack de São Cristóvão e Carlos de Jaert.

## 3. A poesia Pau Brasil e a visualidade

Impresso em 1925, em Paris, pela editora Au Sans Pareil, a mesma que havia publicado volumes de Blaise Cendrars e de outros poetas de vanguarda na França, *Pau Brasil* é apresentado, na página que antecede o prefácio de Paulo Prado, como "cancioneiro de Oswald de Andrade/Prefaciado por Paulo Prado/Iluminado por Tarsila". É o primeiro livro de poemas publicado pelo escritor e também o primeiro "iluminado" nas páginas internas por desenhos, fato que se repetirá em outros livros de poemas publicados por Oswald de Andrade. O livro traz na capa, também de autoria de Tarsila do Amaral, uma reelaboração da bandeira nacional, substituindo seu lema positivista pelo título "Pau Brasil". A ela seguem-se dez ilustrações: uma logo antes de "falação", poema de abertura que consiste em uma versão reduzida do *Manifesto da Poesia Pau Brasil*, e as outras abrindo cada uma das nove seções do livro.

Muito já foi escrito a respeito da relação entre a poesia Pau Brasil (no livro e no manifesto) e a chamada fase Pau Brasil da obra de Tarsila do Amaral, nela incluídos seus desenhos e pinturas realizados entre 1924 e 1927. Desse conjunto, destacam-se os textos de Maria Eugenia Boaventura[94], Gênese Andrade[95] e Jorge Schwartz[96], na medida em que se debruçam especificamente sobre aquela relação, apresentando dados e ideias relevantes para o interesse desta pesquisa. Os textos desses autores contribuem, assim, para apoiar a hipótese aqui defendida de que o interesse de Os-

---

palha. Das paredes pendiam quadros modernistas ao lado de figuras geométricas em alumínio. As mesas coloridas em laca vermelha e azul abriam-se ao centro deixando um quadrado onde se dançava" (Oswald de Andrade, *Marco Zero II: Chão*, p. 379).

[94] Maria Eugenia de Boaventura, "Atelier: História de um Poema", *Remate de Males*, 1987.

[95] "Poemas para Ver", *Agália,* Publicaçom internacional da Associaçom Galega da Língua, Ourense, n. 81-2, pp. 9-60, 2º semestre 2005. Disponível em: <http://www.agalia.net/images/recursos/81-82.pdf>. Acesso em: 11 fev. 2018.

[96] Jorge Schwartz, "Tarsila e Oswald na Sábia Preguiça Solar", *Fervor das Vanguardas: Arte e Literatura na América Latina*, 2013.

wald de Andrade pelas artes visuais ocupou posição relevante em sua experiência intelectual e, como será argumentado agora, também em sua criação poética.

Acompanhando Augusto de Campos no entendimento de que a composição de *Pau Brasil* aproxima o livro do que no decorrer do século XX seria entendido como "livro-objeto", Jorge Schwartz percebe nos desenhos de Tarsila do Amaral "um valor equivalente ao dos poemas", configurando um diálogo enriquecedor, para além da ilustração. Ao descrevê-las, o crítico aponta seu "traço simples, sintético, infantil e carregado de humor"[97], atributos que também podem ser identificados em diversos poemas do livro. Os desenhos, como os poemas, parecem responder aos desafios lançados pelo *Manifesto da Poesia Pau Brasil* à geração modernista, comentados no segundo capítulo.

Especificamente o humor, associado ao caráter infantil — mas não "ingênuo" — dos desenhos, conteria, na opinião de Schwartz, também uma carga crítica:

> Na sequência dos desenhos, encontramos uma versão antiépica da história nacional, na contramão da narrativa da historiografia oficial e oficiosa, para dar lugar a um discurso fundacional do Brasil em que prevalecem o fragmentário, o provisório, o inacabado e o humor[98].

Retomando as ideias do *Manifesto da Poesia Pau Brasil*, essa seria a reação contra o "assunto invasor", contra a "aberração" do quadro histórico; a volta ao "sentido puro" defendido por Oswald de Andrade. O mesmo se pode dizer dos poemas. As duas primeiras seções do livro — "História do Brasil" e "Poemas da Colonização" — são as que mais nitidamente projetam aquela versão antiépica da história nacional. Na primeira, o poeta se apropria de um conjunto de textos históricos de cronistas sobre o Brasil, "vertendo-os" em poemas que ressaltam o espanto da descoberta do nunca visto. Essa descoberta era, para Oswald de Andrade, a própria descoberta da poesia, como ele propõe no poema "3 de Maio", da seção "RP 1":

> Aprendi com meu filho de dez anos
> Que a poesia é a descoberta
> Das coisas que eu nunca vi[99].

---

[97] *Idem*, p. 29.
[98] *Idem, ibidem*.
[99] Oswald de Andrade, *Poesias Reunidas*, p. 57.

Acompanhando de certo modo a placidez da ilustração de Tarsila do Amaral [Figura 16], em que uma pequena caravela, acompanhada de outras embarcações menores, se aproxima do litoral brasileiro, identificado pela silhueta do Pão de Açúcar, os poemas de "História do Brasil" apresentam as impressões dos cronistas sem destacar qualquer espécie de conflito, revelando apenas aos poucos, de maneira muito sutil, interesses sexuais e econômicos presentes no contato com indígenas e na exploração da fauna, flora e geografia da terra "descoberta". Veja-se, por exemplo, a serenidade com que se fala do processo de catequese indígena no poema "prosperidade de são paulo", elaborado a partir da obra de Frei Vicente de Salvador:

> Ao redor desta villa
> Estão quatro aldeias de gentio amigo
> Que os padres da Companhia doutrinam
> Fóra outro muito
> Que cada dia desce do sertão[100].

É uma descrição banal de uma atividade cotidiana da "Villa de São Paulo de Piratininga": a escravidão indígena. A visão Pau Brasil antiépica da história nacional aparenta conduzir, dessa forma, a uma imagem que, embora notavelmente avessa à grandiloquência das narrativas oficiais, reconstrói o passado brasileiro de forma algo apaziguadora, naturalizando processos simbólica e materialmente violentos. No entanto, ao fazer isso se apropriando com ironia e humor de narrativas históricas produzidas pelos primeiros europeus que tiveram contato com as terras brasileiras e tentaram entendê-la, a poesia Pau Brasil na verdade revela algo mais. Aquela imagem apaziguadora, a naturalização da violência, da ambição econômica pelas "riquezas naturais", do interesse sexual por mulheres indígenas, das comparações entre costumes locais e europeus, misturada com a ingenuidade própria ao curto-circuito epistemológico diante do contato com o Outro e com as projeções de se estar no "terral paraíso"; todos esses aspectos estão presentes nas próprias fontes documentais sobre as quais se construía o que se convencionou chamar de "História do Brasil". E era a presença desses elementos que o poeta queria pôr em relevo. Essa é a operação crítica da ironia Pau Brasil diante da história nacional, ao desejar mostrar que o país havia sido

---

100 *Idem*, p. 35.

objeto de exploração, mas também havia provocado uma alteração profunda na percepção de mundo dos europeus ocidentais, ideia que depois Oswald de Andrade ampliaria na Antropofagia. Fica a questão, no entanto, sobre até que ponto essa operação é eficaz enquanto crítica em *Pau Brasil*, na medida em que reproduz apenas trechos dos textos históricos em que não aparecem conflitos que põe em xeque aquele conjunto de projeções paradisíacas.

Na seção seguinte do livro, "Poemas da Colonização", algo daquelas projeções paradisíacas começa a se dissipar. As narrativas de espanto diante do mundo novo dão lugar a cenas que se referem, possivelmente, ao universo de uma fazenda de café, já que o primeiro poema da seção, "a transação", conta a história de um fazendeiro que trocou seu patrimônio, entre os quais "o ouro da carne preta e musculosa", por "terras imaginárias / Onde nasceria a lavoura verde do café"[101].

Em "Poemas da Colonização", boa parte dos poemas registra situações protagonizadas por negros, nas quais aparecem, entre outras, as realidades da objetificação do corpo negro, diversas vezes quantificado como mercadoria; das tentativas de fuga e conflitos com o senhorio; a capoeira. Embora tensos, os poemas se assemelham em sua simplicidade a histórias transmitidas oralmente, talvez ouvidas pelo autor seja de proprietários das fazendas onde as cenas se passam, seja de ex-escravos que também viveram nelas, como ele sugere em "Pau Brasil", texto publicado no periódico carioca *O Jornal*, em 13 de junho de 1925, e que motivou a polêmica com Tristão de Athayde comentada no terceiro capítulo. No texto, ao detalhar o que entendia pelo "banho de estupidez" que defendia para a inteligência nacional, Oswald de Andrade sugere reabilitar, além dos primeiros cronistas, também o que "nossas grandes orelhas infantis ouviram e guardaram em nossas casas"[102]. Mais adiante, ele especifica:

> O estado de inocência que o espírito sorve nas notícias dos cronistas sobre ananases, rios e riquezas e nos casos de negros fugidos e assombrações trazidos a nós pela tradição oral e doméstica não é, porém, privilégio do passado[103].

---

101 *Idem*, p. 43.
102 Oswald de Andrade, *Os Dentes de Dragão: Entrevistas*, p. 33.
103 *Idem*, p. 34.

"A poesia e, portanto, a pintura"

No entanto, mesmo desejando recuperar um "estado de inocência" das "orelhas infantis" ao ouvir "casos de negros fugidos", há uma tensão inerente às próprias histórias que os "Poemas da Colonização" fixam, nas quais a violência subjaz como elemento constitutivo da realidade da vida na fazenda. Por isso, a tranquilidade que reina na fazenda da ilustração de Tarsila do Amaral [Figura 17] para a seção já não parece se harmonizar tão bem com o conteúdo de poemas como "o capoeira", "a roça" e "azorrague"[104].

o capoeira
Qué apanhá sordado?
O quê?
Qué apanhá?
Pernas e cabeças na calçada

a roça
Os cem negros da fazenda
Comiam feijão e angu
Abóbora chicória e cambuquira
Pegavam numa roda de carro
Nos braços

azorrague
Chega! Peredoa!
Amarrados na escada
A chibata preparava os cortes
Para a salmoura

"Poemas da Colonização" mostra um limite das analogias formais entre a síntese e o despojamento da poesia Pau Brasil de Oswald de Andrade, seu caráter de flagrante, de anotação rápida, e o vocabulário plástico Pau Brasil de Tarsila do Amaral. No caso da poesia, a solução formal sintética e rápida foi capaz de sustentar-se ao trabalhar um conteúdo histórica e socialmente tenso — o que não quer dizer que ela o tenha encarado criticamente. O mesmo não se pode dizer

---

104 Oswald de Andrade, *Poesias Reunidas*, 2017, pp. 45-46.

dos desenhos da artista. De certa maneira, é como se as ilustrações de Tarsila do Amaral exacerbassem uma característica apontada por Roberto Schwarz no projeto oswaldiano. Para o crítico:

[...] o *parti pris* de ingenuidade e de "ver com olhos livres" algo tem de uma opção por não enxergar, ou melhor, por esquecer o que qualquer leitor de romances naturalistas sabia. Daí que achados da inocência oswaldiana paguem a sua plenitude, muito notável, com um quê de irrealidade e infantilismo[105].

No entanto, essa atitude assumida pela poesia Pau Brasil ao encarar "o nosso provincianismo e as nossas relações rurais atrozes", com o intuito de colocá-los no "presente do universo" moderno, era, ainda segundo Schwarz, contrabalançado por uma segunda estratégia tipicamente oswaldiana, que consistia em dar a tudo "um ar de piada"[106]. Nele, conclui o crítico, estaria a verdade da poesia Pau Brasil.

◆

Invertendo a chave da relação, é preciso investigar também como Oswald de Andrade respondeu em sua poesia à obra pictórica de Tarsila do Amaral. No livro *Pau Brasil*, como já foi apontado por Schwartz[107], o poema "Atelier", da seção "Postes da Light", é o que dialoga com maior intensidade tanto com a obra quanto com a pessoa de Tarsila do Amaral. De acordo com o crítico, a imagem da artista, nunca nomeada no poema, é construída pela menção a atributos físicos, de origem e de comportamento, assim como a geografias percorridas pelo casal e presentes em suas pinturas. Vale a pena transcrever o poema para que essas relações fiquem mais claras.

Atelier
Caipirinha vestida por Poiret
A preguiça paulista reside nos teus olhos
Que não viram Paris nem Picadilly

---

105 Roberto Schwarz, "A Carroça, o Bonde e o Poeta Modernista", *Que Horas São? Ensaios*, 1987, p. 27.
106 *Idem*, p. 28.
107 *Idem*, p. 19.

"A poesia e, portanto, a pintura"

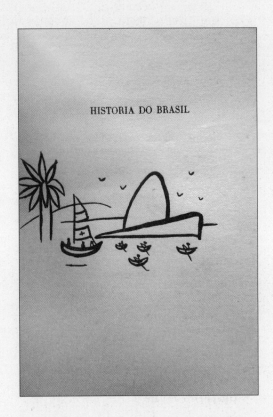

Figura 16. Ilustração de Tarsila do Amaral para a seção "História do Brasil", do livro *Pau Brasil*, Paris, Au sans Pareil, 1925.

Figura 17. Ilustração de Tarsila do Amaral para a seção "Poemas da Colonização", do livro *Pau Brasil*, Paris, Au sans Pareil, 1925.

Nem as exclamações dos homens
Em Sevilha
À tua passagem entre brincos

Locomotivas e bichos nacionais
Geometrizam as atemosferas nítidas
Congonhas descora sob o pálio
Das procissões de Minas

A verdura no azul klaxon
Cortada
Sobre a poeira vermelha

Arranha-céus
Fordes
Viadutos
Um cheiro de café
No silêncio emoldurado.

Para o propósito deste trabalho, interessam particularmente as três últimas estrofes, cuja leitura remete tanto às ilustrações de Tarsila do Amaral para as seções "Poemas da Colonização", "São Martinho", "RP 1" ou "Postes da Light", de *Pau Brasil*, quanto às pinturas *E.F.C.B.* [Figura 18] ou *São Paulo (Gazo)*. Como observa Schwartz, os versos captam as "demonstrações modernas" alcançadas pelo Brasil até aquele momento, com a construção das ferrovias que permitiram aos modernistas a visita às cidades históricas mineiras, a circulação dos "fordes" nos centros urbanos, com sua paisagem já marcada por obras como o Viaduto do Chá e o Viaduto Santa Efigênia, em São Paulo. Quanto aos arranha-céus, a capital paulista contava apenas com um edifício de doze andares e cinquenta metros de altura, o Sampaio Moreira, inaugurado em 1924, na Rua Líbero Badaró, ainda longe das dimensões do edifício Martinelli, com mais de cem metros de altura, cuja construção apenas se iniciava naquele mesmo ano.

À geometrização das "atemosferas nítidas", que transformava a geografia urbana e rural brasileiras, interligadas pelas linhas férreas, correspondia a geometria do espaço pictórico do artista, onde aqueles índices de modernidade con-

Figura 18. Tarsila do Amaral, E.F.C.B., 1924, óleo sobre tela, 142 x 127 cm. Museu de Arte Contemporânea da Universidade de São Paulo. Foto: Romulo Fialdini/Tempo Composto.

vivem, na poesia como na pintura, com os casebres de açafrão e ocre, com os "bichos nacionais", com a poeira vermelha, a verdura e o azul da "América folhuda", como diz um verso do poema "anhangabaú", da mesma seção "Postes da Light". Esse aspecto cromático dos poemas de *Pau Brasil* faz lembrar da frase de Machado Penumbra, autor imaginário que assina o prefácio das *Memórias Sentimentais de João Miramar*, publicado em 1924: "nossa natureza como nossa bandeira, feita de glauco verde e de amarelo jalde, é propícia às violências maravilhosas da cor. Justo é pois que nossa arte também o queira ser"[108].

Além das "violências" maravilhosas da cor, da geometrização do espaço pictórico e do que Oswald de Andrade chamaria depois de "verniz duro na natureza

---

108 Oswald de Andrade, *Memórias Sentimentais de João Miramar*, 2004, p. 70. Para uma leitura bastante acurada do uso que Oswald de Andrade faz dos contrastes de cores, estruturação geométrica dos poemas e outras estratégias construtivas que aproximam o livro *Pau Brasil* da linguagem pictórica, ver "Poemas para Ver", *Agália*.

tropical estilizada"[109] *atelier* também cantaria a pintura *A Negra*, em um bloco de versos que, depois de ser muito trabalhado em alguns dos sete rascunhos manuscritos do poema, acabou não sendo incorporado à sua versão final. Esse bloco de versos remete diretamente à pintura de Tarsila do Amaral, como se pode verificar, por exemplo, no manuscrito de número três, citado por Maria Eugenia Boaventura, em seu artigo sobre o poema:

A emoção
Desta negra gigante
Polida
Lustrosa
Como uma bola de bilhar

A respeito desse conjunto de versos, Boaventura comenta:

O poeta certamente estava ainda sob o efeito da impressão que lhe causara a tela pré-antropofágica *A Negra* (1923). Portanto, quis dar uma ideia do conjunto do trabalho e da técnica da artista, marcados sobretudo pela grande preocupação formal, máxima depuração, despojamento e perfeccionismo. A imagem da negra redonda e lustrosa se aproximou muito do programa que Tarsila conscientemente defendia para a sua arte[110].

É interessante a observação de que Oswald de Andrade procurou criar uma imagem poética que incorporasse aspectos da técnica pictórica da artista, ressaltados por ela própria: "Trabalho hoje com a paciência de Fra Angelico para que o meu quadro seja lindo, limpo, lustroso como uma Rolls [Royce] saindo da oficina"[111]. Em um manuscrito sem data, Oswald de Andrade demonstra sua atenção à natureza do que chama "de técnica de protesto" na pintura de Tarsila do Amaral:

---

109 Oswald de Andrade, "O Pintor Portinari", *Diário de S. Paulo*, 27 dez. 1934.
110 Maria Eugenia Boaventura, "Atelier: História de um Poema", *Remate de Males*, 1987.
111 Carta de Tarsila do Amaral a Joaquim Inojosa, São Paulo, 6 nov. 1925, citada em Aracy Amaral, *Tarsila: Sua Obra e Seu Tempo*, p. 205.

A revolução modernista culminou em Tarsila. Ora como técnica, Tarsila protestava também. A sua clara intenção era liquidar com as meias tintas que borram a cabeça do Sr. Henrique Cavalheiro. Ela nos trouxe uma técnica de protesto. Para a vitória dessa fase polêmica do modernismo ela nos apresentava uma técnica Duco, pintura de automóvel e de máquina, escorada pelos grandes resultados de Léger e pela crítica de Gleizes [...][112].

Assim, naquele bloco de versos, a figura da mulher negra se torna, pela técnica aplicada pela artista à sua recriação em pintura, comparável a objetos industrializados, semelhante, portanto, às figuras de Fernand Léger. Como seu mestre francês, Tarsila do Amaral buscava tornar sua pintura análoga a um fenômeno visual tipicamente moderno. A pintura precisava responder com seus próprios recursos ao que os objetos industrializados produziam de novo no campo da percepção visual moderna.

E do mesmo modo a poesia. A respeito da última estrofe de "atelier", Jorge Schwartz aponta um elemento importante nesse sentido, ao destacar sua "síntese enumerativa", própria ao estilo Pau Brasil, que conduz o olhar do espectador sobre a cidade, construindo "um cartão-postal oferecido ao *camera-eye*[113] do turista"[114]. Embora considerada com desconfiança por Oswald de Andrade no *Manifesto da Poesia Pau Brasil*, a fotografia penetra em seus poemas como uma espécie de modelo para a própria operação poética experimentada em sua construção. Vale a pena verificar essa questão com mais detalhe.

Em "Uma Poética da Radicalidade", Haroldo de Campos discute a visualidade ou o "pendor plástico" da poesia oswaldiana sob três aspectos: imagem, estrutura e síntese. Com relação à imagem, Campos defende a precedência, na poesia de

---

112 Texto sem título, manuscrito em folha de caderno pautado, *c.* 1931, *apud* Maria Eugenia Boaventura, *O Salão e a Selva: Uma Biografia Ilustrada de Oswald de Andrade*, p. 124.
113 A referência à síntese na poesia de Oswald de Andrade como *shots*, "tomadas de uma câmara cinematográfica" ou *camera eye* provém de Haroldo de Campos (cf. Haroldo de Campos, "Uma Poética da Radicalidade", em Oswald de Andrade, *Poesias Reunidas*, São Paulo, Companhia das Letras, 2017, p. 249). Campos também destaca a técnica da montagem como a base da sintaxe poética oswaldiana e a atribui ao contato do autor com as artes plásticas e o cinema: "o efeito de anti-ilusionismo, de apelo ao nível de compreensão crítica do leitor, que está implícito no procedimento básico da sintaxe oswaldiana – a técnica de montagem –, este recurso que Oswald hauriu nos seus contatos com as artes plásticas e o cinema" (*idem*, p. 250).
114 Jorge Schwartz, "Tarsila e Oswald na Sábia Preguiça Solar", *Fervor das Vanguardas: Arte e Literatura na América Latina*, São Paulo, Companhia das Letras, 2013, p. 26.

Oswald de Andrade, do plástico sobre o discursivo, em um plano de contiguidade sintática que o crítico define como "atitude metonímica":

> [...] o real transposto em imagens é, ademais, reordenado por nexos imprevistos, pelo mesmo processo de singularização que, num quadro cubista, uma figura reduzida ao detalhe ampliado de um olho é avizinhada de uma carta de baralho ou do bojo de uma guitarra[115].

Exemplo disso é a última estrofe de *atelier*, quando a enumeração sintética dos elementos constrói a imagem da paisagem paulistana, um "cartão-postal", sem a necessidade de descrevê-la.

Com relação à estrutura, Campos descreve sua relação com a visualidade em termos de uma "geometria sucinta", de uma "objetividade câmara-na-mão", ligada à "maneira oswaldiana de cortar e aparar o poema como um produto industrial seriado, como uma peça estampada a máquina"[116]. Ou, pode-se acrescentar, como chapas fotográficas. Esse é o "acabamento técnico" reivindicado por Oswald de Andrade no *Manifesto da Poesia Pau Brasil*, e que, em relação à pintura de Tarsila do Amaral, é comparado à lisura e regularidade da pintura automotiva tanto pela artista quanto pelo escritor. Acabamento que tem sua origem em uma vontade de incorporar uma objetividade de caráter industrial à prática criativa.

No que concerne à síntese, Campos recupera uma comparação estabelecida por Roger Bastide entre a poesia oswaldiana e as pinturas de Alfredo Volpi, enquanto tentativas de ver a natureza com "alma de criança", para destacar a "ingenuidade assumida, que coexiste, sem paradoxos, com a consciência crítica"[117] na obra de ambos. *Primeiro Caderno de Poesias do Aluno Oswald de Andrade*, obra que será discutida a seguir, é, para Campos, o exemplo maior do que o poeta alcançou em sua pesquisa radical da síntese, que alcança seu ápice no poema "amor", composto de um único verso, "humor". Nesse poema, complementa Campos, "o discursivo escoou pelo branco da página como por um vazado de arquitetura"[118]. Tal trabalho de síntese, que se aproxima, na opinião do crítico, de uma poesia "de

---

115 Haroldo de Campos, "Uma Poética da Radicalidade", p. 271.
116 *Idem*, p. 272.
117 *Idem*, p. 274.
118 *Idem, ibidem*.

tipo industrial", produzia também uma nova experiência visual e gráfica, que a geração de poetas concretos, em São Paulo, recuperou com grande interesse.

Outro crítico e teórico da geração concreta, Décio Pignatari, definiu a poesia de Oswald de Andrade como *ready made*, na medida em que fazia uso de um repertório já dado pela realidade — "a riqueza dos bailes e das frases feitas", como diz o *Manifesto da Poesia Pau Brasil* —, incluindo aí, como observa Haroldo Campos, o "repertório coloquial ou da prateleira literária, dos rituais cotidianos, dos anúncios, da cultura codificada em almanaques"[119], todos elementos presentes em *Poesia Pau Brasil*, como no poema "Reclame"[120], inspirado no estilo dos anúncios publicitários:

RECLAME
Fala a graciosa atriz
Margarida Perna Grossa
Linda cor — que admirável loção
Considero lindacor o complemento
Da toalete feminina da mulher
Pelo seu perfume agradável
E como tônico do cabelo garçone
Se entendam todas com Seu Fagundes
Único depositório
Nos E.U. do Brasil.

Esse caráter *ready made* da poesia oswaldiana, prossegue Pignatari, gera uma poesia dotada de um "prosaísmo deliberado", um "realismo autoexpositivo. [...] Realismo sem tema ou temática realista: apenas transplante do existente"[121].

Essas observações de Campos e Pignatari sobre a poesia oswaldiana, especialmente seu caráter de "transplante do existente", permitem retomar o tema da posição do escritor sobre a fotografia, já discutido em alguns trechos deste trabalho. As técnicas utilizadas por Oswald de Andrade na composição de seus poemas, espe-

---

119 *Idem*, p. 258.
120 Oswald de Andrade, *Poesias Reunidas*, São Paulo, Companhia das Letras, 2017, p. 82.
121 Décio Pignatari, "Marco Zero de Andrade", *O Estado de S. Paulo*, Suplemento Literário, 24 out. 1964, *apud* Haroldo de Campos, "Uma Poética da Radicalidade", pp. 258-259.

cialmente das seções "Postes da Light", "Roteiro das Minas" e "Lloyde Brasileiro", que produzem um efeito de flagrante da realidade, podem ser aproximadas da operação de recorte do real própria à fotografia. Por essa razão, podem também sugerir que a posição do escritor a respeito da relação entre arte e fotografia se modificou, lembrando-se que, em 1921, ele afirmara que o artista produzia um mundo antifotográfico, que a vida não deveria ser fotografada pela obra de arte e que "arte não é fotografia, nunca foi fotografia", mas sim "expressão, símbolo comovido".

Como foi visto no capítulo anterior, na década de 1940 essa posição se modificou por completo, embora o escritor demonstre ainda um entendimento da fotografia bastante atrelado ao registro da vida cotidiana, o que o fez considerá-la uma espécie de "sociologia ilustrada". Em sua prática como poeta, no entanto, a rejeição de qualquer proximidade da fotografia ao universo da arte parece ter arrefecido mais cedo. A fotografia é considerada capaz de produzir poesia, justamente por sua valorização dos "grandes feitos domésticos ou as intencionais valorizações do cotidiano de cada um"[122]. Com isso, ela penetrava no universo da arte. É o que se pode argumentar a partir de uma leitura do poema "fotógrafo ambulante", da seção "Postes da Light", de *Pau Brasil*[123].

> FOTÓGRAFO AMBULANTE
> Fixador de corações
> Debaixo de blusas
> Álbum de dedicatórias
> Maquereau
>
> Tua objetiva pisca-pisca
> Namora
> Os sorrisos contidos
> És a glória
> Oferenda de poesia às dúzias
> Tripeça dos logradouros públicos
> Bicho debaixo da árvore
> Canhão silencioso do sol.

---

[122] Oswald de Andrade, *Ponta de Lança*, São Paulo, Globo, 2004, p. 141.
[123] Oswald de Andrade, *Poesias Reunidas*, p. 74.

Chama atenção no poema a menção a alguns elementos que fazem parte do vocabulário técnico da fotografia, como "fixador", "álbum", "objetiva", "tripeça". Eles aparecem, porém, deslocados de seu contexto técnico ou funcional, e conjugados a uma dimensão afetiva e social. O fixador que retém a imagem no papel, retém também corações debaixo de blusas; o álbum de fotografias é também de dedicatórias, os escritos que acompanham a imagem impressa, na frente ou no verso, conferindo-lhes um sentido para além dela mesma; a objetiva pisca não só para que a luz incida sobre a superfície sensível, mas também para namorar os sorrisos contidos; uma visão "anímica" se projeta sobre os aparatos utilizados para apoio do corpo da câmara, convertendo-a em um bicho debaixo da árvore.

É a fotografia vista agora pelos olhos livres da poesia Pau Brasil, como "oferenda de poesia às dúzias", verso que não deixa dúvida sobre a mudança de percepção de Oswald de Andrade a respeito da imagem fotográfica. Seria ir longe demais afirmar que esse verso permite também entender o próprio poeta Pau Brasil como um "fotógrafo ambulante"? Como alguém que busca oferecer aos leitores a poesia que existe nos fatos registrados pela sua objetiva pisca-pisca?

"A poesia existe nos fatos", diz a frase inicial do *Manifesto da Poesia Pau Brasil*. Cabe ao poeta mostrá-la ou oferecê-la, valendo-se para isso dos recursos da síntese e da "geometria sucinta", nas palavras de Haroldo de Campos, recortando versos da realidade com a mesma agilidade com que se faz uma fotografia.

◆

Concluindo esta apreciação das relações entre a poesia Pau Brasil, sua visualidade e as artes visuais, cabe uma investigação dos três poemas que finalizam a seção "Roteiro das Minas" e registram a passagem de Oswald de Andrade por Ouro Preto e Congonhas do Campo, junto da caravana modernista, durante a viagem que a historiografia modernista consagrou como de "redescoberta" do Brasil. Em "Ouro Preto"[124], a preocupação do escritor com a deterioração do patrimônio artístico colonial penetra no poema:

OURO PRETO
Vamos visitar São Francisco de Assis
Igreja feita pela gente de Minas

---

124  Oswald de Andrade, *Poesias Reunidas*, p. 96.

O sacristão que é vizinho da Maria Cana-Verde
Abre e mostra o abandono
Os púlpitos de Aleijadinho
O teto do Ataíde
[...]

Já em "Congonhas do Campo"[125], o "olho-câmara" do turista Oswald de Andrade registra *flashes* atuais da "pureza" colonial percebida pelo poeta nas obras do Aleijadinho:

CONGONHAS DO CAMPO
Há um hotel novo que se chama York
E lá em cima na palma da mão da montanha
A igreja no círculo arquitetônico dos Passos
Painéis quadros imagens
A religiosidade no sossego do sol
Tudo puro como o Aleijadinho

Um carro de boi canta como um órgão.

Se os dois poemas citados configuram uma aproximação progressiva e sutil das obras do escultor mineiro, "Ocaso"[126] encerra o "Roteiro das Minas" como uma ode a Aleijadinho e à inteligência com a qual integrou sua arquitetura à paisagem:

OCASO
No anfiteatro de montanhas
Os profetas do Aleijadinho
Monumentalizam a paisagem
As cúpulas brancas dos Passos
E os cocares revirados das palmeiras
São degraus da arte de meu país
Onde ninguém mais subiu

---

125  *Idem*, p. 97.
126  *Idem*, p. 96.

Bíblia de pedra sabão
Banhada no ouro das minas.

A ideia apresentada pelo poema de que as capelas dos Passos da Paixão em Congonhas do Campo e sua integração à paisagem, monumentalizada no alto da colina pelos profetas, seriam "degraus" da arte brasileira "onde ninguém mais subiu", expressa em uma imagem poética a posição de Aleijadinho no pensamento de Oswald de Andrade sobre a arte no Brasil. Especificamente o verso "onde ninguém mais subiu", assume um duplo sentido. Por um lado, é uma afirmação de que Aleijadinho era o maior artista nacional; por outro, indicava sua "redescoberta" pelos modernistas, que escalavam aqueles degraus da arte nacional onde ninguém mais havia subido. A "Bíblia de pedra sabão" inscrita nas esculturas dos profetas pode ser interpretada não apenas no sentido religioso, mas como uma indicação de que ali estava um ensinamento artístico a ser estudado e continuado pelos artistas brasileiros, algo que, como foi discutido neste trabalho, Oswald de Andrade acreditava que Tarsila do Amaral fazia em sua pintura da fase Pau Brasil[127].

◆

Encerrando estas considerações sobre as artes visuais e a poesia oswaldiana da década de 1920, cabem algumas observações sobre seu segundo livro de poemas, *Primeiro Caderno do Aluno de Poesia Oswald de Andrade*, publicado em 1927[128]. Os 23 poemas que o compõe são acompanhados cada um por um desenho, todos de autoria de Oswald de Andrade. Poemas e desenhos configuram, junto com a capa, concebida pelo autor e por Tarsila do Amaral, um "livro-objeto", "possivelmente o mais belo livro de poesia do nosso modernismo [...] enquanto conjunto

---

127 Oswald de Andrade nunca chegou a precisar, nos artigos em que comenta a obra de Aleijadinho, *por que* o escultor podia ser considerado o maior artista nacional. Na primeira geração modernista, essa definição coube a Mário de Andrade, como mostrou Tadeu Chiarelli, *Pintura Não É Só Beleza: A Crítica de Arte de Mário de Andrade*, Florianópolis, Letras Contemporâneas, 2007, pp. 74-84.

128 Nas apreciações sobre a relação entre os desenhos e poemas de Oswald de Andrade no *Primeiro Caderno do Aluno de Poesia Oswald de Andrade*, seguem-se aqui muitas das direções de leitura apontadas por Gênese Andrade (2005) e Augusto de Campos ("Poesia de Ponta-cabeça". em Oswald de Andrade, *Primeiro Caderno do Aluno de Poesia Oswald de Andrade*, São Paulo, Globo, 2006, pp. 13-23.) em seus estudos sobre o livro.

coerente de poemas, risco e ousadia de linguagem associados à concepção plástica e material do livro", na avaliação de Augusto de Campos[129]. A coerência apontada pelo crítico está ligada, em larga medida, à irreverência que orienta o projeto e que se faz presente em todos os seus elementos, por meio de alguns recursos recorrentes, como a imitação e a paródia.

Gênese Andrade[130] chama atenção para o quanto a própria "concepção verbo-visual pseudo-infantil da obra" está baseada na ideia de imitação: "o livro imita o caderno, o escritor imita o aluno, o adulto imita discursos voltados para o universo infantil e a visão de mundo da criança". E isso já se nota na própria capa, copiada da capa do caderno em que Oswald de Andrade escreveu os poemas, entre 1925 e 1926. Trata-se de um "caderno de exercícios", editado pela Livraria Garnier, que traz na capa, emoldurando os espaços destinados à anotação do nome da escola, do aluno e das datas de início e término do período de uso, um enquadramento composto por brasões com os nomes dos então 21 estados brasileiros e pelo símbolo da então República dos Estados Unidos do Brasil. Baseando-se nas interferências realizadas por Oswald de Andrade nessa capa, Tarsila do Amaral criou a capa do livro, em si já uma espécie de poema *ready made* alterado [Figura 19]. Algumas das modificações introduzem erros na grafia, enquanto outras transfiguram o nome dos estados ressaltando algum atributo associado pelo autor àquela região: Pará se torna "Castanha do Pará"; Goiás, "Goiabada"; Minas Gerais aparece metonimicamente representada como "Diamantina"; Paraná se converte em "Pinho do Paraná"; Espírito Santo desaparece para se tornar Santos, cidade bem conhecida do poeta, onde realizou muitos embarques em navios.

A respeito dessa nova colaboração entre Oswald de Andrade e Tarsila do Amaral, Gênese Andrade observa duas inversões que se realizam nesse processo criativo: "a 'descorreção' textual realizada pelo 'aluno de poesia' e a elaboração visual realizada pela artista profissional com base nas instruções daquele"[131]. Essa imitação "errada" da capa original do caderno de exercícios remete ao que o *Manifesto da Poesia Pau Brasil* exaltava como "contribuição milionária de todos os erros", fonte de onde se poderia extrair a matéria poética nacional. Mas ela remete também ao universo infantil, do "caderno de exercícios" onde se copia a lição do

---

129 *Idem*, p. 15.
130 "Poemas para Ver", pp. 41-42.
131 *Idem*, p. 41.

Figura 19. Capa do livro *Primeiro Caderno do Aluno de Poesia Oswald de Andrade* (São Paulo, Typographia da Rua de Santo Antonio n.19, 1927).

mapa do país, na esperança de que o aluno decore sua geografia. É ainda a denúncia, presente no manifesto, da cópia "de língua de fora", tentativa de "reproduzir igualzinho", mas que filtrada pelos "olhos livres" da poesia Pau Brasil, resulta numa geografia sentimental e "ingênua".

Colocando-se na posição de aluno, Oswald de Andrade assumia a perspectiva do universo infantil como princípio orientador do livro. Além disso, ao buscar fazer do objeto livro uma espécie de "caderno" que veio a público:

Oswald dessacraliza o livro e dá ao caderno um novo status. Este último é antetexto — porque precede o livro, espaço do processo de criação, em que o autor escreveu à mão as primeiras lições dos poemas — e antitexto — porque é o antilivro, é o aprendizado, o espaço em que se exercita o que se aprende nos livros, não devendo, portanto, ocupar seu lugar, e é também o espaço de escritura privado, quase íntimo. Assim, o livro classificado como caderno é menos: talvez não devesse ser publicado. E o caderno, considerado como livro, é mais: passa de privado a público ao ser editado, deixa de ser um "simples caderno"[132].

Insiste-se aqui nessa dimensão do livro como caderno porque é isso que dá sentido aos desenhos que acompanham os poemas, como parte do projeto geral do

---

132  Idem, ibidem.

livro, que se propõe como tentativa de imitação do olhar infantil sobre o mundo. Os desenhos de *Primeiro Caderno do Aluno de Poesia Oswald de Andrade* diferem radicalmente daqueles realizados por Tarsila do Amaral para as seções de *Pau Brasil* e é nessa diferença que reside a sua qualidade. Se ambos compartilham uma economia de traços, procurando sintetizar as figuras que representam em poucos elementos, descritos apenas em suas linhas gerais, sem maiores detalhes, nos desenhos da artista há uma construção plástica plenamente consciente das operações que realiza, mediadas por um olhar que já não é mais o de uma aluna, tampouco um olhar infantil. Já as ilustrações de Oswald de Andrade para seu segundo livro de poemas têm um caráter de garatuja, que sequer pode ser entendido como um esboço para posterior desenvolvimento, nem como exercício para aprimoramento — são antes "desilustrações", na feliz expressão de Augusto de Campos[133] ou ainda "autoilustrações do autor", como indica o próprio autor em nota ao final do livro. Os desenhos do caderno de poesias lembram rabiscos realizados em sala de aula, à margem das lições, nos momentos de devaneio, constituindo-se como comentários visuais aos poemas, despretensiosos enquanto desenhos, mas ousados enquanto tentativa de imitação não só de um olhar infantil sobre o desenho, mas fundamentalmente de um olhar que não aprendeu a desenhar. Como os poemas são escritos por um "aluno" que ainda não aprendeu a compor poesia.

Dentro desse projeto ousado e radical, chama atenção particularmente o poema "brinquedo", acompanhado por um desenho que "copia" o quadro *São Paulo (Gazo)*, de Tarsila do Amaral. Trata-se, porém, de uma cópia que não só ignora ou altera elementos do original, como a inversão da posição do automóvel, inserindo-o do lado oposto da composição, mas também não se dissimula enquanto cópia, uma vez que, no lugar do letreiro "GAZO" que aparece no original, introduz a inscrição "VIVA TARSILA!".

Àquela altura, a pintora já havia sido alçada por Oswald de Andrade à condição de maior artista nacional depois de Aleijadinho, de modo que a cópia de seu quadro, como a inscrição indica, era antes de tudo uma homenagem. Mas no contexto do poema, o quadro escolhido ganha sentido para além disso. Como aponta Gênese Andrade[134], o poema apresenta o crescimento da cidade e paralelamente do eu lírico, ambos vistos sob o prisma de uma brincadeira de roda, marcada pelo

---

133 Augusto de Campos, "Poesia de Ponta-cabeça", p. 17.
134 "Poemas para Ver", p. 44.

refrão "Roda roda São Paulo / Mando tiro tiro lá". Nas voltas do poema, aparecem sucessivamente automóveis, arranha-céus, casas, torres e pontes, que remetem às pinturas de Tarsila do Amaral que se voltam para a paisagem urbana de São Paulo.

Se em "brinquedo" há um diálogo "positivo" entre poema e desenho, um repercutindo elementos visíveis ou legíveis também no outro, "balada do esplanada" é um exemplo de funcionamento do desenho como "dispositivo negativo"[135] que "esvazia", por meio de sua simplicidade despretensiosa, a eloquência do poema que acompanha. Nos versos, o eu lírico canta seu desejo de escrever uma balada que o tornaria conhecido como menestrel do Hotel Esplanada, onde vivia. Procurando por inspiração, percebe que não podia haver poesia em um hotel e conclui[136]:

Há poesia
Na dor
Na flor
No beija-flor
No elevador
    Oferta
Quem sabe
Se algum dia
Traria
O elevador
Até aqui
O teu amor.

O desenho, um longo retângulo vertical que cria um espelhamento gráfico à coluna de versos do poema, aparece como uma dupla ironia àquele. Por um lado, ao trazer na base do retângulo a inscrição em letra cursiva "não funciona", parece indicar que o poema está "comprido" demais e, por isso, graficamente não funciona; por outro lado, ironiza a esperança romântica dos versos finais, pois o elevador pode simplesmente não trazer ninguém, exibindo apenas a tabuleta indicando que "não funciona".

---

135 Raúl Antelo, "Quadro e Caderno", em Oswald de Andrade, *Primeiro Caderno do Aluno de Poesia Oswald de Andrade*, p. 33.
136 Oswald de Andrade, *Poesias Reunidas*, p. 60.

Na representação da figura humana, a imitação ou simulação do traço nos desenhos de *Primeiro Caderno do Aluno de Poesia Oswald de Andrade* se torna ainda mais evidente. Em "o filho da comadre esperança", o poema, em si uma descrição despersonalizada de um indivíduo, vem acompanhado da representação esquemática de uma figura humanoide, cuja cabeça oval traz apenas quatro traços indicando olhos, nariz e boca, e aparece sobre o traço do tronco "magro", ao qual se conectam dois riscos que perfazem os braços abertos, terminando em "pé de galinha" nos três dedos de cada mão. Esse mesmo tipo de representação esquemática aparece em "enjambement do cozinheiro preto" e "as quatro gares".

As "desilustrações" de Oswald de Andrade comentadas acima estão em consonância com a proposta Pau Brasil de "ver com olhos livres" a realidade e os fatos estéticos nacionais. O escritor incorporou ao livro um tipo de experimentação gráfica que carregava em si a marca de um autor que parecia estar desenhando pela primeira vez. E, de fato, com o propósito de publicação em livro, talvez estivesse mesmo[137]. Essa experimentação configura, mais até do que *Pau Brasil*, uma obra em que texto e imagem são de fato inseparáveis, ambos participando do próprio conceito do livro. A este, por sua vez, não faltou o humor e a irreverência que são a marca da poesia oswaldiana na década de 1920. Os desenhos de *Primeiro caderno do aluno de poesia Oswald de Andrade*, "autoilustração do autor", respiram aquele "ar de piada" em que Roberto Schwarz identifica a verdade da poesia Pau Brasil.

---

[137] Nas correspondências ativas de Oswald de Andrade que foi possível consultar, verificou-se que o escritor, como tantos de seus colegas de geração, desenhava nas cartas que enviava a amigos. É o caso, por exemplo, da carta que enviou a Mário de Andrade, em 4 de março 1923, ou da carta sem data, mas anterior a 9 de abril de 1923, ambas pertencentes ao Fundo Mário de Andrade do Arquivo do IEB-USP. Nos desenhos dessas correspondências, o traço é basicamente o mesmo que aparece nas ilustrações de *Primeiro Caderno do Aluno de Poesia Oswald de Andrade*.

# Conclusão

Fito nas paredes do *living* espaçoso as minhas altivas bandeiras. São os quadros, as obras-primas da pintura moderna de que breve vou me desfazer. São os estandartes levantados na guerra que foi a minha vida. Um grande Chirico de 1914, da série *Piazze d'Italia*, onde se vê uma torre, um pequeno trem de ferro e dois homens minúsculos na solidão da praça onde se ergue uma estátua vestida de negro. É um dos quadros que criaram em Paris o Surrealismo. Chamam-no *L'Enigme d'une Journée*. Há também, em azul, a obra-prima de Tarsila, *O Sono*. Duas joias de Cícero Dias, onde o mestre brasileiro liga o abstrato ao nativo. *Os Cavalinhos* de Chirico, o Di, uma telinha de Rudá e outra de Nonê, meus filhos, e um guache de Picasso em azul e negro. São as minhas bandeiras que contam que nunca abdiquei na luta feroz dos meus dias[1].

Hesitante sobre como iniciar o livro de memórias que os amigos lhe instavam a escrever, Oswald de Andrade começa por descrever o ambiente de seu apartamento e a rotina de homem doente, que preenchia seus dias com injeções e cuidados de sua última esposa, Maria Antonieta d'Alkmin. Olhando ao redor, vê as

---

1 Oswald de Andrade, *Um Homem sem Profissão — Memórias e Confissões: Sob as Ordens de Mamãe*, São Paulo, Globo, 2002, p. 36.

telas que o acompanharam ao longo da vida e nelas projeta os emblemas de uma vida de lutador[2].

Mais de três décadas antes da publicação de *Um Homem sem Profissão — Memórias e Confissões: Sob as Ordens de Mamãe*, era a mesma imagem de luta que ele usava para descrever a tarefa histórica do futurismo paulista, em 1922: "Somos *boxeurs* na arena. Não podemos refletir ainda atitudes de serenidade. Essa virá quando vier a vitória e o futurismo de hoje alcançar o seu ideal clássico"[3]. Foi daí que se retirou a expressão que sintetiza o modo como a presença e atuação de Oswald de Andrade nos debates sobre arte no país foram encaradas neste trabalho. Um *boxeur* na arena das artes visuais no Brasil da primeira metade do século 1920.

Desde seus primeiros posicionamentos sobre a situação das artes em São Paulo, em meados da década de 1910, Oswald de Andrade demonstrou um incômodo com qualquer ideia de acomodação do artista brasileiro. Este devia antes de tudo ser um pesquisador. Em um primeiro momento, da paisagem nacional,

---

[2] Em *O Salão e a Selva: Uma Biografia Ilustrada de Oswald de Andrade*, Campinas/São Paulo, Editora da Unicamp/Ex Libris, 1995, p. 138, Maria Eugenia Boaventura apresenta a seguinte lista de obras que fizeram parte da coleção de Oswald de Andrade: "Constava de 16 quadros de artistas estrangeiros e muitas peças de autores nacionais. Dos estrangeiros tinha 4 Picasso (1 guache azul e negro, 1 aquarela, 2 desenhos), 3 De Chirico (óleo, sendo dois da série 'Piazze d'Italia' — *O Enigma de um Dia* e *Os Cavalinhos*), 2 Léger (1 óleo, 1 aquarela com dedicatória), 1 Chagal [sic] (desenho), 1 Miró (têmpera), 1 Pruna (óleo), 1 Archipenko (óleo), 1 Picabia (desenho), 1 Delaunay (litografia assinada com dedicatória), 1 Laurens (desenho). Dos brasileiros contava 20 peças a óleo e desenho entre Tarsila, Portinari, Di Cavalcanti, Cícero Dias, Flávio de Carvalho, Anita Malfatti, Segall, Bonadei, Guignard. Como bem descreveu Nonê, em Dias Seguintes e Outros Dias, muitos desses objetos foram perdidos, hipotecados nos escritórios de alguns agiotas mais cultos. Luigi Lorenzo Reldi foi um deles". A autora não cita as fontes utilizadas para a elaboração dessa lista, da qual só foi possível identificar o paradeiro de um dos "3 De Chirico", *Enigma de um Dia*, que se encontra no acervo do MAC-USP. A colocação de que *Os Cavalinhos*, do pintor greco-italiano, pertenceria à série "Piazze d'Italia" parece equivocada, uma vez que a imagem que se conhece da obra por uma fotografia veiculada na revista *Trópico*, como ilustração de uma entrevista com o escritor, mostra dois cavalos correndo em uma praia, com uma cabeça de escultura caída em primeiro plano e uma Acrópole grega ao fundo, sobre uma colina. No acervo do Museo di Arte Moderna e Contemporanea di Trento, Itália, encontra-se um trabalho muito semelhante, embora a cor dos cavalos esteja invertida, com data de 1926, portanto posterior à série "Piazze d'Italia". Sabe-se, por recibos guardados pelo escritor, que Oswald de Andrade adquiriu as obras de De Chirico em Paris, em 1928, mas sem qualquer informação sobre título ou data de produção. A identificação da localização atual das obras dessa coleção apreciável é uma pesquisa interessante a ser realizada no futuro.

[3] Maria Eugenia Boaventura (org.) *22 por 22: A Semana de Arte Moderna Vista pelos Seus Contemporâneos,* São Paulo, Edusp, 2000, p. 75.

Conclusão

aplicando à sua interpretação os instrumentos e técnicas aprendidos em estudos fora do país. Depois, essa necessidade de pesquisa se expandiu, tornando-se mais complexa: pesquisa dos "fatos estéticos nacionais", para além da natureza tropical; pesquisa das especificidades da linguagem artística, de seus valores plásticos — "Um quadro são linhas e cores. A estatuária são volumes sob luz", diz o *Manifesto da Poesia Pau Brasil*. Pesquisa ainda da dimensão pública de intervenção pedagógica da pintura na construção de uma sociedade fundada em novos valores, coletivista. O artista foi entendido por Oswald de Andrade sempre como um pesquisador, movido pelo desejo constante de impulsionar a criação artística para além daquilo que ela já havia alcançado, em consonância com o que ele acreditava que eram as demandas de uma época de transformações estruturais na sociedade brasileira e no mundo.

Tendo chegado ao final deste percurso, mais do que uma conclusão, pois a proposta deste trabalho é mais de abertura do que de fechamento, cabem algumas considerações finais sobre o pensamento de Oswald de Andrade sobre arte. Além do entendimento do artista como pesquisador, fundamentalmente duas questões predominaram no modo como o escritor analisou o fenômeno artístico ao longo de sua experiência intelectual. São elas as questões elementares sobre *como* e *o que* pintar ou esculpir.

Nos textos "Em Prol de uma Pintura Nacional" e "José Wasth"[4], Oswald de Andrade voltou-se para o problema "o que pintar" e defendeu que ao artista brasileiro cabia a tarefa de enfrentar a realidade da natureza do país e dela extrair o valor de sua obra, ao invés de condená-la ou ignorá-la por não se adequar a esquemas de composição próprios da pintura europeia. E já aí, no texto sobre Wasth Rodrigues, ele apresenta um entendimento da arte como "reprodução comovida" e expressão, que se ampliaria, entre 1917 e 1918, com o contato com as pinturas de Helios Seelinger e Anita Malfatti, e mais tarde com a escultura de Brecheret. Portanto, o escritor já estava atento também à questão sobre *como* pintar ou esculpir, ao caráter expressivo da própria linguagem plástica, condenando o "preconceito fotográfico" do público, que procurava na arte, assim ele entendia, apenas a reprodução da realidade, ignorando a expressividade inerente

---

[4] Oswald de Andrade, "Em Prol de uma Pintura Nacional", *O Pirralho*, n. 168, pp. 6-9, 2 jan. 1915; Oswald de Andrade, "José Wasth", *Correio Paulistano*, 12 jan. 1916.

à linguagem e aos materiais. Para Oswald de Andrade, arte não era fotografia, era "símbolo comovido".

Esses dois elementos que se depreendem de seus primeiros textos sobre arte, o embate com a natureza tropical — um problema de conteúdo — e o entendimento do caráter expressivo da linguagem — um problema de forma —, orientam as pesquisas e posições assumidas por Oswald de Andrade sobre pintura e escultura nas décadas seguintes. Evidentemente, à medida em que tomava contato com leituras — em especial das revistas francesas *L'Esprit Nouveau* e *Le Mouton Blanc* e de autores ligados a elas, como Le Corbusier e Jean Cocteau — e com artistas durante suas viagens à Europa, a relação entre esses dois elementos se tornava mais complexa. Ao mesmo tempo, os debates artísticos e literários que se constituíram no Brasil, após a realização da Semana de Arte Moderna, direcionavam a questão "o que pintar" para outros tópicos além da natureza. Oswald de Andrade passou a ver como "fatos estéticos" também outros aspectos da história e da realidade brasileira, como o carnaval e a favela, as histórias "do tempo da escravidão" transmitidas oralmente, as narrativas dos cronistas europeus sobre o país, o patrimônio artístico e arquitetônico colonial. Mas o problema continuava fundamentalmente o mesmo: como produzir arte com base na realidade brasileira e valendo-se de uma linguagem compromissada com a expressão do que seria o caráter ou o "espírito novo" da época moderna.

Mesmo na década de 1930 pode-se afirmar que ainda aquelas duas questões fundamentais mobilizavam as posições do escritor. Portinari é alçado à posição de grande pintor brasileiro pela monumentalidade de suas pinturas, o que o colocava no caminho do muralismo, uma arte coletivista e, portanto, em sintonia com os valores da luta revolucionária pela superação da sociedade capitalista e da arte individualista por ela produzida. Mas não apenas. A pintura de Portinari era produto da "terra roxa", emergia do solo brasileiro, retratava o trabalhador brasileiro, valendo-se de uma linguagem plástica que incorporava as pesquisas da vanguarda (Picasso e De Chirico), dirigindo-as (ou digerindo-as) conforme os interesses próprios do artista. No entanto, ao identificar, em 1939, o que entendeu ser um retrocesso no primeiro termo da equação dialética forma *versus* conteúdo, Oswald de Andrade recriminou o artista, acusando-o de regredir aos processos acadêmicos da Escola Nacional de Belas-Artes.

Para o escritor, o repertório expressivo disponível a um artista, depois das três décadas de pesquisa plástica de vanguarda desde o início do século XX, não podia ser ignorado. Era preciso extrair e aproveitar desse repertório aquilo que ele continha de pesquisa verdadeira; era preciso aproveitar "todas as revoltas eficazes na direção do homem", como recomenda, em 1928, o *Manifesto Antropófago*. Só assim um artista poderia realizar uma obra que contivesse também em sua forma a expressão da época em que vivia. Apenas o conteúdo social, alinhado com a crítica à sociedade capitalista, não bastava. É basicamente esse o teor do discurso de Oswald de Andrade sobre arte entre o fim da década de1930 e o ano de 1945, marco final desta pesquisa.

De modo que, ao contrário do que poderia sugerir sua fama de *blagueur* e de polemista leviano, o pensamento de Oswald de Andrade sobre arte, com as variações e transformações apontadas ao longo deste estudo, é, no entanto, bastante coerente. Sedimentou-se atento àquelas duas questões fundamentais. Claro que são questões que qualquer escritor ou artista na primeira metade do século XX necessariamente tinha de enfrentar. No entanto, não necessariamente elas se tornam problemas ou preocupações constantes, como foi o caso de Oswald de Andrade. O que e como pintar, esculpir ou escrever eram para ele problemas sem solução dada *a priori*. Por isso, deviam ser solucionados mediante um processo de pesquisa incessante, autocrítico e que se poderia dizer dialético, na medida em que não excluía os momentos de seu processo. Processo este que fatalmente produziria choques e conflitos com pesquisas de outras naturezas, em especial aquelas que adotassem soluções e fórmulas dadas *a priori*.

Esse é o sentido da metáfora do *boxeur* na arena, que o próprio escritor utilizou mais de uma vez para descrever a luta de sua geração e que foi tomada aqui como alegoria de sua experiência intelectual. O *boxeur* está sempre em movimento, avançando, recuando, atacando, defendendo, analisando, reajustando o corpo. Pode-se imaginar que era isso que atraía a atenção de Oswald de Andrade para esse esporte, que inclusive ele chegou a praticar, como conta em "Autorretrato": "Fui preguiçosamente esportivo, pratiquei o futebol, a natação e o boxe"[5]. Nesse mesmo texto, publicado na revista *Leitura*, em maio de 1943, o escritor comenta ainda o seu "tipo psicológico", com uma consideração que complementa o lado *boxeur* de sua atuação intelectual: "O meu tipo psicológico é, segundo uma classificação toda minha, pedagógico. Gosto de propor os meus pontos de vista, en-

---

5   Oswald de Andrade, *Os Dentes de Dragão: Entrevistas*, p. 122.

sinar o que sei, ainda que errado, e intervir mesmo no que não sei"⁶. O mundo literário e artístico era entendido por Oswald de Andrade como arena, onde ninguém corria risco de morte, mas poderia sair sangrando.

•

Especificamente em relação à pintura, ao problema sobre o que e como pintar acrescenta-se a questão *por que* pintar. Isso, porém, não se configurou como um problema para Oswald de Andrade — como aconteceu para as vanguardas europeias mais radicais —, uma vez que ele entendia a pintura como um "alfabeto" visual, presente ao longo de toda a história da humanidade, e acreditava em seu "dom de intervir". Oswald de Andrade entendia a pintura ao mesmo tempo como pedagogia e protesto, dois valores ou atitudes que ele julgava próprios à função social que o artista e o escritor modernos deveriam assumir.

A imagem de Dorian Gray como síntese alegórica da história da pintura do Renascimento ao surrealismo sugere ainda uma última reflexão. Se a história de modo geral se processava, para ele, em ciclos que alternavam entre uma maior integração do artista à coletividade e uma maior predominância da individualidade (a oposição entre classicismo e romantismo), a alegoria do retrato de Dorian Gray sugere que, dentro da "curva histórica" individualista que produziu a pintura "infeliz" ou a pintura moderna, esta se desenvolveu não por uma evolução de estilos de caráter teleológico na direção, por exemplo, da arte abstrata, mas por um acúmulo de experiências que se retroalimentavam e que configuravam um "patrimônio" de pesquisas sobre o "indivíduo" que não poderia ser desprezado. A arte abstrata e o dadaísmo foram entendidos pelo escritor como proposições que reagiam, cada uma à sua maneira, ante a situação de esgotamento a que chegara a "curva histórica" da sociedade burguesa; abstracionismo e dadaísmo não eram, nem um, nem outro, o seu resultado necessário. Por isso, Oswald de Andrade entendia que cabia aos artistas contemporâneos encontrar os meios para a ativação daquele patrimônio expressivo, de modo a participarem da nova curva histórica coletivista que o escritor acreditava estar começando seu movimento de ascensão.

Finalmente, cabe ainda uma consideração a respeito do pouco "aprofundamento" e do caráter humorístico que seus textos por vezes assumem. É preciso desfazer a ideia relativamente difundida de que a grande diferença entre Mário

---

6  *Idem*, p. 121.

de Andrade e Oswald de Andrade era o gosto pelos estudos e pela erudição do primeiro em contraposição à leviandade do segundo. Este trabalho não teve por objetivo confrontar o pensamento de ambos, o que demandaria, dada a dimensão da produção dos dois autores, uma pesquisa específica, para a qual se espera, no entanto, que estas páginas venham a contribuir. Cabe, no entanto, um esclarecimento a respeito daquela contraposição.

Se Oswald de Andrade, em diversas ocasiões, tratou com ironia a erudição postiça e artificial — o "lado doutor", como ele a nomeou no *Manifesto da Poesia Pau Brasil* —, cultivada pelos que almejavam reconhecimento no campo intelectual brasileiro — e não é esse o caso de Mário de Andrade, evidentemente —, isso não significa que ele desprezasse o estudo e a pesquisa. O que se nota na leitura atenta de seus textos é que o estudo não excluía a intuição que toma forma em afirmações sintéticas, condensadas em fórmulas por vezes engraçadas, carregadas de ironia. Se tais afirmações não se desdobravam em explicações minuciosas, eram ainda assim fruto de observação, pesquisa e reflexão. Isso já foi confundido com "ausência de leituras", expressão utilizada por Aracy Amaral[7] ao comparar Oswald de Andrade e o autor de *Macunaíma*. Ou, pior, com uma personalidade de "bonachão", como sugeriu o jornalista Pedro Antunes, ao contrapor o "acadêmico (Mário) e o bonachão (Oswald), o viajado (Oswald) e aquele que nunca colocou os pés fora do País (Mário)", em reportagem sobre o evento organizado pelo Centro Cultural São Paulo, em abril de 2017, homenageando os 100 anos do início da complicada amizade entre os dois Andrades do modernismo paulista[8]. Trata-se, no entanto, apenas do modo de expressão adequado ao funcionamento de um pensamento telegráfico, ágil, pragmático e, talvez, impaciente diante das urgências que Oswald de Andrade reconhecia como tarefas históricas de sua geração.

---

7   *Tarsila: Sua Obra e Seu Tempo*, 2003, p. 169.
8   Pedro Antunes, CCSP cria semana para homenagear Mário e Oswald de Andrade, *O Estado de S. Paulo*, 25 abril 2017. Disponível em: <http://cultura.estadao.com.br/noticias/literatura,c-csp-cria-semana-para-homenagear-mario-e-oswald-de-andrade,70001750553>. Acesso em: 14 fev. 2018. A *Semana MáriOswald — 100 anos de uma Amizade* ocorreu entre 24 e 30 de abril de 2017.

# Referências bibliográficas

Livros, capítulos de livros, teses e catálogos

ALFARO, Eduardo de la Vega. *Eisenstein e a Pintura Mural Mexicana*. São Paulo, Fundação Memorial da América Latina, 2006.

ALMEIDA, Paulo Mendes de. *De Anita ao Museu: O Modernismo, da Primeira Exposição de Anita Malfatti à Primeira Bienal*. São Paulo, Terceiro Nome, 2014.

AMARAL, Aracy A. *Artes Plásticas na Semana de 22*. 5. ed. rev. e ampl. São Paulo, Editora 34, 1998.

——. (org.). *Correspondência Mário de Andrade & Tarsila do Amaral*. São Paulo, Edusp/IEB/USP, 2001, vol. 2. (Coleção Correspondência de Mário de Andrade).

——. *Tarsila: Sua Obra e Seu Tempo*. 3. ed. rev. e ampl. São Paulo, Editora 34/Edusp, 2003 [2010].

——. "Oswald de Andrade e as Artes Plásticas no Movimento Modernista dos Anos 20". *Textos do Trópicos de Capricórnio: Artigos e Ensaios (1980-2005)*, Vol. 1: *Modernismo, Arte Moderna e Compromisso com o Lugar*. São Paulo, Editora 34, 2006, pp. 24-32.

AMARAL, Tarsila do. *Crônicas e Outros Escritos de Tarsila do Amaral*. Pesquisa e org. Laura Taddei Brandini. Campinas, Editora da Unicamp, 2008.

ANDRADE, Gênese. "Do Brado ao Canto, Oswald de Andrade, Anos 1930 e 1940". In: *Pagu, Oswald, Segall. Catálogo*. Curadoria e coordenação editorial Gênese Andrade. São Paulo, Museu Lasar Segall/Imprensa Oficial, 2009, pp. 7-23.

ANDRADE, Mário de. "O Movimento Modernista". *Aspectos da Literatura Brasileira*. 6. ed. São Paulo, Martins Fontes, 1978, pp. 231-255.

———. *A Arte Religiosa no Brasil*. São Paulo, Experimento/Giordano, 1993.

ANDRADE, Oswald de. *Obras Completas X: Telefonema*. 2. ed. Rio de Janeiro, Civilização Brasileira, 1976.

———. *Um Homem Sem Profissão. Memórias e Confissões. Sob as Ordens de Mamãe*. São Paulo, Globo, 2002.

———. *Mon Coeur Balance; Leur Âme*. 3. ed. rev. e ampl. Trad. Pontes de Paula Lima. São Paulo, Globo, 2003 (Obras Completas de Oswald de Andrade).

———. *Os Condenados*. 4. ed. São Paulo, Globo, 2003.

———. "Tarsila: Um Renascimento da Pintura Brasileira". *In*: AMARAL, A. *Tarsila: Sua Obra e Seu Tempo*. 3. ed. rev. e ampl. São Paulo, Editora 34/Edusp, 2003 [2010], pp. 421-422.

———. *Ponta de Lança*. 5. ed. São Paulo, Globo, 2004 (Obras Completas de Oswald de Andrade).

———. *Feira das Sextas*. 2. ed. São Paulo, Globo, 2004 (Obras Completas de Oswald de Andrade).

———. *Memórias Sentimentais de João Miramar*. 5. ed. São Paulo, Globo, 2004 (Obras Completas de Oswald de Andrade).

———. *Serafim Ponte Grande*. 9. ed. São Paulo, Globo, 2004 (Obras Completas de Oswald de Andrade).

———. *Panorama do Fascismo / O Homem e o Cavalo / A Morta*. São Paulo, Globo, 2005.

———. *Telefonema*. Organização, introdução e notas Vera Maria Chalmers. 2. ed. aum. São Paulo, Globo, 2007 (Obras Completas de Oswald de Andrade).

———. *Marco Zero I: A Revolução Melancólica*. 4. ed. São Paulo, Globo, 2008 (Obras Completas de Oswald de Andrade).

———. *Marco Zero II: Chão*. 4. ed. São Paulo, Globo, 2008 (Obras Completas de Oswald de Andrade).

———. *Os Dentes do Dragão: Entrevistas*. Organização, introdução e notas Maria Eugenia Boaventura. 2. ed. rev. e ampl. São Paulo, Globo, 2009 (Obras Completas de Oswald de Andrade).

──. *Estética e Política*. Organização, introdução e notas Maria Eugenia Boaventura. 2. ed. ver. e ampl. São Paulo, Globo, 2011 (Obras Completas de Oswald de Andrade).

──. *A Utopia Antropofágica*. 4. ed. São Paulo, Globo, 2011 (Obras Completas de Oswald de Andrade).

──. *Poesias Reunidas*. São Paulo, Companhia das Letras, 2017.

ANTELO, Raúl. "Quadro e Caderno". *In*: ANDRADE, Oswald de. *Primeiro Caderno do Aluno de Poesia Oswald de Andrade*. São Paulo, Globo, 2006, pp. 25-35.

ARANHA, Graça. *A Esthetica Da Vida*. Rio de Janeiro/Paris, Livraria Garnier, 1921. Disponível em: <https://digital.bbm.usp.br/handle/bbm/3930>. Acesso em: 21 nov. 2017. Acesso em: 1 mar. 2018.

──. "O Espírito Moderno". *Espírito Moderno*. São Paulo, Editora Monteiro Lobato, 1925, pp. 23-47.

ARCHER-STRAW, Petrine. *Negrophilia: Avant-Garde Paris and Black Culture in the 1920s*. New York, Thames & Hudson, 2000.

ARGAN, Giulio Carlo. *Arte Moderna: Do Iluminismo aos Movimentos Contemporâneos*. Trad. Denise Bottmann e Federico Carotti. São Paulo, Companhia das Letras, 1992.

──. *Arte e Crítica de Arte*. 2. ed. Trad. Helena Gubernatis. Lisboa, Estampa, 1995.

ATHAYDE, Tristão de [Alceu Amoroso Lima]. "Literatura Suicida [1925]". In: *Teoria, Crítica e História Literária*. Seleção e apresentação Gilberto Mendonça Teles. Rio de Janeiro/Brasília, DF, Livros Técnicos e Científicos/Instituto Nacional do Livro, 1980, pp. 345-361.

AZEVEDO, Beatriz. *Antropofagia. Palimpsesto Selvagem*. São Paulo, Cosac Naify, 2016.

BARTHE, Christine & COUTANCIER, Benoît. "'Exhibition' et Médiatisation de l'Autre: Le Jardin Zoologique D'acclimatation (1877-1890)". *In*: BLANCHARD, P.; BANCEL, N.; BOËTSCH, G.; DEROO, É. & LEMAIRE, S. *Zoos Humains et Exhibitions Coloniales. 150 Ans d'Inventions de l'Autre*. Paris, La Découverte, 2011, pp. 426-434.

BATISTA, Marta Rossetti (coord.). *Bandeiras de Brecheret. História de um Monumento (1920-1953)*. São Paulo, Departamento do Patrimônio Histórico, 1985.

──. *Os Artistas Brasileiros na Escola de Paris: Anos 1920*. São Paulo, Editora 34, 2012.

BENJAMIN, Walter. "A Obra de Arte na Era de sua Reprodutibilidade Técnica". *Magia e Técnica, Arte e Política: Ensaios Sobre Literatura e História da Cultura*. 7. ed. Trad. Sérgio Paulo Rouanet. São Paulo, Brasiliense, 1994, pp. 165-196.

BITARÃES NETTO, Adriano. *Antropofagia Oswaldiana: Um Receituário Estético e Científico*. São Paulo, Annablume, 2004.

BITTENCOURT, André Veiga. *O Brasil e suas Diferenças: Uma Leitura Genética de Populações Meridionais do Brasil*. Rio de Janeiro, Instituto de Filosofia e Ciências Sociais/UFRJ, 2011. 203 p. (Dissertação de Mestrado em Sociologia e Antropologia).

BLANCHARD, Pascal & BOËTSCH, Gilles. "La Vénus Hottentote ou la Naissance d'un 'Phénomène'". *In*: BLANCHARD, P.; BANCEL, N.; BOËTSCH, G. & DEROO, É. & LEMAIRE, S. *Zoos Humains et Exhibitions Coloniales. 150 Ans d'Inventions de l'Autre*. Paris, La Découverte, 2011, pp. 95-105.

BOAVENTURA, Maria Eugenia. *O Salão e a Selva: Uma Biografia Ilustrada de Oswald de Andrade*. Campinas/São Paulo, Editora da Unicamp/Ex Libris, 1995.

———. (org.). *22 por 22: A Semana de Arte Moderna Vista pelos seus Contemporâneos*. São Paulo, Edusp, 2000.

BOPP, Raul. *Vida e Morte da Antropofagia*. 2. ed. Rio de Janeiro, José Olympio, 2008.

BOURDIEU, Pierre. "The Link Between Literary and Artistic Struggles". *In*: COLLIER, Peter & LETHBRIDGE, Robert (ed.). *Artistic Relations. Literature and the Visual Arts in Nineteenth-Century France*. New Haven e Londres, Yale University Press, 1994, pp. 30-39.

BREFE, Ana Claudia Fonseca. *O Museu Paulista: Affonso de Taunay e a Memória Nacional, 1917-1945*. São Paulo, Editora Unesp/Museu Paulista, 2005.

BRITO, Mário da Silva. *As Metamorfoses de Oswald de Andrade*. São Paulo, Conselho Estadual de Cultura, 1972.

———. *História do Modernismo Brasileiro: Antecedentes da Semana de Arte Moderna*. 4. ed. Rio de Janeiro, Civilização Brasileira, 1974.

CAMARGOS, Marcia. *Entre a Vanguarda e a Tradição: Os Artistas Brasileiros na Europa (1912-1930)*. São Paulo, Alameda, 2011.

CAMPOS, Augusto de. "Poesia de Ponta-cabeça". *In*: ANDRADE, Oswald de. *Primeiro Caderno do Aluno de Poesia Oswald de Andrade*. São Paulo, Globo, 2006, pp. 13-23.

———. "Notícia Impopular de O Homem do Povo". *O Homem do Povo: Coleção Completa e Fac-Similar do Jornal Criado e Dirigido por Oswald de Andrade e Patrícia Galvão (Pagu)*. 3. ed. São Paulo, Globo/Museu Lasar Segall/Imprensa Oficial do Estado de São Paulo, 2009, pp. 55-59.

CAMPOS, Haroldo de. "Uma Poética da Radicalidade". *In*: ANDRADE, Oswald de.
*Poesias Reunidas*. São Paulo, Companhia das Letras, 2017, pp. 239-298.

CAMPOS, Maria de Fátima Hanaque. *A Pintura Religiosa na Bahia, 1790-1850*. Porto, Portugal, Departamento de Ciências e Técnicas do Patrimônio, Universidade do Porto Faculdade de Letras, 2003. Disponível em: <https://repositorio-aberto.up.pt/bits-

tream/10216/14292/2/5108td01p000072277.pdf>. Acesso em: 1 mar. 2018 (Tese de Doutorado).

CANDIDO, Antonio. "A Revolução de 1930 e a Cultura". *A Educação pela Noite & Outros Ensaios*. São Paulo, Ática, 1989, pp. 181-198.

——. "Estouro e Libertação". *Brigada Ligeira*. 4. ed. Rio de Janeiro, Ouro sobre Azul, 2011, pp. 11-27.

——. "Digressão Sentimental sobre Oswald de Andrade". *Vários Escritos*. 5. ed. Rio de Janeiro, Ouro sobre Azul, 2011, pp. 35-63.

CARNEIRO, Maria Luiza Tucci & LAFER, Celso. *Judeus e Judaísmo na Obra de Lasar Segall*. Cotia, SP, Ateliê Editorial, 2004.

CARRETO, Renata de O. *O Pirralho: Barulho e Irreverência na Belle Époque Paulistana*. Programa de Pós-Graduação Interunidades em Estética e História da Arte, 2011. 153 p. Disponível em: <http://www.teses.usp.br/teses/disponiveis/93/93131/tde-11072012-125748/pt-br.php>. Acesso em: 28 fev. 2018 (Tese de Dissertação de Mestrado em Estética e História da Arte).

CARVALHO, Flávio de. *Experiência n. 2: Realizada sobre uma Procissão de Corpus-Christi — Uma Possível Teoria e uma Experiência*. Rio de Janeiro, Nau Editora, 2001.

——. "Flávio por Ele Mesmo" [1963]. *In*: LEITE, R. M. *et al*. *Flávio de Carvalho: Catálogo*. São Paulo, Museu de Arte Moderna de São Paulo, 2010, pp. 34-49.

——. "O Antropófago Oswald de Andrade [1967]". *In*: LEITE, R. M. *et al*. *Flávio de Carvalho: Catálogo*. São Paulo, Museu de Arte Moderna de São Paulo, 2010, pp. 103-107.

——. "Uma Tese Curiosa — A Cidade do Homem Nu [1931]". *In*: LEITE, R. M. *et al*. *Flávio de Carvalho: Catálogo*. São Paulo, Museu de Arte Moderna de São Paulo, 2010, pp. 69-71.

——. "Arte na Inglaterra. Entrevista com Herbert Read [1935]". *In*: LEITE, R. M. *et al*. *Flávio de Carvalho: Catálogo*. São Paulo, Museu de Arte Moderna de São Paulo, 2010, p. 82.

——. "O Aspecto Psicológico e Mórbido da Arte Moderna [1937]". *In*: LEITE, R. M. *et al*. *Flávio de Carvalho: Catálogo*. São Paulo, Museu de Arte Moderna de São Paulo, 2010d, pp. 60-61.

CASTILLO, J. *et al*. *Figari: XXIII Bienal de São Paulo*. Buenos Aires, Finambras, 1996.

CENDRARS, Blaise. "As Tendências Gerais da Estética Contemporânea" [1924]. Trad. Carlos Augusto Calil, Rev. Marlyse Meyer. *In*: EULALIO, Alexandre. *A Aventura Brasileira de Blaise Cendrars: Ensaio, Cronologia, Filme, Depoimentos, Antologia, Desenhos, Conferências, Correspondência, Traduções*. 2. ed. rev. e ampl. por Carlos Augusto Calil. São Paulo, Edusp/Fapesp, 2001, pp. 135-156.

CHALAYE, Sylvie. "Théâtre et Cabarets: Le "Nègre" Spectacle". *In*: BLANCHARD, P.; BANCEL, N.; BOËTSCH, G.; DEROO, É. & LEMAIRE, S. *Zoos Humains et Exhibitions Coloniales. 150 Ans d'Inventions de l'Autre*. Paris, La Découverte, 2011, pp. 396-406.

CHALMERS, Vera. *3 Linhas e 4 Verdades. O Jornalismo de Oswald de Andrade*. São Paulo, Duas Cidades/Secretaria da Cultura, Ciência e Tecnologia do Estado de São Paulo, 1976.

CHIARELLI, Tadeu. *Um Jeca nos Vernissages*. São Paulo, Edusp, 1995a.

——. "Gonzaga-Duque: A Moldura e o Quadro da Arte Brasileira". *In*: DUQUE ESTRADA, Luís Gonzaga. *A Arte Brasileira*. Introdução e notas Tadeu Chiarelli. Campinas, Mercado de Letras, 1995b, pp. 11-52.

——. "Anotações Sobre Arte e História no Museu Paulista". *In*: FABRIS, Annateresa (org.). *Arte & Política: Algumas Possibilidades de Leitura*. São Paulo/Belo Horizonte, Fapesp/C/Arte, 1998, pp. 21-48.

——. *Pintura Não É Só Beleza: A Crítica de Arte de Mário de Andrade*. Florianópolis, Letras Contemporâneas, 2007.

——. "A Repetição Diferente: Aspectos da Arte no Brasil Entre os Séculos XX e XIX". Conferência pronunciada como aula inaugural do Bacharelado em História da Arte do Instituto de Artes da Universidade Federal do Rio Grande do Sul, 2009.

——. *Um Modernismo que Veio Depois. Arte no Brasil: Primeira Metade do Século XX*. São Paulo, Alameda, 2012.

CINTRÃO, Rejane. *Algumas Exposições Exemplars: As Salas de Exposição na São Paulo de 1905 a 1930*. Porto Alegre, Zouk, 2011.

CLARK, T. J. *Picasso and Truth: From Cubism to Guernica*. Princeton, Princeton University Press, 2013.

CLIFFORD, James. *Dilemas de la Cultura. Antropología, Literatura y Arte en la Perspectiva Posmoderna*. Trad. Carlos Reynoso. Barcelona, Editorial Gedisa, 2001.

COCTEAU, Jean. "Le Coq et l'Arlequin". *Romans, Poésies, Oeuvres Diverses*. Paris, Le Livre de Poche, 1995, pp. 425-478.

CRARY, Jonathan. *Suspensões da Percepção: Atenção, Espetáculo e Cultura Moderna*. Trad. Tina Montenegro. São Paulo, Cosac Naify, 2013.

D'ALESSANDRO, Stephani. "*A Negra*, *Abaporu*, and Tarsila's Anthropophagy". *In*: D'ALESSANDRO, Stephanie & PÉREZ-ORAMAS, Luis. *Tarsila do Amaral: Inventing Modern Art in Brazil. Catálogo*. Chicago/New York, Art Institute of Chicago/The Museum of Modern Art, 2017, pp. 38-55.

DIDI-HUBERMAN, Georges. *L'Image Survivante. Histoire de l'Art et Temps des Fantômes Selon Aby Warburg*. Paris, Les Éditions de Minuit, 2002.

DOREY, Alicia. *L'Avant-garde et ses Revues Dans le Lyon de l'Entre-Deux-Guerres.* L'Émergence d'une Avant-Garde Provinciale à Travers Trois Revues Lyonnaises D'après-Guerre: *Le Mouton Blanc, Promenoir* et *Manomètre.* Université de Lyon, Institut d'Études Politiques de Lyon, 2011, 75 p. Disponível em: <http://doc.sciencespo-lyon.fr/Ressources/Documents/Etudiants/detail-memoire.html?ID=2847>. Acesso em: 3 mar. 2018 (Tese de Dissertação de Mestrado).

DUARTE, Pedro. *A Palavra Modernista: Vanguarda e Manifesto.* Rio de Janeiro, Casa da Palavra, 2014 (Modernismo +90; vol. 9), pp. 192-203.

ELEUTÉRIO, Maria de Lourdes. "O Homem e a Utopia". *O Homem do Povo: Coleção Completa e Fac-Similar do Jornal Criado e Dirigido por Oswald de Andrade e Patrícia Galvão (Pagu).* 3. ed. São Paulo, Globo/Museu Lasar Segall/Imprensa Oficial do Estado de São Paulo, 2009, pp. 65-71.

EULÁLIO, Alexandre. *A Aventura Brasileira de Blaise Cendrars: Ensaio, Cronologia, Filme, Depoimentos, Antologia, Desenhos, Conferências, Correspondência, Traduções.* 2. ed. rev. e ampl. por Carlos Augusto Calil. São Paulo, Edusp/Fapesp, 2001.

FABRIS, Annateresa. *Portinari, Pintor Social.* São Paulo, Perspectiva/Edusp, 1990.

——. *O Futurismo Paulista: Hipóteses para o Estudos da Chegada da Vanguarda ao Brasil.* São Paulo, Perspectiva/Edusp, 1994.

——. *Candido Portinari.* São Paulo, Edusp, 1996.

FAURE, Elie. *L'Art Renaissant.* Paris, Le Livre de Poche, 1971 (Histoire de l'Art).

FAUSTO, Boris. *Trabalho Urbano e Conflito Social: 1890-1920.* 2. ed. São Paulo, Companhia das Letras, 2016.

FERRAZ, Eucanaã. "Notícia (Quase) Filológica". *In*: PUNTONI, Pedro & TITAN JR., Samuel (org.). *Revista de Antropofagia — Revistas do Modernismo 1922-1929 — Edição Fac-Similar.* São Paulo, Imprensa Oficial do Estado de São Paulo/Biblioteca Brasiliana Guita e José Mindlin, 2014, pp. 11-21.

FERREIRA, Antonio Celso. *Um Eldorado Errante. São Paulo na Ficção Histórica de Oswald de Andrade.* São Paulo, Editora da Unesp, 1996.

——. *A Epopeia Bandeirante: Letrados, Instituições, Invenção Histórica (1870-1940).* São Paulo, Editora Unesp, 2002.

FERREIRA, Duarte Pacheco. *1924 O Diário da Revolução: Os 23 Dias que Abalaram São Paulo.* São Paulo, Imprensa Oficial do Estado de São Paulo/Fundação Energia e Saneamento, 2010.

FERREIRA, Jorge & DELGADO, Lucilia de Almeida (org.). *O Tempo do Liberalismo Excludente — Da Proclamação da República à Revolução de 1930.* 7. ed. Rio de Janeiro, Civilização Brasileira, 2014 (O Brasil Republicano; vol. 1).

FERNANDES, Ana Candida Franceschini de Avelar. *Por uma Arte Brasileira: Modernismo, Barroco e Abstração Expressiva na Crítica de Lourival Gomes Machado.* São Paulo, Escola de Comunicações e Artes-USP, 2012, 344 p. (Tese de Doutorado em Artes Visuais).

FONSECA, Maria Augusta. *Oswald de Andrade: Biografia.* 2. ed. São Paulo, Globo, 2007.

FORTE, Graziela Naclério. *CAM e SPAM: Arte, Política e Sociabilidade na São Paulo Moderna, do Início dos Anos 1930.* São Paulo, FFLCH-USP, 2008. 294 p. (Dissertação de Mestrado em História Social).

FOUCAULT, Michel. *A Ordem do Discurso.* Trad. Laura Fraga de Almeida Sampaio. São Paulo, Loyola, 2009.

GALVÃO, Patrícia. *Paixão Pagu: Uma Autobriografia Precoce de Patrícia Galvão.* Org. Geraldo Galvão Ferraz. Rio de Janeiro, Agir, 2005.

GONÇALVES, Lisbeth Rebollo. *Sérgio Milliet, Crítico de Arte.* São Paulo, Perspectiva/Edusp, 1992.

GOULART, Paulo Cezar & MENDES, Ricardo. *Noticiario Geral da Photographia Paulistana: 1839-1900.* São Paulo, CCSP/Imprensa Oficial do Estado de São Paulo, 2007.

GUASCH, Anna Maria (coord.). *La Crítica de Arte. Historia, Teoría y Praxis.* Barcelona, Ediciones del Serbal, 2003.

GUERRA, Abílio. *O Primitivismo em Mário de Andrade, Oswald de Andrade e Raul Bopp: Origem e Conformação no Universo Intelectual Brasileiro.* São Paulo, Romano Guerra, 2010.

HILL, Marcos. *"Mulatas" e Negras Pintadas por Brancas: Questões de Etnia e Gênero Presentes na Pintura Modernista Brasileira.* Belo Horizonte, C/Arte, 2017.

JEANNERET, Pierre. "Fusillade de Genève". *Dictionnaire Historique de la Suisse (DHS).* 11 jul. 2007. Disponível em: <http://www.hls-dhs-dss.ch/textes/f/F17337.php>. Acesso em: 7 fev. 2018.

———. *Depois do Cubismo: Ozenfant e Jeanneret.* São Paulo, Cosac Naify, p. 68.

JONES, David J. *Sexuality and the Gothic Magic Lantern. Desire, Eroticism and Literary Visibilities from Byron to Bram Stoker.* Hampshire, RU/New York, NY, Palgrave Macmillan, 2014.

KUNIGK, Maria Cecilia Martins. *Nicola Rollo (1889-1970). Um Escultor na Modernidade Brasileira.* São Paulo, Escola de Comuunicações e Artes-USP, 2001. 185 p. (Dissertação de Mestrado em Artes).

KOIFMAN, Fábio. *Quixote nas Trevas: O Embaixador Souza Dantas e os Refugiados do Nazismo*. Rio de Janeiro, Record, 2002

LOSS, Archie. *Joyce's Visible Art. The Work of Joyce and the Visual Arts, 1904-1922*. Michigan, Umi Research Press, 1984.

MAHL, Marcelo L. "O Paulista e o Outro: A Construção de Uma Identidade Racial no Instituto Histórico e Geográfico de São Paulo (1894-1940)". *In*: FERREIRA, Afonso Celso & MAHL, Marcelo L. (org.). *Letras e Identidades: São Paulo no Século XX, Capital e Interior*. São Paulo, Annablume, 2008, pp. 27-47.

MAIO, Sandro R. *Eros Alegórico da Melancolia e do Progresso: Oswald de Andrade em Os Condenados*. 1. ed. São Paulo, Alameda, 2013.

MARTÍNEZ QUIJANO, Ana. *Siqueiros: Muralismo, Cine y Revolución*. Buenos Aires, Larivière, 2010.

MAUPASSANT, Guy de. *Pierre et Jean*. Ed. Bernard Pingaud. Paris, Gallimard, 1982 [2016].

MICELI, Sérgio. *Intelectuais à Brasileira*. São Paulo, Companhia das Letras, 2001.

——. *Nacional Estrangeiro: História Social e Cultural do Modernismo ao Artístico em São Paulo*. São Paulo, Companhia das Letras, 2003.

MITTERAND, Henri. *Zola et le Naturalisme*. Paris, PUF, 1986.

——. *Le Regard et le Signe: Poétique du Roman Réaliste et Naturaliste*. Paris, PUF, 1987.

——. "Préface". *In*: ZOLA, Émile. *Écrits Sur le Roman*. Paris, Librairie Génerale Française, 2004, pp. 7-44.

NASCIMENTO, Abdias do. *O Genocídio do Negro Brasileiro: Processo de um Racismo Mascarado*. 2. ed. São Paulo, Perspectiva, 2017.

PECCININI, Daisy. *Brecheret e a Escola de Paris*. São Paulo, Instituto Victor Brecheret/FM Editorial, 2011.

PEDROSA, Mário. "As Tendências Sociais na Arte e Käthe Kollwitz". *Política das Artes: Textos Escolhidos II*. Org. Otília Arantes. São Paulo, Edusp, 1995, pp. 35-56.

——. "Semana de Arte Moderna". *Acadêmicos e Modernos: Textos Escolhidos III*. Org. Otília Arantes. São Paulo, Edusp, 2004, pp. 135-152.

PINHEIRO FILHO, Fernando Antonio. *Lasar Segall: Arte em Sociedade*. São Paulo, Cosac Naify/ Museu Lasar Segall/ IPHAN-MINC, 2008.

PITTA, Fernanda Mendonça. *Um Povo Pacato e Bucólico: Costume, História e Imaginário na Pintura de Almeida Júnior*. São Paulo, Escola de Comunicações e Artes/USP, 2013. Disponível em: <https://teses.usp.br/teses/disponiveis/27/27160/tde-07022014-143843/pt-br.php>. Acesso em: 13 de fev. 2021. (Tese de Doutorado em Artes Visuais).

PRADO, Paulo. *Retrato do Brasil: Ensaio sobre a Tristeza Brasileira*. 10. ed. Org. Carlos Augusto Calil. São Paulo, Companhia das Letras, 2012.

PRESTES, Anita Leocadia. *Luiz Carlos Prestes: Um Comunista Brasileiro*. São Paulo, Boitempo, 2015.

PROUST, Marcel. *No Caminho de Swann*. Trad. Mário Quintana. São Paulo, Globo, 2006 (*Em Busca do Tempo Perdido*).

RAMOS, Roberta Fabron. *"Feira das Quintas": Crítica e Polêmica nas Crônicas Oswaldianas*. Instituto de Estudos da Linguagem/Unicamp, 2008. Disponível em: <http://repositorio.unicamp.br/jspui/handle/reposip/270086>. Acesso em: 11 de jan. 2018. (Dissertação de Mestrado em Teoria e História Literária).

ROH, Franz. *Realismo Mágico — Post Expressionismo: Problemas de la Pintura Europea Más Reciente*. Madrid, Revista de Occidente, 1927 [1997].

SALMON, André. *L'Art Vivant*. Paris, Les Édition G. Cres et Cie, 1920.

SCHWARCZ, Lilia Moritz. *O Espetáculo das Raças: Cientistas, Instituições e Questão Racial no Brasil, 1870-1930*. São Paulo: Companhia das Letras, 1993.

SCHWARTZ, Jorge. "Tarsila e Oswald na Sábia Preguiça Solar". *Fervor das Vanguardas: Arte e Literatura na América Latina*. São Paulo, Companhia das Letras, 2013, pp. 15-33.

SCHWARZ, Roberto. "A Carroça, o Bonde e o Poeta Modernista". *Que Horas São? Ensaios*. São Paulo, Companhia das Letras, 1987 [2012], pp. 11-28.

SIQUEIROS, David Alfaros. *Palabras de Siqueiros*. Seleção, prólogo e notas Raquel Tibol. México, D. F., Fondo de Cultura Económica, 1996.

———. "Conferencia en Argentina". *Fundación del Muralismo Mexicano*. Introdução, compilação e notas Héctor Jaimes. México, D. F., Siglo XXI Editores, 2012, pp. 17-35.

SILVA, Ana Maria Formoso Cardoso. *Marco Zero de Oswald de Andrade: Uma Proposta de Romance Mural*. 2005. Instituto de Estudos da Linguagem/Unicamp, 2005 (Tese de Dissertação de Mestrado).

SILVER, Kenneth E. *Esprit de Corps. The Art of the Parisian Avant-Garde and the First World War, 1914-1925*. Princeton, Princeton University Press, 1989.

SIMIONI, Ana Paula Cavalcanti. *Di Cavalcanti Ilustrador: Trajetória de um Jovem Artista Gráfico na Imprensa (1914-1922)*. São Paulo, Sumaré/Fapesp, 2002.

SOUZA, José Inácio de Melo. *Imagens do Passado: São Paulo e Rio de Janeiro nos Primórdios do Cinema*. São Paulo, Senac São Paulo, 2004.

SQUEFF, Leticia. *O Brasil nas Letras de um Pintor: Manuel de Araújo Porto Alegre (1806-1879)*. Campinas, Editora Unicamp, 2004.

STAROBINSKI, Jean. *A Melancolia Diante do Espelho: Três Leituras de Baudelaire*. Trad. Samuel Titan Jr. São Paulo, Editora 34, 2014.

STEIN, Philip. *Siqueiros: His Life and Works*. New York, International Publishers, 1994.

SWEENEY, Carole. *From Fetish to Subject. Race, Modernism, and Primitivism, 1919-1935*. Westport, Praeger Publishers, 2004.

TARASANTCHI, Ruth Sprung. *Pedro Alexandrino*. São Paulo, Edusp, 1996.

——. *Pintores Paisagistas: São Paulo 1890 a 1920*. São Paulo, Edusp/Imprensa Oficial, 2002.

TOLEDO, J. *Flávio de Carvalho: O Comedor de Emoções*. São Paulo/Campinas, Brasiliense/Editora da Unicamp, 1994.

VEGA ALFARO, Eduardo de la. *Eisenstein e a Pintura Mural Mexicana*. Trad. Paulo Pedreira. São Paulo, Fundação Memorial da América Latina/Imprensa Oficial do Estado de São Paulo, 2006.

VENTURI, Lionello. *Histoire de la Critique d'Art*. Trad. Juliette Bertrand. Paris, Flammarion, 1969.

VERNASCHI, Elvira. *Gomide*. São Paulo, MWM Motores Diesel; Indústrias de Freios Knorr, Edusp, 1989 (Coleção MWM).

VIANNA, Marly de Almeida Gomes. *Revolucionários de 1935: Sonho e Realidade*. São Paulo, Expressão Popular, 2007.

VIANNA, Oliveira. *Populações Meridionais do Brasil*. Brasília, Senado Federal/Conselho Editorial, 2005. Disponível em: <http://www2.senado.leg.br/bdsf/bitstream/handle/id/1108/743391.pdf?sequence=4>. Acesso em: 1 mar. 2018.

VILNET, Geneviève. *Champ et Hors Champ. La Photographie et le Cinéma dans les Manifestes et les Romans d'Oswald de Andrade*. Paris, Indigo et Côte-femmes Éditions, 2006.

VIRAVA, Thiago Gil de Oliveira. *Uma Brecha para o Surrealismo*. São Paulo, Alameda, 2014.

WILSON, Christina. "Cedric Gibbons: Architect of Hollywood's Golden Age". *In*: LAMSTER, Mark (ed.). *Architecture and Film*. New York, Princeton Architectural Press, 2000.

WOOD, Paul. "Realismos e Realidades". *In*: FER, Briony *et al*. *Realismo, Racionalismo, Surrealismo. A Arte no Entre-Guerras*. São Paulo, Cosac & Naify, 1998, pp. 250-335.

ZOLA, Émile. *Écrits sur l'Art*. Paris, Éditions Gallimard, 1991.

——. *Écrits sur le Roman*. Paris, Librairie Génerale Française, 2004.

## Artigos

"A CIDADE do Homem Nu. Algumas Palavras de Oswald de Andrade". *Diário da Noite*, 28 jun. 1930. Rio de Janeiro.

"A DIREÇÃO. Nós". *Papel e Tinta*, ano 1, n. 1, 31 maio 1920. São Paulo e Rio de Janeiro.

"A EVOLUÇÃO da Pintura Revolucionária no México". *Diário da Noite*, 28 dez. 1933. São Paulo.

ANDRADE, Gênese. "Oswald de Andrade em Torno de 1922: Descompassos Entre Teoria e Expressão Estética". *Remate de Males*. n. 33, pp. 113-133, jan.-dez. 2013. Campinas.

———. "Poemas para Ver". *Agália*. Publicaçom Internacional da Associaçom Galega da Língua, Ourense, n. 81-2, pp. 9-60, 2º semestre 2005. Galícia. Disponível em: <http://www.agalia.net/images/recursos/81-82.pdf>. Acesso em: 11 fev. 2018.

ANDRADE, Mário de. "Literatura Francesa". *Estética*, ano 2, vol. 1, n. 3, abr.-jun. 1925, pp. 322-327. Rio de Janeiro. *In*: PUNTONI, Pedro & TITAN JR., Samuel (orgs.). *Estética — Edição Fac-Similar*. São Paulo, Imprensa Oficial do Estado de São Paulo/Biblioteca Brasiliana Guita e José Mindlin, 2014.

———. "Exposição Duma Casa Modernista — Considerações". *Diário Nacional*, 5 abr. 1930. São Paulo. Disponível em: <http://hemerotecadigital.bn.gov.br/>. Acesso em: 1 mar. 2018.

ANDRADE, Oswald de. "Lanterna Mágica". *O Pirralho*, n. 165, 12 dez. 1914, pp. 7-9. São Paulo. Disponível em: <http://hemerotecadigital.bn.gov.br/>. Acesso em: 1 mar. 2018.

———. "Lanterna Mágica: O Natal de Jack Johnson". *O Pirralho*, n. 167, 26 dez. 1914, pp. 7-9. São Paulo. Disponível em: <http://hemerotecadigital.bn.gov.br/>. Acesso em: 1 mar. 2018.

———. "Naturalismo e a Arte dos Ambientes". *O Pirralho*, n. 169, 9 jan. 1915 pp. 7-9. São Paulo. Disponível em: <http://hemerotecadigital.bn.gov.br/>. Acesso em: 1 mar. 2018.

———. "José Wasth". *Correio Paulistano*, 12 jan. 1916. São Paulo. Disponível em: <http://hemerotecadigital.bn.gov.br/>. Acesso em: 1 mar. 2018.

———. "Lanterna Mágica". *O Pirralho*, n. 239, 22 jun. 1917, pp. 5-7. São Paulo. Disponível em: <http://hemerotecadigital.bn.gov.br/>. Acesso em: 1 mar. 2018.

———. "Notas de Arte. Helios Seelinger". *Jornal do Commercio*, 30 set. 1917. São Paulo.

———. "Notas de Arte. A Exposição Carlos Chambelland". *Jornal do Commercio*, 10 dez. 1917. São Paulo.

———. "Brecheret". *A Rajada: Revista Quinzenal de Crítica Artes e Letras*, abr. de 1920, p. 72. Rio de Janeiro.

———. "Primeira Gente". *Correio Paulistano*, 21 abr. 1921. São Paulo Disponível em: <http://hemerotecadigital.bn.gov.br/>. Acesso em: 1 mar. 2018.

———. "Reforma Literária". *Jornal do Commercio*, 19 maio 1921. São Paulo.

———. "O Meu Poeta Futurista". *Jornal do Commercio*, 27 maio 1921. São Paulo.

———. "Literatura Contemporanea". *Jornal do Commercio*, 12 jun. 1921. São Paulo.

———. "Páginas de Atelier (Na Partida de Victor Brecheret para a Europa)". *Jornal do Commercio*, 14 jun. 1921. São Paulo.

———. "Reflexões Críticas". *Jornal do Commercio*, 15 jul. 1921. São Paulo.

———. "Questões de Arte". *Jornal do Commercio*, 25 jul. 1921. São Paulo.

———. "Escolas & Ideias". *Klaxon: Mensário de Arte Moderna*, jun. 1922. São Paulo. *In*: PUNTONI, Pedro & TITAN JR., Samuel (org.). *Klaxon: Mensário de Arte Moderna — Edição Fac-Similar*. São Paulo, Imprensa Oficial do Estado de São Paulo/Biblioteca Brasiliana Guita e José Mindlin, 2014.

———. "Atualidade de Babilônia". *Correio Paulistano*, 30 mar. 1923. São Paulo. Disponível em: <http://hemerotecadigital.bn.gov.br/>. Acesso em: 1 mar. 2018.

———. "Pequena Tabuada do Espírito Contemporâneo". *Correio Paulistano*, 24 maio 1923. São Paulo. Disponível em: <http://hemerotecadigital.bn.gov.br/>. Acesso em: 1 mar. 2018.

———. "Anunciação de Pirandello". *Correio Paulistano*, 29 jun. 1923. São Paulo. Disponível em: <http://hemerotecadigital.bn.gov.br/>. Acesso em: 1 mar. 2018.

———. "L'Effort Intellectuel du Brésil Contemporain". *Revue de l'Amérique Latine*, ano 2, n. 5, pp. 197-207, jul. 1923. Paris.

———. "Vantagens do Caos Brasileiro". *Correio da Manhã*, 12 dez. 1923, Rio de Janeiro. Disponível em: <http://hemerotecadigital.bn.gov.br/>. Acesso em: 1 mar. 2018.

———. "Preocupações Brasileiras". *Correio da Manhã*. 20 dez. 1923. Rio de Janeiro. Disponível em: <http://hemerotecadigital.bn.gov.br/>. Acesso em: 1 mar. 2018.

———. "Ambientes Intelectuais de Paris — I". *Correio Paulistano*, 11 abr. 1924. São Paulo. Disponível em: <http://hemerotecadigital.bn.gov.br/>. Acesso em: 1 mar. 2018.

———. "Ambientes Intelectuais de Paris — II". *Correio Paulistano*, 12 abr. 1924. São Paulo. Disponível em: <http://hemerotecadigital.bn.gov.br/>. Acesso em: 1 mar. 2018.

———. "Modernismo Atrasado". *Para Todos,* ano 6, n. 290, 5 jul. 1924. Rio de Janeiro.

———. "Feira das Quintas — Uma Atriz Parisiense — Cosmos e Caos — Psicologia das Revoluções — Piolin Versus Mario — Brasil dos Andores — Um Caso de Quadros — Glória de Artista". *Jornal do Commercio*, 2 set. 1926. São Paulo.

——. "Feira das Quintas — Diálogo sobre Atenas Precedido de um Comentário à Economia Brasileira — O Dr. Plínio Barreto, O Voto Secreto e as Elites Negativas — Fixação Nacional". *Jornal do Commercio*, 16 set. 1926. São Paulo.

——. "Feira das Quintas — Digressão sobre Brecheret, O Problema das Fazendas e as Falhas de Motor em Monteiro Lobato". *Jornal do Commercio*, 23 set. 1926. São Paulo.

——. "Feira das Quintas — Homenagem a São Francisco". *Jornal do Commercio*, 7 out. 1926. São Paulo.

——. "Feira das Quintas — Patrícios". *Jornal do Commercio*, 20 jan. 1927. São Paulo.

——. "Feira das Quintas — Carta a um Amigo que Não Tem Dente do Siso". *Jornal do Commercio*, 27 jan. 1927. São Paulo.

——. "Feira das Quintas — Pelo Brasil. Feira das Quintas". *Jornal do Commercio*, 17 fev. 1927. São Paulo.

——. "Feira das Quintas — Panatrope". *Jornal do Commercio*, 10 mar. 1927. São Paulo.

——. "A Propósito de Sousa Lima". *Correio Paulistano*, 27 jan. 1928. São Paulo.

——. "Esquema ao Tristão de Athayde". *Revista de Antropofagia*, ano 1, n. 5, set. 1928. São Paulo. *In*: PUNTONI, Pedro & TITAN JR., Samuel (orgs.). *Revista de Antropofagia — Revistas do Modernismo 1922-1929 — Edição Fac-Similar*. São Paulo, Imprensa Oficial do Estado de São Paulo/Biblioteca Brasiliana Guita e José Mindlin, 2014.

——. "A Casa e a Língua I — Como um Construtor se Destrói". *Correio Paulistano*, 8 fev. 1929. São Paulo. Disponível em: <http://hemerotecadigital.bn.gov.br/>. Acesso em: 1 mar. 2018.

——. "A Casa e a Língua II — Tabalogia Paulistana". *Correio Paulistano*, 10 fev. 1929. São Paulo. Disponível em: <http://hemerotecadigital.bn.gov.br/>. Acesso em: 1 mar. 2018.

——. "Ordem e Progresso". *O Homem do Povo*, ano 1, n. 1, 27 mar. 1931. São Paulo. Reproduzido em *O Homem do Povo: Coleção Completa e Fac-Similar do Jornal Criado e Dirigido por Oswald de Andrade e Patrícia Galvão (Pagu)*. 3. ed. São Paulo, Globo/Museu Lasar Segall/Imprensa Oficial do Estado de São Paulo, 2009.

——. "A Ordem da Ferradura". *O Homem do Povo*, ano 1, n. 4, 2 abr. 1931. São Paulo. Reproduzido em *O Homem do Povo: Coleção Completa e Fac-Similar do Jornal Criado e Dirigido por Oswald de Andrade e Patrícia Galvão (Pagu)*. 3. ed. São Paulo, Globo/Museu Lasar Segall/Imprensa Oficial do Estado de São Paulo, 2009.

——. "O Pintor Portinari". *Diário de S. Paulo*, 27 dez. 1934. São Paulo.

——. "As Pinturas do Coronel". *Dom Casmurro*, ano 3, n. 127, 2 dez. de 1939. Rio de Janeiro. Disponível em: <http://hemerotecadigital.bn.gov.br/>. Acesso em: 1 mar. 2018.

"A PINTURA Moderna Vista por uma Artista Moderníssima". *O Jornal*, 17 ago. 1926. Rio de Janeiro. Disponível em: <http://hemerotecadigital.bn.gov.br/>. Acesso em: 1 mar. 2018.

BATISTA, Marta Rossetti. "Da Passagem Meteórica de Siqueiros pelo Brasil — 1933". *Cultura Vozes*, ano 86, vol. 99, n. 5, pp. 81-83, set.-out. 1992.

BERCHENKO, Adriana. "La Revue de l'Amérique Latine en los Años 20". *América: Cahiers du Criccal*, n. 4-5, pp. 21-26, 1990.

BOAVENTURA, Maria Eugenia. "Atelier: História de um Poema". *Remate de Males*, n. 7, 1987, Campinas. Disponível em: <http://www.unicamp.br/~boaventu/page27a.htm>. Acesso em: 1 mar. 2018.

BRECHERET, Victor. "Ars. Monumento das Bandeiras". *Papel e Tinta*, ano 1, n. 3, jul. 1920. São Paulo/Rio de Janeiro.

CALIL, Carlos Augusto. "Sob o Signo do Aleijadinho. Blaise Cendrars, Precursor do Patrimônio Histórico". *Arquitextos*, ano 13, n. 149.05, Vitruvius, out. 2012. São Paulo. Disponível em: <http://www.vitruvius.com.br/revistas/read/arquitextos/13.149/4540>. Acesso em: 11 jan. 2018.

CANDIDO, Antonio. "Os Dois Oswalds". *Revista Itinerários*, n. 3, pp. 135-146, 1992. Araraquara.

CARVALHO, Flávio de. "Recordação do Clube dos Artistas Modernos". *RASM-Revista Anual do Salão de Maio*, 1939. São Paulo.

DANTAS, Vinicius. "Entre *A Negra* e a Mata Virgem". *Novos Estudos Cebrap* vol. 2, n. 45, pp. 100-116, jul. 1996. São Paulo.

DANZIGER, Leila. "Melancolia à Brasileira: A Aquarela Negra Tatuada Vendendo Caju, de Debret". *19&20*, vol. III, n. 4, out. 2008. Rio de Janeiro. Disponível em: <http://www.dezenovevinte.net/obras/melancolia_ld.htm>. Acesso em: 14 jan. 2018.

"DAVID Alfaro Siqueiros — Pintor Revolucionário". *Rumo*, ano 2, n. 8, jun. 1934. Rio de Janeiro. Reproduzido em *Cultura Vozes*, ano 86, vol. 99, n. 5, pp. 84-85, set.-out. 1992.

DINIZ, Dilma Castelo Branco. "A Gênese da Poesia Pau-Brasil: Um Escritor Brasileiro na França". *O Eixo e a Roda: Revista de Literatura Brasileira*, vol. 9-10, pp.75-83, 2003-2004, Belo Horizonte. Disponível em: <http://www.periodicos.letras.ufmg.br/index.php/o_eixo_ea_roda/article/view/3159>. Acesso em: 1 mar. 2018.

"EXPOSIÇÃO de Tarsila do Amaral no Palace Hotel, do Rio de Janeiro. Foi a Primeira Grande Batalha da Antropofagia". *Revista de Antropofagia*, 2ª dentição, n. 16, 1 ago. 1929. São Paulo. *In*: PUNTONI, Pedro & TITAN JR., Samuel (org.). *Revista de Antropofagia — Revistas do Modernismo 1922-1929 — Edição Fac-Similar*. São Paulo, Imprensa Oficial do Estado de São Paulo/Biblioteca Brasiliana Guita e José Mindlin, 2014.

FIGUEIREDO, Tatiana Longo. "Entre fichas e livros: trajetos de criação de Mário de Andrade", Congresso Internacional da Associação de Pesquisadores em Crítica Genética, X Edição, 2012. Disponível em: <https://editora.pucrs.br/anais/apcg/edicao10/Tatiana.Figueiredo.pdf>. Acesso em: 3 out. 2022.

FREUDERICO (Oswald de Andrade). "De Antropofagia". *Revista de Antropofagia*, 2ª dentição, n. 1, 17 mar. 1929, São Paulo. *In*: PUNTONI, Pedro & TITAN JR., Samuel (orgs.). *Revista de Antropofagia — Revistas do Modernismo 1922-1929 — Edição Fac-Similar*. São Paulo, Imprensa Oficial do Estado de São Paulo/Biblioteca Brasiliana Guita e José Mindlin, 2014.

GAMBONI, Dario. "Propositions pour l'Étude de la Critique d'Art du XIX$^e$ Siècle". *Romantisme*, n. 71, pp. 9-17, 1991. Disponível em: < http://www.persee.fr/doc/roman_0048-8593_1991_num_21_71_5729>. Acesso em: 28 fev. 2018.

GOMES, Paulo Emílio Salles. "Um Discípulo de Oswald em 1935". *O Estado de S. Paulo*, Suplemento Literário, 24 out. 1964

HELIOS (Menotti del Picchia). "A Nossa Raça...". *Correio Paulistano*, 12 mar. 1920. São Paulo. Disponível em: <http://hemerotecadigital.bn.gov.br/>. Acesso em: 1 mar. 2018.

———. "Chronica Social — Uma Carta". *Correio Paulistano*, 26 ago. 1925. São Paulo. Disponível em: <http://hemerotecadigital.bn.gov.br/>. Acesso em: 1 mar. 2018.

———. "Chronica Social — Crítica a um Crítico". *Correio Paulistano*, 21 jan. 1927. São Paulo. Disponível em: <http://hemerotecadigital.bn.gov.br/>. Acesso em: 1 mar. 2018.

———. "Chronica Social — Miramar e Gomide". *Correio Paulistano*, 22 jan. 1927. São Paulo. Disponível em: <http://hemerotecadigital.bn.gov.br/>. Acesso em: 1 mar. 2018.

IVAN (Mário de Andrade). "A Prefeitura e Nossos Artistas". *Papel e Tinta*, ano 1, n. 1, 31 maio 1920. São Paulo e Rio de Janeiro.

———. "Victor Brecheret". *Papel e Tinta*, ano 1, n. 2, jun. 1920. São Paulo e Rio de Janeiro.

LEDUC-ADINE, Jean-Pierre. "Des Règles d'un Genre: La Critique d'Art". *Romantisme*, n. 71, pp. 93-100, 1991. Disponível em: <http://www.persee.fr/web/revues/home/prescript/article/roman_0048-8593_1991_num_21_71_5737>. Acesso em: 1 mar. 2018.

LOBATO, Monteiro. "Resenha do Mês. Movimento Artístico. Helios Seelinger". *Revista do Brasil*, ano II, n. 21, pp. 105-108, set. 1917. São Paulo. Disponível em <http://www.dezenovevinte.net/artigos_imprensa/revista_brasil/1917_hs.htm>. Acesso em: 1 mar. 2018.

———. "As Quatro Asneiras de Brecheret". *Folha da Noite*, 16 abr. 1921. São Paulo. Disponível em: <https://acervo.folha.com.br/>. Acesso em: 1 mar. 2018.

LOPEZ, Telê Ancona. "Mário de Andrade e Brecheret nos Primórdios do Modernismo". *Revista USP*, n. 94, jun.-ago. 2012.

MARINS, Paulo Garcez. "O Parque do Ibirapuera e a Construção da Identidade Paulista". *Anais do Museu Paulista*, vols. 6-7, pp. 9-36, 1998-1999. Disponível em: <http://www.scielo.br/pdf/anaismp/v6-7n1/02.pdf>. Acesso em: 1 mar. 2018.

MENDES, Claro (Oswald de Andrade). *Papel e Tinta*, São Paulo e Rio de Janeiro, ano 1, n. 2, jun. 1920.

"NOTAS de Arte". *Jornal do Commercio*, 23 de out. de 1920. São Paulo.

O HOMEM do Povo: Coleção Completa e Fac-Similar do Jornal Criado e Dirigido por Oswald de Andrade e Patrícia Galvão (Pagu). 3. ed. São Paulo, Globo/Museu Lasar Segall/Imprensa Oficial do Estado de São Paulo, 2009.

RAMIREZ, Karen N. & LINDENBERG NETO, Henrique. "De Igreja de Taipa a Catedral: Aspectos Históricos e Arquitetônicos da Igreja Matriz da Cidade de São Paulo". *PÓS. Revista do Programa de Pós-Graduação em Arquitetura e Urbanismo da FAU-USP*, vol. 21, n. 35, jun. 2014, pp. 186-199. São Paulo.

SEVERINI, Gino. "Cézanne et le Cézannisme [parte 1]". *L'Esprit Nouveau*, ano 2, n. 11-12, pp. 1257-1266, nov. 1921. Paris. Disponível em: <http://arti.sba.uniroma3.it/esprit/>. Acesso em: 1 mar. 2018.

———. "Cézanne et le Cézannisme [parte 2]". *L'Esprit Nouveau*, ano 2, n. 13, pp. 1462-1466, dez. 1921. Paris. Disponível em: <http://arti.sba.uniroma3.it/esprit/>. Acesso em: 1 mar. 2018.

TAMANDARÉ (Oswaldo Costa). "Moquém II — Hors d'Oeuvre". *Revista de Antropofagia*, 2ª dentição, n. 5, 14 abr. 1929, São Paulo. *In*: PUNTONI, Pedro & TITAN JR., Samuel (org.). *Revista de Antropofagia — Revistas do Modernismo 1922-1929 — Edição Fac-Similar*. São Paulo, Imprensa Oficial do Estado de São Paulo/Biblioteca Brasiliana Guita e José Mindlin, 2014.

## Correspondências e documentos

ANDRADE, Oswald de. [*carta*] 29 jan. 1923, Lisboa, Portugal [para] Mário de Andrade. 1 fl. Fundo Mário de Andrade, Arquivo do Instituto de Estudos Brasileiros, USP.

———. [*carta*] 4 mar. 1923, Paris, França [para] Mário de Andrade. 2 fls. Fundo Mário de Andrade, Arquivo do Instituto de Estudos Brasileiros, USP.

———. [*carta*] 7 mar. 1923, Paris, França [para] Mário de Andrade. 2 fls. Fundo Mário de Andrade, Arquivo do Instituto de Estudos Brasileiros, USP.

———. [*carta*] 9 abr. 1923, Paris, França [para] Mário de Andrade. 2 fls. Fundo Mário de Andrade, Arquivo do Instituto de Estudos Brasileiros, USP.

———. [Caderno contendo notas e desenhos]. *c.* 1923. 15 fls. Coleção Pedro Corrêa do Lago.

ESTATUTOS do Quarteirão, S.d. 2 p., datilografado. Fundo Oswald de Andrade, Centro de Documentação Alexandre Eulalio do Instituto de Estudos da Linguagem, Unicamp.

LISTAS Contendo Referências Bibliográficas Organizadas por Assunto, S.d. 53 p., manuscrito. Fundo Oswald de Andrade, Centro de Documentação Alexandre Eulalio do Instituto de Estudos da Linguagem, Unicamp.

## Sites

BIBLIOTHÉQUE Nationale de France. Association des Ecrivains et Artistes Révolutionnaires. Disponível em: http://data.bnf.fr/13146555/association_des_ecrivains_et_artistes_revolutionnaires_fr ance/>. Acesso em: 7 fev. 2018.

## Arquivos consultados

ARQUIVO do Instituto de Estudos Brasileiros da Universidade de São Paulo.

BIBLIOTECA Brasiliana Guita e José Mindlin, Universidade de São Paulo, Casa Guilherme de Almeida.

CENTRO de Documentação Alexandre Eulalio do Instituto de Estudos da Linguagem, Universidade Estadual de Campinas, Campinas, SP.

CENTRO de História e Documentação Diplomática da Fundação Alexandre de Gusmão, Palácio Itamaraty, Rio de Janeiro, RJ.

HEMEROTECA da Biblioteca Mário de Andrade, São Paulo, SP.

HEMEROTECA da Biblioteca Nacional, Rio de Janeiro, RJ. Projeto Portinari.

# Lista de figuras

Figura 1. José Ferraz de Almeida Júnior, *Paisagem do Sítio Rio das Pedras*, 1899. Óleo sobre tela 57x35 cm, Pinacoteca de São Paulo, São Paulo. Transferência do Museu Paulista.

Figura 2. Capa da revista *O Pirralho*, n. 19, 16 dezembro 1911.

Figura 3. Capa de *O Pirralho*, n. 100, 19 de julho de 1913.

Figura 4. *Fantoches da Meia-noite*, 1921 © Di Cavalcanti/ AUTVIS, Brasil, 2022.

Figura 5. *Fantoches da Meia-noite*, 1921 © Di Cavalcanti/ AUTVIS, Brasil, 2022.

Figura 6. Tarsila do Amaral, *A Negra*, 1923, óleo sobre tela, 100 x 80 cm, Museu de Arte Contemporânea da Universidade de São Paulo. Foto: Romulo Fialdini/Tempo Composto.

Figura 7. Tarsila do Amaral, *Autorretrato (Manteau Rouge)*, 1923, óleo sobre tela, 73 x 60 cm, Museu Nacional de Belas-Artes, Rio de Janeiro. Foto: Romulo Fialdini/Tempo Composto.

Figura 8. Waléry, Joséphine Baker, Paris, 1926, fotografia, 15 x 10,3 cm, Bibliothèque Marguerite Durand Roger-Viollet, Paris, França.

Figura 9. *Revista de Antropofagia*, ano 1, n. 1, maio 1928, p. 3.

Figura 10. Ilustração de Pagu para *O Homem do Povo*, ano 1, n. 2, 28 março 1931, p. 1.

Figura 11. Ilustração de Pagu para *O Homem do Povo*, ano 1, n. 4, São Paulo, 2 abril 1931, p. 1.

Figura 12. Candido Portinari, *Jogo de Futebol em Brodowski*, 1933, óleo sobre tela, 49 x 124 cm. Coleção particular, Coleção Banco Bradesco, Osasco-SP.

Figura 13. Candido Portinari, *Mestiço*, 1934, óleo sobre tela, 81 x 65,5 cm. Pinacoteca de São Paulo, São Paulo, SP.

Figura 14. Flávio de Carvalho, *Retrato do Poeta Oswald de Andrade e da Poetisa Julieta Bárbara*, 1939, óleo sobre tela, 130x97 cm, Coleção Museu de Arte Moderna da Bahia, Governo do Estado da Bahia/SECULT/IPAC.

Figura 15. Lasar Segall (Vilnius, Lituânia, 1889 - São Paulo, Brasil, 1957), *Retrato do Escritor Oswald de Andrade* (1940 c., grafite sobre papel, 50 cm x 33 cm). Acervo do Museu Lasar Segall-Ibram/Ministério do Turismo.

Figura 16. Ilustração de Tarsila do Amaral para a seção "História do Brasil", do livro *Pau Brasil*, Paris, Au sans Pareil, 1925.

Figura 17. Ilustração de Tarsila do Amaral para a seção "Poemas da Colonização", do livro *Pau Brasil*, Paris, Au sans Pareil, 1925.

Figura 18. Tarsila do Amaral, e.f.c.b., 1924, óleo sobre tela, 142 x 127 cm. Museu de Arte Contemporânea da Universidade de São Paulo. Foto: Romulo Fialdini/Tempo Composto.

Figura 19. Capa do livro *Primeiro Caderno do Aluno de Poesia Oswald de Andrade* (São Paulo, Typographia da Rua de Santo Antonio n. 19, 1927).

# Sobre o autor

Thiago Gil Virava é mestre e doutor em Artes Visuais pela Escola de Comunicações e Artes da Universidade de São Paulo (ECA-USP). Entre 2011 e 2016, foi colaborador da *Enciclopédia de Artes Visuais* do Instituto Itaú Cultural como pesquisador e redator. É autor do livro *Uma Brecha para o Surrealismo* (Alameda, 2015). De 2018 a 2021, colaborou com o professor Tadeu Chiarelli no projeto de pesquisa "*Monumento às Bandeiras* como processo: do presente ao passado", junto ao Programa de Pós-Graduação em Artes Visuais da ECA-USP, cocoordenando dois módulos da disciplina resultante da pesquisa. É pesquisador da Fundação Bienal de São Paulo desde 2013 e atualmente ocupa o cargo de coordenador de Pesquisa e Difusão.

| | |
|---|---|
| *Formato* | 17 x 26 cm |
| *Tipologia* | Spectral |
| | Suisse Int'l |
| *Papel* | Pólen Natural 70 g/m² |
| *Impressão e acabamento* | Dsystem Indústria Gráfica Ltda. |
| *Data* | Março de 2023 |

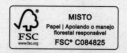